Sven Loerzer

# VISIONEN UND PROPHEZEIUNGEN

Die berühmtesten Weissagungen der Weltgeschichte

Sven Loerzer

# VISIONEN UND PROPHEZEIUNGEN

## Die berühmtesten Weissagungen der Weltgeschichte

Weltbild Verlag

Genehmigte Lizenzausgabe für
Weltbild Verlag GmbH, Augsburg 1996

Umschlaggestaltung:
Adolf Bachmann, Reischach
Umschlagbild: Zefa/Düsseldorf
Gesamtherstellung: Druckerei Werner Söderström, Porvoo
Printed in Suomi (Finland)
ISBN 3-89350-436-2

# *Inhalt*

# *Licht im Dunkel der Zukunft*

Seit jeher interessiert die Menschen die Zukunft – vor allem die eigene. In der unverständlichen, geheimnisvollen Welt der Antike, wo so viele heute einfach erscheinende Vorgänge noch unerklärbar waren, bemühten sich die Menschen, Rat und Hilfestellung für ihr künftiges Leben zu finden. Der Wille des Zeus, jener machtvollen Gottheit der alten Griechen, dieser Wille, der mußte erforscht werden, um sich seines Einverständnisses auch sicher zu sein und Zeus nicht zuwider zu handeln. Vor mehr als 3000 Jahren pilgerten die Menschen zum Orakel des Zeus von Dodona in Epiros. Weissager erklärten den Ratsuchenden den Willen des Zeus aus dem Rauschen der Blätter einer mächtigen, heiligen Eiche und dem Geräusch des Wassers einer Quelle, die neben dem Baum ihren Ursprung hatte. An anderer Stelle, zu Olympia in Elis, offenbarten sich die Ratschläge des Zeus, wie die Griechen glaubten, in den Eingeweiden der Opfertiere.

Noch berühmter war das Orakel von Delphi. Die Pythia, die eingeweihte Priesterin, saß dort auf ihrem Dreifuß, der über einer Erdspalte aufgestellt war. Von den aus dem Erdinneren aufsteigenden Gasen und Dämpfen in einen anderen Bewußtseinszustand entrückt, sprach sie doppeldeutige Worte, die immer paßten. Die Menschen waren damit zufrieden, für sie war der Weg aufgezeigt.

Auch die Römer hatten ihre Methode, mit der sie meinten, der Zukunft ein paar konkrete Informationen abzutrotzen. Es waren die Auspizien, die Vogelschau. Der Vogelflug traf Aussagen über die künftigen Geschehnisse. Richtung und Art des Fluges kam entscheidende Bedeutung zu, ebenso wie der Gattung und ihrer Stimme. Im Krieg vertrauten die Römer sogar den heiligen Hühnern. Unter günstigen Vorzeichen stand die Schlacht, wenn sie von dem vorgeworfenen Futter fraßen. Noch besser war es, wenn dabei ihnen ein paar Körner aus dem Schnabel fielen.

Was wird morgen passieren? Das Interesse, ein wenig von der Zukunft zu erfahren, hat die Menschen seit Jahrtausenden erfüllt. Je bedrohlicher die Ereignisse in der Geschichte, je ungewisser ihr Ausgang, desto größer war die Sehnsucht, ihn angedeutet zu erhalten. In diesen Notzeiten treten Menschen mit Autorität auf, Propheten, die Antworten auf drängende Fragen geben. Unerklärlich bleibt, woher sie ihre Botschaft erhalten und mit welcher Sicherheit die Worte das Unheil beschreiben.

„Schon seit geraumer Zeit ist für Prophezeiungen eine ungemeine Teilnahme erwacht; denn je mehr der Mensch die gegenwärtigen Ereignisse mit kummervollem Auge betrachtet, desto mehr möchte er über die kommenden irgendeinen Aufschluß haben", bemerkt der unbekannte Verfasser des Buches der Wahr- und Weissagungen aus dem Jahr 1849. „In diesen Gedanken nun wendet er sein Augenmerk auf die Prophezeiungen." Zu welchem Zeitalter war das nicht so? Kriege, Naturereignisse, Umweltkatastrophen – all diese Ereignisse nähren die Angst, die Furcht davor, was noch alles an schlimmem Weltgeschehen bevorsteht.

„Eine beachtenswerte Erscheinung unserer Zeit sind die vielfach auftauchenden Prophezeiungen", drehte Theodor Beykirch in seinem 1849 erschienenen Buch „Prophetenstimmen" die Reihenfolge um. „Sie treten in der Form von prophetischen Bildern und Visionen auf, oder als Sagen, Ahnungen, Vorgeschichten, religiöse und politische Voraussagen. Alle Welt sucht sie; viele glauben sie, keiner kann sich ihres Einflusses ganz erwehren."

Beykirch zieht den Schluß: „Sie gehen meistens großen Umwälzungen in der Geschichte der Völker und Staaten voran." Der im 19. Jahrhundert lebende Autor bemüht zum Beweis die Antike: „So wie über Rom schon, nach den Worten des Tacitus, nie schwere Schicksale kamen, bevor nicht solche durch allerlei wunderbare Erscheinungen und Vorzeichen verkündet waren, so wie, nach Schillers Ausspruch, den großen Geschicken ihre Geister stets voranschreiten, so wie in jedem Menschen vor wichtigen Augenblicken seines Lebens Ahnungen aufsteigen, und jeder mit richtigem Instinkte sein Wohl oder Wehe voraus empfindet: so ist auch unsere Zeit, die so gewaltige Veränderungen erfuhr und noch erfahren wird, nicht ohne Vorzeichen geblieben."

Beykirch setzte fort: „So schreiten, wie Geister der nahenden Zukunft, die Prophezeiungen und Vorgeschichten derselben voran, so ahnt auch jetzt die Menschheit in dunklem Vorgefühl die kommenden Dinge."

Was Beykirch vor fast eineinhalb Jahrhunderten schrieb, gilt heute noch: »Die Prophezeiungen sind ein klarer Spiegel der Hoffnungen und Befürchtungen, des Glaubens und Wahns, des Denkens und Lebens, der Schäden und Gebrechen der Gegenwart, und verdienen als ein Beitrag zur Kulturgeschichte unserer Zeit der Mitwelt bekannt gemacht, der Nachwelt aufbewahrt zu werden." Der „Menschengeist, zwischen zwei Welten geteilt, zwischen die Vergangenheit und die Zukunft, ist unaufhörlich in Bewegung, den Schleier zu lüften, der die kommende Zeit verhüllt. Dieser unvertilgbare Drang wird um so heftiger, je schwerer eine Gegenwart voll Drangsal auf ihm lastet."

Gerade in der Endzeit ist das Prophetentum weit verbreitet: „Es wird geschehen in den letzten Tagen, spricht Gott, ich werde ausgießen von meinem Geist über alles Fleisch, und eure Söhne und Töchter werden prophetisch reden, eure jungen Männer werden Gesichte schauen, und eure Alten Traumgesichte haben; ja, über meine Knechte und über meine Mägde will ich ausgießen in jenen Tagen von meinem Geist, und sie werden prophetisch reden. Ich werde Wunder kommen lassen am Himmel oben und Zeichen auf der Erde unten, Blut, Feuer und Rauchqualm. Die Sonne wird sich in Finsternis wandeln und der Mond in Blut, ehe kommen wird der Tag des Herrn,

der große und glanzvolle. Und es wird geschehen: Jeder, der den Namen des Herrn anruft, wird gerettet werden." (Apostelgeschichte 2, 17–21)
Der Apostel Paulus schrieb im ersten Brief an die Thessalonicher (5, 20–21): „Verachtet nicht prophetische Gaben! Prüft alles! Das Gute behaltet!" Dies gilt für alle Prophezeiungen, die außerhalb der Bibel stehen. Oft wird diese Prüfung schwierig sein. Zu dunkel bleiben so manches Mal die Herkunft und die Überlieferung, zu leicht mischen sich in manche Weissagung Irrtümer und Fehler. Nicht einfach ist häufig auch die Auslegung düsterer Bilder, in der Regel erfolgen die Offenbarungen ohne festere zeitliche Anhaltspunkte. Mitunter hat ein selbsternannter Prophet auch „seine" Weissagung erfunden, damit ihm Beachtung zuteil wird.
Eine Prophezeiung, so definierte der Theologe Karl Rahner, ist „die sichere Vorhersage eines bestimmten freien Ereignisses der Zukunft, die nicht mit den normalen Mitteln der menschlichen Erkenntnis geschieht." Natürliches Vorherwissen – wie es in der Parapsychologie auftaucht – sei „von einem Wissen um die Zukunft, wie es grundsätzlich Gott als dem Allwissenden zukommt und von ihm durch Offenbarung mitgeteilt wird", zu unterscheiden.
Göttliche Offenbarungen an einzelne Menschen können selbstverständlich nicht den Sinn haben, die Handlungsfreiheit der Menschen zu beschneiden. Göttliche Prophezeiungen trachten nach dem Heil des Menschen, doch eben deshalb wollen sie den Menschen nicht den freien Entschluß „in wagendem und vertrauendem Glauben" (Rahner) abnehmen. Die Menschen sollen damit nicht eine Möglichkeit erhalten, sich geschickt aus dem Staub zu machen und sich dem angenehmen Leben hinzugeben. Rahner faßte zusammen, die Prophezeiungen seien „keine Anweisung, dem Kreuz Christi zu entfliehen". Wer sie als Fluchtmöglichkeit begreife, habe sie falsch verstanden. „Gottgewirkte Prophetie hat einen anderen Sinn und Zweck: Sie soll den lebendigen Gott als den Herrn der Geschichte, auch der dunklen, erweisen."
Scheint die Geschichte der Welt noch so auswegs- und hoffnungslos, so zeuge dies nicht gegen Gott als Herrn der Geschichte, sondern, daß dies „von ihm schon von Anbeginn in den Plan seiner Vorsehung eingerechnet ist, weil Er in unserer Schwachheit siegreich sein will". Rahner betonte: „Solche Prophetie will uns warnen vor einem innerweltlichen Optimismus, vor einem Fortschrittswahn und dem utopischen Unternehmen, das Reich des Glückes und der allgemeinen Seligkeit auf dieser Erde verwirklichen zu wollen. Darum verkündigt sie uns immer wieder eine dunkle Zukunft."
Echte Prophezeiungen mahnen die Menschen „zur Buße, zur Bekehrung und zum Gebet, zum Vertrauen auf den Sieg Christi, zur Hoffnung auf die Ewigkeit Gottes." Selbstverständlich gilt für alle Prophezeiungen außerhalb der Bibel, daß sie sich nur im Rahmen der göttlichen Offenbarung bewegen können. Über die Heilige Schrift hinaus sagen sie für die Heilsgeschichte

deswegen nichts wirklich Neues. „Ihr eigentlicher Sinn wird ein Imperativ zur rechten Haltung einer Zukunft gegenüber sein, die immer dunkel bleibt, die immer bedroht und aufs Ganze immer – innerweltlich gesehen – dem Tod verfallen und dennoch für den Glaubenden und Liebenden heilvoll ist", erklärte Rahner.

Allein die Liebe kann die Dunkelheit der Zukunft erfassen, sie aus Gottes Hand als Geschenk seiner Weisheit und seiner Liebe erhalten. Im ersten Brief an die Korinter (13, 8–10) schrieb Paulus: „Die Liebe hört niemals auf. Ob Prophetengaben, sie gehen zu Ende; ob Reden in Zungen, sie werden aufhören; ob Erkenntnis, sie nimmt ein Ende. Denn Stückwerk ist unser Erkennen und Stückwerk unser prophetisches Reden. Kommt aber die Vollendung, wird das Stückwerk abgelegt werden." Glaube, Hoffnung, Liebe – am größten unter ihnen, erklärt Paulus, sei die Liebe.

Den Zweck der Prophezeiungen beschrieb Rahner treffend: „Das Gute in aller Prophetie ist aber im letzten dann gegeben, wenn sie in uns klarmacht, daß die Welt im argen liegt (was wir nie wahrhaben wollen), wenn sie ausdauernde Geduld weckt und den Glauben, daß Er schon gesiegt hat, auch wenn wir in der Welt noch Trauer haben, wenn sie uns erfüllt mit Zuversicht auf den einen Herrn auch der noch unenthüllten Zukunft, wenn sie uns zum Gebet und zur Bekehrung des Herzens bringt und zum Glauben, daß uns nichts von der Liebe Christi trennen kann."

# *Visionen und Prophezeiungen – was sagt die Theologie dazu?*

Christen werden nicht daran zweifeln, daß Privatoffenbarungen Gottes durch Visionen (Bilder) und Auditionen (Worte) möglich sind. Als persönlicher und freier Gott kann er sich der Schöpfung, dem geschaffenen Geist, mitteilen. Das braucht nicht nur durch seine Werke zu geschehen, sondern kann auch durch das Wort sein. Die Mitteilung Gottes kann, so stellt der Theologe Karl Rahner fest, „mit einem Hier und Jetzt, mit einem bestimmten Wort, Befehl, mit einer begrenzten Wirklichkeit oder Wahrheit verbunden" sein, „und zwar so, daß sie geschieht oder verbunden ist mit dem ‚Erscheinen' eines der sinnlichen inneren oder äußeren Wahrnehmung gegebenen Gegenstands, der Gott, seinen Willen usw. repräsentiert und offenbart".
Gott kann sich also in begrenzter Wirklichkeit, als geschichtliche Erscheinung in der Schöpfung mitteilen, wie auch die Bibel lehrt. „Nachdem oftmals und in mancher Gestalt und Weise dereinst Gott zu den Vätern gesprochen hatte in den Propheten, sprach er am Ende der Tage zu uns durch seinen Sohn ..." (Hebr 1,1–2), heißt es im Hebräerbrief. Mehrfach und vielfältig hat Gott zu den Vätern früher durch Propheten gesprochen, während er zu uns, die wir in der Endzeit leben, durch Jesus Christus, seinen Sohn, gesprochen hat.

Wie Gott zu den Vätern „in mancher Gestalt und Weise" gesprochen hat, bezeugt die Heilige Schrift. In Ezechiel 1,28 etwa („Als ich das schaute, fiel ich auf mein Angesicht nieder und hörte jemand laut reden") hört der Propheten, Gottes Sprachrohr zu den Menschen, eine Stimme. Anders beispielsweise Isaias 2,1 („Das Wort, das Isaias, der Sohn des Amoz, über Juda und Jerusalem schaute"), wo dem Prophet eine Schauung zuteil wird. Gott offenbart sich auch in Bildern und Symbolen, so zeigt er Jeremias einen „siedenden Kessel" (1,13) oder „zwei Feigenkörbe" (24,1). Doch Gottes Botschaft ergeht ebenso durch Engelserscheinungen, etwa bei Lukas 1,11 („Da erschien ihm ein Engel des Herrn") oder Lukas 1,26 („Im sechsten Monat wurde der Engel Gabriel von Gott gesandt").

Auch im Traum kann sich Gott mitteilen, wie bei Matthäus 1,20 („Als er darüber nachdachte, siehe, da erschien ihm ein Engel des Herrn im Traum") oder Matthäus 2,19 („Nachdem aber Herodes gestorben war, siehe, da erschien ein Engel des Herrn im Traum dem Josef") belegt. Häufig offenbart sich Gott dem Propheten in dessen Ekstase, so etwa in der Apostelgeschichte 10,10 („kam über ihn eine Verzückung"), im zweiten Brief an die Korinther 12,2–4 („entrückt wurde bis in den dritten Himmel ... in das Paradies entrückt wurde ...") und in der Apokalypse 4,2 („Sogleich wurde ich im Geist entrückt ...").

Unterschiedlich ist das Ziel dieser verschiedenen Formen der Offenbarung Gottes, je nach der Stellung des Sehers und Propheten im Heilsplan Gottes, unterschiedlich sind daher die Auswirkungen auf den Menschen. Doch die Bibel beweist, daß Visionen und Prophetie einen hohen Stellenwert im Christentum genießen. Den Skeptikern hält Karl Rahner entgegen: „Wer alle solchen Dinge zurückführen wollte auf natürliche oder gar krankhafte menschliche Zustände, würde konsequent leugnen, daß ein geschichtliches Handeln des sich im Wort offenbarenden persönlichen Gottes möglich sei." Wer dies leugne, stelle den Charakter des Christentums als einer „übernatürlichen geschichtlichen Offenbarungsreligion" in Frage.
Aus der Tatsache, daß es zur Begründung der alttestamentlichen und christlichen Offenbarungsreligion prophetische und visionäre Phänomene gegeben hat, schließt Rahner mit Recht, man könne nicht von vorneherein bestreiten, daß es sie auch in der nachchristlichen Zeit geben kann. In Christus liegt die letzte, abgeschlossene und endgültige Offenbarung Gottes in der Selbstmitteilung durch das Wort vor. Also müssen nachchristliche Offenbarungen Gottes andersgeartet sein – doch daß sie möglich sind, kann nicht bestritten werden.

### *Offenbarung vor und nach Christus*

Aus Matthäus 10,41 („Wer einen Propheten aufnimmt, weil er ein Prophet ist, wird eines Propheten Lohn empfangen ...") oder aus der Apostelgeschichte 11,28 („In diesen Tagen kamen Propheten von Jerusalem nach Antiochien herab ...") können wir entnehmen, daß zur Zeit der Apostel die Prophetie nicht aus der Kirche ausgegrenzt wird. Allerdings muß dabei bewußt sein, daß Prophetie „Stückwerk" gegenüber der Liebe bleibt, wie der erste Brief an die Korinther 13,8–10 verdeutlicht: „Die Liebe hört niemals auf. Ob Prophetengaben, sie gehen zu Ende; ob Reden in Zungen, sie werden aufhören; ob Erkenntnis, sie nimmt ein Ende. Denn Stückwerk ist unser Erkennen und Stückwerk unser prophetisches Reden. Kommt aber die Vollendung, wird das Stückwerk abgelegt werden."
Rahner resümiert daher überzeugend: „Wer also die absolute Möglichkeit von besonderen Offenbarungen leugnet, verstößt gegen den Glauben, wer bestreitet, daß solche auch nach der Zeit der Apostel noch vorkommen können, verstößt gegen eine theologisch sichere Lehre." Jeder, der Christ sein wolle, müsse sich fragen, „ob er nicht in einer Haltung lebt, die solcher Offenbarung Gottes von vornherein verschlossen ist, und ob er nicht nur darum den visionären Geschehnissen in der Schrift billigend und glaubend gegenüberzustehen scheint, weil sie ihm gewohnt sind, nicht aber weil sie in ihm nicht sofort auf einen rationalistischen Protest stoßen würden, wenn sie ihm neu begegneten."

Auszusondern wären von der weiteren Betrachtung die mystischen Visionen, deren Ziel und Zweck nur auf die Vervollkommnung des religiösen Lebens des jeweiligen Visionärs gerichtet ist. Die prophetische Vision, von der im folgenden die Rede sein soll, richtet sich dagegen an eine größere Öffentlichkeit, mit der Absicht, ihr zur Belehrung und Warnung zu gereichen.
Diese Privatoffenbarungen gehen trotz ihres privaten Charakters über das Individuum hinaus. Dem steht allerdings die Tatsache gegenüber, daß die „öffentliche Offenbarung" mit dem Tod der Apostel abgeschlossen ist. Offenbarungen danach könnten nicht zur „Glaubenshinterlage" der Kirche gehören, schildert Rahner die „durchschnittliche Auffassung" der Theologie, deren Aussage er zwar als positiv wertet, wenngleich er diese Auffassung für mangelhaft hält.
Nach dieser Ansicht könne eine Verpflichtung, die Privatoffenbarungen zusammen mit dem „katholischen Glauben" zu glauben, nicht bestehen. Die Kirche müsse und könne sich mit den Privatoffenbarungen nur insofern beschäftigen, „als sie festzustellen habe, ob sie mit der kirchlichen Glaubenshinterlage vereinbar seien (oder nicht), um sie dann dem ‚menschlichen Glauben' der Gläubigen freizugeben".
Diese Aussage sei richtig, aber dennoch kritisiert Rahner die zugrundeliegende Auffassung gleich in doppelter Hinsicht. Einmal sei diese Sicht der Privatoffenbarung zu negativ. Von der Tatsache der Abgeschlossenheit jeglicher öffentlicher Offenbarung Gottes aus betrachtet, muß die gesamte spätere, private Offenbarung negativ, mit Mängeln behaftet erscheinen. Bedeutung und Notwendigkeit dieser nachchristlichen Prophetie werden so abgewertet zu rein mystischer Beschauung. Andererseits ist die Sicht der Privatoffenbarung unter einem anderen Aspekt zu positiv. Der deutliche Unterschied zwischen der Offenbarung vor und nach Christi Geburt wird zuwenig herausgearbeitet. Rahner meint, daß bei dieser wenig differenzierten Sichtweise in den Privatoffenbarungen nur ein „Anwendungsfall der allgemeinen Theologie des Offenbarungsgeschehens" gesehen werde. So verfahre etwa die Fundamentaltheologie. Sie betrachte die Privatoffenbarungen „einfach als ‚Offenbarung' minus der (dem Geschehen als solchem doch nur äußerlichen) Tatsache, daß sie in diesem Fall sich nicht durch den Offenbarungsträger verpflichtend an alle wendet". Damit aber bestehe nur noch ein Unterschied beim Empfänger der Offenbarung, während Ablauf, Inhalt und Echtheitskriterien übereinstimmen könnten. Doch der tatsächliche Unterschied sei weitaus größer.
Rahner fragt daher, was nach Christus noch offenbart werden kann. „Die Wahrheit, die Gott redend offenbart, hat, weil die Offenbarung selbst Geschichte ist, einen Zeitindex, der ihr wesentlich ist." Dabei sei die Zeit kein unveränderlicher Raum, in dem immer alles passiere und deshalb offenbart werden könne. „Vor Christus war in dem geschichtlichen Dialog zwischen

Gott und Mensch, den wir die Geschichte der Welt und des Heiles nennen, in jedem Augenblick immer alles offen, immer alles gestellt in das freie, dem Menschen noch nicht enthüllte, noch zu erwartende und erst noch geschichtlich eintretende Ereignis des Ratschlusses Gottes." Vor Christus habe sich also noch etwas ereignen können, was es noch nicht gab. So habe Gott ein neues Gesetz erlassen oder einen Bund stiften können. Ebenso unerwartet und nicht vorherbestimmbar konnte die Gnade und der Zorn Gottes auftreten, die Menschen mußten es in Gehorsam als unberechenbare Verfügung Gottes hinnehmen.

Anders aber sieht die Situation jetzt mit und nach Christus aus: Das Ende der Zeiten sei damit gekommen, stellt Rahner fest, „das Heilshandeln Gottes an der Menschheit hat in Christus seine entscheidende, grundsätzlich unüberholbare und definitive Phase erreicht". Keine neue Offenbarung gebe es in dieser Zeit mehr, Gott greife in die Heilssituation nicht mehr verändernd ein. Jetzt, so Rahner, „kann der Christ nur noch die Enthüllung der in Christus schon geschehenen Endgültigkeit des dialogischen Dramas zwischen Gott und Mensch, den Jüngsten Tag, erwarten". Damit sei „die Erwartung der Offenbarung Gottes in der Geschichte" abgelöst „durch die Erwartung der Offenbarung Gottes, die die Geschichte aufhebt".

Die Heilssituation verändernde Offenbarungen gibt es also in der Endzeit nicht mehr. Dennoch offenbart sich Gott, aber mit einem wesentlichen Unterschied zur vorchristlichen Offenbarung. Ist aber diese Privatoffenbarung als unwesentlich zu bewerten, eben weil sie die Heilssituation nicht mehr wesentlich verändert? Kann das von Gott, in welcher Form auch immer, Geoffenbarte unwesentlich sein? Oder enthält die Privatoffenbarung ohnehin nur Teile der allgemeinen, öffentlichen Offenbarung? Wozu sollte Gott etwas noch einmal offenbaren, wenn es ohnehin schon erkennbar ist?

Unbefriedigend bleiben diese Erwägungen; die einzige Antwort auf die Frage nach dem theologischen Wesen einer Privatoffenbarung kann deshalb, folgert Rahner, nur lauten: „Privatoffenbarungen sind in ihrem Wesen ein Imperativ, wie in einer bestimmten geschichtlichen Situation von der Christenheit gehandelt werden soll; sie sind keine neue Behauptung, sondern ein neuer Befehl." In ihren Behauptungen äußerten sie nur das ohnehin schon Bekannte aus Glaube und Theologie. „Und dennoch sind sie nicht überflüssig oder bloß ein himmlischer Repetitionskurs der allgemeinen Offenbarung" oder gar eine besondere Fragemethode, um aus dem Befragten etwas, was er weiß, aber was ihm nicht bewußt ist, herauszufragen.

Aus den allgemeinen Prinzipien des Dogmas lasse sich Gottes Wille in einer bestimmten Situation nicht eindeutig ableiten. Die Prinzipien des Dogmas grenzen zwar den Spielraum des vom Menschen geforderten richtigen Handelns ein und sind deshalb auch unbedingt notwendig. Letztlich können diese Prinzipien, die Handlungsmaximen, aber nicht sagen, „welche der verschiedenen innerhalb dieses Raumes immer noch möglichen Entscheidungen nun tatsächlich der Wille Gottes ist und wie sie getroffen werden soll", meint Rahner. Nicht immer müsse sich dabei Gottes Imperativ an die kirchlichen Amtsträger richten. „Grundsätzlich kann der Geist Gottes durch jedes Glied der Kirche auf sie einwirken und sie erkennen lassen, was er von ihr verlangt, welches Gebot der Stunde er ihr auferlegt. Der von Gott einem Glied der Kirche inspirierte Imperativ für das Handeln der Kirche in einer bestimmten geschichtlichen Situation – das scheint uns das Wesen einer prophetischen Privatoffenbarung nachchristlicher Art zu sein."

Rahner fordert deshalb dazu auf, „nicht zu schnell das Charisma der Propheten mehr oder weniger als ein vorübergehendes Privileg der Urkirche zu betrachten". Die Formen des prophetischen Charismas könnten zwar ebenso wie sein Eingreifen in die Kirchengeschichte einem Wandel unterworfen sein. „Aber immer muß es neben dem durch Handauflegung weitergegebenen Amt in der Kirche auch die menschlich unübertragene Berufung des Propheten geben. Keine der beiden Gaben kann die andere ersetzen."

Trotz der Abgeschlossenheit der Offenbarung hat die Prophetie nach Christus ihre nicht zu ersetzende Bedeutung und damit einen hohen Stellenwert innerhalb der Kirche. Der wird weder „durch die allgemeine Theorie der Theologie noch durch die natürliche und übernatürliche Klugheit des kirchlichen Amtes an sich, noch durch Mystik (im Sinne einer möglichst bildlosen ‚reinen Beschauung')" geschmälert, stellt Rahner fest. Um so größere Bedeutung kommt dann allerdings der Frage zu, wie die Mitteilungen Gottes in Visionen und Prophezeiungen von unechten, menschlichen, natürlichen, krankhaften und dämonisch bewirkten Erscheinungen zu unterscheiden sind. Dazu muß zunächst einmal die Psychologie der Visionen untersucht werden. Was würde eine echte Vision und Audition, eine Offenbarung Gottes, für den einfachen Geist bedeuten? Vereinfacht gesprochen, hätte sich damit eine himmlische Person in den Bereich der menschlichen Wahrnehmung begeben. Die Begegnung hätte damit stattgefunden, wie wenn ein Mensch einen anderen trifft. Wortwechsel, Verhalten, alles wie bei einer „normalen" Begegnung zweier Personen, nur daß die eine davon sozusagen vom Himmel kommt.

### *Realität der Visionen*

Ist diese Erklärung für eine Vision ausreichend? Wohl kaum. Es liegt auf der Hand, daß da eine eingehendere Untersuchung nötig ist. Die Mystiker unterscheiden etwa körperliche, einbildliche und rein geistige Visionen. Die rein geistigen können in dieser Betrachtung beiseite gelassen werden – denn sie werden als bildlos beschrieben.

Wie nun verhält es sich mit den körperlichen und einbildlichen Visionen? Auf den ersten Blick wäre man vielleicht versucht, die körperlichen über die einbildlichen zu stellen. Doch dieser erste Blick ist trügerisch. Die Mystiker sehen in der einbildlichen Vision die höherrangige. Die heilige Theresia von Avila etwa behauptete, sie habe ausschließlich einbildliche Visionen gehabt. Theresia aber hatte eine Vielzahl von Visionen. Ob eine Vision echt ist, kann also nicht direkt davon abhängen, ob sie körperlich ist. Eine Vision kann nicht einfach mit einer die äußeren Sinne ansprechenden Anwesenheit im Bereich unserer normalen Wahrnehmung erklärt werden. Würden wir die Körperlichkeit einer Vision als Echtheitsmerkmal fordern, so würde dies eine Kette nur schwer zu beantwortender Fragen nach sich ziehen. Wie könnte etwa Jesus als Kind erscheinen, obwohl er es längst nicht mehr ist? Wie kann jemand in Situationen, Verfassungen, erscheinen, die nicht „aktuell" sind? Wollte man die Körperlichkeit zum Prinzip erheben, dann sind solche wechselnden Zustände nur noch schwer faßbar.
Andererseits folgert Rahner treffend: „Die Tatsache des Realitätseindrucks des Visionsgegenstandes auf den Visionär und selbst die Eingliederung des Gegenstands in den normalen Wahrnehmungsraum sind kein Beweis für die Objektivität dieses Eindrucks." Schließlich findet sich der Realitätseindruck auch bei Halluzinationen oder ähnlichen Phänomenen in der Psychologie. Es ist keine Bewußtseinstatsache, den Eindruck als richtig zu werten, sondern dieser sei „erkenntnistheoretisch als ein Urteil zu werten, das die Wahrnehmung falsch interpretiert, und so auf Rechnung des Visionärs, nicht der Vision und ihrer transzendenten Ursache zu setzen", meint Rahner und fügt hinzu: „Der Mensch täuscht sich, nicht Gott ihn."
Wenn in der Vision Handlungen ablaufen, Personen sich bewegen, sprechen oder gar zusammen mit dem Visionär agieren, dann ist auch das noch kein Beweis für die Körperlichkeit und die Gottgewirktheit der Vision. Rahner tut dies mit einer einleuchtenden Begründung ab: „Damit der vernommene Inhalt einer Rede der wahrgenommenen Person nicht mehr als Produkt des schöpferischen Unterbewußtseins des Visionärs auffaßbar sei, müßte dieser Inhalt schon sehr eindeutig über den Möglichkeiten des Bewußtseins des Visionärs liegen, was nicht leicht nachgewiesen werden kann." Außerdem müßten noch andere Erklärungsmöglichkeiten herangezogen werden, die diese übernatürlichen Fähigkeiten faßbar machen, wie etwa die Parapsychologie.
Da erscheint es durchaus naheliegend, unter diesen Umständen davon auszugehen, daß eine Christus-Vision eine einbildliche Vision ist, ebenso wie die der anderen Heiligen. Während, wie oben dargestellt, körperliche Visionen nur schwer faßbar sind und keineswegs alle Visionen mit körperlichem Charakter behaftet sind, lassen sich die aufgeworfenen Fragen und Probleme ausschließen, wenn wir jede Vision grundsätzlich als einbildlich betrachten.

Das wirkt überzeugend und glaubhaft, auch wenn die Regel, Visionen sind einbildlich, Ausnahmen hat, wie Rahner zugesteht: „Es wird wohl nicht grundsätzlich zu bestreiten sein, daß es (auch ganz abgesehen von den ‚Erscheinungen' des Auferstandenen vor den Aposteln) körperliche Visionen geben könne; man wird aber wohl selten im Einzelfall tatsächlich eine solche stringent nachweisen können."

Also gehen wir von einer „einbildlichen Vision" aus – wie aber sieht sie tatsächlich aus? Von vorneherein sind zwei grundsätzliche Feststellungen zur Natur dieser einbildlichen Vision zu treffen: Sie muß sich nach den psychischen Gesetzen richten, meint Rahner, „die aus der inneren Struktur der seelischen Fähigkeiten derer erfließen, die diese Vision haben, andererseits muß die Vision, soll sie als ‚echte' gelten können, von Gott verursacht sein". Zwar könne Gott Naturgesetze wie auch psychische Gesetze durch seinen Eingriff ausschalten, wie es etwa bei einem gottgewirkten Wunder geschieht. Aber dabei gilt der Grundsatz, wie Rahner feststellt, daß „sich Gott der ja von ihm selbst geschaffenen und gewollten Gesetze natürlicher Wirklichkeiten" so weit bediene, als es nur möglich sei. Damit auch der Empfänger einer Vision sie in seiner seelischen Wirklichkeit vollziehen kann, dürfen dessen psychische Gesetzlichkeiten nicht gänzlich aufgehoben sein. So ist nach Rahner daher davon auszugehen, daß „auch in gottgewirkten Visionen die natürlichen psychischen Strukturen und Gesetze in weitestem Umfang gewahrt und in Tätigkeit bleiben".

Was besagt nun die zweite grundsätzliche Forderung an die einbildliche Vision, die Bedingung, daß sie von Gott gewirkt sein muß? Gottes Wirken, seine Eingriffe, sind positiv ausgerichtet. Entsprechend wird der Mensch ein Geschehen, von dem positive moralische und religiöse Impulse ausgehen, als von der göttlichen Vorsehung verursacht hinnehmen. Um dieses Geschehen Gott zuzurechnen, wird aber keineswegs verlangt sein, daß es sich dabei um ein Wunder handeln muß, um einen natürlichen Eingriff. Für den religiösen Menschen, meint Rahner, sei unter dem Gesichtspunkt der religiösen Heilsbedeutsamkeit der Unterschied unerheblich, ob die Gottgewirktheit innerhalb oder außerhalb der natürlichen Gesetze liegt. Denn der religiöse Mensch könne „auch in einem ‚natürlich erklärbaren' Vorgang mit Recht die freie Gnade Gottes für sein Heil erblicken." Unter der Voraussetzung positiver moralischer und religiöser Impulse könnte also eine „natürlich erklärbare Vision" gottgewirkt sein, auch wenn sie auf psychischen Mechanismen beruht, die im Alltag nicht in dem Ausmaß auftreten.

Als gottgewirkt sind selbstverständlich wesentlich einfacher Visionen zu bezeichnen, die auf übernatürliches Eingreifen Gottes zurückzuführen sind. Allerdings sind dabei Unterscheidungen zu treffen. Rahner trennt hier zunächst einmal das übernatürliche Wirken Gottes ab, „das die Natur überformt, das aber deren Gesetz nicht im eigentlichen und empirisch feststellba-

ren Sinn aufhebt, das nicht ein bloß sporadisches Eingreifen Gottes bedeutet, sondern zu den ‚normalen' Strukturen der konkreten psychischen Wirklichkeit gehört". Visionen dieser Art seien „das außerordentliche, aber nicht außernatürliche Echo einer normalen Entwicklung des übernatürlichen Lebens und in diesem Sinn übernatürlichen Ursprungs und gottgewirkt".
Aber es gibt weiter ein übernatürliches Eingreifen Gottes, das als Wunder zu qualifizieren ist. Wenn eine Vision unter Aufhebung der Naturgesetze entsteht, wäre sie offensichtlich als gottgewirkt zu bezeichnen. Mit Recht fragt Rahner, ob die kirchliche Anerkennung einer Vision als echt und glaubwürdig nur den durch ein Wunder zustande gekommenen Visionen vorbehalten sein sollte. Wieso, fragt Rahner, sollte diese Anerkennung nicht sinnvoll sein, „wenn sie nur feststellt, eine ‚Vision' sei inhaltlich und nach ihrer Wirkung auf den Visionär nur förderlich und in diesem Sinne ‚von Gott'"? Oder sollte die Anerkennung nicht auch sinnvoll sein, wenn sie feststelle, die Vision „sei ein legitimes, den Normen des Glaubens und der Vernunft entsprechendes Echo der eigentlich mystischen Erfahrung des Visionärs"? Könnte also die Anerkennung in diesen beiden Fällen nicht auch sinnvoll sein, „ohne daß in den beiden Fällen ein eigentliches und als solches durch die Kirche bestätigtes wunderbares Eingreifen Gottes vorausgesetzt zu werden braucht"?

### *Psychologische Untersuchung*

Nach dieser Betrachtung können wir uns der eingehenderen psychologischen Untersuchung der einbildlichen Vision widmen. Nach wie vor gilt dabei die Annahme, es handele sich um eine gottgewirkte Vision. In der Vision ist ein Gegenstand räumlich gegeben, der Visionär hat ihn vor sich. Allerdings reicht dazu nicht aus, daß der Gegenstand bloß gegeben ist. Dieser Gegenstand erregt in dem Betrachter ein Sinnenbild – nicht aufgrund seiner Stofflichkeit, sondern Gott ruft den Eindruck der Sinne hervor. Je nachdem welche und wie viele Sinne betroffen von diesem Eindruck sind, so unterschiedlich wird der Gegenstand sinnlich bewußt. Dieses Sinnenbild, der sinnlich bewußt gewordene Gegenstand, wird im Bewußtsein vergegenständlicht. Seine wahrgenommene Gegenständlichkeit geht in das Bewußtsein ein, nicht der Gegenstand selbst. Das Bewußtsein sieht quasi mit „anderen Augen", es enthält nicht den Gegenstand, sondern nur dessen Sinnenbild, das durch willkürliche Anstrengungen des Menschen nicht verändert werden kann.
Allerdings kommt die so erfolgte Wahrnehmung eines Gegenstandes einem Urteil gleich, einer Be- und Auswertung eines Gegenstandes. Das von ihm erzeugte Sinnenbild ist ja nicht mehr das Original an sich, sondern eine Abbildung durch die Sinne. Damit ist die Wahrnehmung ein Urteilsvorgang, eine Auswertung von Eindrücken, die zusammengesetzt den Gegenstand im

Bewußtsein abbilden. Nun kann dieses Urteilen aber auch Irrtümern unterliegen. Eine leibhaftige Wahrnehmungsgegenwart könnte, wie Rahner ergänzt, ebenfalls dort angenommen werden, „wo der Gegenstand in seinem Selbst nicht gegenwärtig ist und wo doch aus anderen Ursachen eine Erregung der sinnlichen Erkenntnisfähigkeiten, die sonst bei der eigentlichen Wahrnehmung die Voraussetzung abgibt, vorhanden ist". Dabei bleibe grundsätzlich der Irrtum darüber, daß etwas nur Vorstellung ist, aber trotzdem als Wahrnehmung betrachtet wird, feststellbar. Daher gebe es keine unvermeidliche Sinnestäuschung durch Gott. Auch wenn Gott sinnliche Eindrücke erzeugt, die zu einem Sinnenbild, einer Vorstellung im Bewußtsein führen, und diese Vorstellung auf eine offensichtliche Wahrnehmung zurückgeführt wird, so ist dieses Fehl-Urteil von der gefolgerten, tatsächlichen Gegenwart des Vorgestellten möglicherweise naheliegend, jedoch nicht unvermeidbar.

Der sinnlich gegebene Inhalt einer Vision kann daher kein zuverlässiges Kriterium für die Echtheit einer Vision sein. Denn um auf die Gottgewirktheit, die Echtheit, einer Vision schließen zu können, müßte danach bewiesen werden, daß der Inhalt einer konkreten Vision nicht ohnehin schon aus den Fähigkeiten des Bewußtseins des Visionärs, seiner Vorstellungskraft (Phantasie, Gedächtnis, Unterbewußtsein) produzierbar ist. „Weder das scheinbare oder wirkliche Wahrnehmungserlebnis noch der Inhalt werden im allgemeinen ein striktes ‚Kriterium der Echtheit', das heißt einer transsubjektiven Verursachtheit der einbildlichen Vision und eines göttlichen Ursprungs sein können", faßt Rahner als Ergebnis zusammen. Aufgrund ihrer Natur könne eine einbildliche Vision eine derartige Leistung nicht erbringen.

Rahner beleuchtet daneben auch eine andere Seite der einbildlichen Vision. Er fragt nach dem Ansatzpunkt für die Einwirkung Gottes auf den Visionär. Worin, so überlegt Rahner, besteht der „Primäreffekt" der göttlichen Berührung? Die einbildliche Vision, ihr im Bewußtsein produziertes Sinnbild, sei nicht das unmittelbar und direkt von Gott Bewirkte, sondern „gewissermaßen nur Ausstrahlung und Echo eines viel innerlicheren und geistigeren Vorgangs". Die Vision sei quasi nur ein Begleitphänomen dieses Vorgangs. In der spanischen Mystik beispielsweise wird der Vorgang als „eingegossene Beschauung" bezeichnet. Diese „eingegossene Beschauung" als innerlicher, geistiger Vorgang reicht von der „geistlichen Verlobung" bis zur „geistlichen Hochzeit". Bei diesem geistigen Vorgang aber ist die Ekstase, in der die sinnliche Tätigkeit gebunden wird, nur noch ein Begleitphänomen, „eine Auswirkung des zentralen mystischen Vorgangs", wie Rahner schreibt. Die Ekstase verschwinde „bei einer vollendeten mystischen Entwicklung auf der höchsten Stufe" wieder und sei „eigentlich ein Anzeichen der ‚Schwäche' der Natur des Mystikers ... der das Übermaß der mystischen Mitteilung Gottes nicht aushält". Vergleichbar stellt sich dazu die Situation bei der einbildli-

chen Vision dar, „die eine solche eingegossene Beschauung als gegeben" voraussetzt und nur „deren Ausstrahlung und Reflex in der sinnlichen Sphäre des Menschen, die Verleiblichung des mystischen Vorgangs im Geist" ist.
Aus dieser Erkenntnis zieht dann Rahner eine ganze Reihe wichtiger Schlußfolgerungen über die Natur einer echten einbildlichen Vision. Wenn die Mystik nicht allzuviel von der einbildlichen Vision hält, dann liege das daran, daß sie diese eben nur als Begleitphänomen eines viel wesentlicheren Geschehens betrachtet. Gerade durch diese Sicht, so Rahner, werde der Blick für das Wesentliche, das Gottgewirkte, geschärft und richte sich auf „das Werk, das die mystische Gnade Gottes in der eingegossenen Beschauung in der Tiefe der Person tut, auf den reinen Glauben und die Liebe zu dem über alle Bilder erhabenen Gott".
Mit Mißtrauen muß folgerichtig daher die christliche Mystik allen vorgeblich einbildlichen Visionen begegnen, die isoliert, ohne Zusammenhang zu der eigentlichen mystischen Begnadigung, auftreten. Ist das Unwesentliche ohne die eingegossene Beschauung, die es ja nur begleitet, aufgetreten oder hat ein nicht mystisch geschulter Visionär nur dieses unwesentliche Begleitphänomen „erlebt", dann ist große Vorsicht geboten. Zu dem Echtheitskriterium gehört die eingegossene Beschauung. Fehlt sie oder und tritt kein Wunder an ihre Stelle, dann ist nach dieser Auffassung die Vision nicht echt, nicht gottgewirkt.

### *Visionäre Irrtümer*

Gottes Eingriff setzt quasi tiefer an als in dem Bewußtsein der Sinne; das Einbildliche der Vision ist nur abhängige Größe der göttlichen Einwirkung. Obwohl es sich dabei dann um eine echte Vision handelt, ist sie nicht direkt gottgewirkt. Denn sie wird auch als einbildliche Vision nach den psychologischen Gegebenheiten des Visionärs ablaufen. Es ist davon auszugehen, daß Gott an tieferer Stelle einwirkt, als unser sinnliches Erkenntnisvermögen reicht. Hinter dem sinnlichen Erkenntnisvermögen liegt „die Berührung und Vereinigung des Geistes im Menschen mit Gott", der Platz des Gnadengeschehens, erklärt Rahner. Wenn man dies voraussetze, dann sei auch zu erwarten, „daß das Echo dieses eigentlichen Kernvorgangs in der Sinnlichkeit des Menschen nicht nur von diesem Vorgang allein bestimmt wird, sondern in dieses Echo ebenso alle anderen Voraussetzungen, die im Visionär gegeben sind, einfließen". Bei dieser Auffassung der mystischen Vision allerdings kann Rahner zufolge das göttliche Einwirken keine Garantie dafür bieten, „daß der imaginäre Inhalt auch einer ‚echten' Vision nicht von der Eigenart des Visionärs so mitbestimmt ist, daß historisch Unrichtiges, theologisch Schiefes und Falsches, Einseitiges, Geschmackloses mit in diesen Inhalt" gelangt.

„Der bildhafte Inhalt der Vision ist nicht nur ‚Bild' der eigentlichen göttlichen Berührung, sondern auch ‚Bild' des Menschen, der sie empfängt", schreibt Rahner. Der einbildliche Inhalt der Vision könne also nur als „schon vollzogene Synthese aus dem göttlichen Einwirken und den subjektiven Bedingtheiten des Menschen" bewußt gegeben sein. Das wirft eine weitere Schwierigkeit auf. Die Trennung und eindeutige Zuordnung der Quellen nämlich wird kaum – und wenn, dann nur sehr schwer – zu realisieren sein. Es bleibt dem Ermessen der Außenstehenden vorbehalten, darüber zu urteilen, ob der Inhalt der Vision von Gott inspiriert ist. Vielfach ist den Visionären nicht gelungen, das von Gott gewirkte tieferliegende Erleben von der einbildlichen Vision zu scheiden. Einmal von der göttlichen Quelle dieses geistigen, tiefen Erlebnisses überzeugt, haben die Visionäre auch darin den Ursprung ihrer einbildlichen Vision gesehen. Doch diese Visionen sind, wie oben nachgewiesen, nur Begleitphänomen des gottgewirkten Erlebnisses, also selbst nur mittelbar von Gott gewirkt. Dabei unterliegen sie, wie bereits erwähnt, den psychologischen und persönlichen Gegebenheiten des Visionärs.

Die Folgen davon haben sich in aller Deutlichkeit niedergeschlagen, wie Rahner nachweist: „Tatsächlich bietet die Geschichte der Visionen, und zwar bei kanonisierten Heiligen und Seligen, also bei Menschen, denen subjektive Ehrlichkeit, große Heiligkeit und echte mystische Erlebnisse nicht bestritten werden können, eine Fülle von historischen, theologischen und geschmacklichen Irrtümern und Schiefheiten." Dabei handelt es sich jeweils um Fälle, wo die Heiligen glaubten, in echten Visionen wichtige Tatsachen erfahren zu haben.

Der Ordensstifter und Heilige Norbert von Xanten (1085–1134) etwa war sich sicher, der Antichrist werde noch in seiner Generation in Erscheinung treten. Das Weltende kurz vor seinem Kommen sah der heilige Vinzenz Ferrer. Die Mystikerin Katharina von Siena (1347–1380) war überzeugt davon, sie habe von Maria offenbart bekommen, sie habe nicht unbefleckt empfangen. Ihre nicht in allen Punkten zutreffenden Erkenntnisse führte die heilige Hildegard von Bingen (1098–1179) auf göttliche Eingebung zurück. Diese Beispiele stehen nur für eine Vielzahl weiterer aufzulistender Irrtümer. Rahner wertet diese Beispiele als Beleg dafür, wie eng sich „göttliches Wirken und menschliche Subjektivität bis zum Irrigen und Bizarren durchdringen" bis „in die Visionen der Heiligen, daß man auch in den ‚echten' Visionen nicht bloß Gottes Werk sehen kann. ... Auch in den ‚echten' Visionen wirken menschliche Kräfte schöpferisch mit."

Aus dieser Sachlage zieht Rahner zweierlei Konsequenzen. Zum einen wertet er positiv, daß ein sich als Vision gebendes Erlebnis nicht vor das „strenge Dilemma" gestellt werden kann, „entweder in allen Punkten richtig zu sein oder als Ganzes für menschliche oder teuflische Illusion oder Betrug zu gelten". Zum anderen allerdings merkt Rahner als negativ an, daß auch bei durch äußerliche Kriterien festgestellter Echtheit einer Vision nicht zwangsläufig davon auszugehen sei, „daß darum auch jede inhaltliche Einzelheit richtig sei und akzeptiert werden müsse". Denn schließlich können in einer echten Vision „Irrtümer unterlaufen, Gestalt, Tun, Rede der erscheinenden Person ebensosehr und mehr den subjektiven Bedingtheiten des Visionärs entspringen als dem ‚An sich' der erscheinenden Person angehören". In diesem Rahmen kann natürlich ebenso die „Botschaft" einer prophetischen Vision „durchaus subjektive Bedingtheiten der Zeit, des Milieus, der theologischen Bildung des Visionärs in sich tragen".

Letztlich bleibt auch noch zu bedenken, daß solche subjektiven Einflüsse, wenn sie schon in der einbildlichen Vision anzunehmen sind, um so mehr noch für die Zeit nach der Vision zu berücksichtigen sind. Trotz aller Ehrlichkeit eines Visionärs könnten „unwillkürliche Korrekturen, Erinnerungstäuschungen, Benützung vorgegebener gedanklicher Schemata und eines schon vorliegenden Vokabulars", wie Rahner zum Beispiel andeutet, die einbildliche Vision ungewollt verändern.

### *Echte Offenbarung*

Wie könnten demnach Kriterien für die Echtheit von Visionen und Offenbarungen dann überhaupt aussehen? Keine Kriterien, sondern Voraussetzung für jeglichen Echtheitsanspruch einer Vision sind Frömmigkeit und Ehrlichkeit des Visionärs. Weil beides aber nicht vor Irrtümern schützt, wie das Beispiel der Heiligen lehrt, sind diese Eigenschaften auch kein Echtheitsbeweis. Auch einer behaupteten seelischen Gesundheit des Visionärs kann kein Echtheitsbeweis entnommen werden. Denn die Behauptung resultiert aus einem Umkehrschluß, der nicht allgemein gültig ist: Wenn die Vision nicht echt wäre, dann handelt es sich beim Visionär um einen Geisteskranken, weil er das aber offensichtlich nicht ist, muß die Vision echt sein. Doch es gibt durchaus Dinge, die über unser alltägliches Vorstellungsvermögen hinausgehen, ohne aber deswegen krankhaft oder von Gott inspiriert zu sein.

Nicht einmal die Deutlichkeit, der Wahrnehmungscharakter der einbildlichen Vision hilft bei der schwierigen Frage weiter, ebenso wenig kann von der persönlichen Ehrenhaftigkeit erwartet werden. Was also bleibt nach diesen Negativkriterien noch übrig, woraus könnten Visionäre und Außenstehende auf die Echtheit einer Vision schließen? Eingegossene Beschauung oder die Garantie eines bestätigten äußeren Wunders sind dazu nach Rahners wegweisenden Gedanken unbedingt erforderlich. Ist weder das eine noch das andere gegeben, „wird praktisch der Visionär kaum zu einer eindeutigen berechtigten Bejahung der Echtheit seiner Vision kommen können". Der Visionär kann dann die Echtheit nicht schlüssig beurteilen, aber die Vision wenigstens zur Förderung seines eigenen spirituellen Lebens verwenden, wenn sie „inhaltlich nicht gegen Glauben und christliche Sittlichkeit verstößt, inhaltlich also unbedenklich ist“. Die Spiritualität des Visionärs befruchten kann eine solche Vision, „wenn sie sein religiöses Leben fördert, ohne ihn zu verleiten, solchen Dingen eine unberechtigte Aufmerksamkeit zu schenken für sein eigenes religiöses Leben und als ‚Prophet‘ anderen gegenüber aufzutreten“.

Schwieriger sind die Beurteilungskategorien für den außenstehenden Dritten. Befassen wir uns mit einer mystischen Vision eines Dritten, bleibt uns „das eigentliche mystische Kernerlebnis der eingegossenen Beschauung“ verschlossen. Deshalb kann ein Außenstehender bei solchen mystischen Visionen „nur in viel geringerem Grad der Sicherheit oder Wahrscheinlichkeit“ darauf schließen, daß dieses Kernerlebnis vorgelegen habe. Damit aber verringert sich auch der Wert des uns zur Verfügung stehenden Kriteriums. Aus diesem Grund, ergänzt Rahner, werde man als Außenstehender solchen mystischen Visionen eines anderen „mit der Achtung gegenübertreten, die man dem Seelenleben frommer und geistig gesunder Menschen schuldet“. Ob dann die Vision dem eigenen religiösen Leben zugute kommt, liegt im eigenen Ermessen. „Jedenfalls ist man nicht verpflichtet, auf solche Dinge viel Wert zu legen, wenn die klassische Mystik schon den Visionär selbst davor warnt, solchen Erlebnissen zu viel Wert und Bedeutung beizumessen.“ Noch weniger Bedeutung sollte man solchen Visionen beimessen, die nicht bei mystisch begnadeten Menschen auftreten, meint Rahner. Täuschungen seien allzu häufig, weshalb die übernatürliche Einwirkung nicht vorauszusetzen, sondern zu beweisen sei. Es bestehe nämlich mehr die Gefahr, warnt Rahner, „durch Leichtgläubigkeit als durch Skepsis zu fehlen, besonders in aufgewühlten Zeiten“. Anders sollte die Bewertung von Visionen erfolgen, die sich mit prophetischem Eifer und Forderungen an Außenstehende wenden. Wenn die Vision über die bereits bekannten, gültigen und verpflichtenden Forderungen hinaus noch weitere enthält, „dann ist das einzige Kriterium, das einen solchen Anspruch begründen kann, das eigentliche (physische oder moralische) Wunder im strengen Sinn“. Rahner formuliert dies noch einmal mit aller Deutlichkeit: „Forderungen, Botschaften, die – wenn auch im Rahmen der allgemeinen, geoffenbarten Lehre – für andere als den Visionär selbst erhoben werden mit Berufung auf eine Vision, müssen ihren göttlichen Ursprung und ihre verpflichtende Berechtigung durch Wunder ausweisen.“ Auch in diesem Fall ist eine Anlehnung dieser Offenbarung möglich. Sie ist nach Rahners Worten „keine ‚Ablehnung der Gnade Gottes‘“, vielmehr könne sie „im Gegenteil vom Ernst gefordert sein, mit dem der Mensch sich hüten muß, den ‚Geistern‘ ungeprüft zu glauben“. Rahner beschäftigt sich mit dem Urteil der Kirche über solche Visionen und betont, daß die Kirche einer Vision und Privatoffenbarung bestenfalls „menschliche

Glaubwürdigkeit" zubilligt. Dabei hebt Rahner hervor, daß diese Bewertung nicht notwendig unfehlbar sein muß. Sie besage nur, „daß eine solche Offenbarung gute Gründe menschlicher Glaubwürdigkeit für sich in Anspruch nehmen kann und nicht gegen die Glaubenshinterlage der Kirche verstößt".

### *Sensation oder Privatoffenbarung*

Klar und eindeutig wendet sich der Theologe Karl Rahner aber gegen Tendenzen, die sich aus einer berechtigten Anerkennung einer Vision ergeben können. Mitunter werden Botschaften, die zu Buße und Umkehr mahnen, nicht gerade gern vernommen. Aber genau das Gegenteil davon kommt mindestens ebenso häufig vor: „Wo solche (auch in sich echte!) Privatoffenbarungen mißbraucht werden zur Befriedigung eines geistlichen Sensationsbedürfnisses, da haben wir sie auf jeden Fall nicht recht verstanden." Scharf verurteilt Rahner solche Auswüchse, die entstünden, „wenn wir gieren nach Prophezeiungen, die so ‚klar' und ‚eindeutig' sind, daß sie uns die Last einer verantwortlichen Entscheidung und das bedingungslos sich ergebende Vertrauen auf Gottes unberechenbare Vorsehung abnehmen". Damit würde nach Wahrsagerei verlangt, außerdem sei man dann nicht mehr fähig, „auch echte Prophetie richtig zu lesen, falls eine solche von einer echten ‚Erscheinung' ausgehen sollte".
Wohlverstanden aber sei die Privatoffenbarung, „wenn Menschen dadurch den ersten Eingang in eine wirkliche Erfassung des Christentums finden, wie dies oft geschieht". Allerdings sei keineswegs grundsätzlich davon auszugehen, daß Gott seine wichtigsten Weisungen in den Visionen erteilt. „Sie stehen vielmehr im Evangelium und ertönen von den Lippen der Kirche in ihrer ‚ganz gewöhnlichen' Verkündigung." Und Rahner fordert deshalb dazu auf, bei aller Liebe zu Offenbarungen und Erscheinungen nicht zu vergessen, daß Christus im Armen und Notleidenden am gewissesten erscheint. „Im Sakrament und in der Gnade des Heiligen Geistes, die sich jedem Christen anbietet, hat Gott seine lauterste Gegenwart. Das Kreuz ist die wahre Begnadigung und die Liebe das höchste Charisma ... Gut in allen Geistern ist nur, was uns zu besseren Christen macht." Dies sei ein wichtiges Kriterium zur Beurteilung von Visionen, unterstreicht Rahner.
Die allgemeinen Ausführungen über die Visionen, die Erscheinungen, gelten grundsätzlich auch für die Prophezeiungen. Denn die Prophezeiungen im religiösen Bereich ergehen meist als Mitteilungen von in der Vision erscheinenden Personen.
Zu der Prophetie im Sinne von Vorhersage oder Voraussicht eines zukünftigen und durch gewöhnliche menschliche Erkenntnismittel nicht errechenbaren Ereignisses gibt Karl Rahner einige wichtige Anmerkungen. Dabei ent-

wickelt er eine Typologie verschiedener möglicher grundsätzlicher Formen, die natürlich als solche nicht in reiner Ausprägung immer notwendig auftreten müssen, sondern durchaus in unterschiedlichen „Mischverhältnissen“ erscheinen können.

### *Kennzeichen des Aberglaubens*

„Zu einem ersten Typ von Prophezeiungen“, erläutert Rahner, „möchten wir alles das rechnen, was man am besten und deutlichsten in einem abwertenden Sinn ‚Wahrsagerei‘ nennen kann.“ Solche Wahrsagerei könne ihrem Wesen nach sehr verschieden sein. Rahner zählt zu der Wahrsagerei „antikes und altgermanisches Orakelwesen, Astrologie (soweit diese behauptet, wirklich etwas Genaues über menschliche, durch Freiheit bewirkte Zukunft aussagen zu können), Chiromantie (Handlesekunst, soweit sie denselben Anspruch macht), Kartenlegen, Wahrsagerei durch Befragung von ‚spirits‘ in spiritistischen Sitzungen, Nekromantie (Totenbeschwörung zur Erforschung der Zukunft) usw.“. All diese, auf den ersten Blick so unterschiedlich anmutenden Formen von Wahrsagerei haben einen wesentlichen Punkt gemeinsam: Sie sind Ausprägungen des Aberglaubens. Und zwar eines Aberglaubens, ergänzt Rahner, „nicht nur in dem Sinn, daß meistens dabei der Zweck mit einem dafür untauglichen Mittel erreicht werden soll, die betreffende Praxis also auf Irrtum beruht und zu Täuschungen führt“, sondern auch „in dem Sinn, daß diese Praktiken aus einer im Grunde widerreligiösen Haltung erwachsen und in manchen Fällen auch durchaus die Bereitschaft einschließen können, dämonischen Einflüssen und Wirkungen sich zu öffnen und sich derer zu bedienen“. Dabei sei „dem Betrug Tür und Tor geöffnet“. Allein von der „geistigen Hygiene“ her, fordert Rahner kategorisch, seien solche Dinge abzulehnen, weil sie sich „für die geistige Gesundheit der ihnen ergebenen Menschen höchst nachteilig auswirken“.
Auf die genannte Art von Wahrsagerei zurückgehende Prophezeiungen, bemerkt Rahner weiter, seien „so gut wie immer kindische Primitivitäten, die dem geistigen und ethischen Niveau ihrer Adepten entsprechen und schon dadurch zeigen, daß in ihnen keine ‚höhere‘ Quelle der Erkenntnis erschlossen wird“. Rahner stellt schließlich die durchaus berechtigte Frage, wo denn beispielsweise spiritistische Sitzungen schon einmal etwas zutage gefördert hätten, „was nicht genauso albern oder unbedeutend ist, wie die Ideen und Vorstellungen, die schon vorher in den Köpfen der Veranstalter solcher Sitzungen waren“. Darüber hinaus sei die Wahrsagerei ihrem abergläubischen Wesen nach widerreligiös. Denn zum einen glauben diejenigen, die sich mit Wahrsagerei beschäftigen, „eine Technik zu besitzen, mit der man Gott seine Geheimnisse zu entreißen vermag“, zum anderen fehlt natürlich die für wirkliche Religion wesentliche, „demütige Hingabe des Menschen an die souve-

räne Verfügung des lebendigen Gottes, dessen Wege und Ratschlüsse unerforschlich sind". Wenn eine Prophezeiung widerreligiös sei und „im Dienst rein weltlicher Bestrebungen" stehe, „haben wir es mit Wahrsagerei zu tun, die abzulehnen ist".

*Parapsychologische Seher*

Als zweiten Typ der Prophezeiungen führt Karl Rahner all diejenigen an, die „parapsychologischer" Natur seien: „Wahrträume, zweites Gesicht, Hellsehen, Vorauswissen der Todesstunde usw." Es gebe durchaus einige Phänomene, die unter dem Begriff „parapsychologisch" einzureihen seien, meint Rahner. Das sei dann gegeben, wenn „bei ihnen trotz ihrer Außergewöhnlichkeit ein besonderes Eingreifen Gottes nicht anzunehmen ist, sie also auf natürliche Fähigkeiten zurückgeführt werden müssen, wenn diese Fähigkeiten auch nicht zu denen gehören, die einem heutigen ‚modernen' Menschen in einem irgendwie deutlichen Grad zu Gebote stehen". Warum solche Fähigkeiten auf außergewöhnliche, aber jedenfalls natürliche Veranlagung zurückzuführen seien, begründet Rahner damit, daß die Leistungen dieser Fähigkeiten „im ganzen religiös zu unbedeutend" seien, um dabei „an ein eigentlich übernatürliches Eingreifen Gottes denken" zu müssen. Erklärungsversuche, wie solche parapsychologischen Gesichte zustande kommen, haben letztlich noch nicht weitergeholfen. Wie von solchen Gesichten, von solcher Hellsichtigkeit gottgewirkte Prophezeiungen zu unterscheiden sind, leuchtet nach Rahners Darstellung durchaus ein: „Der parapsychologische Seher erhascht in einer unpersönlichen Weise einen kleinen Fetzen der Zukunft, der ihm irgendwie ‚zufällig', sinnlos und blind in den Bereich seiner Erkenntnis hineingeweht wird." Das so Gesehene sei sehr deutlich, aber es „steht isoliert da und bleibt trotz aller Deutlichkeit unverständlich". Ganz anders verhält sich dies bei einer gottgewirkten Prophezeiung. „Sie ‚zeigt' eigentlich nicht bildhaft ein Stück der Zukunft, sondern teilt etwas von ihr mit, indem sie diese deutet. Eine solche Mitteilung ist darum … in den Einzelheiten undeutlich, weil sie mehr vom Sinn der Zukunft spricht und gerade nicht ein Mittel sein will, sich gegen diese zu schützen und vorzusehen, da sie die wagende und auf Gott vertrauende Freiheit des Menschen vor einer dunkel bleibenden Zukunft offenhalten will."
Rahner führt als dritten Typ die „geschichtsphilosophische und geschichtstheologische (wenigstens versuchte) ahnende Vorwegnahme der Zukunft" an. Aufschlußreich ist seine Beschreibung dieser Art von Prophezeiungen: „Große Geister der Menschheit blickten immer in die Zukunft, ahnten das Kommende, warnten die Zeitgenossen durch die Schilderung des zukünftigen Ergebnisses, das die Taten der Gegenwart heraufbeschwören, trösteten die, die jetzt in ihrer Gegenwart unter Tränen säen, mit der Ernte, die die

kommenden Geschlechter frohlockend einbringen werden." Die Ursache solcher Vorhersagen sei meist vielfältiger Gestalt: „geschichtsphilosophische Hellsichtigkeit eines überragenden Geistes, Orientierung an der göttlichen Prophetie der Schrift und ihrer Theologie der Geschichte; unter Umständen auch parapsychologische Einschläge und da und dort vielleicht auch eigentlich übernatürliche Einflüsse". Das hat aber selbstverständlich zur Folge, daß sich „in ihnen Falsches und Richtiges, Klares und Undeutliches" mischen, „vieles wird einseitig gesehen, manches übersehen und vieles auch falsch beurteilt sein".

### *Prophezeiung mit politischer Absicht*

Als vierten Typ betrachtet Karl Rahner die „erdichteten Prophezeiungen". Es handele sich dabei um eine „Zweckdichtung politischer oder religiöser Art, in der im Gewand einer Prophezeiung welt- oder kirchenpolitische Ideen propagiert und (unter Umständen) ein Urteil über die Vergangenheit (die noch als ‚Zukunft' unterstellt wird) ausgesprochen wird".

### *Gottgewirkte Offenbarung*

Der fünfte Typ, den Karl Rahner von den vorangegangenen unterscheidet, sind die gottgewirkten Offenbarungen, „die wirklich Gott zu ihrem unmittelbaren Urheber haben". Sie seien „zusammen mit den Wundern zu den Zeugnissen" zu rechnen, „durch die Gott in der Heilsgeschichte seine durch Propheten und Apostel ergehende Botschaft an die Menschheit bezeugt und als gottgewirkt erkennbar macht". Die Möglichkeit solcher Vorherverkündigung des Zukünftigen durch Gott existiere, auch wenn das menschliche Verständnis sie sich nicht erschließen kann, „wie Gott, unbeschadet der Zukünftigkeit und vor allem der Freiheit des Vorhergesagten, das Zukünftige weiß. Er steht als der lebendige und allwissende Gott über der Zeit und Geschichte, er ist, als die allmächtige und alles Geschaffene tragende Ur-Sache aller von ihm verschiedenen Wirklichkeit ... Darum ist das Zukünftige nicht für Gott selbst erst noch zukünftig. Darum ist ihm das Künftige gegenwärtig. Er kann es darum mitteilen, wenn er will."
In aller Deutlichkeit erteilt Karl Rahner der Wahrsagerei eine klare Absage. „Wahrsagerei in dem oben beschriebenen Sinn ist sittlich verwerflich. Sie ist entweder der Versuch, ein Ziel mit einem untauglichen Mittel zu erreichen, oder der ausdrückliche oder einschlußweise Versuch der Inanspruchnahme von dämonischen Mächten. Beides ist sittlich verwerflich."

# *Apokryphe Prophezeiungen und Visionen zum Alten Testament*

Neben der Bibel und den darin enthaltenen Prophezeiungen und Visionen existieren auch noch die apokryphen, „verborgenen“ Schriften. Außer mit der Schilderung einiger zusätzlicher Details gehen die Apokryphen zum Alten Testament über den Horizont der biblischen Erzählungen kaum hinaus. Durch die Tiefe der Gedanken und durch den prophetischen Eifer wirken sie aber besonders ergreifend. Häufig stehen sie weder in literarischem Wert noch in Glaubens- und Moralfragen dem biblischen Kanon wenig nach, so daß die Frage, warum sie nicht in das Alte Testament aufgenommen worden sind, bei erster Betrachtung mitunter durchaus berechtigt erscheint.

Das aus der griechischen Sprache entlehnte Wort „apokryph“ bedeutet verborgen, geheim. Die Gnostiker verwendeten dieses Eigenschaftswort erstmalig in Zusammenhang mit den „bibloi apokryphoi“, den „verborgenen Büchern“. In diese Bücher, die sie ihrer Behauptung nach besaßen, durften Außenstehende keinen Einblick haben. Vergleichbar mit den orientalischen Mysterienkulten konnte nach Auffassung der Gnostiker mit Hilfe von Geheimwissen das Heil erreicht werden. Auch Zahlensymbolik und Zauberbücher spielten für die Gnosis, diese philosophisch-religiöse Bewegung der Spätantike im 1. bis 3. Jahrhundert nach Christus, eine wichtige Rolle. Die Kirche allerdings wies die apokryphen Bücher der Gnosis als Irrlehren zurück.

In Anlehnung daran werden seit dieser Zeit mit dem Eigenschaftswort apokryph von katholischer Seite sämtliche religiösen Schriften belegt, die nicht für den öffentlichen Gebrauch, nicht zur Lesung in Kirchen und Gemeinden zugelassen sind. Mit dem Begriff wurden auch die Bücher bezeichnet, die keine Aufnahme in das Alte Testament und das Neue Testament fanden. Alle anderen in der Bibel enthaltenen Bücher sind kanonisch. Das griechische Wort Kanon hat eine doppelte Bedeutung: Katalog und Regel, Richtschnur. In den Kanon der Heiligen Schrift wurden die Bücher eingereiht, die als Leitfaden für den Glauben und die Moral galten, da sie als von Gott inspiriert angesehen wurden. Kanonisch sind damit alle Schriften, die in den Katalog der Bibel aufgenommen wurden.

Trotz der gesetzlichen Weisung, die Bücher des alttestamentlichen Kanons im Tempel unverändert aufzubewahren (Dtn 31,26: „Nehmt dieses Gesetzbuch und legt es neben die Bundeslade des Herrn, eures Gottes, nieder, damit es dort wider dich (das Volk) als Zeuge diene!“), war dieser Kanon um die Wende zum Christentum kaum deutlich umgrenzt. Das apokryphe 4. Buch Esra, 14,8–48, liefert eine Theorie für die Entstehung des Kanons, die nicht nur von der jüdischen Synode von Jamnia um 100 n. Chr. aufgegriffen wurde, sondern auch für das Christentum Grundlage wurde: Sie basiert auf der Annahme, Esra habe die zerstörten Schriften des Alten Testaments im Jahre 557 unter der Eingebung des Heiligen Geistes in einem Zeitraum von 40 Tagen diktiert bekommen. Dadurch seien die 24 Bücher des Kanons unter dem unmittelbaren Eingriff Gottes, also mit Hilfe der Verbalinspiration, entstanden.

Der weitergefaßte alexandrinische Kanon entstand aus der „Septuaginta“. Ursprünglich galt der Name Septuaginta zwar nur für die Übersetzung des Pentateuch, die von 70 jüdischen Gelehrten in 72 Tagen für Ptolemäus II. Philadelphos (285–247 v. Chr.) geschaffen worden sein soll. Doch haben die Kirchenväter den Namen „Septuaginta“ schließlich auch für die Übersetzung des Alten Testaments ins Griechische übernommen, die in den nachfolgenden 100 bis 150 Jahren in Alexandria entstand. Diese griechische Bibel der Juden in der Diaspora wurde also etwa zwischen 300 und 150 v. Chr. kanonisiert und enthält 45 Bücher. Die Septuaginta wurde auch größtenteils zur Vorlage für die berühmte „Vulgata“, die Übersetzung des Alten Testaments in die lateinische Sprache durch Hieronymus im 4. Jahrhundert nach Christi Geburt. Zwar neigte er selbst eher dem inzwischen enger gefaßten und heute noch gültigen jüdischen Kanon mit 39 Büchern zu. Dennoch kam er den Weisungen von Papst Damasus nach und übersetzte ebenfalls die sechs von der hebräischen Bibel verworfenen Bücher: Tobias, Judit, Buch der Weisheit, Jesus Sirach (Ecclesiasticus), Baruch, 1. und 2. Buch der Makkabäer. Diese sechs Bücher bezeichnet die römisch-katholische Kirche als deuterokanonisch, „zweit“-kanonisch, da sie zu dem engeren jüdischen Kanon aus 39 Büchern noch hinzukommen. Für die Juden und später dann auch für die Protestanten sind diese zusätzlichen Bücher apokryph, während die katholische Kirche den Kanon von 45 Büchern 1545 auf dem Konzil von Trient endgültig als verbindlich für das Alte Testament festlegte.

Die apokalyptischen Schriften des Spätjudentums wurden von der katholischen Kirche als apokryph bezeichnet. Die Protestanten nennen sie pseudoepigraphisch, da deren Verfasser meist unter einem Pseudonym schrieben.

Die Apokryphen zum Alten Testament dokumentieren auch einen bewegten Abschnitt in der Geschichte Israels. Über diese Zeit von 538 v. Chr., als die Israeliten aus der babylonischen Gefangenschaft heimkehren durften, bis zur Zerstörung des Tempels und der endgültigen Zerschlagung der jüdischen Nation in den Jahren ab 70 n. Chr. ist in der Bibel wenig enthalten. Dem Großteil dieser etwa zwischen 200 v. Chr. und 100 n. Chr. entstandenen jüdischen Literaturgattung blieb die kanonische Anerkennung versagt, obwohl sich die Autoren, um glaubhafter zu wirken, auf so große Gestalten wie Esra, Henoch, Isaias, Job, Salomo und gar Adam und Eva beriefen.

Die Geschichte Israels in dieser Zeit war von Unterdrückung und Drangsal geprägt. Dennoch verzweifelten die Juden nicht an ihrem Gott, der sie auserwählt hatte. Sie glaubten, daß ihre Sünden Schuld an ihrem Unglück hätten. Ab dem 2. Jahrhundert v. Chr. nahmen politische Umwälzungen, Verfolgung und Korruption in einem Ausmaß zu, daß viele Israeliten darin den kommenden Weltuntergang erblickten. Sie hatten die Hoffnung darauf, daß sich die Welt dem Guten zuwenden könnte, aufgegeben. Weil Leid und Bedrängnis so groß waren, erwartete man bald das Ende der Welt.

Aus dieser Haltung entstand eine neue literarische Gattung: die Apokalypsen. Das griechische Tätigkeitswort „apokalyptein“ heißt entschleiern, etwas Verborgenes aufdecken. Die Apokalypse deckt das nahende Ende der Welt und den Anbruch einer neuen Welt jenseits grausamer Wirklichkeit auf. Sie ist eine Vision künftigen Geschehens in chiffrierter Form.

Einen Einblick wollen die Apokalypsen, die „Enthüllungen“, Offenbarungen, vermitteln. Sie lassen den Menschen in die ihm unzugängliche Welt der Geheimnisse der Natur wie die Himmelsräume, die Kammern des Regens und die Unterwelt schauen, ebenso wie in die unzugänglichen Geheimnisse des Jenseits und der Zukunft.

Die Apokalypsen trachten danach, den jüdischen Glauben an die gerechte Vergeltung und Gottes allwirksame Weltregierung mit dem schwerverständlichen Geschehen der Geschichte zu vereinen. Übermacht und Übermut der Heiden und Sünder, Zerstörung des Tempels und der Heiligen Stadt sowie das Leiden der Gerechten sollen mit dem Glauben in Einklang gebracht werden.

Zu den apokryphen Apokalypsen des Alten Testaments zählt die vermutlich nach 4 n. Chr. entstandene Himmelfahrt Moses. Davon ist nur noch der erste Teil der ursprünglichen semitischen Originalschrift in Latein als Fragment erhalten. Vor seinem Tod und der Himmelfahrt ruft Moses den Josua zu sich und enthüllt ihm die Geschichte seines Volkes bis hin zur Endzeit.

Unter den apokryphen Apokalypsen zum Alten Testament wirkt das 4. Buch Esra besonders tief ergreifend und echt. Es trägt die traurigen Erfahrungen eines tiefgläubigen Gemüts durch die Zerstörung Jerusalems im Jahr 70 n. Chr. in sich. Das 4. Buch Esra wird dem Sealtiel, Vater des Serubabel, im Exil in den Mund gelegt. Der wiederum wird gleichgesetzt mit dem Schriftgelehrten Esra aus der babylonischen Judenschaft, der 458 v. Chr. Rückwanderer nach Jerusalem führte. Im ersten bis vierten Gesicht schaut Esra, wie Sion, jetzt vernichtet und trauernd, herrlich sein wird in der kommenden Weltzeit (Kapitel 3–10). Im fünften Gesicht steigt ein Adler aus dem Meer; seine Flügel und Häupter, die Königen entsprechen, bedrücken die ganze Erde, aber der Adler wird vor dem Löwen, der dem Messias entspricht, verbrannt. Im sechsten Gesicht (Kapitel 13) kommt aus dem sturmgepeitschten Meer ein Mensch (Messias) herauf, vernichtet das riesige Feindheer durch Flammenhauch und schirmt Israel. Im siebten Gesicht stellt Esra die heiligen Schriften wieder her, 24 kanonische; 70 Apokalypsen nur für die Weisen. Diese im 4. Buch Esra beschriebenen Gesichte dürften durchaus echt sein. Allerdings sind sie mit Deutungen und Überlieferungen angereichert worden. Einige Teile davon sind wahrscheinlich vor Christi Geburt entstanden, während das meiste wohl in der Zeit um 90 oder 120 n. Chr. in Rom hebräisch abgefaßt wurde. Das 4. Buch Esra wurde in viele andere alte Sprachen übertragen und ist in lateinischer Übersetzung im Anhang der „Vulgata" von Hieronymus zu finden.

Die syrische Baruch-Apokalypse steht zu dem 4. Buch Esra in Beziehung. Das semitische Original dürfte etwa 100 bis 130 n. Chr. entstanden sein. Die Schrift beinhaltet die Verkündigung des bevorstehenden Untergangs Jerusalems. Der Prophet Jeremia soll deshalb mit seinem Volk nach Babylonien ziehen, während Baruch, ein Freund und Gehilfe Jeremias, zurückbleiben soll. Jahre später erhält Baruch von Gott den Befehl, Jeremia zu schreiben, daß Gott dessen Volk unter bestimmten Bedingungen zurückführen werde. Baruch stellen sich die zwölf Weltperioden vor der Ankunft des Messias dar, mit der die Endzeit beginnt.

Das Henoch-Buch ist ganz nur in einer äthiopischen Ausgabe erhalten. Es ist die umfangreichste, interessanteste, aber auch umstrittenste der apokryphen Apokalypsen zum Alten Testament. „Bizarr, doch voll kühnen Glaubens an den Sieg des Guten", lautet eines der treffendsten Zitate zum Henoch-Buch. Das Werk besteht aus fünf Büchern und ist damit den fünf Büchern Moses nachgebildet. Das Engelbuch schildert Fall und Strafe der Engel (vergleiche Gen 6,4) und Henochs Reisen durch Erde und Unterwelt. Henoch sieht dort Blitze, Ströme, Feuer, den Strafort der gefallenen Engel (Sterne), die Unterwelt der Verstorbenen und der Sünder, Edelsteinberge und Täler mit Duftbäumen, Tore für Winde, Regen und Sterne. Im astronomischen Buch sieht Henoch Sonne, Mond, Schalttage, Sterne und Windrose. Diese beiden Bücher bieten altes Wissen aus Babylon und griechische Gedanken über Naturordnung und gehen vermutlich bis auf vor 150 v. Chr. zurück.

Das dritte der fünf Bücher Henochs ist das Geschichtsbuch. Es beschreibt in zwei Traumgesichten die Sintflut: die Weltgeschichte in Tiersinnbildern von weißen Farren, was Adam entspricht, bis hin zum weißen Büffel, der dem Messias entspricht. Das Mahnbuch weist auf Strafen und Lohn hin und ermuntert zum Aushalten. Geschichts- und Mahnbuch mit ihren Gegensätzen zwischen Frommen und Gottlosen spiegeln die Verhältnisse zwischen den Jahren 135 und 63 v. Chr. wider. Im Messiasbuch schließlich schaut Henoch die Wohnung der Gerechten, danach das Messiasreich (ähnlich wie Daniel 7): das Gesicht des „Menschensohns", der „auserwählt" ist von der Schöpfung, Retter der Gerechten, Licht der Völker, geistbegabt; dann die Auferstehung der Toten, Marterwerkzeuge für die Mächtigen, Ansturm der Heiden und in der dritten Bilderrede den Menschensohn, wie er, auf dem Throne seiner (Gottes oder gottgleicher) Herrlichkeit sitzend, alle Werke der Heiligen richtet und alle Sünder mit seines Mundes Rede tötet; alle Könige und Erdbesitzer flehen ihn um Barmherzigkeit an. „Es kam jenes hochbetagte Haupt ... mit Engeln ohne Zahl und ... sprach: Du bist der Mannessohn, der zur Gerechtigkeit geboren ist ... und die Gerechtigkeit des betagten Hauptes verläßt Dich nicht ... Heil der zukünftigen Welt wird Dir zuteil immerdar ... Und so wird langes Leben sein bei jenem Menschensohn".

„Menschensohn" bedeutet semitisch soviel wie Mensch. Daniel (7,1–28) sieht, wie aus dem Ur(Chaos)-Meer vier Tiere aufsteigen: ein Löwe als Entsprechung für das Reich der Babylonier, ein Bär für die Meder, ein Panther für die Perser und ein ganz furchtbares Tier für die Griechen, das heißt für Alexanders Nachfolger in Syrien, die Seleukiden, besonders Antiochus IV. Epiphanes (175–164 v. Chr.), der Judenverfolger (1 Makk 1,41 ff.). Das vierte Tier wird getötet, die anderen entmachtet. Von dem Hochbetagten, dem ewigen Richter auf dem Flammenthron, wird einem, der „auf den Wolken des Himmels kommt wie ein Menschensohn", ewige Macht gegeben und Herrschaft über alle Völker, das heißt „dem Volke der Heiligen des Höchsten"; er ist also Sinnbild des auserwählten Volkes und, da Volk und König im Orient zusammengehören, des Messias.

Da Henoch ein Mensch ist, kein menschgewordenes Himmelswesen, ist diese Gleichsetzung mit dem vorweltlich existierenden Menschensohn für uns unvorstellbar; doch wurde auch im alten Ägypten der verstorbene König als Gott Osiris begrüßt. Nach jüdischer Meinung existieren auch Tempel und Thora (Gesetz) schon vor der Schöpfung. Die Vorstellung von Henoch als Weltenrichter entstand wohl aus der Ansicht, daß er die Schrift erfand und nach seiner Entrückung im Himmel die Sünden der Menschen aufschrieb. Vermutlich ist das Henoch-Buch von einem Judenchristen im 2. Jahrhundert n. Chr. aus älteren Quellen zusammengestellt worden. Doch ist eine sichere Aussage sehr schwierig, weil die wichtigsten Teile des Buches, die Bilderreden, nur in einer äthiopischen Übersetzung aus dem Griechischen, die erst um 500 n. Chr. erfolgte, vorliegen. Die Handschriften des Henoch-Buches stammen sogar erst aus dem 16. Jahrhundert.

# *Textquelle: Die Himmelfahrt Moses*

Buch der Weissagung Moses, die er aussprach im 120. Jahre seines Lebens, das ist das 2500. seit Erschaffung der Welt (nach orientalischer Zählung aber das 2700. und das 400. seit dem Auszug aus Phönizien), als das Volk nach dem von Mose bewerkstelligten Auszug aus Ägypten bis Amman jenseits des Jordans gekommen war – der Weissagung, die Mose eigentlich schon im Buche Deuteronomium aussprach. Er rief Josua, den Sohn Nuns, einen Mann, vor dem Herrn bewährt, zu sich, damit er an seine Stelle träte in seinem Verhältnis zu dem Volk und der Hütte des Zeugnisses samt all ihren Heiligtümern und damit er auch das Volk in das Land führte, ihren Vätern zu künftiger Verleihung verliehen, d. h. auf Grund des Bundes und auf Grund des Schwurs, den er in der Hütte leistete, es durch Josua ihnen zu geben, indem er zu Josua sprach: So unternimm denn nach deinem Eifer alles, was dir zu tun aufgetragen ist, wie es untadelig ist. Deshalb spricht der Herr der Welt folgendermaßen: Denn er hat zwar schon die Welt um seines Gesetzes willen geschaffen, aber dasselbe, den Erstling der Schöpfung, nicht auch von Anfang der Welt an geoffenbart, daß die Heiden dadurch ihrer Sünden überführt würden und demütig einander im Streit hätten überführen können. Deshalb ausersah und fand er mich, der von Anfang der Welt an dazu vorbereitet war, der Mittler jenes Bundes zu werden. Und nun tue ich dir kund, daß die Zeit der Jahre meines Lebens vollendet ist und ich hingehe zur Ruhe meiner Väter – und zwar öffentlich vor allem Volk. Du aber vernimm diese Schrift, an der man erkennen soll, wie sich die anderen Bücher bewähren, die ich dir übergeben werde. Die sollst du ordnen, mit Zedernöl salben und in irdenen Gefäßen an dem Orte hinterlegen, den er von Anfang der Schöpfung der Welt an dazu geschaffen hat, daß daselbst sein Name angerufen wird, bis zu dem Tage der Buße bei der letzten Heimsuchung, mit der sie der Herr heimsucht, wenn sich das Ende der Tage vollendet.

Jetzt aber werden sie durch deine Vermittelung in das Land einziehen, das er ihnen zu geben beschlossen und ihren Vätern versprochen hat; dort sollst du sie segnen und einem jeden seinen Anteil an mir geben und bestätigen und ihnen zugleich die Herrschaft über das Land bestätigen, sollst Ortsbehörden über sie setzen nach dem, wie es ihrem Herrn wohlgefallen wird, in Recht und Gerechtigkeit. Fünf Jahre aber, nachdem sie in ihr Land eingezogen sind, von da ab wird es von Fürsten und Tyrannen beherrscht werden 18 Jahre lang, und 19 Jahre hindurch werden sich zehn Stämme losreißen. Zwei Stämme aber werden sich trennen und das Zeugnis der Hütte mitnehmen. Dann wird der Gott des Himmels den Pfahl seiner Hütte und das Eisen seines Heiligtums festmachen, und sie werden zu zwei heiligen Stämmen gemacht werden – aber die zehn Stämme werden sich nach *ihren* Anordnungen

Herrscher einsetzen, und 20 Jahre lang werden sie Opfer darbringen. Sieben werden die Mauern befestigen, neun werde ich beschützen, und vier werden dem Bund des Herrn übertreten und den Vertrag, den der Herr mit ihnen geschlossen hat, beflecken. Sie werden ihre Söhne fremden Göttern opfern und schändliche Götzenbilder aufstellen, denen sie dienen; ja, im Hause des Herrn werden sie frevelhaft handeln und es überall mit vielen Bildern von Tieren gravieren.

Da wird über sie von Osten her ein König kommen, und seine Reiterei wird ihr Land bedecken; der wird ihre Ansiedelung nebst dem heiligen Hause des Herrn in Brand stecken, alle heiligen Gefäße wegnehmen, das ganze Volk vertreiben und sie in sein Heimatland führen; ja, die zwei Stämme wird er mit sich führen. Dann werden die zwei Stämme die zehn zu sich rufen, und sie werden entweichen wie eine Löwin, in sandige Gefilde, hungernd und dürstend mit unseren Kindern, und schreien: Gerecht und heilig ist der Herr; denn *ihr* habt gesündigt, und *wir* sind ebenso mit euch hergeführt worden. Dann werden die zehn Stämme weinen, wenn sie die beschimpfenden Worte der zwei Stämme hören und sagen: Was haben wir euch getan, Brüder? Ist nicht über das *ganze* Haus Israel diese Heimsuchung gekommen? So werden denn *alle* Stämme weinen, indem sie zum Himmel schreien und sprechen: Gott Abrahams, Gott Isaaks und Gott Jakobs, gedenke an deinen Bund, den du mit ihnen geschlossen, und den Eid, den du ihnen bei dir selbst geschworen hast, daß nämlich ihr Same niemals weichen solle von dem Lande, das du ihnen gegeben hast. Dann werden sie an mich gedenken, indem sie an jenem Tage sprechen, ein Stamm zum anderen und ein Mensch zu seinem Nächsten: Ist das nicht dasjenige, was uns damals Mose in seinen Weissagungen bezeugte, er, der viel erduldet hatte in Ägypten, am Roten Meer und in der Wüste, 40 Jahre lang? Nachdem er es bezeugt, rief er auch Himmel und Erde zu Zeugen über uns an, wir sollten seine Gebote nicht übertreten, die er uns vermittelt hatte. Das ist nun von ihm nach seinen Worten und seiner Versicherung über uns hereingebrochen, wie er es uns damals bezeugt hat; und das ist alles eingetroffen bis dahin, wo wir in das Land des Ostens gebracht wurden – sie sollen auch Knechte sein etwa 77 Jahre lang.

Dann aber wird einer auftreten, der über ihnen steht, seine Hände ausbreiten, seine Knie beugen und also für sie beten: Herr des Alls, König auf hohem Sitz, der du über die Welt herrschest und dieses Volk dein auserwähltes Volk sein lassen wolltest: du hast damals als ihr Gott angerufen sein wollen, nach dem Bunde, den du mit ihren Vätern geschlossen. Aber sie sind als Gefangene mit ihren Weibern und Kindern in ein anderes Land gezogen, an den Eingang zu den Fremden, und wo viel Traurigkeit ist. Achte auf sie und erbarme dich ihrer, Gott des Himmels! – Da wird Gott ihrer gedenken wegen des Bundes, den er mit ihren Vätern geschlossen, und wird seine Barmherzigkeit auch in jenen Zeiten wieder offenbaren. Er wird es dem König ins Herz

geben, daß er sich ihrer erbarme, und er wird sie in ihr Land und Gebiet entlassen. Da werden einige Bestandteile der Stämme hinaufsteigen, an ihren bestimmten Ort kommen und ihn von neuem ummauern. Zwei Stämme aber werden in ihrer früheren Treue verharren, traurig und seufzend, weil sie dem Herrn ihrer Väter keine Opfer werden darbringen können. Dagegen zehn Stämme werden immer mehr zu Heiden werden in der Zeit der Heimsuchung.
Wenn aber die Zeit zum Strafen herannaht, da wird die Rache über sie kommen durch dieselben Könige, die an ihren Verbrechen teilnahmen und sie nun jetzt strafen. Aber auch *sie* werden hinsichtlich der Wahrheit uneins werden, weil es eingetroffen ist, was geweissagt war: Sie werden die Gerechtigkeit meiden und sich der Unbilligkeit zuwenden; sie werden mit Befleckungen das Haus ihres Dienstes schänden, und weil sie fremden Göttern nachhuren werden. Denn sie werden nicht der Wahrheit Gottes folgen, sondern einige werden den Altar mit unreinen Gaben beflecken, die sie für den Herrn darauf legen. Leute, die keine Priester sind, sondern Sklaven, von Sklaven geboren. Denn die Schriftgelehrten, die dann ihre Lehrer sind, werden auf die Person ihrer Lieblinge und die Annahme von Geschenken achten und Entscheidungen verkaufen, indem sie sich Bußen bezahlen lassen. Und so wird ihre Ansiedelung und das Gebiet ihrer Wohnung voller Verbrechen und Unbilligkeiten werden. Vom Herrn, der sie macht, werden sie abfallen; Richter werden in ihr sein, zu richten, wie jeder will.
Dann werden sich über sie Könige erheben, die sie beherrschen, und werden zu Hohenpriestern Gottes berufen werden; aber Gottlosigkeit werden sie verüben vom Allerheiligsten aus. Und ihnen folgt ein frecher König, der nicht aus priesterlichem Geschlecht sein wird, ein verwegener und gottloser Mensch: Der wird sie richten, wie sie es verdienen. Er wird ihre Obersten mit dem Schwert ausrotten und ihre Leiber an unbekannten Orten begraben, so daß niemand weiß, wo ihre Leiber sind; er tötet die Alten und Jungen und wird keine Schonung üben. Da wird drückende Furcht vor ihm über sie kommen in ihrem Lande; er aber wird Gericht unter ihnen halten, wie die Ägypter unter ihnen getan – 34 Jahre lang – und wird sie bestrafen. Und Söhne wird er zeugen, die in seiner Nachfolge kürzere Zeit herrschen werden. In ihr Gebiet werden Kohorten einfallen und des Abendlands mächtiger König, der sie erobern wird. Und sie werden sie gefangen fortführen; einen Teil ihres Tempels wird er mit Feuer verbrennen und einige um ihre Ansiedelung herum kreuzigen.
Von da ab werden die Zeiten zu Ende gehen; plötzlich wird der Lauf sich schließen. Und über sie werden verderbliche und gottlose Menschen herrschen, die lehren, sie seien gerecht. Die werden den Zorn ihrer Freunde erregen, da sie betrügerische Leute sein werden, nur sich selbst zu Gefallen lebend, verstellt in all' ihrem Wandel und zu jeder Stunde des Tags gern

schmausend und mit der Kehle schlingend, ... der Armen Güter fressend und behauptend, sie täten das aus Mitleid ..., Vertreiber von anderen, Streitsüchtige, Trügerische, die sich doch verstecken, um nicht erkannt werden zu können, Gottlose, voller Verbrechen und Ungerechtigkeit, vom Morgen bis zum Abend sprechend: Wir wollen Gelage und Überfluß haben, essend und trinkend ... und wollen uns einbilden, wir wären Fürsten! Ihre Hände und Herzen werden Unreines treiben, ihr Mund groß prahlen – und doch werden sie dabei sagen: Rühre mich nicht an, damit du mich nicht verunreinigst ...!
Da wird ... Rache und Zorn über sie hereinbrechen, wie sie unter ihnen nicht dagewesen sind von Ewigkeit her bis zu jener Zeit, in der er ihnen erwecken wird einen König über die Könige der Erde und einen Machthaber von großer Gewalt, der diejenigen, die sich zur Beschneidung bekennen, am Kreuz aufhängt, diejenigen aber, die sie verleugnen, foltern und überliefern wird, gefesselt ins Gefängnis geführt zu werden. Ihre Frauen werden unter die Heiden verteilt, ihre männlichen Kinder von Ärzten operiert werden, um ihnen eine Knabenvorhaut darüber zu ziehen, die anderen aber unter ihnen mit Martern, Feuer und Schwert gestraft und so gezwungen werden, öffentlich ihre Götzenbilder zu tragen, befleckt, wie sie sind, gleich ihren Besitzern. Ja, von ihren Folterern werden sie ebenfalls gezwungen werden, an ihren verborgenen Ort einzutreten; mit Stacheln werden sie gezwungen werden, das Wort schmählicherweise zu lästern, zuletzt nach diesem auch, was sie vom Gesetz über ihrem Altar haben.
Dann wird, während jener herrscht, ein Mann vom Stamme Levi auftreten, dessen Name sein wird Taxon, d. h. der Ordner. Er wird sieben Söhne haben und bittend zu ihnen sprechen: Seht, meine Söhne, nun ist über das Volk eine zweite grausame, unreine Rache und erbarmungslose Strafe hereingebrochen, die die erste überragt. Denn welches Geschlecht, Land oder Volk von Frevlern gegen den Herrn, die doch viel Verbrecherisches verübt haben, hat so viel Leiden erduldet, als uns zuteil geworden ist? Nun also, ihr Söhne, hört auf mich; seht doch und wißt, daß ich nie ein Versucher Gottes war, noch meine Väter oder ihre Vorfahren, daß sie seine Gebote übertreten hätten. Ihr wißt ja, daß darin unsere Kraft liegt – darum wollen wir folgendes tun: Wir wollen drei Tage lang fasten und am vierten in eine Höhle auf dem Felde gehen und lieber sterben, als die Gebote des Herrn der Herren, des Gottes unserer Väter übertreten. Denn wenn wir das tun und so sterben, dann wird unser Blut vor dem Herrn gerochen werden.

Und dann wird sein Regiment über alle seine Kreatur erscheinen;
dann wird der Teufel ein Ende haben,
und die Traurigkeit mit ihm hinweggenommen werden.
Dann werden die Hände des Engels gefüllt werden,
der an höchster Stelle steht,
und sofort wird er sie rächen an ihren Feinden.

Denn der Himmlische wird von seinem Herrschersitz aufstehen
und heraustreten aus seiner heiligen Wohnung
in Empörung und Zorn wegen seiner Kinder.
Da wird die Erde erbeben, bis zu ihren Enden erschüttert werden,
und hohe Berge werden erniedrigt und erschüttert werden,
und Täler werden einsinken.
Die Sonne wird kein Licht mehr geben und sich in Finsternis verwandeln;
die Hörner des Mondes werden zerbrechen, und er verwandelt sich
ganz in Blut, und der Kreis der Sterne wird in Verwirrung geraten.
Das Meer wird bis zum Abgrunde zurückweichen,
und die Wasserquellen werden ausbleiben
und die Flüsse erstarren.
Denn der höchste Gott wird sich erheben, der allein ewig ist,
und wird offen hervortreten, um die Heiden zu strafen,
und alle ihre Götzenbilder vernichten.
Dann wirst du glücklich sein, Israel,
und auf Nacken und Flügel des Adlers hinaufsteigen,
und die Tage des Adlers werden sich erfüllen.
Und Gott wird dich erhöhen
und am Sternenhimmel schweben lassen,
am Ort ihrer Wohnung.
Dann wirst du von oben herabschauen und deine Feinde auf Erden sehen
und sie erkennen und dich freuen
und Dank sagen und dich zu deinem Schöpfer bekennen.
Du aber, Josua, Sohn Nuns, bewahre diese Worte und dies Buch; denn von meinem Tode (meiner Himmelfahrt) bis zu seiner Erscheinung werden 250 Zeiten sein, die erst vergehen müssen, und das wird ihr Lauf sein, den sie zurücklegen werden, bis sie sich vollenden. Ich aber will zur Ruhe meiner Väter gehen, daher sei stark, Josua, Sohn Nuns; dich hat Gott erwählt, mein Nachfolger in diesem Bunde zu sein.

Als nun Josua die Worte Moses gehört hatte, die so in seiner Schrift geschrieben stehen, alles, was er vorhergesagt hatte, da zerriß er sich sein Gewand, fiel zu Moses Füßen, und Mose ermahnte ihn und weinte mit ihm. Josua aber antwortete und sprach zu ihm: Was solltest du mich trösten, mein Herr Mose, und auf welche Weise soll ich mich trösten über das bittere Wort, das du geredet hast, das aus deinem Munde gegangen ist, das reich ist an Tränen und Seufzern, daß *du* scheiden willst von diesem Volke? ... Welcher Ort wird dich aufnehmen, welches Denkmal wird dein Grab bezeichnen, oder wer wird deinen Leichnam von hier wegzuschaffen wagen, wie eines gewöhnlichen Menschen Leichnam, von einem Orte zum anderen? Alle Sterbenden erhalten ja nach ihrer Größe Gräber auf Erden, aber *dein* Grab reicht vom Sonnenaufgang bis zum Untergang und von Süden bis zur Grenze im Norden: die ganze Welt ist dein Grab. Du gehst hinweg, Herr – wer soll nun dieses Volk pflegen, oder wer wird sich ihrer erbarmen und ihnen ein Führer sein auf ihrem Wege? Oder wer wird für sie beten, ohne auch nur an einem Tag innezuhalten, damit ich sie in das Land ihrer Vorfahren hineinführen kann? Wie soll ich also über dieses Volk Herr werden, wie ein Vater über seinen einzigen Sohn oder seine eigne jungfräuliche Tochter, die sich rüstet, dem Manne übergeben zu werden, und nun sich in acht nehmen, ihren Leib vor der Sonne bewahren wird, und daß ihre Füße nicht unbeschuht seien zum Laufen über das Land? Wie soll ich ihnen nach ihrem Willen Speise schaffen und Trank nach dem Willen ihres Beliebens? Ihre Zahl belief sich ja auf 600000; aber sie haben so sehr zugenommen durch deine Gebete, mein Herr Mose. Und woher käme mir die Weisheit und Einsicht, um im Hause des Herrn mit Worten Gericht zu halten oder Bescheid zu geben? Aber auch die Könige der Amoriter werden, wenn sie hören, daß wir sie angreifen wollen, in der Meinung, nun sei nicht mehr unter ihnen der heilige, des Herrn würdige, mannigfaltige und unfaßbare Geist, der allseits treue Herr des Worts, der göttliche Prophet für alle Welt, der vollkommenste Meister dieser Zeit sei nicht mehr unter ihnen, sagen: Laßt uns gegen sie ziehen! Wenn die Feinde noch einmal gottlos gehandelt haben wider ihren Herrn, dann haben sie keinen Verteidiger, der für sie Gebete vor Gott brächte, wie Mose ein großer Engel war, der zu jeder Stunde bei Tag und bei Nacht seine Knie auf die Erde gestemmt hatte, betend und aufschauend zu dem, der die ganze Welt beherrscht mit Barmherzigkeit und Gerechtigkeit, ihn erinnernd an den Bund mit den Vätern und mit einer Beschwörung den Herrn besänftigend. Denn so werden sie sagen: Er ist nicht mehr unter ihnen; auf also und vertilgen wir sie vom Angesichte der Erde! Was soll also mit diesem Volke werden, mein Herr Mose?

Nachdem nun Josua diese Worte geendigt hatte, fiel er abermals Mose zu Füßen. Mose aber ergriff seine Hand, erhob ihn auf den Stuhl vor ihm, antwortete und sprach zu ihm: Josua, schätze dich nicht gering, sondern zeige dich unbesorgt und achte auf meine Worte. Alle Völker, die auf dem Erdkreise wohnen, und uns hat Gott geschaffen, sie und uns hat er vorhergesehen von Anfang der Erschaffung des Erdkreises wie bis zum Ende der Welt, und nichts ist von ihm übersehen, bis zum Kleinsten herab, sondern alles hat er zugleich mit ihnen vorhergesehen und vorherbestimmt ... Der Herr hat alles, was auf diesem Erdkreise geschehen sollte, vorhergesehen, und siehe, es tritt ein. Er hat mich für sie und ihre Sünden eingesetzt, damit ich für sie betete und flehte. Denn nicht wegen meiner Tüchtigkeit oder Festigkeit, sondern durch die Milde seiner Barmherzigkeit und seine Langmut ist es mir zugefallen. Denn ich sage dir, Josua: Nicht wegen der Frömmigkeit dieses Volks wirst du die Heiden ausrotten: Alle Festen des Himmels und Grundlagen des Erdkreises sind von Gott geschaffen und gutgeheißen worden und befinden sich unter dem Ring seiner Rechten. Die daher Gottes Gebote halten und erfüllen, wachsen und haben Glück. Denen aber, die sündigen und die Gebote vernachlässigen, mangeln die versprochenen Güter, und sie werden von den Heiden mit vielen Plagen gestraft werden; daß er sie aber völlig ausrotte und verlasse, ist unmöglich! Denn Gott wird hervortreten, der alles bis in Ewigkeit vorhergesehen hat und dessen Bund fest gegründet ist, und durch einen Eid, den ...

# *Textquelle: Das vierte Buch Esra*

## *Erstes Gesicht.*

Im dreißigsten Jahre nach dem Untergange der Stadt verweilte ich, Salatiel, der auch Esra heißt in Babel, und als ich einmal auf meinem Bette lag, *geriet* ich in *Bestürzung*, und meine Gedanken gingen mir zu Herzen, weil ich Zion verwüstet, Babels Bewohner aber im Überfluß sah. Da ward mein Gemüt heftig erregt, und in meiner Angst begann ich zum Höchsten zu reden.
...

*Die göttliche Antwort: Gottes Wege sind unerkennbar.*
*Der menschliche Geist vermag nur Weniges zu erfassen.*

Da antwortete mir der Engel, der zu mir gesandt war, mit Namen *Uriel,* und sprach zu mir: Dein Herz entsetzt sich über diese Welt, und *du wünschest, die Wege des Höchsten zu begreifen?* Ich sprach: Ja, Herr! – Er antwortete mir und sprach: *Drei Wege* bin ich gesandt, dir zu weisen und drei Gleichnisse dir vorzulegen; kannst du mir eins davon kundtun, so will auch ich dir die Wege, die du zu schauen begehrst, zeigen und dich belehren, woher das böse Herz kommt. Ich sprach: Rede, Herr! – Er sprach zu mir: Nun, so wäge mir das Gewicht des Feuers oder miß mir das Maß des Windes oder ruf mir den gestrigen Tag zurück. Ich erwiderte und sprach: Welchem Weibgeborenen wäre das möglich, daß du mich nach solchen Dingen fragst? – Er sprach zu mir: Hätte ich dich gefragt, wieviel Wohnungen im Herzen des Meers seien, wieviel Quellen am Grunde der Tiefe oder wieviel Wege über der Veste, wo die Tore des Hades seien, oder wo der Weg gehe ins Paradies, so hättest du mir vielleicht geantwortet: in die Tiefe bin ich nicht hinabgestiegen, noch in den Hades bisher gedrungen, noch bin ich je in den Himmel hinaufgekommen, noch hab ich das Paradies gesehen. Nun habe ich dich nur über das Feuer, den Wind und den gestrigen Tag gefragt, alles Dinge, ohne die du nicht sein kannst; und du hast mir darüber keine Antwort gegeben! – Und er sprach weiter zu mir: Du kannst, was dein ist, was mit dir verwachsen ist, nicht erkennen, wie wirst du dann das Gefäß sein können, das des Höchsten Walten faßt? Denn des Höchsten Wege sind als ewige erschaffen; *du aber, ein sterblicher Mensch, der im vergänglichen Äon lebt, wie kannst du das Ewige begreifen?*

*Töricht ist es, Widernatürliches zu begehren.*

Als ich das gehört hatte, fiel ich auf mein Antlitz und sprach zu ihm: Besser wäre es, wir wären nie auf die Welt gekommen, als nun *in Sünden zu leben und zu leiden und nicht zu wissen, weshalb!* – Er antwortete mir und sprach: Einst gingen die Wälder der Bäume des Feldes hin und hielten Rat: Wohlan, wir wollen hin und gegen das Meer Krieg führen, daß es vor- und zurücktrete und wir uns einen neuen Wald schaffen! Ebenso hielten die Wogen des Meeres Rat: Wohlan, wir wollen hinauf und den Wald des Feldes bekriegen, damit wir uns auch dort ein neues Gebiet erobern! Aber des Waldes Plan ward vereitelt, denn das Feuer kam und verzehrte ihn; ebenso auch der Plan der Wogen des Meeres, denn der Sand trat hin und hielt sie zurück. Wenn du nun ihr Richter wärest, wem würdest du recht geben und wem unrecht? Ich antwortete und sprach: Beide haben eitlen Rat gehalten; denn das Land ist dem Walde gegeben, der Raum des Meeres aber ist bestimmt, seine Wogen zu tragen. Er antwortete mir und sprach: Du hast richtig geurteilt; warum aber hast du *dir* nicht *selbst* das Urteil gesprochen? Denn wie das Land dem Walde gegeben ist und das Meer seinen Wogen, *ebenso können die Erdenbewohner nur das Irdische erkennen* und nur die Himmlischen das, was in Himmelshöhen ist.

*Aber schmerzlich ist es, das Notwendigste nicht zu wissen.*

Ich antwortete und sprach: Herr, ich flehe dich an, weshalb ist mir dann überhaupt das Licht der Vernunft gegeben? Denn ich wollte dich nicht über Dinge fragen, die uns zu hoch sind, sondern über solche, die *uns selber betreffen,* jeden Tag aufs neue: Weshalb ist Israel den Heiden hingegeben zur Schmach, dein geliebtes Volk den gottlosen Stämmen? Das Gesetz unserer Väter ist vernichtet, die geschriebenen Satzungen sind nicht mehr; wir schwinden aus der Welt wie Heuschrecken, unser Leben ist ein Rauch. Wir freilich sind nicht einmal wert, Erbarmung zu erfahren; aber was wird er *für seinen Namen* tun, der über uns ausgesprochen ist? Das war's, wonach ich fragte.

*Der kommende Äon gibt die Lösung.*

Er antwortete mir und sprach: Wenn du bleiben wirst, wirst du's schauen; und wenn du lange leben wirst, wirst du erstaunen. *Denn der Äon eilt mit Macht zu Ende.*

*Warum dieser Äon vorher zugrunde gehen muß.*

Er vermag es ja nicht, die Verheißungen, die den Frommen für die Zukunft gemacht sind, zu ertragen; *denn dieser Äon ist voll von Trauer und Ungemach.*

Denn gesät ist das Böse, wonach du mich fragst, und noch ist seine Ernte nicht erschienen. Ehe das Gesäte also noch nicht geerntet und die Stätte der bösen Saat nicht verschwunden ist, kann der Acker, da das Gute gesät ist, nicht erscheinen. Denn ein Körnchen bösen Samens war im Anfang in Adams Herzen gesät, aber welche Frucht der Sünde hat das bis jetzt getragen und wird weiter tragen, bis daß die Tenne erscheint. Ermiß also selber: Wenn schon ein *Körnchen* bösen Samens solche Frucht der Sünde getragen hat – wenn einst *Ähren* des Guten gesät werden ohne Zahl, welche große Ernte werden die geben!

*Wann soll das geschehen?*

Ich antwortete und sprach: Wie lange noch, wann soll das geschehen? Unser Leben ist ja so kurz und elend. Er aber antwortete und sprach: Du *willst doch nicht mehr eilen als der Höchste?* Denn du willst Eile um deiner selbst willen, der Höchste aber für viele.

*Das Ende kommt, wenn die Zahl der Gerechten voll ist.*

Diese deine Fragen haben schon die Seelen der Gerechten in ihren Kammern getan; die sprachen: Wie lange sollen wir noch hier bleiben? Wann erscheint endlich die Frucht auf der Tenne unseres Lohns? Aber ihnen hat der Erzengel Jeremiel geantwortet und gesprochen: *Wenn die Zahl von Euresgleichen voll ist!* Denn Er hat auf der Waage den Äon gewogen, Er hat die Stunden mit dem Maße gemessen und nach der Zahl die Zeiten gezählt. Er stört sie nicht und weckt sie nicht auf, bis das angesagte Maß erfüllt ist. Ich antwortete und sprach: Herr, mein Gebieter, aber auch wir sind voller Sünden. *Wird nicht vielleicht unseretwegen die Tenne der Gerechten aufgehalten,* um der Sünden der Erdenbewohner willen? Er antwortete mir und sprach: Geh hin, *frage die Schwangere,* ob ihr Schoß, wenn ihre neun Monate um sind, noch das Kind bei sich behalten kann?

Ich sprach: Gewiß nicht, Herr. Er sprach zu mir: Die Wohnungen der Seelen im Hades sind dem Mutterschoße gleich; denn wie ein gebärendes Weib der Schmerzen der Geburt möglichst bald sich zu entledigen strebt, so streben auch sie danach, möglichst bald das zurückzugeben, was ihnen im Anfang vertraut ist. *Dann* wird man dir zeigen, was du zu schauen begehrst.

*Das Ende kommt bald.*

Ich antwortete und sprach: Wenn ich Gnade vor deinen Augen gefunden habe, wenn es möglich ist und wenn ich dazu fähig bin, so zeige mir auch dies: *ob noch längere Zeit, als schon vergangen ist, uns bevorsteht,* oder ob wir bereits das meiste hinter uns haben? Denn wieviel vergangen ist, weiß ich wohl; aber die Zukunft kenne ich nicht. Er sprach zu mir: Tritt nach rechts, so will ich dir den Sinn eines Gleichnisses erklären. Als ich nun hintrat, da sah ich, wie ein glühender Ofen an mir vorüberfuhr; und als das Feuer vorüber war, sah ich, wie noch Rauch zurückblieb. Danach zog eine Wolke voll Wassers an mir vorüber; die ließ einen mächtigen Regenguß herab. Als aber der Regenguß vorüber war, blieben noch einzelne Tropfen darin zurück. Da sprach er zu mir: Nun überlege selbst: Wie des Regens mehr ist als der Tropfen und des Feuers mehr ist als des Rauchs, so ist das Maß der Vergangenheit bei weitem größer gewesen; zurück aber sind nur noch geblieben – Tropfen und Rauch.

*Dem Ende gehen folgende Zeichen voraus.*

Ich flehte und sprach: Glaubst du, *daß ich leben werde bis zu jenen Tagen? Was wird in jenen Tagen geschehen?* – Er antwortete mir und sprach: Die Zeichen, nach denen du fragst, kann ich dir zum Teil sagen; über dein Leben aber dir etwas zu sagen, bin ich nicht gesandt und weiß es selber nicht. *Die Zeichen* aber sind: Siehe, Tage kommen, da werden die Erdenbewohner von gewaltigen Schrecken erfaßt, das Gebiet der Wahrheit wird verborgen sein und das Land des Glaubens ohne Frucht. Da wird der Ungerechtigkeit viel sein, mehr noch, als du jetzt selber siehst und als du von früher gehört hast. Das Land aber, das du jetzt herrschen siehst, wird wegelose Wüste sein; man wird es verlassen sehen: Fristet dir der Höchste das Leben, so wirst du es nach dreien Zeiten in Verwirrung sehen. Da wird plötzlich die Sonne bei Nacht scheinen und der Mond am Tage. Von Bäumen wird Blut träufeln; Steine werden schreien. Die Völker kommen in Aufruhr, die Ausgänge in Verwirrung; und zur Herrschaft kommt, den die Erdenbewohner nicht erwarten. Die Vögel wandern aus; das Meer von Sodom bringt Fische hervor und brüllt des Nachts mit einer Stimme, die viele nicht verstehen, aber alle vernehmen. An vielen Orten tut sich der Abgrund auf, und lange Zeit bricht das Feuer hervor. Da verlassen die wilden Tiere ihr Revier. Weiber gebären Mißgeburten. Im süßen Wasser findet sich salziges. Freunde bekämpfen einander plötzlich. Da verbirgt sich die Vernunft, und die Weisheit flieht in ihre Kammer; viele suchen sie und finden sie nicht. Der Ungerechtigkeit aber und Zuchtlosigkeit wird viel sein auf Erden.

Dann fragt ein Land das andere und spricht: Ist etwa die Gerechtigkeit, die das Rechte tut, durch dich gekommen? Und es wird antworten: Nein! In jener Zeit werden die Menschen hoffen und nicht erlangen, sich abmühen und nicht zum Ziele kommen. – Diese Zeichen dir zu sagen, ist mir erlaubt worden; wenn du aber nochmals betest und wie heute weinst und sieben Tage lang fastest, wirst du aufs neue Dinge erfahren, die größer sind als diese.

*Schluß.*

Da erwachte ich: Mein Leib schauderte gewaltig, und meine Seele ward ohnmächtig vor Ermattung. Aber der Engel, der mir erschienen war, der mit mir sprach, hielt mich fest, stützte mich und stellte mich auf die Füße.
In der folgenden Nacht aber kam der Fürst des Volkes, Phaltiel, zu mir und sprach zu mir: Wo warst du? Weshalb ist dein Antlitz so verstört? Oder weißt du nicht, daß Israel im Lande seiner Verbannung *dir* anvertraut ist? Steh also auf, iß einen Bissen Brot und laß uns nicht im Stich, dem Hirten gleich, der seine Herde den bösen Wölfen preisgibt!
Ich sprach zu ihm: Verlaß mich und komm vor sieben Tagen nicht wieder; wenn du dann zurückkehrst, will ich dir Aufschluß geben. Als er dies hörte, verließ er mich.

## *Zweites Gesicht.*

So fastete ich sieben Tage unter vielen Klagen und Tränen, wie mir der Engel Uriel geboten hatte. Als aber die sieben Tage um waren, begannen die Gedanken meines Herzens mich mächtig zu bedrängen. Da bekam meine Seele den Geist der Einsicht, und ich begann nochmals vor dem Höchsten Worte zu sprechen:

*Warum aber hat Gott sein einziges,
auserwähltes Volk den Heiden preisgegeben?*

Ich sprach: Ach Herr Gott, aus allem Walde der Erde und all seinen Bäumen hast du dir den *einen* Weinstock erwählt, aus allen Ländern der Welt die *eine* Pflanzgrube ausgesucht, aus allen Blumen des Erdkreises die *eine* Lilie erkoren, vor allen Tiefen des Meeres hast du Wachstum gegeben dem *einen* Bach, aus allen Städten, die je gebaut sind, nur Zion dir selber geheiligt, aus allen Vögeln, die du geschaffen, die *eine* Taube dir berufen, aus allen Tieren, die du gebildet, das *eine* Schaf ersehen, aus allen Völkern, deren so viel ist, das *eine* Volk dir erworben, und das Gesetz, das du unter allen ausgesucht, hast du dem Volke, das du begehrt hast, verliehen. – Jetzt aber, Herr, *weshalb hast du das eine den vielen preisgegeben,* hast den *einen* Sproß vor den anderen in Schmach gebracht und dein *einziges* Eigentum unter die vielen zerstreut? Weshalb haben, die deinen Verheißungen widersprochen haben, die niedertreten dürfen, die deinen Bündnissen geglaubt haben? Ja, wenn du deinem Volk auch gram geworden wärest, so hättest du es doch züchtigen müssen mit *eigener Hand!*

*Dennoch liebt Gott Israel noch immer.*

Als ich diese Worte gesprochen hatte, ward der Engel zu mir gesandt, der schon in verflossener Nacht zu mir gekommen war. Er sprach zu mir: Höre mir zu, so will ich dich lehren; merk auf mein Wort, so will ich weiter zu dir sprechen. Ich sprach: Rede, Herr! Er sprach zu mir: Die Sinne vergehen dir über Israels Geschick? *Hast du es denn mehr lieb als sein Schöpfer?*

*Dies Problem ist für Menschen unlösbar.*

Ich sprach: Nein, Herr; aber vor Schmerzen habe ich reden müssen; denn jede Stunde aufs neue blutet mir das Herz, wenn ich die Wege des Höchsten erfassen möchte und seines Gerichtes Spruch erspähen! Er sprach zu mir: *Das kannst du nicht.* Ich sprach: Warum, Herr? Weshalb ward ich dann geboren? Warum ist meiner Mutter Schoß nicht mein Grab geworden, daß ich Jakobs Elend nicht brauchte zu sehen und die Not des Geschlechtes Israel? – Er sprach zu mir: So nenne mir die Zahl der Zukünftigen, sammle mir zerstreute Tropfen des Regens wieder ein, mach vertrocknete Blumen wieder grün, öffne mir die verschlossenen Kammern und laß die Winde, die sie enthalten, heraus, sage mir, wie Gesichter aussehen, die du nie gesehen hast, oder zeige mir die Gestalt des Tons; so will ich dir das Rätsel lösen, das du zu schauen begehrst. Ich sprach: Herr, mein Gebieter, wer könnte sich auf dergleichen verstehen, außer denen, die nicht unter Menschen wohnen? Ich aber habe nicht Wissen noch Macht; wie könnte ich solche Fragen beantworten? Er sprach zu mir: Sowenig du von alledem, was ich nannte, auch nur *eines* zu tun vermagst, *sowenig vermagst du mein Gericht zu erfassen* oder das Ziel der Liebe, die ich meinem Volke zugesagt.

*Über die Stellung der verschiedenen Generationen im göttlichen Weltplan.*

Gilt Gottes Verheißung nur dem letzten Geschlecht?
Ich sprach: Ach, aber Herr, dein Segen gilt nur denen, die das Ziel erleben; was sollen aber unsere Vorfahren, wir selbst und unsere Nachkommen tun? Er sprach zu mir: *Einem Reigen soll mein Gericht gleich werden;* darin sind die Letzten nicht zurück und die ersten nicht voran.

*Verschiedene, aufeinander folgende Generationen sind in dieser Welt notwendig.*

Ich antwortete und sprach: *Konntest du nicht alle Geschlechter der Vergangenheit, Gegenwart und Zukunft auf einmal schaffen,* damit dein Gericht um so schneller erscheine? Er antwortete mir und sprach: Die Schöpfung darf

dem Schöpfer nicht vorgreifen; *auch könnte die Welt alle Geschaffenen auf einmal nicht ertragen.* Ich sprach: Wie aber stimmt das zu dem Worte, das du eben zu deinem Knechte gesagt hast, daß du einst die ganze Schöpfung auf einmal zum Leben erwecken würdest? Wenn sie einst alle auf einmal leben werden und die Schöpfung das ertragen kann, wäre sie doch auch jetzt schon imstande, alle auf einmal zu tragen.
Er sprach zu mir: *Frage den Mutterschoß* und sprich zu ihm: Wenn du zehn Kinder bekommst, warum bekommst du sie jedes zu seiner Zeit? Fordere ihn auf, zehn auf einmal zu zeugen. Ich sprach: Unmöglich kann er das, sondern nur jedes zu seiner Zeit. Er sprach zu mir: So habe auch ich die Erde zum Mutterschoße gemacht für die, die jedes zu seiner Zeit von ihr empfangen werden. Denn wie das Kind nicht gebiert, noch die Greisin mehr, so habe ich auch in der Welt, die ich geschaffen, ein bestimmtes Nacheinander festgesetzt.

*Die Welt ist alt geworden.*

Ich fragte ihn und sprach: Da du mir nun die Wege gewiesen, so laß mich weiter vor dir sprechen. *Ist unsere Mutter,* von der du gesprochen, *noch jung oder schon dem Alter nahe?* Er antwortete mir und sprach: Frage die Gebärerin, die kann dir's sagen; sprich zu ihr: Weshalb sind deine jüngsten Kinder ihren älteren Geschwistern nicht gleich, sondern weniger kräftig? So wird sie selber dir antworten: Anders sind die, die in der Blüte der Kraft erzeugt sind, anders die Kinder des Alters, als der Schoß die Kraft verloren hatte. Nun ermiß du selber, daß ihr weniger kräftig seid als eure Vorfahren; so auch eure Nachkommen weniger kräftig als ihr. Denn *die Schöpfung wird schon alt* und ist über die Jugendkraft schon hinaus.

*Der Jüngste Tag kommt durch Gott allein.*

Ich sprach: Ach Herr, wenn ich Gnade vor deinen Augen gefunden habe, so zeige deinem Knecht, *durch wen* du deine Schöpfung *heimsuchen wirst.* Er sprach zu mir: Im Anfange der Welt, ehe des Himmels Pforten standen, ehe der Winde Stöße bliesen; ehe der Donner Schall ertönte, ehe der Blitze Leuchten strahlte; ehe die Grundlagen des Paradieses gelegt, ehe die Schönheit seiner Blumen zu schauen war; ehe die Mächte der Bewegung bestellt, ehe die zahllosen Heere der Engel gesammelt; ehe die Höhen der Lüfte sich erhoben, ehe die Räume des Himmels Namen trugen; ehe Zions Schemel bestimmt war, ehe die Jahre der Gegenwart berechnet; ehe die Anschläge der Sünder verworfen, aber, die Schätze des Glaubens sammeln, versiegelt: damals habe ich dies alles vorbedacht, und durch mich und niemand weiter ward es erschaffen; *so auch das Ende durch mich und niemand weiter!*

*Die Scheidung der Zeiten.*

Ich antwortete und sprach: Wie wird die *Scheidung der Zeiten* geschehen? Wann wird das Ende des ersten Äon sein und der Anfang des zweiten? Er sprach zu mir: *Von Abraham bis Abraham.* Denn von ihm stammen Jakob und Esau; die Hand Jakobs aber hielt im Anfang die Ferse Esaus. Die Ferse des ersten Äon ist Esau; die Hand des zweiten ist Jakob. Der Anfang des Menschen ist die Hand, sein Ende die Ferse. Zwischen Ferse und Hand nichts weiter! – Das überlege, Esra!

*Die Zeichen der letzten Zeit und das Ende.*

Ich antwortete und sprach: Herr, mein Gebieter, wenn ich Gnade vor deinen Augen gefunden habe, so zeige deinem Knecht *die letzten deiner Zeichen,* von denen du mir in vergangener Nacht einen Teil gezeigt hast. Er antwortete und sprach zu mir: Stelle dich fest auf deine Füße, so wirst du eine gewaltig laute Stimme vernehmen; und wenn der Ort, da du stehst, beim Erschallen dieser Stimme mächtig schwankt, so ängstige dich nicht: denn die Stimme redet vom Ende; die Tiefen der Erde aber werden es verstehen, daß von ihnen selber die Rede ist. Sie werden zittern und schwanken, denn sie wissen, daß an ihnen beim Ende eine Verwandlung geschehen soll. Als ich das vernommen hatte, trat ich fest auf meine Füße und horchte auf: Da ertönte eine Stimme, die scholl wie der Schall großer Wasser. Die sprach: Siehe, Tage werden sein, wann ich komme zu nahen, um heimzusuchen die Erdenbewohner, wann ich komme zu rächen den Frevel der bösen Frevler, wann Zions Erniedrigung voll ist und der Äon, der dahingeht, versiegelt, da will ich folgende Zeichen geben: Bücher werden aufgetan im Angesichte der Veste, die werden alle auf einmal sehen. Jährige Kinder werden ihre Stimme erheben und reden; Schwangere gebären Frühgeburten im dritten und vierten Monat; die aber bleiben am Leben und laufen umher. Plötzlich werden besäte Felder ohne Frucht erscheinen, und volle Scheunen werden plötzlich leer erfunden. Die Drommete wird laut erschallen; alle Menschen vernehmen sie plötzlich und erbeben. In jener Zeit werden Freunde einander als Feinde bekämpfen, daß die Erde samt ihren Bewohnern sich davor entsetzt. Wasserquellen stehen still und laufen nicht drei Stunden lang. Wer aber übrigbleibt aus alledem, was ich dir vorausgesagt, der wird gerettet werden und mein Heil und das Ende meiner Welt schauen. Da erscheinen die Männer, die einst emporgerafft sind, die den Tod nicht geschmeckt haben seit ihrer Geburt. Dann wird das Herz der Erdenbewohner verändert und zu neuem Geiste verwandelt. Dann ist das Böse vertilgt und der Trug vernichtet, der Glaube in Blüte, das Verderbnis überwunden; und die Wahrheit wird offenbar, die so lange Zeit ohne Frucht geblieben ist.

*Schluß.*

Während er so zu mir sprach, erbebte die Stätte, wo ich stand, mehr und mehr.
Er aber sprach zu mir: Dies sollte ich dir zeigen, und noch in der nächsten Nacht; wenn du nun weiter flehst und weiter fastest, sieben Tage lang, will ich dir Weiteres, das größer ist als dieses, bei Tage offenbaren. Denn dein Gebet ist beim Höchsten erhört; der Allmächtige hat deine Gerechtigkeit gesehen und die Frömmigkeit, die du von Jugend auf geübt hast, erkannt. Deshalb hat er mich gesandt, um dir dies alles zu offenbaren und dir zu sagen: Fasse Mut, verzage nicht; hege nicht allzu ängstlich eitle Gedanken über diese Zeit, daß du nicht Angst erdulden müßtest in der letzten Zeit.

## *Drittes Gesicht.*

Danach weinte ich aufs neue und fastete wie früher, sieben Tage lang, daß die drei Wochen, die mir befohlen waren, voll würden. In der achten Nacht aber ward mein Herz aufs neue in mir bewegt, und ich hob an, vor dem Höchsten zu reden; denn mein Geist geriet gewaltig in Erregung und meine Seele in Angst.
... Dies alles habe ich vor dir, Herr, gesprochen, weil du gesagt hast, daß du um unsertwillen diese erste Welt geschaffen habest, die übrigen Völker aber, die von Adam abstammen, hast du für nichts erklärt: Sie seien dem Speichel gleich; mit dem Tropfen am Eimer hast du ihren Überschwang verglichen.
Nun aber, Herr: Eben jene Völker, die für nichts geachtet sind, überwältigen und zertreten uns; wir aber, dein Volk, das du deinen Erstgeborenen, deinen einzigen Sohn, deinen Anhänger und Freund genannt hast, wir sind in ihre Hand gegeben! Wenn aber die Welt unsertwegen geschaffen ist, warum haben wir nicht diese unsere Welt im Besitz? Wie lange soll es so bleiben?

*Die arge Welt ist der notwendige Durchgang für die kommende gute.*

Als ich diese Worte beendet, kam der Engel zu mir, der schon in den früheren Nächten zu mir gesandt war. Der sprach zu mir: Stehe auf, Esra, und höre die Worte, da ich gekommen bin, mit dir zu reden. Ich sprach: Rede, Herr! Er sprach zu mir: Es gibt ein Meer, das liegt in der Weite, so daß es sich rings in die Breite erstreckt; der Eingang aber dazu liegt in der Enge, so daß er wie ein Fluß aussieht. Wenn nun jemand in das Meer kommen will, es zu besehen oder zu befahren, wie wird der die Weite erreichen, wenn er nicht vorher die Enge durchschifft hat? – Oder ein anderes Gleichnis: Es gibt eine erbaute Stadt, die ist in einer Ebene gelegen und ist alles Guten voll; der Eingang

aber dazu ist eng und führt an Abgründen hin, wo rechts Feuer, links tiefes Wasser droht; und nur einen einzigen Pfad gibt es zwischen beiden, zwischen Feuer und Wasser, und dieser Pfad ist so schmal, daß er nur *eines* Menschen Fußspur fassen kann.
Wenn nun jene Stadt jemandem zum Erbteil gegeben wird, wie wird der Erbe sein Erbteil in Besitz nehmen können, wenn er nicht vorher den gefährlichen Weg dahin durchschritten hat? – Ich sprach: Gewiß, Herr! Er sprach zu mir: So ist auch Israels Teil: Ihnen habe ich zwar den Äon geschaffen; als aber Adam meine Gebote übertrat, *ward die Schöpfung gerichtet:* Da sind die Wege in diesem Äon schmal und traurig und mühselig geworden, elend und schlimm, voll von Gefahren und nahe an großen Nöten; die Wege des großen Äons aber sind breit und sicher und tragen die Früchte des Lebens. *Wenn die Lebenden also in diese Engen und Eitelkeiten nicht eingegangen sind, können sie nicht erlangen, was ihnen aufbewahrt ist.* Warum betrübst du dich also, daß du vergänglich bist? Warum erregst du dich, daß du sterblich bis? *Warum nimmst du dir nicht die Zukunft zu Herzen, sondern nur die Gegenwart?*

### *Das Schicksal der Sünder.*
### *Das Schicksal der Sünder ist traurig, aber wohlverdient.*

Ich antwortete und sprach: Herr Gott, du hast ja in deinem Gesetze bestimmt, nur die Gerechten würden dies Erbteil bekommen, *aber die Gottlosen* sollten ins Verderben gehen. So können die Gerechten die Enge wohl ertragen, da sie die Weite hoffen; die Gottlosen aber haben die Enge erduldet und werden die Weite nicht sehen! Er sprach zu mir: *Du bist doch kein Richter über Gott und kein Weiser über den Höchsten?* Mögen lieger die meisten der Lebenden ins Verderben gehen, als daß Gottes Gebot und Vorschrift verachtet werde! Denn Gott hat den Lebenden, sobald sie zum Leben kamen, feierlich erklärt, was sie tun sollten, um das Leben zu erwerben, und was sie halten sollten, um nicht der Strafe zu verfallen. Sie aber waren ungehorsam und widersprachen ihm; sie erdachten sich eitle Gedanken und ersannen sich ruchlose Lügen; dazu behaupteten sie, daß der Höchste nicht sei, und kümmerten sich um seine Wege nicht; sein Gesetz verachteten sie, seine Bündnisse leugneten sie, seinen Geboten glaubten sie nicht, seine Werke vollbrachten sie nicht. Darum, o Esra, Eitles den Eitlen, Fülle den Vollkommenen!

### *Das Weltgericht.*

Denn siehe, Tage kommen, wenn die Zeichen, die ich dir früher gesagt, eintreffen, da wird die unsichtbare Stadt erscheinen und das verborgene Land sich zeigen; und jeder, der aus den Plagen, die ich dir vorausgesagt, gerettet ist, der wird meine Wunder schauen. Denn *mein Sohn, der Christus,* wird sich offenbaren samt allen bei ihm und wird den Übergebliebenen Freude geben, 400 Jahre lang. Nach diesen Jahren wird mein Sohn, der Christus, sterben und alle, die Menschenodem haben. Dann wird sich die Welt zum *Schweigen der Urzeit* wandeln, sieben Tage lang, wie im Uranfang, so daß niemand überbleibt. Nach sieben Tagen aber wird der Äon, der jetzt schläft, erwachen und die Vergänglichkeit selber vergehen. *Die Erde gibt wieder,* die darinnen ruhen, der Staub läßt los, die darinnen schlafen, die Kammern erstatten die Seelen zurück, die ihnen anvertraut sind. – *Der Höchste erscheint auf dem Richterthron:* Dann kommt das Ende, und das Erbarmen vergeht, das Mitleid ist fern, die Langmut verschwunden; mein Gericht allein wird bleiben, die Wahrheit bestehen, der Glaube triumphieren; der Lohn folgt nach, die Vergeltung erscheint; die guten Taten erwachen, die bösen schlafen nicht mehr. –

Dann erscheint die *Grube der Pein* und gegenüber der *Ort der Erquickung;* der Ofen der Gehenna wird offenbar und gegenüber das Paradies der Seligkeit. Da wird der Höchste sprechen zu den Völkern, die erweckt sind: Nun schaut und erkennet den, den ihr geleugnet, dem ihr nicht gedient, dessen Gebote ihr verachtet! Schaut nun hinüber und herüber: hier Seligkeit und Erquickung, dort Feuer und Pein! Diese Worte wird er zu ihnen am Tage des Gerichts sprechen. –

Jener Tag ist so, daß er Sonne nicht hat, nicht Mond, nicht Sterne, nicht Wolken, nicht Donnern, nicht Blitz; nicht Wind, nicht Regen, nicht Nebel; nicht Dunkel, nicht Abend, nicht Morgen; nicht Sommer, nicht Frühling, nicht Hitze; nicht Winter, nicht Eis, nicht Frost; nicht Hagel, nicht Wetter, nicht Tau; nicht Mittag, nicht Nacht, nicht Dämmerung; nicht Glanz, nicht Helle, nicht Leuchten, sondern ganz allein den Glanz der Herrlichkeit des Höchsten, wobei alle das schauen können, was ihnen bestimmt ist. Jener Tag dauert eine Jahrwoche. *So ist mein Gericht und seine Ordnung;* dir allein habe ich dies kundgetan.

*Traurig ist, daß der Geretteten so wenig sind;*
*aber diese wenigen sind um so kostbarer.*

Ich antwortete und sprach: Schon einmal, Herr, habe ich gesagt und sage nochmals: Selig sind, die in die Welt kommen und deine Gebote halten! Aber worüber ich schon damals flehte: Wer ist unter den Lebenden, der nicht gesündigt? Wer unter den Weibgeborenen, der nicht deinen Bund gebrochen? Jetzt erkenne ich, *daß die zukünftige Welt wenigen Erquickung bringen wird, vielen aber Pein.* – Denn erwachsen ist in uns das böse Herz; das hat uns diesem entfremdet und der Vernichtung nahegebracht; es hat uns des Todes

Wege gewiesen und des Verderbens Pfade gezeigt und uns vom Leben ferngeführt; und dies nicht etwa wenige, nein, fast alle, die geschaffen sind!
Er antwortete mir und sprach: Höre mir zu, so will ich dich belehren und dich nochmals zurechtweisen. Ebendeshalb hat der Höchste nicht *einen* Äon geschaffen, sondern *zwei.* – Nun hast du geklagt, der Gerechten seien nicht viele, sondern wenige; der Gottlosen aber seien viele. So höre dagegen: Nimm an, du besäßest ganz wenige kostbare Steine, würdest du sie dir mit Blei und Ton zusammenlegen? Des Bleis aber und Tones ist viel. Ich sprach: Herr, wie ginge das? Er sprach zu mir: Und weiter, frage auch die Erde, die kann dir's sagen; gib ihr gute Worte, sie wird es dir künden. Sprich zu ihr: Du bringst Gold und Silber und Erz hervor, aber ach Eisen, Blei und Ton; Silber aber gibt es mehr als Gold, Erz mehr als Silber, Eisen mehr als Erz, Blei mehr als Eisen, Ton mehr als Blei. So erwäge nun du selber, was kostbar und wertvoll sei: wovon es viel gibt oder was selten vorkommt? Ich sprach: Herr, mein Gebieter, das Häufige ist weniger wert, *das Seltene ist kostbarer.* Er antwortete mir und sprach: Nun schließe aber weiter aus deinen eigenen Gedanken: Wer das Seltene besitzt, hat größere Freude als der, der die Fülle hat. So wird es auch in dem Gerichte sein, das ich verheißen: Ich will an den wenigen, die gerettet werden, meine Freude haben – sie sind es ja, die auch schon jetzt meinen Ruhm befestigen, durch die auch schon jetzt mein Name mit Preis genannt wird – und will keine Trauer hegen über die Menge derer, die verlorengehn – sie sind es ja, die auch schon jetzt dem Dampfe vergleichbar sind, dem Feuer ähnlich, wie Rauch geachtet: Sie haben gebrannt, geglüht, sind erloschen!

## *Qual und Verantwortlichkeit der Vernunft*

Ich antwortete und sprach: O Erde, was hast du gezeugt, wenn die Vernunft aus dem Staub entstanden ist, wie jede andere Kreatur! Besser wäre es gewesen, der Staub selber wäre niemals entstanden, daß die Vernunft nicht daraus gekommen wäre. Nun aber wächst die Vernunft mit uns auf, und dadurch leiden wir Pein, daß wir mit *Bewußtsein ins Verderben gehen.* So traure der Menschen Geschlecht, die Tiere des Feldes mögen sich freuen! Mögen alle Weibgeborenen jammern, das Vieh aber und Wild soll frohlocken! Ihnen ergeht's ja viel besser als uns; denn sie haben kein Gericht zu erwarten, sie wissen nichts von einer Pein noch von einer Seligkeit, die ihnen nach dem Tode verheißen wäre. Wir aber, was nützt es uns, daß wir einst zur Seligkeit kommen können, aber in Wirklichkeit in Martern fallen? Denn alle, die geboren sind, sind von Gottlosigkeit entstellt, voll von Sünden mit Schuld beladen. Und *viel besser wäre es für uns, wenn wir nach dem Tode nicht ins Gericht müßten!*
Er antwortete mir und sprach: Ehe der Höchste die Welt schuf, Adam und

alle seine Nachkommen, hat er vorher das Gericht, und was zum Gerichte gehört, bereitet. Nun aber lerne aus deinen eigenen Worten. Du sagtest ja: die Vernunft wachse mit euch auf. *Ebendeshalb* verfallen, die auf Erden weilen, der Pein, weil sie trotz der Vernunft, die sie doch *besaßen,* gottlos gehandelt, weil sie die Gebote, die sie doch *erhalten,* nicht beobachtet und das Gesetz, das ihnen auch *gegeben, trotzdem sie es empfangen,* gebrochen haben. Was werden sie beim Gericht zu sagen vermögen? Was werden sie am Jüngsten Tag erwidern können? Lange genug hat doch der Höchste Langmut gehabt mit den Bewohnern der Welt – freilich nicht um ihretwillen, sondern der Zeiten wegen, die er festgesetzt hatte!

*Über die siebenfältige Pein und die siebenfältige Freude des Zwischenzustands.*

Ich antwortete und sprach: Wenn ich Gnade vor dir, Herr, gefunden, so zeige deinem Knecht auch dies: ob wir nach unserem Tode, wenn wir unsere Seele zurückgeben müssen, einstweilen in Frieden bewahrt werden, bis jene Zeiten kommen, in denen du die Schöpfung erneuern wirst, *oder ob wir sofort der Pein verfallen?* Er antwortete mir und sprach: Ich will dir auch dies offenbaren. Du aber vermenge dich nicht selbst mit den Verächtern, noch rechne dich zu denen, die gepeinigt werden. Denn du hast einen Schatz guter Werke, der dir beim Höchsten aufbewahrt bleibt; der soll dir freilich erst am Jüngsten Tag offenbar werden.

Über den Tod aber habe ich dir zu sagen: Wenn der entscheidende Spruch von dem Höchsten ergeht, daß der Mensch sterben soll, wo sich der Geist vom Körper trennt und zu dem zurückkehrt, der ihn gegeben hat, um zunächst vor der Herrlichkeit des Höchsten anzubeten: hat er nun zu den Verächtern gehört, die die Wege des Höchsten nicht bewahrt, die sein Gesetz verschmäht und die Gottesfürchtigen gehaßt, solche Seelen gehen nicht in die Ruhekammern ein, sondern müssen sogleich qualvoll umherschweifen, unter ständigem Seufzen und Trauern, in *siebenfältiger Pein.*

Die *erste Pein* ist, daß sie des Höchsten Gesetz verachtet; die *zweite,* daß sie die wahre Buße zum Leben nicht mehr tun können; die *dritte,* daß sie den Lohn sehen, der denen aufbewahrt ist, die des Höchsten Zeugnissen geglaubt haben; die *vierte,* daß sie die Pein schauen, die ihnen selbst für die letzte Zeit bevorsteht; die *fünfte,* daß sie sehen, wie Engel die Wohnungen der anderen Seelen in tiefem Frieden bewachen; die *sechste,* daß sie sehen, daß sie *schon jetzt* in die Pein hinüber müssen; die *siebente,* schlimmer als alle genannten Martern, daß sie vor Scham vergehen, vor Angst sich verzehren und vor Furcht erschlaffen, daß sie die Herrlichkeit des Höchsten schauen müssen, vor dem sie im Leben gesündigt und von dem sie am Jüngsten Tage gerichtet werden sollen!

Denen aber, die des Höchsten Wege bewahrt haben, gilt diese Ordnung, wenn sie sich trennen dürfen von diesem sterblichen Gefäß. Damals, als sie noch darinnen lebten, haben sie dem Höchsten unter Mühsalen gedient und haben stündlich Gefahren erduldet, um das Gesetz dessen, der es gegeben, vollkommen zu halten. Deshalb gilt ihnen diese Verheißung: Zuerst schauen sie mit lautem Frohlocken die Herrlichkeit dessen, der sie zu sich nimmt; dann gehen sie in die Ruhe ein zu siebenfacher Freude. Die *erste* Freude ist, daß sie in schwerem Streite gekämpft haben, den ihnen anerschaffenen bösen Sinn zu besiegen, daß er sie nicht vom Leben zum Tode verführe; die *zweite,* daß sie die wirren Wege schauen, auf denen die Seelen der Gottlosen umherirren müssen, und die Strafe, die jener harrt. Die *dritte,* daß sie das Zeugnis sehen, das ihr Schöpfer ihnen bezeugt hat, daß sie im Leben das Gesetz, das ihnen anvertraut war, gehütet haben; die *vierte,* daß sie die Ruhe kennen, die sie schon jetzt, in ihren Kammern versammelt, unter dem Schutze von Engeln in tiefem Frieden genießen dürfen, und die Herrlichkeit, die ihrer zuletzt noch wartet. Die *fünfte,* daß sie frohlocken, jetzt der Vergänglichkeit entflohen zu sein und die Zukunft zu ererben; ferner, daß sie auf die Enge und die vielen Mühsale hinblicken, wovon sie erlöst sind, und auf die Weite, die sie ererben sollen in seliger Unsterblichkeit. Die *sechste,* daß ihnen gezeigt wird, wie ihr Antlitz einst wie die Sonne leuchten soll und wie sie dem Sternenlichte gleichen sollen, von nun an wie diese nicht mehr vergänglich. Die *siebente* Freude, höher als alle genannten, ist die, daß sie zuversichtlich frohlocken, sicher vertrauen und furchtlos sich freuen; denn sie eilen herzu, das Antlitz besser zu schauen, dem sie im Leben gedient und von dem sie Lob und Lohn empfangen sollen. Das sind die Freuden der Seelen der Gerechten, die ihnen *schon für jetzt* verheißen sind; die Martern aber, von denen ich sprach, sind es, denen die Sünder *schon jetzt* verfallen. –
Ich antwortete und sprach: Es wird also den Seelen, nachdem sie sich von ihren Leibern getrennt haben, eine Frist verstattet, das zu schauen, was du mir geschildert hast? Er sprach zu mir: *Sieben Tage haben sie Freiheit,* um sich in diesen sieben Tagen das, wovon ich gesprochen, zu betrachten; danach werden sie in ihre Kammern versammelt.

### *Gibt es Fürbitte beim Jüngsten Gericht?*

Ich antwortete und sprach: Wenn ich Gnade vor deinen Augen gefunden habe, so zeige mir, deinem Knechte, noch dies: *ob die Gerechten am Tage des Gerichts für die Gottlosen eintreten* und dem Höchsten für sie bitten dürfen: Väter für Söhne, Söhne für die Eltern, Brüder für Brüder, Verwandte für ihre Vettern, Freunde für ihre Genossen? Er antwortete mir und sprach: Weil du Gnade vor meinen Augen gefunden hast, so will ich dir auch dies zeigen. Der

Tag der Entscheidung ist wie der Gerichtsbote und zeigt allen das Siegel der Wahrheit. Wie schon jetzt kein Vater den Sohn, kein Sohn den Vater, kein Herr den Knecht, kein Freund den Genossen senden kann, daß er für ihn krank sei, schlafe, esse oder sich heilen lasse, so wird auch dann keineswegs jemand für irgendwen bitten noch jemanden anklagen dürfen; *dann trägt ein jeder ganz allein seine Ungerechtigkeit oder Gerechtigkeit.*
Ich antwortete und sprach: Wie finden wir aber jetzt geschrieben, daß schon Abraham für die Leute von Sodom gebetet hat, Mose für unsere Väter, als sie in der Wüste sündigten, Josua nach ihm für Israel in den Tagen Achans, Samuel in den Tagen Sauls, David wegen der Plage, Salomo für die, die am Heiligtume beten, Elias für die, die den Regen empfingen, und für den Toten, daß er lebe, Hiskia für das Volk in den Tagen Sanheribs und viele andere für viele? Wenn also jetzt, da die Verderbnis gewachsen und der Ungerechtigkeit viel geworden ist, Gerechte für Sünder gebetet haben, warum kann das nicht auch dann geschehen? – Er antwortete mir und sprach: Die gegenwärtige Welt ist nicht das Ende, ihre Herrlichkeit bleibt nicht beständig; deshalb haben Starke für Schwache beten dürfen. Der Tag des Gerichts aber ist das Ende dieser Welt und der Anfang der kommenden ewigen Welt; darinnen ist die Verderbnis vorüber, die Zuchtlosigkeit ausgetrieben, der Unglaube vertilgt; die Gerechtigkeit aber erwachsen und die Wahrheit entsprossen. Dann also *wird sich niemand dessen erbarmen dürfen, der im Gericht unterlegen ist,* noch den stürzen können, der dann gesiegt hat.

### *Was nützt den Sündern die Verheißung? Aber sie haben ihr Geschick verdient.*

Ich antwortete und sprach: Dies bleibt mein erstes und letztes Wort: Besser wäre es, die Erde hätte Adam nie hervorgebracht oder sie hätte ihn wenigstens von der Sünde ferngehalten. Denn was hilft es uns allen, daß wir jetzt in Trübsal leben müssen und nach dem Tode noch auf Strafe zu warten haben? *Ach Adam, was hast du getan!* Als *du* sündigtest, kam dein Fall nicht nur auf dich, sondern *auch auf uns,* deine Nachkommen! Denn *was hilft es uns, daß uns die Ewigkeit versprochen ist, wenn wir Werke des Todes getan haben?* Daß uns eine unvergängliche Hoffnung verheißen ist, wenn wir so traurig der Eitelkeit verfallen sind? Daß uns Stätten voll Genesung und Frieden bereitet sind, wenn wir im Elend dahingegangen sind? Daß einst des Höchsten Herrlichkeit die beschirmen soll, die sich rein erhalten haben, wenn wir auf schändlichen Wegen gewandelt haben? Daß das Paradies erscheinen soll, dessen Früchte ewig bleiben, die Sättigung und Heilung verleihen, wenn wir doch niemals hineinkommen, weil wir an scheußlichen Orten verweilt haben? Daß das Antlitz der Reinen heller als Sonnenglanz strahlen wird, wenn unser eigenes Antlitz finsterer sein wird als die Nacht? Denn ach, wir haben im Leben, da wir Sünde taten, der Leiden nicht gedacht, die uns nach dem Tode bevorstehen! Er antwortete und sprach: *Das ist der Sinn des Kampfes, den jeder kämpfen muß,* der auf Erden als Mensch geboren ist, daß er, wenn besiegt, zu leiden hat, wovon du gesprochen; siegt er aber, so empfängt er, was ich dir verkündet. Denn das ist der Weg, von dem schon Mose, als er noch lebte, zum Volke gesagt hat: Wähle dir das Leben, daß du Leben habest! Sie glaubten ihm aber nicht, noch den Propheten nach ihm, noch auch mir selber, der ich zu ihnen gesprochen. Deshalb wird keine Trauer sein über ihren Untergang, so wie Freude herrschen wird über das Heil der Gläubigen.

*Bedenken gegen die Verdammnis so vieler, vom Gottesbegriff aus.*
*Wie verträgt sich die Verdammnis so vieler Menschen mit Gottes Erbarmen?*

Ich antwortete und sprach: Herr, ich weiß doch, daß der Höchste gegenwärtig der *Barmherzige* heißt, weil er sich derer erbarmt, die noch nicht in die Welt gekommen sind, der *Gütige,* weil er gegen die, die nach seinem Gesetze wandeln, gütig ist; der *Langmütige,* weil er den Sündern als seinen Geschöpfen Langmut erweist; der *Mildtätige,* weil er lieber schenken als fordern will; der *Gnadenreiche,* weil er gegen Lebende, Vergangene und Zukünftige an Gnaden so reich ist; und wäre er es nicht, so käme die Welt samt ihren Bewohnern niemals zum Leben; der *Freundliche,* denn wenn er nicht freundlich verstattete, daß die Sünder ihrer Sünden los und ledig würden, so könnte nicht der zehntausendste Teil der Menschen zum Leben gelangen; und der *Verzeihende,* denn wenn er nicht den Geschöpfen seines Wortes verziehe und die Fülle ihrer Übertretungen tilgte, so würden vielleicht aus der unzählbaren Menge überbleiben nur ganz wenige!
Er antwortete mir und sprach: Diese Welt hat der Höchste um vieler willen geschaffen, aber *die zukünftige nur für wenige.* Ich will dir ein Gleichnis sagen, Esra. Wenn du die Erde fragst, so wird sie dir sagen, daß sie viel mehr Ton hervorbringt, woraus man Geschirr macht, aber ganz wenig Staub, woraus Gold wird. So ist auch diese Welt geordnet: *Viele sind geschaffen, wenige aber sind gerettet!*
... Denn durch viele schlimme Demütigungen müssen in der letzten Zeit die Erdenbewohner gedemütigt werden, weil sie in schlimmem Übermute gewandelt sind. *Du aber denke lieber an dein eigenes Los* und forsche nach der Herrlichkeit, die deine Brüder ererben sollen. Denn für *euch* ist das Paradies eröffnet, der Lebensbaum gepflanzt; der zukünftige Äon zugerüstet, die Seligkeit vorherbestimmt; die Stadt erbaut, die Heimat auserwählt; die guten Werke geschaffen, die Weisheit bereitet; der Keim vor euch versiegelt, die Krankheit vor euch getilgt; der Tod verborgen, der Hades entflohen; die Vergänglichkeit vergessen, die Schmerzen vorüber; aber des Lebens Schätze sind euch am Ende offenbar.

So forsche nicht weiter nach der großen Zahl derer, die ins Verderben gehen; denn sie haben aus eigenem freiem Entschluß den Höchsten verachtet, sein Gesetz verworfen, seine Wege verlassen, dazu seine Frommen zertreten; und haben in ihren Herzen gesprochen, es sei kein Gott; und alles dies, obwohl sie sehr wohl wußten, daß sie sterben müßten. Deshalb, wie euer die Verheißungen warten, so ihrer Durst und Pein, die ihnen bereitet sind. Denn *nicht der Höchste hat gewollt, daß Menschen verlorengehen;* vielmehr die Geschöpfe selber haben den Namen dessen, der sie doch *geschaffen,* verunehrt und Undankbarkeit bewiesen gegen den, der ihnen doch das Leben bereitet hat. Deshalb naht mein Gericht jetzt bald heran. – Dies habe ich nicht vielen kundgetan, sondern nur dir und wenigen dir Gleichen.

### *Die Endvollendung und ihre Zeichen.*

Ich antwortete und sprach: Du hast mir, Herr, eine Fülle von Zeichen bereits offenbart, die du in der letzten Zeit tun willst, hast mir aber nicht offenbart, *zu welcher Zeit.* Er antwortete mir und sprach: Das ermesse bei dir selber; und wenn du siehst, daß ein Teil der angekündigten Zeichen vorüber ist, dann wirst du erkennen, daß nun die Zeit gekommen ist, da der Höchste die Welt, die er geschaffen hat, heimsuchen will. Wenn in der Welt erscheinen werden Empörung in den Ländern, Verwirrung in den Völkern, Anschläge unter den Nationen; Unruhen unter den Fürsten, Gärung unter den Herrschern, dann wirst du erkennen, daß dies die Dinge sind, über die der Höchste seit den Tagen geredet hat, die im Anfange zuvor gewesen sind. Denn wie alles, was in der Welt geschehen ist, einen verborgenen Anfang hat im Wort, aber ein offenkundiges Ende, so sind auch des Höchsten Zeiten: ihr Anfang in Wort und Vorzeichen, ihr Ende aber in Taten und Wundern.

Alle aber, die dann gerettet sind und die dann entrinnen konnten, um ihrer Werke willen oder des Glaubens wegen, den sie bewahrt haben, die sind es, die aus allen Gefahren, die ich dir verkündet, überbleiben: Die werden mein Heil schauen in meinem Land und auf meinem Gebiet, das ich mir seit Ewigkeit her geheiligt. Dann lernen *Ehrfurcht,* die jetzt meine Wege *mißachtet;* dann weilen sie selber in den Martern, die sie verachtet und verspottet haben. Denn alle, die mich im Leben nicht erkannt, als sie noch Wohltaten von mir empfingen, die mein Gesetz verschmäht, als sie noch die Freiheit hatten, die die Tür der Buße, die ihnen und damals noch offenstand, nicht bedacht, sondern verschmäht haben, die sollen nach dem Tode zur Erkenntnis kommen.

Du also frage nicht weiter, wie die Gottlosen gemartert, sondern forsche darüber, wie die Gerechten erlöst werden sollen, wem der Äon gehöre, um wessentwillen er sei und zu welcher Zeit.

*Nochmals das traurige, aber wohlverdiente Los der Sünder.*

Ich antwortete und sprach: Einst habe ich gesagt und sage jetzt und werde es immer wieder sagen:
*Mehr sind der Verlorenen als der Erlösten,* wie die Flut mehr ist als ein Tropfen!
Er antwortete mir und sprach:
Wie der Boden, so die Saat, wie die Blumen, so die Farbe; wie die Arbeit, so das Werk; wie der Landmann, so die Ernte.
Denn es gab eine Zeit im Äon – da bereitete ich dem gegenwärtigen Geschlecht, das damals noch nicht da war, die Welt zur Wohnung; und damals widersprach mir niemand, denn niemand war vorhanden. Nun aber sind sie, die ich gesetzt hatte in diese Welt, die ich bereitet hatte, an einen ewigen Tisch, auf eine geheimnisvolle Weide, nun sind diese in all ihrem Tun entartet.
Da schaute ich meine Welt an: siehe, sie war verderbt; und meine Erde: siehe, sie war in Gefahr der Anschläge derer wegen, die darein gekommen waren. Das sah ich und verschonte davon mit Müh' und Not und rettete eine Beere aus der ganzen Traube und einen Sproß aus dem großen Walde. *So gehe nun dahin die Menge, die für nichts geboren ist;* gerettet aber bleibe meine Beere, mein Sproß, die ich mit vieler Mühsal bereitet!

*Schluß.*

Wenn du aber noch sieben Tage weiter wartest – faste aber an ihnen nicht, sondern geh auf ein Gefilde voller Kräuter, wo noch kein Haus erbaut ist, und genieße dort allein Pflanzen des Feldes; koste kein Fleisch, trinke keinen Wein, sondern iß allein Pflanzen und bete ohne Unterlaß zum Höchsten –, so will ich zu dir kommen und mit dir reden.

## *Viertes Gesicht.*

*Zions Trauer und Herrlichkeit.*

So ging ich, wie er mir befohlen hatte, auf das Gefilde Ardaf und setzte mich dorthin unter die Kräuter; von den Pflanzen des Feldes aß ich und wurde satt von dieser Nahrung. Als ich aber nach sieben Tagen einmal im Grase lag, ward mein Herz bewegt wie zuvor. Da tat sich mein Mund auf, und ich begann, vor dem Höchsten zu reden.

*Zions Klage.*

Als ich dies im Herzen sprach, schaute ich mit den Augen hinter mich und erblickte zur Rechten *ein Weib; die klagte und jammerte* mit lauter Stimme und war tief bekümmert. Ihre Kleider waren zerrissen, und Staub lag auf ihrem Haupt. Da ließ ich die Gedanken fahren, denen ich bisher nachgehangen hatte, wandte mich nach ihr um und sprach zu ihr: Was weinst du? Warum bist du so tief betrübt? Sie sprach zu mir: Ach Herr, laß mich mein Leid beweinen und weiter klagen, denn ich bin in bitterer Not und tiefem Leid. Ich sprach zu ihr: Was ist geschehen? Sage es mir! Sie sprach zu mir: Deine Magd war unfruchtbar und hatte nicht geboren, obwohl sie dreißig Jahre verheiratet war. In diesen dreißig Jahren habe ich stündlich und täglich zum Höchsten gebetet, bei Nacht und Tag. Endlich, nach dreißig Jahren, erhörte Gott deine Magd und sah meine Schmach an; er achtete auf meine Not und schenkte mir einen Sohn. Da freute ich mich sehr über ihn samt meinem Mann und allen Bürgern der Stadt, und wir gaben dem Allmächtigen die Ehre. Dann zog ich ihn mit vieler Mühe auf. Als er nun herangewachsen, schickte ich mich an, ihm ein Weib zu nehmen, und richtete ihm die Hochzeit aus. Als aber mein Sohn die Kammer betrat, fiel er nieder und war tot. Da stießen wir alle die Lichter um. Alle Nachbarn aber standen auf, mich zu trösten; ich aber sagte kein Wort bis zur zweiten Nacht. Als sie sich nun alle zur Ruhe begeben und abgelassen, mir zuzureden, im Glauben, ich sei beruhigt, da erhob ich mich bei Nacht, floh und kam, wie du siehst, auf dieses Feld. Und nun denke ich, nicht mehr in die Stadt zurückzukehren, sondern hier zu bleiben und nicht zu essen noch zu trinken, sondern ohn' Unterlaß zu klagen und zu fasten, bis ich sterbe.

Da ließ ich die Reden, die mich bisher beschäftigt hatten, antwortete ihr im Zorn und sprach: Du Törichte vor allen Weibern, siehst du nicht *unsere* Trauer und *unser* Unglück? Ist doch *Zion,* unser aller Mutter, selber in tiefer Trauer, in schwerem Leid, in bitterer Klage.

Jetzt ist es wohl Zeit, zu klagen – wir sind ja alle im Elend – und betrübt zu sein – wir sind ja alle in Trübsal; du aber klagst allein um deinen Sohn! Frage aber *die Erde,* sie wird dir's sagen, daß sie es ist, die über so viele klagen müßte, die auf ihr entsprossen sind. Aus ihr haben wir alle den Anfang genommen, andere werden aus ihr kommen: fast alle aber gehen ins Verderben; ihre Menge wird vernichtet. Wer sollte also mehr klagen: Nicht sie, die solche Menge verloren hat? Etwa du, die du nur um den einen Leid trägst? – Oder wirst du erwidern: Mein Jammer ist dem der Erde nicht gleich; ich habe meines Leibes Frucht verloren, die ich in Mühen gekreißt und mit Schmerzen geboren.

Der Erde aber ergeht es nur nach ihrer Natur: Die Menge, die auf ihr lebte, ist dahingegangen, wie sie gekommen ist. Aber ich entgegne dir: Wie du mit

Schmerzen gekreißt hast, ebenso hat auch die Erde im Anfang ihrem Schöpfer ihre Frucht, den Menschen, hervorgebracht.
So halte deinen Schmerz zurück und ertrage standhaft dein Unglück.
Denn wenn du Gottes Beschlüssen recht gibst, wirst du deinen Sohn zur rechten Zeit wiederbekommen und Ehre haben unter den Weibern. Geh also in die Stadt zu deinem Manne zurück.
Sie sprach zu mir: Das tue ich nicht; in die Stadt gehe ich nicht, sondern hier will ich sterben. Da fuhr ich nochmals fort, zu ihr zu reden, und sprach: Nein, Weib! Nein, Weib! So darfst du nicht tun; sondern laß dich willig bereden um *Zions Unglück,* laß dich trösten durch Jerusalems Schmerz.
Du siehst doch, wie unser Heiligtum verwüstet ist, unser Altar niedergerissen; unser Tempel zerstört, unser Gottesdienst aufgehoben; unsere Harfe in den Staub geworfen, unser Jubellied verstummt, unser Stolz gebeugt; unseres Leuchters Licht erloschen, unseres Bundes Lade geraubt; unsere Heiligtümer verunehrt, der Name, nach dem wir heißen, geschändet; unsere Edlen mit Schmach bedeckt, unsere Priester verbrannt, unsere Leviten gefangen; unsere Jungfrauen befleckt, unsere Weiber vergewaltigt; unsere Greise verunehrt, unsere Gerechten fortgeführt; unsere Kinder geraubt, unsere Jünglinge zu Sklaven geworden und unsere Helden schwach.
Und schlimmer als alles dieses:
Dem Siegel Zions ist jetzt seine Ehre versiegelt und ist unseren Hassern in die Hand gegeben. So schüttle deine tiefe Traurigkeit ab, laß die Fülle der Schmerzen fahren, daß der Allmächtige sich dir versöhne und der Höchste dir Ruhe schenke, Trost von deinem Gram!

### *Zions Herrlichkeit.*

Als ich noch so zu ihr sprach, siehe da erglänzte ihr Angesicht plötzlich, und ihr Aussehen ward wie Blitzes Schein, so daß ich vor großer Furcht nicht wagte, ihr nahe zu kommen, und sich mein Herz gewaltig entsetzte. – Während ich noch überlegte, was dies zu bedeuten habe, schrie sie plötzlich mit lauter, furchtbarer Stimme, daß die Erde vor diesem Schrei erbebte. Und als ich hinblickte, da war das Weib nicht mehr zu sehen, sondern eine erbaute Stadt, und ein Platz zeigte sich mir auf gewaltigen Fundamenten …
Und der Engel sprach zu mir: Dies ist der *Sinn des Gesichts:* Das Weib, das dir vor kurzem erschienen ist, das du trauern gesehen und zu trösten begonnen hast, das dir jetzt aber nicht mehr in Weibesgestalt erscheint, sondern als eine erbaute Stadt, und das dir vom Unfall ihres Sohnes erzählt hat, davon lautet die Deutung: *Dies Weib,* das du gesehen hast, *ist Zion,* das du jetzt als erbaute Stadt schaust. – Wenn sie dir gesagt, sie sei *dreißig Jahre unfruchtbar* gewesen: weil in der Welt *drei Jahre* vergangen sind, ehe *Opfer* darinnen geopfert worden sind; erst nach drei Jahren hat Salomo die Stadt gebaut und

Opfer geopfert: Damals gebar die Unfruchtbare einen Sohn. – Wenn sie dir erzählt hat, sie habe ihn mit Mühe *aufgezogen:* das war die Zeit, da *Jerusalem bewohnt* war. – Und wenn sie dir erzählt hat, ihr *Sohn* sei, als er die Brautkammer betreten, gestorben: dieser Unfall, der sich ihr ereignet hat, ist die *Zerstörung Jerusalems,* die du erlebt hast. – Nun hast du sie im Bilde gesehen, wie sie um ihren Sohn trauert, und du selber hast schon begonnen, sie in ihrem Unglück zu trösten.

Nun hat der Höchste gesehen, daß du im Innern betrübt bist und aus ganzem Herzen um sie trauerst; darum hat er dir ihren strahlenden Glanz gezeigt und ihre wundervolle Herrlichkeit.

Ebendeshalb hatte ich dir befohlen, auf dem Gefilde zu bleiben, wo noch kein Haus gebaut ist; denn ich wußte wohl, der Höchste werde dir dies alles offenbaren. Darum befahl ich dir, auf das Feld zu gehen, wo noch kein Grund zu einem Bau gelegt ist; denn es darf kein menschliches Bauwerk da bestehen, wo die Stadt des Höchsten sich offenbaren soll. – Du also fürchte dich nicht, dein Herz erschrecke nicht; sondern geh hinein und besieh dir die Pracht und Herrlichkeit des Baus, soviel nur deine Augen fassen und schauen können! Danach wirst du hören, soviel deine Ohren fassen und hören können.

Denn du bist selig vor vielen und hast vor dem Höchsten einen Namen wie wenige!

Bleibe aber noch morgen nacht hier; so wird dir der Höchste in Traumgesichten zeigen, was der Höchste in den letzten Tagen den Erdenbewohnern tun will.

## *Fünftes Gesicht.*

### *Der Adler aus dem Meere.*

So schlief ich jene Nacht und auch noch die folgende, so wie er mir geboten. In der zweiten Nacht sah ich einen Traum: Da stieg ein *Adler* aus dem Meer empor; der hatte *zwölf* befiederte *Flügel* und *drei Häupter.* Und ich schaute, wie er seine Flügel über die ganze Erde ausbreitete und wie alle Winde des Himmels auf ihn einbliesen und die Wolken sich um ihn sammelten. Danach schaute ich, wie aus seinen Flügeln *Gegen-Flügel* entstanden, die wurden kleine und geringe Flüglein. Die Häupter aber schliefen; das mittlere Haupt war größer als die beiden anderen, aber schlief ebenso wie sie. Dann schaute ich, wie der Adler mit seinen Flügeln dahinflog, um über die Erde und ihre Bewohner die Herrschaft zu gewinnen. Und ich schaute, wie alles unter dem Himmel ihm unterworfen ward, und niemand ihm widerstand, keines von allen Geschöpfen der Erde. Dann schaute ich, wie sich der Adler auf seinen

Krallen aufrichtete und zu seinen Flügeln also sprach: Wachet ihr nicht alle mit einem Male, sondern schlafet jeder an seiner Stätte und wacht zu eurer Zeit; die Häupter aber sollen bis zuletzt warten. Und ich schaute, daß diese Stimme nicht aus seinen Häuptern, sondern mitten aus seinem Leibe hervorging. Ich zählte die Gegen-Flügel: Sieh, es waren ihrer acht. Dann schaute ich, wie *der erste Flügel* auf der rechten Seite erwachte und über die ganze Erde regierte. Als er aber regiert hatte, ging es mit ihm zu Ende: Da war er verschwunden, so daß auch seine Stätte nicht zu sehen war. – Da erwachte *der zweite* und regierte, und dieser hielt lange Zeit inne. Als er regiert hatte, ging es mit ihm zu Ende, so daß er nicht mehr zu sehen war, wie der vorige. Und sieh, es erscholl eine Stimme, die zu ihm sprach: Höre du, der du diese ganze Zeit hindurch die Erde behauptet hast; dies verkünde ich dir, bevor du nicht mehr sein wirst: Nach dir wird niemand so lange herrschen wie du, ja nicht einmal halb so lange! – Dann richtete sich *der dritte* empor und führte das Regiment wie seine Vorgänger; dann verschwand auch er. – Und so erging's auch *den übrigen Flügeln* allen, der Reihe nach das Regiment zu haben und dann zu verschwinden. – Dann schaute ich, sieh, da erhoben sich zu ihrer Zeit auch *die folgenden Flügel* auf der rechten Seite, um das Regiment zu führen; unter ihnen waren einige, die es führten, aber sofort wieder verschwanden. Andere aber von ihnen erhoben sich, aber behaupteten nicht das Regiment. – Danach schaute ich, da waren die zwölf Flügel verschwunden und zwei der Flüglein; und am ganzen Leibe des Adlers war nichts mehr übrig als nur noch *die ruhenden Häupter* und *sechs Flüglein.* Dann schaute ich, wie sich von den sechs Flüglein zwei trennten und sich unter das rechte Haupt begaben; die übrigen vier beharrten an ihrem Ort. Dann schaute ich, wie diese *vier Gegen-Flügel* planten, sich aufzurichten und das Regiment zu führen. Ich schaute, siehe da, *der erste* von ihnen richtete sich auf, aber verschwand sofort wieder; so auch der *zweite:* Der verschwand noch rascher als der erste. Dann schaute ich, wie auch die beiden *übrigen* planten, zur Herrschaft zu kommen. – Während sie aber dies noch planten, siehe, da wachte *das erste der ruhenden Häupter* auf; es war *das mittlere,* das größer als die beiden anderen Häupter war. Dann schaute ich, wie es die beiden Häupter mit sich verband; und siehe da, das Haupt mit seinen Verbündeten wandte sich und fraß die beiden Gegenflügel, die geplant hatten zu herrschen. Dies Haupt hielt die ganze Erde im Zaum und drangsalierte ihre Bewohner mit großer Bedrängnis und führte die Herrschaft über den Erdkreis gewaltiger als alle Flügel vor ihm. Danach schaute ich, und siehe, das mittlere Haupt war plötzlich verschwunden, ebenso wie vorher die Flügel. So blieben nur noch *die beiden Häupter* übrig; die herrschten nun selber über die Erde und ihre Bewohner. Danach schaute ich, und siehe, das *rechte* Haupt verschlang das *linke.* Da hörte ich eine Stimme, die zu mir sprach: Blicke geradeaus und betrachte genau, was du schaust. Da schaute ich, siehe da, es kam ein *Löwe,* der aus dem Walde mit Gebrüll hervorstürzte; ich hörte, wie er Menschenstimme gegen den Adler von sich ließ. Er sprach aber also: Höre, du Adler, so will ich zu dir reden. Der Höchste spricht zu dir: Du bist ja das letzte der vier Tiere, die ich bestimmt hatte, daß sie in meiner Welt herrschen sollten und daß durch sie das Ende meiner Zeiten kommen sollte. Du aber, das vierte, das gekommen ist, hast alle früheren Tiere überwunden, du hast die Welt mit großem Schrecken, du hast die ganze Erde mit schwerer Drangsal beherrscht; du hast den Erdkreis so lange Zeit mit Trug bewohnt und die Erde nicht mit Wahrheit gerichtet: Denn du hast die Sanftmütigen bedrückt und die Friedfertigen vergewaltigt; du hast die Wahrhaftigen gehaßt und die Lügner geliebt; du hast den Fruchtbringenden die Burgen zerstört und denen, die dir nichts Böses getan, die Mauern eingerissen. – Aber dein Frevel ist vor dem Höchsten, deine Hoffart vor den Allmächtigen gekommen. Da sah der Höchste seine Zeiten an: siehe, sie waren zu Ende und seine Äonen: sie waren voll. Darum wirst du Adler verschwinden samt deinen schrecklichen Flügeln, deinen bösartigen Flüglein, deinen ruchlosen Häuptern, deinen grausamen Klauen und deinem ganzen frevlerischen Leib! So wird die ganze Welt, von deiner Gewalt befreit, erleichtert aufatmen, um dann des Gerichtes und der Gnade ihres *Schöpfers* zu harren. Während der Löwe diese Worte zum Adler sprach, schaute ich, wie auch das letzte Haupt verschwand. Da richteten sich *die beiden Flügel* auf, *die sich zu ihm begeben hatten,* und erhoben sich, um zu herrschen; aber ihre Herrschaft war schwach und stürmisch. Dann schaute ich, wie auch diese verschwanden und der ganze Leib des Adlers in Flammen aufging: Da staunte die Erde gewaltig.

*Die Deutung.*

... Da sprach er zu mir: Dies ist die Deutung des Gesichts, das du gesehen hast. Der *Adler,* den du vom Meer hast aufsteigen sehen, das ist das *vierte Weltreich,* das deinem Bruder Daniel im Gesicht erschienen ist; ihm freilich ist es nicht so gedeutet, wie ich dir jetzt deuten will oder schon gedeutet habe. – Siehe, Tage kommen, da wird sich ein Reich über die Erde erheben, das wird fruchtbarer sein als alle Reiche, die vor ihm gewesen sind. – Darin werden *zwölf Könige* herrschen, einer nach dem anderen; der zweite, der herrschen soll, der ist die längste Zeit unter den zwölfen gewesen. Das ist die Deutung der *zwölf Flügel,* die du gesehen hast. – Und wenn du die Stimme, die gesprochen hat, nicht aus seinen Häuptern, sondern mitten aus seinem Leibe hervorgehen hörtest, so ist dies die Deutung: Mitten während der Zeit dieses Reichs werden *gewaltige Streitigkeiten* entstehen, und es wird in *Gefahr* kommen zu fallen; aber zu jener Zeit wird es noch nicht fallen, sondern wieder zu seiner ursprünglichen Macht gelangen. – Und wenn du acht

*Gegen-Flügel* gesehen hast, die neben den Haupt-Flügeln entstanden waren, so ist dies die Deutung: Es werden sich darin *acht Könige* erheben, deren Zeiten flüchtig, deren Jahre schnell vorübergehen; zwei davon gehen schon zugrunde, wenn die *Mitte* des Reiches naht; vier werden für jene Zeit aufgespart, wann seine Stunde, da es *endigt, herannaht,* zwei aber werden fürs *Ende* selber aufgespart. – Wenn du *drei Häupter hast ruhen* sehen, so bedeutet das: Um sein Ende wird der Höchste *drei Könige* erwecken, die werden darinnen vieles erneuern und über die Erde und über ihre Bewohner zu großem Unheil herrschen, mehr als alle, die vor ihnen gewesen sind. Deshalb heißen sie *Häupter* des Adlers, weil sie es sein werden, die seine Frevel auf den *Hauptpunkt* bringen und sein Äußerstes vollführen. Wenn du das *große Haupt hast verschwinden* sehen: der erste von ihnen wird auf seinem Bett sterben, aber doch unter Qualen. Die *beiden übrigen* aber wird das Schwert fressen. Denn des ersten Schwert wird den andern fressen; doch wird auch dieser in der letzten Zeit durchs Schwert fallen. – Wenn du *zwei Gegen-Flügel* zu dem rechten Haupt hast hinübergehen sehen, so bedeutet das: Das sind die, die der Höchste für sein Ende vorbehalten: Ihre Herrschaft wird schwach und stürmisch sein, wie du gesehen hast. Der *Löwe* aber, der vor deinen Augen mit Gebrüll aus dem Walde hervorgestürzt ist, der zum Adler gesprochen und ihm seine Sünden vorgehalten hat, mit allen den Worten, die du gehört hast: das ist der *Christus,* den der Höchste bewahrt für das Ende der Tage, der aus dem Samen Davids erstehen und auftreten wird, um zu ihnen zu reden; er wird ihnen die Gottlosigkeiten vorhalten, die Ungerechtigkeiten strafen, die Frevel vor Augen führen. Denn er wird sie zunächst lebendig vor Gericht stellen; dann aber, nachdem er sie überwiesen, wird er sie vernichten. Den Rest meines Volkes aber, die in meinem Lande übriggeblieben sind, wird er gnädig erlösen und ihnen Freude verleihen, bis das Ende, der Tag des Gerichtes, kommt, über den ich zu dir am Anfang gesprochen habe. Dies ist der Traum, den du gesehen, und dies ist seine Deutung. Du allein bist würdig gewesen, dies Geheimnis des Höchsten zu erfahren. So schreibe dies alles, was du gesehen hast, in ein Buch und bewahre es an verborgenem Ort; und lehre es die Weisen deines Volks, von denen du sicher bist, daß ihre Herzen diese Geheimnisse fassen und bewahren können. Du selber harre hier noch sieben Tage aus, daß du die Offenbarung empfangest, die der Höchste dir noch zu offenbaren geruhen mag. So ging er von mir …

## *Sechstes Gesicht.*

### *Der Mensch, der Welterlöser.*

Nach den sieben Tagen geschah es, da träumte ich des Nachts einen Traum: Siehe, da stieg ein gewaltiger Sturm vom Meere auf und erregte alle seine Wogen. Ich schaute, siehe da führte jener Sturm aus dem Herzen des Meeres etwas wie *einen Menschen* hervor; ich schaute, siehe dieser Mensch flog mit den Wolken des Himmels. Und wohin er sein Antlitz wandte und hinblickte, da erbebte alles, was er anschaute; und wohin die Stimme seines Mundes erging, da zerschmolzen alle, die seine Stimme vernahmen, wie Wachs zerfließt, wenn es Feuer spürt. – Danach schaute ich, siehe, es kam von den vier Winden des Himmels her ein *unzählbares Heer* von Menschen zusammen, um den Menschen, der aus dem Meer emporgestiegen war, zu bekämpfen. Da schaute ich, wie er sich einen großen Berg losschlug und auf ihn flog. Ich aber bestrebte mich, Gegend oder Ort zu erkennen, woraus der Berg losgeschlagen war; aber ich vermochte es nicht. Danach schaute ich, siehe, alle, die sich gegen ihn zum Kriege versammelt hatten, gerieten in große Furcht, wagten aber doch den Kampf. Als er aber den Ansturm des Heeres, das auf ihn loskam, sah, da erhob er keine Hand, noch führte er ein Schwert oder eine andere Waffe, sondern ich sah nur, wie er von seinem Munde etwas wie einen *feurigen Strom* ausstieß, von seinen Lippen einen flammenden Hauch, und von seiner Zunge ließ er hervorgehen stürmende Funken: Alle diese aber vermischten sich ineinander: der feurige Strom, der flammende Hauch und der gewaltige Sturm. Das fiel über das anstürmende Heer, das zum Kampfe bereit war, und entzündete sie alle, so daß im selben Augenblick von dem unzählbaren Heer nicht anderes zu sehen war außer dem Staube der Asche und dem Dunste des Rauchs. Als ich das sah, entsetzte ich mich. – Danach schaute ich, wie jener Mensch vom Berge herabstieg und ein anderes *friedliches Heer* zu sich rief. Da nahten sich ihm Gestalten von vielen Menschen, die einen frohlockend, die anderen traurig; einige waren in Banden, einige führten andere als Opfergaben mit sich.

### *Ist es besser, die Endzeit zu erleben oder nicht zu erleben?*

Da erwachte ich vor gewaltigem Schrecken. Dann flehte ich zum Höchsten und sprach: Du hast von Anfang an deinem Knechte solche Wunder offenbart und mich würdig erachtet, mein Flehen anzunehmen. So offenbare mir nun noch die Deutung dieses Traums. – Denn wie ich denke in meinem Sinn: Wehe denen, die überbleiben in jener Zeit! Aber noch viel mehr: Wehe denen, die nicht überbleiben! Denn die nicht überbleiben, müssen traurig sein; denn sie kennen zwar die Freuden, die für die letzte Zeit bereitstehen, werden aber selbst nicht dazu gelangen. Aber wehe auch denen, die überbleiben; deshalb, weil sie große Drangsale und viele Nöte schauen müssen, wie diese Träume zeigen. Und doch ist es besser, dies, wenn auch durch Gefahren, zu erlangen, als wie eine Wolke aus der Welt zu schwinden und die Dinge der Endzeit nicht zu sehen. Er antwortete mir und sprach: Ich will dir die Deutung des Gesichtes zeigen und will dir auch über deine Erwägungen Aufschluß geben. Wenn du über die Überbleibenden und Nicht-Überbleibenden gesprochen, davon ist dies die Lösung: *Derselbe,* der in jener Zeit die Drangsal bringt, der wird auch *die in Drangsal Gefallenen bewahren,* wenn sie Werke haben und Glauben an den Allerhöchsten und Allmächtigen. *So wisse also, daß die Überbleibenden bei weitem seliger sind als die Gestorbenen.*

*Die Deutung.*

Die Deutungen des Gesichtes sind diese: Wenn du einen *Mann* aus dem Herzen des Meeres hast emporsteigen sehen: das ist derjenige, den der Höchste lange Zeiten hindurch aufspart, *durch den er die Schöpfung erlösen will;* der wird selber unter den Übergebliebenen die neue Ordnung schaffen. Wenn du gesehen hast, wie aus seinem Munde Sturm und Feuer und Wetter hervorging, wie er kein Schwert noch eine Waffe führte und doch den Ansturm jenes Heers, das wider ihn zu Felde zog, vernichtete, das bedeutet: Siehe, Tage kommen, da der Höchste die Erdenbewohner erlösen wird. Da wird gewaltige Erregung über die Erdenbewohner fallen, daß sie *Kriege* wider einander planen, Stadt gegen Stadt, Ort gegen Ort, Volk gegen Volk, Reich gegen Reich. Dann, wenn dies geschieht und wenn die Zeichen eintreffen, die ich dir vorausgesagt, dann wird *mein Sohn* erscheinen, den du als Mann, der emporsteigt, gesehen hast. Dann, wenn *alle Völker* seine Stimme vernehmen, werden sie alle ihre Länder und wechselseitigen Kriege lassen; so wird sich ein unzählbares Heer an *einem Punkte* sammeln, wie du gesehen hast, daß sie von sich aus herankamen und ihn angriffen. – Er selbst aber wird auf den Gipfel des *Zionberges* treten; Zion aber wird erscheinen und allen offenbar werden, vollkommen erbaut, wie du gesehen hast, daß ein Berg ohne Menschenhände losgelöst ward. Er aber, mein Sohn, wird den Völkern, die wider ihn gezogen sind, ihre *Sünden strafen* – die sind dem Wetter gleich –; er wird ihnen ihre bösen Anschläge und ihre künftigen Qualen vorhalten – die sind wie das Feuer –; dann wird er sie mühelos vernichten durch sein Geheiß – das gleicht der Flamme. Wenn du ihn aber ein *anderes, friedliches Heer* zu sich hast rufen und sammeln sehen, das sind *die zehn Stämme,* die aus ihrem Lande fortgeführt sind in den Tagen König Josias, die Salmanassar, König der Assyrier, gefangengenommen hat; er brachte sie über den Fluß, so wurden sie in ein anderes Land verpflanzt. Da faßten sie selber den Plan, die

Menge der Heiden zu verlassen und in ein Land noch weiter in die Ferne zu ziehen, wo noch nie das menschliche Geschlecht gewohnt hatte, damit sie dort wenigstens ihre Satzungen bewahrten, die sie im eigenen Lande nicht gehalten. So zogen sie durch schmale Furten des Euphratflusses ein. Denn der Höchste tat Wunder an ihnen und hielt die Quellen des Flusses an, bis sie hinüber waren. Zu jenem Lande aber war der Weg anderthalb Jahre weit; das Land aber heißt Arzaret. Daselbst haben sie dann gewohnt bis in die letzte Zeit; jetzt aber, da sie abermals kommen sollen, wird der Höchste abermals die Quellen des Flusses anhalten, damit sie herüberkönnen. Deshalb hast du ein Heer, friedlich gesammelt, gesehen. – Zugleich aber sind es auch diejenigen, die übergeblieben sind aus deinem Volke, die sich auf meinem heiligen Gebiete finden. Dann also, wenn er das Heer der versammelten Heiden vernichten wird, wird er das Volk (Israel), soviel davon übrig ist, beschirmen. Dann wird er ihnen noch viele große Wunder zeigen. Da sprach ich: Herr Gott, zeige mir, weshalb ich den Mann aus dem *Herzen des Meeres* habe aufsteigen sehen. Er sprach zu mir: Wie niemand erforschen noch erfahren kann, was in des Meeres Tiefen ist, so kann niemand der Erdenbewohner meinen Sohn schauen noch seine Gefährten, es sei denn zur Stunde seines Tags. Dies ist die Deutung des Traums, den du gesehen hast. Deshalb aber ist dir, dir ganz allein, dies offenbar, weil du das *Eigene* verlassen, dich dem *Meinigen* gewidmet und nach meinem Gesetze geforscht hast; du verwandtest dein Leben auf Weisheit und nanntest Vernunft deine Mutter. Deshalb habe ich dir dies gezeigt, denn *es gibt einen Lohn bei dem Höchsten.* – Nach drei Tagen aber will ich weiter mit dir sprechen und dir schwierige und wunderbare Dinge erklären.

*Schluß.*

So ging ich von dannen und wandelte durch die Felder, *voll Lob und Preis* gegen den Höchsten, auch um der Wunder willen, die er zu seiner Zeit wirkt: Er regiert ja die Stunden und was in den Stunden geschieht. So blieb ich dort noch drei Tage.

## *Siebentes Gesicht.*

*Die Wiederherstellung der heiligen Schriften.*
*Das Gebot, diese Gesichte geheimzuhalten.*

Am dritten Tage, als ich unter einer Eiche saß, siehe, da kam eine Stimme aus einem Dornenbusch mir gegenüber hervor; die sprach: Esra, Esra! Ich sprach: Hier bin ich, Herr! Und ich erhob mich und trat auf meine Füße. Da sprach er zu mir: Ich habe mich schon einmal am Dornbusch offenbart und habe zu *Moses* geredet, als mein Volk in Ägypten dienstbar war. Damals habe ich ihn ausgesandt, habe mein Volk aus Ägypten geführt und es dann an den Berg Sinai gebracht. Daselbst behielt ich ihn viele Tage bei mir; ich teilte ihm viel Wunderbares mit, zeigte ihm die Geheimnisse der Zeiten und wies ihm das Ende der Stunden. Dann habe ich ihm also befohlen: *Diese Worte sollst du veröffentlichen, jene geheimhalten.* Nun aber sage ich dir: Die Zeichen, die ich dir offenbart, die Träume, die du gesehen, und die Deutungen, die du gehört, die *bewahre in deinem Herzen!*

*Ankündigung der Entrückung.*

Du aber sollst aus den Menschen entrückt werden und wirst fürderhin bei meinem Sohn und bei deinen Genossen verweilen, bis die Zeiten um sind. Denn die Welt hat ihre Jugend verloren, die Zeiten nähern sich dem Adler. Denn in zwölf Teile ist die Weltgeschichte geteilt; gekommen ist sie bereits zum zehnten, zur Hälfte des zehnten; überbleiben aber zwei nach der Hälfte des zehnten. – Nun also bestelle dein Haus, ermahne dein Volk; tröste seine Geringen, lehre seine Weisen. Du selber entsage dem vergänglichen Leben, laß fahren die sterblichen Sorgen; wirf ab die Bürde der Menschlichkeit, zieh aus die schwache Natur; laß die quälenden Fragen beiseite und eile, hinüber zu wandern aus dieser Zeitlichkeit! Denn viel schlimmere Leiden, als die du selber erlebt hast, sollen noch geschehen. Denn je schwächer die Welt vor Alter wird, um so mehr wird der Leiden, die über ihre Bewohner ergehen. Die Wahrheit muß sich noch mehr entfernen und die Lüge sich nähern. Denn schon eilt der Adler heran, den du im Gesichte gesehen hast ...

*Die Wiederherstellung der heiligen Schriften.*

So nahm ich die fünf Männer mit mir, wie er mir befohlen; wir gingen aufs Feld und blieben daselbst. Am folgenden Tag aber, horch, da rief mir eine Stimme zu also: Esra, tu den Mund auf und trinke, womit ich dich tränke! Da tat ich den Mund auf, und sieh, ein *voller Kelch* ward mir gereicht; der war gefüllt wie von Wasser, dessen Farbe aber dem Feuer gleich war. Den nahm ich und trank; und als ich getrunken, entströmte meinem Herzen Einsicht, meine Brust schwoll von Weisheit, meine Seele bewahrte die Erinnerung. Da tat sich mir der Mund auf und schloß sich nicht wieder zu. Der Höchste aber gab den fünf Männern Einsicht; so schrieben sie der Reihe nach das Diktierte in Zeichen auf, die sie nicht verstanden. So saßen sie vierzig Tage: Sie schrieben am Tage und aßen des Nachts ihr Brot; ich aber redete am Tage und verstummte nicht des Nachts. So wurden in den vierzig Tagen niedergeschrieben *vierundneunzig Bücher.* Als aber die vierzig Tage voll waren, da sprach der Höchste zu mir also: Die vierundzwanzig Bücher, die du zuerst geschrieben, sollst du veröffentlichen, den Würdigen und Unwürdigen zum Lesen; die letzten siebenzig aber sollst du zurückhalten und nur den Weisen deines Volkes übergeben. Denn in ihnen fließt der Born der Einsicht, der Quell der Weisheit, der Strom der Wissenschaft. So tat ich, im siebenten Jahre der sechsten Woche, 5000 Jahre 3 Monate 12 Tage nach der Schöpfung der Welt.

*Schluß des Buches.*

Damals ist Esra entrückt und an die Stätte seiner Genossen aufgenommen worden, nachdem er dies alles geschrieben. Er heißt der Schreiber der Wissenschaft des Höchsten in Ewigkeit.

# *Textquelle: Syrische Baruchapokalypse*

*Verkündigung des bevorstehenden Untergangs Jerusalems und des Reiches Juda an Baruch.*

Im 25. Jahre Jechonjas, des Königs von Juda, kam das Wort des Herrn über Baruch, den Sohn des Nerja, folgendermaßen: „Du hast alles das gesehen, was dieses Volk mir antut: daß die Sünden, welche die zwei übriggebliebenen Stämme getan haben, zahlreicher sind als die der zehn Stämme, die schon in die Gefangenschaft weggeführt worden sind. Denn die früheren Stämme wurden von ihren Königen dazu gezwungen zu sündigen; diese zwei aber zwangen und nötigten ihre Könige zu sündigen. Darum bringe ich jetzt Unheil über diese Stadt und über ihre Bewohner, und sie soll eine Zeitlang von mir verstoßen werden. Und ich zerstreue dieses Volk unter die Völker, indem es den Völkern wohl ergehen, *mein* Volk aber gezüchtigt werden soll. Und es wird die Zeit kommen, wo sie die gedeihlichen Verhältnisse ihrer Heilszeiten herbeiwünschen werden.
Dies habe ich aber zu dir gesagt, damit du es Jeremia und allen denen, die euch gleichen, sagen sollst, daß ihr euch aus dieser Stadt entfernen sollt, weil eure Handlungen für diese Stadt wie eine feste Säule und eure Gebete wie eine starke Mauer sind."
Da sagte ich: „O Herr, mein Gott! Bin ich dazu in die Welt gekommen, um das Unheil meiner Mutter mit anzusehen? Nein, mein Herr! Wenn ich Erbarmen gefunden habe in deinen Augen, so nimm vorher meinen Geist von mir, damit ich hingehe zu meinen Vätern und nicht den Untergang meiner Mutter mit ansehen muß. Denn das beides bedrückt mich gar sehr: daß ich nämlich dir nicht entgegentreten kann, daß meine Seele aber auch das Unheil meiner Mutter nicht mit ansehen kann. Eins aber will ich vor dir aussprechen, o Herr: Was also soll hernach geschehen? Denn wenn du deine Stadt untergehen läßt und dein Land unseren Hassern preisgibst, wie kann da noch des Namens des Volkes Israel gedacht werden? Oder wie kann man reden von deinen Ruhmestaten? Oder wem kann es erläutert werden, was im Gesetze steht? Oder soll etwa das Weltgebäude zu seiner ursprünglichen Natur zurückkehren? Und soll die Welt wiederum dem Schweigen, das anfänglich herrschte, verfallen? Und soll ausgerottet werden die große Menge der lebenden Wesen und von der Menschennatur nicht mehr die Rede sein? Und wo bleibt da alles, was du dem Mose über uns gesagt hast?"
Und es sagte zu mir der Herr: „Diese Stadt wird eine Zeitlang preisgegeben und das Volk zeitweilig gezüchtigt; aber die Welt vergeht nicht. Oder meinst du etwa, daß *dies* die Stadt ist, von der ich gesagt habe: Auf meine Handflächen habe ich dich hingezeichnet! Nicht diese Stadt, deren Gebäude jetzt vor

euch dastehen, ist die künftige, die bei mir schon jetzt geoffenbart ist, die hier im voraus bereitet ist, seit der Zeit, wo ich den Entschluß gefaßt hatte, das Paradies zu schaffen. Und ich zeigte sie dem Adam, bevor er sündigte; und als er das Gebot übertreten hatte, ward sie ihm entzogen, ebenso wie auch das Paradies. Und danach zeigte ich sie meinem Knechte, dem Abraham, in der Nacht zwischen den Opferhälften. Und weiter zeigte ich sie auch Mose auf dem Berge Sinai, als ich ihm das Abbild des Zeltes und aller seiner Geräte zeigte. Und so ist sie schon jetzt bei mir bereitgehalten, ebenso wie auch das Paradies. Gehe nun fort und tue, wie ich dir gebiete!"

Und ich antwortete und sprach: „So werde ich also Zion gegenüber schuld daran sein, daß deine Hasser in dieses Land einziehen und dein Heiligtum verunreinigen und dein Eigentumsvolk gefangen wegführen und sich bemächtigen alles dessen, was du liebhast, und daß sie dann wieder heimziehen in das Land ihrer Götzen und vor ihnen prahlen? Und was willst du für deinen hehren Namen tun?" Und es sprach der Herr zu mir: „Mein Name und mein Ruhm dauern in alle Ewigkeit; mein Gericht aber wahrt sein Recht zu seiner Zeit. Und du sollst mit deinen eigenen Augen sehen, daß nicht die Feinde Zion zerstören und Jerusalem verbrennen, sondern daß sie nur dem Richter zeitweilig dienen. Du aber gehe fort und tue alles, was ich dir gesagt habe."

Und ich ging fort und nahm Jeremia und Iddo und Seraja und Jabes und Gedalja und alle Angesehenen im Volke mit mir; und ich brachte sie zum Bache Kidron hin und erzählte ihnen alles, was mir gesagt worden war. Da erhoben sie alle ihre Stimme und weinten; und wir saßen dort und fasteten bis zum Abend.

*Das Erscheinen der Chaldäer vor Jerusalem und ihr Einzug in die Stadt nach Bergung der Tempelgeräte und Zerstörung der Mauern durch die Engel.*

Und am folgenden Tage, siehe da umzingelte das Heer der Chaldäer die Stadt. Und zur Abendzeit verließ ich, Baruch, das Volk und ging hinaus und stellte mich an die Eiche hin. Und ich war in Kümmernis wegen Zion und seufzte wegen der Gefangenschaft, die über das Volk gekommen war. Und siehe, sogleich hob mich ein starker Wind empor und brachte mich oben auf die Mauer von Jerusalem hinauf. Da sah ich: Vier Engel standen auf den vier Ecken der Stadt, indem ein jeder von ihnen eine Feuerfackel in seinen Händen hielt. Und ein anderer Engel stieg vom Himmel herab und sagte zu ihnen: „Nehmt eure Fackeln und zündet sie nicht eher an, als bis ich's euch sagen werde! Denn ich bin gesandt, daß ich zuvor der Erde Mitteilung mache und bei ihr niederlege, was der erhabene Herr mir anbefohlen hat." Und ich sah ihn, wie er zum Allerheiligsten hinabstieg und von dort weg den Vorhang an sich nahm und den heiligen Ephod und den Sühnungsdeckel der

Lade und die zwei Tafeln und die heiligen Gewänder der Priester und den Räucheraltar und die 48 Edelsteine, die der Hohepriester an sich trug, und alle heiligen Gefäße des Zeltes. Und er sagte zur Erde mit lauter Stimme: „Erde! Erde! Erde! Höre das Wort des allmächtigen Gottes und nimm diese Dinge in Empfang, die ich dir anvertraue, und bewahre sie bei dir bis auf die letzten Zeiten, damit du sie, wenn es dir befohlen werden wird, hergebest, auf daß sich nicht die Fremden ihrer bemächtigen können. Denn herbeigekommen ist die Zeit, daß auch Jerusalem zeitweilig preisgegeben werden wird, bis dann gesagt werden wird, daß es wiederhergestellt werden soll, und zwar für immer!“ Und es öffnete die Erde ihren Mund und verschlang sie.
Danach hörte ich, wie der Engel zu den Engeln, welche die Fackeln hielten, sagte: „Fangt jetzt an und zerstört die Mauern der Stadt bis auf den Grund, damit die Feinde nicht prahlen können und sagen: ‚*Wir* haben die Mauern Zions zerstört und die Wohnstätte des allmächtigen Gottes verbrannt‘, während doch ihr die Stätte, wo ich ehedem weilte, besetzt habt.“
Die Engel aber taten, wie er ihnen befohlen hatte. Und als sie die Ecken der Mauer gesprengt hatten, ward eine Stimme aus dem Innern des Tempels vernommen, nachdem die Mauer gefallen war, die da rief: „Dringt hinein, ihr Feinde, und kommt herzu, ihr Hasser! Denn der, der das Haus bewacht, hat es verlassen!“ Und ich, Baruch, ging fort. Danach zog das Heer der Chaldäer ein, und sie besetzten den Tempel und seine ganze Umgebung. Und sie führten das Volk gefangen fort, und manche töteten sie; dem Könige Zedekia aber legten sie Fesseln an und sandten ihn zum Könige von Babel.

*Baruch soll auf den Trümmern Jerusalems zurückbleiben, Jeremia die Exilanten nach Babel begleiten.*

Und ich, Baruch, kam und Jeremia, dessen Herz als rein von Sünden erfunden worden war, der nicht bei der Einnahme der Stadt gefangengenommen worden war; und wir zerrissen unsere Kleider und weinten und trauerten und fasteten sieben Tage.
Und nach sieben Tagen kam das Wort Gottes über mich, und er sagte zu mir: „Sage Jeremia, daß er hingehe und für die Gefangenen des Volkes bis nach Babel hin sorge. Du aber verweile hier auf der Trümmerstätte von Zion, und ich tue dir kund nach diesen Tagen, was sich ereignen wird am Ende der Tage.“ Und ich sagte zu Jeremia, wie mir der Herr aufgetragen hatte. Er aber zog mit dem Volke fort, wogegen ich, Baruch, wieder hinkam. Und ich saß vor den Toren des Tempels und klagte folgende Wehklage über Zion und sprach:

„Heil dem, der gar nicht geboren ist,
oder dem, der geboren wurde und starb!

Uns aber, die wir jetzt leben – wehe uns,
daß wir die Trübsal Zions gesehen haben
und das, was sich mit Jerusalem ereignet hat.
Herbeirufen will ich die Sirenen aus dem Meer,
und ihr, ihr Nachtfrauen, kommt aus der Wüste herbei
und ihr Dämonen und Schakale aus den Wäldern.
Ermuntert euch und gürtet eure Lenden zur Wehklage
und stimmt mit mir die Trauergesänge an und wehklagt mit mir.
Ihr Ackerbauer, nicht sollt ihr mehr säen,
und du, o Erde, warum gibst du deine Erntefrüchte her?
Halte doch zurück in deinem Schoß den Wohlgeschmack deiner Nahrungsmittel!
Und du, o Weinstock, warum gibst du immer wieder deinen Wein her,
während doch nicht mehr davon in Zion dargebracht wird,
und auch die Erstlingsfrüchte nicht mehr dargebracht werden?
Und ihr, o Himmel, behaltet euren Tau bei euch
und öffnet nicht die Vorratskammern des Regens!
Und du, o Sonne, behalte das Licht deiner Strahlen bei dir,
und du, o Mond, lösch aus die Fülle deines Lichts!
Denn wozu soll noch weiter erstrahlen Licht,
dort, wo das Licht Zions dunkel geworden ist?
Und ihr, ihr Brautleute, geht nicht hinein ins Brautgemach,
und die Jungfrauen sollen nicht mit Kränzen sich schmücken.
Und ihr, ihr Frauen, betet nicht, daß ihr Kinder gebärt;
denn fröhlich sein müssen vielmehr die Unfruchtbaren.
Und freuen sollen sich die Frauen, die keine Kinder haben,
und die, die Kinder haben, müssen betrübt sein.
Denn wozu sollen sie mit Schmerzen gebären,
nur um mit Seufzern zu begraben?
Oder wozu sollen die Menschen noch Kinder haben,
oder warum soll vom Geschlechte der Menschennatur noch länger die Rede sein,
dort, wo diese Mutter verwüstet ist,
und ihre Kinder gefangen fortgeführt sind?
Von jetzt ab dürft ihr nicht mehr reden von der Schönheit
und nicht erzählen von der Anmut!

Ihr aber, ihr Priester, nehmt die Schlüssel des Heiligtums und werft sie hinan zur Höhe des Himmels und gebt sie dem Herrn hin und sagt: ‚Bewache du dein Haus; denn siehe, *wir* sind als trügerische Haushalter erfunden worden!‘ Und ihr, ihr Jungfrauen, die ihr Linnen- und Seidenfäden mit Ophirgolde durchwebt, nehmt eilends alles und werft es ins Feuer, damit dieses es

dem wieder zuführe, der es hervorgebracht hat, und die Flamme es zu dem hinsende, der es geschaffen hat, damit sich nicht die Feinde dessen bemächtigen!
Ich sage aber dies, ich, Baruch, dir, o Babel, gegenüber: Wenn du blühend daständest, und Zion in seinem vollen Glanze bewohnt wäre, so würde es uns doch ein großer Schmerz sein, daß du Zion gleichständest. Gegenwärtig aber ist es uns fürwahr ein unermeßlicher Schmerz und ein maßloser Jammer, daß du wohl blühend dastehst, Zion aber verwüstet ist. Wer wird wohl über diese Dinge Richter sein wollen? Oder bei wem könnten wir uns über das, was uns betroffen hat, beklagen? O Herr! Wie hast du dies dulden können? Unsere Väter haben sich schlafen gelegt ohne Schmerzen, und die Gerechten – siehe sie schlummern in der Erde in Frieden; denn nicht haben sie diese Trübsal erfahren und haben auch nicht von dem gehört, was uns betroffen hat. Möchtest doch du, o Erde, Ohren haben und du, o Staub, ein Herz; und möchtet ihr hingehen und es kundtun in der Unterwelt und den Toten sagen: ‚Glücklicher seid ihr als wir, die wir noch leben!'
Aber dies sage ich, wie ich es denke, und reden will ich nun dir gegenüber, o Erde, die du jetzt blühend dastehst: Nicht zu aller Zeit wärmt die Mittagsglut, und nicht unaufhörlich leuchten die Strahlen der Sonne. Nimm nicht an und wähne nicht, daß du immerfort blühend dastehen wirst und dich freuen kannst, und überhebe dich und prahle nicht gar zu sehr. Denn es wird sich wahrhaftig zu seiner Zeit der Zorn gegen dich regen, der jetzt durch die Langmut wie durch einen Zaun zurückgehalten wird!" Und als ich das gesagt hatte, fastete ich sieben Tage.

*Auch über die jetzt glücklichen Heiden wird dereinst das Strafgericht kommen und das Glück der Gottlosen und das Unglück der Gerechten schließlich ausgeglichen werden.*

Danach stand ich, Baruch, auf dem Berge Zion; und siehe, eine Stimme kam aus den Himmelshöhen und sagte zu mir: „Stelle dich auf deine Füße, Baruch, und höre das Wort des allmächtigen Gottes! Weil du dich gewundert hast über das, was Zion getroffen hat, darum sollst du bestimmt aufbewahrt werden bis zum Ende der Zeiten, damit du dann daseiest, um Zeugnis abzulegen. Wenn jemals die jetzt so blühenden Städte sagen werden: ‚Wozu hat der allmächtige Gott über uns diese Strafe gebracht?', so sollst du zu ihnen sagen, du samt denen, die dir ähnlich sind, die ihr dies Unheil miterlebt habt: Das ist das Unheil und die Strafen, die über euch und über euer Volk kommen, weil ihr unser Volk gezüchtigt habt zu seiner Zeit, damit die Völker vollständig gezüchtigt werden und alsdann in diesem Zustande verbleiben sollten. Und wenn sie sagen werden zu jener Zeit: ‚Wie lange wird dies währen?', so sollst du zu ihnen sagen: ‚Ihr, die ihr den klaren Wein getrunken habt, trinkt nun auch von seiner Hefe! Das Gericht des Erhabenen ist unparteiisch. Darum hat er seine eigenen Kinder anfangs nicht geschont, sondern hat sie gepeinigt wie seine Hasser, weil sie gesündigt hatten. Damals also sind sie gezüchtigt worden, damit sie entsündigt werden könnten. Jetzt aber, ihr Völker und Nationen, seid ihr strafbar, weil ihr diese ganze Zeit hindurch die Erde zertreten und euch die Schöpfung zunutze gemacht habt, so wie es sich nicht gehörte. Denn allezeit habe ich euch Gutes erwiesen, ihr aber habt die Güte allezeit geleugnet!'"

Da antwortete ich und sprach: „Siehe, du hast mir kundgetan der Zeiten Lauf und das, was nach den gegenwärtigen Ereignissen geschehen wird. Und du sprachst zu mir: ‚Den Völkern ist die Strafe zuträglich, von der du gesprochen hast.' Und jetzt weiß ich, daß viele sind derer, die gesündigt und doch im Glücke gelebt haben und so aus der Welt gegangen sind. Wenige Völker aber sind übriggeblieben in diesen Zeiten, auf die sich die Worte beziehen, die du geredet hast. Denn was für ein Nutzen liegt darin, oder was können wir Schlimmeres als das, was wir bereits gesehen haben, als es uns traf, zu sehen erwarten? Weiter aber will ich vor dir reden: Was hat es denen genützt, die einsichtig waren vor dir und nicht in Eitelkeit wandelten wie die übrigen Völker und nicht zu den Toten sagten: Gebt uns Leben!, sondern die sich allezeit vor dir fürchteten und deine Wege nicht aufgaben? Und siehe! Sie wurden doch dahingerafft, und du hast auch nicht um ihretwillen Erbarmen mit Zion gehabt. Und wenn andere frevelten, so hätte doch Zion um der Werke derer willen, die Gutes vollführten, vergeben werden müssen, und nicht hätte es um der Werke derer willen, die Missetat verübten, versinken müssen! Aber wer, o Herr mein Gott, versteht dein Gericht, oder wer erforscht die Tiefe deines Wegs, oder wer denkt nach über die beschwerliche Last deines Pfades, oder wer vermag nachzudenken über deinen unerfaßbaren Ratschluß, oder wer hat jemals von den Staubgeborenen Anfang und Ende deiner Weisheit gefunden? Denn wir alle gleichen einem Hauche. Denn wie der Hauch ohne sein eigenes Zutun aufsteigt und wieder erstirbt, so ist's auch mit der Natur der Menschenkinder; nicht mit ihrem Willen gehen sie dahin, und was ihnen am Ende zuteil wird, wissen sie nicht. Denn die Gerechten erwarten gern das Ende, und furchtlos gehen sie aus diesem Leben. Weil sie bei dir einen Schatz von Werken haben, der in den Vorratskammern aufbewahrt wird, darum verlassen sie auch furchtlos diese Welt, und voll freudiger Zuversicht harren sie darauf, daß sie *die* Welt empfangen, die du ihnen verheißen hast. Uns aber – wehe uns, die wir sowohl jetzt Schimpf erleiden als auch in jener Zeit Unheil zu erwarten haben. Du aber, du weißt genau, was du aus deinen Knechten gemacht hast; denn wir sind nicht imstande, das, was gut ist, ebenso wie du, unser Schöpfer, einzusehen. Weiter aber will ich vor dir reden, Herr mein Gott: Da doch ehedem die Welt samt ihren Bewohnern nicht da war, so überlegtest du dir und sprachst ein Wort aus; und sogleich traten die Werke der Geschöpfe vor dich hin, und du sagtest, daß du für deine Welt den Menschen zum Statthalter für deine Werke machen wolltest, damit erkannt werde, daß nicht er um der Welt willen, sondern die Welt um seinetwillen gemacht worden ist. Und jetzt sehe ich nun, daß wohl die Welt, die um unsertwillen gemacht worden ist, bestehen bleibt, daß aber wir, um derentwillen sie entstand, dahingehen."

Da antwortete der Herr und sprach zu mir: „Mit Recht hast du dich über das Dahingehen der Menschen gewundert, aber nicht hast du richtig geurteilt über die Unglücksfälle, welche die betreffen, die sündigen, und sofern du gesagt hast: ‚Niemand hat dein Gericht erkannt.' Darum so höre, und ich will es dir sagen; und merke auf mich, und ich will dich meine Worte hören lassen! Der Mensch würde mein Gericht nicht richtig erkennen, wenn er nicht das Gesetz empfangen hätte und wenn ich ihn nicht einsichtigerweise unterrichtet hätte! Jetzt aber, weil er es wissentlich übertreten hat, darum soll er auch wissentlich Pein erleiden. Und sofern du von den Gerechten gesagt hast, daß um ihretwillen diese Welt gekommen sei, so wird auch wiederum die zukünftige um ihretwillen kommen. Denn diese Welt ist für sie Mühe und Arbeit bei vieler Anstrengung, und so ist jene zukünftige eine Siegeskrone in großer Herrlichkeit."

*Zurückweisung anderweitiger Bedenken Baruchs und Ankündigung einer Offenbarung über die Ordnung der Zeiten.*

Da antwortete ich und sprach: „O Herr, mein Gott! Siehe, die Jahre, die jetzt sind, sind wenig zahlreich und schlimm, und wer kann in dieser seiner geringen Zeit das erwerben, was unermeßlich ist?"

Da antwortete der Herr und sprach zu mir: „Bei dem Höchsten wird nicht viele Zeit berechnet, auch nicht wenige Jahre. Denn was hat es Adam genützt, daß er 930 Jahre lebte, da er doch das übertrat, was ihm anbefohlen worden war? Nichts hat ihm also die lange Zeit genützt, die er lebte; vielmehr brachte er den Tod in die Welt und verkürzte die Jahre derer, die von ihm abstammen. Oder was schadete es Mose, daß er nur 120 Jahre lebte; da er doch deshalb, weil er dem untertänig war, der ihn geschaffen hatte, das Gesetz den Nachkommen Jakobs brachte und eine Leuchte dem Geschlechte Israels anzündete."

Da antwortete ich und sprach: „Der, der da anzündete, nahm auch von dem Licht, und wenige sind, die ihn nachahmten. Die vielen aber, denen er anzündete, nahmen von der Finsternis Adams und ergötzten sich nicht an dem Lichte der Leuchte."

Da antwortete er und sprach zu mir: „Darum hat er ihnen zu jener Zeit den Bund aufgerichtet und hat gesagt: ‚Siehe, ich lege vor euch hin das Leben und den Tod', und rief den Himmel und die Erde zu Zeugen gegen sie auf.

Denn er wußte, daß seine Zeit nur kurz war, Himmel und Erde aber allezeit vorhanden sind. Sie aber sündigten und vergingen sich nach seinem Tod, obwohl sie wußten, daß sie das Gesetz hatten, das sie zur Verantwortung ziehen würde, und das Licht, in dem nichts verborgen bleiben konnte, auch die Sphären, die Zeugnis ablegten, und mich. Und über alles, was da ist, richte ich. Du aber denke nicht weiter in deiner Seele darüber nach und werde nicht peinlich berührt durch das, was geschehen ist. Denn jetzt muß das Ende eintreten für die Zeit oder für die Dinge oder für das Gedeihen oder für die Schande und nicht der Anfang davon. Denn wenn der Mensch in seiner ersten Zeit im Glücke lebt und in seinem Greisenalter in Schande gerät, so vergißt er die ganzen glücklichen Verhältnisse, in welchen er lebte. Und wiederum: Wenn der Mensch in seiner ersten Zeit in Schande lebt und in der Folgezeit in glückliche Verhältnisse kommt, so erinnert er sich nicht mehr seiner Schande. Und weiter höre! Wenn jedermann diese ganze Zeit hindurch – von dem Tage an, wo der Tod verhängt wurde über die, die in dieser Zeit sich vergehen würden – glücklich sein, schließlich aber doch zugrunde gehen würde, so würde alles Frühere wertlos sein.
Darum siehe, Tage kommen: da werden die Zeiten rascher eilen als die früheren und die Jahreszeiten rascher laufen als die, die vergangen sind, und die Jahre schneller vergehen als die bestehenden. Darum habe ich jetzt Zion verstoßen, damit ich so eilig als möglich die Welt heimsuche zu ihrer Zeit. Jetzt nun behalte in deinem Herzen alles, was ich dir anbefehle, und versiegle es in den Kammern deines Verstandes; und alsdann will ich dir mein gewaltiges Gericht kundtun und meine unerforschlichen Wege. Gehe also hin und heilige dich sieben Tage lang und iß nicht Brot und trinke nicht Wasser und sage es niemandem. Und nachher komm an diesen Ort hierher; und ich will mich dir offenbaren und Wahres mit dir reden und will dir Auftrag geben in betreff des Laufs der Zeiten. Denn sie kommen jetzt und verziehen nicht länger." ...

*Die Offenbarung über die Ordnung der Zeiten:*
*von den zwölf Teilen der Zeit der Drangsale.*

Und er antwortete und sprach zu mir: „In zwölf Abschnitte ist jene Zeit eingeteilt, und ein jeder von ihnen wird vorbehalten für das, was für ihn vorgesehen ist: Im ersten Abschnitte wird der Anfang der Unruhen eintreten; und im zweiten Abschnitte die Hinmordung der Großen der Welt. Und im dritten Abschnitte Hinsinken vieler in den Tod; und im vierten Abschnitt Aussendung des Schwerts. Und im fünften Abschnitte Hunger und Regenmangel; und im sechsten Abschnitt Unruhen und Schrecknisse. Und im siebenten Abschnitte ...; und im achten Abschnitte viele Erscheinungen und Dämonenbegegnungen. Und im neunten Abschnitte Herabfallen von Feuer; und im zehnten Abschnitte viele Beraubung und Bedrückung. Und im elften Abschnitte Missetat und Üppigkeit; und im zwölften Abschnitte Mischung und Durcheinandermengung alles des vorher Genannten. Diese Abschnitte jener Zeit sind aber zunächst vorbehalten, und dann erst werden sie miteinander gemischt sein und einander aushelfen. Denn einige werden von dem Ihrigen übriglassen und dafür von anderen hernehmen, und andere werden das Ihrige und das anderer vervollständigen, so daß die, die in jenen Tagen auf der Erde sind, es nicht merken werden, daß es das Ende der Zeiten ist.

*Die Drangsale werden über die ganze Erde kommen, danach aber mit der Offenbarung des Messias eine Zeit der Freude und Herrlichkeit anbrechen.*

Wohl aber wird jeder, der es merkt, alsdann weise werden. Was aber das Maß und die Zahl jener Zeit anbetrifft, so werden es zwei Abschnitte sein, die aus Wochen von je sieben Wochen bestehen." Da antwortete ich und sprach: „Gut ist's, wenn jemand es erlebt und schaut; besser aber als dies ist es, wenn er's nicht erreicht, damit er nicht falle. Doch will ich auch dies sagen: Wird der Unvergängliche gering achten das, was vergänglich ist, und das, was sich ereignet mit dem, was vergänglich ist, dergestalt, daß er allein auf das, was unvergänglich ist, ausschaut? Wenn aber, mein Herr, wirklich das herbeikommen wird, was du mir vorhergesagt hast, so tue mir, falls ich Gnade gefunden habe in deinen Augen, auch dies kund: ob sich dies in *einem* Land oder in *einem* Erdteil ereignen wird, oder ob es die ganze Erde wahrnehmen wird?"
Und er antwortete und sprach zu mir: „Die ganze Erde wird das treffen, was sich alsdann ereignet; darum werden es alle die wahrnehmen, die dann am Leben sind. Zu jener Zeit aber beschirme ich nur die, die sich in jenen Tagen in diesem Lande befinden. Und nachdem das, was sich in jenen Abschnitten ereignen wird, vollendet ist, alsdann wird der Messias anfangen, sich zu offenbaren. Und offenbaren wird sich der Behemoth aus seinem Land, und der Leviathan wird emporsteigen aus dem Meere; die beiden gewaltigen Seeungeheuer, die ich am fünften Tage des Schöpfungswerks geschaffen und bis auf jene Zeit aufbehalten habe, werden alsdann zur Speise für alle die sein, welche übrig sind. Auch wird die Erde ihre Frucht zehntausendfältig geben; und an einem Weinstocke werden tausend Ranken sein, und eine Ranke wird tausend Trauben tragen, und eine Traube wird tausend Beeren tragen und eine Beere wird ein Kor Wein bringen. Und die, die gehungert haben, sollen reichlich genießen; weiter aber sollen sie auch an jedem Tage Wunder schauen. Denn Winde werden von mir ausgehen, um Morgen für Morgen den Duft der aromatischen Früchte mit sich zu führen, und am Ende des Tages Wolken, die heilungbringenden Tau herabträufeln. Und zu jener

Zeit werden wieder die Mannavorräte von oben herabfallen; und sie werden davon in jenen Jahren essen, weil sie das Ende der Zeiten erlebt haben.
Und danach, wenn die Zeit der Ankunft des Messias sich vollendet, wird er in Herrlichkeit in den Himmel zurückkehren. Alsdann werden alle die, die in der Hoffnung auf ihn entschlafen sind, auferstehen. Und es wird zu jener Zeit geschehen: Auftun werden sich die Vorratskammern, in denen die bestimmte Zahl der Seelen der Gerechten aufbewahrt worden ist, und sie werden herausgehen; und die vielen Seelen werden alle auf einmal, als eine Schar eines Sinnes, zum Vorschein kommen. Und die ersten werden sich freuen, und die letzten sich nicht betrüben. Denn es weiß ein jeder, daß die Zeit herbeigekommen ist, von der es heißt, daß es das Ende der Zeiten ist. Die Seelen der Gottlosen aber werden, wenn sie dies alles sehen, alsdann ganz vor Angst vergehen; denn sie wissen, daß ihre Peinigung sie nun erreicht hat, und ihr Untergang herbeigekommen ist."

*Auf die jetzige Zerstörung Jerusalems wird eine zweite folgen, wonach die Stadt bis zum Beginne der Verherrlichung zerstört bleiben soll.*

Danach ging ich zu dem Volke hin und sprach zu ihnen: „Versammelt mir alle eure Ältesten, und ich will euch manches sagen!" Und sie alle versammelten sich nach dem Tale des Kidron; und ich hob an und sprach zu ihnen: „Höre, Israel, und ich will zu dir reden, und du, Nachkommenschaft Jakobs, merke auf, und ich will dich ermahnen. Vergeßt nicht Zion, sondern seid eingedenk der Trübsale Jerusalems! Denn siehe, Tage kommen: da wird alles, was geworden ist, der Vernichtung hingegeben werden, und es wird werden, wie wenn es nicht gewesen wäre.
Wenn ihr aber eure Herzen vorbereitet, indem ihr die Früchte des Gesetzes in sie hineinsät, so beschirmt es euch in jener Zeit, wo der Allmächtige die ganze Schöpfung erschüttern wird. Denn kurze Zeit später wird der Bau von Zion erschüttert werden, um wieder aufgebaut zu werden. Aber jener Bau wird nicht andauern, sondern wird nach einiger Zeit wieder zerstört werden und eine Zeitlang in Trümmern liegen bleiben. Und nachher muß er dann in Herrlichkeit erneuert werden, und für alle Zeit muß er vollständig aufgebaut werden. Wir dürfen uns also nicht so sehr über das Unheil betrüben, das jetzt gekommen ist, als vielmehr über das, was geschehen wird. Größer aber als diese beiden Trübsale wird der Kampf sein, wenn der Allmächtige seine Schöpfung erneuern wird. Und jetzt sollt ihr während einiger weniger Tage euch mir nicht nähern und sollt euch nicht um mich kümmern, bis ich zu euch hinkomme."
Und als ich alle diese Worte zu ihnen gesagt hatte, da ging ich, Baruch, meines Wegs; und als das Volk sah, daß ich fortgehen wollte, erhoben sie ihre Stimme und wehklagten und sagten: „Wohin gehst du von uns weg, Baruch,

und verläßt uns, wie ein Vater, der seine Kinder als Waisen zurückläßt und von ihnen weggeht?
Das sind die Aufträge, die dir dein Genosse, der Prophet Jeremia, aufgetragen hat, indem er zu dir sagte: ‚Sieh nach diesem Volke, so lange bis ich hingegangen bin und unsere übrigen Brüder in Babel in Ordnung gebracht habe, über welche der Urteilsspruch ergangen war, daß sie gefangen weggeführt werden sollten.' Und wenn jetzt auch du uns verläßt, so wäre es für uns am besten, wir stürben alle vorher, und dann erst entferntest du dich von uns!"
Da antwortete ich und sprach zu dem Volke: „Das sei ferne von mir, daß ich euch verlassen oder mich euch entfernen sollte. Vielmehr will ich nur zum Allerheiligsten hingehen, um beim Allmächtigen für euch und für Zion Fürbitte einzulegen, ob ich vielleicht etwas mehr erleuchtet werden könnte, und danach werde ich zu euch zurückkehren."

*Die Vision von dem Walde, dem Weinstock, der Quelle und der Zeder.*

Da ging ich, Baruch, bis zur heiligen Stätte und setzte mich auf die Trümmer der Stadt; und ich weinte und sprach: „O daß doch meine Augen zu Quellen würden und die Wimpern meiner Augen zu einem Tränenborn! Denn wie kann ich genügsam seufzen über Zion und wie trauern über Jerusalem, da doch an dem Orte, wo ich mich jetzt zur Erde niedergeworfen habe, ehedem der Hohepriester heilige Opfergaben darbrachte und Weihrauch von lieblich duftenden Spezereien an ihm auflegte? Jetzt aber ist unser Stolz zu Staub verwandelt und unserer Seelen Sehnsucht zu Sand!"
Als ich dies gesagt hatte, schlief ich dort ein. Und ich sah bei der Nacht ein Gesicht. Und siehe, es war ein Wald von Bäumen, der in einer Ebene gepflanzt war; und es umgaben ihn hohe und wilde Felsenberge, und jener Wald nahm viel Raum ein. Und siehe, ihm gegenüber wuchs ein Weinstock empor, und unter ihm floß eine Quelle sanft hervor. Es gelangte aber die Quelle bis zu dem Walde hin und ward zu gewaltigen Fluten, und diese Fluten überschwemmten jenen Wald. Und sogleich entwurzelten sie die vielen Bäume des Waldes und verwüsteten all die Berge um ihn her; und so fing der Wipfel des Waldes an, niedriger zu werden, und der Gipfel der Berge fing an, niedriger zu werden. Und jene Quelle wurde so überaus stark, daß sie nichts von den vielen Waldbäumen übrigließ, außer eine einzige Zeder. Als sie nun auch diese niedergeworfen und so den ganzen großen Wald vernichtet und entwurzelt hatte, derart, daß nichts von ihm übriggeblieben und nicht einmal seine Stätte mehr zu erkennen war, da kam jener Weinstock samt der Quelle ganz ruhig und still herbei, und er kam bis zu einer Stätte, die nicht ferne von der Zeder war, und ihre Fluten brachten die Zeder, die hingestreckt am Boden lag, zu ihm hin. Und ich sah, wie der Weinstock seinen

Mund öffnete, und wie er mit der Zeder redete und sagte: „Bist du nicht die Zeder, die von dem Unglückswald übriggeblieben ist? Und durch deine Hand wurde das Böse stehend und wurde ausgeführt alle diese Jahre hindurch, das Gute aber niemals. Und du fühltest dich stark dem gegenüber, was dir nicht gehörte; auch hast du mit dem, was dir gehörte, niemals Mitleid gehabt. Und du dehntest deine Herrschaft aus über die, die fern von dir waren, und die, die dir nahe kamen, brachtest du durch die Netze deiner Bosheit in deine Gewalt, und so überhobst du dich allezeit, als ob du nicht entwurzelt werden könntest. Jetzt aber ist deine Zeit herbeigeeilt und deine Stunde herbeigekommen. So gehe nun auch du, o Zeder, von dannen hinter dem Walde her, der vor dir her von dannen gegangen ist, und werde zugleich mit ihm zu Sand, und euer Staub mische sich zusammen. Und so schlaft denn jetzt in Trübsal und ruht aus in Qual, bis deine letzte Zeit kommt, in der du wiederkommen und noch mehr Pein erleiden sollst!"
Danach sah ich die Zeder, wie sie in Flammen stand, und den Weinstock, wie er emporwuchs; und rings um ihn herum war eine Ebene voll von Blumen, die nicht verdorrten. – Ich aber erwachte und stand auf.

*Deutung der Vision auf die vier Weltreiche. Der letzte Fürst des vierten Weltreichs wird von dem Messias getötet, womit die ewige Herrschaft des Messias beginnt.*

Da betete ich und sprach: „Herr, mein Gott, du erleuchtest zu aller Zeit die, die sich verständig aufführen, und dein Gesetz ist Leben, und deine Weisheit ist Redlichkeit. Tue mir nun kund die Deutung dieses Gesichts. Denn du weißt, daß sich meine Seele allezeit mit deinem Gesetze beschäftigte, und daß ich mich, solange ich lebe, nicht von deiner Weisheit losgesagt habe."
Da antwortete er und sprach zu mir: „Baruch! Dies ist die Deutung des Gesichts, das du gesehen hast. Daß du den großen Wald gesehen hast, den hohe und wilde Berge umgaben – damit hat es folgende Bewandtnis: Siehe, Tage kommen, da wird dieses Königreich, das einst Zion zerstört hat, zerstört und unterjocht werden von dem, das nach ihm kommt. Weiter aber wird auch dieses nach einiger Zeit zerstört werden, und es wird ein anderes, das dritte, aufkommen. Und auch dieses wird sich zu seiner Zeit der Herrschaft bemächtigen und dann wieder zerstört werden. Und danach wird das vierte Königreich aufkommen, dessen Herrschaft härter und schlimmer sein wird als die Herrschaft derer, die vor ihm waren; und es regiert viele Zeiten hindurch, wie der Wald der Ebene, und behält die Herrschaft lange Zeit, und es wird sich erheben höher als die Zedern des Libanon. Und die Wahrheit wird sich in ihm verstecken müssen, und es werden zu ihm hinfliehen alle, die mit Freveltat befleckt sind, gleichwie sich die wilden Tiere in den Wald flüchten und in ihn hineinschlüpfen. Und wenn die Zeit seines Endes herbeigekom-

men ist, daß es zu Falle kommen wird, alsdann wird sich die Herrschaft meines Messias offenbaren, die der Quelle und dem Weinstocke gleicht; und wenn sie erschienen ist, so wird sie seine ganze große Schar ausrotten. Und dies, daß du die hohe Zeder gesehen hast, wie sie von jenem Wald übriggeblieben war, und betreffs dessen, daß der Weinstock mit ihr diese Worte geredet hat, die du gehört hast – damit hat es folgende Bewandtnis:
Der letzte Regent, der alsdann existiert, wird lebend übrig bleiben, wenn seine ganzen großen Scharen vernichtet werden, und wird gefesselt werden. Und sie werden ihn auf den Berg Zion hinaufschaffen, und mein Messias wird ihn zur Rede stellen wegen aller seiner Freveltaten, und er wird zusammenbringen und vor ihn hinlegen alle die Taten seiner Scharen. Und nachher wird er ihn töten und den Rest meines Volkes, der sich in dem Lande, das ich erwählt habe, vorfindet, wird er beschützen. Und seine Herrschaft wird beständig sein für immer, bis die dem Verderben geweihte Welt zu Ende kommt und bis die oben genannten Zeiten sich vollenden. Dies ist dein Gesicht und dies seine Deutung."

*Auftrag an Baruch, das Volk zu ermahnen und sich selbst auf neue Offenbarungen vorzubereiten.*

Da antwortete ich und sprach: „Für wen und für wie viele wird dies geschehen? Oder wer ist wert, in jener Zeit zu leben? Ich will aber vor dir reden alles, was ich denke, und will dich um das fragen, was ich im Sinne habe. Denn siehe, ich sehe viele aus deinem Volke, die sich von deinen Bundesvorschriften losgesagt und das Joch deines Gesetzes von sich geworfen haben. Andere aber habe ich auch gesehen, die ihr eitles Wesen aufgegeben und sich unter deine Fittiche geflüchtet haben. Was wird nun jenen zuteil werden, oder wie wird sie die letzte Zeit aufnehmen? Oder wird die Zeit jener genau gewogen werden, und werden sie gerichtet werden, je nachdem das Gewicht wiegt?"
Und er antwortete und sprach zu mir: „Auch diese Dinge will ich dir kundtun! Wenn du gesagt hast: ‚Für wen und für wie viele wird dies geschehen?' – denen, die gläubig gewesen sind, wird das vorher erwähnte Gute zuteil, und denen, die es verschmähen, wird das Gegenteil davon zuteil. Und wenn du von denen gesprochen hast, die sich genähert haben, und von denen, die sich losgesagt haben, so hat es damit folgende Bewandtnis: Die, welche vorerst sich unterwarfen und nachher erst sich losgesagt und sich vermischt haben mit dem Samen der Völker, die schon ihrerseits gemischt waren, deren frühere Zeit gilt und wird für etwas Hohes angesehen. Und die, welche vorerst das Leben nicht erkannten und nachher erst es erkannten und sich vermischt haben mit dem Samen des Volkes, das sich abgesondert hat, deren spätere Zeit wird für etwas Hohes angesehen. Und es beerben die einen Zei-

ten die anderen und die einen Perioden die anderen, und sie nehmen eine von der anderen an. Und alsdann, auf das Ende hin, wird alles ausgeglichen werden, entsprechend dem Maße der Zeiten und entsprechend den Stunden der Perioden. Denn es nimmt das Verderben die mit, welche sein sind, und das Leben die, welche ihm angehören; und angerufen wird der Staub und zu ihm gesagt: Gib zurück das, was nicht dein ist, und laß auferstehen alles, was du für seine Zeit aufbewahrt hast!
Du aber, Baruch, mache dein Herz geschickt für das, was dir gesagt worden ist, und verstehe das, was dir kundgetan worden ist, weil es für dich vielen Trost gibt, der für immer währt. Denn du gehst weg aus diesem Land und wanderst fort von den Stätten, die jetzt von dir geschaut werden. Und du vergißt das, was vergänglich ist, und gedenkst nicht mehr dessen, was sich zwischen den Sterblichen zuträgt. Geh also hin und kümmere dich um dein Volk und komm dann wieder an diesen Ort; und nachher faste sieben Tage, und alsdann will ich zu dir hinkommen und mit dir reden.“ ...

*Neue Offenbarungen über die Drangsale der letzten Zeit.*

Als ich gefastet und gebetet hatte, war ich ganz erschöpft. Und er antwortete und sprach zu mir: „Du hast ehrlichen Sinnes gebetet, o Baruch, und alle deine Worte sind vernommen worden. Aber mein Gericht fordert das Seine, und mein Gesetz fordert sein Recht. Denn auf Grund deiner Worte gebe ich dir Antwort, und auf Grund deines Gebets will ich mit dir reden. Denn es handelt sich um folgendes: Nichtig war das, was vergänglich ist, und handelte doch gottlos, gleich als ob es etwas ausführen könnte; und es dachte nicht an deine Güte und machte sich nicht meine Langmut zunutze. Deshalb wirst du sicherlich hinweggenommen, entsprechend dem, was ich dir vorher gesagt habe. Und herbeigekommen ist die Zeit, von der ich dir gesagt habe; und in die Erscheinung treten wird die Zeit, die Drangsal schafft, denn sie wird herbeikommen und vorüberziehen mit heftigem Ungestüm, und sie wird voller Unruhe sein, wenn sie kommt mit zornigem Dräuen. Und in diesen Tagen werden alle Bewohner der Erde gegeneinander in Aufruhr sein, weil sie nicht wissen, daß mein Gericht nahe herbeigekommen ist. Denn nicht werden viele Weise in jener Zeit gefunden werden, und die Einsichtigen werden nur vereinzelt sein. Aber auch die, die es wissen, werden erst recht schweigen. Und es werden viele Nachrichten und nicht wenige Gerüchte entstehen, und Phantasiegebilde werden verbreitet werden. Und es werden nicht wenige Verheißungen erzählt werden: Einige werden wertlos sein, und einige werden sich bewahrheiten. Und die Ehre wird sich wandeln zu Schande, und die Stärke wird erniedrigt werden zu verächtlicher Schwäche; und die gesunde Kraft wird schwinden, und die Schönheit wird zur Gemeinheit werden. Und viele werden zu vielen sagen in jener Zeit: Wo hat sich

verborgen die viele Einsicht, und wohin ist entwichen die viele Weisheit? Und wenn sie das bedenken, alsdann wird die Eifersucht aufsteigen in denen, die nichts von sich hielten, und die Leidenschaft wird packen den, der ruhig war, und viele werden in zornige Aufregung versetzt werden, so daß sie vielen Leuten Schaden zufügen werden. Und sie werden die Heere aufreizen, daß sie Blut vergießen, und mit ihnen werden sie schließlich allesamt untergehen. Und zu jener Zeit wird für jedermann deutlich sichtbar werden der Wechsel der Zeiten, dafür daß sie sich in allen jenen Zeiten befleckten und Betrug übten und dahingingen ein jeder in seinen eigenen Taten und des Gesetzes des Allmächtigen nicht gedachten. Darum wird Feuer ihre Pläne fressen, und durch die Flamme sollen die Erwägungen ihrer Nieren geprüft werden – denn es wird kommen der Richter und nicht verziehen –, weil ein jeder von den Bewohnern der Erde es hätte wissen können, wenn er sündhaft handelte, und doch kannten sie wegen ihres Hochmuts mein Gesetz nicht. Viele aber werden alsdann wahrhaftig weinen, jedoch über die Lebenden mehr als über die Toten."
Da antwortete ich und sprach: „O! Was hast du, Adam, allen denen angetan, die von dir abstammen? Und was soll zu der ersten Eva gesagt werden, daß sie der Schlange gehorcht hat, so daß die ganze große Menge dem Verderben anheimfiel, und Unzählige sind derer, die das Feuer frißt!? Doch ich will vor dir noch folgendes sagen: Du, Herr mein Gott, weißt, was an deiner Schöpfung ist. Denn du hast ehedem dem Staube anbefohlen, daß er Adam hervorbringe; und du kennst die Zahl derer, die von ihm abstammen, und wie sehr vor dir die sündigen, die bisher waren, und daß sie dich nicht als ihren Schöpfer bekannten. Und ob alledem bezichtigt sie ihr Ende, und dein Gesetz, das sie übertreten haben, straft sie an deinem Tage. Jetzt aber wollen wir die Gottlosen außer acht lassen und wollen für die Gerechten Fürbitte einlegen. Und ich will erzählen von ihrer Seligkeit und will nicht schweigen und nicht aufhören, ihre Herrlichkeit zu preisen, die für sie bereitgehalten ist. Denn wahrhaftig werdet ihr, wie ihr innerhalb dieser kurzen Spanne Zeit in dieser vergänglichen Welt, in der ihr lebt, viele Mühe erduldet habt, ebenso in jener endlosen Welt viel Licht empfangen.

*Die neue Leiblichkeit der auferstandenen Gerechten. Das Endschicksal der Seligen und der Verdammten.*

Aber auch noch weiter will ich dich anflehen, o Allmächtiger, und will um Gnade flehen zu dem, der alles geschaffen hat.: In welcher Gestalt werden wohl die weiterleben, die an deinem Tag am Leben sind? Oder wie kann ihr nachheriger Glanz alsdann andauern? Werden sie etwa alsdann die jetzige Gestalt anziehen und bekleidet sein mit den durch die Bänder verbundenen Gliedern, die jetzt in Sünden sind und mit denen die Sünden vollführt wer-

den? Oder verwandelst du etwa die, die in der Welt gewesen sind, ebenso wie auch die Welt selber?"
Da antwortete er und sprach zu mir: „Höre, Baruch, dieses Wort, und schreibe in das Gedächtnis deines Herzens alles, was du erfährst! Denn sicherlich gibt die Erde alsdann die Toten zurück, die sie jetzt empfängt, um sie aufzubewahren, indem sie nichts ändert an ihrem Aussehen; sondern wie sie sie empfangen hat, ebenso gibt sie sie zurück, und wie ich sie ihr überliefert habe, ebenso läßt sie sie auch auferstehen. Denn alsdann ist es nötig, denen, die leben, zu zeigen, daß die Toten wieder aufgelebt sind und daß wieder gekommen sind die, die fortgegangen waren. Und wenn die einander erkannt haben, die sich jetzt kennen, alsdann wird das Gericht mächtig sein, und herbeikommen wird das, was vorher erwähnt worden ist.
Und nachdem der festgesetzte Tag vorübergegangen ist, alsdann wird sich hernach das Aussehen derer, die sich verschulden, verwandeln und auch die herrliche Erscheinung derer, die recht handeln. Denn das Aussehen derer, die jetzt gottlos handeln, wird schlimmer gestaltet, als es ist, wie sie auch Pein erdulden müssen. Auch die herrliche Erscheinung derer, die jetzt auf Grund meines Gesetzes gerecht gehandelt haben, die Einsicht in ihrem Leben hatten, und die die Wurzel der Weisheit in ihr Herz eingepflanzt hatten – deren Glanz wird alsdann in verschiedener Gestalt erstrahlen, und das Aussehen ihrer Angesichter wird sich verwandeln in ihre leuchtende Schönheit, so daß sie annehmen und empfangen können die unsterbliche Welt, die ihnen alsdann verheißen ist. Denn ganz besonders darum werden die seufzen müssen, die alsdann herbeikommen, weil sie mein Gesetz gemißachtet und ihre Ohren verstopft haben, so daß sie nicht Weisheit hören und nicht Einsicht annehmen konnten. Wenn sie nun sehen werden, daß die, über welche sie sich jetzt erhaben dünkten, alsdann erhaben sind und verherrlicht werden mehr als sie, dann werden verwandelt werden diese und jene: diese zum Glanze der Engel, und jene werden noch mehr dahinschwinden, zu staunenerregenden Erscheinungen und zu wundersam anzusehenden Gestalten. Denn zuerst sehen sie zu und nachher gehen sie auch selbst dahin, um Pein zu erleiden. Die aber, die durch ihre Handlungen davor gerettet worden sind, und die, denen jetzt das Gesetz ihre Hoffnung und die Einsicht ihre Sehnsucht und der Glaube ihre Weisheit gewesen ist, denen werden wunderbare Dinge erscheinen, wenn dann die Zeit für diese da ist; denn sie sehen die Welt, die ihnen jetzt unsichtbar ist, und sie werden die Zeit sehen, die jetzt vor ihnen verborgen ist. Und es wird sie auch nicht die Zeit altern lassen; denn in den Himmelshöhen jener Welt werden sie wohnen und den Engeln gleichen und den Sternen vergleichbar sein. Und sie werden verwandelt werden zu allen möglichen Gestalten, die sie sich nur wünschen: von der Schönheit bis zur Pracht und von dem Lichte bis zum Glanze der Herrlichkeit. Denn es werden vor ihnen ausgebreitet werden die weiten Räume des

Paradieses, und es wird ihnen gezeigt werden die hoheitsvolle Schönheit der lebenden Wesen, die zunächst des Thrones sind, und aller Heerscharen der Engel; denn sie halten jetzt an meinem Worte fest, um zunächst unsichtbar zu werden, und sie halten an den Verordnungen fest, um an ihren Örtern zu bleiben, bis die Zeit herbeikommt, so sie wieder herbeikommen. Die Herrlichkeit aber wird alsdann bei den Gerechten größer sein als bei den Engeln. Denn die ersten werden die letzten, die sie erwarteten, aufnehmen und die letzten die, von denen sie hörten, daß sie vorher weggegangen seien; denn sie wurden errettet aus dieser Welt der Drangsal und warfen von sich die drückende Last ihrer Trübsale. Um was also haben die Menschen ihr Leben verloren, und was haben die, die auf der Erde waren, alsdann eingetauscht um ihre Seele, da sie sich doch nicht erwählt hatten diese aller Trübsal bare Zeit, die nicht vergehen kann, und hatten sich erwählt jene Zeit, deren Ende von Seufzern und Übeln voll ist, und hatten abgelehnt die Welt, die die, welche zu ihr kommen, nicht altern läßt, und hatten gemißachtet die Zeit der Herrlichkeit, so daß sie nicht zu der Ehre kommen können, von der ich dir vorher gesagt habe?"
Da antwortete ich und sprach: „Wie könnten wir die vergessen, denen alsdann Wehe zugedacht ist? Und warum also klagen wir wiederum über die, die tot sind? Oder warum weinen wir über die, die in die Unterwelt dahingehen? Möchten doch die Wehklagen aufbewahrt werden für den Anfang der zukünftigen Pein, und möchten die Tränen niedergelegt werden für das Herbeikommen des Untergangs, der alsdann eintritt. Aber auch das Entgegengesetzte will ich sagen: Und die Gerechten – was sollen die jetzt tun? – Habt eure Lust an den Leiden, das ihr jetzt leidet! Denn warum schaut ihr danach aus, daß eure Hasser zu Falle kommen? Bereitet euch vor auf das, was euch zugedacht ist, und macht euch geschickt für den Lohn, der für euch hingelegt ist!"

*Die Vision von der aus dem Meer aufsteigenden Wolke mit den schwarzen und hellen Wassern, dem leuchtenden Blitz und den zwölf Strömen, die ihm untertan wurden.*

Als ich dies gesagt hatte, schlief ich dort ein. Und ich sah ein Gesicht: Und siehe, eine Wolke stieg empor aus einem sehr großen Meer. Und ich sah auf sie hin, und siehe, sie war voll von weißem und schwarzem Wasser; und viele Farben waren an diesem Wasser zu bemerken. Und etwas einem großen Blitz Ähnliches war an ihrem oberen Rande zu sehen. Und ich sah die Wolke, wie sie stürmisch mit raschem Laufe vorüberzog und die ganze Erde bedeckte. Und danach fing die Wolke an, über die Erde das Wasser herabregnen zu lassen, das in ihr war. Und ich sah, daß das Wasser, welches aus ihr herabströmte, nicht einerlei Aussehen hatte. Denn für den ersten Anfang war es schwarz und viel, und zwar eine Zeitlang; und nachher sah ich, daß das Wasser hell war, aber es war nicht viel. Und danach wieder sah ich schwarzes Wasser und danach wieder helles, und wieder schwarzes und wieder helles. Dies dauerte aber zwölf Zeiten hindurch; aber des schwarzen Wassers war immer mehr als des hellen. Und ehe die Wolke verschwand, siehe, da regnete sie schwarzes Wasser herab, und es war weit dunkler als alles frühere Wasser. Und Feuer vermischte sich damit, und wo das Wasser herabströmte, brachte es Verderben und Vernichtung hervor. Und danach sah ich, wie der Blitz, den ich am oberen Rande der Wolke gesehen hatte, sie packte und bis zur Erde herabschleuderte. Um so heller aber leuchtete der Blitz, so daß er die ganze Erde erleuchtete; und er heilte die Länder, wo das letzte Wasser herabgeströmt war und Verwüstung angerichtet hatte. Und er nahm die ganze Erde in Besitz und herrschte über sie. Und danach sah ich: Und siehe, zwölf Ströme fluteten aus dem Meer empor und umringten jenen Blitz und wurden ihm untertan. – Und ich erwachte infolge dessen, daß ich mich fürchtete ...

*Deutung der Vision von der Wolke und den schwarzen und hellen Wassern auf die Weltgeschichte von Adam bis zur gegenwärtigen Trübsal, der Zerstörung Jerusalems und dem babylonischen Exile.*

Weil du aber doch einmal den Höchsten gebeten hast, daß er dir die Deutung des Gesichts, das du gesehen hast, offenbare, so bin ich gesandt worden, es dir zu sagen. Und tatsächlich hat dir bereits der Allmächtige die Zeitläufte kundgetan, die vorübergegangen sind und die erst in Zukunft in seiner Welt vorübergehen werden: von Anfang seiner Schöpfung an bis zu ihrem Ende, die, die in trügerischer Weise verlaufen, und die, die in rechter Weise verlaufen. – Denn wenn du die große Wolke gesehen hast, die da aus dem Meer emporstieg und fortzog und die Erde bedeckte – so ist damit gemeint die weite Welt, die der Allmächtige schuf, als er gedachte, die Welt zu schaffen. Und es geschah: Als das Wort von ihm ausgegangen war, da stand auch schon die Länge der Welt als etwas für ihn Kleines da, und sie war eingerichtet, entsprechend der großen Einsicht dessen, der sie von sich hatte ausgehen lassen. Und wenn du zuerst an dem oberen Rande der Wolke schwarzes Wasser gesehen hast, das zuerst auf die Erde herabströmte, so ist damit gemeint die Übertretung, die Adam, der erste Mensch, beging. Denn weil nach seiner Übertretung der vorzeitige Tod eintrat, so ward die Trauer dem Namen nach bekannt, und die Trübsal bereitete sich vor, und der Schmerz wurde geschaffen, und die Mühsal ward fertig gemacht, und die Prahlerei fing an, sich einzustellen. Und da die Unterwelt verlangte, immer wieder mit Blut erneuert zu werden, so trat das Kinderbekommen ein, und die Brunst der Eltern ward geschaffen; und die Hoheit der Menschheit wurde erniedrigt, und die Güte verdorrte. Was kann nun schwärzer oder dunkler sein als alles dies? Das ist

der Anfang des schwarzen Wassers, das du gesehen hast. Und von diesem schwarzen stammte wieder schwarzes ab, und so ward das dunkelste Dunkel hervorgebracht. Denn jener war zunächst für sich selbst eine Gefahr; aber auch für die Engel war er eine Gefahr. Denn sie hatten auch zu der Zeit, wo er geschaffen wurde, Freiheit. Und einige von ihnen stiegen hinab und vermischten sich mit Weibern; und damals wurden die, die so gehandelt hatten, gefesselt der Peinigung überliefert. Und alle die vielen übrigen Engel, die unzählbar sind, hielten sich fern davon. Und die, die auf der Erde wohnten, gingen allesamt durch die Wasser der Sintflut zugrunde. Das ist das erste, schwarze Wasser.
Danach sahst du helles Wasser: Das ist das Hervorquellen Abrahams und seine Lebensgeschichte und die Ankunft seines Sohnes und seines Enkels und derer, die ihnen glichen. Denn zu jener Zeit war das Gesetz ungeschrieben bei ihnen allgemein bekannt, und die Werke der Gebote wurden damals vollbracht, und der Glaube an das zukünftige Gericht wurde damals geboren, und die Hoffnung, daß die Welt erneuert werden wird, wurde damals auferbaut, und die Verheißung des Lebens, das nachher kommt, wurde damals gepflanzt. Das ist das helle Wasser, das du gesehen hast.
Und das dritte, schwarze Wasser, das du gesehen hast – das ist die Zusammenmengung aller der Sünden, die die Völker später, nach dem Tode jener Gerechten, verübten und die Freveltat des Landes der Ägypter, die freventlich handelten durch die Unterjochung, mit der sie die Kinder jener unterjochten. Aber auch sie gingen schließlich zugrunde.
Und das vierte, helle Wasser, das du gesehen hast – das ist das Kommen des Mose und des Aharon, und der Mirjam und des Josua, des Sohnes des Nun, und des Kaleb und aller derer, die ihnen ähnlich waren. Denn zu jener Zeit leuchtete die Lampe des Gesetzes, das für immer gilt, allen denen, die in der Dunkelheit saßen, daß es denen, die gläubig waren, die Verheißung ihres Lohnes kundtue und denen, die ungläubig waren, die Feuerpein, die für sie aufbewahrt ist. Aber auch die Himmel wurden zu jener Zeit von ihrem Orte weggerückt, und die zunächst des Thrones des Allmächtigen Stehenden erzitterten, als er Mose zu sich nahm. Denn er kündete ihm viele Mahnungen zugleich mit den Verhaltungsmaßregeln des Gesetzes und das Ende der Zeiten, ebenso wie auch dir; weiter aber auch den Plan von Zion und seine Maße, da es nach dem Plane des jetzigen Heiligtums gemacht werden sollte. Aber er zeigte ihm damals auch die Maße des Feuers, auch die Tiefen der Urflut und die Schwere der Winde und die Zahl der Regentropfen und das Zurückhalten des Zorns und das große Maß von Langmut und die Tatsache des Gerichts und die Wurzel der Weisheit und den Reichtum der Einsicht und den Quell der Erkenntnis und die Höhe der Luft und die Größe des Paradieses und das Ende der Welten und den Anfang des Gerichtstags und die Zahl der Opfergaben und die Erden, die noch nicht gekommen waren, und den

Mund der Hölle und die Stelle der Vergeltung und das Land des Glaubens und den Ort der Hoffnung und das Abbild der zukünftigen Pein und die Menge von unzähligen Engeln und die flammenden Engelheere und das Leuchten der Blitze und den Hall der Donner und die Klassen der Erzengel und die Vorratskammern des Lichts und den Wechsel der Zeiten und die Forschungen im Gesetze. Das ist das vierte und helle Wasser, das du gesehen hast.

Und das fünfte, schwarze Wasser, das du gesehen hast, wie es herabregnete – das sind die Handlungen, die die Amoriter vollführten, und das Murmeln ihrer Zaubersprüche, die sie anwandten und die Sündhaftigkeit ihrer Mysterien und die Vermengung ihrer Verunreinigungen. Aber auch Israel verunreinigte sich damals mit Sünden, in den Tagen der Richter, obwohl sie die vielen Wunderzeichen sahen, die durch den geschahen, der sie geschaffen hatte.

Und das sechste, helle Wasser, das du gesehen hast – das ist die Zeit, in welcher David und Salomo geboren wurden. Und es geschah zu jener Zeit der Bau Zions und die Einweihung des Heiligtums und das Vergießen vielen Blutes der Völker, die damals gesündigt hatten, und die vielen Opfergaben, die damals bei der Einweihung des Heiligtums dargebracht wurden. Und Wohlstand und Friede bestanden zu jener Zeit; und Weisheit ward in der Gemeindeversammlung vernommen, und der Reichtum an Einsicht ward bei den Versammelten sehr gefeiert. Und die heiligen Feste wurden mit vieler Freude und Wonne festlich begangen. Und das Gericht der Regenten zeigte sich damals ohne Trug, und die Gerechtigkeit der Gebote des Allmächtigen ward wirklich ausgeführt, und das Land, das damals beliebt war, war auf diese Weise und weil seine Bewohner nicht sündigten, mehr als alle anderen Länder preisenswert, und die Stadt Zion hatte damals die Oberherrschaft über alle Länder und Stätten. Das ist das helle Wasser, das du gesehen hast.

Und das siebente, schwarze Wasser, das du gesehen hast – das ist die Verkehrtheit des Plans des Jerobeam, der da plante, zwei goldene Kälber zu machen, und alle die Freveltaten, welche die Könige, die nach ihm kamen, frevelten, und der Bannfluch über Isebel und die Verehrung der Götzen, die Israel zu jener Zeit verehrte, und die Zurückhaltung des Regens und die Hungersnöte, die eintraten, derart, daß die Weiber sogar ihre Leibesfrucht aßen, und die Zeit ihrer Wegführung, die über die neuneinhalb Stämme kam, weil sie in vielen Sünden lebten. Und es kam Salmanassar, der König der Assyrier, und führte sie gefangen fort. Über die Heidenvölker aber wäre gar viel zu sagen: wie viele Missetaten und Freveltaten sie allezeit verübten und niemals recht handelten. Das ist das siebente, schwarze Wasser, das du gesehen hast.

Und das achte, helle Wasser, das du gesehen hast – das ist die Rechtlichkeit und Aufrichtigkeit des Hiskia, des Königs von Juda, und die Gnade Gottes, die über ihn kam. Denn als Sanherib in Aufregung war, daß er, Hiskia, zugrunde gehen möchte, und sein Zorn ihn dazu aufreizte, wie er wohl vernichtet werden könnte – er und auch die vielen Völker, die mit ihm zogen –; als nun aber der König Hiskia hörte, was der assyrische König plante: nicht bloß herbeizuziehen und ihn gefangenzunehmen und sein Volk, die zweieinhalb Stämme, die übriggeblieben waren, zu vernichten, sondern daß er auch Zion zu zerstören willens war – da vertraute Hiskia auf seine Handlungen und hoffte auf seine Gerechtigkeit. Und er redete mit dem Allmächtigen und sprach: Siehe! Schon ist Sanherib zugegen, um uns zu vernichten; und er wird prahlen und sich überheben, wenn er Zion vernichtet haben wird. Und der Allmächtige erhörte ihn; denn Hiskia war weise und wartete auf die Wirkung seines Gebets, weil er gerecht war. Und der Allmächtige gab alsdann seinem Engel Ramael, der mit dir redet, Auftrag; und so zog ich aus und vernichtete ihre große Menge, deren Oberbefehlshaber allein eine Zahl von 185 000 ausmachten, und ein jeder von ihnen hatte ebenso Leute in bestimmter Anzahl unter sich. Und ich verbrannte zu jener Zeit ihre Leiber drinnen; die Waffen aber und die Rüstungen draußen erhielt ich unversehrt, damit nur um so mehr die Wunder des Allmächtigen zu sehen wären und damit man von seinem Namen auf der ganzen Erde reden sollte. Und es wurde Zion gerettet und Jerusalem befreit; auch wurde Israel freigemacht von seinen Drangsalen. Und es freuten sich alle, die im heiligen Lande waren, und der Name des Allmächtigen wurde gepriesen, so daß er in aller Munde war. Das ist das helle Wasser, das du gesehen hast.

Und das neunte, schwarze Wasser, das du gesehen hast – das ist alle die Ruchlosigkeit, die es in den Tagen des Manasse, des Sohnes des Hiskia, gab, weil er sehr ruchlos handelte und die Gerechten tötete und das Recht beugte und unschuldiges Blut vergoß und die verheirateten Frauen unter Anwendung von Gewalt schändete und die Altäre zerstörte und die Opfergaben abschaffte und die Priester vertrieb, daß sie nicht länger im Heiligtume Dienst tun konnten. Und er machte eine Statue mit fünf Gesichtern: Vier davon schauten nach den vier Windrichtungen, und das fünfte war auf dem Scheitel der Statue, wie um den Eifer des Allmächtigen zu reizen. Damals erging Zorn von dem Allmächtigen aus, daß Zion von Grund aus zerstört werden sollte, wie es sich nun auch in euren Tagen ereignet hat. Aber auch über die zweieinhalb Stämme erging der Urteilsspruch: daß auch sie gefangen weggeführt werden sollten, wie du jetzt erlebt hast. Und so gar arg wurde die Ruchlosigkeit Manasses, daß sich die Herrlichkeit des Höchsten vom Heiligtum entfernte. Darum wurde Manasse zu dieser Zeit berüchtigt als Ruchloser, und schließlich war im Feuer sein Aufenthalt. Denn als sein Gebet beim Höchsten Erhörung gefunden hatte, ward ihm schließlich, als er in das eherne Pferd hineinfiel und das eherne Pferd schmolz, zur Stunde ein Wunderzeichen zuteil. Denn er hatte kein vollkommenes Leben geführt und war des Zeichens auch nicht wert, sondern es ward ihm nur zuteil, damit er von

hier an erkennen sollte, daß es ihm schließlich – und von wem aus – doch bestimmt war, Pein zu erleiden. Denn der, der wohltun kann, kann auch peinigen.
In dieser Weise aber handelte Manasse ruchlos und war dabei der Meinung, als ob der Allmächtige zu *seiner* Zeit nicht alles dies rächen werde. Das ist das schwarze Wasser, das neunte, das du gesehen hast.
Und das zehnte, helle Wasser, das du gesehen hast – das ist die Lauterkeit der Lebensgeschichte Josias, des Königs von Juda, der zu jener Zeit allein dem Allmächtigen von ganzem Herzen und von ganzer Seele untertänig war. Und er reinigte das Land von den Götzenbildern und heiligte alle die Geräte, die entweiht worden waren, und gab dem Altar die Opfergaben zurück. Und er erhob das Horn der Heiligen und erhöhte die Gerechten und ehrte alle die Weisen einsichtigerweise. Und er brachte die Priester wieder zu ihrem Dienst und beseitigte und vertrieb die Zauberer und die Magier und die Totenbeschwörer aus dem Lande. Und er tötete nicht allein die Gottlosen, die damals lebten: Er ließ auch die Gebeine derer, die schon gestorben waren, aus den Gräbern herausholen und mit Feuer verbrennen. Und die Feste und Sabbate richtete er ein mit ihren heiligen Darbringungen; und die durch den Götzendienst Befleckten verbrannte er mit Feuer, und die Lügenpropheten, die das Volk verführten – auch sie verbrannte er mit Feuer. Und auch die Leute, die ihnen, solange sie lebten, gehorchten, warf er ins Tal des Kidron und häufte Steine auf sie. Und er eiferte von ganzer Seele mit loderndem Eifer für den Allmächtigen; und er allein hielt zu jener Zeit am Gesetze fest, derart, daß er niemanden unbeschnitten ließ und nicht zuließ, daß jemand im ganzen Lande gottlos handelte, solange er am Leben war. *Er* aber wird ewig dauernden Gewinn empfangen, und er wird geehrt werden beim Allmächtigen mehr als viele andere in der letzten Zeit. Denn um seinetwillen und um derer willen, die ihm ähnlich sind, sind die gepriesenen Herrlichkeiten geschaffen und bereitet worden, von denen früher zu dir geredet worden ist. Das ist das helle Wasser, das du gesehen hast.
Und das elfte, schwarze Wasser, das du gesehen hast – das ist das Unheil, das Zion jetzt trifft. Oder meinst du etwa, daß sich die Engel vor dem Allmächtigen nicht betrüben, daß Zion so preisgegeben ist, und daß sich die Völker schon in ihren Herzen brüsten und die Heerscharen vor ihren Götzen und sagen: Niedergetreten ist sie, die so lange Zeit niedergetreten hatte, und unterjocht, die unterjochte? Meinst du, daß sich der Höchste darüber freut oder sein Name deshalb gepriesen wird? Doch was würde mit seinem gerechten Gerichte werden? – Aber danach werden auch die von Drangsal ergriffen werden, die unter die Völker zerstreut sind und in Schande in jeglichem Lande wohnen. Denn je mehr Zion preisgegeben ist und Jerusalem wüste liegt, desto mehr stehen die Götzen in den Städten der Völker in Flor. Und der balsamische Weihrauchduft der aus dem Gesetze herstammenden Ge-

rechtigkeit ist aus Zion verloschen, und im Lande Zions allerorten – siehe, der Rauch der Ruchlosigkeit ist darin! Aber aufstehen wird der König von Babel, der jetzt Zion zerstört hat, und wird sich brüsten gegenüber dem Volk und wird Prahlereien vor dem Höchsten in seinem Herzen reden; auch er wird aber schließlich fallen. Das ist das schwarze Wasser.

*Deutung des zwölften, hellen Wassers auf die Freudenzeit für das Volk Israel mit dem Wiederaufbau Jerusalems und der Wiederherstellung des Gottesdienstes.*

Und das zwölfte, helle Wasser, das du gesehen hast – damit hat es folgende Bewandtnis: Kommen wird nämlich danach die Zeit, und dein Volk wird in solche Drangsal fallen, daß sie Gefahr laufen werden, alle zusammen zugrunde zu gehen. Doch werden sie im Gegenteil gerettet werden, und ihre Feinde werden vor ihnen zu Fall kommen. Und es wird ihnen eine Zeitlang große Wonne zuteil werden. Und zu jener Zeit wird auch bald nachher Zion wieder aufgebaut werden, und seine Opfergaben werden wieder eingerichtet werden, und die Priester werden zu ihrem Dienst zurückkehren, und die Völker werden auch kommen, um es zu preisen; aber nicht vollzählig, wie ehedem, sondern es wird danach ein gewaltiger Sturz all der vielen Völker stattfinden. Das ist das helle Wasser, das du gesehen hast.

*Deutung des letzten schwarzen Wassers auf die Zeit der höchsten Drangsal. Völkerkämpfe enden mit der Auslieferung der wenigen Geretteten in die Hände des Messias.*

Denn das letzte Wasser, von dem du gesehen hast, daß es schwärzer war als alles frühere, welches nach allen den zwölf Wassern, die alle zusammengebracht waren, kam, bezieht sich auf die ganze Welt. Denn der Höchste hatte sie ehedem geteilt, weil er allein weiß, was sich ereignen wird. Denn von den Sünden und Freveltaten, die vor seinen Augen geschehen sollten, sah er sechs Zeitläufte voraus; und von den guten Taten der Gerechten, die vor seinen Augen vollbracht werden sollten, sah er auch sechs Zeitläufte voraus, ausgenommen noch das, was er selbst am Ende der Welt ausführen wollte. Darum war es nicht schwarzes Wasser mit schwarzem und nicht helles mit hellem. Denn es ist das Ende.

Höre nun die Deutung des letzten schwarzen Wassers, das nach dem früheren schwarzen kommen wird! Damit hat es folgende Bewandtnis. Siehe, Tage kommen, da wird, wenn die Zeit der Welt reif sein und die Ernte der Aussaat der Bösen und der Guten kommen wird, der Allmächtige über die Erde und ihre Bewohner und über ihre Regenten Geistesverwirrung und herzlähmenden Schreck herbeiführen. Und sie werden einander hassen und sich gegeneinander zum Krieg anreizen; und es werden die Verachteten über die Angesehenen schalten, und die Geringen werden sich überheben über die Gepriesenen. Und die vielen werden den wenigen preisgegeben werden, und die, die nichts waren, werden sich der Herrschaft bemächtigen über die Mächtigen; und die Armen werden den Vorzug haben vor den Reichen, und die Frevler werden sich überheben über die Helden. Und die Weisen werden schweigen, und die Toren werden reden. Und nicht wird sich alsdann, was die Menschen denken, verwirklichen, auch nicht, was die Mächtigen sinnen. Und nicht wird sich die Hoffnung derer, die da hoffen, verwirklichen. Wenn aber, wovon vorher die Rede war, eingetreten sein wird, dann wird eine Verwirrung über alle Menschen hereinbrechen. Und manche werden im Kriege fallen, und manche werden durch Trübsale zugrunde gerichtet werden, und manchen wird von ihren eigenen Angehörigen etwas in den Weg gelegt werden. Es wird aber der Höchste die Völker offenbaren, die er dazu vorbereitet hat, und sie werden herbeikommen und Krieg führen mit den Regenten, die alsdann übrig sein werden. Und jeder, der sich aus dem Kriege rettet, soll durch ein Erdbeben sterben, und der, der sich aus dem Erdbeben rettet, wird im Feuer verbrennen, und der, der sich aus dem Feuer rettet, wird durch Hunger zugrunde gehen; und alle, die sich retten und allen den vorher erwähnten Gefahren entgehn – mögen sie nun gesiegt haben oder besiegt worden sein –, die werden den Händen meines Knechtes, des Messias, überantwortet werden. Denn die ganze Erde wird ihre Bewohner verschlingen. Das heilige Land aber wird sich dessen erbarmen, was zu ihm gehört, und wird zu jener Zeit seine Bewohner beschirmen. Dies ist das Gesicht, das du gesehen hast, und dies ist seine Deutung. Ich bin aber gekommen, um dir das zu sagen, weil dein Gebet beim Höchsten erhört worden ist.

*Deutung des leuchtenden Blitzes auf die Zeit des Messias und seine ewige segensreiche Herrschaft.*

Höre aber auch betreffs des hellen Blitzes, der am Ende nach dem schwarzen Wasser kommen soll. Damit hat es folgende Bewandtnis. Nachdem die Wunderzeichen, von denen früher zu dir geredet worden ist, gekommen sein werden – wenn die Völker in Verwirrung versetzt werden und die Zeit meines Messias kommen wird –, da wird er alle Völker berufen, und einige wird er am Leben erhalten und einige töten. Das Folgende also wird über die Völker, die leben werden, von ihm aus kommen: Jedes Volk, das Israel nicht kennt und nicht das Geschlecht Jakobs niedergetreten hat, dieses soll leben bleiben, und zwar deshalb, weil sie sich unter allen Völkern deinem Volk unterwerfen werden. Alle die aber, die sich der Herrschaft über euch bemächtigt oder die euch sonstwie gekannt haben, alle diese sollen dem Schwert überliefert werden.

Und nachdem er alles, was in der Welt ist, gedemütigt und sich in Frieden für immer auf den Thron seines Königreichs gesetzt haben wird, alsdann wird sich Wonne offenbaren, und Ruhe wird erscheinen. Und alsdann wird Gesundheit herabsteigen im Tau, und Krankheit wird sich entfernen. Und Sorge und Trübsal und Seufzer werden unter den Menschen vergehen, und Freude wird auf der ganzen Erde einherwandeln, und es wird auch niemand vorzeitig sterben, und nicht wird sich plötzlich etwas Widriges ereignen. Und Prozesse und Anklagen und Streitigkeiten und Rachetaten und Blutschuld und Begierden und Neid und Haß und alles dem Ähnliche wird der Verdammung anheimfallen, indem es ausgerottet werden soll. Denn diese Laster sind es, die diese Welt mit den Übeln erfüllten, und um ihretwillen geriet das Leben der Menschen in arge Verwirrung. Und die wilden Tiere sollen aus dem Walde kommen und den Menschen zu Diensten sein; und die Nattern und Drachen werden aus ihren Löchern herauskriechen, um sich den kleinen Kindern zur Verfügung zu stellen. Und auch die Weiber werden alsdann keine Schmerzen mehr zu leiden haben, wenn sie gebären, und nicht werden sie sich quälen, wenn sie die Früchte ihres Mutterschoßes zur Welt bringen. Und in jenen Tagen werden sich die Schnitter nicht abmühen und die, welche bauen, sich nicht abarbeiten. Denn von selbst werden die Arbeiten weiteren Fortgang haben, samt denen, die daran arbeiten in vieler Ruhe. Weil jene Zeit das Ende dessen ist, was vergänglich ist, und der Anfang dessen, was unvergänglich ist, darum wird das, wovon vorher die Rede gewesen ist, in ihr geschehen. Darum ist sie ferne von den Bösen und nahe denen, die nicht sterben. Das ist der helle Blitz, der nach dem letzten schwarzen Wasser gekommen ist.

*Baruchs Dank an Gott für die erhaltenen Offenbarungen und Gottes Weisung an Baruch, sein Volk über ihr Schicksal in der letzten Zeit zu belehren und sich sodann auf dem Gipfel eines Berges bis zur Ankunft des Messias zur Hinwegnahme bereit zu halten.*

Und ich antwortete und sprach: „Wer kann sich vergegenwärtigen, o Herr, deine Güte? Denn sie ist unerreichbar. Und wer kann erforschen deine Gnade, die doch schrankenlos ist? Oder wer kann erfassen deine Einsicht? Oder wer kann die Gedanken deines Verstandes erzählen? Oder wer von den Erdgeborenen kann hoffen, zu ihnen hinzukommen – ausgenommen der, dem *du* Gnade erweisest und dich gnädig zuneigst? Denn wenn du nicht von dir aus den Menschen Gnade erweisest, so können auch die, die unter deiner Rechten sind, sie nicht erreichen – ausgenommen die, die, da sie bei den namhaft gemachten Zahlen einbegriffen sind, berufen werden können. Wir aber, die wir jetzt existieren – wenn wir erkennen, wozu wir gekommen sind, und uns dem unterwerfen, der uns von Ägypten her ins Land gebracht hat, dann kommen wir wieder und gedenken dessen, was vergangen ist, und freuen uns über das, was geschehen ist. Wenn wir aber jetzt nicht erkennen, wozu wir gekommen sind, und nicht die Herrschaft dessen, der uns aus Ägypten heraufgeführt hat, anerkennen, so kommen wir wieder und fragen nach dem, was jetzt geschehen ist, und betrüben uns schmerzlich über das, was sich ereignet hat."

Da antwortete er und sprach zu mir: „Weil dir die Offenbarung dieses Gesichts gedeutet worden ist, wie du gebetet hattest, so höre das Wort des Höchsten, damit du erkennst, was dir danach begegnen wird. Denn du wirst allerdings von dieser Erde fortgehen, aber nicht zum Tode, sondern um aufbewahrt zu werden für das Ende der Zeiten. So steige nun auf den Gipfel dieses Bergs hinauf, und alle Länder dieser Erde sollen vor dir vorüberziehen und die Gestalt des Erdkreises und die Gipfel der Berge und die Tiefen der Täler und die Tiefen des Meers und die Zahl der Flüsse, damit du siehst, was du zurückläßt und wohin du gehst. Dies aber ereignet sich vierzig Tage später. So gehe nun jetzt während dieser Tage hin und lehre das Volk, soviel du kannst, damit sie erfahren, daß sie in der letzten Zeit nicht sterben werden. Vielmehr sollen sie erfahren, daß sie in den letzten Zeiten leben werden."

*Ermahnungsrede Baruchs an das Volk und Abfassung zweier Ermahnungsschreiben: eines an die neuneinhalb Stämme im assyrischen und eines an die 2 zweieinhalb Stämme im babylonischen Exil.*

Da ging ich, Baruch, von dort weg und kam zu dem Volke hin, und ich versammelte sie vom Größten bis zum Kleinsten. Und ich sprach zu ihnen: „Hört, ihr Kinder Israel! Seht, wie viele ihr seid, die ihr von den zwölf Stämmen Israels übriggeblieben seid! Euch aber und euren Vätern hat der Herr das Gesetz gegeben vor allen Völkern, und weil eure Brüder die Gebote des Höchsten übertreten haben, hat er über euch und über sie die Ahndung gebracht. Und er hat die Früheren nicht verschont, hat aber auch die Späteren der Wegführung überliefert und keinen Rest von ihnen übriggelassen. Und siehe, ihr seid seitdem mein Volk. Wenn ihr nun gerade wandelt auf euren Wegen, so werdet ihr nicht auch so fortziehen müssen, wie eure Brüder fortgezogen sind, sondern *sie* werden zu euch kommen. Denn gnädig ist der, den ihr verehrt, und liebreich ist der, auf den ihr hofft, und treu ist er, wohlzutun und nicht wehezutun. Habt *ihr* denn nicht gesehen, was sich mit Zion ereignet hat? Oder habt ihr etwa gedacht, daß der Boden gesündigt hat und deshalb verwüstet worden ist? Oder daß das Erdreich etwas begangen hat und deshalb preisgegeben worden ist? Und wißt ihr nicht, daß um euretwillen, die ihr gesündigt hattet, verwüstet worden ist das, was nicht gesündigt hatte, und daß um derer willen, die sich vergangen haben, den Feinden überliefert worden ist das, was nicht gesündigt hatte?" – Da antwortete das ganze Volk und sprach zu mir: „Soviel wir uns nur der Wohltaten bewußt sein können, die uns der Allmächtige erwiesen hat, sind wir uns dessen bewußt; und das, dessen wir uns nicht bewußt sind, weiß er in seiner Gnade. Indessen, dies magst du für uns, dein Volk, tun: Schreibe auch an unsere Brüder nach Babel einen Brief der Belehrung und ein Schreiben der Verheißung, daß du auch sie stärkest, bevor du von uns fortgehst. Denn es sind ihnen abhanden gekommen die Hirten Israels, und verlöscht sind die Lampen, die einst leuchteten; und die Quellen haben ihr Strömen gehemmt, von wo wir einst tranken. Wir aber sind in der Dunkelheit und in dem dichten Wald und in der dürstenden Wüste gelassen worden." – Da antwortete ich und sprach zu ihnen: „Die Hirten und die Lampen und die Quellen stammten aus dem Gesetz. Und wenn *wir* auch fortgehen, so bleibt doch das Gesetz bestehen. Wenn ihr also auf das Gesetz schaut und sorgfältig auf die Weisheit achtet, so fehlt es nicht an einer Lampe, und der Hirt geht nicht fort, und die Quelle trocknet nicht aus. Immerhin will ich, wie ihr zu mir gesagt habt, auch euren Brüdern in Babel schreiben und den Brief durch Menschen hinsenden. Und den neuneinhalb Stämmen will ich ebenso schreiben und den Brief durch einen Vogel hinsenden." – Und am 21. Tag im achten Monat kam ich, Baruch, hin und setzte mich unter die Eiche in den Schatten der Zweige, und niemand war bei mir, sondern ich war allein da. Und ich schrieb folgende zwei Briefe – den einen sandte ich durch einen Adler an die neuneinhalb Stämme und den anderen sandte ich durch drei Männer an die in Babel. Und ich rief den Adler heran und sprach zu ihm die folgenden Worte: „Dich hat der Höchste so geschaffen, daß du erhaben sein solltest über alle Vögel. So gehe nun jetzt fort und laß dich nicht an irgendeinem Orte nieder und gehe nicht in ein Nest und setze dich nicht auf irgendeinen Baum, solange du nicht die Breite der gewaltigen Wasser des Flusses Euphrat überflogen hast und zu dem Volke hingekommen bist, das dort wohnt; und wirf ihnen dann diesen Brief hin. Denke aber daran, daß Noah zur Zeit der Sintflut von der Taube die Frucht des Ölbaums empfing, als er sie aus der Arche entsendet hatte. Aber auch die Raben dienten Elia, als sie ihm Nahrung brachten, wie es ihnen befohlen worden war. Auch Salomo beorderte zur Zeit seiner Regierung überallhin, wohin er schicken oder wo er nach etwas fragen wollte, einen Vogel, und der war ihm gehorsam, je nachdem er ihm Auftrag gab. Und nun laß dich's nicht verdrießen und biege nicht ab, weder nach rechts noch nach links, sondern fliege und gehe geradewegs dahin, um den Befehl des Allmächtigen, wie ich dir gesagt habe, zu beobachten."

*Der Brief an die neuneinhalb Stämme: Das Gericht Gottes über sie war gerecht. Nun ist auch Jerusalem durch Nebukadnezar zerstört und die Einwohner sind ins Exil geführt. Verkündigung des zukünftigen Gerichtes Gottes über ihre jetzigen Bedränger und ihre dereinstige Erlösung. Ermahnungen zur Buße und zur Treue gegen Gott und sein Gesetz.*

Das sind die Worte des Briefes, den Baruch, der Sohn Nerjas, an die neuneinhalb am jenseitigen Ufer des Flusses Euphrat wohnenden Stämme sandte, in welchem dies geschrieben stand:
So sagt Baruch, der Sohn Nerjas, den Brüdern, die gefangen weggeführt worden sind: „Gnade wie auch Friede sei mit euch! Ich bin eingedenk, meine Brüder, der Liebe dessen, der uns geschaffen hat, der uns von alters her geliebt und der uns niemals gehaßt hat. Aber nur um so mehr züchtigte er uns. Und in Wahrheit weiß ich, daß wir ja alle, die sämtlichen zwölf Stämme, in *eine* Gefangenschaft fortgeführt worden sind, dem entsprechend, daß wir ja von *einem* Vater abstammen. Darum bin ich um so eifriger darauf bedacht, euch die Worte dieses Briefes zu hinterlassen, bevor ich sterbe, damit ihr getröstet sein sollt über die Unglücksschläge, die euch getroffen haben, und damit ihr euch auch betrübt über das Unglück, das eure Brüder getroffen hat, daß ihr aber zugleich auch das Gericht dessen, der über euch den Urteilsspruch gefällt hat, daß ihr solltet gefangen weggeführt werden, als gerecht anerkennt – denn geringer ist das, was ihr leidet, als das, was ihr getan habt –, weil ihr in den letzten Zeiten wert sollt erfunden werden eurer Väter. Darum, wenn ihr bedenkt, daß ihr jetzt zu eurem Heile leidet, damit ihr nicht am Ende gerichtet werden und Pein erleiden sollt, so werdet ihr alsdann Hoffnung für immer erlangen, wenn ihr vor allem den eitlen Irrglauben aus eurem Herzen herauswerft, um dessen willen ihr von hier habt fortziehen müssen. Denn wenn ihr das tut, so gedenkt ebenso der unablässig euer, der allezeit für uns denen, die besser waren als wir, versprochen hat, daß er nicht für immer unser Geschlecht vergessen oder im Stiche lassen, sondern in seiner großen Gnade die wieder zusammenbringen werde, die zerstreut worden sind.
Deshalb, meine Brüder, so wißt denn zuvörderst, was sich mit Zion ereignet hat: daß uns nämlich Nebukadnezar, der König von Babel, mit Krieg überzogen hat. Denn wir hatten gesündigt gegen den, der uns geschaffen hat, und hatten nicht die Gebote beobachtet, die er uns geboten hat. Aber er hat uns auch nicht so gezüchtigt, wie wir verdient gehabt hätten. Denn das, was euch getroffen hat, sollten erst recht auch wir erleiden: – Auch uns hat es nämlich in der Tat getroffen.
Und jetzt, meine Brüder, tue ich euch kund, daß, als die Feinde die Stadt umzingelt hatten, die Engel des Höchsten ausgesandt worden sind und die Befestigungen der starken Mauer zerstört und ihre festen Ecken von Eisen nie-

dergerissen haben, die sonst nicht hätten zerstört werden können. Dagegen haben sie einige von den heiligen Gefäßen verborgen, damit sie nicht von den Feinden entweiht werden könnten. Und als sie das getan hatten, haben sie alsdann den Feinden die Mauer als zerstört überliefert und das Haus als ausgeraubt und den Tempel als niedergebrannt und das Volk, das besiegt wurde, weil es preisgegeben worden war, damit die Feinde nicht prahlen könnten und sagen: So weit haben wir's gebracht, daß wir sogar das Haus des Höchsten im Kriege verwüsten konnten! Auch haben sie eure Brüder gefesselt und haben sie nach Babel hingeführt und dort angesiedelt; und *wir* sind hier in sehr geringer Zahl übriggeblieben. Das ist die Trübsal, über die ich euch schreiben wollte. Denn ich weiß in Wahrheit, daß euch trösten würde die Trübsal der Bewohner von Zion, da ihr doch einsehen würdet, daß sie mehr zu bedeuten hatte als die Trübsal, über die ihr betrübt wart, daß ihr euch nämlich von Zion entfernen mußtet.

Aber auch hinsichtlich des Trostes hört, was ich zu sagen habe. Denn ich trauerte um Zion und flehte um Gnade zum Höchsten und sprach: ‚Wie lange bleibt dies für uns bestehen, und kommen zu aller Zeit über uns diese Unglücksfälle?' Und der Allmächtige hat nach seiner großen Gnade gehandelt und der Höchste nach der Fülle seines Erbarmens. Und er hat mir ein Wort geoffenbart, daß ich mich trösten sollte, und hat mir Gesichte gezeigt, damit ich nicht länger traurig sein sollte; und er hat mir die Geheimnisse der Zeiten kundgetan, und das Herbeikommen der Perioden hat er mir gezeigt.

Darum, meine Brüder, wollte ich euch schreiben, damit ihr euch trösten solltet wegen eurer vielen Trübsal. Wissen sollt ihr aber, daß unser Schöpfer uns sicherlich rächt an allen unseren Feinden, entsprechend dem allem, was sie uns angetan haben, und auch dies, daß sehr nahe ist das Ende, das der Höchste herbeiführen wird, und seine Gnade, die herbeikommen soll, und daß nicht ferne ist das Ende seines Gerichts. Denn jetzt sehen wir ja die Fülle des Wohlstands der Völker, während sie gottlos handeln, und doch gleichen sie einem Hauche. Und wir schauen auf die Ausdehnung ihrer Herrschaft, während sie Frevel verüben, und doch werden sie einem Tropfen zu vergleichen sein. Und wir sehen die Festigkeit ihrer Macht, während sie Jahr für Jahr dem Allmächtigen entgegentreten, und doch werden sie dem Speichel gleich zu achten sein. Und wir denken nach über die Herrlichkeit ihrer Größe, während sie die Gebote des Höchsten nicht beobachten, und doch werden sie vergehen wie Rauch. Und wir sinnen nach über die Schönheit ihrer Pracht, während sie in Unsauberkeiten dahinleben, und doch werden sie wie Gras, das dürr wird, verdorren. Und wir denken nach über die Stärke ihrer grausamen Härte, während sie das Ende nicht bedenken, und doch werden sie wie die Welle, die vorüberfließt, zerstieben. Und wir beobachten ihre prahlerische Macht, während sie die Güte Gottes, der sie ihnen gegeben hat, verleugnen, und doch werden sie wie eine Wolke, die vorüberzieht, vergehen.

Denn der Höchste läßt sicherlich seine Zeiten eilends herbeikommen und führt sicherlich seine Perioden herbei; und sicherlich wird er die richten, die in seiner Welt sind, und wird wahrhaftig alles heimsuchen auf Grund aller ihrer Handlungen, die im geheimen geschehen. Und sicherlich wird er erforschen die verborgenen Gedanken und alles, was im Innersten aller Glieder der Menschen drinliegt; und er bringt es, öffentlich vor jedermann, mit scharfem Tadel an den Tag. Deshalb soll nicht eins von diesen jetzt bestehenden Dingen euch beschäftigen, sondern wir wollen vielmehr ruhig harren, weil das, was uns verheißen ist, herbeikommt. Und wir wollen jetzt nicht schauen auf die Genüsse der Völker, sondern wir sollen an das denken, was uns für die Endzeit verheißen ist, weil ja die Endpunkte der Zeiten und der Perioden dahinschwinden und alles, was sich in ihnen vollzieht, zugleich damit. Das Ende der Welt wird aber alsdann die große Macht des Weltleiters kundtun, indem alles zum Gerichte kommen wird. So richtet *ihr* nun eure Herzen zurecht, auf das hin, was ihr schon früher geglaubt habt, damit ihr nicht von den beiden Welten ergriffen werdet, indem ihr hier gefangen weggeführt worden seid und dort Pein erleiden werdet. Denn was jetzt besteht oder vergangen ist oder herbeikommt, in alledem ist weder das Böse völlig böse, noch ist auch wiederum das Gute völlig gut.

Denn alle Gesundheit, die jetzt ist, verwandelt sich in Krankheiten,
und alle Rüstigkeit, die jetzt ist, verwandelt sich in Schwäche.
Und alle Kraft, die jetzt ist, verwandelt sich in Hinfälligkeit,
und alle Stärke der Jugendzeit verwandelt sich in Altersschwäche und Lebensende.
Und alle prächtige Schönheit, die jetzt ist, wird welk und häßlich,
und alle großsprecherische Herrschaft, die jetzt ist, verwandelt sich in Niedrigkeit und Schande.
Und aller stolze Ruhm, der jetzt ist, verwandelt sich in Beschämung und Verstummen;
alle Ruhmredigkeit und Aufgeblasenheit, die jetzt ist, verwandelt sich in Sturz und in Schweigen.
Und alle Genüsse und Wonnen, die jetzt sind, verwandeln sich in Mottenfraß und Vernichtung,
und alles Geschrei der Prahlerei, das jetzt ist, verwandelt sich in Staub und in Schweigen.
Und alles Besitztum des Reichtums, das jetzt ist, fällt einzig und allein der Unterwelt anheim,
und alle Errungenschaften der Begierde, die jetzt ist, verwandeln sich in unfreiwilligen Tod,
Und alle Begierde der Leidenschaften, die jetzt ist, verwandelt sich in Gericht der Peinigung,

und alle ränkevolle List, die jetzt ist, verwandelt sich in ehrlichen Tadel.
Und aller süßer Duft der Salben, der jetzt ist, verwandelt sich in Gericht und Verdammung,
und alle falsche Freundschaft verwandelt sich in wahrheitsgemäße Schmähungen.

Indem nun alles dies jetzt geschehen ist, meinst du da etwa, daß es nicht gerächt werden wird? Das Ende von allem aber wird zur Tatsache werden.
Ich tue dies euch ja nun kund, da ich jetzt noch am Leben bin: und zwar sage ich es, damit ihr Besseres lernt. Denn der Allmächtige hat mir aufgetragen, euch zu mahnen. Und ich will euch wenigstens etwas von den Geboten seines Gerichts vorlegen, bevor ich sterbe. Erinnert euch, daß einst Mose den Himmel und die Erde zu Zeugen gegen euch aufgerufen und gesagt hat: ‚Wenn ihr das Gesetz übertreten werdet, so sollt ihr zerstreut werden; und wenn ihr es beobachtet, so sollt ihr eingepflanzt werden.' Und auch noch anderes sagte er euch, als ihr zwölf Stämme alle zusammen in der Wüste wart. Und nach seinem Tode habt ihr es von euch gestoßen; darum traf euch das, was vorher schon erwähnt worden ist. Und jetzt –!? Mose sagte euch einst, daß es euch nicht treffen werde, und doch hat es euch getroffen; denn ihr hattet das Gesetz fahren lassen. Auch ich, siehe, sage euch, nachdem ihr bereits gelitten habt: Wenn ihr dem willfahrt, was euch gesagt worden ist, so werdet ihr von dem Allmächtigen alles das empfangen, was für euch niedergelegt und aufbewahrt ist. Es soll aber dieser Brief zwischen mir und euch zum Zeugnis sein, daß ihr eingedenk sein sollt der Gebote des Allmächtigen, und damit es auch für mich zur Entschuldigung diene dem gegenüber, der mich gesandt hat. Und eingedenk sollt ihr sein des Gesetzes und Zions und des heiligen Landes und eurer Brüder und des Bundes ... eurer Väter, und die Feste und die Sabbate sollt ihr nicht vergessen. Und überliefert diesen Brief und die Überlieferungen des Gesetzes euren Kindern nach euch, gleichwie es auch euch eure Väter überliefert haben. Und allezeit bittet beständig und betet eifrig von ganzer Seele, daß der Allmächtige euch wieder gnädig gesinnt sein möge und eure vielen Sünden nicht anrechne, sondern der Rechtlichkeit eurer Väter gedenke. Denn wenn er uns nicht nach seiner großen Gnade richten würde – dann wehe uns, allen Erdgeborenen!
Weiter aber wißt, daß unsere Väter in den früheren Zeiten und in den ehemaligen Generationen die Gerechten und die heiligen Propheten zu Helfern hatten. Freilich waren wir damals auch in unserem Land, und jene halfen uns, wenn wir sündigten, und legten Fürbitte für uns ein bei dem, der uns erschaffen hat, weil sie auf ihre Handlungen vertrauen konnten; und der Allmächtige erhörte ihr Gebet und entsündigte uns. Jetzt aber sind die Gerechten zu ihren Vätern versammelt, und die Propheten haben sich schlafen ge-

legt, und auch wir sind aus unserem Lande ausgewandert, und Zion ist uns entrissen worden; und nichts haben wir jetzt außer den Allmächtigen und sein Gesetz.

Wenn wir also unsere Herzen zurechtmachen und instand setzen, so werden wir alles, was wir verloren haben, und viel Besseres, als was wir verloren haben, vielfältig wiedererlangen. Denn was wir verloren haben, war vergänglich, und was wir dafür erlangen, unvergänglich. Aber ich habe auch unseren Brüdern nach Babel ebenso geschrieben, damit ich auch ihnen dasselbe bezeuge. Es soll euch aber dies alles, wovon schon vorher die Rede war, allezeit vor Augen sein, weil wir bis jetzt noch in dem Geist und der Herrschaft unserer Freiheit sind. Weiter aber ist der Höchste langmütig mit uns hier und hat uns kundgetan, was zukünftig ist, und hat uns nicht verborgen, was schließlich eintritt. Bevor nun das Gericht das Seine fordert und die Wahrheit das, was ihr zukommt, wollen wir uns vorbereiten, daß wir nehmen und nicht genommen werden und daß wir hoffen und nicht zuschanden werden und daß wir Wonne genießen mit unsern Vätern und nicht Pein erleiden mit unseren Hassern.

Denn die Jugendzeit der Welt ist vergangen, und die Vollkraft der Schöpfung ist schon längst zu Ende gekommen, und das Herbeikommen der Zeiten ist beinahe schon da und fast schon vorübergegangen. Denn nahe ist der Krug dem Brunnen und das Schiff dem Hafen und die Karawane der Stadt und das Leben dem Abschlusse. Ferner aber bereitet euch darauf vor, daß ihr, wenn ihr gefahren und aus dem Schiff ausgestiegen seid, euch ausruhen könnt und daß ihr nicht, wenn ihr fortgegangen seid, verdammt werdet.

Denn siehe, wenn der Höchste das alles herbeiführen wird, so ist dort nicht wieder eine Gelegenheit für die Buße und nicht ein Ende für die Zeiten und nicht eine bestimmte Dauer für die Perioden und nicht ein Wechsel für die Wege und nicht eine Gelegenheit fürs Gebet und nicht eine Entsendung von Bitten und nicht Erlangung von Erkenntnis und nicht Hingabe von Liebe und nicht Gelegenheit für die Reue der Seele und nicht Fürbitten für Vergebungen und nicht Gebet der Väter und nicht Flehen der Propheten und nicht Hilfe der Gerechten. Es ist dort aber der Urteilsspruch zum Verderben und der Weg zum Feuer und der Pfad, der zur Gehenna heranführt. Darum ist *ein* Gesetz durch den einen, *eine* Welt und für die, die in ihr sind, ein Ende für alle. Alsdann wird er lebendig machen die, die er zu entsündigen vermag, und zugleich wird er vernichten die, die durch Sünden befleckt sind.

Wenn ihr nun diesen Brief erhaltet, so lest ihn in euren Versammlungen mit Sorgfalt und denkt darüber nach, ganz besonders aber in den Tagen eures Fastens, und denkt an mich beim Lesen dieses Briefs, gleichwie auch ich bei seiner Niederschrift und allzeit euer gedenke!“

*Übersendung des Briefs an die neuneinhalb Stämme im Exile durch einen Adler.*

Und als ich alle Worte dieses Briefs vollendet und ihn sorgfältig bis zu Ende geschrieben hatte, da faltete ich ihn und versiegelte ihn behutsam und band ihn an den Hals des Adlers; und dann entließ ich ihn und schickte ihn damit fort.

# *Textquelle: Äthiopisches Henoch-Buch*

*Einleitungsrede zum ganzen Buch.*
*Henochs Bilderrede vom künftigen Weltgericht.*

Die Segensrede Henochs, mit der er die auserwählten Gerechten segnete, die am Tage der Trübsal vorhanden sein werden, wenn man alle gottlosen Sünder beseitigt. Da hob Henoch, ein gerechter Mann, seine Bilderrede an und sprach. Ein Gesicht war ihm von Gott enthüllt, und er schaute ein heiliges und himmlisches Gesicht, das mir die heiligen Engel zeigten. Von ihnen hörte und erfuhr ich alles, was ich sah. Nicht für das gegenwärtige Geschlecht dachte ich nach, sondern für das künftige. Ich spreche nun über die Auserwählten und habe meine Bilderrede über sie angehoben: Der große Heilige wird von seinem Wohnort ausziehen, und der Gott der Welt wird von da auf den Berg Sinai treten, mit seinen Heerscharen sichtbar werden und in der Stärke seiner Macht vom Himmel der Himmel her erscheinen. Da werden alle Menschen sich fürchten, die Wächter werden erbeben, und große Furcht und Angst wird sie bis an die Enden der Erde erfassen. Die hohen Berge werden erschüttert werden, fallen und zergehen, die ragenden Hügel sich senken und in der Flamme wie Wachs vor dem Feuer schmelzen. Die Erde wird gänzlich zerschellen und alles auf ihr Befindliche umkommen, und ein Gericht wird über alle stattfinden.
Mit den Gerechten aber wird er Frieden schließen und die Auserwählten behüten. Gnade wird über ihnen walten, und sie werden alle Gott angehören.
Sie werden sein Wohlgefallen haben und gesegnet sein, und das Licht Gottes wird ihnen scheinen. Und siehe, er kommt mit Myriaden Heiliger, um über alle Gericht zu halten, und er wird alle Gottlosen vernichten und alles Fleisch zurechtweisen wegen all der gottlosen Werke, die die gottlosen Sünder begangen, und wegen all der heftigen Reden, die sie gesprochen, und wegen all dessen, was sie über ihn Übles geredet haben.
Beobachtet, wie alle Werke am Himmel ihre Bahnen nicht ändern, und wie die Lichter am Himmel alle auf- und untergehen, ein jedes nach bestimmter Ordnung zu ihrer festgesetzten Zeit, und an ihren Festtagen erscheinen und ihre besondere Ordnung nicht übertreten! Betrachtet die Erde und beachtet die Werke, die von Anfang bis Ende auf ihr geschehen, wie sich keins von ihnen auf Erden verändert, sondern alle Werke Gottes zum Vorschein kommen. Betrachtet den Sommer und den Winter, wie im Winter die ganze Erde voll Wasser ist und Wolken, Tau und Regen sich über ihr lagern.
Beobachtet und seht, wie im Winter alle Bäume aussehen, als ob sie verdorrt wären, und wie alle ihre Blätter abgefallen sind, außer bei vierzehn Bäumen,

die ihr Laub nicht abwerfen, sondern das alte zwei bis drei Jahre lang behalten, bis das neue kommt.
Beobachtet alsdann, wie in der Sommerszeit die Sonne über der Erde ihr gegenübersteht! Ihr sucht dann kühle Plätze und Schatten gegen die Sonnenhitze auf, und auch die Erde ist infolge der sengenden Glut brennend heiß, so daß ihr weder auf den Erdboden noch auf einen Stein wegen seiner Hitze treten könnt.
Beobachtet, wie sich die Bäume mit Blättergrün bedecken und jede Frucht von ihnen zu Ehr und Ruhm Gottes dient. Achtet und merkt auf alle seine Werke, so werdet ihr erkennen, daß der lebendige Gott sie so gemacht hat und bis in alle Ewigkeit lebt. Alle seine Werke, die er gemacht hat, geschehen von Jahr zu Jahr immerdar so, und alle Werke, die ihm den Dienst verrichten, ändern sich auch nicht in ihrem Tun, sondern so, wie Gott befiehlt, geschieht alles. Seht, wie das Meer und die Flüsse in gleicher Weise den Dienst verrichten und ihr Tun seine Worte nicht ändert. Ihr aber habt nicht ausgeharrt und das Gesetz des Herrn nicht erfüllt, sondern ihr seid abgefallen und habt durch hochmütige und trotzige Worte aus eurem unreinen Mund seine Majestät geschmäht! Weil ihr mit euren Lügenreden gelästert habt, so werdet ihr Hartherzigen keinen Frieden haben! Darum werdet ihr eure Tage verfluchen und eurer Lebensjahre verlustig gehen, und die Jahre eurer Verdammnis sollen durch einen ewigen Fluch vermehrt werden, und ihr werdet keine Gnade finden! In jenen Tagen werdet ihr euren Namen zur Nennung bei einem ewigen Fluch für alle Gerechten hergeben; sie, die Gerechten, werden bei euch, all ihr Verfluchten, fluchen und bei euch, all ihr Sünder und Gottlosen, schwören.
Den Auserwählten aber wird Licht, Freude und Friede zuteil werden, und sie werden das Land erben! Euch aber, ihr Gottlosen, wird Fluch treffen. Danach wird den Auserwählten Weisheit verliehen werden; alle diese werden leben und nicht mehr sündigen, weder aus Versehen noch aus Übermut, und in dem erleuchteten Menschen wird Licht und in dem verständigen Verstand sein. Sie werden sich nicht verschulden, noch sich versündigen alle ihre Lebenstage und auch nicht durch die Zornglut Gottes sterben, sondern sie werden die Zahl ihrer Lebenstage vollenden. Ihr Leben wird in Frieden gedeihen, und die Jahre ihrer Wonne werden in ewigem Jubel und Frieden während all ihrer Lebenstage viele sein …

## *Der zweite Teil: Die Bilderreden.*

Das Gesicht, das schaute, *das zweite Gesicht der Weisheit, das schaute* Henoch, der Sohn Jareds, des Sohnes Mahalalels, des Sohnes Kainans, des Sohnes Enos, des Sohnes Seths, des Sohnes Adams. Dies aber ist der Anfang der

Weisheitsreden, die ich, die Stimme erhebend, den Bewohnern des Festlandes mitteilen und erzählen will. Hört, ihr Urväter, und vernehmt, ihr Nachkommen, die heiligen Reden, die ich vor dem Herrn der Geister vortragen werde. Es wäre besser, sie nur den Urvätern zu erzählen; aber auch den Nachkommen wollen wir die wahre Weisheit nicht vorenthalten. Bis jetzt ist niemals von dem Herrn der Geister solche Weisheit einem Menschen verliehen worden, wie ich sie nach meiner Einsicht und nach dem Wohlgefallen des Herrn der Geister empfangen habe, von dem mir das Los des ewigen Lebens beschieden worden ist. Drei Bilderreden wurden mir zuteil, und ich habe meine Stimme erhoben, sie den Bewohnern des Festlandes zu erzählen.

## *Die erste Bilderrede.*

*Das zukünftige Gottesreich. Die Wohnstätten der seligen Gerechten. Tätigkeiten und Seligkeiten der Engelwelt.*

Die erste Bilderrede. Wenn die Gemeinde der Gerechten sichtbar werden wird und die Sünder für ihre Sünden gestraft und von der Oberfläche des Festlandes vertrieben werden und wenn der Gerechte vor den auserwählten Gerechten erscheinen wird, deren Werke von dem Herrn der Geister aufbewahrt sind, und das Licht den auf dem Festland wohnenden auserwählten Gerechten leuchten wird – wo wird dann die Wohnung der Sünder und wo die Ruhestätte derer sein, die den Herrn der Geister verleugnet haben? Es wäre ihnen besser, sie wären nie geboren worden! Wenn die Geheimnisse der Gerechten offenbar werden, dann werden die Sünder gestraft und die Bösen vor den auserwählten Gerechten hinweggetrieben werden. Von nun an werden die, welche die Erde besitzen, nicht mehr mächtig, noch erhaben sein, und sie werden das Antlitz der Heiligen nicht anzuschauen vermögen, weil der Herr der Geister sein Licht auf das Angesicht der Heiligen und auserwählten Gerechten strahlen läßt. Die Könige und Machthaber werden in jener Zeit vernichtet und in die Hand der Gerechten und Heiligen übergeben werden. Von da an wird keiner von den Bösen bei dem Herrn der Geister um Gnade bitten können, weil ihr Leben zu Ende ist. In diesen Tagen werden etliche von den auserwählten und heiligen Kindern der hohen Himmel herabsteigen, und ihr Same wird sich mit den Menschenkindern vereinigen. In jenen Tagen empfing Henoch Schriften des Eifers und Zorns und Schriften der Unruhe und Bestürzung. Barmherzigkeit wird ihnen nicht zuteil werden, sprach der Herr der Geister. In jener Zeit rafften mich eine Wolke und ein Wirbelwind von der Erde hinweg und setzten mich an dem Ende der Himmel nieder. Hier schaute ich ein anderes Gesicht: die Wohnungen der Gerechten und die Lagerstätten der Heiligen. Hier schauten meine Augen ihre

Wohnungen bei den Engeln und ihre Lagerstätten bei den Heiligen; sie baten, legten Fürsprache ein und beteten für die Menschenkinder. Gerechtigkeit floß wie Wasser vor ihnen und Barmherzigkeit wie Tau auf der Erde: Also ist es unter ihnen von Ewigkeit zu Ewigkeit. An jenem Orte schauten meine Augen den Auserwählten der Gerechtigkeit und der Treue; Gerechtigkeit wird in seinen Tagen walten, und unzählige auserwählte Gerechte werden für immer vor ihm sein. Ich sah seine Wohnung unter den Fittichen des Herrn der Geister. Alle Gerechten und Auserwählten vor ihm glänzen wie Feuerschein; ihr Mund ist voll von Segensworten, ihre Lippen preisen den Namen des Herrn der Geister, und Gerechtigkeit hört nimmer vor ihm auf. Hier wünschte ich zu wohnen, und meine Seele hatte Verlangen nach jener Wohnung. Hier ist mein Erbteil schon früher gewesen, denn also ist es vor dem Herrn der Geister über mich beschlossen worden. In jenen Tagen lobte und erhob ich den Namen des Herrn der Geister mit Segensworten und Lobliedern, weil er das Segnen und Rühmen nach dem Wohlgefallen des Herrn der Geister für mich bestimmt hat. Geraume Zeit betrachteten meine Augen jenen Ort, und ich segnete und erhob ihn, indem ich sagte: Gesegnet und gepriesen sei er von Anfang und bis in Ewigkeit! Vor ihm gibt es kein Aufhören. Er weiß, was die Welt ist, bevor sie geschaffen wurde, und was sein wird von Geschlecht zu Geschlecht. Dich preisen die nie Schlafenden; sie stehen vor deiner Herrlichkeit, preisen, rühmen und erheben dich, indem sie sprechen: Heilig, heilig, heilig ist der Herr der Geister; er erfüllt die Erde mit Geistern. Hier sahen meine Augen, wie alle die nie Schlafenden vor ihm stehen, preisen und sprechen: Gepriesen seist du, und gesegnet sei der Name des Herrn bis in alle Ewigkeit! Da verwandelte sich mein Angesicht, bis ich nicht mehr zu sehen vermochte.

### *Die vier Angesichtsengel.*

Danach sah ich tausendmal Tausende und zehntausendmal Zehntausende, eine unzählige und unberechenbare Menge, vor dem Herrn der Geister stehen. Ich sah und erblickte zu den vier Seiten des Herrn der Geister vier Gesichter, die von den nie Schlafenden verschieden sind. Ich erfuhr ihre Namen; denn der Engel, der mit mir ging, teilte mir ihre Namen mit und zeigte mir alle verborgenen Dinge. Ich hörte die Stimme jener vier Angesichtsengel, wie sie vor dem Herrn der Herrlichkeit lobsangen. Die erste Stimme preist den Herrn der Geister immerdar. Die zweite Stimme hörte ich preisen den Auserwählten und die Auserwählten, die bei dem Herrn der Geister aufbewahrt sind. Die dritte Stimme hörte ich bitten und beten für die Bewohner des Festlandes und Fürbitte einlegen im Namen des Herrn der Geister. Die vierte Stimme hörte ich, wie sie die Satane abwehrte und ihnen nicht gestattete, vor den Herrn der Geister zu treten, um die Bewohner des

Festlandes anzuklagen. Darauf fragte ich den Engel des Friedens, der mit mir ging und mir alles Verborgene zeigte, und ich sagte zu ihm: Wer sind diese vier Gesichter, die ich gesehen, deren Worte ich gehört und aufgeschrieben habe? Da sagte er zu mir: Der erste da ist der barmherzige und langmütige Michael; der zweite, der über alle Krankheiten und über alle Wunden der Menschenkinder gesetzt ist, ist Raphael; der dritte, der allen Kräften vorsteht, ist Gabriel; und der vierte, der über die Buße und die Hoffnung derer gesetzt ist, die das ewige Leben ererben, heißt Phanuel. Dies sind die vier Engel des Herrn der Geister, und die vier Stimmen habe ich in jenen Tagen gehört. Danach sah ich alle Geheimnisse der Himmel, wie das zukünftige Reich verteilt wird und wie die Handlungen der Menschen auf der Waage gewogen werden. Dort sah ich die Wohnungen der zukünftigen Auserwählten und die Wohnungen der Heiligen. Dort schauten meine Augen, wie alle Sünder von dort vertrieben werden, die den Namen des Herrn verleugneten, und wie man sie wegschleppt. Sie können dort infolge der Strafe nicht bleiben, die von dem Herrn der Geister ausgeht …

## *Die zweite Bilderrede.*

*Das messianische Gericht und seine Folgen für Gerechte und Ungerechte. Der messianische Richter.*

Dies ist die zweite Bilderrede über die, welche den Namen der Wohnung der Heiligen und den Namen des Herrn der Geister leugnen. Sie werden in den Himmel nicht hinaufsteigen und auf die Erde nicht gelangen. So beschaffen wird das Schicksal der Sünder sein, die den Namen des Herrn der Geister leugnen, die darum für den Tag des Leidens und der Trübsal aufbewahrt werden. An jenem Tage wird mein Auserwählter auf dem Throne der Herrlichkeit sitzen und unter ihren der Menschen Taten eine Auslese treffen, und ihre Wohnungen werden zahllos sein. Ihr Geist wird in ihrem Inneren erstarken, wenn sie meinen Auserwählten und die sehen, die meinen herrlichen Namen angefleht haben. An jenem Tage werde ich in ihrer Mitte meinen Auserwählten wohnen lassen, und ich werde den Himmel verwandeln und ihn zu einem ewigen Segen und Licht machen. Ich werde die Erde verwandeln, sie zu einem Segen machen und meine Auserwählten auf ihr wohnen lassen; aber die, welche Sünde und Missetat begehen, sollen sie nicht betreten. Denn ich habe meine Gerechten gesehen und sie mit Heil gesättigt und sie vor mich gestellt; aber für die Sünder steht bei mir das Gericht bevor, um sie von der Oberfläche der Erde zu vertilgen.

Ich sah dort den, der ein betagtes Haupt hat, und sein Haupt war weiß wie Wolle; bei ihm war ein anderer, dessen Antlitz wie das Aussehen eines Menschen war, und sein Antlitz war voll Anmut gleichwie eines von den heiligen Engeln. Ich fragte den Engel, der mit mir ging und mir alle Geheimnisse zeigte, über jenen Menschensohn, wer er sei, woher er stamme und weshalb er mit dem betagten Haupte gehe? Er antwortete mir und sagte zu mir: Dies ist der Menschensohn, der die Gerechtigkeit hat, bei dem die Gerechtigkeit wohnt und der alle Schätze dessen, was verborgen ist, offenbart; denn der Herr der Geister hat ihn auserwählt, und sein Los hat vor dem Herrn der Geister alles durch Rechtschaffenheit in Ewigkeit übertroffen. Dieser Menschensohn, den du gesehen hast, wird die Könige und die Mächtigen von ihren Lagern und die Starken von ihren Thronen sich erheben machen; er wird die Zügel der Starken lösen und die Zähne der Sünder zermalmen. Er wird die Könige von ihren Thronen und aus ihren Königreichen verstoßen, weil sie ihn nicht erheben noch preisen oder dankbar anerkennen, woher ihnen das Königtum verliehen worden ist. Er wird das Angesicht der Starken verstoßen, und Schamröte wird sie erfüllen. Finsternis wird ihre Wohnung und Gewürm ihre Lagerstätte sein; sie dürfen nicht hoffen, daß sie sich von ihren Lagerstätten erheben werden, weil sie den Namen des Herrn der Geister nicht erheben. Dies sind jene, die die Sterne des Himmels richten und ihre Hände gegen den Höchsten erheben, die Erde niedertreten und auf ihr wohnen, alle, deren Taten Ungerechtigkeit offenbaren, und alle, deren Taten Ungerechtigkeit ist, deren Macht sich auf ihren Reichtum stützt und deren Glaube sich Göttern zuwendet, die sie mit ihren Händen verfertigt haben, während sie den Namen des Herrn der Geister verleugnet haben. Sie werden aus den Häusern seiner Versammlungen und der Gläubigen vertrieben werden, die da aufbewahrt sind bei dem Namen des Herrn der Geister.

In jenen Tagen wird das Gebet der Gerechten und das Blut des Gerechten vor den Herrn der Geister aufsteigen. In diesen Tagen werden die Heiligen, die oben in den Himmeln wohnen, einstimmig fürbitten, beten, loben, danken und preisen den Namen des Herrn der Geister wegen des Bluts der Gerechten und wegen des Gebets der Gerechten, daß es vor dem Herrn der Geister nicht vergeblich sein möge, daß das Gericht für sie vollzogen und der Verzug desselben für sie nicht ewig dauere. In jenen Tagen sah ich, wie sich der Betagte auf den Thron seiner Herrlichkeit setzte, und die Bücher der Lebendigen vor ihm aufgeschlagen wurden, und sein ganzes Heer, das oben in den Himmeln und um ihn herum ist, vor ihm stand. Die Herzen der Heiligen waren von Freude erfüllt, weil die Zahl der Gerechtigkeit nahe, das Gebet der Gerechten erhört und das Blut des Gerechten vor dem Herrn der Geister gerächt war.

An jenem Orte sah ich einen Brunnen der Gerechtigkeit, der unerschöpflich war. Rings umgaben ihn viele Brunnen der Weisheit; alle Durstigen tranken daraus und wurden voll von Weisheit, und sie hatten ihre Wohnungen bei den Gerechten, Heiligen und Auserwählten. Zu jener Stunde wurde jener Menschensohn bei dem Herrn der Geister und sein Name vor dem Betagten genannt. Bevor die Sonne und die Tierkreiszeichen geschaffen und bevor die Sterne des Himmels gemacht wurden, wurde sein Name vor dem Herrn der Geister genannt. Er wird ein Stab für die Gerechten und Heiligen sein, damit sie sich auf ihn stützen und nicht fallen; er wird das Licht der Völker und die Hoffnung derer sein, die in ihrem Herzen betrübt sind. Alle, die auf dem Festlande wohnen, werden vor ihm niederfallen und anbeten und preisen, loben und lobsingen dem Namen des Herrn der Geister. Zu diesem Zwecke war er auserwählt und verborgen vor ihm Gott, bevor die Welt geschaffen wurde, und er wird bis in Ewigkeit vor ihm sein. Die Weisheit des Herrn der Geister hat ihn den Heiligen und Gerechten geoffenbart; denn er bewahrt das Los der Gerechten, weil sie diese Welt der Ungerechtigkeit gehaßt und verachtet und alle ihre Taten und Wege im Namen des Herrn der Geister gehaßt haben; denn in seinem Namen werden sie gerettet, und er ist der Rächer ihres Lebens. In jenen Tagen werden die Könige der Erde und die Starken, die das Festland besitzen, wegen der Taten ihrer Hände niedergeschlagenen Antlitzes sein; denn am Tage ihrer Angst und Not werden sie ihre Seele nicht retten. Ich werde sie in die Hände meiner Auserwählten übergeben; wie Stroh im Feuer und wie Blei im Wasser, so werden sie vor dem Angesichte der Gerechten brennen und vor dem Angesichte der Heiligen untersinken, so daß keine Spur von ihnen gefunden werden wird. Am Tage ihrer Not wird Ruhe auf Erden werden; sie werden vor ihm niederfallen und nicht mehr aufstehen. Niemand wird da sein, der sie in seine Hände nähme und aufrichtete, weil sie den Herrn der Geister und seinen Gesalbten verleugnet haben. Der Name des Herrn der Geister sei gepriesen!

Denn Weisheit ist wie Wasser ausgegossen, und Herrlichkeit hört nimmer vor ihm auf von Ewigkeit zu Ewigkeit. Denn er ist mächtig über alle Geheimnisse der Gerechtigkeit, und Ungerechtigkeit wird wie ein Schatten vergehen und keine Dauer haben. Denn der Auserwählte steht vor dem Herrn der Geister, und seine Herrlichkeit ist von Ewigkeit zu Ewigkeit und seine Macht von Geschlecht zu Geschlecht. In ihm wohnt der Geist der Weisheit und der Geist dessen, der Einsicht gibt, und der Geist der Lehre und Kraft und der Geist derer, die in Gerechtigkeit entschlafen sind. Er wird die verborgenen Dinge richten, und niemand wird eine nichtige Rede vor ihm führen können; denn auserwählt ist er vor dem Herrn der Geister nach seinem Wohlgefallen.

In jenen Tagen wird eine Umwandlung für die Heiligen und Auserwählten stattfinden; das Tageslicht wird über ihnen wohnen, und Herrlichkeit und Ehre werden sich den Heiligen zukehren. Am Tage der Not wird sich das Unheil über den Sündern versammeln, und die Gerechten werden siegreich sein im Namen des Herrn der Geister, und er wird es die anderen sehen lassen, damit sie Buße tun und von dem Tun ihrer Hände ablassen. Sie werden keine Ehre vor dem Herrn der Geister erlangen, jedoch durch seinen Namen gerettet werden. Und der Herr der Geister wird sich ihrer erbarmen, denn seine Barmherzigkeit ist groß. Er ist gerecht in seinem Gericht, und vor seiner Herrlichkeit und in seinem Gerichte wird keine Ungerechtigkeit Bestand haben: Wer aber keine Buße vor ihm tut, der wird untergehen. Von nun an aber will ich mich ihrer nicht mehr erbarmen, spricht der Herr der Geister.

*Die Totenauferstehung.*

In jenen Tagen wird die Erde die, welche in ihr angesammelt sind, zurückgeben, und auch die Scheol wird wiedergeben, was sie empfangen hat, und die Hölle wird, was sie schuldet, herausgeben. Er wird die Gerechten und Heiligen unter ihnen auswählen, denn der Tag ihrer Erlösung ist nahe. Der Auserwählte wird in jenen Tagen auf meinem Throne sitzen, und alle Geheimnisse der Weisheit werden aus den Gedanken seines Mundes hervorkommen, denn der Herr der Geister hat es ihm verliehen und hat ihn verherrlicht. In jenen Tagen werden die Berge wie Widder springen und die Hügel wie Lämmer hüpfen, die mit Milch gesättigt sind. Alle werden Engel im Himmel werden. Ihr Antlitz wird vor Freude leuchten, weil in jenen Tagen der Auserwählte sich erhoben hat, die Erde wird sich freuen, die Gerechten werden auf ihr wohnen und die Auserwählten werden auf ihr gehen und wandeln.
Nach jenen Tagen, an jenem Orte, wo ich alle Gesichte über das Verborgene gesehen hatte – ich war nämlich durch einen Wirbelwind entrückt und nach Westen geführt worden –, dort sahen meine Augen alle die verborgenen Dinge des Himmels, die da geschehen sollen auf der Erde: einen eisernen Berg, einen von Kupfer, einen von Silber, einen von Gold, einen von weichem Metall und einen von Blei. Da fragte ich den Engel, der mit mir ging, indem ich sagte: Was sind das für Dinge, die ich im Verborgenen gesehen habe? Er sprach zu mir: Alles dies, was du gesehen hast, dient dem Erweis der Herrschaft seines Gesalbten, damit er mächtig und stark auf Erden sei. Jener Engel des Friedens antwortete mir, indem er sprach: Warte ein wenig, und alles Verborgene, was der Herr der Geister gepflanzt hat, wird dir geoffenbart werden. Jene Berge, die deine Augen gesehen haben: der Berg von Eisen, der von Kupfer, der von Silber, der von Gold, der von weichem Metall und der von Blei, sie alle werden vor dem Auserwählten wie Wachs vor dem Feuer sein und wie Wasser, das von oben her über jene Berge herabfließt; sie werden schwach vor seinen Füßen sein. In jenen Tagen wird keiner sich retten, weder mit Gold noch mit Silber, noch wird einer entfliehen können. Es wird kein Eisen für den Krieg geben noch einen Kleiderstoff zur Anfertigung für einen Brustpanzer. Erz wird nichts nütze sein, noch Zinn etwas frommen oder geschätzt sein, und Blei wird nicht begehrt werden. Alle diese Dinge

werden vernichtet und von der Oberfläche der Erde vertilgt werden, wenn der Auserwählte vor dem Angesichte des Herrn der Geister erscheint.
Dort schauten meine Augen ein tiefes Tal mit offenem Schlund, und alle, welche auf dem Festlande, dem Meer und den Inseln wohnen, werden ihm Gaben, Geschenke und Huldigungszeichen herbeibringen, aber jenes Tal wird davon nicht voll werden. Sie begehen Verbrechen mit ihren Händen, und allen Erwerb der Gerechten verschlingen die Sünder verbrecherischerweise, und so werden die Sünder vor dem Angesichte des Herrn der Geister umkommen und von der Oberfläche seiner Erde beständig in alle Ewigkeit fortgejagt werden? Denn ich habe gesehen, wie die Plagengel sich dort aufhielten und allerlei Marterwerkzeuge dem Satan zurechtmachten. Da fragte ich den Engel des Friedens, der mit mir ging: Für wen bereiten sie jene Marterwerkzeuge? Er sagte zu mir: Jene sind für die Könige und die Mächtigen der Erde, daß sie damit vernichtet werden. Danach wird der Gerechte und Auserwählte das Haus seiner Versammlung erscheinen lassen; von nun an wird sie nicht mehr gehindert werden im Namen des Herrn der Geister. Diese Berge aber werden nicht so feststehen wie die Erde vor seiner Gerechtigkeit, und die Hügel werden eine Wasserquelle sein, und die Gerechten werden vor der Bedrückung der Sünder Ruhe haben.
Ich blickte auf und wandte mich einem anderen Teile der Erde zu; dort sah ich ein tiefes Tal mit loderndem Feuer. Sie brachten die Könige und Mächtigen und warfen sie in dieses tiefe Tal. Dort sahen meine Augen, wie sie als Marterwerkzeuge für sie eiserne Ketten von unermeßlichem Gewichte machten. Ich fragte den Engel des Friedens, der mit mir ging, indem ich sagte: Für wen werden diese Marterwerkzeuge bereitet? Er sagte zu mir: Diese werden für die Scharen des Asasel zubereitet, um sie zu ergreifen und in den Abgrund der vollkommenen Verdammnis zu werfen; mit rauhen Steinen werden sie ihre Kinnbacken bedecken, so wie der Herr der Geister befohlen hat. Michael, Gabriel, Raphael und Phanuel werden sie an jenem großen Tage packen und an jenem Tag in den brennenden Feuerofen werfen, damit der Herr der Geister Rache nehme für ihre Ungerechtigkeit, dafür, daß sie dem Satan untertan wurden und die Erdenbewohner verführten.

*Die Sintflut.*

In jenen Tagen wird das Strafgericht des Herrn der Geister anheben, und alle Behälter der Wasser, welche oberhalb des Himmels sind, außerdem die Brunnen, die sich unterhalb der Himmel und unterhalb der Erde befinden, werden geöffnet werden. Alle Wasser werden sich mit den Wassern oberhalb der Himmel mischen; das Wasser oberhalb der Himmel aber ist das männliche, und das unterirdische Wasser ist das weibliche. Alle Bewohner des Festlandes und unter den Enden des Himmels werden vernichtet werden. Da-

durch werden sie ihr Unrecht erkennen, das sie auf Erden verübt haben, und durch dasselbe zugrunde gehen.
Danach empfand der Betagte Reue und sagte: Vergeblich habe ich alle Bewohner des Festlandes verdorben. Da schwor er bei seinem großen Namen: Von nun an will ich nicht mehr also allen Bewohnern des Festlandes tun, und ich will ein Zeichen an die Himmel setzen; es soll zwischen mir und ihnen ein Unterpfand der Treue bis in Ewigkeit sein, so lange als der Himmel über der Erde ruht. Dann geschieht es auf meinen Befehl, wenn ich wünsche, daß sie durch die Hand der Engel gepackt werden am Tage der Trübsal und des Leidens, infolge dieses meines Zorns und Strafgerichts, so wird mein Zorn und Strafgericht über ihnen bleiben, spricht Gott, der Herr der Geister. Ihr Könige und Mächtigen, die ihr auf dem Festlande wohnen werdet, ihr sollt meinen Auserwählten sehen, wenn er auf dem Throne meiner Herrlichkeit sitzen und den Asasel, seine ganze Genossenschaft und alle seine Scharen im Namen des Herrn der Geister richten wird.

*Der letzte Ansturm der Heiden gegen Jerusalem.*

Ich sah dort Scharen von Strafengeln einhergehen und Peitschen und Ketten von Eisen und Erz halten. Ich fragte den Engel des Friedens, der mit mir ging, indem ich sagte: Zu wem gehen diese, die da Peitschen tragen? Er sagte zu mir: Ein jeder geht zu seinen Auserwählten und Geliebten, damit sie in den tiefsten Abgrund des Tals geworfen werden. Dann wird sich jenes Tal von ihren Auserwählten und Geliebten füllen; der Tag ihres Lebens wird vollendet sein, und der Tag ihrer Verführung von nun an nicht mehr gezählt werden. In jenen Tagen werden die Engel sich versammeln und sich nach Osten hin zu den Parthern und Medern wenden, um ihre Könige anzureizen, daß ein Geist der Unruhe über sie kommt, und sie von ihren Thronen aufjagen, daß sie wie Löwen von ihren Lagern und wie hungrige Wölfe unter ihre Herde hervorbrechen. Sie werden heraufziehen und das Land seiner Auserwählten betreten, und das Land seiner Auserwählten wird vor ihnen wie eine Dreschtenne und ein festgetretener Pfad sein. Aber die Stadt meiner Gerechten wird ein Hindernis für ihre Rosse sein; sie werden untereinander das Morden beginnen, und ihre Rechte wird gegen sie selbst erstarken. Ein Mann wird nicht seinen Bruder, noch der Sohn seinen Vater oder seine Mutter kennen, bis ihre Leichen durch ihr Morden unzählbar geworden sind, und ihr Strafgericht wird nicht vergeblich sein. In jenen Tagen wird die Scheol ihren Rachen aufsperren; die Scheol wird die Sünder vor dem Angesichte der Auserwählten verschlingen.

*Die Heimkehr der jüdischen Diaspora.*

Danach sah ich wiederum eine Schar von Wagen, in denen Menschen fuhren, und sie kamen auf Windesflügeln von Osten und Westen zum Süden. Man hörte den Lärm ihrer Wagen, und als dieses Getümmel entstand, da bemerkten es die Heiligen vom Himmel her, und die Grundpfeiler der Erde wurden von ihrem Platze bewegt, und man hörte das Gelärm von einem Ende des Himmels zu dem anderen einen ganzen Tag hindurch. Sie werden alle niederfallen und den Herrn der Geister anbeten. Dies ist das Ende der zweiten Bilderrede.

## *Die dritte Bilderrede.*

*Das Endgericht des Menschensohns über alle Geschöpfe, besonders aber über die Großen der Erde; die Seligkeiten der auserwählten Gerechten.*

Da fing ich an, die dritte Bilderrede über die auserwählten Gerechten zu reden. Selig seid ihr Gerechten und Auserwählten, denn herrlich wird euer Los sein! Die Gerechten werden im Lichte der Sonne und die Auserwählten im Lichte des ewigen Lebens sein; ihre Lebenstage haben kein Ende, und die Tage der Heiligen sind unzählig. Sie werden das Licht suchen und Gerechtigkeit bei dem Herrn der Geister finden; die Gerechten werden im Namen des Herrn der Welt Frieden haben. Danach wird zu den Heiligen gesagt werden, daß sie im Himmel die Geheimnisse der Gerechtigkeit, das Los des Glaubens, suchen sollen; denn es ist wie Sonnenschein auf dem Festlande hell geworden, und die Finsternis ist gewichen. Unaufhörlich wird das Licht sein, und unzählbar werden die Tage sein, in die sie kommen, denn die frühere Finsternis wird vernichtet, und das Licht wird vor dem Herrn der Geister kräftig sein, und das Licht der Rechtschaffenheit wird für immer vor dem Herrn der Geister kräftig leuchten ...

*Das Sintflutgericht.*

Im Jahre 500, im 7. Monat, im 14. des Monats im Leben Noahs. In jener Bilderrede sah ich, wie der Himmel der Himmel gewaltig erbebte, und das Heer des Höchsten, die Engel, tausendmal Tausende und zehntausendmal Zehntausende in große Aufregung kamen. Der Betagte saß auf dem Throne seiner Herrlichkeit, während die Engel und Gerechten um ihn herumstanden. Da erfaßte mich ein gewaltiges Zittern. Furcht ergriff mich; meine Hüfte krümmte und löste sich, mein ganzes Ich schmolz dahin, und ich fiel auf mein Angesicht. Da sandte Michael einen anderen Engel von den Heiligen, und er richtete mich auf. Als er mich aufgerichtet hatte, kehrte mein Geist zurück; denn ich war nicht imstande gewesen, den Anblick jenes Engelheeres, die Erschütterung und das Erbeben des Himmels auszuhalten. Da sagte Michael zu mir: Was für ein Anblick hat dich so verwirrt? Bis heute dauerte der Tag seiner Barmherzigkeit, und war er barmherzig und langmütig gegen die Bewohner des Festlandes. Aber wenn der Tag der Gewalt, der Strafe und des Gerichts kommt, den der Herr der Geister denen bereitet hat, die das Gesetz der Gerechtigkeit beugen, das gerechte Gericht leugnen und seinen Namen mißbrauchen, so ist jener Tag zubereitet für die Auserwählten ..., aber für die Sünder als ein Tag der Heimsuchung. An jenem Tage werden zwei Ungeheuer verteilt werden: ein weibliches, namens Leviathan, um in der Tiefe des Meeres über den Quellen der Wasser zu wohnen; das männliche aber heißt Behemoth, das mit seiner Brust eine unübersehbare Wüste, namens Dendain, einnimmt, im Osten des Gartens, wo die Auserwählten und Gerechten wohnen, wohin mein Großvater aufgenommen wurde, der siebente von Adam her, dem ersten Menschen, den der Herr der Geister geschaffen hatte. Ich bat jenen anderen Engel, mir die Macht jener Ungeheuer zu zeigen, wie sie an einem Tage geschieden, das eine in die Tiefe des Meeres und das andere auf das öde Festland versetzt wurden. Er sprach zu mir: Du Menschensohn willst hier wissen, was verborgen ist. Da sprach zu mir der andere Engel, der mit mir ging und mir zeigte, was verborgen ist, das Erste und das Letzte, im Himmel, in der Höhe, unter der Erde, in der Tiefe, an den Enden des Himmels, auf dem Grunde des Himmels und in den Behältern der Winde; und wie Geister verteilt sind, wie man wägt und berechnet die Quellen und die Winde, ein jedes nach der Kraft des Geistes, die Kraft des Mondlichts, und wie es eine Kraft der Gerechtigkeit ist, und die Abteilungen der Sterne nach ihren Namen und alle Abteilungen, die gemacht werden, und die Donnerschläge nach ihren Orten, wohin sie fallen, und alle Abteilungen, die unter den Blitzen gemacht werden, damit es blitze, und ihre Scharen, damit sie sogleich gehorchen. Denn der Donner hat feste Regeln für die Dauer des Schalls, die ihm bestimmt ist. Donner und Blitz sind niemals getrennt; durch den Geist getrieben fahren beide hin und trennen sich nicht. Denn wenn der Blitz blitzt, läßt der Donner seine Stimme erschallen; während des Schlags macht der Geist seine Anordnungen und teilt die Zeit in gleiche Teile unter ihnen. Denn der Vorrat ihrer Schläge ist so zahlreich wie der Sand, und ein jeder von ihnen wird bei seinem Schlage mit einem Zügel gehalten, und sie werden durch die Kraft des Geistes umgewendet und ebenso fortgestoßen, je nach der Menge der Erdgebiete. Der Geist des Meeres ist männlich und stark; gemäß der Macht seiner Stärke zieht er es mit einem Zaum zurück, und ebenso wird es fortgestoßen und unter aller Berge der Erde zerstreut. Der Geist des Reifs ist ein besonderer Engel, und der Geist des Hagels ist ein guter Engel. Den Geist des Schnees hat er wegen seiner Stärke entlassen, und der Schnee besitzt einen besonderen Geist; was daraus hervorgeht, ist wie Rauch und heißt Frost. Der Geist des Nebels ist nicht mit ihnen, Schnee, Reif und Frost in ihren Behältern vereint, sondern hat einen besonderen Behälter. Denn er tritt auf am frühen Morgen, bei Licht und Finsternis, im Winter und Sommer; sein Behälter ist das Licht, und der Geist ist sein Engel. Der Geist des Taus hat an den Enden des Himmels seine Wohnung, die mit den Behältern des Regens zusammenhängt. Er tritt im Winter und Sommer auf, und seine Wolken und die des Nebels stehen im Zusammenhang; einer gibt dem anderen Kraft. Wenn sich der Geist des Regens aus seinem Behälter herausbewegt, kommen die Engel und öffnen den Behälter und lassen ihn heraus, ebenso wenn er über das Festland hin zerstreut wird und sooft er sich mit dem Wasser auf der Erde verbindet. Denn die Wasser sind für die Erdenbewohner da; denn der Höchste, der im Himmel ist, hat sie zur Ernährung für das Festland bestimmt. Deshalb ist für den Regen ein Maß vorhanden, und die Engel nehmen es in Empfang. Alle diese Dinge sah ich bis zu dem Garten der Gerechten. Da sprach der Engel des Friedens, der bei mir war, zu mir: Diese zwei Ungeheuer sind gemäß der Größe Gottes dazu da, verspeist zu werden, ... damit das Strafgericht Gottes nicht umsonst sei, und Söhne werden mit ihren Müttern und Kinder mit ihren Vätern getötet werden. Wenn das Strafgericht des Herrn der Geister über ihnen ruhen wird, wird es ruhen, damit das Strafgericht des Herrn der Geister nicht vergeblich über jene komme.

Danach wird das Gericht nach seiner Barmherzigkeit und Geduld stattfinden. Ich sah, wie in jenen Tagen jenen Engeln lange Schnüre gegeben wurden, und sie nahmen sich Flügel, flogen und wandten sich nach Norden zu. Ich fragte den Engel, indem ich sagte: Warum haben jene lange Schnüre genommen und sind weggegangen? Er sprach zu mir: Sie sind weggegangen, um zu messen. Der Engel, der mit mir ging, sagte zu mir: Diese bringen für die Gerechten die Maße der Gerechten und die Schnüre der Gerechten, damit sie sich für immer und ewig auf den Namen des Herrn der Geister stützen. Die Auserwählten werden anfangen, bei den Auserwählten zu wohnen, und dies sind die Maße, die dem Glauben gegeben werden und das Wort der Gerechtigkeit festigen. Diese Maße werden alle Geheimnisse in der Tiefe der Erde offenbaren und die, welche in der Wüste umgekommen sind, oder von den Fischen des Meeres und von den Tieren verschlungen wurden, damit sie wiederkehren und sich auf den Tag des Auserwählten stützen; denn keiner wird vor dem Herrn der Geister umkommen und keiner wird umkommen können. Alle oben im Himmel befindlichen Kräfte erhielten einen Befehl und eine Stimme und ein Licht, dem Feuer gleich. Sie priesen jenen den Messias einstimmig, erhoben und lobten ihn mit Weisheit und zeigten sich selbst weise in der Rede und im Geiste des Lebens. Der Herr der Geister setzte den Auserwählten auf den Thron seiner Herrlichkeit, und er wird alle

Werke der Heiligen oben in den Himmeln richten und mit der Waage ihre Taten wägen. Wenn er sein Angesicht erheben wird, um ihre verborgenen Wege nach dem Worte des Namens des Herrn der Geister und ihren Pfad nach dem Wege des gerechten Gerichts des Herrn der Geister zu richten, dann werden alle mit einer Stimme reden, preisen, erheben und loben den Namen des Herrn der Geister. Er wird rufen das ganze Heer der Himmel, alle Heiligen in der Höhe, das Heer Gottes, die Cherubim, Seraphim und Ophanim, alle Engel der Gewalt, alle Engel der Herrschaften, die Auserwählten und die anderen Mächte, die auf dem Festlande und über dem Wasser sind. Und sie werden an jenem Tage mit einer Stimme anheben, preisen, rühmen, loben und erheben im Geiste des Glaubens, der Weisheit, der Geduld, der Barmherzigkeit, des Rechts, des Friedens und der Güte, und alle werden mit einer Stimme sprechen: Preis ihm, und der Name des Herrn der Geister werde bis in alle Ewigkeit gepriesen! Alle, die oben im Himmel nicht schlafen, werden ihn preisen, alle Heiligen, die im Himmel sind, werden ihn preisen, ebenso alle Auserwählten, die in dem Garten des Lebens wohnen, jeder Geist des Lichts, der imstande ist, zu preisen, zu rühmen, zu erheben und zu heiligen deinen gepriesenen Namen, und alles Fleisch, das über die Maßen deinen Namen preisen und rühmen wird in Ewigkeit. Denn groß ist die Barmherzigkeit des Herrn der Geister, und er ist langmütig; alle seine Werke und allen Umfang seiner Werke hat er den Gerechten und Auserwählten geoffenbart im Namen des Herrn der Geister.

Also befahl der Herr den Königen, den Mächtigen, den Hohen und denen, die die Erde bewohnen und sprach: Öffnet eure Augen und erhebt eure Hörner, wenn ihr imstande seid, den Auserwählten zu erkennen. Der Herr der Geister setzte ihn auf den Thron seiner Herrlichkeit. Der Geist der Gerechtigkeit war über ihn ausgegossen; die Rede seines Mundes tötete alle Sünder, und alle Ungerechten wurden vor seinem Angesichte vernichtet. Alle Könige, Mächtige, Hohe und die, welche das Festland besitzen, werden sich an jenem Tage erheben, ihn sehen und erkennen, wie er auf dem Throne seiner Herrlichkeit sitzt, und gerecht wird vor ihm gerichtet und kein Lügenwort vor ihm gesprochen. Auch da wird Schmerz über sie kommen, wie über ein Weib, das in Wehen ist und dem das Gebären schwer wird, wenn sein Sohn in den Muttermund tritt, und das Schmerzen beim Gebären hat. Ein Teil von ihnen wird den anderen anflehen; sie werden erschrecken, ihren Blick senken, und Schmerz wird sie ergreifen, wenn sie jenen Mannessohn auf dem Throne seiner Herrlichkeit sitzen sehen werden. Die Könige und die Mächtigen und alle, die die Erde besitzen, werden rühmen, preisen und erheben den, der über alles herrscht, der verborgen war. Denn der Menschensohn war vorher verborgen, und der Höchste hat ihn vor seiner Macht aufbewahrt und ihn den Auserwählten geoffenbart. Die Gemeinde der Heiligen und Auserwählten wird gesät werden, und alle Auserwählten werden an jenem

Tage vor ihm stehen. Alle Könige und Mächtige, Hohe und die, welche das Festland beherrschen, werden vor ihm auf ihr Angesicht fallen und anbeten, ihre Hoffnung auf jenen Menschensohn setzen, ihn anflehen und Barmherzigkeit von ihm erbitten. Jener Herr der Geister wird sie nun drängen, daß sie sich schleunigst aus seinem Angesicht entfernen; ihre Angesichter werden von Scham erfüllt werden, und Finsternis wird man auf ihr Angesicht häufen. Die Strafengel werden sie in Empfang nehmen, um an ihnen Rache dafür zu nehmen, daß sie seine Kinder und Auserwählten mißhandelt haben. Sie werden für die Gerechten und seine Auserwählten ein Schauspiel abgeben; sie werden sich über sie freuen, weil der Zorn des Herrn der Geister auf ihnen ruht und sein Schwert sich an ihrem Blute berauscht hat. Die Gerechten und Auserwählten werden an jenem Tage gerettet werden und von nun an das Angesicht der Sünder und Ungerechten nicht mehr sehen. Der Herr der Geister wird über ihnen wohnen, und sie werden mit jenem Menschensohn essen, sich niederlegen und erheben bis in alle Ewigkeit. Die Gerechten und Auserwählten werden sich von der Erde erheben und aufhören, ihren Blick zu senken, und werden mit dem Kleide der Herrlichkeit angetan sein. Und dies soll euer Kleid sein, ein Kleid des Lebens bei dem Herrn der Geister: Eure Kleider werden nicht veralten, und eure Herrlichkeit wird nicht vergehen vor dem Herrn der Geister.

In jenen Tagen werden die Mächtigen und die Könige, die das Festland besitzen, seine Strafengel, denen sie überliefert sind, anflehen, daß man ihnen ein wenig Ruhe gewähre, damit sie niederfallen und anbeten vor dem Herrn der Geister und ihre Sünden vor ihm bekennen. Sie werden preisen und loben den Herrn der Geister und sprechen: Gepriesen sei er, der Herr der Geister, der Herr der Könige, der Herr der Mächtigen, der Herr der Herrscher, der Herr der Herrlichkeit und der Herr der Weisheit, vor dem jedes Geheimnis offenbar ist. Deine Macht ist von Geschlecht zu Geschlecht und deine Herrlichkeit von Ewigkeit zu Ewigkeit; tief und unzählig sind alle deine Geheimnisse, und deine Gerechtigkeit ist unberechenbar. Nun haben wir eingesehen, daß wir den Herrn der Könige und den Herrscher über alle Könige rühmen und preisen sollen. Auch werden sie sagen: Wer gönnt uns Ruhe, daß wir rühmen, danken und preisen und unseren Glauben vor seiner Herrlichkeit bekennen? Jetzt wünschen wir uns ein wenig Ruhe, aber erlangen sie nicht; wir werden vertrieben und erreichen sie nicht; das Licht ist vor uns verschwunden und Finsternis unsere Wohnstätte immerdar. Denn wir haben unseren Glauben vor ihm nicht bekannt, den Namen des Herrn der Geister nicht gerühmt und den Herrn wegen all seines Tuns nicht gepriesen. Unser Vertrauen ruhte auf dem Zepter unseres Reichs und auf unserem Ruhm. Am Tage unserer Not und Trübsal rettet er uns nicht, und wir finden keinen Aufschub, daß wir unseren Glauben bekennen, daß unser Herz in allem seinem Tun, Richten und Rechten wahrhaftig ist und seine Gerichte

die Person nicht ansehen. Wir werden um unserer Werke willen vor seinem Angesichte vergehen, und alle unsere Sünden sind genau gezählt. Jetzt werden sie zu ihnen sagen: Unsere Seele ist von ungerechtem Mammon gesättigt, aber das hindert nicht, daß wir hinabfahren in die Flamme der höllischen Pein. Danach wird sich ihr Angesicht mit Finsternis und Scham vor jenem Menschensohn erfüllen; sie werden aus seinem Angesichte hinweggetrieben werden, und das Schwert wird unter ihnen vor seinem Angesichte hausen. Also sprach der Herr der Geister: Dies ist das von dem Herrn der Geister festgesetzte Gericht über die Mächtigen, die Könige, die Hohen und die, welche das Festland besitzen.
Auch sah ich noch andere Gestalten an jenem Platz, im Verborgenen. Ich hörte die Stimme des Engels, indem er sprach: Das sind die Engel, die vom Himmel auf die Erde herabgestiegen sind, das Verborgene den Menschenkindern offenbart und sie verführt haben, Sünde zu begehen.

*Das Flutgericht und die Errettung Noahs.*

In jenen Tagen sah Noah, wie sich die Erde senkte und ihr Verderben nahe war. Da hob er seine Füße auf von dort, wanderte bis zu den Enden der Erde und schrie zu seinem Großvater Henoch. Dreimal sprach Noah mit trauriger Stimme: Höre mich, höre mich, höre mich! Er sagte zu ihm: Sage mir, was ist denn auf der Erde los, daß sie so müde und erschüttert ist? Daß ich nur nicht selbst mit ihr untergehe! Allsogleich fand ein großes Erdbeben statt; eine Stimme ließ sich vom Himmel her hören, und ich fiel auf mein Angesicht. Da kam mein Großvater Henoch, trat neben mich und sagte zu mir: Warum hast du so traurig und mit weinender Stimme zu mir geschrien? Ein Befehl ist von dem Angesichte des Herrn über die ausgegangen, die das Festland bewohnen, daß dies ihr Ende sein soll, weil sie alle Geheimnisse der Engel und jede Gewalttat der Satane kennen sowie alle verborgenen Kräfte und alle Kräfte derer, die Zaubereien treiben, und die Kraft der Beschwörungen und die Kraft derer, die für die ganze Erde Gußbilder gießen; endlich auch, wie das Silber aus dem Erdstaube gewonnen wird und wie das weiche Metall auf der Erde entsteht. Denn Blei und Zinn wird nicht aus der Erde gewonnen wie das erste; eine Quelle ist es, die sie erzeugt, und ein Engel steht in ihr, und jener Engel ist vorzüglich. Darauf faßte mich mein Großvater Henoch mit seiner Hand, richtete mich auf und sagte zu mir: Geh, denn ich habe den Herrn der Geister wegen dieses Erdbebens befragt. Er sagte zu mir: Wegen ihrer Ungerechtigkeit ist das Gericht über sie die Sünder endgültig beschlossen, und ich zähle nicht mehr die Monate, die sie erforscht und wodurch sie erfahren haben, daß die Erde mit ihren Bewohnern untergehen werde. Für diese ist keine Umkehr in Ewigkeit möglich, weil sie, die Engel, ihnen das Verborgene offenbarten, sondern sie werden gerichtet. Aber was

dich anbetrifft, mein Sohn, so weiß der Herr der Geister, daß du rein und erhaben über diesen Vorwurf in bezug auf die verratenen Geheimnisse bist. Er hat deinen Namen unter den Heiligen ewige Dauer verliehen; er wird dich unter den Bewohnern des Festlandes bewahren; er hat deine Nachkommen in Gerechtigkeit zu Herrschern und zu großen Herrlichkeiten bestimmt, und aus deinem Samen wird eine Quelle von zahllosen Gerechten und Heiligen immerdar hervorbrechen.
Danach zeigte er, Henoch, mir dir Strafengel, die bereit sind, zu kommen und alle Kräfte des unterirdischen Wassers loszulassen, um Gericht und Verderben über alle zu bringen, die auf dem Festlande weilen und wohnen. Der Herr der Geister gab den Engeln, die nun ausgingen, Befehl, ihre Hände nicht zu erheben, sondern abzuwarten; denn jene Engel waren über die Kräfte der Wasser gesetzt. Da ging ich weg aus dem Angesicht Henochs.
In jenen Tagen erging das Wort Gottes an mich, und er sprach zu mir: Noah, siehe dein Verhalten ist vor mich gekommen, ein tadelloses Verhalten, ein Verhalten der Liebe und Rechtschaffenheit. Und nun werden die Engel ein hölzernes Gebäude zurechtmachen, und wenn sie mit jener Arbeit fertig sind, werde ich meine Hand darauf legen und es bewahren. Ein Same des Lebens wird daraus hervorgehen; die Erde wird sich verwandeln, damit sie nicht menschenleer bleibe. Ich werde deinen Nachkommen von mir ewige Dauer geben, und ich habe nicht im Sinn, die bei dir Wohnenden über die Oberfläche der Erde zu zerstreuen; sondern deine Nachkommenschaft wird gesegnet sein und sich mehren über die Erde hin im Namen des Herrn ...

## *Das Geschichtsbuch.*

### *Die Entwicklung der Weltgeschichte. Das erste Traumgesicht. Das kommende Sintflutgericht.*

Und nun, mein Sohn Methusalah, will ich dir all meine Gesichte zeigen, die ich geschaut habe, indem ich sie vor dir erzähle. Zwei Gesichte schaute ich, bevor ich ein Weib nahm. Das eine davon war dem anderen unähnlich. Zum ersten Male, als ich die Schrift lernte, und zum anderen Male, bevor ich deine Mutter nahm, sah ich ein schreckliches Gesicht, und um ihretwillen flehte ich zum Herrn. Als ich mich im Hause meines Großvaters Mahalalel niedergelegt hatte, schaute ich im Gesichte, wie der Himmel zusammenbrach, schwand und zur Erde niederfiel. Als er aber zur Erde niederstürzte, sah ich, wie die Erde in einem großen Abgrunde verschlungen wurde, Berge auf Berge niederragten, Hügel auf Hügel sich niedersenkten, hohe Bäume von ihren Stammwurzeln sich losrissen, hinabwirbelten und in der Tiefe versanken. Darauf drang eine Rede in meinen Mund, und ich erhob meine

Stimme, indem ich schrie und sagte: Untergegangen ist die Erde! Da weckte mich mein Großvater Mahalalel auf, da ich bei ihm lag, und sagte: Warum schreist du so, mein Sohn, und warum jammerst du so? Da erzählte ich ihm das ganze Gesicht, das ich geschaut hatte, und er sagte zu mir: Was du gesehen hast, mein Sohn, ist schrecklich, und dein Traumgesicht ist von hoher Bedeutung für die Geheimnisse aller Sünden der Erde: Sie muß in den Abgrund hinuntersinken und einen großen Untergang erleiden. Und nun, mein Sohn, erhebe dich und flehe zu dem Herrn der Herrlichkeit – da du gläubig bist –, daß ein Rest auf Erden übrigbleibe und er nicht die ganze Erde vertilge. Alles dies, mein Sohn, wird vom Himmel her über die Erde kommen, und eine große Zerstörung wird auf Erden stattfinden. Darauf erhob ich mich, betete und flehte und schrieb mein Gebet für die Geschlechter der Erde nieder, und ich will dir alles, mein Sohn Methusalah, zeigen. Als ich unten ins Freie getreten war und den Himmel sah und die Sonne im Osten aufgehen und den Mond im Westen untergehen und einige Sterne und die ganze Erde und alles, wie er es von Anfang an bestimmt hat, da pries ich den Herrn des Gerichts und erhob ihn, weil er die Sonne aus den Fenstern des Ostens aufgehen ließ, daß sie an der Außenseite des Himmels aufsteigt, aufgeht, aufbricht und den Pfad zieht, der ihr gezeigt ist.

Ich erhob meine Hände in Gerechtigkeit und pries den großen Heiligen und redete mit dem Odem meines Mundes und mit der Fleischeszunge, die Gott den Kindern des Menschenfleisches gemacht hat, daß sie damit untereinander reden, und er gab ihnen den Odem, die Zunge und den Mund, daß sie damit untereinander reden. Gepriesen bist du, o Herr, König, groß und mächtig in deiner Größe, Herr der ganzen Schöpfung des Himmels, König der Könige und Gott der ganzen Welt! Deine Macht, Königsherrschaft und Größe bleibt in alle Ewigkeit, und deine Herrschaft durch alle Geschlechter: Alle Himmel sind dein Thron in Ewigkeit und die ganze Erde der Schemel deiner Füße immerdar. Denn du hast alles geschaffen und regierst es; nichts ist dir zu schwer. Keinerlei Weisheit entgeht dir, noch wendet sie sich weg von deinem Thron oder von deinem Angesicht; du weißt, siehst und hörst alles, und da ist nichts, das vor dir verborgen wäre, denn du siehst alles. Und nun sündigen die Engel deiner Himmel, und über dem Menschenfleisch ruht dein Zorn bis zu dem Tage des großen Gerichts.

Und nun, o Gott, Herr und großer König, flehe und bitte ich, daß du mir meine Bitte erfüllst, mir eine Nachkommenschaft auf Erden übrigzulassen und nicht alles Fleisch der Menschen zu vertilgen und die Erde nicht menschenleer zu machen, so daß ein ewiges Verderben entstünde. Und nun, mein Herr, vertilge von der Erde das Fleisch, das dich erzürnt hat; aber das Fleisch der Gerechtigkeit und Rechtschaffenheit richte auf als eine ewige Samenpflanze, und verbirg nicht dein Angesicht vor der Bitte deines Knechtes, o Herr!

## *Das zweite Traumgesicht.*

*Abriß der Weltgeschichte von Anfang bis zur Aufrichtung des messianischen Reichs.*

Danach sah ich einen anderen Traum, und ich will dir den ganzen Traum erklären, mein Sohn. Da begann Henoch und sagte zu seinem Sohne Methusalah: Zu dir, mein Sohn, will ich sprechen; höre meine Rede und neige dein Ohr zu dem Traumgesichte deines Vaters. Bevor ich deine Mutter Edna nahm, sah ich ein Gesicht auf meinem Lager, und siehe, ein Farre kam aus der Erde hervor, und jener Farre war weiß, und nach ihm kam ein weibliches Rind hervor, und zugleich mit diesem kamen zwei Rinder hervor; eines davon war schwarz und das andere rot. Jenes schwarze Rind stieß das rote und verfolgte es auf der Erde, und allsogleich vermochte ich jenes rote Rind nicht mehr zu sehen. Jenes schwarze Rind wuchs heran, und ein weibliches Rind kam zu ihm, und ich sah, wie viele Farren von ihm hervorgingen, die ihm glichen und folgten. Jene erste Kuh aber entfernte sich aus dem Gesichtskreise jenes ersten Farren, um jenes rote Rind zu suchen, und als sie es nicht fand, erhob sie sogleich ein großes Wehgeschrei und suchte es. Ich blickte hin, bis jener erste Farre zu ihr kam und sie beschwichtigte, und von jener Stunde an schrie sie nicht mehr. Darauf gebar sie einen anderen weißen Farren, und nach ihm gebar sie noch viele schwarze Farren und Kühe. Ich sah in meinem Schlafe, wie jener weiße Stier gleichfalls heranwuchs und ein großer weißer Stier wurde, und von ihm gingen viele weiße Farren hervor, die ihm glichen. Sie fingen an, viele weiße Farren zu erzeugen, die ihnen glichen, einer dem anderen folgend.

Weiter sah ich mit meinen Augen, während ich schlief, und ich sah den Himmel oben, und siehe, ein Stern fiel vom Himmel herab, und als er sich von seinem Fall erhoben hate, fraß und weidete er zwischen jenen Farren. Danach sah ich, wie die großen und schwarzen Farren alle ihre Ställe, Weideplätze und Rinder wechselten und miteinander zu leben begannen. Weiter sah ich im Gesicht und zum Himmel blickend sehr viele Sterne herabfallen und sich vom Himmel zu jenem ersten Sterne herabstürzen, und sie wurden zu Farren unter jenen Rindern und weideten bei ihnen in ihrer Mitte. Als ich sie erblickte, sah ich, wie sie alle ihre Schamglieder wie die Rosse herausstreckten und auf die Kühe der Farren hinaufstiegen, und sie wurden alle trächtig und warfen Elefanten, Kamele und Esel. Alle Farren aber fürchteten sich und erschraken vor ihnen, und sie begannen mit ihren Zähnen zu beißen und zu verschlingen und mit ihren Hörnern zu stoßen. Dann begannen sie jene Farren aufzufressen, und siehe, alle Kinder der Erde fingen an, vor ihnen zu zittern, zu beben und zu fliehen.

Weiter sah ich, wie sie anfingen, einander zu stoßen und zu verschlingen, und die Erde begann zu schreien. Da erhob ich abermals meine Augen zum Himmel und sah im Gesichte, wie aus dem Himmel Wesen, die weißen Menschen glichen, hervorkamen; einer von ihnen kam aus jenem Ort hervor und drei mit ihm. Jene drei, die zuletzt hervorgekommen waren, ergriffen mich bei der Hand, nahmen mich von dem Geschlechte der Erde hinweg und brachten mich hinauf an einen hohen Ort und zeigten mir einen Turm hoch über der Erde, und alle Hügel waren niedriger. Sie sagten zu mir: Bleibe hier, bis du alles siehst, was über jene Elefanten, Kamele und Esel, über die Sterne und über alle Farren kommt.

Ich sah, wie einer von jenen vier, die vorhin herausgekommen waren, jenen Stern, der zuerst vom Himmel gefallen war, an Händen und Füßen fesselte und in einen Abgrund warf; jener Abgrund aber war eng und tief, grausig und finster. Einer von ihnen zog sein Schwert und gab es jenen Elefanten, Kamelen und Eseln; da fingen sie an, einander zu schlagen, so daß die ganze Erde ihrethalben zitterte. Als ich im Gesichte weiter sah, siehe, da warf einer von jenen vier, die hervorgekommen waren, ... vom Himmel, und man sammelte und nahm alle jene großen Sterne, deren Schamglieder wie die Schamglieder der Rosse waren, fesselte alle an Händen und Füßen und warf sie in einen Abgrund der Erde.

Einer von jenen vier ging hin zu jenem weißen Farren und lehrte ihn ein Geheimnis, während er, der Farre, zitterte. Er war als Farre geboren worden und wurde nun ein Mensch, zimmerte sich ein großes Fahrzeug und ließ sich darin nieder, und drei Farren ließen sich mit ihm in jenem Fahrzeuge nieder, und es wurde über ihnen zugedeckt. Da hob ich abermals meine Augen zum Himmel auf und sah ein hohes Dach mit sieben Schleusen daran, und jene Schleusen ließen in einen Hof viel Wasser strömen. Als ich weiter sah, siehe da öffneten sich Quellen über der Erde in jenem großen Hof, und jenes Wasser fing an, aufzuwallen und sich über die Erde zu erheben, und es ließ jenen Hof verschwinden, bis der ganze Boden von ihm mit Wasser bedeckt war. Und das Wasser, die Finsternis und der Nebel nahmen über ihm zu. Als ich die Höhe jenes Wassers betrachtete, erhob es sich über die Höhe jenes Hofs und strömte über den Hof und blieb auf der Erde stehen. Alle Farren jenes Hofs waren dicht zusammengedrängt, so daß ich sah, wie sie untersanken und verschlungen wurden und in jenem Wasser umkamen. Jenes Fahrzeug aber schwamm auf dem Wasser, während alle Farren, Elefanten, Kamele und Esel samt allem Vieh zu Boden sanken, so daß ich sie nicht mehr sehen konnte. Sie waren nicht imstande, herauszukommen, sondern kamen um und versanken in die Tiefe. Weiter sah ich im Gesichte, bis jene Schleusen von jenem hohen Dach entfernt, die Klüfte der Erde ausgeglichen wurden und andere Abgründe sich auftaten. Das Wasser aber fing an, in sie hineinzulaufen, bis die Erde zum Vorschein kam. Jenes Fahrzeug aber setzte sich auf der Erde fest, die Finsternis wich zurück, und Licht erschien. Jener weiße

Farre aber, der ein Mann geworden war, ging mit den drei Farren aus jenem Fahrzeuge heraus. Einer von den drei Farren war weiß, ähnlich jenem Farren, einer von ihnen war rot wie Blut und einer schwarz; jener weiße Farre entfernte sich von ihnen. Da fingen sie an, wilde Tiere und Vögel zu erzeugen, so daß sich aus ihnen allen ein Haufen von Arten entwickelte: Löwen, Tiger, Hunde, Wölfe, Hyänen, Wildschweine, Füchse, Kaninchen, Schweine, Falken, Geier, Weihen, Adler und Raben; und unter ihnen wurde ein weißer Farre geboren. Alsdann fingen sie an, sich untereinander eins mit dem andern zu beißen. Jener weiße Farre aber, der unter ihnen geboren worden war, zeugte einen Wildesel und außer ihm einen weißen Farren; der Wildesel aber mehrte sich. Jener Farre aber, der von ihm gezeugt worden war, zeugte ein schwarzes Wildschwein und ein weißes Schaf, und jenes Wildschwein zeugte viele Schweine, jenes Schaf aber zeugte zwölf Schafe. Als jene Schafe herangewachsen waren, übergaben sie eins von ihnen den Eseln, und diese Esel wiederum übergaben jenes Schaf den Wölfen, und so wuchs jenes Schaf unter den Wölfen auf. Da brachte der Herr die zwölf Schafe, daß sie bei ihm wohnten und bei ihm mitten unter den Wölfen weideten, und sie mehrten sich und wurden zu vielen Schafherden. Da begannen sich die Wölfe vor ihnen zu fürchten und bedrückten sie, bis sie ihre, der Schafe, Jungen umbrachten. Und sie warfen ihre Jungen in einen wasserreichen Fluß; jene Schafe aber begannen wegen ihrer Jungen zu schreien und zu ihrem Herrn zu klagen. Ein Schaf, das vor den Wölfen gerettet worden war, entfloh und entkam zu den Wildeseln; und ich sah, wie die Schafe wehklagten, schrien und ihren Herrn aus allen Kräften baten, bis jener Herr der Schafe auf das Geschrei der Schafe aus einem hohen Gemach herabstieg, zu ihnen kam und sie weidete. Da rief er jenem Schafe, das den Wölfen entronnen war, und sprach mit ihm in betreff der Wölfe, daß er sie ermahnen solle, die Schafe nicht anzurühren. Das Schaf aber ging auf Befehl des Herrn zu den Wölfen, und ein anderes Schaf traf mit jenem Schafe zusammen, ging mit ihm, und sie beide traten zusammen in die Versammlung jener Wölfe, sprachen mit ihnen und ermahnten sie, fortan die Schafe nicht anzurühren. Darauf sah ich, wie die Wölfe die Schafe noch mehr mit aller Gewalt unterdrückten, und die Schafe schrien. Da kam ihr Herr zu den Schafen und fing an, jene Wölfe zu schlagen. Da begannen die Wölfe zu wehklagen; die Schafe aber wurden ruhig und schrien allsogleich nicht mehr. Ich sah, bis daß die Schafe von den Wölfen auszogen; die Augen der Wölfe aber wurden von Finsternis gehalten, so daß sich jene Wölfe mit aller ihrer Macht zur Verfolgung der Schafe aufmachten. Der Herr der Schafe zog als ihr Führer mit ihnen, und alle seine Schafe folgten ihm; sein Antlitz war glänzend und herrlich und furchtbar anzuschauen. Die Wölfe aber fingen an, jene Schafe zu verfolgen, bis sie sie bei einem Wassersee trafen. Jener Wassersee teilte sich, und das Wasser stand vor ihnen zu beiden Seiten; ihr Herr aber, der sie führte, trat zwischen sie und die

Wölfe. Da jene Wölfe die Schafe noch nicht sahen, zogen sie in die Mitte jenes Wassersees hinein, und die Wölfe folgten den Schafen, und jene Wölfe liefen in dem Wassersee hinter ihnen her. Als sie aber den Herrn der Schafe sahen, machten sie kehrt, um vor seinem Angesichte zu fliehen. Aber jener Wassersee zog sich zusammen und nahm plötzlich seine ursprüngliche Gestalt wieder an; das Wasser schwoll und hob sich, bis es jene Wölfe bedeckte. Ich sah, daß alle Wölfe, die jene Schafe verfolgten, umkamen und versanken. Die Schafe aber entrannen jenem Wasser und gelangten in eine wasser- und graslose Wüste. Da fingen sie an, ihre Augen aufzumachen, und ich sah, wie der Herr der Schafe sie weidete und ihnen Wasser und Gras gab und wie jenes Schaf ging und sie führte. Jenes Schaf bestieg den Gipfel jenes hohen Bergs, und der Herr der Schafe schickte es darauf wieder zu ihnen. Danach sah ich den Herrn der Schafe vor ihnen stehen, und sein Aussehen war furchtbar und hehr; als alle Schafe ihn sahen, erschraken sie vor seinem Angesicht. Sie fürchteten sich alle und zitterten vor ihm und schrien zu jenem Schafe, das bei ihnen war, das unter ihnen war: Wir können vor unserem Herrn nicht standhalten und ihn nicht ansehen! Da bestieg jenes Schaf, das sie führte, abermals den Gipfel jenes Felsens. Die Schafe aber begannen, blind zu werden und von dem Weg abzuirren, den es ihnen gezeigt hatte; jenes Schaf aber wußte nichts davon. Da wurde der Herr der Schafe sehr zornig über sie, und als jenes Schaf es erfuhr, stieg es vom Gipfel des Felsens herab, kam zu den Schafen und fand den größten Teil von ihnen verblendet und abgefallen. Als sie es sahen, fürchteten sie sich, zitterten vor ihm und verlangten, nach ihrer Herde zurückzukehren. Jenes Schaf aber nahm andere Schafe zu sich und kam zu jenen abgefallenen Schafen; darauf fing es an, sie zu töten; da fürchteten sich die Schafe vor ihm, und jenes Schaf brachte jene abgefallenen Schafe zurück, und sie kehrten zu ihren Herden zurück. Ich sah in diesem Gesicht, daß jenes Schaf ein Mann wurde und dem Herrn der Schafe ein Haus baute und alle jene Schafe in jenes Haus eintreten ließ. Ich sah, daß jenes Schaf, daß mit jenem die Schafe führenden Schafe zusammengetroffen war, entschlief. Ich sah, daß alle großen Schafe umkamen und kleinere an ihrer Stelle sich erhoben; sie kamen zu einem Weideplatz und näherten sich einem Wasserflusse. Da trennte sich jenes führende Schaf, das ein Mann geworden war, von ihnen und entschlief; alle jene Schafe suchten es und erhoben seinetwegen ein großes Geschrei. Ich sah, daß sie von dem Geschrei um jenes Schaf abließen, und sie überschritten jenen Wasserfluß, und es traten immer andere Schafe, die sie führten, an die Stelle der Entschlafenen und führten sie. Ich sah, daß die Schafe an einen Ort ins liebliche und herrliche Westjordanland kamen, und ich sah, daß jene Schafe satt wurden, und jenes Haus stand unter ihnen in dem lieblichen Lande. Manchmal waren ihre Augen offen, manchmal blind, bis sich ein anderes Schaf erhob, sie führte und sie alle zurückbrachte, und ihre Augen geöffnet wurden. Die Hunde, Füchse und Wildschweine fingen an, jene Schafe zu fressen, bis der Herr der Schafe ein anderes Schaf, einen Widder, aus ihrer Mitte erweckte, der sie führte. Jener Widder fing an, nach beiden Seiten hin jene Hunde, Füchse und Wildschweine zu stoßen, bis er viele umgebracht hatte. Da wurden die Augen jenes Schafs geöffnet, und es sah, wie jener Widder, der unter den Schafen war, seine Würde verleugnete und jene Schafe zu stoßen anfing, sie trat und ohne Anstand wandelte. Da sandte der Herr der Schafe das Schaf zu einem anderen Schaf und stelle es als Widder und Führer anstelle jenes Widders auf, der seine Würde vergessen hatte. Es ging zu ihm und sprach mit ihm allein und erhob es zum Widder und machte es zum Fürsten und Führer der Schafe; aber während alledem bedrängten jene Hunde die Schafe. Der erste Widder verfolgte jenen zweiten Widder; jener zweite Widder erhob sich und flüchtete vor ihm, und ich sah, daß jene Hunde den ersten Widder zu Falle brachten. Jener zweite Widder aber erhob sich und führte die Schafe, und jener Widder zeugte viele Schafe und entschlief; ein kleines Schaf aber wurde Widder an seiner Statt und Fürst und Führer jener Schafe. Jene Schafe wuchsen und mehrten sich; alle Hunde, Füchse und Wildschweine fürchteten sich und flohen vor ihm. Jener Widder aber stieß und tötete alle Raubtiere, und jene Raubtiere verübten keine Gewalt mehr unter den Schafen und raubten ihnen nichts weiter. Jenes Haus aber wurde groß und breit, und ein hoher und großer Turm wurde für jene Schafe gebaut; er wurde auf das Haus für den Herrn der Schafe gebaut. Jenes Haus war niedrig, aber der Turm war ragend und hoch, und der Herr der Schafe stand auf jenem Turm, und man setzte ihm einen vollen Tisch vor. Ich sah weiter, wie jene Schafe wiederum abfielen, auf vielerlei Wegen wandelten und jenes ihr Haus verließen. Der Herr der Schafe aber rief einige von den Schafen und schickte sie zu den Schafen, und die Schafe fingen an, sie zu töten. Eins von ihnen rettete sich und wurde nicht getötet, entsprang und schrie über die Schafe, und sie wollten es töten; aber der Herr der Schafe rettete es aus der Gewalt der Schafe, brachte es zu mir herauf und ließ es da wohnen. Auch schickte er viele andere Schafe zu jenen Schafen, um sie zu ermahnen und über sie zu klagen. Danach sah ich, daß sie alle, als sie das Haus des Herrn der Schafe und seinen Turm verlassen hatten, abfielen und blind wurden; ich sah, wie der Herr der Schafe viel Blutvergießen unter ihnen in ihren einzelnen Herden anrichtete, daß jene Schafe solches Blutvergießen noch herausforderten und seinen Ort verließen. Da gab er sie preis den Löwen, Tigern, Wölfen, Hyänen, Füchsen und allen Raubtieren; jene Raubtiere aber fingen an, jene Schafe zu zerreißen. Ich sah, daß er jenes ihr Haus und ihren Turm verließ und sie alle den Löwen preisgab, um sie zu zerreißen und zu verschlingen, allen Raubtieren. Da fing ich an, aus allen meinen Kräften zu schreien und den Herrn der Schafe anzurufen und ihm betreffs der Schafe Vorstellungen zu machen, daß sie von allen Raubtieren verschlungen würden. Als er es sah, blieb er ruhig und freute sich, daß sie verschlungen, gefressen und geraubt wurden, und überließ sie, um verschlungen zu werden, der Gewalt aller Raubtiere. Er rief 70 Hirten und verstieß jene Schafe, um sie zu weiden, und sprach zu den Hirten und ihren Genossen: Jeder einzelne von euch soll von jetzt an die Schafe weiden, und alles, was ich euch befehlen werde, tut! Und ich will sie euch genau abgezählt übergeben und werde euch sagen, wer von ihnen umgebracht werden soll – und diese bringt um! Da überließ er ihnen jene Schafe. Er rief einen anderen und sprach zu ihm: Gib acht und siehe auf alles, was die Hirten an diesen Schafen tun werden; denn sie werden mehr unter ihnen umbringen, als ich ihnen befohlen habe. Jede Überschreitung und Vernichtung, die durch die Hirten angerichtet werden wird, schreibe auf, wie viele sie nach meinem Befehl umbringen und wie viele sie nach ihrer Willkür umbringen, und schreibe jedem einzelnen Hirten alles, was er vernichtet, an. Lies es mir der Zahl nach vor, wie viele sie nach ihrer Willkür umbrachten und wieviel sie der Vernichtung preisgaben, damit mir dies zum Zeugnis gegen sie sei und ich alles Tun der Hirten weiß, so daß ich, wenn ich sie abwäge, sehe, was sie tun, ob sie dem von mir gegebenen Befehle treu geblieben sind oder nicht. Aber sie sollen es nicht wissen, und du sollst es ihnen nicht mitteilen noch sie ermahnen, sondern schreibe von jedem einzelnen die Vernichtung auf, die die Hirten, ein jeder zu seiner Stunde, anrichten, und lege mir alles vor! Ich sah, bis daß jene Hirten, ein jeder zu seiner Stunde, weideten; und sie fingen an, zu töten und umzubringen mehr, als ihnen befohlen worden war, und sie gaben jene Schafe den Löwen preis. Die Löwen und Tiger fraßen und verschlangen den größeren Teil jener Schafe, und die Wildschweine fraßen mit ihnen, und sie steckten jenen Turm in Brand und zerstörten jenes Haus. Da wurde ich sehr traurig wegen jenes Turms, weil jenes Haus der Schafe zerstört worden war, und danach konnte ich nicht mehr sehen, ob jene Schafe in jenes Haus hineingingen. Die Hirten aber und ihre Genossen übergaben jene Schafe allen Raubtieren, um sie zu fressen; jeder einzelne von ihnen empfing zu seiner Stunde eine bestimmte Zahl, und von jedem einzelnen von ihnen schrieb der andere in ein Buch, wie viele von ihnen er umbrachte. Jeder tötete und brachte mehr um, als ihnen vorgeschrieben worden war. Da begann ich wegen jener Schafe zu weinen und gar sehr zu wehklagen. In dieser Weise sah ich im Gesichte, wie jener Schreiber jeden einzelnen, der durch jene Hirten umkam, Tag für Tag aufschrieb und das ganze Buch dem Herrn der Schafe hinaufbrachte, vorlegte und alles zeigte, was sie getan, und alle, die ein jeder von ihnen beseitigt hatte, und alle, die sie zur Vernichtung übergeben hatten. Das Buch wurde dem Herrn der Schafe vorgelesen, und er nahm das Buch aus seiner Hand, las es, versiegelte es und legte es beiseite. Danach sah ich, wie die Hirten zwölf Stunden lang weideten, und siehe, drei von jenen Schafen kehrten zurück, kamen, traten heran und begannen alle Ruinen jenes

Hauses aufzubauen; aber die Wildschweine hielten sie ab, so daß sie nichts auszurichten vermochten. Da begannen sie wiederum wie zuvor zu bauen und führten jenen Turm auf, und man nannte ihn den hohen Turm; sie begannen wiederum einen Tisch vor den Turm zu stellen, aber alles Brot auf ihm war befleckt und unrein. Trotz alledem waren die Augen dieser Schafe und ebenso der Hirten blind, so daß sie nicht sahen, und sie wurden in großer Menge ihren Hirten zum Umbringen übergeben, und sie traten die Schafe mit ihren Füßen und verschlangen sie. Der Herr der Schafe aber blieb ruhig, bis sich alle Schafe über das Feld zerstreuten und sich mit ihnen, den Raubtieren, vermischten; und sie, die Hirten, retteten sie nicht aus der Gewalt der Raubtiere. Jener aber, der das Buch schrieb, brachte es hinauf, zeigte und las es vor dem Herrn der Schafe, legte Fürbitte für sie ein und bat ihn, indem er ihm alles, was die Hirten getan hatten, zeigte und vor ihm gegen alle Hirten Zeugnis ablegte. Dann nahm er das Buch, legte es bei ihm nieder und ging weg.

Ich sah eine Zeitlang, bis in dieser Weise 35 Hirten weideten, und alle vollendeten jeder seine Zeit wie die früheren, und andere bekamen sie in ihre Gewalt, um sie zu ihrer Zeit zu weiden, jeder Hirte zu seiner Zeit. Danach sah ich im Gesicht alle Vögel des Himmels kommen: die Adler, Geier, Weihen und Raben; die Adler aber führten alle Vögel, und sie fingen an, jene Schafe zu fressen, ihnen die Augen auszuhacken und ihr Fleisch zu verzehren. Die Schafe aber schrien, weil ihr Fleisch von den Vögeln verzehrt wurde, und als ich es sah, wehklagte ich in meinem Schlaf über jenen Hirten, der die Schafe weidete. Ich sah, daß jene Schafe von den Hunden, Adlern und Weihen gefressen wurden, und sie ließen an ihnen weder Fleisch noch Haut noch Sehnen übrig, bis nur noch ihr Skelett dastand; aber auch ihr Skelett fiel zu Boden, und so verringerten sich die Schafe. Ich sah so lange, bis 23 Hirten die Weide übernahmen, und sie vollendeten, je zu ihrer Zeit, 23 Zeiten. Von jenen weißen Schafen aber wurden keine Lämmer geboren, und sie fingen an, ihre Augen aufzumachen, zu sehen und zu den Schafen zu schreien. Aber die Schafe schrien ihnen nicht zu und hörten nicht, was sie ihnen erzählten, sondern waren über die Maßen taub, und ihre Augen waren überaus sehr verblendet. Ich sah im Gesichte, wie Raben auf jene Lämmer losflogen, eins von jenen Lämmern ergriffen und die Schafe zerstückelten und verschlangen. Ich sah, bis daß jenen Lämmern Hörner sproßten und die Raben ihre Hörner niederwarfen; ich sah, bis daß ein großes Horn bei einem von jenen Schafen hervorsproßte, und ihre Augen wurden geöffnet. Es weidete sie, und ihre Augen öffneten sich, und es schrie nach den Schafen; als aber die Böcke es sahen, liefen ihm alle zu. Trotz alledem zerrissen jene Adler, Geier, Raben und Weihen immerzu die Schafe, flogen auf sie los und verschlangen sie. Die Schafe jedoch verhielten sich ruhig, aber die Böckchen wehklagten und schrien. Jene Raben kämpften und fochten mit ihm und suchten sein

Horn zu beseitigen, hatten aber keine Gewalt über es. Ich sah, daß die Hirten und Adler, jene Geier und Weihen kamen, und sie schrien den Raben zu, daß sie das Horn jenes Böckchens zerbrechen sollten; sie kämpften und fochten mit ihm, und es stritt mit ihnen und schrie, daß seine Hilfe ihm kommen möge. Ich sah, daß jener Mann kam, der die Namen der Hirten aufschrieb und sie dem Herrn der Schafe vorlegte, und er half jenem Böckchen und zeigte ihm alles, und daß er, um ihm zu helfen, gekommen sei. Ich sah, daß jener Herr der Schafe im Zorn zu ihnen kam, und alle, die ihn sahen, flohen, und alle fielen in Finsternis vor seinem Angesicht. Alle Adler, Geier, Raben und Weihen versammelten sich, brachten alle Schafe des Feldes mit sich, kamen alle zusammen und halfen einander, jenes Horn des Böckchens zu brechen. Ich sah, daß jener Mann, der das Buch auf den Befehl des Herrn schrieb, jenes Buch der Vertilgung öffnete, die jene 12 letzten Hirten angerichtet hatten, und er legte vor dem Herrn der Schafe dar, daß sie weit mehr als ihre Vorgänger umgebracht hatten. Ich sah, daß der Herr der Schafe zu ihnen kam, seinen Zornstab in die Hand nahm und die Erde schlug, so daß sie zerbarst, und alle Tiere und Vögel des Himmels glitten von jenen Schafen herunter und versanken in die Erde, die sich über ihnen schloß. Ich sah, daß den Schafen ein großes Schwert überreicht wurde, und die Schafe zogen gegen alle Tiere des Feldes, um sie zu töten, und alle Tiere und Vögel des Himmels flohen vor ihnen. Ich sah, bis daß ein Thron in dem lieblichen Land errichtet wurde und der Herr der Schafe sich darauf setzte, und der andere nahm die versiegelten Bücher und öffnete jene Bücher vor dem Herrn der Schafe. Der Herr rief jene sieben ersten Weißen und befahl, vor ihn zu bringen, beginnend mit dem ersten Sterne, der zuerst herausgegangen war, alle Sterne, deren Schamglieder wie die der Rosse gewesen waren, und sie brachten sie alle vor ihn. Er sprach zu jenem Manne, der vor ihm schrieb, der einer von den sieben Weißen war, und sagte zu ihm: Nimm diese 70 Hirten, denen ich die Schafe übergeben habe, und indem sie sie nahmen, töteten sie mehr von ihnen, als ich ihnen befohlen hatte. Siehe, ich sah alle gebunden und vor ihm stehen. Das Gericht begann bei den Sternen, und sie wurden gerichtet, für schuldig befunden und kamen an den Ort der Verdammnis, und man warf sie in einen Abgrund voll Feuer, flammend und voll Feuersäulen. Auch jene 70 Hirten wurden gerichtet, für schuldig befunden und in jenen Feuerpfuhl geworfen. Ich sah in jener Zeit, wie sich ein ähnlicher Abgrund inmitten der Erde öffnete, voll von Feuer. Man brachte jene verblendeten Schafe; alle wurden gerichtet, für schuldig befunden und in jenen Feuerpfuhl geworfen und brannten; dieser Abgrund befand sich zur Rechten jenes Hauses. Ich sah jene Schafe und ihr Gebein brennen. Ich stand auf, um zu sehen, bis daß er jenes alte Haus einwickelte. Man schaffte alle Säulen hinaus; alle Balken und Verzierungen jenes Hauses wurden mit ihm eingewickelt. Man schaffte es hinaus und legte es an einen Ort im Süden des Landes. Ich sah, daß der

Herr der Schafe ein neues Haus brachte, größer und höher als jenes erste, und es an dem Orte des ersten aufstellte, das eingewickelt worden war. Alle seine Säulen waren neu, auch seine Verzierungen waren neu und größer als die des ersten alten, das er hinausgeschafft hatte; und der Herr der Schafe war darin. Ich sah, wie alle übriggebliebenen Schafe und alle Tiere auf der Erde und alle Vögel des Himmels niederfielen, jene Schafe anbeteten, sie anflehten und ihnen in jedem Worte gehorchten. Darauf nahmen mich jene drei weiß Gekleideten, die mich zuvor hinaufgebracht hatten, bei der Hand, und indem die Hand jenes Böckchens mich ergriff, brachten sie mich hinauf und setzten mich inmitten jener Schafe nieder, bevor das Gericht begann. Jene Schafe aber waren alle weiß, und ihre Wolle war reichlich und rein. Alle, die umgebracht oder zerstreut worden waren, alle Tiere des Feldes und alle Vögel des Himmels versammelten sich in jenem Hause, und der Herr der Schafe freute sich sehr, weil alle gut waren und in sein Haus zurückkehrten. Ich sah, daß sie jenes Schwert, das den Schafen gegeben war, niederlegten, in sein Haus zurückbrachten und es vor dem Angesichte des Herrn versiegelten. Alle Schafe wurden in jenes Haus eingeladen, und es faßte sie nicht. Aller Augen waren geöffnet, daß sie das Gute sahen, und keiner war unter ihnen, der nicht sehend gewesen wäre. Ich sah, daß jenes Haus groß, geräumig und sehr voll war. Ich sah, daß ein weißer Farre mit großen Hörnern geboren wurde. Alle Tiere des Feldes und alle Vögel des Himmels fürchteten ihn und flehten ihn an alle Zeit. Ich sah, bis daß alle ihre Geschlechter verwandelt und alle weiße Farren wurden; der erste unter ihnen wurde ein Büffel, und jener Büffel wurde ein großes Tier und bekam auf seinem Kopfe große und schwarze Hörner. Der Herr der Schafe aber freute sich sehr über sie und über alle Farren. Ich hatte in ihrer Mitte geschlafen; da wachte ich auf und sah alles. Dies ist das Gesicht, das ich im Schlafe sah. Als ich erwacht war, pries ich den Herrn der Gerechtigkeit und stimmte ihm einen Lobgesang an. Darauf brach ich in lautes Weinen aus, und meine Tränen hörten nicht auf, bis ich es nicht mehr auszuhalten vermochte. Sooft ich hinsah, rannen sie herab wegen dessen, was ich sah. Denn alles wird eintreffen und sich erfüllen; alles Tun der Menschen ist mir der Reihe nach gezeigt worden. In jener Nacht erinnerte ich mich meines ersten Traums; auch seinetwegen weinte ich und war bestürzt, weil ich jenes Gesicht gesehen hatte.

# *Die Sibyllinischen Weissagungen*

Die Herkunft des Eigennamens „Sybilla“ ist nicht zu klären. Den ältesten Bericht über die merkwürdige Prophetin, die keineswegs aus Griechenland, sondern aus dem Osten (Kleinasien) stammt, ist dem griechischen Philosophen Heraklit von Ephesus zu verdanken. Heraklit, der um 550 v. Chr. geboren wurde und um 480 v. Chr. starb, schrieb über die Sibylle: „Die Sibylle spricht mit rasendem Mund, ohne Lachen, ohne Schminke und ohne Myhrren und dringt vermöge göttlicher Hilfe mit ihrer Stimme durch Jahrtausende.“ Diese gottbegeisterte Frau kündigte, in der Ekstase entrückt, künftige schreckliche Ereignisse an, ohne, wie etwa beim Orakel, sich an einem festen Ort aufzuhalten oder konkrete Fragen zu beantworten. Der Eigenname dieses dämonisch und sagenhaft anmutenden Wesens wurde schließlich ganz allgemein zum gebräuchlichen Gattungsnamen für Prophetinnen, für weissagende Frauen.

Eine eigene Literaturgattung, die Orakelsammlung, entstand. Diese heidnische Prosa ist in Hexametern verfaßt. Vom hellenistischen Diasporajudentum wurde die Gattung übernommen. So reicherten jüdische Sibyllisten die heidnischen Texte mit Prophezeiungen über Israel, mit dem Geschehen der Gegenwart und endzeitlichen Drohungen an. Diesen Oracula Sibyllina gaben die jüdischen Autoren auch eine andere Tendenz: Sie preisen den Monotheismus. Dennoch pflegte man den Stil der Sibyllen sehr stark. Erlebte Geschichte wurde in die Weissagung künftiger Ereignisse umgesetzt. Ebenfalls übernommen wurde die Ankündigung künftigen Unheils, zum einen Teil als unabänderlich, zum anderen als Mahnung zur Besserung der Menschen ausgewiesen.

Um ihren Drohungen Autorität zu verleihen, schlüpften diese Propheten in die Identität einer uralten Sibylle. Auch wenn das im Altertum den Menschen mitunter bekannt war, so erregte diese Vorgehensweise keinen Anstoß. Die sibyllinische Dichtung bediente sich ja lediglich gewissermaßen der aus den alten Orakelsprüchen entlehnten Stilmittel. Darüber hinaus allerdings wurde bereits vergangene Geschichte in Prophetie umgesetzt. Mit diesem Kunstgriff sollte die Authentizität der tatsächlich in die Zukunft zielenden Aussagen erhöht werden. Denn schließlich hatten auch die Propheten des Altertums in starker Konkurrenz um Anerkennung zu kämpfen. Der große Name einer früheren Sibylle, hinter dem sich der wahre Autor versteckte, sollte die Glaubwürdigkeit fördern.

Im Zentrum der Oracula Sibyllina, die zunächst jüdisch und dann christlich bearbeitet worden sind, steht die Apokalypse. Eschatologische Prophetie und geschichtliche Interpretation des vergangenen Weltgeschehens unter der Offenbarung der Allmacht des einzig wahren Gottes liefert die alte Sammlung, die wohl während der Wirren der Völkerwanderung in Vergessen-

heit geriet. Erst in der Renaissance entdeckte man die Sibyllinischen Weissagungen, die in ihren wichtigsten Teilen in der Zeit zwischen dem 2. Jahrhundert vor und dem 2. Jahrhundert nach Christus entstanden sind, wieder.
Das dritte Buch erzählt die Geschichte der Welt von der Sintflut bis zum messianischen Reich und enthält weiter die Absage an den Götzendienst, den Lobpreis der Juden und eschatologische Prophezeiungen. Im vierten Buch wird der eine Gott gepriesen und den Juden beim Endgericht die Seligkeit versprochen. Ebenso haben Ereignisse der Weltgeschichte Eingang gefunden: der Heereszug des Xerxes, der Peloponnesische Krieg, die Taten des Alexander. Die Zerstörung Jerusalems durch die Römer ist geweissagt, ebenso wie die Flucht Neros über den Euphrat und seine Wiederkehr. Im fünften Buch findet sich römische Geschichte bis zu dem Kaiser Hadrian und seinen Nachfolgern. Von Ägypten und seinem Götzendienst ist die Rede, von der Zerstörung des Tempels. Erbittert kämpft der Autor mit seinen Worten gegen Ron. Mystisch mutet vielfach das siebte Buch dieser Weissagungen mit seinem düsteren Inhalt an.
Die Sibyllinen wurden etwa im 6. Jahrhundert zu einer Sammlung von 15 Büchern zusammengefaßt. Erst im 15. und 19. Jahrhundert wurde das Werk, bis auf drei verschollene Bücher wieder bekannt. In der Theologie ist das dichterische Werk als angebliche Weissagungen zurückhaltend aufgenommen worden.

## *Textquelle: Die Sibyllinischen Weissagungen*

### *Drittes Buch*

Wehe, blutdürstiges und arglistiges Geschlecht von Bösen und Gottlosen, von Lügnern und zweizüngigen, bösartigen Menschen, von Ehebrechern, Götzendienern arglistigen Sinn Hegenden, denen ein böser rasender Trieb im Herzen wohnt, die für sich selber zusammenraffen, schamlosen Sinns. Denn niemand, der da reich ist und hat, wird einem anderen davon abgeben, sondern arge Schlechtigkeit wird bei allen Menschen sein; keine Treue überhaupt werden sie halten, und viele verwitwete Frauen werden heimlich andere lieben aus Gewinnsucht, und auch die, welche Männer erlangt haben, halten nicht die Richtschnur des Lebens inne.
Aber wenn Rom auch über Ägypten herrschen wird, zu *einem* Ziele lenkend, dann wird sich das größte Königtum des unsterblichen Königs den Menschen zeigen. Es wird kommen der heilige Herrscher, der das Zepter über die ganze Erde innehaben wird in alle Ewigkeiten der dahineilenden Zeit. Und dann wird unerbittlicher Zorn über die latinischen Männer kommen; drei werden Rom in jammervollem Geschicke zugrunde richten. Alle

Menschen werden in den eignen Häusern umkommen, wenn dann vom Himmel ein feuriger Gießbach herabströmt. Wehe nur Ärmster! Wann wird jener Tag kommen und das Gericht des unsterblichen Gottes, des großen Königs? Jetzt baut ihr euch, ihr Städte, und schmückt euch alle mit Tempeln und Rennbahnen, mit Märkten, mit Bildern von Gold und Silber und Stein, damit ihr zu dem bitteren Tage gelanget. Denn es wird der Tag kommen, wo der Geruch des Schwefels hindurchdringt bei allen Menschen. Aber was soll ich das einzelne sagen, in wie vielen Städten die Menschen vom Elend betroffen werden?

Von den Sebastenern wird nachher Beliar kommen und wird hohe Berge erstehen machen, stillstehen machen das Meer, die feurige Sonne und den glänzenden Mond, und auch die Toten wird er erstehen machen und viele Zeichen bei den Menschen tun. Aber nicht Vollendung wird in ihm sein, sondern nur Irreführung, und so wird er viele Menschen irremachen, sowohl gläubige und auserwählte Hebräer als auch andere gesetzlose Männer, die noch nie die Rede Gottes gehört haben. Aber wenn dann die Drohungen des großen Gottes herannahen und eine feurige Macht durch die Wasserwoge ans Land kommt und den Beliar verbrennt und die übermütigen Menschen, alle, die diesem Glauben geschenkt haben: dann wird die ganze Welt unter den Händen eines Weibes regiert werden und ihr in allem gehorchen. Dann, wenn eine Witwe über die ganze Welt Königin geworden ist und das Gold und das Silber in die hehre Salzflut hingeworfen und das Kupfer und das Eisen der kurzlebigen Menschen ins Meer geworfen hat, dann werden alle Elemente der Welt verlassen sein, wenn der im Äther wohnende Gott den Himmel aufrollt, wie wenn eine Buchrolle aufgewickelt wird, und fallen wird das ganze vielgestaltige Himmelsgewölbe auf die hehre Erde und in das Meer, und es wird fließen ein Gießbach mächtigen Feuers unermüdlich, verbrennend die Erde, verbrennend das Meer, und wird das Himmelsgewölbe und die Tage und die Schöpfung selbst zusammenschmelzen und reinlich auseinanderlesen. Und nicht mehr werden sein die prunkenden Kugeln der Himmelsleuchten, nicht Macht, nicht Morgen, nicht viele Tage der Sorge, nicht Frühling, nicht Winter, nicht auch Sommer, nicht Herbst. Und dann wird das Gericht des großen Gottes erscheinen in der großen Zeit, wenn dies alles geschehen ist.

Aber wenn die Drohungen des großen Gottes erfüllt werden, die er einstmals den Sterblichen androhte, als sie den Turm bauten im assyrischen Lande – sie waren aber alle von gleicher Sprache und wollten emporsteigen zum gestirnten Himmel. Alsbald aber legte der Unsterbliche den Winden mächtigen Zwang auf, und da warfen die Stürme den großen Turm von hoch hinab und erregten den Sterblichen Streit gegeneinander; darum gaben denn die Menschen der Stadt den Namen Babylon. Als aber der Turm gefallen war und die Zungen der Menschen sich in mannigfache Sprachen verkehrt hatten, aber die ganze Erde mit Sterblichen sich füllte, indem die Königreiche sich teilten: da war das zehnte Geschlecht der redenden Menschen, seitdem die Sintflut über die früheren Männer gekommen war, und es wurden Herrscher Kronos, Titan und Japetos. Treffliche Kinder der Gaia (Erde) und des Uranus (Himmel) wurden sie bei den Menschen genannt, mit dem Namen der Erde und des Himmels, weil sie die hervorragendsten waren unter den redenden Menschen. Drei Teile der Erde waren für das Los eines jeden, und ein jeder wurde Herrscher in seinem Teile, ohne daß sie kämpften; denn Eidschwüre waren durch ihren Vater geschehen und gerechte Teilung. Da nun kam für den Vater die volle Zeit des Alters, und er starb, und die Söhne, indem sie die Eidschwüre arg übertraten, erregten Streit widereinander, wer im Besitze der königlichen Ehre über alle Sterblichen herrschen sollte. So kämpften Kronos und Titan gegeneinander; aber Rhea und Gaia und die kränzeliebende Aphrodite, samt Demeter und Hestia und der schöngelockten Dione, versöhnten sie wieder, indem sie zusammenbrachten alle Könige und die Brüder und die Blutsverwandten und auch die anderen Menschen, die von dem Blut und den Eltern waren, und sie entschieden, daß Kronos als König über alle herrschen solle, weil er der Älteste war und von Gestalt der Trefflichste. Aber Titan verpflichtete den Kronos mit großen Eidschwüren, daß er keinen männlichen Nachwuchs von Kindern aufziehen wolle, damit er selber König würde, wenn dem Kronos das Alter und das Todesgeschick komme. Sooft aber Rhea gebären sollte, so saßen bei ihr die Titanen und zerrissen alle männlichen Kinder, die weiblichen dagegen ließen sie lebendig, daß sie bei der Mutter aufwuchsen. Als nun die hehre Rhea zum dritten Male gebar, da gebar sie zuerst die Hera, und als die wilden Männer, die Titanen, das weibliche Geschlecht mit den Augen sahen, gingen sie nach Hause. Und dann gebar Rhea ein männliches Kind; das schickte sie schnell nach Phyrgien hinüber, daß es in Heimlichkeit und Abgeschiedenheit aufwüchse, indem sie drei kretische Männer nahm, die sie mit Eiden verband. Darum nannten sie ihn Zeus, weil er hinübergeschickt wurde. Ebenso schickte sie heimlich den Poseidon hinüber. Zum dritten gebar Rhea, die Hehre unter den Frauen, den Pluton, als sie bei Dodona vorüberging, woher der feuchte Pfad des Flusses Europos ausging und das Wasser in das Meer rann, mit dem Peneios vermischt; den stygischen Fluß nennt man ihn. Als aber die Titanen erfuhren, daß heimlich Söhne da waren, welche Kronos und seine Gemahlin Rhea gezeugt hatten, da sammelte Titan seine sechzig Söhne und hielt den Kronos und seine Gemahlin Rhea in Fesseln und barg sie in der Erde und hütete sie in Banden. Und da erfuhren es die Söhne des gewaltigen Kronos und erregten gegen ihn großen Krieg und Kampfgetümmel. Dies ist der Anfang des Kriegs für alle Sterblichen; denn dies ist für die Sterblichen der erste Anfang des Kriegs. Und da verlieh Gott den Titanen Unheil. Und alle Nachkommen der Titanen und des Kronos starben. Aber dann im Umschwunge der Zeit entstand das Königreich Ägypten, dann das der Perser, der Meder, der Äthiopier und des assyrischen Babylon, dann das der Makedonier, wiederum das von Ägypten, dann das von Rom. Und da trat mir die Rede des großen Gottes ins Herz und hieß mich weissagen auf der ganzen Erde und den Königen und ihnen das Künftige in den Sinn legen. Und dies zuerst hat mir Gott in den Geist gegeben, wie viele Königreiche der Menschen zusammenkommen.

Zuerst nämlich wird das salomonische Haus regieren die Bewohner Phöniziens und Asiens und auch der anderen Inseln und das Geschlecht der Pamphyler, Perser, Phryger, Karer und Myser sowie das Geschlecht der goldreichen Lyder. Aber alsdann werden regieren die übermütigen und unkeuschen Hellenen. Dann wird Makedoniens großes, kluges Geschlecht herrschen, welche als furchtbare Wolke des Kriegs den Sterblichen kommen werden. Aber der himmlische Gott wird dasselbe von Grund aus verderben.

Aber alsdann wird der Anfang eines anderen Königreichs sein, weiß und vielköpfig, von dem westlichen Meere, welches über vieles Land herrschen, viele erschüttern und allen Königen nachmals Furcht erregen wird; vieles Gold und Silber wird es erbeuten aus vielen Städten. Wiederum aber wird auf der hehren Erde Gold sein, sodann auch Silber und Schmuck. Und sie werden die Sterblichen bedrücken; aber ein großer Sturz wird jenen Männern widerfahren, wenn sie anfangen mit dem ungerechten Übermut. Alsbald aber wird unter diesen Zwang der Gottlosigkeit sein: Männliches wird sich mit Männlichem begatten, und ihre Knaben werden sie hinstellen in schändliche Häuser. Und es wird in jenen Tagen große Bedrängnis unter den Menschen sein und alles verwirren, alles zusammenschlagen und alles mit Unheil erfüllen, durch Habgier schimpflichen Lebens, durch Reichtum aus bösem Gewinn, in vielen Ländern, am meisten aber in Makedonien. Und sie wird Haß erregen, und jede Arglist wird bei ihnen sein, bis zum siebenten Königreich, über welches regieren wird ein König Ägyptens, der von Abkunft aus den Hellenen sein wird. Und dann wird das Volk des großen Gottes wieder stark sein, welche allen Sterblichen die Wegweiser des Lebens sein werden. Aber was hat mir Gott in den Sinn gelegt, auch dies zu sagen, was zuerst, was dann, was zuletzt Unheil kommen wird über alle Menschen, was hiervon der Anfang sein wird?

Zuerst wird Gott den Titanen Unheil verleihen, denn sie werden büßen den Söhnen des mächtigen Kronos, dafür, daß sie den Kronos und ihre werte Mutter gefesselt haben. Zum zweiten werden bei den Hellenen Tyrannenherrschaften und hoffärtige Könige sein, übermütig und unkeusch, ehebrecherisch und in allem schlecht, und es werden die Sterblichen kein Ausruhen mehr vom Kriege haben. Die Phryger werden alle schrecklich zugrunde gehen, und für Troja wird an jenem Tage das Unheil kommen. Alsbald wird den Persern und Assyriern das Unheil nahen und ganz Ägypten und Lybien und den Äthiopern, auch den Kariern und Pamphyliern, daß sie übel aus ihren Sitzen vertrieben werden, und allen Sterblichen. Was spreche ich es einzeln aus? Aber wenn das erste seine Erfüllung erhalten hat, wird gleich das zweite über die Menschen kommen. Doch zu allerletzt will ich ausrufen, daß den frommen Männern Unheil nahen wird, welche um den großen salomonischen Tempel wohnen und die Nachkommen gerechter Männer sind. Gleichwohl will ich auch von diesen ausrufen, den Stamm und das Geschlecht der Väter und das Volk aller, alles in kundiger Weise, du klugdenkender, arglistiger Sterblicher!

Es ist eine Stadt ... im Lande Ur der Chaldäer, aus welcher das Geschlecht der gerechtesten Menschen ist, die immerdar guten Rats und edler Taten gedenken. Denn nicht sinnen sie über den Lauf der Sonnenscheibe oder des Monds noch über die ungeheuren Dinge unter der Erde noch über die Tiefe des funkelnden Meers, des Ozeans, nicht über die Wahrsager, die Zauberer, die Beschwörer, nicht über die Zeichen aus dem Niesen noch über die Flugzeichen der Vogeldeuter, nicht über die Täuschungen einfältiger Worte der Bauchredner, noch auch suchen sie aus den Sternen die Orakel der Chaldäer, noch treiben sie Astrologie; denn das alles ist verführend, was törichte Männer Tag für Tag aufspüren, ihren Geist abmüdend zu keiner nützlichen Wirkung, und sie haben die elenden Menschen Irrsal gelehrt, woher viel Übel den Sterblichen auf Erden entsteht, weil sie abgeirrt sind vom guten Weg und von gerechten Werken. Sondern sie sinnen über Gerechtigkeit und Tugend, und nicht ist Habgier bei ihnen, welche tausend Übel erzeugt den sterblichen Menschen, Krieg und Hunger ohne Ende. Bei ihnen sind gerechte Maße auf dem Land und in den Städten; nicht vollführen sie gegeneinander nächtlichen Diebstahl, noch treiben sie fort die Herden von Rindern, Schafen und Ziegen, noch nimmt ein Nachbar dem andern die Grenzsteine des Landes fort, noch kränkt ein schwerreicher Mann den geringeren. Nicht bedrückt er Witwen, steht ihnen vielmehr bei, indem er sie immerdar mit Korn, Wein und Öl unterstützt. Immerdar schickt der Begüterte im Volke denen, die nichts haben und in Armut leben, einen Teil von der Ernte, erfüllend das Wort des großen Gottes, den gesetzmäßigen Gesang; denn allen gemeinsam hat der Himmlische die Erde geschaffen.

Aber wenn das zwölfstämmige Volk Ägypten verlassen und seinen Weg wandern wird mit gottgesandten Führern, mit einer Feuersäule bei Nacht wandernd – und mit einer Wolkensäule wird es den Tag vom Morgen ab wandern; ihm aber wird er zum Führer einen großen Mann setzen, den Moses, welchen die Königin vom Sumpfe, wo sie ihn fand, zu sich nahm und, indem sie ihn großzog, ihren Sohn nannte. Aber als dieser, das Volk leitend, welches Gott aus Ägypten ausführte, zu dem Berge Sina kam, gab Gott vom Himmel her sein Gesetz, indem er auf zwei Tafeln alle Gerechtsame schrieb und gebot, dies zu tun. Und wenn jemand ungehorsam sein sollte, so wird er entweder dem Gesetze büßen oder Menschenhänden, oder wenn er den Sterblichen verborgen bleibt, wird er nach allem Rechte zugrunde gehen. Denn allen gemeinsam hat der Himmlische die Erde geschaffen und allen schuf er auch den besten Sinn in der Brust. Ihnen allein bringt Frucht die kornspendende Erde hundertfältig, und es erfüllten sich die Maße Gottes. Aber auch diesen wird das Unheil kommen, und nicht werden sie der Seuche entfliehen. Auch du wirst, verlassend den herrlichen Tempel, fliehen müssen, da es dein Schicksal ist, den heiligen Boden zu verlassen, und wirst fortgeführt werden zu den Assyriern und sehen müssen, wie deine kleinen Kinder und deine Frauen Knechtsdienste tun bei feindlichen Männern, und aller Besitz und Rechtum wird zugrunde gehen. Jegliches Land wird voll von dir sein und jegliches Meer; jedermann wird sich stoßen an deinen Sitten. Dein ganzes Land wird von dir verlassen sein, und der feste Altar und der Tempel des großen Gottes und die hohen Mauern werden alle zu Boden fallen, weil du nicht zu Herzen genommen hast des unsterblichen Gottes heiliges Gesetz, sondern abirrend elenden Götzen gedient hast und nicht in Furcht den unsterblichen Gott, den Erzeuger aller Menschen, ehren wolltest, sondern die Abbilder sterblicher Geschöpfe ehrtest. Dafür wird siebenmal zehn Jahre das fruchtbringende Land ganz von dir verlassen sein und der wunderbare Tempel. Aber das schließliche Gute erwartet dich und größte Herrlichkeit, wie dir der unsterbliche Gott beschieden hat. Du aber warte, vertrauend auf die heiligen Gesetze des großen Gottes, wann er dein ermattetes Knie aufrecht zum Lichte emporhebt. Und dann wird Gott vom Himmel her einen König senden, zu richten einen jeden mit Blut und Glanz des Feuers. Es gibt aber einen königlichen Stamm, dessen Geschlecht nicht fallen wird, und dieses wird im Umschwunge der Zeiten herrschen und anfangen, einen neuen Tempel Gottes zu errichten. Und alle Könige der Perser werden beisteuern Erz und Gold und mühevoll bearbeitetes Eisen. Denn Gott wird selbst geben einen heiligen nächtlichen Traum. Und dann wird der Tempel wieder sein, wie er früher war.

Als eben mein Geist aufhörte mit dem gottbegeisterten Liede und ich den großen Erzeuger angefleht hatte, mit dem Zwange aufzuhören, da kam mir wieder die Rede des großen Gottes ins Herz und hieß mich weissagen auf der ganzen Erde und den Königen und ihnen das Künftige in den Sinn legen. Und dies zuerst hat mir Gott in den Geist gegeben zu sagen, wie viel traurige Schmerzen der Unsterbliche gegen Babylon beschlossen hat, weil es seinen großen Tempel entleerte.

Wehe, wehe dir, Babylon, und du Geschlecht assyrischer Männer! Über das ganze Land der Sünder kommt einst Sausen, und allen Boden der Menschen wird Kriegsgetümmel verderben und der Schlag des großen Gottes, Lenkers meiner Lieder. Denn in der Morgenfrühe wird er über dich, Babylon, einmal von oben herabkommen; aber vom Himmel her wird er über dich aus dem Heiligtum herabsteigen, und der Ewige wird dich mitsamt deinen Kindern verderben. Und dann wirst du sein, wie du vordem warst, wie nie dagewesen, und dann wirst du erfüllt werden von Blut, wie du es vorher selbst vergossen hast von guten Männern und von gerechten Männern, deren Blut auch jetzt noch zum hohen Himmel schreit.

Kommen wird dir, Ägypten, ein großer Schlag über deine Häuser, ein schrecklicher, wie du niemals erwartet hast, daß er dir käme. Denn das Schwert wird mitten durch dich hindurchdringen, und Zerstreuung und Tod und Hunger wird dich einnehmen, im siebenten Geschlechte der Könige, und dann wirst du aufhören.

Wehe, wehe dir, Land des Gog und Magog, das du mitten zwischen den äthiopischen Flüssen liegst; wie viel vergossenes Blut wirst du aufnehmen! Und du wirst das Haus des Gerichts unter den Menschen heißen, und es wird deine vielbenetzte Erde schwarzes Blut trinken.

Wehe, wehe dir, Libyen; wehe, wehe, Meer und Land! Töchter des Westens, wie werdet ihr kommen zu bitterem Tage; kommen werdet ihr dazu und verfolgt von hartem Kampfe, schrecklichem und hartem. Ein schreckliches Gericht wird wiederum sein, und mit Zwang werdet ihr alle ins Verderben kommen, dafür, daß ihr das große Haus des Unsterblichen vernichtet und schrecklich zerbissen habt mit eisernen Zähnen. Dafür wirst du dein Land voll von Leichen sehen müssen, teils vom Krieg und dem ganzen Ansturm des Dämons, Hunger und Pest, teils von barbarisch gesinnten Feinden. Dein ganzes Land wird von dir verlassen sein ...

Im Westen aber wird ein Stern leuchten, den sie einen Haarstern nennen werden, von Schwert und Hunger und Tod für die Menschen das Zeichen, und vom Morde der Führer und großer hervorragender Männer.

Wiederum werden sehr große Zeichen unter den Menschen sein; denn auch den maiotischen Sumpf wird der tiefwirbelnde Tanais verlassen, und in der tiefen Strömung wird die fruchttragende Furche sein, und die ungeheure Flut wird die Landenge einnehmen.

Schlünde und gähnende Erdstürze; viele Städte werden mitsamt den Bewohnern zusammenstürzen: in Asien Jassos, Kebren, Pandonia, Kolophon, Ephesos, Nikaia, Antiocheia, Syagra, Smyrna, Myrine, Gaza, das glückselige, Hieropolis, Astypalaia; von Europa Tanagra, Kleitor, Basilis, Meropeia, Antigone, Magnesia, Mykene, Oiantheia. Wisse dann, verderbliches Geschlecht Ägyptens, das Verderben ist nahe, und dann ist für die Alexandriner das vergangene Jahr besser.

Wieviel von dem tributbringenden Asien Rom empfangen hat, dreimal soviel Gold wird wiederum Asien von Rom empfangen und wird an ihm den verderblichen Übermut rächen. Wie viele aber aus Asien im Hause der Italer

Knechte gewesen sind, zwanzigmal soviel Italer werden in Asien dienen in Armut, und sie werden jeder Tausende schulden.
O du üppige goldreiche Jungfrau, Tochter des latinischen Roms, oftmals wirst du bei deiner vielumfreiten Hochzeit als weinberauschte Dienerin nicht nach Gebühr vermählt werden; oftmals wird dein üppiges Haar die Herrin abscheren, und sie wird, das Recht verwaltend, das am Himmel zur Erde werfen und von der Erde wieder zum Himmel emporrichten, weil die Menschen des schlechten und ungerechten Lebens schuldig waren.
Es wird auch Samos Sand sein, Delos unsichtbar und Rom eine Gasse; die Orakel erfüllen sich alle. Von Smyrnas Untergang wird keine Rede widerrechtlich sein, sondern durch schlechten Rat und Schlechtigkeit der Führer ...
Heitere Ruhe wird in das Land Asien kommen. Europa wird dann glückselig sein, nährend der Himmel, viele Jahre und Gesundheit gebend, ohne Stürme und ohne Hagel, alles bringend, sowohl Vögel als kriechende Tiere der Erde. O glückselig der Mann oder die Frau, wer zu jener Zeit sein wird, so sehr wie der in den Fabeln gepriesene Wohnsitz der Seligen. Denn alle Gesetzlichkeit und Gerechtigkeit wird vom gestirnten Himmel zu den Menschen kommen und mit ihr die für die Sterblichen alles übertreffende besonnene Eintracht und Liebe, Treue, Gastlichkeit. Weichen wird von ihnen Gesetzlosigkeit, mißgünstiger Tadel, Neid, Zorn, Torheit; fliehen wird von den Menschen die Armut und fliehen die Not und Mord und verderblicher Streit und trauriger Zank und nächtlicher Diebstahl und alles Schlechte in jenen Tagen.
Aber Makedonien wird ein schweres Leid für Asien gebären, und aus Europa wird ein großer Schmerz emporsprießen, aus dem Geschlechte des Kroniden, unecht und von dem Geschlechte von Sklaven. Jenes Makedonien wird auch die feste Stadt Babylon verderben, und sie, die über alles Land, welches von der Sonne beschaut wird, Herrin genannt war, wird in bösem Unheil untergehen, nicht das Gesetz habend für die vielumhergetriebenen Spätgeborenen.
Es wird auch einstmals unversehens kommen auf den glücklichen Boden von Asien ein Mann, mit purpurnem Gewand um die Schultern gekleidet, wild, ein anderes Recht habend, flammend. Es erweckte aber vorher diesen Mann der Blitzstrahl; ein böses Joch wird ganz Asien tragen und viel Mordblut die benetzte Erde trinken. Aber dennoch wird zu völliger Vernichtung ... Deren Geschlecht er selbst vertilgen will, durch deren Geschlecht wird sein Geschlecht vertilgt werden; *eine* Wurzel, welche der Menschenmörder abhauen wird, aus zehn Hörnern; daneben wird er eine andere Pflanze pflanzen. Abhauen wird er den kriegerischen Erzeuger des purpurnen Geschlechts, und er selbst wird von den Söhnen zugrunde gehen, und dann wird das Horn regieren. Es wird auch dem nahrunggebenden Phrygien alsbald ein Zeichen

sein, wenn der Rhea schändliches Geschlecht, in der hehren Erde immerdar mit nie dürstenden Wurzeln grünend, von Grund aus vernichtet wird in *einer* Nacht, in der Stadt des den Boden bewegenden Erderschütterers, samt ihren Männern, welche Stadt sie dann mit Namen Dorylaion nennen werden, des alten, tränenreichen, schwarzen Phrygiens. Jene Zeit wird mit Namen die erderschütternde sein: Die verborgenen Tiefen der Erde wird sie zertrümmern und die Mauern brechen. Es werden aber die Zeichen nicht von Gutem, sondern von Übel der Anfang sein: Die verderbliche Not eines Völkerkriegs werdet ihr haben, o Aneneaden, des erdgeborenen Ilos einheimisches Blut. Aber hinterdrein wirst du zur Beute sein den Menschen, die nach dir verlangen. O Ilion, ich bejammere dich; denn in Sparta wird die Erinnys ein wunderschönes, immer gepriesenes, treffliches Reis emporsprießen lassen, Asiens und Europas ... Dir aber am meisten wird sie Klagen und Mühen und Seufzer bringend setzen; dein nie alternder Ruhm wird es sein bei den Nachkommen.

Und ein Lügen schreibender alter Mann wird wiederum sein, von erlogenem Vaterlande; ... Viel Verstand wird er haben und einen seinen Gedanken angepaßten Vers ... Einen Chier wird er sich nennen und die Geschichten von Ilion schreiben, zwar nicht wahrhaftig, aber doch klug; denn er wird meine Verse und Maße in seiner Gewalt haben. Denn er zuerst wird mit den Händen meine Buchrollen aufwickeln, und er selbst wird trefflich schmücken die Erreger des Kampfes, den Priamiden Hektor und den Peliden Achilleus und die anderen, die da die Werke des Kriegs treiben. Und Götter wird er diesen zur Seite stehen lassen, Lügen schreibend in aller Weise, während es leerköpfige Menschen waren. Und weiter Ruhm wird ihnen um so mehr werden, daß sie vor Ilion gefallen seien.

Auch für Lykien wird des Lokrers Geschlecht viel Übel bereiten. O Chalkedon, die du des engen Meeres Pfad erlost hast, auch dich wird alsdann ein ätolischer Knabe kommend vernichten. Kyzikos, auch dir wird das Meer den schweren Reichtum abreißen. Und auch du alsdann, ... Byzanz, wirst ..., und so wirst du Seufzen empfangen und unzähliges Blut. Aus deinen Gipfeln, o Kragos, hoher Berg Lykiens, wird, indem sich der Fels zu Schlünden öffnet, Wasser rauschen, bis es auch Pataras weissagenden Zeichen ein Ende macht. Kyzikos, Bewohnerin der weinbauenden Propontis, des Rhyndakos sich emporttürmende Welle wird um dich brausen. Auch du, Rhodos, wirst wohl lange Zeit ungeknechtet sein, o Tochter der Sonne, und viel Reichtum wird nachmals bei dir sein, und auf dem Meere wirst du Macht haben vor anderen. Aber hinterdrein wirst du zur Beute sein den Menschen, die nach dir verlangen, durch deine Herrlichkeiten und deinen Reichtum; ein schreckliches Joch wirst du dir auf den Nacken legen.

Aber lydisches Erdbeben wird die Macht Persiens vernichten, und Europas und Asiens Volk wird schauderhaft leiden. Der schreckliche König der Sido-

nier und der Krieg anderer werden den meerfahrenden Samiern schreckliches Verderben zeigen. Mit Blut wird der Erdboden ins Meer fließen, indem die Männer umkommen, die Gattinnen aber mit den herrlich gekleideten Töchtern werden den schmählichen an ihnen verübten Frevel bejammern, die einen über die Leichen, die anderen über die umkommenden Söhne.
Ein Zeichen für Kypros geschieht durch Erdbeben; es wird die Schlachtreihen vernichten, und viele Seelen wird zusammen der Hades aufnehmen.
Tralles aber, das Ephesos benachbarte, wird durch Erdbeben zerstören seine schöngebauten Mauern und den Reichtum schwerzürnender Männer. Die Erde wird heißes Wasser emporsprudeln lassen, und sie, die vom Feuer und vom Geruche des Schwefels beschwert werden, wird die Erde einschlürfen.
Auch Samos wird zu seiner Zeit ein königliches Haus bauen.
Italien, dir wird kein fremder Krieg kommen, sondern einheimisches Blutvergießen, vielbejammertes, nicht geringes, vielberufenes, wird dich Schamlose verwüsten. Und auch du selbst, neben heißer Asche ausgestreckt, wirst durch das Unheil, welches unvorhergesehen war für dein Herz, zerfleischt werden, und du wirst nicht Mutter von Männern, sondern Amme wilder Tiere sein.
Aber wenn von Italien der verwüstende Mann kommen wird, dann, o Laodikeia, wirst du, vornüber zu Boden gesunken, du herrliche Stadt der Karer, am göttlichen Wasser des Lykos, schweigen, nachdem du den stolzen Vater bejammert hast. Die thrakischen Krobyzer werden aufstehen im Haimos. Den Kampanern wird Zähneklappen durch den Hunger; nachdem es aber den vieljährigen Vater bejammert hat, wird Kyrnos und wird Sardo durch mächtige Wirbel des Sturms und durch Schläge des heiligen Gottes in die Tiefe des Meeres versenkt werden, ein großes Wunder den Kindern des Meers. Wehe, wehe, wie viele Mädchen wird der Hades mit sich vermählen, und die unbestatteten Jünglinge wird die Tiefe beschicken! Wehe, wehe die im Meere schwimmenden kleinen Kinder und der schwere Reichtum!
Seliges Land der Myser, ein königliches Geschlecht wird plötzlich bereitet werden. Nicht jedoch auf lange Zeit wird in Wahrheit Chalkedon sein. Den Galatern wird jammerreiche Klage werden. Es wird auch für Tenedos das Unheil zuletzt, aber am größten kommen.
Als aber mein Geist aufhörte mit dem gottbegeisterten Liede, da kam mir wieder die Rede des großen Gottes ins Herz und hieß mich weissagen auf der Erde.
Wehe, wehe, Geschlecht phönizischer Männer und Frauen und allen Städten an der Meeresküste! Keine von euch wird am Lichte der Sonne sich darstellen im gemeinsamen Lichte, noch wird bei euch noch länger die Zahl und der Stamm des Lebens sein, zur Strafe für die ungerechte Rede und das gesetzlose und unkeusche Leben, welches alle hingebracht haben, unkeuschen Mund öffnend, und schreckliche, lügenhafte und ungerechte Reden haben

sie geführt und sind entgegengetreten Gott, dem großen König, und haben zu Lügen den schändlichen Mund geöffnet; dafür wird Gott sie entsetzlich mit Schlägen niederwerfen, mehr als jedes andere Land, und ihnen ein bitteres Schicksal zusenden, indem er vom Boden aus verbrennt die Städte und viele Grundfesten.
Wehe, wehe dir, schmerzvolles Kreta, auch gegen dich wird ein Schlag kommen, und furchtbar wird dich der Ewige entleeren; die ganze Erde wird dich wieder in Rauch aufgehen sehen, und in Ewigkeit wird dich das Feuer nicht verlassen, sondern du mußt brennen.
Wehe, wehe dir, Thrakien, wie wirst du unter das Knechtesjoch kommen, wenn vermischt die Galater mit den Dardaniden, Hellas im Ansturm verwüstend, dann wird dir ein Unheil sein.
Wehe, wehe dir, Gog und Magog, und allen nach der Reihe, wie viel Unheil führt gegen dich das Schicksal heran! Vieles auch den Söhnen der Lykier und Myser und Phrygier; viele Völker der Pamphylier und Lyder werden fallen und der Maurer und Äthiopier und barbarisch redender Völker und der Kappadokier und Araber. Was nenne ich jedes an seinem Teile? Denn allen Völkern, wie viele die Erde bewohnen, wird der Höchste einen schrecklichen Schlag zusenden.
Wenn aber wieder gegen die Hellenen ein barbarisches Volk herankommt, wird es viele Häupter auserlesener Männer verderben; viele fette Schafe der Menschen werden sie vernichten und Herden von Rossen und Mauleseln und laut brüllenden Rindern. Die schöngebauten Häuser werden sie gesetzlos mit Feuer verbrennen. Viele geknechtete Leiber werden sie mit Zwang zu fremdem Lande führen und Kinder und tiefgegürtete Frauen aus den Kammern, zarte, die mit weichen Füßen vorher gingen, werden sie sehen in Banden durch barbarisch redende Männer allen schrecklichen Frevel erleiden; und nicht werden sie haben einen, der ihnen nur etwas den Krieg abwehre und zum Leben helfe. Sie werden sehen müssen, wie der Feind ihre eigenen Besitztümer und ihren ganzen Reichtum genießt; Zittern wird ihnen die Knie erfassen. Fliehen werden hundert, einer wird sie alle verderben; fünf aber werden einen mächtigen Kriegshaufen zur Flucht wenden. Sie aber, ihnen gegenüber schimpflich verwirrt durch den Kampf und schreckliche Bestürzung, werden ihren Feinden Freude bringen, den Hellenen aber Trauer. Das Joch der Knechtschaft wird ganz Hellas aufgelegt sein, und alle Menschen zugleich wird Krieg und Pest bedrängen. Ehern wird ihnen Gott machen den großen Himmel droben und Regenlosigkeit über die ganze Erde und sie selber eifern. Aber dann werden die Menschen alle schrecklich jammern, daß sie nicht säen und nicht pflügen können, und Feuer wird auf die Erde bringen … der, welcher Himmel und Erde geschaffen hat, und von allen Menschen wird der dritte Teil wiederum sein.
Hellas, was vertraust du auf sterbliche führende Männer, die dem Ziele des

Todes nicht entgehen können? Wozu bringst du eitle Gaben den Abgeschiedenen und opferst den Götzen? Wer hat dir den Irrtum ins Herz gelegt, dies zu tun, verlassend das Antlitz des großen Gottes? Vor dem Namen des Allerzeugers hege Scheu und laß ihn dir nicht verborgen bleiben. Tausend Jahre sind es und andere fünfhundert, seitdem die übermütigen Könige der Hellenen regierten, die zuerst die Menschen zum Bösen anleiteten, indem sie viele Bilder von abgeschiedenen Göttern stifteten, um deretwillen ihr angeleitet wurdet, eitel zu denken. Aber wenn des großen Gottes Zorn euch treffen wird, dann werdet ihr des großen Gottes Antlitz erkennen. Alle Seelen der Menschen werden mit großem Seufzen, empor zum weiten Himmel ihre Hände hebend, beginnen, den großen König als Helfer zu rufen und zu suchen, wer ihnen ein Retter von dem großen Zorn sein werde.
Aber wohlan, lerne dieses und nimm es dir zu Herzen, wie viele Leiden im Umschwunge der Jahre kommen werden. Hellas, zum großen Tempel des großen Gottes ein Ganzopfer darbringend, wirst du entfliehen vor dem Lärm des Kriegs und der Furcht und der Pest und wirst dem Knechtesjoch wiederum entfliehen. Aber bis dahin wird das Geschlecht gottloser Männer sein. Wenn dann auch dieser schicksalsvolle Tag seine Vollendung bekommt (denn nicht werdet ihr Gott opfern, bis alles geschehe, was Gott allein beschließen wird, nicht ohne Erfüllung; eine mächtige Notwendigkeit wird sein, daß alles erfüllt werde): dann wird wiederum ein heiliges Geschlecht frommer Männer sein, den Ratschlüssen und dem Sinne des Höchsten anhangend, welche den Tempel des großen Gottes verherrlichen werden mit Spende und Fettduft und heiligen Hekatomben, mit den Opfern wohlgenährter Stiere und ausgewachsener Widder und mit Schafen, die zum ersten Male geboren, und fettes Vieh von Lämmern auf dem großen Altare heilig als Ganzopfer darbringend. In Gerechtigkeit, indem sie das Gesetz des Höchsten erlangt haben, werden sie glückselig die Städte und die fetten Fluren bewohnen. Sie werden selbst Propheten sein, von dem Unsterblichen erweckt, große Freude allen Menschen bringend. Denn ihnen allein hat der große Gott verständigen Rat gegeben und Glauben und den besten Sinn in der Brust; die da nicht in leeren Täuschungen noch Werke von Menschen, goldene und eherne und silberne und elfenbeinerne, und Bilder von hölzernen und steinernen abgeschiedenen Göttern, irdene, mit Rötel bestrichene, geformte Malereien, ehren, wie es die Sterblichen tun nach eitlen Gedanken, sondern zum Himmel erheben reine Arme, frühmorgens vom Lager aufgestanden immer die Hände reinigend mit Wasser, und allein ehren den immer herrschenden Unsterblichen und sodann die Eltern. Danach gedenken sie ausnehmend vor allen Menschen der Reinheit des Lagers und mischen sich nicht unkeusch mit der männlichen Jugend, wie die Phönizier, die Ägypter und Latiner und das weite Hellas und die vielen Völker der anderen, der Perser und Galater und des ganzen Asiens, übertretend das heilige Ge-

setz des großen Gottes, welches sie übertreten haben. Dafür wird der Unsterbliche allen Menschen bereiten Unheil und Hungersnot und Leiden und Seufzen und Krieg und Pest und tränenreiche Schmerzen, weil sie den unsterblichen Erzeuger aller Menschen nicht fromm ehren wollten, sondern Götzenbilder ehrten, Werke von Menschenhand hochhaltend, welche die Menschen selbst fortwerfen werden, in Felsspalten sie verbergend des Schimpfes wegen, wenn über das Land Ägypten ein neuer König herrscht als siebenter des eigenen Geschlechts gezählt, von der Herrschaft der Hellenen an, in welcher herrschen werden die Makedonier, die unsäglichen Männer, und wenn dann aus Asien ein großer König kommt, ein mutvoller Adler, der das ganze Land mit Fußvolk und Reitern bedecken wird und alles zerschlagen und alles mit Unheil erfüllen und zu Boden werfen wird Ägyptens Königreich; alle Schätze herausnehmend fährt er davon über den breiten Rükken des Meeres. Und dann werden sie dem großen Gotte, dem unsterblichen Könige, das weiße Knie beugen auf der vielnährenden Erde; die Werke von Menschenhand aber werden alle fallen in der Flamme des Feuers. Und dann wird Gott große Freude den Männern geben; denn die Erde und die Bäume und die unsäglichen Herden der Schafe werden den Menschen die wahre Frucht geben, mit Wein und süßem Honig und weißer Milch und Korn, was den Menschen das Allerschönste ist.

Aber du, klugdenkender Sterblicher, säume nicht zögernd, sondern, zurück dich wendend, suche Gott zu versöhnen. Opfere Gott von Stieren und auch von erstgeborenen Lämmern und von Ziegen in den wiederkehrenden Jahreszeiten. Aber suche ihn zu versöhnen, den unsterblichen Gott, ob er sich erbarme. Denn dieser allein ist Gott, und es gibt keinen anderen mehr. Ehre aber die Gerechtigkeit und drücke niemanden. Denn dies befiehlt der Unsterbliche den elenden Sterblichen. Aber du hüte dich vor dem Zorne des großen Gottes, wenn allen Sterblichen die Vollendung der Pest kommt, und sie furchtbare Strafe leiden bewältigt, und ein König den König angreift und sein Land wegnimmt, und Völker die Völker verderben und die Mächtigen die Stimme, die Führer aber alle in ein anderes Land fliehen, und das Land der Menschen verwandelt wird, und barbarische Herrschaft ganz Hellas verwüstet und das fette Land ausschöpft vom Reichtum, und sie ihnen entgegenkommen zum Streit um des Goldes und Silbers willen – es wird die Habgier Übel bereiten den Städten – in fremdem Lande. Unbegraben werden alle sein, und ihr Fleisch werden die Geier und die wilden Tiere der Erde verderben. Wenn nun dieses erfüllt wird, wird die ungeheure Erde die Überreste der Toten aufzehren. Sie selbst aber wird ganz unbesät und ungepflügt sein, verkündend, die Arme, den Greuel der Menschen, viele Längen der Zeiten im Umschwunge der Jahre, runde und lange Schilde und Wurfspieße und mannigfaltige Waffen, und nicht wird sich jemand aus dem Walde Holz abhacken für den Schein des Feuers.

Und dann wird Gott von Sonnenaufgang her einen König senden, der auf der ganzen Erde dem bösen Krieg ein Ende machen wird, indem er die einen tötet, mit den anderen sichere Verträge schließt. Auch wird er dies alles nicht nach eigenem Rate tun, sondern den guten Beschlüssen des großen Gottes folgend. Der Tempel aber des großen Gottes wird sein von herrlichem Reichtume strotzend, von Gold und Silber und purpurnem Schmuck, und die Erde ihre Früchte bringend, und das Meer voll von Gütern. Und es werden die Könige anfangen, einander zu grollen, Böses im Herzen. Der Neid ist nichts Gutes für die elenden Sterblichen. Aber wiederum werden die Könige der Völker gegen dieses Land insgesamt einen Ansturm machen, sich selbst den Tod bringend. Denn den Tempel des großen Gottes und die trefflichsten Männer werden sie verderben wollen. Wenn sie in das Land gekommen sind, werden die schändlichen Könige rings um die Stadt jeder seinen Thron aufstellen, bei sich habend sein ungehorsames Volk. Und Gott wird mit lauter Stimme reden zu dem ganzen unerzogenen, eitel denkenden Volk, und das Gericht wird ihnen kommen vom großen Gott, und sie werden alle umkommen durch die unsterbliche Hand. Vom Himmel werden feurige Schwerter auf die Erde fallen; wiederum große Fackeln werden kommen, mitten unter die Menschen hineinleuchtend. Die allesgebärende Erde wird in jenen Tagen bewegt werden durch die unsterbliche Hand, und die Fische im Meer und alle Tiere der Erde und die unzähligen Arten der Vögel und alle Seelen der Menschen und das ganze Meer wird schaudern vor dem unsterblichen Antlitz, und es wird Schrecken sein. Die jähen Gipfel der Berge und die ungeheuren Hügel wird er zerreißen, und das schwarze Dunkel wird allen sichtbar sein. Neblige Schluchten in den hohen Bergen werden voll von Leichen sein; es werden strömen die Felsen von Blut, und jeder Gießbach wird die Ebene füllen. Die schöngebauten Mauern der feindseligen Männer werden alle zu Boden fallen, weil sie das Gesetz des großen Gottes und sein Gericht nicht erkannt haben, sondern in törichtem Sinn ihr alle im Ansturm gegen den Tempel die Lanzen erhobt. Und Gott wird alle richten mit Krieg und Schwert und Feuer und alles überschwemmendem Regen, und es wird Schwefel vom Himmel kommen, dazu Sturm und Hagel, viel und hart; Tod wird über das Vieh kommen. Und dann werden sie den unsterblichen Gott erkennen, der dies vollendet. Wehklagen und Kampfgeschrei zugleich wird auf der unendlichen Erde sein, indem die Männer umkommen, und alle Gießbäche werden mit Blut strömen. Auch die Erde selbst wird trinken von dem Blute der Umkommenden; die wilden Tiere werden sich sättigen am Fleische.

Er selbst, der große und ewige Gott, hat mir geboten, dies alles zu weissagen. Es wird dies nicht unerfüllt bleiben noch unvollendet, was er nur in seinem Geiste beschlossen hat; denn untrüglich ist der Geist Gottes in der Welt. Aber die Söhne des großen Gottes werden um den Tempel herum alle ruhig wohnen, sich erfreuend an dem, was ihnen der Schöpfer und gerecht richtende Alleinherrscher geben wird. Denn er selbst wird sie bedecken, der Mächtige mächtig ihnen zur Seite tretend, gleichsam ringsherum eine Mauer habend von brennendem Feuer. Ohne Krieg werden sie sein in den Städten und in den Dörfern. Denn nicht die Hand des bösen Kriegs wird gegen sie sein, sondern gar sehr wird ihnen der Unsterbliche selbst ein Beschützer sein und die Hand des Heiligen. Und dann werden alle Inseln und Städte sagen, wie sehr der unsterbliche Gott jene Männer liebt; denn alles wirkt für sie mit und steht ihnen bei; der Himmel und die gottgetriebene Sonne und der Mond. Die allesgebärende Erde wird bewegt in jenen Tagen. Süße Rede werden sie aus dem Mund erschallen lassen in Liedern: Kommt, niederfallend zur Erde laßt uns alle anflehen den unsterblichen König, den großen und ewigen Gott. Laßt uns zum Tempel schicken, denn er allein ist der Herrscher, und laßt uns alle das Gesetz des höchsten Gottes bedenken, welches von allen auf Erden das gerechteste ist. Wir aber waren von dem unsterblichen Wege abgeirrt und verehrten Werke, von Menschenhand gemacht, in törichtem Sinne, Götzen und Bilder abgeschiedener Menschen. Dieses werden die Seelen der gläubigen Menschen rufen: Kommt, im Hause Gottes auf unser Angesicht fallend, laßt uns mit Gesängen erfreuen Gott, unseren Erzeuger, in seinem Hause, die Waffen der Feinde uns verschaffend auf der ganzen Erde, sieben Längen der Zeiten, der sich umschwingenden Jahre, runde und lange Schilde und Helme und mannigfaltige Waffen, auch große Mengen von Bogen und Wurfgeschossen und Pfeilspitzen; und nicht wird man sich aus dem Walde Holz abhacken für den Schein des Feuers.

Aber du, unglückseliges Hellas, höre auf, hoffärtig zu sein; flehe an den großherzigen Unsterblichen und hüte dich, wiederum unbesonnenes Volk wider diese Stadt zu senden, welches aus dem heiligen Lande des Großen ist. Rühre nicht an Kamarina; es bleibt besser unangerührt. Erwecke nicht den Panther aus dem Lager, daß dir nicht ein Übel zustoße, sondern halte dich fern und hege nicht hoffärtigen, übermütigen Sinn im Herzen, daß du es sendest zu mächtigem Kampfe. Und diene dem großen Gott, auf daß du hieran Anteil erhältst. Wenn dann auch dieser schicksalvolle Tag seine Vollendung bekommt und über die Menschen das Gericht des unsterblichen Gottes kommt, wird zu den Menschen kommen der Anfang von großem Glück. Denn die allesgebärende Erde wird den Sterblichen geben die beste unermeßliche Frucht von Korn, Wein und Öl; aber vom Himmel herab lieblichen Trank süßen Honigs, und die Bäume die Frucht des Obstes, und fette Schafe und Rinder, und von den Schafen Lämmer und von den Ziegen Zicklein. Und die Erde wird hervorbrechen lassen süße Quellen weißer Milch. Voll aber werden die Städte und die fetten Fluren von Gütern sein und kein Schwert auf Erden noch Kriegslärm; noch wird ferner die schwer seufzende Erde erschüttert werden. Nicht Krieg noch auch Dürre wird ferner auf

Erden sein, nicht Hunger und Früchte verwüstender Hagel; sondern großer Friede auf der ganzen Erde. Und ein König wird dem anderen Freund sein bis zum Ende der Zeiten, und ein gemeinsames Gesetz auf der ganzen Erde wird der Unsterbliche im gestirnten Himmel den Menschen vollenden, alles, was geschehen ist von den elenden Sterblichen. Denn er selbst allein ist Gott, und es gibt keinen andern mehr; er selbst auch wird mit Feuer verbrennen die feindliche Macht der Männer.

Aber treibt euer Herz in der Brust zur Eile an und flieht den ungerechten Götzendienst. Dem Lebenden diene! Hüte dich vor Ehebruch und dem gesetzlosen Beilager mit dem Knaben. Deinen eigenen Nachwuchs von Kindern ziehe auf und morde sie nicht; denn wer so sündigt, dem wird der Unsterbliche zürnen.

Und dann wird er ein Königreich errichten für alle Zeiten über alle Menschen, er, der das heilige Gesetz einst den Frommen gab, denen er verhieß, die ganze Erde zu erschließen und die Welt und die Tore der Seligen und alle Freuden und unsterblichen, ewigen Geist und frohes Herz. Von der ganzen Erde werden sie Weihrauch und Gaben zu dem Hause des großen Gottes bringen, und es wird kein anderes Haus bei den Menschen sein auch der Nachwelt zur Kunde, als das, welches Gott den gläubigen Männern zu verehren gegeben hat. Denn den Tempel des großen Gottes werden es die Sterblichen nennen. Und alle Pfade des Gefildes und die rauhen Hügel und die hohen Berge und die wilden Wellen des Meeres werden gangbar und schiffbar sein in jenen Tagen. Denn aller Friede der Guten wird auf Erden kommen. Das Schwert aber werden wegnehmen die Propheten des großen Gottes; denn sie selbst sind Richter der Sterblichen und gerechte Könige. Es wird auch gerechter Reichtum unter den Menschen sein; denn das ist das Gericht und die Herrschaft des großen Gottes.

Freue dich, Jungfrau, und gebärde dich froh; denn dir hat gegeben Freude in Ewigkeit der Schöpfer Himmels und der Erde. In deiner Mitte wird er wohnen; du wirst unsterbliches Licht haben. Und Wölfe und Lämmer werden auf den Bergen zusammen Gras essen, und Panther werden mit Böcklein weiden. Bären werden mit umherschweifenden Kälbern lagern, und der fleischfressende Löwe wird Stroh an der Krippe fressen wie der Ochse, und ganz kleine Knaben werden ihn in Banden führen; denn Gott wird das wilde Tier auf Erden gelähmt machen. Mit Säuglingen werden Drachen und Nattern schlafen und ihnen kein Leid tun; denn die Hand Gottes wird über ihnen sein.

Ich werde dir aber ein deutliches Zeichen sagen, daß du erkennen kannst, wann das Ende aller Dinge auf Erden kommt: wenn Schwerter am gestirnten Himmel nächtlicherweile erscheinen gegen Abend und auch gegen Morgen; alsbald wird auch Staubwirbel vom Himmel herfahren gegen die ganze Erde, und der Glanz der Sonne wird vom Himmel mitten am Tage verschwin-

den und des Mondes Strahlen sichtbar werden und zurück auf die Erde kommen. Mit blutigen Tropfen aus den Felsen wird ein Zeichen geschehen; in der Wolke werdet ihr sehen einen Kampf von Fußvolk und Reisigen, gleichsam eine Jagd auf wilde Tiere, Nebeln ähnlich. Damit wird das Ende aller Dinge erfüllen Gott, der den Himmel bewohnt. Darum mögen alle dem großen König opfern.
Solchergestalt künde ich dir, die ich die hohen Mauern des assyrischen Babylon vom Stachel der Raserei getrieben verließ, das gegen Hellas geschickte Feuer allen weissagend, den Zorn Gottes an ..., so daß ich den Sterblichen göttliche Rätsel weissage. Und es werden mich die Sterblichen in Hellas von einer anderen Vaterstadt nennen, daß ich von Erythrä stamme, eine Schamlose; andere werden von mir reden als der Sibylla, die von der Mutter Kirke und einem unbekannten Vater sei, eine rasende Lügnerin. Aber wenn alles geschehen ist, dann werdet ihr meiner gedenken, und niemand wird mich mehr rasend nennen, sondern eine große Prophetin Gottes. Denn der hat mir offenbart, was vorher meinen Erzeugern, sowohl was am ersten geschah, was mir Gott gezeigt hat, als auch hat er von dem Nachfolgenden alles in meinen Sinn gelegt, so daß ich weissage das Künftige und das vormals Gewesene und es den Sterblichen sage. Denn als die Welt mit Gewässern überflutet wurde, und ein einziger wohlgefälliger Mann übrigblieb, der im Hause von gefälltem Holz auf den Gewässern dahinfuhr, mit den Tieren und den Vögeln, auf daß sich die Welt von neuem fülle: von dem bin ich eine Schwiegertochter und von seinem Blute, von dem, dem das Erste geschah, und das Letzte alles gezeigt wurde: Also soll von meinem Munde dies alles der Wahrheit gemäß gesagt sein.

## *Viertes Buch*

Höre, Volk des stolzen Asiens und Europas, was ich durch meinen honigstimmigen Mund von unserer Orakelstätte aus mit lauterer Wahrheit zu weissagen mich anschicke: nicht eines lügenhaften Phoibos Orakelkünderin, den eitle Menschen einen Gott nannten und mit weiterer Lüge einen Seher, sondern des großen Gottes, den nicht Hände von Menschen gebildet haben, stummen, aus Stein gehauenen Götzen ähnlich. Denn auch als Haus hat er nicht einen im Tempel niedergesetzten Stein, ganz taub und stumm, schmerzvollen Schimpf und Schaden der Menschen, sondern welches man von der Erde nicht sehen noch messen kann mit sterblichen Augen, nicht gebildet von sterblicher Hand: welcher, indem er alle zugleich sieht, selbst von keinem gesehen wird; welchem gehören die finstre Nacht und der Tag und die Sonne, die Sterne und der Mond und das fischreiche Meer und die Erde und die Flüsse und die Mündung der immer rinnenden Quellen, Geschaffenes zum Leben, und die Regengüsse zugleich, die die Frucht des Feldes hervor-

bringen und die Bäume und die Weinstöcke und die Ölbäume. Dieser hat mir die Geißel durch den Sinn hineingetrieben, daß ich den Menschen das, was jetzt und was hernach sein wird, von dem ersten Geschlecht an, bis das elfte kommt, gewiß erzähle; denn alles wird er selbst in der Erfüllung als wahr erweisen. Du aber, o Volk, höre in allem auf die Sibylla, die aus frommem Munde die wahrhaftige Stimme ertönen läßt.
Glückselig werden jene Menschen auf Erden sein, die den großen Gott lieben werden, ihn preisend, bevor sie trinken und essen, frommem Sinne vertrauend; die da sich abwenden werden von dem Anblick aller Tempel und Altäre, eitler Gründungen aus tauben Steinen, und die befleckt sind mit dem Blute lebender Geschöpfe und mit Opfern vierfüßiger Tiere. Vielmehr werden sie sehen auf die große Herrlichkeit des einen Gottes, weder frevelhaften Mord vollbringend noch gestohlenen, unendlichen Gewinn nehmend, was ja das Schlimmste ist, noch nach fremdem Lager schimpfliches Verlangen hegend, noch nach der verhaßten und schrecklichen Schändung von Knaben. Ihre Weise und Frömmigkeit und Sitten werden die anderen Männer niemals nachahmen, nach Schamlosigkeit verlangend, sondern werden sie mit Spott und Gelächter höhnen, töricht in Unverstand, und werden jenen anlügen die frevelhaften und bösen Werke, die sie selber tun. Denn das ganze Geschlecht der redenden Menschen ist voll von Mißtrauen. Aber wenn dann das Gericht der Welt und der Sterblichen kommt, welches Gott selbst veranstalten wird, richtend zugleich die Gottlosen und die Frommen: dann wird er die Gottlosen zurück ins Dunkel schicken, und dann werden sie erkennen, wie große Gottlosigkeit sie getan haben. Die Frommen aber werden bleiben auf der kornspendenden Erde, indem ihnen Gott Geist und Leben zugleich und Gnade gibt. Aber dieses wird alles im zehnten Geschlecht erfüllt; jetzt aber will ich das sagen, was vom ersten Geschlecht an sein wird.
Zuerst werden die Assyrer über alle Sterblichen herrschen, sechs Geschlechter hindurch im Anfange der Welt regierend, von da ab, wo durch den Zorn des himmlischen Gottes mitsamt den Städten und allen Menschen die Erde vom Meere bedeckt wurde, indem die Sintflut ausbrach.
Sie werden von den Medern gestürzt werden, und diese werden sich der Herrschaft berühmen auf nur zwei Geschlechter. Unter ihnen werden diese Dinge geschehen: Finstere Nacht wird sein zur mittelsten Stunde des Tages. Die Sterne werden vom Himmel verschwinden und die Scheibe des Mondes; die Erde aber, von einer Bewegung großen Erdbebens erschüttert, wird viele Städte und Werke der Menschen zu Boden werden. Aus der Tiefe werfen alsdann Inseln über das Meer emportauchen.
Aber wenn der große Euphrat vom Blut überfließt, dann wird zwischen Persern und Medern schrecklicher Kampf und Krieg erhoben werden; die Meder aber, fallend unter dem Speere der Perser, werden fliehen jenseits des

großen Wassers des Tigris. Den Persern wird alsdann die große Macht über die ganze Welt gehören; ihnen ist ein Geschlecht der Herrschaft in des Reichtums Fülle beschieden.
Es werden aber geschehen alle bösen Dinge, die die Menschen fern von sich wünschen, Kämpfe und Blutvergießen und Zwiespalt und Flucht und Umsturz von Türmen und Zerstörung von Städten, wenn das stolze Hellas nach dem breiten Hellespont gefahren kommt, den Phrygiern und Asien schweres Geschick bringend.
Aber in das ackerreiche und weizentragende Ägypten wird Hunger und Unfruchtbarkeit im Umschwunge von zwanzig Jahren einkehren, wenn der die Ähren nährende Nil anderswo unter der Erde sein dunkles Wasser birgt.
Gegen Hellas wird aus Asien ein großer König, die Lanze erhebend mit zahllosen Schiffen, die nassen Pfade der Tiefe zu Fuß überschreiten, den hochgipfligen Berg aber durchschneidend zu Schiffe durchfahren, doch ihn wird als Flüchtling aus dem Kriege das schreckliche Asien empfangen.
Das arme Sizilien wird ganz und gar verbrennen eine Flut mächtigen Feuers, indem aus dem Ätna die Flamme hervorgespien wird. Kroton aber, die große Stadt, wird in die tiefe Flut fallen.
In Hellas wird Streit sein; gegeneinander zur Wut entzündet, werden sie viele Städte zu Boden stürzen und viele Männer im Kampfe verderben. Der Streit aber wird im Gleichgewichte gegeneinander sein.
Aber wenn die Zeit zum zehnten Geschlecht der redenden Menschen kommt, dann wird den Persern Knechtesjoch und Furcht beschieden sein; aber des Zepters werden sich die Makedonier berühmen. Es wird auch Theben hinterdrein schlimme Einnahme widerfahren. Die Karier werden Tyros bewohnen; die Tyrier werden zugrunde gehen. Und ganz Samos wird der Sand unter Dünen verhüllen. Delos ist nicht mehr sichtbar; unsichtbar ist alles von Delos. Und Babylon, groß im Anblick, klein im Kampfe, wird dastehen mit unnützen Erwartungen ummauert. Baktra werden die Makedonier bewohnen, aber die von Baktra und Susa werden alle fliehen zum hellenischen Lande.
Kommen wird den Nachkommen die Zeit, wenn der Pyramos mit silbernen Strudeln, Dünen vor sich hinschüttend, zur heiligen Insel gelangt. Und Sybaris wird fallen und Kyzikos, wenn die Erde durch Erschütterungen heftig bewegt wird und die Städte hinsinken. Kommen wird auch den Rhodiern Unheil, zuletzt aber am größten.
Auch Makedonien hat nicht immer die Herrschaft, sondern vom Westen her wird ein großer italischer Krieg erblühen, unter dem die Welt den Italiern dienen wird, das Knechtesjoch tragend. Karthago, auch dein Turm wird zur Erde das Knie senken. Armes Laodikeia, dich wird einstmals das Erdbeben zu Boden stürzend verwunden; wiederum aber wirst du dich aufrichten als Stadt mit breiten Straßen. Auch du, armes Korinth, wirst einstmals deine

Einnahme sehen. O schönes Myra in Lykien, dich wird niemals die erschütterte Erde fest stehen lassen, sondern vornüber im Beben zur Erde fallend, wirst du wünschen, in ein anderes Land als Beisassin zu entfliehen, dann, wenn Pataras Getümmel in Gottlosigkeiten einst mit Donnern und Erderschütterungen das dunkle Wasser ...
Armenien, auch dich erwartet der Zwang der Knechtschaft. Es wird auch für Solyma der böse Sturm des Krieges kommen von Italien her, und den großen Tempel Gottes wird er entleeren, wenn sie, der Torheit vertrauend, die Frömmigkeit wegwerfen werden und schreckliche Mordtaten im Tempel vollbringen. Und dann wird von Italien der große König, wie ein Entlaufender, fliehen, verschwunden, verschollen über den Strom Euphrat, welcher einst Blutschuld schrecklichen Mordes an der Mutter wagen wird und vieles andere, der bösen Hand folgend. Viele aber werden um den Thron Roms den Boden mit Blut besudeln, nachdem jener entlaufen ist jenseits des parthischen Landes.
Nach Syrien aber wird ein Fürst Roms kommen, der, mit Feuer den Tempel von Solyma verbrennend und viele Menschenmörder zugleich, das große, breitstraßige Land der Juden verderben wird.
Und dann wird Salamis und zugleich Paphos das Erdbeben verderben, wenn das ringsumspülte Kypros das dunkle Wasser überbraust.
Aber wenn aus der Erdspalte des italischen Landes das Feuerzeichen hervorblitzend zum weiten Himmel kommt und viele Städte verbrennt und Männer vernichtet und viele rußige Asche den großen Äther erfüllt und Tropfen vom Himmel fallen, dem Mennig gleich: dann erkennt den Zorn des himmlischen Gottes, darum, daß sie den unschuldigen Stamm der Frommen verderben.
Nach dem Westen wird alsdann der sich erhebende Streit des Krieges kommen, und der Flüchtling von Rom, die mächtige Lanze erhebend, den Euphrat überschreitend mit vielen Tausenden.
Armes Antiochia, dich wird man nicht mehr eine Stadt nennen, wenn du durch Torheit unter italischen Speeren fällst. Auch Syrien wird alsdann die Pest verderben und schrecklicher Krieg.
Wehe, wehe, armes Kypros: Dich wird die breite Woge des Meers verbergen, durch winterliche Stürme emporgeworfen!
Es wird aber nach Asien kommen der große Reichtum, den einstmals Rom selbst geraubt und in dem schätzereichen Hause niedergelegt hat; und zweimal soviel anderes wird es alsdann zurückerstatten nach Asien, und dann wird ... des Krieges sein.
Die Städte der Karier an den Ufern des Maiandros, sie alle, die da herrlich aufgetürmt sind, wird bittere Hungersnot verderben, wenn der Maiandros sein dunkles Wasser verbirgt.
Aber wenn die Frömmigkeit den Menschen verlorengeht, die Treue und das Recht, und sie, in gottlosen Wagnissen lebend, Übermut vollbringen, frevel-

hafte und böse Werke, auf die Frommen aber niemand Rücksicht nimmt, sondern die schwer Verblendeten in Torheit sogar dieselben alle verderben, an Freveltaten sich freuend und auf Blutvergießen die Hände gerichtet habend: dann möge man wissen, daß Gott nicht mehr gnädig ist, sondern vor Zorn knirscht und das ganze Geschlecht der Menschen zugleich verderben will unter einem großen Brande.
Ach, ihr armen Sterblichen, ändert dies und bringt nicht zu jeglichem Zorne den großen Gott, sondern fahren lassend die Schwerter und den Jammer und Männermord und die Freveltaten, badet den ganzen Leib in immerfließenden Flüssen, und die Hände zum Himmel ausstreckend, bittet um Vergebung für die bisherigen Taten und sühnt mit Lobpreisungen die bittere Gottlosigkeit. So wird es Gott gereuen, und er wird euch nicht verderben; er wird seinen Zorn wiederum stillen, wenn ihr alle die hochgeehrte Frömmigkeit in eurem Geiste übt. Solltet ihr aber bösen Sinnes mir nicht gehorchen, sondern, ruchlosen Sinn liebend, dies alles mit bösen Ohren aufnehmen, so wird Feuer über die Welt kommen, bei welchem dies das Zeichen ist: Schwerter, Trompeten, mit dem Aufgange der Sonne; die ganze Welt wird ein Gebrüll und einen schrecklichen Schall hören. Verbrennen wird es die ganze Erde und das ganze Geschlecht der Männer vernichten und alle Städte, die Flüsse zugleich und das Meer; ausbrennen wird es alles, daß es zu rußigem Staube wird.
Aber wenn dann alles zu Staub und Asche geworden ist und Gott das unsägliche Feuer stillt, er, der es angezündet, dann wird Gott selbst wiederum die Gebeine und den Staub der Männer gestalten und die Sterblichen wieder aufrichten, wie sie zuvor waren. Und dann wird das Gericht sein, bei welchem Gott selbst richten wird, die Welt wiederum richtend. Alle, welche in Gottlosigkeit gesündigt haben, die wird wiederum die aufgeschüttete Erde verbergen, und der modrige Tartaros, die Tiefen und die stygische Gehenna. Aber alle, die da fromm sind, werden wiederum auf der Welt leben, indem ihnen Gott den Geist gibt und Leben zugleich und Gnade den Frommen; sie alle werden dann einander sehen, das liebliche, erfreuende Licht der Sonne schauend. O glückselig der Mann, der zu jener Zeit sein wird!

## *Fünftes Buch*

Aber wohlan, höre mir die schmerzenreiche Zeit der Nachkommen des Latinos. Fürwahr zuallererst, nach den künftigen Königen Ägyptens, welche alle die gleiche Erde hinabtrug, und nach dem Bürger von Pella, unter dessen Macht das ganze Morgenland bezwungen war und das gesegnete Westland, welchen Babylon überführte und als Leichnam dem Philippos hingab, nicht als des Zeus, nicht als des Ammons Sohn mit Wahrheit genannt, werden von dem Geschlecht und Blute des Assarakos sein, die der zeugen wird, welcher die Macht der Feuersbrunst von Troja zerteilte. Wiederum nach vielen Fürsten, nach kampfliebenden Männern und nach den Zwillingssöhnen des Schafe fressenden Raubtiers, wird als erster ein Fürst sein, welcher zehn zweimal addieren wird mit seinem Anfangsbuchstaben. Die Kriege wird er lange Zeit hindurch beherrschen; er wird aber von der Zehnzahl den ersten Buchstaben haben: so daß nach ihm der regiert, welcher den Buchstaben, der zuerst unter den Elementen steht, bekommen hat. Ihn wird Thrakien fürchten und Sizilien und Memphis: Memphis, welches zu Boden gestürzt ist durch die Schlechtigkeit der Führer und eines ungeknechteten Weibes, welches unter dem Speere gefallen ist; er wird den Völkern Gesetze geben und alles sich unterordnen.

Nach langer Zeit aber wird er einem anderen die Herrschaft überliefern, der die Zahl dreihundert für das erste Zeichen und den lieben Namen eines Flusses haben wird. Der wird herrschen über die Perser und über Babylon; er wird alsdann mit dem Speere die Meder treffen.

Sodann wird der regieren, welcher als Zeichen die Dreizahl bekommen hat. Alsdann wird derjenige, welcher als erstes Zeichen die Zwanzig haben wird, der Fürst sein; jener wird das äußerste Wasser des Okeanos erreichen. Der, welcher das Zeichen von fünfzig bekommen hat, wird dann Herrscher sein, eine schreckliche Schlange, schweren Krieg schnaubend, der einst die Hände gegen die Seinen zum Verderben ausstrecken und alles verwirren wird, in Wettspielen auftretend, den Wagen fahrend, tötend und Unzähliges wagend; und er wird den doppelflutigen Berg durchschneiden und mit Blut besudeln. Aber es wird auch verschwunden sein der Unheilvolle. Dann wird er wiederkommen, sich selbst Gott gleich machend; er (Gott) wird ihn aber überführen, daß er es nicht ist.

Drei Fürsten werden nach ihm durch einander zugrunde gehen. Dann wird ein großer Verderber der frommen Männer kommen, welchen das siebenmal zehnte Zeichen offen zeigt. Ihm wird der Sohn, welcher von dem Zeichen dreihundert ..., die Herrschaft nehmen. Nach ihm wird vom Schicksale bestimmt sein einer vom Zeichen der vier, ein herzkränkender. Aber alsdann einer von der Zahl fünfzig, ein ehrwürdiger Sterblicher. Aber nach ihm einer, der den Buchstabenanfang des Zeichens von dreihundert bekommen hat, ein bergbeschreitender Kelte, hineilend zum morgenländischen Kampfe. Er wird dem schmählichen Geschicke nicht entfliehen, sondern erliegen; ihn wird fremder Staub als Leichnam bergen, aber der den Namen von der Blume Nemeas hat. Nach ihm wird herrschen ein anderer Mann, silbernen Hauptes; er wird den Namen von einem Meere haben. Er wird auch der allerbeste Mann sein und alles kennen. Und unter dir, Allerbester, Allervortrefflichster, Dunkelgelockter, und unter deinen Zweigen wird dies sein alle Tage. Drei werden herrschen; der dritte von ihnen wird spät die Gewalt bekommen.

Gequält werde ich dreimal Unselige, böse Kunde ins Herz zu fassen, ich, die Schwester der Isis, und der Orakelsprüche gottbegeisterten Sang.
Zuerst werden um die Grundlage deines vielbeweinten Tempels Mänaden einherstürmen, und er wird in bösen Händen sein an diesem Tage, wenn einmal der Nil dahinwallt über das ganze Land Ägypten bis zu sechzehn Ellen. Er wird überspülen das ganze Land und für die Menschen bewässern; schweigen wird die Anmut des Landes und die Herrlichkeit des Angesichts.
Memphis, du wirst über Ägypten am meisten weinen; denn du, das damals mächtig über die Erde herrschende, wirst armselig werden, so daß der Donnerfrohe selbst vom Himmel her mit lauter Stimme ruft: Großmächtiges Memphis, das vor alters unter den elenden Sterblichen sich am größten rühmende, du wirst weinen schmerzlich und unglücklich, so daß der ewige unsterbliche Gott in den Wolken es bemerkt, wo ist dein mächtiger Mut unter den Menschen geblieben? Dafür, daß du gegen meine gottgesalbten Knechte gewütet und Schlechtigkeit gegen die guten Männer ermuntert hast, wirst du für so vieles eine solche Amme als Strafe haben. Nicht mehr wirst du offen ein Recht unter den Seligen haben; von den Sternen bist du herabgefallen, zum Himmel wirst du nicht emporsteigen.
Dieses hat Gott befohlen Ägypten zu verkünden, in der letzten Zeit, wo grundschlechte Menschen sein werden. Aber es plagen sich die Schlechten, Elend erwartend, den Zorn des Unsterblichen, laut Donnernden, Himmlischen, und statt Gottes Steinen und Untieren Verehrung erweisend, gar viele solche und anderswo andere fürchtend, die keine Rede haben, nicht Vernunft, nicht Gehör, die mir auch nicht zu nennen erlaubt ist, und die einzelnen Götzenbilder, von Menschenhänden geworden. Aus eigener Arbeit und frevelhaften Gedanken haben die Menschen empfangen Götter von Holz und Stein und Erz und Gold und Silber; eitle, seelenlose, taube und im Feuer gegossene haben sie sich gemacht, vergeblich vertrauend auf solche. Thmuis und Xius wird bedrängt und zerschlagen der Hof des Herakles und Zeus und Hermes ... Auch dich, Alexandria, herrliche Nähererin von Städten, wird nicht verlassen Krieg. Du wirst schweigen lange Zeit. Denn es wird kommen der Perser wie ein Hagel und wird das ganze Land verderben und zugleich die übler Künste beflissenen Menschen, mit Blut und Leichen bei den schrecklichen Altären, barbarisch gesinnt, mächtig, furchtbar, rasend in Torheit, der mit aller Masse sandweise heranstürmen wird zu deinem Verderben. Und dann wirst du, Vielgesegnete der Städte, eine sein, die viel erduldet hat. Ganz Asien wird weinen um der Geschenke willen, mit denen es von dir sich das Haupt bekränzte und sich freute, indem es zur Erde sinkt. Er selbst aber, der das Land der Perser erlangt hat, wird kriegen und, nachdem er jeden Mann getötet hat, das ganze Lebensgut plündern, so daß der dritte Teil noch bleibt den elenden Sterblichen. Er selbst aber wird vom Westen her hineinfliegen mit leichtem Sprunge, das ganze Land belagernd und verödend.

Aber wenn er mächtige Höhe hat und unerfreulichen Schrecken, wird er kommen und auch die Stadt der Seligen zerstören wollen. Und ein König, von Gott her gegen diesen geschickt, wird umbringen alle die großen Könige und besten Männer. Und dann wird so Gericht sein vom Unvergänglichen über die Menschen.

Wehe, wehe dir, elendes Herz! Was reizest du mich hierzu, Ägyptens schmerzliche Vielherrschaft zu offenbaren? Gehe zum Osten zu den törichten Geschlechtern der Perser und offenbare denen das Gegenwärtige und das, was sein wird.

Der Strom des Flusses Euphrat wird eine Überschwemmung herbeiführen und verderben die Perser und Iberer und Babylonier und die kriegsliebenden, auf ihre Bogen vertrauenden Massageten. Ganz Asien wird, vom Feuer verbrannt, bis zu den Inseln erglänzen. Pergamos, das vormals hochwürdige, wird ... untergehen, und Pitane wird ganz verödet unter den Menschen erscheinen. Lesbos wird ganz untersinken in den tiefen Meeresschlund, so daß es zugrunde geht. Smyrna wird die Abhänge hinab sich windend jammern; die vormals hochwürdige und namhafte Stadt wird ganz untergehen. Die Bithynier werden bejammern ihr in Asche verwandeltes Land und das große Syrien und das an Geschlechtern reiche Phönizien.

Wehe, wehe dir, Lykien! Wie viel Übel bereitet dir das Meer, indem es von selbst emporsteigt auf den schmerzlichen Boden, so daß es überspült mit böser Erschütterung und bitteren Fluten Lykiens salbenloses und das einst salbenduftende Land.

Es wird auch gegen Phrygien ein schrecklicher Zorn sein um der Trauer willen, derentwegen Rhea, des Zeus Mutter, kam und dort blieb.

Das Meer wird der Kentauren Geschlecht und barbarisches Volk und die Lapithen ... Das Land Thessalien wird verderben der tiefwirbelnde Fluß, der tiefströmende Peneios ...

Hellas, das dreimal unselige, werden bejammern die Dichter, wenn von Italien her den Landrücken des Isthmos durchschlägt des großen Rom großer König, der göttergleiche Mann, welchen, sagt man, Zeus selber erzeugte und die erhabene Hera: der mit musischem Klange honigsüße Lieder um Theaterbeifall buhlend viele verderben wird samt seiner unseligen Mutter. Es wird fliehen aus Babylon der furchtbare und schamlose Herrscher, den alle Sterblichen verabscheuen und alle Besten; denn er hat viele zugrunde gerichtet und an den Leib der Mutter die Hände gelegt, gegen Gattinnen sich versündigt und war von schändlichen Eltern geschaffen. Er wird aber kommen zu den Medern und zu den Königen der Perser; die waren die ersten, nach denen er verlangte und bei denen er Ruhm niederlegte, lauernd mit diesen Bösen gegen ein widriges Volk. Und den gottgeschaffenen Tempel nahm er ein und verbrannte die Bürger, die zum Tempel hineingingen, die ich mit Recht gepriesen habe; denn als dieser erschien, wurde die ganze

Schöpfung erschüttert, und Könige kamen um, und die, bei denen die Herrschaft blieb, vernichteten die große Stadt und das gerechte Volk.
Aber wenn vom vierten Jahre ab ein großer Stern hervorleuchtet, welcher die ganze Erde allein vernichten wird der Ehre wegen, welche sie im Anfange dem meerbewohnenden Poseidon gaben; es wird aber kommen vom Himmel herab ein großer Stern in die schreckliche Salzflut und wird verbrennen das tiefe Meer und Babylon selbst und das Land Italiens, um dessentwillen umkamen viele Heilige und Gläubige der Hebräer und das wahrhaftige Volk.
Du wirst sein, nachdem du unter den sterblichen Übeln die größten Übel erduldet hast; aber du wirst völlig verlassen ganze lange Zeiten für dich allein bleiben. Du wirst sein, aber du wirst für lange Zeiten völlig verlassen bleiben, deinen Boden hassend, weil du nach Giftmischerei verlangt hast; Ehebruch ist bei dir und ruchlose Vermischung mit Knaben und frevelhafte mit Weibern, schlechte Stadt, unselige vor allen. Wehe, wehe, in allem schändliche Stadt der latinischen Erde, rasende, an Ottern dich freuende! Als Witwe wirst du am Ufer sitzen, und der Fluß Tiberis wird dich, seine Gemahlin, beweinen, die du ein blutgieriges Herz hast und einen gottlosen Sinn. Nicht hast du erkannt, was Gott vermag und was er zuwege bringt, sondern du sprachst: Die einzige bin ich, und niemand wird mich zerstören! Nun aber wird dich und alle die Deinigen der ewig seiende Gott verderben, und nicht mehr wird von dir ein Zeichen sein in jenem Lande, wie vor alters, als der große Gott deine Ehren fand. Bleibe, Ruchlose, allein, und, mit flammendem Feuer dich vermischend, nimm den tartareischen Ort im Hades als Wohnung ein!
Jetzt aber, o Ägypten, bejammere ich wieder dein Unheil. Memphis, erste Urheberin der Mühen, du wirst angefüllt sein von Toten; in dir werden die Pyramiden eine schamlose Stimme ertönen lassen. Python, die du vor alters mit Recht Doppelstadt genannt wurdest, schweige in Ewigkeiten, damit du aufhörest vom Elend. Frevlerin, Schatzhaus böser Leiden, vieljammernde Mänade, die du Schreckliches erduldet hast, tränenreiche, du wirst Witwe bleiben alle Zeit. Viele Jahre warst du es, die allein die Welt beherrschte.
Aber wenn Barke ein weißes Gewand über schmutzigem anlegt, möchte ich weder sein noch geboren werden.
O Theben, wo ist deine große Kraft? Ein wilder Mann wird das Volk verderben; du aber wirst dunkle Kleider nehmen und klagen, Unselige, allein, und alles bezahlen, was du damals getan hast in schamlosem Sinne. Und sie werden Wehklagen schauen um der frevelhaften Taten willen.
Syene wird verderben ein großer Mann von den Äthiopen. Teucheira werden die dunkelfarbigen Inder mit Gewalt zur Wohnung einnehmen. Pentapolis, dich wird ganz und gar verbrennen ein großmächtiger Mann. O tränenreiches Libyen, wer kann dein Unheil aufzählen? Wer von den Menschen kann

dich, Kyrene, jammervoll beweinen? Nicht wirst du aufhören mit der verhaßten Klage zur Zeit des Verderbens.
Es wird bei den Britannern und den goldreichen Galliern der rauchende Okeanos sich mit vielem Blute füllen. Denn auch sie haben Elend den Kindern Gottes bereitet, als der phönizische König der Sidonier große gallische Menge aus Syrien herführte; und er wird dich selbst morden, Ravenna, und wird zum Mord anführen.
Zittert, Inder zugleich und großherzige Äthiopier! Denn wenn diese das Rad der Asche des Steinbocks und der Stier in den Zwillingen die Mitte des Himmels umwindet, die emporgestiegene Jungfrau und die Sonne, die den Gürtel um die Stirn geheftet hat, ... führt: dann wird ein großer himmlischer Brand auf Erden sein, und unter den kriegerischen Gestirnen eine neue Natur, so daß zugrunde geht in Feuer und Seufzen das ganze Land der Äthioper.
Beweine auch du, Korinth, das auf dich kommende traurige Verderben! Denn wenn die drei Schicksalsschwestern, wie sie es mit gedrehten Fäden gesponnen haben, der trugvoll Fliehenden ... hoch herführen werden, bis alle sehen den, der einstmals ausgehauen hat den Felsen mit vielgetriebenem Eisen, dann wird er auch dein Land verderben und zerhauen, wie er sich vorgenommen hat. Denn diesem hat Gott Mut gegeben, zu tun, was niemand früher unter sämtlichen Königen. Zuerst wird er aus drei Köpfen mit der Sichel die Wurzeln ... anderen zu kosten geben, so daß das Fleisch der Eltern essen die unheiligen Könige. Denn allen Menschen ist Mord und Schrecken beschieden wegen der großen Stadt und des gerechten Volks, welches immerdar erhalten bleibt und welches in der Obhut besonderer Vorsehung war.
Unsteter und Übeldenkender, von bösen Geschicken umgeben, Anfang der Mühe und großes Ende den Menschen, indem die Schöpfung geschädigt wird und wiederum ein Teil erhalten, Frevler, erster Urheber der Übel und großes Leid den Menschen: wer von den Sterblichen hat nach dir verlangt? Wer nicht von Herzen gezürnt? Durch dich hat ein König, indem er hingeworfen wurde, das ehrwürdige Leben verloren. Alles hast du übel zugerichtet und alles übel überflutet, und durch dich sind der Welt schöne Gefilde verwandelt. Wie sagst du: „Ich werde dich überreden“, und „wenn du etwas gegen mich hast, so sprich?“ Es war einstmals unter den Menschen der helle Glanz der Sonne, indem sich überall der verbündete Strahl der Propheten verbreitete; die Rede, die Honig träufelte, einen guten Trank allen Sterblichen, zeigte sich und schritt vor, und der Tag ging allen auf. Um deinetwillen aber, Engwilliger, erster Urheber der größten Übel, wird Dolch und Trauer kommen an jenem Tage. Anfang der Mühe und großes Ende den Menschen, indem die Schöpfung geschädigt wird und wiederum ein Teil erhalten, höre den bitteren, übelklingenden Ruf von dir, du Leid für die Menschen!
Aber wenn das persische Land sich des Kriegs enthält und der Pest und des

Seufzens, so wird sein in jenen Tagen der seligen, himmelgeborenen Juden göttliches Geschlecht, welche die Stadt Gottes im Binnenland umwohnen, und bis nach Jope hin eine große Mauer herumziehend, werden sie sie hoch erheben bis zu den finsteren Wolken. Nicht mehr wird pfeifen die Trompete den Schall zu Kriegsgetümmel, noch werden sie ferner durch die rasenden Hände des Feindes umkommen, sondern sie werden in Ewigkeit Siegeszeichen über die Bösen aufrichten.

*Einer* aber wird wiederum sein vom Himmel her, ein hervorragender Mann, dessen Hände ausbreitete auf dem fruchtreichen Holze der Beste der Hebräer, der die Sonne einstmals stillstehen machte, redend mit schönem Wort und mit reinen Lippen.

Laß dir nicht mehr quälen dein Herz in der Brust von dem Schwerte, du göttlich Geborene, du Reiche, dem einzigen ersehnte Blüte, edles Licht und würdiges Reis, geliebter Sproß, anmutige, schöne jüdische Stadt, gottbegeistert zu Liedern. Nicht mehr wird bacchisch rasen umher in deinem Lande der unreine Fuß der Hellenen, ganz frevelhaften Sinn in der Brust hegend, sondern deine ruhmvollen Söhne werden dich hoch ehren und werden mit Liedern, mit heiligen Zungen herantreten, mit Opfern aller Art und Gott ehrenden Gelübden. Alle, welche aus kleiner Bedrängnis Mühsale erduldet haben, sie werden, die Gerechten, mehr angenehmes Gutes genießen; die Bösen aber, welche die frevelhafte Zunge gegen den Himmel richteten, werden aufhören, einander entgegen zu reden, und werden sich verbergen, bis die Welt verwandelt wird. Es wird aber kommen aus den Wolken ein Regen brennenden Feuers, und nicht mehr werden die Sterblichen die herrliche Ähre von der Erde ernten; alles wird sein unbesät und ungepflügt, bis daß sie erkennen den Herrscher über alles, den unsterblichen, ewigen Gott, die sterblichen Menschen, und nicht mehr Sterbliches ehren noch auch Hunde und Geier, was Ägypten gelehrt hat zu preisen mit unverständigem Mund und törichten Lippen. Aber die heilige Erde der Frommen allein wird alles dies hervorbringen, als Naß Honig träufeln vom Felsen und von der Quelle, und ambrosische Milch wird fließen allen Gerechten. Denn auf den einen Erzeuger und Gott, der der allein Hervorragende ist, haben sie gehofft, große Frömmigkeit und großen Glauben habend.

Aber warum gibt mir dies ein der weise Sinn? Jetzt beklage ich dich jammervoll, o armes Asien, und das Geschlecht der Jonier, der Karer, der goldreichen Lydier. Wehe, wehe, Sardes, und wehe, wehe, liebliches Tralles; wehe, wehe, Laodikeia, schöne Stadt! Wie werdet ihr zugrunde gehen, durch Erdstöße untergehend und in Staub verwandelt ... Der Artemistempel von Ephesos ... wird durch Erdschlünde und Erschütterungen einstmals in die schreckliche Salzflut kommen, vornüber stürzend, wie wenn Stürme die Schiffe überfluten. Rücklings hingestreckt an den Ufern wird Ephesus jammern, weinend und den Tempel suchend, der keine Wohnung mehr hat.

Und dann wird erzürnt der unvergängliche, im Äther wohnende Gott vom Himmel her einen Blitzstrahl senden gegen das unheilige Haupt. Statt Winters wird an diesem Tag Sommer sein. Und dann wird ein großes Leid sein den sterblichen Männern; denn alle die Schamlosen wird der Hochblitzende verderben mit Donnern und mit Leuchten und mit flammenden Blitzen, die feindseligen Männer, und wird sie wie Gottlose vernichten, so daß sie als Leichen auf Erden bleiben, zahlreicher als der Sand.
Denn auch Smyrna wird kommen, seinen Lykurgos beweinend, zu den Toren von Ephesos und wird selbst nur um so mehr zugrunde gehen. Kyme aber, das törichte, mit den gottbegeisterten Quellen, wird unter den Händen gottloser, rechtloser und gesetzloser Männer dahingeworfen, nicht mehr zum Himmel so viel ..., sondern als Tote bleiben in den kymäischen Quellen. Und dann werden sie aufjammern, zusammen das Elend erwartend. Es wird wissen, daß es ein Zeichen hat, für die Mühen, die es gehabt, das bösartige Volk der Kymäer und das widerwärtige Geschlecht. Dann, wenn sie bejammern werden das in Asche verwandelte böse Land, wird Lesbos zum Eridanos ewig zugrunde gehen.
Wehe, wehe dir, Korkyra, schöne Stadt; höre auf mit schwärmendem Jubel! Und Hierapolis, du allein mit dem Reichtum verbundenes Land, du wirst haben den tränenreichen Ort, den du gewünscht hast zu haben, zur Erde geschüttet an den Wassern des Thermodon. Und felsgeschaffenes Tripolis an den Gewässern des Maiandros, indem du mit nächtlichen Wellen erfüllt wirst, wird dich von Grund aus verderben Gottes Zorn und Vorsehung.
Das dem Phoibos benachbarte Land, welches mich nicht nehmen wollte, das üppige Miletos, wird einst ein Blitzstrahl von oben verderben, dafür daß es den trugvollen Gesang des Phoibos erwählte und das weise Studium der Männer und den besonnenen Rat.
Sei gnädig, Allvater, dem üppigen, früchtereichen Lande, dem großen Judäa, damit wir deine Gedanken sehen. Denn dieses als erstes hast du erkannt, o Gott, in Gnaden, so daß es allen Sterblichen ein Erstling deiner Gnade zu sein scheint und sie darauf achten, was für Gabe Gott gegeben hat.
Ich sehne mich, ich dreimal Unselige, die Werke der Thraker zu schauen und die Mauer, zwischen zwei Meeren von der Luft im Staube geschleift in der Weise eines Flusses, ...
Unseliger Hellespont, dich wird einstmals überbrücken der Sohn Assyriens; es wird kommen der Kampf der Thrakier und deine Kraft zerstören. Und das makedonische Land nimmt der ägyptische König ein, und die barbarische Gegend wird niederwerfen die Macht der Herrscher. Die Lyder und Galater, die Pamphylier mit den Pisidiern werden, mit aller ihrer Macht gerüstet, den bösen Streit herbeiführen.
Dreimal unseliges Italien, du wirst ganz verlassen bleiben, unbeweint, in dem blühenden Lande ...

Es wird aber an dem ätherischen weiten Himmel droben ein donnerartiges Getöse, die Stimme Gottes, zu hören sein. Die nie schwindenden Flammen der Sonne selbst werden nicht mehr sein, noch wird das glänzende Licht des Mondes wieder sein in der letzten Zeit, wenn Gott die Führung annimmt. Alles wird schwarz werden; Finsternis wird sein auf Erden, und blind die Menschen, und feig die wilden Tiere, und Jammer; es wird jener Tag lange Zeit sein, so daß man erkennen wird ihn selbst, den herrschenden, alles beaufsichtigenden Gott am Himmel. Er selbst aber wird sich der feindseligen Männer dann nicht erbarmen, die da Herden von Lämmern und Schafen und laut brüllenden Kälbern zur Sühne opfern, von großen Kälbern mit vergoldeten Hörnern, den seelenlosen Hermen und den steinernen Göttern. Möge die Leitung haben das Recht der Weisheit und die Herrlichkeit der Gerechten; damit nicht erzürnt der unvergängliche Gott vernichte das ganze Geschlecht der Menschen, ihr Leben und ihren schamlosen Stamm, muß man lieben den Erzeuger, den weisen, immer seienden Gott.
Es wird zur letzten Zeit um das Ende des Mondes sein ein die Welt durchrasender Krieg, trugvoll in Arglist. Es wird kommen vom Ende der Erde der muttermörderische Mann, fliehend und im Geiste Scharfschneidiges sinnend, der die ganze Erde niederwerfen und alles bezwingen und klüger als alle Menschen in allem denken wird; und um derentwillen er selbst zugrunde ging, die wird er sogleich einnehmen und viele Männer verderben und große Tyrannen und alle anzünden, wie niemals ein anderer tat, andere wiederum, die gefallen waren, aus Eifersucht wieder aufrichten. Es wird vom Westen her ein großer Krieg den Menschen kommen, und das Blut wird fließen vom Hügel herab bis zu den tiefwirbelnden Flüssen. Und auf Makedoniens Ebenen wird Groll träufeln, Bundesgenossenschaft vom Westen her, dem König aber Verderben. Und dann wird ein winterlicher Hauch auf Erden wehen, und die Ebene wird sich wiederum mit bösem Kriege füllen. Denn Feuer wird von den himmlischen Gegenden den Menschen regnen, Feuer und Blut, Wasser, Blitzstrahl, Dunkel, Nacht vom Himmel, und Verderben im Krieg und Nebel bei dem Morden wird alle zusammen vernichten, die Könige und die zu der Zeit die besten Männer sind. Und dann wird somit aufhören das jämmerliche Verderben des Kriegs, und nicht mehr wird man mit Schwertern kämpfen noch mit Eisen noch mit den Geschossen selbst, die ihnen nicht erlaubt sein werden. Frieden wird haben das weise Volk, welches übriggeblieben ist und welches das Elend gekostet hat, auf daß es nachmals erfreut werde.
Ihr Muttermörder, hört auf mit eurer Frechheit und der Böses beginnenden Verwegenheit: die ihr euch vor alters das Beilager mit Knaben unkeusch verschafftet und in Häusern als Huren hinstelltet die Mädchen, die vormals rein waren, mit beschimpfender Wollust und Pein und mühevoller Schande. Denn in dir hat sich frevelhaft die Mutter mit dem Sohne vermischt und die

Tochter mit ihrem Erzeuger sich als Braut verbunden; in dir haben auch Könige den unseligen Mund besudelt, in dir haben schlechte Männer gar Beilager mit Tieren erfunden. Schweige still, jammervolle, böse Stadt, die du in lärmendem Jubel lebst! Denn nicht mehr werden bei dir mit dem gern nährenden Holze die jungfräulichen Mädchen das heilige Feuer behüten: Ausgelöscht ist von dir das vor alters ersehnte Haus, als ich zum zweiten Male das Haus niederwerfen sah, vornüber, mit Feuer durchglüht durch unheilige Hand, das Haus, das immer blühte, den Gott bewahrenden Tempel, von Heiligen geschaffen, und der da immer unvergänglich war. Denn nicht gedankenlos lobt dies Volk einen Gott aus unscheinbarer Erde, noch hat einen Stein ein kluger Künstler bei diesen gebildet; nicht Gold hat es verehrt, den Betrug der Welt und der Seelen, sondern den Gott, den großen Erzeuger aller Gottbegeisterten, verehrten sie mit Opfern und heiligen Hekatomben. Jetzt aber ist hinaufgestiegen ein unberühmter und unheiliger König und hat diese Stadt zu Boden geworfen und unbebaut gelassen, mit großer Menge und mit ruhmvollen Männern. Er selbst aber kam um, indem er das unsterbliche Land betrat, und nicht mehr war ein solches Zeichen für die Menschen, so daß andere die große Stadt zerstört zu haben schienen.

Denn es kam von dem Himmelsgewölbe ein seliger Mann, das Zepter in den Händen tragend, welches ihm Gott verliehen, und brachte alles schön in seine Gewalt und gab zurück allen Guten den Reichtum, den die früheren Männer ihnen genommen hatten. Alle Städte nahm er von Grund aus ein mit vielem Feuer und verbrannte die Volksgemeinden der vorher Böses beginnenden Sterblichen; und die Stadt, nach welcher Gott Verlangen trug, die machte er glänzender als die Sterne und die Sonne und den Mond, und Schmuck legte er darin nieder und machte ein heiliges Haus, ein im Fleische vorhandenes, wunderschönes, und bildete viele Stadien weit einen großen und unendlichen Turm, der die Wolken selbst berührt und allen sichtbar ist, so daß alle Gläubigen und alle Gerechten die Herrlichkeit des ewigen Gottes schauen, die ersehnte Gestalt. Aufgang und Untergang priesen den Ruhm Gottes. Denn nicht mehr ist bei den armseligen Sterblichen, was sie fürchten müßten, noch auch Ehebruch und frevelhafte Knabenliebe, nicht Mord noch Kriegsgetümmel, sondern gerechter Wettstreit unter allen. Es ist die letzte Zeit der Heiligen, wenn dies vollbringen wird der hochdonnernde Gott, der Gründer des größten Tempels.

Wehe, wehe dir, Babylon, du auf goldnem Throne, mit goldnen Sohlen, langjährige Königin, allein die Welt beherrschend, die du vor alters groß warst und eine Allstadt! Nicht mehr wirst du liegen auf goldnen Bergen und an den Wassern des Euphrat; du wirst hingestreckt werden durch das Getümmel eines Erdbebens. Die schrecklichen Parther haben dich alles erdulden lassen. Es hat dein Mund einen Zaum des Zwangs, du Geschlecht der Chaldäer; nicht frage noch forsche, wie du die Perser beherrschen oder wie du die

Meder bezwingen kannst. Denn um deiner Herrschaft willen, die du bekamst, nachdem du Geiseln nach Rom geschickt hattest, und indem du Asien dientest. Darum wirst auch du selbst, die Königin, zum Gerichte kommen, um derentwillen du Trauriges erlitten hast, und wirst für krumme Reden bittere Rede deinen Feinden stehen.

Es wird in der letzten Zeit einmal das Meer trocken sein, und nicht mehr werden einst die Schiffe nach Italien fahren; Asien, das große, fruchtbare, wird dann Wasser sein, und Kreta eine Ebene. Kypros wird ein großes Leid haben, und Paphos wird sein schreckliches Schicksal bejammern, bis es bemerkt, wie auch Salamis, die große Stadt, ein großes Leid erlitten hat: Jetzt wüst und unfruchtbar, wirst du wiederum am Gestade sein. Ein nicht geringer Heuschreckenschwarm wird das kyprische Land verderben. Auf Tyros, ihr unglückseligen Menschen, hinblickend, werdet ihr weinen. Phönizien, ein schrecklicher Zorn harrt deiner, bis du fällst in bösem Fall, damit die Sirenen in Wahrheit weinen.

Es wird aber geschehen im fünften Geschlecht, wenn das Verderben Ägyptens aufhören wird, indem sich die widerwärtigen Könige verbinden, werden sich die Geschlechter der Pamphylier auch in Ägypten niederlassen, und bei den Makedoniern und in Asien und bei den Lykiern wird sein ein die Welt beschwerender Krieg, blutig im Staube, welchen stillen wird der König von Rom und die Herrscher des Westens.

Wenn der winterliche, schneeige Sturm träufelt, indem der große Fluß und die größten Seen gefrieren, wird alsbald ein barbarischer Schwarm in das asische Land wandern und verderben das Geschlecht der schrecklichen Thrakier, welches wahrlich nicht schwach ist. Und dann werden die Menschen, ihr Herz verzehrend, ihre Eltern aufessen, indem der Hunger sie quält. Aus allen Häusern werden die wilden Tiere den Tisch verzehren, und die Vögel selbst werden alle Menschen auffressen. Der Okeanos wird mit den Schlechten sich füllen aus dem Flusse, blutig von dem Fleisch und Blute der Törichten. Alsdann wird eine solche Ohnmacht auf Erden sein, daß man die Zahl der Männer und das Maß der Frauen erkennt.

Unsäglich viel wird jammern das schreckliche Geschlecht, wenn am Ende die Sonne untergeht, damit sie nicht wieder aufgehe, damit sie, bei den Gewässern des Okeanos bleibend, sich eintauche; denn sie hat vieler Menschen unheilige Schlechtigkeiten gesehen. Es wird aber mondlose Finsternis am großen Himmel selber sein, und nicht geringes Dunkel wird die Gefilde der Sternenwelt umhüllen zum zweiten Mal; aber alsdann wird das Licht Gottes Führer sein den guten Männern, welche Gott gepriesen haben.

Isis, dreimal unselige Göttin, du wirst bleiben an den Wassern des Nil allein, eine stumme Mänade am Rande des Acheron, und nicht mehr wird von dir ein Andenken bleiben auf der ganzen Erde. Auch du, Serapis, belastet mit vielen unbehauenen Steinen, wirst liegen in großem Fall im dreimal unseli-

gen Ägypten. Wie viele aber die Sehnsucht nach Ägypten zu dir geführt hat, die werden das Übel beweinen; aber ewigen Verstand im Herzen fassend, werden dich alle die, die Gott gepriesen haben, als Nichtigkeit erkennen. Und es wird einmal einer von den Priestern sagen, ein in Linnen gekleideter Mann: „Kommt, laßt uns ein schönes, wahrhaftiges Heiligtum Gottes aufrichten; kommt, laßt uns umwandeln den schrecklichen Brauch von den Vorfahren her, um dessentwillen sie entweder steinernen oder tönernen Göttern Prozessionen und Opfer darbrachten, ohne den Irrtum zu merken. Laßt uns unsere Seelen bekehren, indem wir den unvergänglichen Gott preisen, den Erzeuger selbst, der da in Ewigkeit ist, den Herrscher über alles, den Wahrhaftigen, den König, den die Seelen nährenden Erzeuger, den immer seienden, großen Gott!“ Und dann wird ein großer, heiliger Tempel in Ägypten sein, und zu ihm wird ein gottgeschaffenes Volk Opfer bringen. Ihnen wird Gott verleihen, unvergänglich zu leben.
Aber wenn, verlassend die schamlosen Stämme der Triballer, die Äthioper im Begriffe sind, das Land Ägypten zu pflügen, werden sie anfangen mit dem Elend, damit alles Letzte geschehe. Denn sie werden niederreißen den großen Tempel des ägyptischen Landes; Gott aber wird schrecklichen Zorn gegen sie über die Erde regnen lassen, so daß er vernichtet alle Bösen und alle Gesetzlosen. Und nicht mehr wird ein Schonen sein in jenem Lande, dafür, daß sie nicht bewahrt haben, was Gott ihnen verliehen hat.
Ich sah eine Drohung der leuchtenden Sonne unter den Gestirnen und schrecklichen Zorn des Mondes in Blitzen; die Sterne waren mit Kampf schwanger; Gott erlaubte ihnen zu kämpfen. Denn entgegen dem Helios stritten hohe Flammen: Der Morgenstern eröffnete den Kampf, indem er auf den Rücken des Löwen stieg, und tauschte sich, zweigehörnt, den ... des Mondes ein. Der Steinbock traf des jungen Stieres Sehne, der Stier aber raubte dem Steinbock den Tag der Heimkehr, und Orion raubte die Waage, daß sie nicht mehr blieb. Die Jungfrau tauschte sich im Widder das Los der Zwillinge ein; die Plejade schien nicht mehr; der Drache verleugnete den Gürtel; die Fische krochen hinein am Gürtel des Löwen; der Krebs hielt nicht stand, denn er fürchtete sich vor dem Orion; der Skorpion heftete den Schwanz durch den furchtbaren Löwen, und der Hund glitt ab von der Flamme der mächtigen Sonne; der Wassermann aber entzündete die Macht des starken Morgensterns. Es erhob sich der Himmel selbst, bis er die Kämpfer erschütterte; erzürnt warf er sie vornüber auf die Erde. Leicht herabgeschleudert zum Bade des Okeanos, zündeten sie die ganze Erde an.

## *Siebtes Buch*

Rhodos, unselig du; denn dich will zuerst ich beweinen. Unter den Städten die erste, wirst du auch als erste zugrund' gehn. All deiner Männer beraubt, wirst des Reichtums du völlig entbehren. Delos, du wirst dich bewegen und unstet sein auf den Wassern. Zypern, einst wird dich vernichten die Woge des bläulichen Meeres. Dich, Sizilien, verbrennt das Feuer, das gegen dich wütet.

Das, sag' ich, ist des Herrgotts entsetzliches Wasser, das anstürmt. Noë konnte allein von allen als Flüchtling sich retten. Erde schwimmt, es schwimmen die Berge, auch schwimmet der Äther. Wasser wird überall sein, und am Wasser geht alles zugrunde. Losbrechen Winde, es wird eine andere Weltperiode. Phrygien, du wirst zuerst aufschimmern über dem Wasser. Du bist die erste doch, die sich versündigt und abfällt und leugnet Gott, ergeben den Götzen, die stumm sind und welche dich, Arme, werden vernichten im Kreislauf der vielen kommenden Jahre. Elende Äthioper, ihr werdet noch schreckliche Leiden dulden, von Schwertern erschlagen, gar tief im Fleische getroffen. Auch das fette Ägypten, in Sorge stets um seine Saaten, welches jährlich berauscht der Nil mit sieben Ergüssen, wird vernichten der Aufstand der Bürger; dann werden die Männer, bar aller Hoffnung, den heillosen Apisgötzen vertreiben. Weh, weh, Laodicea, du hast Gott niemals geschaut, du freche, du lügst; doch die Woge des Lykos spült dich von dannen.

Selbst der mächtige Gott, der Erzeuger, wird wirken gar viele Wunder, und mitten im Äther aufhängen wird er die Achse, dann wird, für Menschen entsetzlich zu schaun, eine Säule errichtet, riesig im Ausmaß inmitten gewaltigen Feuers; die Funken werden vernichten der Menschen Geschlechter für all ihre Bosheit. Dann wird noch einmal Gelegenheit sein, wo die Menschen mit Gott sich werden versöhnen, doch nicht beenden die unnützen Qualen. Erst durch Davids Geschlecht wird alles erfüllet, denn diesem hat Gott selber den Thron zum eignen Besitz ja gegeben. Doch seine Sendboten werden zu seinen Füßen sich betten: sie, die zünden die Feuer, die spenden das Wasser der Flüsse, die auch beschirmen die Städte und die entsenden die Winde. Vielen Menschen jedoch steht ein schlimmes Leben bevor, das eindringt in ihre Seelen und ändert der Menschen Gesinnung.

Das wird geschehn in der Fülle der Zeiten. Allein, wenn dann andre herrschen, der streitbaren Perser Geschlechter, wird es gleich arge Ehe- und Brautlager geben infolge der gottlosen Werke. Haben wird ja die Mutter als Gatten den eigenen Sohn. Der Sohn verkehrt mit der Mutter; die Tochter, zum Vater sich beugend, schläft nach der Art der Barbaren. Doch später wird, über sie kommend, Romas Kriegsgott mit zahllosen Lanzenträgern sich zeigen, und mit Männerblut werden sie weithin färben das Erdreich. Doch Italiens Fürst wird fliehn vor der Wehrkraft des Speeres. Aber sie lassen am Boden die Blüte goldstrotzender Jugend, welche ja stets beim Sturme das Zeichen des Zwanges voranträgt. Wahrlich, es kommet die Zeit, wo die unglückselige, arge Troerin nur das Begräbnis und nicht mehr rüstet die Hochzeit, wo tief seufzet die Braut, weil sie ihren Gott nicht erkannte,

immer mit Pauken und Zimbel Getön hat verursacht, die Arme. Weissage nur, Kolophon; über dir hängt ein furchtbares Feuer.
Unglücksel'ges Thessalien, dich wird nicht mehr schauen die Erde, auch nicht als Asche; gar einsam verläßt du fliehend das Festland; so wirst du, Arme, ein kläglicher Auswurf des grausigen Krieges, Opfer reißender Strömung, soweit nicht das Schwert dich vernichtet. Unglücksel'ges Korinth, einen schweren Krieg wirst du, Arme, haben im Land, und ihr richtet zugrunde selber einander. Tyros, wie bleibst du doch einsam; von frommen Männern verwaiset, wirst du doch völlig zugrunde gehen an eigener Ohnmacht. O Cölesyrien, letztes Land phönikischer Männer, wo das Quellgebiet liegt des Binnensees von Beirut, Arme, nicht hast du erkannt deinen Gott, der einstmals gebadet in der Strömung des Jordan – der Geist überflog ihn als Taube –, der einst wurde der Erde und auch des sternreichen Himmels Schöpfer, der Logos, vereint mit dem Vater und Heiligen Geiste: Fleisch nahm er an und entflog gar schnell zur Wohnung des Vaters. Und drei Burgen hat ihm der mächtige Himmel errichtet, drinnen nun Wohnung genommen die adligen Mütter des Herrgotts: Hoffnung und Ehrfurcht und Heiligkeit, die alle ersehnen; nicht an Gold sich freuend und Silber, nur an den Gebeten und an den Opfern der Menschen und ihrer echten Gesinnung. Opfern sollst du dem ewigen, großen, erhabenen Gotte, nicht ein Weihrauchkorn schmelzen im Feuer noch mit dem Messer schlachtend den zottigen Widder, vielmehr sollst du nehmen mit allen deinen, die gleichen Geblütes, die weiße Taube und sollst sie unter Gebeten entsenden, die Augen zum Himmel gerichtet; Wasser sollst du dann gießen in reines Feuer und rufen: „Wie dich als Logos der Vater erzeugte, entsandt' ich den Vogel, schnellen Verkünder der Worte, als Logos, mit heiligem Wasser deine Taufe besprengend, durch die du aus Feuer erschienest." Sollst auch die Türe nicht schließen, wenn dir ein Fremder sich nahet, inständig bittend, du mögest ihm Armut und Hunger verwehren. Sondern fasse das Haupt des Mannes, bespreng's ihm mit Wasser, bete dann dreimal und rufe zu deinem Gotte wohl also: „Reichtum begehre ich nicht; bedürftig nahm auf ich den Dürft'gen." Und an der Schwelle: „O Vater, du reicher Spender, erhör uns! Wirst auch dem Bittenden geben." Doch wenn er hinaus ist gegangen: „Gottes gerechte und heilige Majestät, nicht bedräng mich, hehre, unbeugsame Macht, erprobt selbst in der Gehenna! Stärk mein geduldiges Herze, o Vater; auf dich schaute stets ich, nur auf dich Unbefleckten, den keine Hände geschaffen."
Bald wirst, gedrückt jetzt, Sardinien, du in Asche verwandelt; nicht mehr wirst Insel du sein, wenn der zehente Zeitlauf gekommen. Sie werden segelnd im Wasser dich suchen, wenn du bist verschwunden, über dir werden die Eisvögel anstimmen schreckliches Klagen. Rauhland Mygdonien, schwer passierbare Fackel des Meeres, prahltest auf ewig, du wirst für ewige Zeiten ein Opfer völlig des Gluthauchs und rasen alsdann unter zahllosen

Qualen. Keltenland am Gebirge der unübersteigbaren Alpen, gänzlich wird dich verschütten der Sand; keine Zölle mehr zahlst du, lieferst nicht Futter noch Halm; entvölkert wirst du für immer, und von Eiskristallen bedeckt wirst büßen du all die Schande und Schmach, die du nicht erkanntest, du gottlose Gegend. Du starkmutiges Rom, nach makedonischem Kampfe willst den Olymp du erstürmen; doch Gott wird den Garaus dir machen, wenn du vermeinst, zu viel stärkerem Ansturm seßhaft zu bleiben. Da will ich folgende Worte dir zurufen: „Wirst auch im Sterben deine Stimme erheben, erstrahlend im Glanze des Ruhmes! Rom, noch ein zweites Mal will ich, ein zweites Mal wieder dich rufen." Kurz noch will ich auch dich, armes Syrien, kläglich beweinen. Übelberatenes Theben, ein schrilles Getöne von Flöten steht dir bevor, dir wird die Trompete ein schrecklich Geschmetter lassen erschallen; ihr werdet das ganze Land sehen verschwinden. Wehe dir, unglückselige, weh, böswillige Meerflut! Ganz von Feuer verzehrt wirst ein Volk durch die Flut du vernichten, denn mit solcher Gewalt wird rasen das Feuer auf Erden, wie sich das Wasser ergießt, und die ganze Erde vernichten. Berge verbrennt's, entzündet die Flüsse und leeret die Quellen. Nicht mehr Welt ist die Welt, wenn die Menschen gehen zugrunde. Übel brennend dann schauen die Unglücksel'gen zum Himmel, welcher nicht mehr von Sternen, vielmehr im Feuerschein leuchtet. Aber sie gehn nicht plötzlich zugrunde, im Fleische vergehend und doch weiter brennend im Geiste für ewige Zeiten, werden sie sehn, daß Gottes Gesetz nicht trügerisch ist, und unter dem anderen Schweren, daß Not jetzt leidet die Erde, weil sie vermessen annahm die Opferstätten der Götter und durch den schwärzlichen Rauch in den Lüften verführt und betrogen. Nimmer gehorchte den Worten des einen, mächtigen Gottes. Die aber werden gar sehr Leid tragen, die nur aus Gewinnsucht schmählich Orakel verkünden, die schlimmen Zeiten verlängernd, die zwar nach außen sich hüllen in wollige Felle der Schafe, fälschlich Hebräer sich nennen, obwohl sie von andrem Geschlecht sind, treulose Zungenhelden, zum eignen Verderben profitlich, welche ihr Leben nicht ändern und nicht die Gerechten verführen, die ihren Herrn und Gott getreulich im Herzen versöhnen. Doch in der dritten „Ewe" des rollenden Kreises der Jahre „Erster Oktav" wird wieder erschaut ein anderer Kosmos. Nacht wird es überall sein unerbittlich und lange auf Erden. Dann wird des Schwefels Dunst ringsum gar schrecklich sich breiten, Tod auf Tod verkündend, wenn jene dann gehen zugrunde unter dem Schrecken der Nacht. Dann wird ER reine Gesinnung unter den Menschen erzeugen, das Menschengeschlecht zu erneuern. Nicht mehr wird man die Scholl' in der Tiefe auflockern mit Krummpflug; nicht mehr pflügen die Stiere mit gradegerichtetem Eisen. Dornen und Disteln gibt's nicht, sondern alle zumal werden jetzo tauiges Manna als Speise mit weißen Zähnen genießen. Dann wird auch Gott selbst sein unter ihnen, er wird sie belehren, wie mich Unglücksel'ge. Was habe doch früher ich Böses wissend verübt! Und auch sonst hab' ich Übles getan unbedenklich. Zahllose Beilager hatt' ich und dachte doch nie an die Heirat. Abverlangt habe ich Treulose allen den heiligen Eidschwur; Darbenden wies ich die Tür, und im eigenen Hause verübt' ich Blutschande, ohne den Spruch zu beachten des mächtigen Gottes. Darum wird mich ergreifen das Feuer und gänzlich verzehren. Ich lasse selber mein Leben, Vernichtung bringt mir die böse Zeit. Dann kommen die Leute, mir Elenden schaufeln das Grab sie, oder sie werden mich stein'gen; ich hab' ja, vom eigenen Vater schwanger, das Kindlein beseitigt. Drum steiniget, steinigt mich alle! So werd' ich büßen im Tode und himmelwärts heften die Augen.

# *Apokryphe Apokalypsen zum Neuen Testament*

Zur geheimen Offenbarung des Johannes im Neuen Testament kommen noch eine ganze Reihe apokrypher Apokalypsen hinzu. Ohne Zweifel wurde als kanonisch und wahr angesehen, was direkt auf Jesus Christus zurückging. Zunächst wurden wohl hauptsächlich die Worte des Herrn mündlich gepredigt. Die christlichen Gemeinden verbreiteten sich jedoch rasch, so daß unmittelbare Augenzeugen nicht mehr allein in der Lage waren, die Botschaft des Lebens und der Auferstehung Jesu zu verkünden. Für eine authentische Verkündigung wurde eine verbindliche Niederschrift der Lehre unabdingbar. Als Ersatz und zur Ergänzung für die mündlichen Berichte entstanden zwischen 65 und 95 n. Chr. die Evangelienbücher, die bald als heilige Schriften anerkannt wurden.

Einhellig Autorität hatten für die ganze Christenheit alle Apostelberichte. Wieweit sich die Apostel selbst als authentische Interpreten der Botschaft Christi verstanden haben, läßt sich nicht sagen. In nachapostolischer Zeit, zwischen 70 und 140 n. Chr., fanden sie jedenfalls höchste Anerkennung. Wenn es um Fragen ging, die für die Kirche wichtig waren, berief man sich auf die Apostel. Die Herausbildung des neutestamentlichen Kanons zu den 27 Büchern, die heute dazu zählen, war ein langwieriger geschichtlicher Prozeß. Zunächst entwickelte sich in den christlichen Urgemeinden ein sehr viel breiterer literarischer Überlieferungsbestand, der erst allmählich durch die Lehrpraxis in den Gemeinden und eine Verständigung darüber in der Gesamtkirche reduziert wurde.

Schwierigkeiten bereitete in der zweiten Hälfte des 2. Jahrhunderts die vielfache Überlieferung des Lebens Jesus in den Evangelien. Tatian versuchte damals das Problem durch eine „Evangelienharmonie“, durch eine Rückführung auf eine einzige Version, zu lösen. In seinem „Diateseron“ wurden die vorhandenen Evangelien so zusammengestellt, daß sie ein einheitliches Werk bildeten. Erst zur Wende zum 3. Jahrhundert stand schließlich fest, daß es vier kanonische Evangelien gibt. Irenäus, Tertullian und Clemens von Alexandrien, die damals bedeutendsten Kirchenväter, stimmten darin überein, was als kanonisch anzusehen ist: die vier Evangelien, 13 Paulusbriefe, der 1. Petrusbrief, der 1. Johannesbrief, die Apostelgeschichte des Lukas und die Johannesapokalypse.

Schneller als im Osten erfolgte die Kanonisierung im Westen. Nach dem Zeugnis von Hieronymus und Augustinus war das Neue Testament mit 27 Büchern, dem heutigen Stand, bereits um 400 n. Chr. offiziell anerkannt. Im Osten dauerte das mehr als 200 Jahre länger, zum Teil sogar bis ins 9. Jahrhundert. Endgültig festgelegt hat die römisch-katholische Kirche den Kanon des Alten und Neuen Testamentes auf dem Konzil von Trient im Jahre 1546 – in Abwehr zur Haltung der protestantischen Kirchen, die sechs Bücher des von katholischer Seite kanonisierten Alten Testamentes als apokryph und nicht von Gott inspiriert verwarfen.

# *Die apokryphe Himmelfahrt des Jesaja*

Die apokryphe Schrift „Himmelfahrt des Jesaja" besteht aus einer jüdischen Legende vom Martyrium des Jesaja und einem Visionsbericht. Wie fast die gesamte apokalyptische Literatur ist auch dieser Text kein einheitliches Werk, sondern eine Zusammenstellung aus Bruchstücken. Im ersten Teil findet sich ein Einschub, der vom Wirken Christi und von seinem Tod, von der Einsetzung der Kirche und ihrer Verfolgung, vom Erscheinen des Antichristen (Beliar) und seiner Niederlage erzählt.
Das Werk ist nach der Vision Jesajas einer Reise durch den Himmel benannt, die den zweiten Teil bildet. Darin tritt deutlich gnostischer und doketischer Einfluß zutage. Der Heilige Geist etwa wird als Engel dargestellt; mit Jesus kniet er vor dem Thron Gottes. Auch der Herrscher des Totenreichs wird als Engel bezeichnet. Das erinnert an die gnostische Abstufung der Göttlichkeit. Die Geburt Jesu wird ganz doketisch beschrieben. Selbst Maria merkt nichts davon. In gnostischer Form vollzieht sich der Abstieg Jesu in das Totenreich und danach der Aufstieg durch die Himmel, bei dem er den Seelen den Weg zum Vater bahnt. Bei jedem Himmel muß er dem Türhüter ein Lösungswort angeben, damit er durchgelassen wird. Die christlichen Teile der Schrift stammen vermutlich aus dem 2. Jahrhundert.

## *Textquelle: Die Himmelfahrt des Jesaja*

Im zwanzigsten Jahre der Herrschaft Hiskias, des Königs von Juda, kamen Jesaja, der Sohn des Amoz, und Jasub, der Sohn Jesajas, von Gilgal nach Jerusalem zu Hiskia. Und nachdem Jesaja eingetreten war, setzte er sich auf das Bett des Königs, und obwohl man ihm einen Sessel brachte, wollte er sich nicht darauf niederlassen. Da fing Jesaja an, mit dem König Hiskia Worte des Glaubens und der Gerechtigkeit zu reden, während alle Fürsten Israels herum saßen samt den Eunuchen und Räten des Königs. Und es waren daselbst 40 Propheten und Prophetensöhne, die waren aus den Nachbarbezirken, aus den Bergen und von den Feldern gekommen, als sie hörten, Jesaja würde aus Gilgal zu Hiskia kommen. Und sie waren gekommen, ihn zu begrüßen und seine Rede zu hören, und daß er seine Hand auf sie legen sollte und daß sie weissagten und er ihre Weissagung höre; und sie alle waren vor Jesaja. Dann redete Jesaja mit Hiskia Worte der Wahrheit und des Glaubens, und alle hörten die Tür, die jemand geöffnet hatte, und die Stimme des Geistes. Da rief der König alle Propheten und das ganze Volk, das sich daselbst vorfand, und sie kamen herein, und Micha und Anania, der Alte, und Joel und Jasub setzten sich zu seiner Rechten und zu seiner Lin-

ken. Und es geschah, als sie alle die Stimme des Heiligen Geistes hörten, fielen sie alle anbetend auf ihre Knie und priesen Gott der Gerechtigkeit, den Höchsten in der höchsten Welt, der als Heiliger hoch oben seinen Sitz hat und unter den Heiligen ruht, und sie gaben Ehre dem, der so eine Vortrefflichkeit der Worte einem Menschen verliehen hat. Und während er durch den Heiligen Geist redete, indem alle zuhörten, schwieg er plötzlich still, und sein Bewußtsein ward von ihm genommen, und er sah die Männer nicht mehr, die vor ihm standen; und seine Augen waren geöffnet, aber sein Mund war stumm, und das Bewußtsein seiner Körperlichkeit war von ihm genommen, aber sein Odem war noch in ihm, denn er sah ein Gesicht.
Und der Engel, der entsandt war, ihn schauen zu lassen, gehörte nicht zu diesem Firmament und nicht zu den Engeln der Herrlichkeit dieser Welt, sondern er war aus dem siebten Himmel gekommen. Und das Volk, welches herumstand, mit Ausnahme des Kreises der Propheten, meinte nicht, daß der heilige Jesaja hinaufgenommen sei. Und das Gesicht, das er sah, war nicht von dieser Welt, sondern aus der Welt, die allem Fleisch verborgen ist. Und nachdem Jesaja dieses Gesicht geschaut hatte, teilte er es dem Hiskia, seinem Sohn Jasub und den übrigen Propheten, die gekommen waren, mit. Aber die Obersten, die Eunuchen und das Volk hörten nicht zu, mit Ausnahme von Sebna, dem Schreiber, Jojakim und Asaph, dem Chronisten, denn die waren Täter der Gerechtigkeit, und der Wohlgeruch des Geistes war in ihnen. Das Volk aber hörte nicht zu, denn Micha und Jasub, sein Sohn, hatten es hinaustreten lassen, als das Wissen um diese Welt ihm genommen und er wie ein Toter war.
Das Gesicht aber, welches Jesaja gesehen hatte, erzählte er dem Hiskia, seinem Sohne Jasub, dem Micha und den übrigen Propheten und sprach: In diesem Zustande, als ich weissagte, nach dem Gehörten, das ihr gehört habt, sah ich einen hehren Engel, und er glich nicht der Herrlichkeit der Engel, die ich sonst immer zu sehen pflegte, sondern er besaß große Herrlichkeit und Würde, so daß ich die Herrlichkeit dieses Engels nicht beschreiben kann. Und als er mich bei meiner Hand gefaßt hatte, führte er mich empor; und ich sprach zu ihm: Wer bist du, und wie ist dein Name, und wohin führst du mich aufwärts? Denn mir war die Macht verliehen worden, mit ihm zu reden. Und er sprach zu mir: Wenn ich dich stufenweise aufwärts geführt haben werde und dir das Gesicht, zu dem ich gesandt worden bin, gezeigt haben werde, dann wirst du erkennen, wer ich bin; aber meinen Namen wirst du nicht erfahren, denn du mußt in diesen deinen Leib zurückkehren. Wohin ich dich aber emportragen werde, wirst du sehen, denn dazu bin ich gesandt worden. Und ich freute mich, daß er freundlich mit mir redete. Und er sprach zu mir: Freust du dich, daß ich freundlich mit dir geredet habe? – Und er sprach weiter: Aber du wirst einen sehen, der größer ist als ich, wie er freundlich und ruhig mit dir reden wird; und auch den Vater dessen, der größer ist, wirst du

sehen, denn dazu bin ich aus dem siebten Himmel gesandt worden, um dir Licht zu bringen in dies alles. Und wir stiegen hinauf zum Firmament, ich und er, und daselbst sah ich den Sammael und seine Heerscharen, und ein großer Kampf fand gegen ihn statt, und die Engel Satans waren aufeinander neidisch. Und so wie droben, also ist es auch auf der Erde, denn das Abbild dessen, was in dem Firmament ist, ist hier auf Erden. Und ich sprach zu dem Engel: Was ist's mit diesem Kampf, und was ist's mit diesem Neide? Und er sprach zu mir: So geht es, seitdem diese Welt besteht, bis jetzt, und dieser Kampf wird dauern bis er kommen wird, den du sehen sollst, und den Satan vernichten wird. Und danach brachte er mich hinauf über das Firmament, das ist der erste Himmel. Und daselbst sah ich in der Mitte einen Thron, und rechts und links davon waren Engel. Aber die Engel zur Linken waren nicht gleich den Engeln, die zur Rechten standen, sondern die zur Rechten stehenden besaßen eine größere Herrlichkeit; und sie lobsangen alle mit einer Stimme, und ein Thron war in der Mitte; und in der selben Weise lobsangen auch die zur Linken nach ihnen, aber ihre Stimme war nicht wie die Stimme derer zur Rechten und ihr Lobgesang nicht wie der Lobgesang jener. Und ich fragte den Engel, der mich führte, und sprach zu ihm: Wem wird dieser Lobgesang gesandt? Und er sprach zu mir: Es ist zum Preise dessen, der im siebenten Himmel ist, für den, der unter den Heiligen in Ewigkeit ruht und für seinen Geliebten, woher ich zu dir gesandt worden bin. Dahin wird er gesandt. Und weiterhin ließ er mich aufsteigen in den zweiten Himmel, und die Höhe jenes Himmels ist wie die vom Himmel zur Erde und zum Firmament. Und ich sah daselbst wie im ersten Himmel rechts und links Engel und einen Thron in der Mitte und den Lobgesang der Engel im zweiten Himmel; und der, welcher im zweiten Himmel auf dem Throne saß, hatte eine größere Herrlichkeit als alle andern. Und viel mehr Herrlichkeit war im zweiten Himmel, und ihr Lobgesang war nicht wie der Lobgesang jener im ersten Himmel. Und ich fiel auf mein Angesicht, um ihn anzubeten, aber der Engel, der mich führte, gestattete es mir nicht, sondern sprach zu mir: Bete nicht an weder Engel noch Thron, die zu den sechs Himmeln gehören, weshalb ich gesandt bin, dich zu führen, bis ich es dir sagen werde im siebenten Himmel. Denn über alle Himmel und ihre Engel ist dein Thron gestellt und auch deine Kleider und deine Krone, die du sehen sollst. Und ich freute mich sehr, daß diejenigen, welche den Höchsten und seinen Geliebten liebhaben, bei ihrem Ende durch den Engel des Heiligen Geistes hier hinaufsteigen werden. Und er brachte mich hinauf in den dritten Himmel, und ich sah in gleicher Weise, welche zur Rechten und zur Linken, und auch hier stand mitten darin ein Thron; aber das Gedächtnis dieser Welt wird daselbst nicht erwähnt. Und ich sprach zu dem Engel, der bei mir war, denn die Herrlichkeit meines Angesichts verklärte sich, als ich von Himmel zu Himmel emporstieg: Nichts Eitles aus jener Welt wird hier genannt. Und er antwortete und sprach zu mir: Nichts wird genannt wegen seiner Schwachheit und nichts ist hier verborgen von dem, was geschieht. Und ich begehrte zu erforschen, wie es erkannt wird, aber er antwortete und sprach zu mir: Wenn ich dich in den siebenten Himmel gebracht habe, woher ich gesandt bin, hoch über diesen, dann wirst du erkennen, daß nichts verborgen ist den Thronen und denen, die in den Himmeln weilen, und den Engeln. Und die Lobgesänge, die sie sangen, und die Herrlichkeit dessen, der auf dem Throne saß, war groß, und die Engel zur Rechten und zur Linken besaßen eine größere Herrlichkeit als die im Himmel unter ihnen. Und er trug mich weiter empor zum vierten Himmel, und die Entfernung vom dritten Himmel zum vierten ist größer als die von der Erde zum Firmament. Und daselbst sah ich wiederum welche zur Rechten und welche zur Linken, und der auf dem Throne saß, war mitten darin, und auch hier sangen sie Lobgesänge. Und die Lobgesänge und die Herrlichkeit der Engel zur Rechten waren größer als die derer zur Linken, und wiederum war die Herrlichkeit dessen, der auf dem Throne saß, größer als die der Engel zur Rechten, und ihre Herrlichkeit größer als die derjenigen, die darunter waren. Und er brachte mich hinauf zum fünften Himmel. Und wiederum sah ich welche zur Rechten und welche zur Linken und den, der auf dem Throne saß, mit größerer Herrlichkeit angetan als die im vierten Himmel. Und die Herrlichkeit derer zur Rechten übertraf die derer zur Linken. Und die Herrlichkeit dessen, der auf dem Throne saß, war größer als die Herrlichkeit der Engel zur Rechten, und ihre Lobgesänge waren herrlicher als die im vierten Himmel. Und ich pries den Unnennbaren und den Einzigen, der in den Himmeln wohnt, dessen Name unergründbar ist für alles Fleisch, der eine solche Herrlichkeit von Himmel zu Himmel verliehen hat, der die Herrlichkeit der Engel groß macht und größer die Herrlichkeit dessen, der auf dem Throne sitzt.

Und wiederum hob er mich empor in den Luftkreis des sechsten Himmels, und ich sah daselbst eine Herrlichkeit, wie ich sie im fünften Himmel nicht gesehen hatte, als ich aufstieg, nämlich Engel in großer Herrlichkeit, und daselbst war ein heiliger und wunderbarer Lobgesang. Und ich sprach zu dem Engel, der mich führte: Was ist das, was ich sehe, mein Herr? Und er sprach: Ich bin nicht dein Herr, sondern dein Genosse. Und ich fragte abermals und sprach zu ihm: Warum sind die Engel nicht mehr paarweis? Und er sprach: Vom sechsten Himmel an und aufwärts gibt es nunmehr keine zur Linken und keinen Thron in der Mitte stehend, sondern von der Kraft des siebenten Himmels, wo der Unnennbare sitzt und sein Auserwählter, dessen Name unergründbar ist und dessen Namen alle Himmel nicht erfahren können, empfangen sie ihre Ordnung, denn er allein ist es, auf dessen Stimme alle Himmel und Throne Antwort geben. Ich bin also ermächtigt und gesandt worden, um dich hier hinaufzubringen, daß du diese Herrlichkeit sehest, und sehest den Herrn aller jener Himmel und dieser Throne sich verwandeln, bis er euer Aussehen und eure Gestalt bekommt. Ich sage dir aber, Jesaja, daß keiner, der in einen Leib dieser Welt zurückkehren muß, aufgestiegen ist und gesehen und wahrgenommen hat, was du wahrgenommen hast und was du noch sehen sollst, denn dir ist es bestimmt nach dem Lose des Herrn hierherzukommen, und von hier kommt die Kraft des sechsten Himmels und des Luftkreises. Und ich erhob mit Lobpreisung meinen Herrn, daß ich nach seinem Lose hierherkommen würde. Und er sprach: Höre nun noch dies von deinem Genossen: Wenn du aus dem Leibe nach dem Willen Gottes als Geist hier hinaufgestiegen bist, dann wirst du das Kleid empfangen, das du sehen wirst, und auch die andern Kleider, gezählt und beiseite gelegt, wirst du sehen, und dann wirst du den Engeln im siebenten Himmel gleichen. Und er brachte mich hinauf in den sechsten Himmel, da gab es keine zur Linken und keinen Thron in der Mitte, sondern alle hatten ein Aussehen und ihr Lobgesang war der gleiche. Und mir war Macht gegeben, und ich lobsang mit ihnen, und auch jener Engel, und unser Lobgesang war wie der ihrige. Und daselbst nannten alle den ersten Vater und seinen Geliebten Christus und den Heiligen Geist, alle mit einer Stimme, und sie war nicht wie die Stimme der Engel im fünften Himmel und nicht wie ihre Rede, sondern eine andere Stimme erscholl daselbst, und viel Licht war daselbst. Und dann, als ich im sechsten Himmel war, hielt ich für Finsternis jenes Licht, das ich in den fünf Himmeln gesehen hatte. Und ich freute mich und pries den, der solches Licht denen, die seine Verheißung erwarten, geschenkt hat. Und ich flehte den Engel, der mich führte, an, daß er mich von nun an nicht mehr in die Welt des Fleisches zurückführen solle. Ich sage euch aber, Hiskia und Jasub, mein Sohn, und Micha, daß viel Finsternis hier ist. Und der Engel, der mich führte, fühlte, was ich dachte, und sprach: Wenn du dich schon über dieses Licht freust, wie viel mehr, wenn im siebenten Himmel du das Licht sehen wirst, wo Gott und sein Geliebter ist, woher ich gesandt worden bin, der in der Welt Sohn genannt werden soll. Noch nicht ist er offenbart worden, der in der verderbten Welt sein soll, und die Kleider und Throne und Kronen, die für die Gerechten zurückgelegt sind, für die, welche an jenen Herrn glauben, der in eurer Gestalt herabkommen wird. Denn das Licht daselbst ist groß und wunderbar. Was aber deinen Wunsch, nicht in das Fleisch zurückzukehren, betrifft, so sind deine Tage noch nicht erfüllt, daß du hierherkommen könntest. Als ich das hörte, wurde ich traurig; er aber sprach: Sei nicht traurig.

Und er trug mich in den Luftkreis des siebenten Himmels, und ich hörte nochmals eine Stimme, die sprach: Bis wie weit soll er hinaufsteigen, der bei Fremden wohnt? Und ich fürchtete mich und begann zu zittern. Und als ich zitterte, siehe da kam eine andere Stimme von da gesandt und sprach: Es sei dem heiligen Jesaja erlaubt, bis hierher aufzusteigen, denn hier ist sein Kleid. Und ich fragte den Engel, der mit mir war, und sprach: Wer ist jener, der mir verbot, und wer ist dieser, der mir erlaubte aufzusteigen? Und er sprach zu mir: Der dir verbot, ist der, welcher über die Lobgesänge des sechsten Himmels gesetzt ist, und der dir Erlaubnis gab, ist dein Herr, Gott, der Herr Christus, der auf Erden Jesus genannt werden soll, aber seinen Namen kannst du nicht hören, bis du aufsteigen wirst aus diesem Leibe. Und er ließ mich aufsteigen in den siebenten Himmel, und daselbst sah ich ein wunderbares Licht und Engel ohne Zahl. Und daselbst sah ich alle Gerechten von Adam an, und daselbst sah ich den heiligen Abel und alle Gerechten. Und daselbst sah ich Henoch und alle, die mit ihm waren, entkleidet des fleischlichen Gewandes, und ich sah sie in ihren höheren Gewändern, und sie waren wie die Engel, die daselbst in großer Herrlichkeit stehen. Aber auf ihren Thronen saßen sie nicht, noch waren die Kronen ihrer Herrlichkeit auf ihrem Haupte. Und ich fragte den Engel, der mit mir war: Wie kommt es, daß sie wohl ihre Kleider empfangen haben, aber ohne ihre Throne und ihre Kronen sind? Und er sprach zu mir: Die Kronen und Throne der Herrlichkeit haben sie jetzt nicht empfangen, sondern erst, wenn der Geliebte hinaufsteigen wird in der Gestalt, in der du ihn herabsteigen sehen wirst – es wird nämlich in den letzten Tagen der Herr, der Christus genannt werden soll, in die Welt hinabsteigen. – Aber dennoch sehen sie die Throne und wissen, wem von ihnen sie gehören werden und wem die Kronen gehören werden, nachdem er hinabgestiegen und euch an Aussehen gleich geworden sein wird, und man meinen wird, er wäre Fleisch und ein Mensch. Und der Gott jener Welt wird die Hand gegen seinen Sohn ausstrecken, und sie werden Hand an ihn legen und ihn kreuzigen am Holze, ohne zu wissen, wer es ist. Und so wird sein Herabkommen, wie du sehen wirst, den Himmeln verborgen sein, so daß unbemerkt bleibt, wer es ist. Und wenn er dem Engel des Todes die Beute genommen haben wird, wird er am dritten Tage aufsteigen und wird in jener Welt 545 Tage bleiben, und dann werden viele von den Gerechten mit ihm aufsteigen, deren Geister die Kleider nicht empfangen, bis der Herr Christus aufsteigen wird und sie mit ihm aufsteigen. Dann also werden sie ihre Kleider und ihre Throne und Kronen empfangen, wenn jener in den siebenten Himmel aufgestiegen sein wird. Und ich sprach zu ihm: Wonach ich dich schon im dritten Himmel fragte: Zeige mir, wie das, was in jener Welt geschieht, hier bekannt wird. Und während ich noch mit ihm redete, siehe da kam einer von den Engeln, die umherstanden, herrlicher als die Herrlichkeit jenes Engels, der mich aus der Welt heraufgebracht hatte. Und er zeigte mir Bücher, aber nicht wie Bücher, dieser Welt, und er öffnete sie, und die Bücher waren geschrieben, aber nicht wie Bücher dieser Welt. Und er gab sie mir, und ich las sie, die Taten der Kinder Israels waren darin aufgezeichnet und die Taten solcher, die ich nicht kenne, mein Sohn Jasub. Und ich sprach: Wahrhaftig, es ist nichts verborgen im siebenten Himmel von dem, was in dieser Welt geschieht. Und ich sah daselbst viele Kleider niedergelegt und viele Throne und viele Kronen. Und ich sprach zu dem Engel, der mich führte: Wem gehören diese Kleider und Throne und Kronen? Und er sprach zu mir: Diese Kleider sollen viele aus jener Welt empfangen, wenn sie glauben an die Worte jenes, der, wie ich dir gesagt habe, genannt werden soll, und sie halten und daran glauben und an sein Kreuz glauben. Für sie sind sie niedergelegt. Und ich sah einen dastehen, dessen Herrlichkeit alles überragte, und seine Herrlichkeit war groß und wunderbar. Und nachdem ich ihn erblickt hatte, kamen alle Gerechten, die ich sah, und alle Engel, die ich sah, zu ihm, und Adam, Abel und Seth und alle Gerechten traten zunächst heran, beteten ihn an und priesen ihn alle mit einer Stimme, und auch ich lobsang mit ihnen, und mein Lobgesang war wie der ihrige. Und dann traten alle Engel heran, beteten und lobsangen. Und ich wandelte mich wiederum und wurde wie ein Engel. Da sprach der Engel, der mich führte, zu mir: Es ist der Herr aller Herrlichkeit, den du gesehen hast. Und während der Engel noch redete, sah ich einen andern Herrlichen, der ihm glich, und die Gerechten traten zu ihm heran, beteten an und lobsangen, und auch ich lobsang mit ihnen, aber meine Herrlichkeit wandelte sich nicht nach ihrem Aussehen. Und danach traten die Engel heran und beteten an. Und ich sah den Herrn und den zweiten Engel, und sie standen, der andere aber, den ich gesehen hatte, war zur Linken meines Herrn. Und ich fragte: Wer ist dieser? Und er sprach zu mir: Bete ihn an, denn dieser ist der Engel des Heiligen Geistes, der durch dich und die andern Gerechten geredet hat. Und ich schaute die große Herrlichkeit, indem die Augen meines Geistes geöffnet wurden, und ich vermochte danach nicht zu sehen, noch der Engel, der mit mir war, noch alle Engel, die ich meinen Herrn hatte anbeten sehen. Aber die Gerechten sah ich mit großer Kraft die Herrlichkeit jenes schauen. Da trat mein Herr zu mir, und der Engel des Geistes und sprach: Siehe, wie dir gegeben ist, Gott zu schauen, und um deinetwillen ist dem Engel bei dir Macht gegeben worden. Und ich sah, wie mein Herr anbetete und der Engel des Heiligen Geistes und wie beide zusammen Gott priesen. Und danach traten alle Gerechten heran und beteten an, und die Engel traten heran und beteten an, und alle Engel lobsangen.

Und danach hörte ich die Stimmen und Lobgesänge, die ich in jedem einzelnen der sechs Himmel hatte aufsteigen hören und die hier vernehmbar waren. Und sie wurden alle jenem Herrlichen geschickt, dessen Herrlichkeit ich nicht sehen konnte. Und ich selbst hörte und sah den Lobgesang für ihn. Und der Herr und der Engel des Geistes hörten alles und sahen alles. Und alle Lobgesänge, die aus den sechs Himmeln gesandt wurden, wurden nicht allein gehört, sondern sie waren auch sichtbar. Und ich hörte den Engel, der mich führte, wie er sprach: Das ist der Höchste der Hohen, der in der heiligen Welt wohnt und unter den Heiligen ruht, der von dem Heiligen Geist durch den Mund der Gerechten Vater des Herrn genannt werden soll. Und ich hörte die Worte des Höchsten, des Vaters meines Herrn, wie er zu meinem Herrn Christus, der Jesus genannt werden soll, sprach: Geh und steige hinab durch alle Himmel und steige hinab zum Firmamente und zu dieser Welt, bis zum Engel im Totenreich, aber bis zur Hölle sollst du nicht gehen. Und du sollst gleich werden dem Bilde aller, die in den fünf Himmeln sind, und der Gestalt der Engel im Firmament wirst du mit Sorgfalt gleichen und auch den Engeln, die im Totenreich sind. Und keiner von den Engeln dieser Welt wird erkennen, daß du mit mir zusammen der Herr der sieben Himmel und ihrer Engel bist. Und sie werden nicht erkennen, daß du zu mir gehörst, bis ich mit der Stimme der Himmel ihre Engel und ihre Lichter rufen und die gewaltige Stimme zum sechsten Himmel hin erschallen lassen werde, daß du richten und vernichten sollst den Fürsten und seine Engel und die Götter dieser Welt und die Welt, die von ihnen regiert wird, denn sie haben mich verleugnet und gesagt: Wir allein und außer uns niemand. Und dann wirst du von den Engeln des Todes zu deinem Platze aufsteigen und dich nicht verwandeln in jedem Himmel, sondern in Herrlichkeit wirst du aufsteigen und zu meiner Rechten sitzen. Und dann werden dich die Fürsten und Mächte dieser Welt anbeten. Das hörte ich die große Herrlichkeit meinem Herrn befehlen. Und danach sah ich, als mein Herr aus dem siebenten Himmel in den sechsten Himmel heraustrat. Und der Engel, der mich führte aus dieser Welt, war bei mir und sprach: Merke auf, Jesaja, und schau, daß du die Verwandlung des Herrn und sein Hinabsteigen siehst. Und ich schaute, und als die Engel ihn dann sahen, die im sechsten Himmel sind, priesen und lobten sie ihn, denn er war noch nicht verwandelt in die Gestalt der Engel daselbst, und sie priesen ihn, und auch ich pries mit ihnen. Und ich sah, als er in den fünften Himmel hinabstieg und im fünften Himmel das Aussehen der Engel daselbst annahm, und sie priesen ihn nicht, denn sein Aussehen war wie das ihrige. Und alsbald stieg er in den vierten Himmel hinab und nahm das Aussehen der Engel daselbst an, und als sie ihn sahen, priesen und lobten sie ihn nicht, denn sein Aussehen war wie das ihrige. Und wiederum sah ich, als er in den dritten Himmel hinabstieg und das Aussehen der Engel im dritten Himmel annahm. Und die Hüter an der Pforte des Himmels verlangten das Losungswort, und der Herr gab es ihnen, um nicht erkannt zu werden, und als sie ihn sahen, priesen und lobten sie ihn nicht, denn sein Aussehen war wie das ihrige. Und wiederum sah ich, als er in den zweiten Himmel hinabstieg, und abermals gab er daselbst das Losungswort, denn die Türhüter verlangten es, und der Herr gab es. Und ich sah, wie er die Gestalt der Engel im zweiten Himmel annahm und sie ihn sahen und ihn nicht priesen, weil sein Aussehen war wie das ihrige. Und abermals sah ich, wie er in den ersten Himmel hinabstieg und auch daselbst das Losungswort den Türhütern gab und das Aussehen der Engel annahm, die zur Linken jenes Thrones sind, und wie sie ihn nicht priesen und lobten, weil sein Aussehen wie das ihrige war.

Mich aber fragte niemand wegen des Engels, der mich führte. Und weiterhin stieg er hinab in das Firmament, wo der Fürst dieser Welt wohnt, und er gab das Losungswort denen zur Linken, und sein Aussehen war wie das ihrige, und sie priesen ihn nicht daselbst, sondern sie bekämpften einander aus Neid, denn daselbst herrscht die Macht des Bösen und Neid um das Geringste. Und ich sah, als er hinabstieg und den Engeln der Luft gleich wurde, und er war wie einer von ihnen. Und er gab kein Losungswort, denn einer beraubte und vergewaltigte den andern.
Und danach schaute ich, und der Engel, der mit mir redete, welcher mich führte, sprach zu mir: Merke auf, Jesaja, Sohn des Amoz, denn dazu bin ich von Gott gesandt. Und ich sah aus dem Geschlecht Davids, des Propheten, ein Weib mit Namen Maria, die war eine Jungfrau und einem Mann mit Namen Joseph verlobt, einem Zimmermann, und auch er war aus dem Samen und dem Geschlechte des gleichen David aus Bethlehem in Juda. Und er kam zu seinem Anteil. Und als sie verlobt war, fand es sich, daß sie schwanger war, und Joseph, der Zimmermann, wollte sie verlassen. Aber der Engel des Geistes erschien in dieser Welt, und danach verließ Joseph Maria nicht, sondern bewahrte sie; er offenbarte aber niemand diese Angelegenheit. Und er nahte sich nicht Maria, sondern bewahrte sie wie eine heilige, wenn auch schwangere Jungfrau. Und er wohnte noch nicht zwei Monate mit ihr. Und nach zwei Monaten an Tagen, als Joseph in seinem Hause war und Maria sein Weib, jedoch beide allein, da geschah es, während sie allein waren, daß Maria alsbald mit ihren Augen hinschaute und ein kleines Kind sah, und sie war bestürzt. Und als die Bestürzung gewichen war, wurde ihr Mutterleib wie zuvor befunden, ehe sie schwanger war. Und als ihr Mann Joseph zu ihr sagte: Was macht dich bestürzt?, wurden seine Augen geöffnet, und er sah das Kind und pries Gott, daß der Herr zu seinem Anteil gekommen sei. Und seine Stimme kam zu ihnen: Erzählt dieses Gesicht niemand. Aber das Gerücht über das Kind verbreitete sich in Betlehem. Einige sagten: Die Jungfrau Maria hat geboren, bevor sie zwei Monate verheiratet war, und viele sagten: Sie hat nicht geboren, und die Wehmutter ist zu ihr hinaufgegangen, und wir haben keinen Schmerzensschrei gehört. Und sie waren alle im dunkeln über ihn, alle wußten von ihm, aber keiner wußte, woher er war. Und sie nahmen ihn und kamen nach Nazaret in Galiläa. Und ich sah, o Hiskia und mein Sohn Jasub, und erkläre vor den übrigen Propheten, die hier stehen, daß er allen Himmeln und allen Fürsten und jedem Gott dieser Welt geboren war. Und ich sah: Er sog in Nazaret die Brust wie ein Säugling und wie es Sitte war, um nicht erkannt zu werden. Und als er herangewachsen war, tat er große Zeichen und Wunder im Lande Israel und in Jerusalem. Und danach wurde der Widersacher neidisch auf ihn und reizte die Kinder Israels gegen ihn auf, indem sie nicht wußten, wer er war, und überlieferten ihn dem Könige und kreuzigten ihn, und er stieg hinab zum Engel der Unter-

welt. In Jerusalem nämlich sah ich, wie sie ihn kreuzigten am Holze, und auch, wie er nach drei Tagen auferstand und noch manche Tage blieb. Und der Engel, der mich führte, sprach zu mir: Merke auf, Jesaja! Und ich sah, als er seine zwölf Jünger aussandte und auffuhr. Und ich sah ihn, und er war im Firmament, aber er hatte sich nicht verwandelt in ihre Gestalt, und alle Engel des Firmaments und Satan sahen ihn und beteten ihn an. Und es erhob sich daselbst große Trauer, indem sie sprachen: Wie ist unser Herr herabgekommen über uns, und wir merkten nicht die Herrlichkeit, die über ihm war, die, wie wir sehen, sich über ihm befand vom sechsten Himmel her? Und er stieg auf in den zweiten Himmel und verwandelte sich nicht, sondern alle Engel zur Rechten und zur Linken und der Thron in der Mitte beteten ihn an und priesen ihn und sprachen: Wie ist unser Herr uns verborgen geblieben, als er hinabstieg, und wir merkten nichts? Und ebenso stieg er auf zum dritten Himmel, und sie lobsangen und sprachen in gleicher Weise, und in dem vierten und fünften Himmel sprachen sie genau ebenso, es war vielmehr ein Lobgesang, und danach verwandelte er sich nicht. Und ich sah, als er in den sechsten Himmel aufgestiegen war und sie ihn anbeteten und ihn priesen, aber in allen Himmeln wuchs die Lobpreisung. Und ich sah ihn, wie er in den siebenten Himmel aufstieg und alle Gerechten und alle Engel ihn priesen. Und alsbald sah ich, wie er zur Rechten jener großen Herrlichkeit sich niedersetzte, deren Herrlichkeit ich, wie ich euch sagte, nicht zu schauen vermochte. Und auch den Engel des heiligen Geistes sah ich zur Linken sitzen. Und dieser Engel sprach zu mir: Jesaja, Sohn des Amoz, es ist genug für dich, denn das sind gewaltige Dinge, du hast ja geschaut, was kein Fleischgeborener sonst geschaut hat, und du wirst in dein Kleid zurückkehren, bis deine Tage erfüllt sind; dann wirst du hierherkommen. Dies habe ich gesehen. Und Jesaja erzählte es allen, die vor ihm standen, und sie lobsangen. Und er redete mit dem König Hiskia und sprach: Solches habe ich geredet, und das Ende dieser Welt und dieses ganze Gesicht wird sich erfüllen im letzten Geschlecht. Und Jesaja ließ ihn schwören, daß er dies dem Volke Israel nicht erzählen würde, noch irgendeinem Menschen gestatten würde, die Worte niederzuschreiben. Soweit ihr vom Könige vernehmen werdet, was in den Propheten gesagt ist, soweit sollt ihr es lesen. Und auch ihr sollt im Heiligen Geiste sein, damit ihr eure Kleider und die Throne und Kronen der Herrlichkeit, die im siebenten Himmel aufbewahrt werden, empfangt.

Wegen dieser Gesichte und Weissagungen zersägte Sammael Satan durch die Hand Manasses den Propheten Jesaja, den Sohn des Amoz. Und dieses alles überlieferte Hiskia dem Manasse im 26. Jahr. Aber Manasse dachte nicht daran und nahm es nicht zu Herzen, sondern nachdem er dem Satan untertan geworden war, ging er zugrunde.

Hier ist zu Ende das Gesicht des Propheten Jesaja samt seiner Himmelfahrt.

# Die Offenbarung des Petrus

Mehrere apokryphe Petrusapokalypsen liegen vor. Die nachstehende stammt vermutlich aus der ersten Hälfte des 2. Jahrhunderts und ist in Ägypten entstanden. In kirchlichen Kreisen wurde dieses Werk zum Teil sehr lange hoch geschätzt und den neutestamentlichen Schriften gleichgestellt. Der Inhalt der Petrusapokalypse hatte dadurch großen Einfluß auf die Lehre der Kirche, auch wenn er nicht in den Kanon des Neuen Testaments aufgenommen wurde. So formte und prägte die Petrusapokalypse ganz entscheidend die Vorstellungen des Christentums von Himmel und Hölle. Während die Johannesapokalypse den Schwerpunkt auf die Person Jesu legt, auf seinen Kampf gegen den Teufel und seinen Sieg, wird in der Petrusapokalypse das Jenseits geschildert, wie es sich den Guten und den Bösen darstellen wird. Durch die Petrusapokalypse drangen orientalische und griechische Einflüße ins Christentum ein. Auch wenn schon vorher Jenseitserzählungen existiert haben, wie etwa in Lk 16,19–31 oder Offb 21, detaillierte Schilderungen, wie in diesem apokryphen Werk, gab es noch nie.
Petrus hat eine Vision, nachdem er Jesus auf dem Ölberg gebeten hat, die Zeichen des Endes der Welt zu nennen. „Und er zeigte mir in seiner Rechten die Seelen von allen Menschen und auf seiner rechten Handfläche das Bild von dem, was sich am Jüngsten Tag erfüllen wird ...“ Eine eindrucksvolle Schilderung des Gerichts läßt Petrus aus dem Munde Jesu folgen.
Die Petrusapokalypse war lange Zeit nur in Bruchstücken erhalten, bis 1910 der vollständige Text in einer äthiopischen Übersetzung aufgefunden wurde.

## Textquelle: Offenbarung des Petrus

Und indem er auf dem Ölberg saß, traten zu ihm die Seinigen, und wir beteten ihn an und flehten einzeln ihn an und baten ihn, indem wir zu ihm sagten: „Tue uns kund, was die Zeichen deiner Parusie und des Endes der Welt sind, damit wir erkennen und merken die Zeit deiner Parusie und die nach uns Kommenden unterweisen, denen wir das Wort deines Evangeliums predigen und die wir in deiner Kirche einsetzen, damit sie, wenn sie es hören, sich in acht nehmen, daß sie merken die Zeit deiner Parusie.“ Und unser Herr antwortete uns, indem er zu uns sagte: „Gebt acht, daß man euch nicht verführe und daß ihr nicht Zweifler werdet und anderen Göttern dienet. Viele werden kommen in meinem Namen, indem sie sagen: ‚Ich bin Christus.‘ Glaubet ihnen nicht und nähert euch ihnen nicht. Denn die Parusie des Gottessohnes wird nicht offenbar sein, sondern wie der Blitz, der scheint vom Osten bis zum Westen, so werde ich kommen auf der Wolke des Himmels mit großem

Heer in meiner Herrlichkeit; indem mein Kreuz vor meinem Angesicht hergeht, werde ich kommen in meiner Herrlichkeit; indem ich siebenmal so hell wie die Sonne leuchte, werde ich kommen in meiner Herrlichkeit mit allen meinen Heiligen, meinen Engeln, wenn mein Vater mir eine Krone aufs Haupt setzt, damit ich richte die Lebendigen und die Toten und jedem vergelte nach seinem Tun.

Und ihr – nehmet von dem Feigenbaum das Gleichnis davon: Sobald sein Sproß hervorgekommen und seine Zweige getrieben sind, wird eintreten das Ende der Welt." – Und ich, Petrus, antwortete ihm und sagte zu ihm: „Deute mir betreffs des Feigenbaums und woran wir das erkennen, denn alle seine Tage hindurch sproßt der Feigenbaum und jedes Jahr bringt er seine Frucht seinen Herren. Was bedeutet also das Gleichnis vom Feigenbaum? Wir wissen es nicht." – Und es antwortete mir der Meister und sagte zu mir: „Verstehst du nicht, daß der Feigenbaum das Haus Israel ist? Wie ein Mann in seinem Garten einen Feigenbaum gepflanzt hatte, und der brachte nicht Frucht. Und er suchte seine Frucht lange Jahre. Und da er sie nicht fand, sagte er zu dem Hüter seines Gartens: ‚Reiß diese Feige aus, damit sie uns nicht unser Land unfruchtbar sein läßt!' Und der Gärtner sagte zu Gott: ‚Wir Diener wollen ihn vom Unkraut reinigen und den Boden unter ihm umgraben und ihn mit Wasser begießen. Wenn er dann nicht Frucht bringt, wollen wir sogleich seine Wurzeln aus dem Garten entfernen und einen andern an seiner Statt pflanzen.' Hast du nicht begriffen, daß der Feigenbaum das Haus Israel ist? Wahrlich, ich sage dir, wenn seine Zweige getrieben haben am Ende, wird an vielen Orten ein lügnerischer Christus kommen und die Hoffnung erwecken mit den Worten: ‚Ich bin Christus, der ich einst in die Welt gekommen bin.' Und wenn sie die Bosheit seines – je des falschen Christus – Tuns sehen, werden sie sich abwenden hinter dem je falschen Christus her und den verleugnen, dem unsere Väter Lobpreis sagten, die den ersten Christus kreuzigten und damit schwer sündigten. Dieser Lügnerische ist aber nicht Christus. Und wenn sie ihn verschmähen, wird er mit Schwertern und Dolchen morden, und es wird viele Märtyrer geben. Alsdann werden die Zweige des Feigenbaums, d. h. des Hauses Israel, treiben, allein es werden viele durch seine Hand Märtyrer werden, sie werden sterben und Märtyrer werden. Henoch und Elias werden gesandt werden, um sie zu belehren, daß das der Verführer ist, der in die Welt kommen und Zeichen und Wunder tun muß, um zu verführen. Und deshalb werden diese, welche durch seine Hand gestorben sind, Märtyrer und werden gerechnet zu den guten und gerechten Märtyrern, welche Gott in ihrem Leben gefallen haben."

Und er zeigte mir in seiner Rechten die Seelen von allen Menschen und auf seiner rechten Handfläche das Bild von dem, was sich am Jüngsten Tage erfüllen wird; und wie die Gerechten und die Sünder geschieden werden und wie diejenigen tun werden, die rechten Herzens sind, und wie die Übeltäter für alle Ewigkeit ausgerottet werden. Wir sahen, wie die Sünder in großer Betrübnis und Trauer weinten, bis alle, die es mit ihren Augen sahen, weinten, seien es Gerechte oder Engel oder auch er selbst. Ich aber fragte ihn und sagte zu ihm: „O Herr, erlaube mir, daß ich in betreff dieser Sünder dein Wort sage: ‚Es wäre ihnen besser, sie wären nicht geschaffen.'" Und der Heiland antwortete mir und sagte zu mir: „O Petrus, warum redest du so, ‚das Nichtgeschaffensein wäre ihnen besser'? Du bist es, der wider Gott streitet. Du würdest dich seines Gebildes nicht mehr erbarmen als er; denn er hat sie geschaffen und hat sie aus dem Nichtsein ins Dasein gebracht. Und weil du gesehen hast die Klage, welche die Sünder treffen wird in den letzten Tagen, darum ist dein Herz betrübt, aber ich will dir ihr Tun zeigen, mit dem sie sich an dem Höchsten versündigt haben.

Sieh jetzt, was sie treffen wird in den letzten Tagen, wenn der Tag Gottes kommt. Und am Tage der Entscheidung des Gerichtes Gottes werden alle Menschenkinder vom Osten bis zum Westen vor meinem Vater, dem ewig Lebendigen, versammelt werden, und er wird der Hölle gebieten, daß sie ihre stählernen Riegel öffnet und alles, was in ihr ist, zurückgibt. Und den wilden Tieren und Vögeln wird er gebieten, daß sie alles Fleisch, was sie gefressen haben, zurückgeben, indem er will, daß die Menschen wieder sichtbar werden; denn nichts geht für Gott zugrunde und nichts ist ihm unmöglich, da alles sein ist. Denn alles geschieht am Tage der Entscheidung, am Tage des Gerichtes mit dem Sprechen Gottes, und alles geschieht, wie er die Welt schafft, und alles, was darin ist, hat er geboten, und alles geschah; ebenso in den letzten Tagen, denn alles ist Gott möglich, und also sagt er in der Schrift: ‚Menschenkind, weissage über die einzelnen Gebeine und sage zu den Knochen: Knochen zu den Knochen in Glieder, Muskel, Nerven, Fleisch und Haut und Haare darauf.' Und Seele und Geist soll der große Urael auf Befehl Gottes geben. Denn ihn hat Gott bestellt bei der Auferstehung der Toten am Tage des Gerichtes. Sehet und bedenkt die Samenkörner, die in die Erde gesät sind. Wie etwas Trockenes, das seelenlos ist, sät man sie in die Erde. Und sie leben auf, bringen Frucht, und die Erde gibt sie wieder wie ein anvertrautes Pfand. Und dieses, was stirbt, was als Same in die Erde gesät wird, lebendig wird und dem Leben zurückgegeben wird, ist der Mensch. Wie viel mehr wird Gott die an ihn Gläubigen und von ihm Erwählten, um deretwillen er die Erde gemacht hat, auferwecken am Tage der Entscheidung, und alles wird die Erde wiedergeben am Tage der Entscheidung, weil sie an ihm zugleich mit gerichtet werden soll und der Himmel mit ihr.

Und es wird geschehen am Tage des Gerichtes derer, die abgefallen sind vom Glauben an Gott und die Sünde getan haben: Feuerkatarakte werden losgelassen, und Dunkel und Finsternis wird eintreten und die ganze Welt bekleiden und einhüllen, und die Wasser werden sich verwandeln und gegeben werden in feurige Kohlen und alles in der Erde wird brennen, und das Meer wird zu Feuer werden; unter dem Himmel ein bitteres Feuer, das nicht verlöscht und fließt zum Gericht des Zorns. Und die Sterne werden zerfließen durch Feuersflammen, als ob sie nicht geschaffen wären, und die Festen des Himmels werden aus Mangel an Wasser dahingehen und werden wie ungeschaffen. Der Himmel wird zu Blitzen werden, und seine Blitze werden die Welt erschrecken. Und der Geist der Leichname wird ihnen gleichen und auf Befehl Gottes Feuer werden. Und sobald die ganze Schöpfung sich auflöst, werden die Menschen im Osten nach Westen fliehen und die im Westen nach Osten fliehen; und die im Süden werden nach Norden fliehen und die im Norden nach Süden, und überall wird sie der Zorn schrecklichen Feuers treffen. Und indem eine unverlöschliche Flamme sie treibt, bringt sie sie zum Zorngericht in den Bach unverlöschlichen Feuers, der fließt, indem Feuer darin flammt, und indem seine Wogen sich eine von der andern im Sieden trennen, entsteht viel Zähneknirschen der Menschenkinder.

Und alle werden sehen, wie ich auf ewig glänzender Wolke komme und die Engel Gottes, die mit mir sitzen werden auf dem Thron meiner Herrlichkeit zur Rechten meines himmlischen Vaters. Der wird eine Krone auf mein Haupt setzen. Sobald das die Völker sehen, werden sie weinen, jedes Volk für sich. Und er wird ihnen befehlen, daß sie in den Feuerbach gehen, während die Taten jedes einzelnen von ihnen vor ihnen stehen. Es wird vergolten werden einem jeden nach seinem Tun. Betreffs der Erwählten, die Gutes getan haben, sie werden zu mir kommen, indem sie den Tod verzehrenden Feuers nicht sehen werden. Die Bösewichter, Sünder und Heuchler aber werden in den Tiefen nicht verschwindender Finsternis stehen, und ihre Strafe ist das Feuer, und Engel bringen ihre Sünden herbei; und bereiten ihnen einen Ort, wo sie für immer bestraft werden, je nach ihrer Versündigung. Der Engel Gottes Urael bringt die Seelen derjenigen Sünder, die in der Sintflut umgekommen sind, und aller, die in allen Götzen, jeglichem Gußbild, jeglicher Liebe und in Bildern, und derer, die auf allen Hügeln und in Steinen und am Wege wohnen, die man Götter nannte; man wird sie mit den Gegenständen, in denen sie hausten, in ewigem Feuer verbrennen. Nachdem alle mit ihrer Wohnstätte zugrunde gegangen sind, wird man sie ewig strafen.

Dann werden Männer und Weiber an den ihnen bereiteten Ort kommen. An ihrer Zunge, mit der sie den Weg der Gerechtigkeit gelästert haben, wird man sie aufhängen. Man breitet ihnen ein nie verlöschendes Feuer …

Und siehe wiederum ein Ort: Da ist eine große volle Grube. Darin die, welche verleugnet haben die Gerechtigkeit. Und Strafengel suchen sie heim, und hier in ihr zünden sie das Feuer ihrer Strafe an. Und wiederum zwei Weiber: Man hängt sie an ihren Nacken und Haaren auf, in die Grube wirft man sie. Das sind die, welche sich Haarflechten gemacht haben nicht zur Schaffung des Schönen, sondern um sich zur Hurerei zu wenden, damit sie fingen Männerseelen zum Verderben. Und die Männer, die sich mit ihnen in Hure-

rei niedergelegt haben, hängt man an ihren Schenkeln in diesen brennenden Ort, und sie sagen untereinander: ‚Wir haben nicht gewußt, daß wir in die ewige Pein kommen müßten.' Und die Mörder und die mit ihnen gemeinschaftliche Sache gemacht haben, wirft man ins Feuer, an einen Ort, der angefüllt ist mit giftigen Tieren, und sie werden gequält ohne Ruhe, indem sie ihre Schmerzen fühlen, und ihr Gewürm ist so zahlreich wie eine finstere Wolke, und der Engel Ezrael bringt die Seelen der Getöteten herbei; und sie sehen die Qual derer, die sie getötet haben, und sie sagen untereinander: ‚Gerechtigkeit und Recht ist das Gericht Gottes. Denn wir haben es zwar gehört, aber nicht geglaubt, daß wir an diesen ewigen Gerichtsort kommen würden.'
Und bei dieser Flamme ist eine große und sehr tiefe Grube, und es fließt alles von überall her hinein: Gericht und Schauderhaftes und Aussonderungen. Und die Weiber sind verschlungen davon bis an ihren Nacken und werden bestraft mit großem Schmerz. Das sind also die, welche ihre Kinder abtreiben und das Werk Gottes, das er geschaffen hat, verderben. Gegenüber von ihnen ist ein anderer Ort, wo ihre Kinder sitzen; aber beide lebendig, und sie schreien zu Gott. Und Blitze gehen aus von diesen Kindern, welche die Augen derer durchbohren, welche durch diese Hurerei ihren Untergang bewirkt haben.
Andere Männer und Weiber stehen nackt oberhalb davon. Und ihre Kinder stehen hier ihnen gegenüber an einem Ort des Entzückens. Und sie seufzen und schreien zu Gott wegen ihrer Eltern: ‚Das sind die, welche vernachlässigt und verflucht und deine Gebote übertreten haben. Und sie töteten uns und fluchten dem Engel, der uns geschaffen hatte, und hängten uns auf. Und sie enthielten das Licht, das du für alle bestimmt hast, uns vor.' Und die Milch ihrer Mütter fließt von ihren Brüsten und gerinnt und stinkt, und daraus gehen fleischfressende Tiere hervor, und sie gehen heraus, wenden sich und quälen sie in Ewigkeit mit ihren Männern, weil sie verlassen haben das Gebot Gottes und ihre Kinder getötet haben. Und ihre Kinder wird man dem Engel Temlakos geben. Und die sie getötet haben, wird man ewig quälen, weil Gott es so will.
Es bringt der Zornengel Ezrael Männer und Weiber zur Hälfte des Körpers brennend und wirft sie an einen Ort der Finsternis, der Hölle der Männer, und ein Geist des Zornes züchtigt sie mit jeglicher Züchtigung, und nimmer schlafendes Gewürm frißt ihre Eingeweide. Das sind die Verfolger und Verräter meiner Gerechten.
Und bei denen, die hier waren, andere Männer und Weiber, die kauen ihre Zunge, und man quält sie mit glühendem Eisen und verbrennt ihre Augen. Das sind die Lästerer und Zweifler an meiner Gerechtigkeit.
Andern Männern und Weibern – und ihre Taten bestanden in Betrug – schneidet man die Lippen ab, und Feuer geht in ihren Mund und in ihre Einge-

weide. Das sind die, welche die Märtyrer getötet haben lügnerischerweise.
Und an einem nahe bei ihnen gelegenen Orte, auf dem Stein eine Feuersäule, und die Säule ist spitzer als Schwerter – Männer und Weiber, die man kleidet in Plunder und schmutzige Lumpen und darauf wirft, damit sie das Gericht unvergänglicher Qual erleiden. Das sind die, welche vertrauen auf ihren Reichtum und Witwen und das Weib mit Waisen ... verachtet haben Gott ins Angesicht.
Und an einem andern Ort dabei wirft man mit Ausscheidungen Gesättigte, Männer und Weiber, hinein bis an die Knie. Das sind die, welche leihen und Zins nehmen.
Und andere Männer und Weiber stoßen sich selbst von einer Höhe herunter und kehren wieder zurück und laufen, und Dämonen treiben sie an. Das sind die Götzendiener, und man stellt sie an das Ende des Abhanges, und sie stürzen sich hinab. Und also tun sie fortwährend, in Ewigkeit werden sie gequält. Das sind die, welche ihr Fleisch geschnitten haben als Apostel eines Mannes, und die Weiber, die mit ihnen waren ... und darin die Männer, die wie Weiber sich untereinander befleckt haben.
Und bei jenem Abhang war ein Ort, erfüllt von dem mächtigsten Feuer. Und dort standen Männer, welche sich mit ihren eigenen Händen Bilder an Stelle Gottes geschnitzt hatten.
Und bei jenen waren andere Männer und Frauen, welche glühende Ruten hatten und einander schlugen und nie Ruhe hatten von dieser Qual.
Und nahe bei jenen waren wieder andere Frauen und Männer, welche gebrannt und im Feuer gewendet und gebacken wurden. Das waren die, welche den Weg Gottes verlassen hatten.
Und ein anderer sehr hoher Ort war von lodernden Flammen umgeben; die Männer und Weiber, welche einen Fehltritt begehen, gehen rollend hinunter dahin, wo der Schrecken ist. Und wiederum, indem das bereitete Feuer fließt, steigen sie herauf und wieder herab und wiederholen so das Rollen. So werden sie gestraft in Ewigkeit. Das sind also die, welche Vater und Mutter nicht geehrt haben und freiwillig sich ihrer enthalten haben. Deshalb werden sie gestraft ewiglich. Weiter bringt der Engel Ezrael Kinder und Jungfrauen, um ihnen die Bestraften zu zeigen. Sie werden bestraft mit Schmerz und Aufhängen und vielen Wunden, die ihnen fleischfressende Vögel beibringen. Das sind die, welche trauen auf ihre Sünden, ihren Eltern nicht gehorsam sind und die Lehre ihrer Väter nicht befolgen und, die älter sind als sie, nicht ehren. Bei ihnen Jungfrauen, und die bekleiden sich mit Finsternis als Kleidern, und sie werden ernst bestraft, ihr Fleisch wird auseinandergerissen. Das sind die, welche ihre Jungfrauenschaft nicht bewahren bis dahin, wo sie in die Ehe gegeben werden, sie werden mit dieser Strafe bestraft, indem sie fühlen.
Und wiederum andere Männer und Frauen, welche ruhelos ihre Zunge zer-

kauen, indem sie gequält werden mit ewigem Feuer. Das sind die Sklaven, welche ihren Herren nicht gehorsam gewesen sind. Dies ist also ihr Gericht für ewig.
Und bei dieser Qual sind blinde und stumme Männer und Weiber, deren Gewand weiß ist. Dann pferchen sie sich gegenseitig zusammen und fallen auf Kohlen nicht verlöschenden Feuers. Das sind die, welche Almosen geben und sagen: ‚Wir sind gerecht vor Gott', während sie doch der Gerechtigkeit nicht nachgetrachtet haben.
Der Engel Gottes Ezrael läßt herausgehen aus dieser Flamme und stellt hin das Gericht der Entscheidung. Dies ist also ihr Gericht. Und ein Feuerbach fließt, und es zieht herunter alle Gerichteten mitten in den Bach. Und es stellt sie dort hin Urael. Und Feuerräder gibt er, und Männer und Weiber daran aufgehängt durch die Kraft seines Rollens. Die in der Grube sind, brennen. Das sind nämlich die Zauberer und Zauberinnen. Diese Räder sind bei aller Entscheidung durch Feuer ohne Zahl.
Darauf brachten Engel meine Auserwählten und Gerechten, die vollkommen sind in aller Gerechtigkeit, indem sie sie trugen auf ihren Händen, indem sie bekleidet waren mit den Kleidern des ewigen Lebens. Sie sehen ihre Lust an jenen, die ihn gehaßt haben, indem er sie bestraft. Qual ist einem jeden in Ewigkeit nach seinem Tun. Und alle, die in der Qual sind, sagen einstimmig: ‚Erbarm dich unser, denn jetzt haben wir erkannt das Gericht Gottes, das er uns vorher angekündigt hat und wir nicht geglaubt haben.' Und es kommt der Engel Tartarouchos und züchtigt sie mit noch größerer Qual und sagt zu ihnen: ‚Jetzt habt ihr Reue, wo es nicht mehr Zeit zur Reue gibt und nichts vom Leben übriggeblieben ist.' Und alle sagen: ‚Gerecht ist das Gericht Gottes; denn wir haben gehört und erkannt, daß gut ist sein Gericht, denn wir werden gestraft nach unserm Tun.'
Dann werde ich meinen Erwählten und Gerechten die Taufe und das Heil geben, um das sie mich gebeten haben, bei dem Gefilde: Akrōsjā (= Acherusia), das man nennt: Anēslaslejā (= Elysium). Sie schmücken mit Blumen das Teil der Gerechten, und ich gehe, ... ich mich mit ihnen erfreuen. Ich lasse eintreten die Völker in mein ewiges Reich und erweise ihnen das Ewige, worauf ich ihre Hoffnung gerichtet habe, ich und mein himmlischer Vater. Ich habe es, Petrus, zu dir geredet und dir kundgetan. Gehe hinaus also und wandere also in die Stadt des Westens in den Weinberg, den ich dir sagen werde ... aus den Händen meines Sohnes, der ohne Sünde ist, damit geheiligt werde sein Werk ... der Untergang. Und du bist auserwählt in der Hoffnung, auf welche ich dich habe hoffen lassen. Und sende also in alle Welt meine Botschaft in Frieden! Denn es hat sich gefreut der Quell meines Wortes, die Hoffnung des Lebens, und plötzlich ist die Welt entrafft." Und es sprach zu mir mein Herr Jesus Christus, unser König: „Laßt uns auf den heiligen Berg gehen." Und seine Jünger kamen mit ihm, indem sie beteten.

Und siehe, da waren zwei Männer, und wir konnten ihr Angesicht nicht ansehen, denn von ihnen ging ein Licht aus, das mehr leuchtet wie die Sonne, und auch ihre Gewänder waren glänzend, und man kann es nicht beschreiben, und es gibt nicht etwas ausreichend damit Vergleichbares in dieser Welt. Die Herrlichkeit war so groß, daß ein Mund nicht aussagen kann die Schönheit ihrer Form. Denn staunenswert war ihr Aussehen und wunderbar. Und der andere, große, sage ich, leuchtet in seinem Aussehen mehr als Hagel. Rosenblume ist das Gleichnis der Farbe seines Aussehens und seines Leibes. Und auf seinen Schultern und an ihrer Stirn war ein Kranz von Narde, ein Flechtwerk aus schönen Blumen. Wie der Regenbogen war sein Haar im Wasser. So war die Anmut seines Antlitzes, und geschmückt war er mit jeglichem Schmuck. Und als wir sie plötzlich sahen, wunderten wir uns.
Und ich trat zu Gott Jesus Christus und sagte zu ihm: „Mein Herr, wer ist das?“ Und er sagte zu mir: „Das ist Moses und Elias.“ Und ich sagte zu ihm: „Wo sind denn Abraham, Isaak, Jakob und die anderen gerechten Väter?“
Und er zeigte uns einen großen geöffneten Garten. Er war voll von schönen Bäumen und gesegneten Früchten, voll von Duft von Wohlgerüchen. Sein Duft war schön, und sein Duft reichte zu uns.
Und es sagte zu mir der Herr und Gott Jesus Christus: „Hast du gesehen die Scharen der Väter? Wie ihre Ruhe ist, so ist die Ehre und Herrlichkeit derer, die man um meiner Gerechtigkeit willen verfolgt.“
Und ich ward froh und glaubte, was geschrieben ist im Buche meines Herrn Jesus Christus. Und ich sagte zu ihm: „Mein Herr, willst du, daß ich drei Hütten hier mache, eine dir, eine Moses, eine Elias?“ Und er sagte zu mir im Zorn: „Satan führt gegen dich Krieg, und er hat dein Denken verschleiert, und die Güter dieser Welt besiegen dich. Deine Augen sollen also geöffnet sein und deine Ohren sich auftun, daß eine Hütte ist, die nicht Menschenhand gemacht hat, die gemacht mein himmlischer Vater mir und den Erwählten.“ Und wir sahen es voll Freude.
Und siehe, plötzlich kam eine Stimme vom Himmel, indem sie sagte: „Dies ist mein Sohn, den ich liebe, und an dem ich Gefallen habe.“ Und es kam eine so große und sehr weiße Wolke über unser Haupt und nahm unsern Herrn und Moses und Elias fort. Und ich erbebte und entsetzte mich, und wir blickten auf, und der Himmel öffnete sich, und wir sahen Menschen im Fleische, und sie kamen und begrüßten unsern Herrn und Moses und Elias und gingen in den zweiten Himmel. Und erfüllt war das Wort der Schrift: „Dieses Geschlecht sucht ihn und sucht das Antlitz des Gottes Jakobs.“ Und große Furcht und großes Entsetzen trat ein im Himmel. Die Engel scharten sich zusammen, damit erfüllt würde das Wort der Schrift, das sagt: „Öffnet die Tore, ihr Fürsten!“ Darauf wurde der Himmel geschlossen, der geöffnet worden war. Wir gingen vom Berge herab und priesen Gott, der die Namen der Gerechten im Himmel in das Buch des Lebens eingeschrieben hat.

# *Das sechste Buch Esra*

Dem eigentlichen vierten Esrabuch sind zwei Kapitel vorangestellt, die ursprünglich nicht dazugehörten. Sie werden nach der gebräuchlichen Terminologie als fünftes Esrabuch bezeichnet. Analog dazu gelten die beiden letzten Kapitel, die ebenfalls ursprünglich nicht zum vierten Esrabuch gehörten, als sechstes Esrabuch. In diesem apokryphen Werk wird der Weltuntergang angekündigt, der sich in gewaltigen Naturkatastrophen und Kriegsereignissen abspielen wird. Für die Heiden soll das eine Drohung sein, für das verfolgte Gottesvolk ein Trost, daß Gott sich an seinen Peinigern rächen wird. Zugleich aber ist es eine Mahnung, in den Verfolgungen stark zu bleiben.
Die Zeit der Abfassung dieses Werks läßt sich schwer bestimmen. Die Schilderung der Verfolgung läßt nur die ungenaue Datierung auf diesen größeren Zeitraum im jungen Christentum zu.

## *Textquelle: Das sechste Buch Esra*

Siehe, rede zu den Ohren meines Volkes Worte der Weissagung, die ich dir in den Mund legen werde, spricht der Herr, und laß sie auf Papier schreiben; denn sie sind glaubhaft und wahr. Fürchte nicht die Pläne, die man gegen dich schmiedet, laß dich nicht verwirren durch den Unglauben der Widersacher; denn wer ungläubig ist, wird in seinem Unglauben sterben.
Siehe, ich führe Unheil über den Erdkreis herauf, spricht der Herr, Schwert, Hunger, Tod und Verderben, weil Ungerechtigkeit die ganze Erde bedeckt hat und ihre schändlichen Werke voll sind. Darum spricht der Herr: Nicht mehr will ich zu ihren Gottlosigkeiten schweigen, die sie frevelnd begehen, noch will ich ertragen, was sie Unrechtes üben. Siehe, unschuldiges und gerechtes Blut schreit zu mir empor, und die Seelen der Gerechten schreien beständig. Schreckliche Rache will ich an ihnen nehmen, und alles unschuldige Blut will ich an ihnen heimsuchen. Siehe, mein Volk wird wie eine Herde zur Schlachtung geführt. Nicht mehr will ich es wohnen lassen im Lande Ägypten, sondern ich werde es herausführen mit starker Hand und erhobenem Arme und Ägypten wie einst mit Plagen heimsuchen und sein ganzes Land verderben. Trauern soll Ägypten und seine Grundfesten unter dem Schlage der Züchtigung und Bestrafung, die der Herr heraufführen wird. Trauern sollen die Bauern, die das Land bestellen, denn ihr Getreide soll ausbleiben und ihre Bäume sollen verwüstet werden durch Brand und Hagel und schrecklichen Sturm. Wehe der Welt und allen, die in ihr wohnen! Denn genaht hat sich das Schwert und ihre Vernichtung. Und erheben wird sich ein Volk wider das andere zur Schlacht und das Schwert in ihren Händen! Denn

Zwiespalt wird unter den Menschen ausbrechen; die einen werden sich gegen die andern erheben und sich nicht um ihren König und Führer ihrer Machthaber bekümmern im Gefühl ihrer Macht. Wird dann jemand begehren, in eine Stadt zu gehen, so wird er es nicht vermögen. Denn ob ihres Übermutes werden ihre Städte in Verstörung gesetzt, ihre Häuser zerstört werden, die Menschen werden sich fürchten. Kein Mensch wird sich seines Nächsten erbarmen; einbrechen werden sie in ihre Häuser mit dem Schwert, um ihre Habe zu plündern aus Hunger nach Brot und großer Bedrängnis.
Siehe, ich rufe zusammen, spricht der Herr, alle Könige der Erde, aufzustören die, welche von Norden und von Süden, von Osten und von Westen kommen, daß sie sich gegeneinander kehren und vergeltend zurückgeben, was sie jenen gegeben haben. So wie sie bis heute meinen Auserwählten tun, so werde ich tun und zurückgegen in ihren Schoß. So spricht der Herr Gott: Nicht wird meine Rechte der Sünder schonen, noch wird mein Schwert ablassen von denen, die unschuldiges Blut auf der Erde vergießen. Und Feuer wird ausgehen von seinem Zorn und die Grundfesten der Erde verzehren und die Sünder wie angezündetes Stroh.
Weh denen, die sündigen und meine Gebote nicht halten, spricht der Herr: Ich werde ihrer nicht schonen! Fort von mir, abtrünnige Söhne! Befleckt meine Heiligkeit nicht! Denn der Herr kennt alle, die sich an ihm vergehen, deswegen hat er sie in den Tod und das Verderben dahingegeben. Denn schon ist Unheil über den Erdkreis gekommen und ihr werdet darin aushalten müssen, denn nicht wird euch Gott befreien, weil ihr euch gegen ihn vergangen habt.
Siehe, ein Gesicht, und es war schrecklich! Und seine Erscheinung kam von Osten. Und ausziehen werden die Völkerschaften des Drachen der Araber in vielen Wagen, und ihr Zischen wird am Tage ihres Auszuges über die Erde hin tönen, so daß sich alle, die sie hören, fürchten und erzittern. Rasende Karmonier werden im Grimm hervorbrechen wie Eber aus dem Walde, in großer Macht herankommen, mit ihnen in einer Schlacht kämpfen und einen Teil des Landes der Assyrer mit ihren Zähnen verwüsten. Und danach werden die Drachen, eingedenk ihres Ursprunges, die Überhand gewinnen, und wenn sie sich umgewandt haben, schnaubend mit großer Macht, um sie zu verfolgen, dann werden jene verwirrt werden und verstummen vor ihrer Kraft und ihre Füße zur Flucht wenden. Und vom Lande der Assyrer wird einer, der ihnen auflauert, ihnen einen Hinterhalt legen und einen von ihnen vernichten. Da wird Furcht und Zittern ihr Heer befallen und Ohnmacht ihre Könige.
Siehe – Wolken von Osten und Norden bis hin nach dem Süden! Und ihr Aussehen war ganz entsetzlich voll Zorn und Sturm. Und sie werden aneinanderstoßen, und sie werden gewaltiges Unwetter über die Erde ausgießen. Und das Blut von den Schwertern wird reichen bis an den Bauch des Pferdes, den

Schenkel des Menschen und den Hinterbug des Kameles. Und viel Furcht und Zittern wird auf der Erde sein. Entsetzen werden sich alle, die jenen Zorn sehen, und Furcht wird sie erfassen. Und danach werden zahlreiche Wolken von Süden und von Norden und ein anderer Teil von Westen aufsteigen. Aber mächtiger werden Winde von Osten her werden und ihn und die Wolken einschließen, die er im Zorne hat aufsteigen lassen; und das Unwetter, das von Osten und Westen her entstanden war, um Vernichtung anzurichten, wird verletzt werden. Und aufsteigen werden große und starke Wolken voll Zorn und Unwetter, um die ganze Erde und ihre Bewohner zu vertilgen. Sie werden über jeden Hohen und Erhabenen schreckliches Unwetter ausschütten, Feuer, Hagel, fliegende Schwerter und große Wasserströme, so daß alle Felder und alle Bachtäler von der Menge dieses Wassers erfüllt werden. Und sie werden Städte und Mauern, Berge und Hügel, die Bäume der Wälder, das Heu der Wiesen und ihr Getreide vernichten. Sie werden in einem Lauf weiterströmen bis nach Babylon und es vernichten. Bei ihm werden sie zusammenströmen, es umfließen und all ihr Unwetter und den ganzen Zorn auf es ausgießen, bis sie es von Grund aus zerstören. Da wird der Staub und der Rauch bis zum Himmel dringen, und alle ringsum werden es betrauern. Und die Überlebenden werden die Sklaven derer werden, die es zerstört haben.

Und du, Asien, die du teilhattest an der Pracht und an der Herrlichkeit seiner Stellung, wehe dir, du Elende! Denn du bist ihm gleich geworden, hast deine Töchter zum Schandgewerbe geschmückt, damit du gefielest und gerühmt seist unter deinen Liebhabern, die stets deiner begehrten! Die verhaßte Hure hast du nachgeahmt in allen Werken und Listen. Darum spricht Gott: Ich werde dir Unheil senden: Witwenschaft, Armut, Hunger, Schwert und Pest; die sollen deine Häuser verwüsten, sollen vernichten und töten. Und die Herrlichkeit deiner Macht wird verwelken wie eine Blume, wenn sich der Gluthauch erhebt, der wider dich entsandt ist. Du wirst schwach werden und elend von den Schlägen und zerschlagen von den Striemen, so daß du deine Mächtigen und Liebhaber nicht aufnehmen kannst. Würde ich so gegen dich eifern, spricht der Herr, wenn du nicht meine Auserwählten zu jeder Zeit getötet hättest, jauchzend mit Händeklatschen und lachend bei ihrem Tode, da du trunken warest? Schmücke nur die Pracht deines Antlitzes! Hurenlohn trägst du im Schoße deines Gewandes, deshalb wirst du Vergeltung empfangen in deinen Schoß! Wie du meinen Auserwählten tust, spricht der Herr, so wird dir Gott tun und dich in Leiden stürzen. Deine Kinder werden Hungers sterben, du wirst durch das Schwert fallen, deine Städte werden vernichtet werden, und alle die Deinen werden auf dem Felde durchs Schwert fallen. Und alle, die auf den Bergen sind, werden durch Hunger ums Leben kommen; sie werden ihr eigen Fleisch fressen und ihr Blut trinken, aus Hunger nach Brot und Durst nach Wasser. Unglückliche! Elend

wirst du vor allen andern werden, und Leid wird dir zur Vergeltung widerfahren. Im Vorüberziehen werden sie die verhaßte Stadt anfallen, und sie werden einen Teil deines Landes und einen Teil deiner Herrlichkeit vernichten, wenn sie von Babylon wieder zurückkehren. Und wenn du zerstört und verwüstet bist, wirst du ihnen wie Stroh sein, und sie werden dir Feuer sein! Sie werden dich und deine Städte verzehren, dein Land und deine Berge, alle deine Wälder und deine Fruchtbäume werden sie mit Feuer verbrennen. Deine Söhne werden sie gefangen wegführen, deine Schätze werden sie zur Beute machen, und die Herrlichkeit deiner Pracht werden sie vernichten.
Wehe dir, Babylon und Asien! Wehe dir, Ägypten und Syrien! Umgürtet euch mit Säcken und härenem Tuch, beklagt eure Söhne und beweint sie, denn nahe ist eure Vertilgung. Ausgeschickt ist gegen euch das Schwert! Wer ist da, der es abwende? Ausgeschickt ist gegen euch das Feuer! Und wer ist da, der es lösche? Ausgeschickt sind gegen euch Leiden! Und wer ist da, der sie vertreibe? Kann einer den hungrigen Löwen im Walde vertreiben oder das Feuer verlöschen, wenn Stroh angezündet worden ist? Kann einer den Pfeil zurückschlagen, der von einem starken Schützen geschossen ist? Gott der Herr schickt die Leiden, und wer möchte sie vertreiben? Feuer wird ausgehen von seinem Zorne, und wer ist da, der es lösche? Er wird seinen Blitz senden, und wer wird sich nicht fürchten? Er wird donnern, und wer wird sich nicht entsetzen? Der Herr wird drohen, und wer wird nicht ganz und gar zergehen vor seinem Angesicht? Die Erde erbebt und ihre Fundamente, das Meer wogt aus der Tiefe empor, seine Wogen werden verwirrt und seine Fische vor dem Antlitz des Herrn und der Herrlichkeit seiner Macht. Denn stark ist seine Rechte, die den Bogen spannt; scharf die Pfeile, die von ihm entsandt werden, nie versagen sie, wenn er beginnt, sie nach der Erde zu versenden. Siehe, Leiden werden ausgesandt werden und nicht wieder umkehren, bis sie auf die Erde kommen. Feuer wird angezündet werden und nicht wieder verlöschen, bis es die Fundamente der Erde verzehrt. Wie der Pfeil nicht umkehrt, versandt von einem starken Schützen, so werden die Leiden nicht umkehren, die auf der Erde ausgesandt sind.
Weh mir! Weh mir! Wer wird mich befreien in jenen Tagen? Der Anfang der Schmerzen kommt – und viele stöhnen, der Anfang der Hungersnot – und viele werden umkommen, der Anfang der Kriege – und Mächte entsetzen sich, der Anfang der Leiden – und alle werden zittern. Was werden sie erst dabei tun, wenn die Leiden selbst kommen? Siehe, Hunger und Plage und Verwirrung und Not sind gesandt als Zuchtruten zur Besserung. Und bei dem allem werden sie sich nicht abkehren von ihren Ungerechtigkeiten, noch werden sie immer der Zuchtruten gedenken.
Siehe, es wird das Getreide wohlfeil werden auf der Erde, so daß sie glauben, der Friede sei ihnen geschenkt. Dann aber werden die Leiden auf der Erde emporsprossen. Schwert, Hunger und große Verwirrung. Hungers wer-

den die meisten Bewohner der Erde sterben, und das Schwert wird die andern vernichten, welche die Hungersnot überlebt haben. Tote werden wie Kot auf der Straße liegen, und niemand wird da sein, sie zu beklagen. Denn die Erde wird verlassen sein, und ihre Städte werden zerstört werden. Keiner wird übriggelassen, die Erde zu bebauen und Samen auf sie zu säen. Die Bäume werden ihre Frucht bringen, aber wer wird sie ernten? Die Traube wird reif werden, aber wer wird sie treten? Denn es wird allerorten tiefe Einöde sein. Sehnlich verlangen wird ein Mensch, einen Menschen zu sehen und seine Stimme zu hören. Denn von einer Stadt werden zehn übrigbleiben und von einem Weiler zwei, die sich verborgen hatten in dichten Wäldern und in den Spalten der Felsen. Wie in einem Olivengarten an den einzelnen Bäumen drei oder vier Oliven übrigbleiben oder wie in einem Weinberge bei der Lese einzelne Beeren übriggelassen werden von denen, die den Weinberg sorgfältig durchsuchen, so werden in jenen Tagen drei oder vier übriggelassen werden von denen, welche ihre Häuser mit dem Schwerte durchsuchen. Und das Land wird verlassen bleiben, seine Äcker werden zu Dornhecken werden, und seine Wege und alle Pfade werden Dornen aufwachsen lassen, weil keine Schafherden es mehr durchziehen. Trauern werden die Jungfrauen, weil sie keine Verlobten mehr haben, trauern die Frauen, weil sie keine Männer haben, trauern ihre Töchter, weil sie ihrer Stütze beraubt sind. Ihre Verlobten werden im Krieg vertilgt und ihre Männer vor Hunger aufgerieben werden.

Höret aber dies und verstehet es, ihr Knechte des Herrn! Siehe, ein Wort des Herrn ist's; nehmet es auf! Zweifelt nicht an dem, was der Herr gesagt hat: Siehe, es kommen Leiden und lassen nicht auf sich warten! Wie ein Weib, das im neunten Monat mit seinem Kinde schwanger geht, wenn sich die Stunde ihres Gebärens naht, zwei oder drei Stunden vorher wehe Schmerzen in ihrem Leibe empfindet und, wenn das Kind ihren Leib verläßt, nicht einen Augenblick zögert: so werden die Leiden nicht zögern, hervorzukommen über die Erde hin. Und die Welt wird Weh leiden, und Schmerzen werden sie umfangen!

Höret das Wort, ihr, mein Volk! Bereitet euch zum Kampf, und im Leiden benehmet euch wie Fremdlinge auf der Erde: wer verkauft, als sei er auf der Flucht, und wer kauft, als sei er im Begriff zu verlieren; wer handelt, als werde er keinen Gewinn mehr einnehmen; wer baut, als werde er nicht mehr wohnen; wer sät, als ob er nicht ernten, ebenso auch wer seine Weinstöcke beschneidet, als ob er nicht Lese halten werde; die da heiraten, als ob sie keine Kinder erzeugen würden, und die nicht heiraten, als ob sie verwitwet wären. Deshalb arbeiten umsonst, die da arbeiten: Ihre Frucht werden Fremde ernten, und ihr Vermögen werden sie rauben, ihre Häuser zerstören, ihre Söhne in Gefangenschaft führen. Darum sollen die da heiraten, wissen, daß sie ihre Kinder in Gefangenschaft und Hungersnot hervorbringen werden. Und die Handel treiben, tun es, wie man Beute macht. Denn je mehr sie ihre Städte und Häuser und Besitztümer und ihre Person schmücken, desto mehr will ich eifern wider sie um ihrer Sünden willen, spricht der Herr. Denn wie eine schöne und edle Frau eifert wider eine Buhlerin, so wird die Gerechtigkeit wider die Ungerechtigkeit eifern, wenn diese sich schmückt, und sie klagt sie ins Angesicht an, wenn der kommt, welcher sie verteidigt, indem er jede Sünde auf der Erde heimsucht. Deshalb gleichet ihr nicht und ihren Werken. Denn, sieh, noch einen Augenblick, und die Ungerechtigkeit wird von der Erde vertilgt werden, und die Gerechtigkeit wird unter uns herrschen. Nicht soll der Sünder sagen, er habe nicht gesündigt, noch der Ungerechte, er habe gerecht gehandelt; denn Feuerkohlen wird er auf dem Haupte dessen anzünden, der da sagt: Ich habe nicht gesündigt, bei Gott und seiner Herrlichkeit! Siehe, der Herr kennt alle Werke des Menschen, ihr Dichten und Trachten, ihre Gedanken und ihre Herzen. Der da gesagt hat: es werde die Erde, und sie ward, es werde der Himmel, und er ward, durch dessen Worte die Sterne gegründet wurden, der die Zahl der Sterne kennt – der die Tiefen erforscht und ihre Schätze – der das Meer gemessen hat und seinen Inhalt – der die Welt eingeschlossen hat inmitten der Wasser und die Erde über den Wassern aufgehängt hat durch sein Wort – der den Himmel ausgespannt hat wie ein Gemach und auf den Wassern ihn gegründet – der in der Wüste Wasserquellen schuf und auf den Gipfeln der Berge Seen, damit sie von oben her Flüsse entsenden, die Erde zu tränken – der den Menschen gebildet hat, ihm ein Herz mitten in den Leib gegeben, ihm Atem und Leben und Verstand eingeflößt hat und den Hauch des allmächtigen Gottes, der alles gemacht hat und das Verborgene an verborgenen Stellen erforscht: sicherlich kennt er unser Dichten und Trachten und was ihr denkt in euren Herzen! Wehe den Sündern und denen, die ihre Sünden verheimlichen wollen! Denn der Herr wird wahrhaftig alle ihre Werke erforschen und euch alle öffentlich zur Schau vorüberführen! Und ihr werdet verwirrt sein, wenn eure Sünden vor den Augen der Menschen einhergehen und eure Ungerechtigkeiten als Ankläger auftreten werden an jenem Tage. Was werdet ihr tun? Oder wie wollt ihr eure Sünden verbergen vor dem Angesicht Gottes und seiner Engel? Siehe, Richter ist Gott! Fürchtet ihn! Laßt ab von eurer Sünde und vergeßt, eure Ungerechtigkeiten in Ewigkeit weiter zu tun, so wird Gott euch herausführen und befreien aus aller Drangsal. Denn siehe, der Zorn einer großen Menge wird gegen euch entbrennen, sie werden einige von euch gefangennehmen und Götzenopferfleisch essen lassen. Und die sich von ihnen verführen lassen, werden von ihnen verspottet und geschmäht und mißhandelt werden. Denn es wird … sein und in den benachbarten Städten eine große Erhebung wider die Gottesfürchtigen. Denn die Menschen werden Mangel leiden und durch ihre Leiden wie Wahnsinnige sein, keinen verschonen, um die, welche noch Gott fürchten, auszuplündern und zu vernichten; denn sie werden ihr Hab und Gut zerstören und plündern und sie aus ihren Häusern vertreiben. Dann wird die Probehaltigkeit meiner Auserwählten an den Tag kommen, wie das Gold, das durch Feuer erprobt wird. Höret, meine Auserwählten, spricht der Herr! Siehe, die Tage der Drangsal sind da, und ich will euch aus ihnen befreien! Fürchtet euch nicht und wanket nicht; denn Gott ist euer Führer! Und ihr, die ihr meine Gebote und Vorschriften beobachtet, spricht der Herr Gott, laßt eure Sünden nicht die Oberhand über euch gewinnen noch eure Ungerechtigkeiten Herr werden! Wehe denen, die von ihren Sünden eingeschnürt und von ihren Ungerechtigkeiten überwuchert werden wie ein Feld, zu dem kein Mensch hingeht, vom Walde eingeschnürt und seine Saat ihm von Dornen überwuchert wird; es wird umgerodet und ins Feuer geworfen, daß es verbrenne.

# *Die Prophezeiung der heiligen Ottilia*

Ottilia (auch Odilia) war die Tochter des elsässischen Herzogs Attich. Sie wurde um das Jahr 660 herum – nach der Heiligenlegende – blind geboren. Der Vater hatte sie deshalb verstoßen. Der Überlieferung nach fand eine Magd das blinde Mädchen und brachte es in das Kloster von Balma. Von Bischof Erhard von Regensburg empfing Ottilia die Taufe und wurde dadurch sehend. Nachdem sie einige Zeit als Nonne gelebt hatte, holte sie der Bruder wieder nach Hause. Zusammen mit ihrem Vater gründete Ottilia die Benediktinerinnenklöster Odilienberg und Niedermünster im Elsaß. Die Äbtissin von Odilienberg starb um 720 und wurde zunächst in der Johanneskirche und später dann in einer eigenen Grabkapelle von Odilienberg beigesetzt. Diese Stätte wurde bald zu einem bekannten Wallfahrtsort. Die heilige Ottilia ist die Patronin des Elsaß und hilft besonders bei Augen-, Ohren- und Kopfkrankheiten. Ihr Fest wird am 13. Dezember begangen. Der Äbtissin wird eine düstere Prophezeiung zugeschrieben, deren genauer Ursprung nicht bekannt ist. Diese Weissagung könnte den Zweiten Weltkrieg meinen, den der nationalsozialistische Machthaber Adolf Hitler angefangen hatte. „Geflügelte Krieger“ wären beispielsweise die Kampfflugzeuge.

## *Textquelle: Die Prophezeiung der heiligen Ottilia*

Höre mein Bruder, denn ich habe die Schrecken der Wälder gesehen. Das Entsetzen hat die Völker erstarren lassen. Es ist die Zeit gekommen, wo Germania die kriegerischste Nation der Welt genannt wird. Es ist die Epoche gekommen, wo aus ihrer Mitte der schreckliche Krieger hervorgeht, der der Welt den Krieg erklärt und den die Völker in Waffen den *Antichrist* nennen. Zwanzig Völker werden in diesem Kampfe kämpfen. Der Eroberer wird von den Ufern der Donau ausgehen. Der Krieg, den er unternehmen wird, wird der schrecklichste sein, den die Menschen je erduldet haben. Die Armeen werden Flammen werfen, die Helme der Soldaten werden starren von Spitzen, welche Blitze aussenden werden, während ihre Hände entzündete Fakkeln schwingen werden. Er wird Siege auf der Erde, auf dem Meere und selbst in der Luft davontragen, denn man wird geflügelte Krieger in unvorstellbaren Fahrzeugen sich bis zum Firmament erheben sehen, um hier die Sterne zu ergreifen und das Feuer auf die Städte herabzuwerfen, um dort große Brände zu verursachen. Die Nationen werden sich in der tiefsten Erschütterung befinden. „Von wo kommt seine Kraft?“ Die Erde wird von der Wut der Kämpfe erschüttert werden, die Flüsse werden rot von Blut, die großen Lebewesen des Meeres sogar werden flüchtig und erschreckt sein bis in

die Tiefe der Ozeane. Sturzbäche von Menschenblut werden um die Gebirge fließen, und das wird die letzte Schlacht sein. Der Eroberer wird indessen den Höhepunkt seiner Triumphe gegen die Mitte des 6. Monats des zweiten Jahres der Feindseligkeiten erreichen. Das wird das Ende der ersten Periode, der „Periode der blutigen Siege“, sein. Er wird glauben, seinen Völkern diktieren zu können. Der zweite Teil des Krieges wird in seiner Länge der Hälfte des ersten gleichkommen. Er wird die „Periode der Entkräftigung“ genannt werden. Er wird reich an Überraschungen sein, die die Völker erschauern lassen. Um die Mitte dieser Zeit werden die vom Eroberer unterworfenen Völker sagen: „Das ist der Friede!“ Aber es wird nicht das Ende sein, sondern der Anfang vom Ende. In dem Augenblick, wo der Kampf in der Stadt der Städte ausbrechen wird, in diesem Augenblick werden viele der Seinigen ihn steinigen wollen. Aber es werden wunderbare Dinge im Orient geschehen. Die dritte Periode wird von kurzer Dauer sein. Man wird sie die „Periode der Invasion“ nennen, denn durch die gerechte Umkehrung der Kriege wird das Gebiet des Eroberers von allen Seiten mit Gewalt besetzt werden. Die Armeen werden durch ein Übel dezimiert werden und alle sagen: „Das ist der Finger Gottes.“
Die Völker glauben, daß sein Ende nahe ist. Das Zepter wird von seiner Hand weichen, und die Menschen werden sich alle freuen. Alle Völker werden wieder finden, was sie schon verloren haben und noch etwas mehr. Das Gebiet der Lukretia wird gerettet werden wegen der frommen Frauen und der gesegneten Berge. Alle Völker glauben an sein Verderben. Aber die Völker werden sich in die Berge begeben, und sie werden Gott dem Herrn danken, denn die Menschen haben in diesem Kriege derartige Greuel gesehen, daß sie auf Geschlechter hinaus keinen wünschen. Unheil jedoch jenen, die an den Antichrist glauben, denn er wird zahlreiche Menschen zum Abfall bringen. Aber die ... Ära des Friedens ohne Gewalt wird gekommen sein, wenn sie die beiden Hörner des Mondes in diesen Tagen auf diesem Frieden vereinigt sehen werden. Denn in diesen Tagen werden die Menschen den Gott der Wahrheit anbeten, und die Sonne wird in ungetrübtem Glanze erstrahlen.“

# *Die Visionen des Hepidanus*

In der Stiftsbibliothek von St. Gallen befindet sich die lateinische Aufzeichnung von Visionen des um 1081 in dem Benediktiner-Kloster von St. Gallen lebenden Mönchs Hepidanus. Über das Werk, das der Bruder Bartholomäus niedergeschrieben hat, ist weiter nichts bekannt. Bartholomäus schilderte darin, wie er Mitte des Jahres 1081 mit Hepidanus zusammentraf. Die beiden unterhielten sich über den Investiturstreit zwischen Heinrich IV. und Papst Gregor VII. Hepidanus entwickelte endzeitliche Kriegsvisionen bei diesem Gespräch und den darauffolgenden, von Bartholomäus überlieferten Unterredungen. Auch hier könnte es sich in dem Teil über „Germanien" möglicherweise um die Darstellung des Aufstiegs von Adolf Hitler handeln („dazu bestimmt, die alte Welt in Trümmer zu schlagen").

## *Textquelle: Die Visionen des Hepidanus*

5. Sonntag nach Ostern 1081. Frater Bartholomäus schreibt: „Ich war gestern nach den Vigilen mit dem Bruder Hepidanus zusammen und sprach mit ihm über die Ereignisse, welche in jüngster Zeit die ganze Christenheit in Schrecken und Aufruhr gebracht haben. Da sprach Hepidanus zu mir: ‚Folge mir hinaus in den Klostergarten. Ich will dir merkwürdige Dinge mitteilen von dem, was ich gesehen und gehört habe!' Als wir die große eiserne Pforte geöffnet hatten und in den Garten hinausgetreten waren, der sich gegen die Höhen zum schwarzen Kreuz von Mitternacht gegen Mittag ausdehnt, sah ich vor mir im Zwielichte die Berge Welschlands sich erheben.
‚Siehe!' sprach er zu mir, ‚von Mitternacht gegen Mittag ist heute die Erde getrennt und die Menschen haben sich in zwei Heerlager gespalten gegen Süd und gegen Nord. Und der Norden zieht nach Süden als Feind, der Sohn gegen den Vater, und das Unglück folgt ihm über die Berge wie die Nacht dem Tage. Aber es wird bald ein Tag anbrechen, da wird ein Licht aufgehen um Mitternacht im Norden und heller strahlen wie die Mittagssonne des Südens. Und der Schein der Sonne wird verbleichen vor jenem Lichte. Alsbald aber wird sich eine düstere Wolke lagern zwischen jenem Licht und der Menschheit, die danach hinblickt. Ein furchtbares Gewitter wird sich aus dieser Wolke bilden. Es wird den dritten Teil der Menschen verzehren, die dann leben werden. Und der dritte Teil aller Saatfelder und Ernten wird zerstört werden. Auch der dritte Teil der Städte und Dörfer, und überall wird große Not und Jammer sein.'
Als wir am andern Tage frühmorgens aus der Frühmette zurückkehrten und ich zusammen mit Bruder Hepidanus im Garten des Klosters arbeitete,

sagte ich zu ihm: ‚Mein lieber Bruder, die Rede, welche du mir gestern getan, hat mich zu sehr großem Nachdenken veranlaßt, und ich habe darüber nachgedacht, bis der erste Hahnenschrei den Morgen kündete. Dennoch bin ich darüber nicht klar geworden, und mein Verständnis derselben ist um nichts mehr fortgeschritten.‘
Als ich dies sagte, lächelte Bruder Hepidanus und erwiderte mir: ‚O mein Bruder! Glaubst du denn, im Fluße, wenn der Wind die Wellen an seiner Oberfläche erhebt, oder in dem angeschwollenen, brausend niederstürzenden Bergstrome das Bildnis deines Angesichtes erkennen zu können? Höre darum! Als ich einst schlaflos auf meinem Lager ruhte, in Betrachtungen versunken, merkte ich plötzlich, wie sich die Dunkelheit in meiner Zelle minderte. Ich war verwundert darüber, denn nach der Konstellation des Großen Wagens zu urteilen, den ich über meinem Haupte erblickte, könnte erst die zweite Stunde nach Mitternacht vorüber oder doch eben angebrochen sein.
Ich richtete mich auf meinem Lager zu sitzender Stellung empor und sah mit Besorgnis, wenngleich nicht ohne heftige Neugierde, nach der Ursache der auffälligen Helligkeit, die meine Zelle erfüllte. Da erblickte ich rechts vor meinen Füßen an dem Getäfel der Holzwand eine weißliche Kugel von der Größe eines Menschenkopfes, und als ich genauer hinsah, stand auf dieser Kugel eine menschliche Gestalt, fast durchsichtig, aber von Riesengröße. Ich zitterte. Aber der Schatten begann plötzlich von der leuchtenden Kugel herabzuschweben, glitt lautlos an mein Lager und sprach mit durchdringend scharfer, aber dennoch nicht lauter, sondern weit eher mit leiser Stimme: ‚Öffne deine Augen.‘ Und als die Gestalt dieses gesagt hatte, verschwand sie augenblicklich und ebenso die leuchtende Kugel. Ich befand mich wieder rings von Finsternis umgeben, und ein unendlicher Schrecken bemächtigte sich meiner.
Plötzlich glaubte ich seitwärts ein Geräusch zu vernehmen, wie wenn ein schwerer Vorhang zurückgeschoben oder aufgehoben wird. Ich sah hin und erblickte an einer Seite, nach welcher die Mauer liegt, an die unserer Lieben Frau Kapelle anstößt, ein weites, ungeheures Feld. Mitten auf diesem Felde stand eine Stadt, mit Mauern umgeben und von vielen Türmen überragt. Durch die Stadt aber floß ein Fluß ähnlich dem Rheine, der sich in den Bodensee ergießt. Das Tor der Stadt, die ich erblickte, öffnete sich plötzlich, und ich sah zwei Männer aus ihm hervortreten. Der eine war von großer Gestalt und kräftigem Körperbau, er trug das Ordenskleid der Regula des hl. Augustin. Der andere war eine kleine, schmächtige Figur mit lebhaften, blitzenden Augen. Beide zogen aus dem Tor auf eine Anhöhe zu, die sich vor der Stadt erhebt und auf allen Seiten freiliegt.
Als sie diese Anhöhe erreicht hatten, sah ich plötzlich, wie der eine der beiden Männer, nämlich der in dem Augustiner-Ordenskleide, riesenhaft an Größe zunahm. Sein Haupt reichte in die Wolken, und sein Schatten über-

deckte weithin das Land. Und er erhob seine Hand und schrieb in die Wolken des Himmels und sprach zugleich mit starker Stimme, die gleich einem fernen Donner über die Erde schallte: Seht, das Wort des Herrn, flieht ihr feindlichen Parteien!

Und indem er mit dem Finger diese Worte in großen Buchstaben an den Himmel schrieb, leuchteten die Buchstaben gleich einem glühenden Feuer und spiegelten sich in den Fluten des Flußes ab, der durch die Stadt strömte. Plötzlich sah ich von Süden her ein heftiges Gewitter heraufziehen. Der Donner rollte furchtbar, und glühende Blitze durchzuckten den Himmel. Aber als sich das Wetter verzogen hatte, und ich aufblickte nach dem riesenhaften Manne, sah ich denselben nicht mehr. Aber seine Wolkenschrift leuchtete noch strahlender wie zuvor, und ich sah Tausende von Menschen kommen und nach ihr blicken und seine Sprache reden, die ich nicht verstand. Als ich alles dieses gesehen hatte, umschattete plötzlich eine Wolke meine Augen, und ich sah nichts mehr von dem glänzenden Bilde. Da sank ich auf mein Lager zurück, und es war mir, als hörte ich eine Stimme, die die Worte des Propheten sprach: ‚Mein Sohn fürchte nichts, denn ich bin mit dir; und wenn du das Feuer durchschreiten müßtest, würden die Flammen dir nicht schaden, und der Hauch der Glut würde dich nicht berühren. Ich werde dich aus den Händen der Botschaften befreien und aus den stärksten Armen losmachen.‘

Seit jener Nacht, in der ich jene Erscheinung gesehen, ist es mir oft vorgekommen, daß Gesichte an meinem Lager vorüberzogen. Die große Gestalt, die damals auf der leuchtenden Kugel stand, erschien mir oft und sprach mit mir über verschiedene Dinge.‘“

Im Jahr 1082 schreibt Frater Bartholomäus in sein Tagebuch: „Am Mittwoch nach der Auferstehung des Herrn kam der ehrwürdige Bruder Hepidanus zu mir und erschien sehr traurig. Als ich ihn nach der Ursache seines Kummers fragte, antwortete er mir: ‚Geliebter Bruder! Warum sollte ich nicht traurig sein, da so viel Trübsal noch dem Menschengeschlechte bevorsteht?‘ Als ich ihn dann bat, mir genauere Mitteilungen über jene Trübsale zu machen, sprach er:

‚Als ich gestern meinen täglichen Gebeten oblag, ward ich plötzlich im Geiste der Zeit entrückt und hinweggeführt an einen fernen Ort. Da sah ich einen Brand gegen den Himmel steigen gleich dem Brande einer großen Stadt. Ich hörte ein Wehklagen von Männern, Weibern und Kindern, so daß mein Herz sich betrübte. Die Menschen flüchteten sich vor den Gluten des Feuers, und in der Angst ihres Herzens eilte der eine hierhin, der andere dorthin. Aber die Flammen eilten ihnen mit Windesschnelle nach und umhüllten bald hier, bald da Haufen von Menschen und erstickten sie in dem Rauche und dem Qualme. Viele von ihnen waren indes dem Feuer entronnen. Sie liefen in das Wasser des Flußes. Manche von ihnen ertranken, andere wurden von großen Vögeln mit eisernen Schnäbeln, deren Flügelschlag mit seinem Rauschen die Luft erfüllte, weggefangen, wie die Schwalbe im Sommer die Fliege erhascht. Allenthalben herrschte große Angst, Jammer, Not und Elend. Nach einiger Zeit verwandelte sich das Aussehen der Gegend. Das Feuer war erloschen, und alle Spuren seines einstmaligen Daseins waren getilgt. Grüne Saatenfelder prangten rings um neu angelegte Städte und Dörfer.

Als ich nun darüber nachdachte, was dieses sonderbare Gesicht wohl bedeuten möchte, sah ich plötzlich die hohe, neblige Gestalt der leuchtenden Kugel vor meinem Bette stehen. ‚Siehe‘, sagte sie zu mir, ‚das sind einige der Tage, die dem menschlichen Geschlecht noch bevorstehen werden. Im Kreislauf der Jahre werden sie herankommen und werden in den Staub treten die Eiche mitsamt dem Felsen, auf dem sie wurzelt.‘ Da erwiderte ich voller Schmerz und Jammer:

‚O, warum ist denn das Menschengeschlecht verflucht zu solchem Geschicke? Weshalb ist es mit größerem Elend geschlagen wie das flüchtige Wild des Feldes? Kann denn der Allmächtige solche Leiden nicht abwenden?‘ Als ich diese Worte gesprochen, sah mich die Erscheinung mit eigentümlichen Blicken an und sprach: ‚Warum wird das Samenkorn in die Erde gelegt, und weshalb bedeckt der Schnee die Fluren des Feldes?‘

Am Tag der Geburt des Herrn, im Jahre 1083, ward Bruder Hepidanus von einer heftigen Krankheit ergriffen. Diese nahm während der folgenden Nacht noch sehr zu, so daß wir alle fürchteten, unser geliebter Mitbruder werde das Irdische segnen und sich dem Ewigen zuwenden. Der hochwürdigste Herr Abt sprach den ganzen Tag hindurch mit unserm kranken Bruder von den ewigen Dingen und der Seligkeit jener, die im Herrn sterben. Aber Bruder Hepidanus entgegnete, es sei ihm noch nicht beschieden, in das Reich der Toten einzugehen; vielmehr sei ihm offenbart worden, er habe noch fünf Jahre hienieden zu leben. Wirklich besserte sich sein Zustand wieder mehr und mehr, und am Tage der Beschneidung unseres Herrn, im Jahre 1084, konnte er wieder seine gewohnten Obliegenheiten ausführen. Um diese Zeit teilte er mir eine merkwürdige Schauung mit, die er kurz nach seiner Wiedergenesung gehabt hatte.

‚Ich sah‘, erzählte er mir, ‚in Germanien, wo jetzt die Wälder sich längs der Ufer der Ströme hinziehen, ein ungeheuer großes, fruchtbares, von unzähligen Menschen bewohntes Land. Als ich mit Bewunderung dorthin schaute, hörte ich plötzlich eine starke Stimme gleich dem Brausen des Sturmwindes an den Gipfeln der Berge, die zu mir sprach: ‚Ich bin der Geist, der ausgeht von den sieben Leuchten vor dem Throne dessen, der da ist, sein wird und war und der waltet über dem Menschengeschlechte seit Anfang der Dinge. Öffne dein Auge und schaue! Höre auf das, was ich dir sagen werde! Siehe!

Ich will meine Ferse auf den Erdboden setzen, und ein Volk soll emporsprießen, wo jetzt der Wald die Fläche bedeckt und der Eber dem Speere des Unfreien erliegt und der Ur der Falle des jungen Jägers. Ich werde es groß machen unter allen Völkern der Erde. Die Sonne, die vom Süden die Welt erleuchtet und erwärmt, will ich nach Norden versetzen, und aus den Gegenden des Schreckens und der Nacht soll ein Licht ausgehen, dergleichen man bisher nie gesehen. Aus Germaniens Gründen wird ein Strom hervorquellen, der die ganze Welt überflutet.

Wehe jenen, die sich erkühnen, dem Laufe dessen zu widerstehen, der seine Pflugschar über die Berge zieht und den Staub seiner Füße gegen Abend am Meere abschüttelt. Es wird unter den Stämmen Germaniens ein Volk auferstehen und ein Haupt werden über all seine Brüder. Langer Zwiespalt wird dem Glanze seiner Macht vorangehen. Der Herr wird gegen den Knecht und der Untergebene wider seinen Vorgesetzten sein Recht behaupten und verfechten. Dann wird ein Mann auferstehen mitten aus dem Strudel der Parteiungen. Er wird, ohne dem Unrecht Stützpunkt zu sein, doch mit dem Rechte Recht sprechen wider das Recht, und vom Aufgange zum Niedergange wird sein Name in aller Leute Mund sein. Verdammt und gehaßt von den einen, wird er bewundert von den andern werden. Zwar wird unsägliches Elend an seine Schritte geknüpft sein und sein Name leben in der Geschichte inmitten von Leichenhügeln und Tod.

Auch wird nicht das geschehen, was die Mehrzahl der Menschen glauben wird, daß er erstrebe. Er wird vielmehr das Werkzeug des Geschickes sein, dazu bestimmt, die alte Welt in Trümmer zu schlagen und, wollend oder nicht wollend, das Volk, aus dem er hervorgegangen, zur Freiheit zu bringen. Wehe dem, der in jener furchtbaren, aber großen Zeit lebend, seinen Standpunkt versetzt und, geblendet durch das Gaukelspiel trügerischer Dämone, sich auf Abwege begibt, die ihm selbst, seinem Volke und Geschlechte verderbenbringend werden. Denn es werden in jenen Tagen des Zweifels und des Unglaubens falsche Propheten aufstehen und mit gleißender Stimme ihr Gift feilbieten und jene elendig zugrunde richten, die, leichtgläubig und von einseitigen Vorurteilen befangen, ihnen Glauben schenken.

Wer Ohren hat, zu hören, der höre; wer Augen hat, zu sehen, der säume nicht, sie dem Lichte zu öffnen. Ein mächtiges Reich wird in jenen Tagen zugrunde gehen und ein mächtigeres an seine Stelle treten. Von Osten her weht ein Sturm, und aus Westen heult der Wind: Wehe allem, das in den Bereich dieses furchtbaren Wirbels geraten wird. Tausendjährige Herrschersitze werden herabsinken aus ihrer Höhe, gleichwie der Wirbelwind das Strohdach der Hütte fortführt. Zwischen dem Rhein und der Elbe und dem morgenwärtsfließenden Strome Donau wird ein weites Leichenfeld sich ausdehnen, eine Landschaft der Raben und Geier. Und wenn dereinst wieder der Landmann seinen Samen ausstreuen wird und dieser emporkeimt, Ähren tragend

und Früchte, dann wird jeder Halm in einem Menschenherzen stehen und jede Ähre in eines Menschen Brust ihre Wurzel haben.'
Als Hepidanus diese Schauung hatte, wagte er es, seinen Schutzgeist zu fragen, wann denn solche schrecklichen Tage hereinbrechen würden.
,Ich war bei all dem Schrecklichen, das ich vernahm, doch begierig zu wissen, wann es sich ereignen würde und ob die Menschheit bald oder vielleicht erst nach vielen Jahrhunderten für jene Tage reif sei. Als ich diese meine Ansicht meinem Schutzgeiste äußerte, erwiderte er: Keinem Sterblichen wird es gegeben, das Jahr und den Tag zu erfahren, wann das in Erfüllung gehen soll, dessen Verlauf ihm offenbart worden. Aber ich will dich die Zeichen lehren, die jenen Tagen voraufgehen werden und sie ankündigen wie die herüberkommende Schwalbe die Wiederkehr des Frühlings.'
Als der Genius dies sagte, verschwand plötzlich die weite Fernsicht, welche Bruder Hepidanus gehabt, und als er die Augen erhob gegen die Decke seiner Zelle, erblickte er diese nicht mehr, sondern sah den blauen, sternbedeckten Himmel über sich. Der Geist sagte: ,Schau empor! Erkenne das Sternbild der himmlischen Krone dort mittagwärts von deinem Scheitelpunkte. In dieser Sternenkrone wird ein neues Juwel eingesetzt werden und ein Stern hellglänzend da erscheinen, wo du jetzt nur die unerforschte Bläue des Weltenraumes erblickst. Wenn dieser Stern als weithin leuchtendes Feuerzeichen erscheinen wird, dann ist die Zeit nahe, wo jene Tage über die Menschheit kommen werden, von denen ich zu dir gesprochen habe. Dann sind die Tage vieler gezählt wie die Tage der Ernte, wenn der Schnitter die Sichel wetzt. Aber die Zeit, wann jenes Zeichen am Himmel erscheinen wird, vorher zu wissen, ist keinem Sterblichen gegeben.'

Als ich mich einst mit unserm ehrwürdigen Bruder Hepidanus über die Fortschritte unterhielt, welche die umwohnenden Völkerstämme bereits im Laufe der Jahrhunderte gemacht hatten, seit unser Kloster errichtet worden, sagte er zu mir:
,Ich sah einst in einer nächtlichen Schau einen Mann von riesigem Wuchs. Er saß an einem Bache und war damit beschäftigt, einen Streitkolben aus verschiedenen dürren Holzstäben herzustellen. Als er die Stäbe lose aneinander hielt, leisteten sie nur geringen Nutzen; und ein Schlag, den er damit führte, zerging machtlos in der Luft. Da faßte er die Stäbe und befestigte sie dicht aneinander durch eine Anzahl von eisernen Reifen und Nägeln. Da bemerkte ich einen starken Ur, der mit Wut gegen den am Bache sitzenden Mann anstürmte. Dieser aber richtete sich ohne Furcht empor, trat seinem drohenden Feinde entgegen und streckte ihn durch einen Schlag vor die Stirn zu Boden. Als ich dieses gesehen, sprach die Geisterstimme zu mir: Sieh! So wird dereinst sich ein geteiltes Volk zusammenscharen und umschlungen von mächtigen Banden, und es wird seinen Feinden die Spitze bie-

ten und dieselben mit mächtigen Schlägen niederschmettern. Nachdem dieses aber geschehen, wird das eiserne Band, das alle umschlang und zu vereinter Tat verband, sich lösen, und jeder einzelne wird, wenngleich mit der Gesamtheit verbunden, als selbständiges Reis seine eigenen Wege emporstreben.

Ein andermal sah Hepidanus sich im Geiste versetzt und erblickte einen unzähligen Schwarm von Gewappneten, welche über den Donaufluß setzten und unter tobendem Geschrei nach Norden zogen. Von der Elbe nahte sich ein anderer Gewalthaufen, wohl ausgerüstet und bewehrt. Inmitten eines großen Gebirgskessels trafen sich beide Heere. Ein furchtbarer Kampf entstand, und eine ungeheure Menge von Toten und Verwundeten fiel auf beiden Seiten. Die Elbe floß gleich einem Blutstrom durch die Gefilde, und ein unaufhörlich rollender Donner lag über der ganzen Gegend. ‚Mein Blick verdunkelte sich, meine Sinne schwanden allmählich, und eine Stimme sprach zu mir, dem fast Ohnmächtigen: Du siehst jetzt nichts als Kämpfe, Blut, Schlachten und Tod, aber das Geschlecht der Menschen wird nach diesen Kämpfen herrlicher aufblühen als je zuvor. Allerdings werden sehr viele unter den zu jenen Zeiten Lebenden diese glücklichen Zeiten nicht mehr sehen. Sie werden untergehen unter der Brandfackel des Krieges, und Unkraut wird über ihren Gräbern wuchern. Aber alles dieses wird den Lauf der Welt nicht aufhalten. Mögen sich aber jene, die alsdann leben werden, wohl vorsehen.

Als wir einst nach dem Begräbnisse eines Klosterbruders von dem Kirchhofe heimkehrten, sprach ich viel mit unserm ehrwürdigen Hepidanus über den dereinstigen Untergang der Welt. Er äußerte sich darüber gegen mich in folgender Weise: ‚Es kann niemand das Jahr und den Tag oder die Stunde bestimmen, wann die Welt ihren Kreislauf erfüllt hat und zu dem uranfänglichen Zustand der Finsternis, Wüste und Leere zurückkehren wird. So viel weiß ich indes bestimmt, daß dieser Tag nicht mehr so lange auf sich warten lassen wird wie jener Zeitraum, der zwischen heute und dem Tage liegt, an welchem unser Herr auf die Erde herabkam. Ehe aber der Untergang der Welt erfolgt, werden vorerst gewaltige Kriege ausbrechen und ungeheure staatliche Umwälzungen stattfinden. Den furchtbaren Kämpfen, welche hiermit verbunden sind, wird eine Reihe von glücklichen Jahren folgen. Es wird dann ein Mann aufstehen, der sich dem Laufe der Dinge entgegenstemmt, und seinem Anhange wird es gelingen, eine neue Ordnung ins Dasein zu rufen. Diese wird aber nicht von langer Dauer sein, indem der Untergang alles Lebenden dann vor der Türe steht.'"

# *Die Visionen der heiligen Hildegard*

Die prophetische Mystikerin Hildegard von Bingen wurde 1098 in Bermersheim – nicht, wie vielfach behauptet, in Böckelheim – geboren. Im Alter von acht Jahren wurde das Mädchen in das Benediktinerinnenkloster Disibodenberg aufgenommen und von Jutta, der Gründerin dieses Nonnenkonvents, erzogen. Nach dem Tod der seligen Jutta im Jahr 1136 übernahm Hildegard die Leitung der Klostergemeinschaft. Sie gründete zwischen 1147 und 1150 auf dem Rupertsberg bei Bingen und 1165 in Eibingen bei Rüdesheim zwei Tochterklöster.

Hildegard hatte bereits als kleines Kind ihre ersten Visionen gehabt. Sie fühlte sich später in einem ständigen visionären Zustand, den allerdings keine Ekstase verursachte, sondern höchstens die sehr anfällige Gesundheit. Sie faßte in ihren Werken die naturwissenschaftlichen Erkenntnisse ihrer Zeit zusammen. Brieflich hatte sie Kontakt zu den Päpsten und Herrschern ihrer Zeit. Die Visionen der Heiligen, die 1179 starb und deren Fest auf den 13. September fällt, beschäftigten sich mit der Endzeit.

## *Textquelle: Die Visionen der Hildegard von Bingen*

Und es wird geschehen, daß am Ende der fünften Zeit der Strick des schwersten Schismas und der größten Verwirrung über den ganzen Klerus und die Kirche geworfen wird, so daß sie aus ihrem Orte und ihrer Stätte verjagt werden. Und wie der *katholische Glaube* von den Tagen seines Stifters her allmählich sich ausgebreitet und durch viele Stufen angestiegen, bis er endlich in der Wahrheit und Gerechtigkeit durchleuchtend erglänzte, so wird er in diesen Tagen weibischen Leichtsinnes von Recht, Ordnung und Satzung abfallen. Es werden auch die römischen Kaiser in der Kraft der königlichen Würde, worin sie vorher das Reich gesetzt und regiert haben, herabsinken und geschwächt werden in ihrer Glorie, also daß durch Gottes Zulassung die Herrschaft in ihren Händen allmählich abnimmt und verfällt, weil sie selbst schmutzig und lau und knechtisch und unrein in ihren Sitten werden und in allem eitel und unnütz. Sie werden zwar vom Volke noch Achtung und Ehrfurcht verlangen, aber sie werden das Glück der Völker nicht suchen und können deshalb auch von ihnen nicht hochgehalten werden. Darum werden alsdann noch Könige und Fürsten vieler Völker vom römischen Reiche zu seinem Nachteile abfallen. Denn jede Landschaft und jeder Volksstamm wird sich einen eigenen König vorsetzen und sagen, der weite Umfang des deutschen Reiches gereiche ihm selbst mehr zu Last als zur Ehre. Und die Herrschsucht und Gier wird dieser neuen Fürsten Herz also verblenden, daß

sie nicht werden handeln wollen nach der Wahrheit, die sie erkannt, noch auch von anderen die Dinge vernehmen, die sie nicht wissen.
Und wenn auf diese Weise das kaiserliche Zepter geteilt ist und nicht wieder ergänzt werden kann, dann wird auch das Herrschaftszeichen der apostolischen Ehre zerrissen werden. Weil nämlich die Fürsten und übrigen Menschen, geistlichen und weltlichen Standes, in der Kirche keine Religion mehr finden, darum werden sie ihr Ansehen auch gering schätzen und sich andere Meister oder Erzbischöfe, oder wie sie dieselben sonst nennen mögen, in den verschiedenen Provinzen vorsetzen, so daß der Papst also in seiner früheren Würde herabgekommen sein wird, daß er kaum mehr Rom und einiges wenige in der Nähe unter seiner Herrschaft behält. Dieses aber wird teils durch Kriegseinbrüche also erfolgen, teils durch die gemeinsame Einstimmung der Völker, indem alle untereinander sich dazu auffordern, daß jeder weltliche Fürst sein Reich aus eigener Macht festige und beherrsche. Viele Menschen werden darauf zu den Gewohnheiten und der Disziplin der Alten sich zurückwenden; aber die Zeit wird nicht fern sein, wo jener Sohn der Verderbtheit und Verruchtheit offenbar werden soll, der sich überhebt über alles, was Gott genannt wird, bis dieser ihn endlich mit dem Atem seines Mundes tötet.

Vor dem Auftreten des Antichristen sollen die Menschen durch viele Leiden gereinigt werden, besonders die Geistlichen, welche, aller Reichtümer beraubt, zwar nicht betteln werden; dann werden Hohe und Niedre beider Stände, Geistliche nämlich und Weltliche, die Geistlichkeit so ordnen, und das, was sie notwendig haben, so einrichten, daß sie weder an Lebensunterhalt noch auch an Kleidung Mangel leiden. Wenn die Geistlichkeit zurückgeführt ist, werden die Sachen sich so zum Bessern wenden, daß jeder Teil in seiner Richtigkeit besteht, und auch die Freien kehren zur Ehre ihrer Freiheit und die Diener zur schuldigen Unterwürfigkeit zurück.
Nach dieser Ruhe werden wiederum Stürme und Verwirrungen herrschen, indem Kriege über den Erdkreis hereinbrechen, wodurch Verwüstungen und Zerstörungen der Städte angerichtet werden; aber durch Gottes Erbarmung wird endlich alles wieder zur Ruhe kommen, die Kirche in ihrem alten Glanze wiederhergestellt, dessen Ruhm die zahlreichen Juden und Häretiker, die sich zum Glauben bekehren, vermehren werden. Es wird dieses zur Verwunderung der Menschen geschehen, die vor Staunen ausrufen werden: „Solches haben wir früher weder gehört noch gekannt." Aber die Erde wird reichliche Früchte tragen, erwärmt vom wohltätigen Sonnenstrahl und befeuchtet von gelinden Regenschauern. Keine Kriege werden dann geführt, das Eisen wird nicht anders als zu Ackergeräten und zum notwendigen Gebrauche der Menschen dienen. Das Böse wird zwar versuchen, sein Haupt zu erheben, aber gleich unterdrückt wird es wieder unterliegen. Doch wel-

ches Gut ist auf Erden beständig? Eine gewisse heidnische Nation aus entfernten Gegenden, die das Glück der Christen beneidet, wird in die Länder derselben einfallen und wird, weil sie sehr stark ist, alles zugrunde richten. Dann werden viele Laster und Elend herrschen, woraus das bessere Selbst des gelehrten Christen wieder zu Verstande kommt, und sie werden von Gott, zwar nicht ohne ein himmlisches Wunder, erlangen, daß jener Sturm aufhört und die Heiterkeit nach dem Rechte der Rückkehr wiederhergestellt wird. Unterdessen wird das Römische Reich sinken, und Fürsten, welche mächtig, gezwungen Demut lernen; weil ein jedes Volk sich seinen Fürsten, den es für den besten halten wird, selbst wählt. Hierauf kehrt das Unglück wieder, und selbst die römische Kirche wird nicht von Drangsalen befreit bleiben; denn ein fürchterliches Schisma wird sie zerreißen. So wird alles zur Aufnahme des Antichristen vorbereitet.

Jener boshafte Mensch wird an verborgenen Orten Proben seiner Ungerechtigkeit ablegen und nicht eher öffentlich auftreten, als bis er sich in allen Graden von Lastern durch Übung zur Bosheit ausgebildet hat. – Endlich tritt er öffentlich auf und wird dann sowohl durch eigene Anlage als auch mit Hilfe und durch die Wirkung des bösen Geistes mit unglaublicher Macht die ganze Welt an sich ziehen, und zwar so anziehen, daß sich alle nach ihm, wie die Christen nach Christum, nennen werden. Er wird durch für den Schein hervorgebrachte und allerdings Staunen erregende Wunderzeichen unterstützt werden: Denn er wird, wegen der Erlösung seines Volkes durch den Tod, sich stellen, als wenn er stürbe, und durch seine Auferstehung, als wenn er auferstehe. Doch nicht lange wird Gott es zugeben, daß die Sterblichen betrogen werden; denn er wird zur Verkündigung der Wahrheit den Henoch und Elias senden, welche, da sie eifrig ihr Amt verrichten, der Antichrist, wenn sie in seine Gewalt gebracht sind, töten wird.

Endlich wird der Antichrist selbst die Tragödie vollenden; denn er wird, wie Christus, eine Himmelfahrt versuchen, und während er schon in die Höhe gehoben, werden auf Gottes Befehl die Fuhrleute der Luft entführt werden, und er wird häuptlings zu Boden stürzen und den Geist aushauchen. Wenn so der Irrtum der Menschen zerstört worden ist, wird die Wahrheit mit größerem Lichte glänzen.

# *Caesarius von Heisterbach*

Der Schriftsteller Caesarius von Heisterbach wurde am 1180 vermutlich in Köln geboren und scheint mit dem „Bruder Johann vom gespaltenen Felsen“ identisch zu sein. Er starb nach 1240 in Heisterbach bei Königswinter.
Seine Ausbildung absolvierte Caesarius im St. Andreasstift und in der Domschule zu Köln. Im Jahr 1199 trat er in das Zisterzienserkloster Heisterbach, eine 1903 aufgehobene Abtei im Siebengebirge, ein. Der von Robert von Molesme 1098 gegründete benediktinische Reformorden erlebte seine Blützeit im 13. und 14. Jahrhundert. Die Abtei Heisterbach, erst 1200 erbaut, hatte ihre Hochblüte unter Abt Heinrich zu Beginn des 13. Jahrhunderts.
Caesarius wurde zunächst Novizenmeister und später Prior des Klosters bis an sein Lebensende. In dieser Eigenschaft unternahm er auch mehrere Visitationsreisen. Zahlreiche historische, besonders aber auch theologische Werke stammen aus der Feder des Caesarius. Sein Thema waren häufig Predigten über biblische Inhalte oder Homilien für seine Ordensbrüder mit höherem Anspruch. Seine literarischen Qualitäten und erzählerischen Fähigkeiten dokumentieren seine Exempla, eine Abfolge kurzer lehrhafter Geschichten, die er zunächst zwischen den Homilien einfügte und später zu ganzen Sammlungen zusammenstellte und veröffentlichte. Eines der wichtigsten davon ist der *Dialogus miraculorum,* den Caesarius in den Jahren 1219 bis 1223 verfaßt hat. Dieses Werk umfaßt rund 750 Exempla, die nach zwölf Themen in zwölf Bände gegliedert sind. Seine zweite Sammlung, *Libri miraculorum,* hat er nicht vollendet.
Caesarius ist einer der bedeutenden Vertreter des Exempelliteratur des Mittelalters. Seine Exempla hatte er zur Belehrung der Mitbrüder im Orden verfaßt; in ihnen wird Zeugnis und ausführlich das Böse dargestellt. Sie dienten zum Beweis dogmatischer Glaubenssätze, ebenso zeugen sie von echter Frömmigkeit, Wundern, Visionen und Volkssagen.
Die historischen Werke von Caesarius enthalten die Fortsetzung des Katalogs der Kölner Erzbischöfe der Jahre 1167 bis 1238, die Lebensbeschreibung der Hl. Elisabeth und des Kölner Erzbischofs Engelbert.
Eines seiner Exempla enthält eine Prophezeiung für die Jahre 1774 bis 1809, in denen „viele Übel in die Welt kommen werden“. Ludwig XVI. trat 1774 als König von Frankreich sein Amt an. Der neue Mann an der Spitze des Staates war völlig unerfahren und hilflos. Im Jahr 1787 mehrten sich die Anzeichen – bei der hoffnungslosen Finanzlage des Staates war das Vertrauen in den König am Nullpunkt angelangt –, daß die Zeit der Monarchie dem Ende entgegenging. Im Jahr 1789 brach die Französische Revolution aus, die zum Ende des Feudalsystems führte, drei Jahre später wurde Frankreich Republik. In Frankreich herrschten chaotische Zustände, die von blutigem

Kampf der Revolutionäre gegen die Royalisten und der Schreckensherrschaft von Robespierre geprägt waren. König Ludwig XVI. wurde Anfang 1793 hingerichtet. Im Jahr 1795 warf der geniale Feldherr Napoleon Bonaparte den Aufstand der Royalisten in Paris nieder, wofür er den Oberbefehl für den Feldzug in Italien erhielt. Der Krieg tobte durch Europa. Napoleon stürzte das Direktorium und nahm sich diktatorische Gewalt. Er ließ sich 1804 zum Kaiser der Franzosen und 1805 zum König der Italiener krönen. Seine Kriegszüge führte er gegen England und Österreich/Rußland. Auf dem Kontinent errichtete er mit Gewalt seine Vorherrschaft. Die von Caesarius beschriebene Veränderung des Sitzes des Oberhaupts der Kirche könnte sowohl auf Papst Pius VI. als auch auf Papst Pius VII. zutreffen. 1798 wurde der Kirchenstaat von den Franzosen besetzt und der 80jährige Papst gefangengenommen. Der Kirchenstaat hatte vorläufig aufgehört zu existieren, der Papst wurde verschleppt und starb 1799 in Valence. Da sich der Nachfolger, Papst Pius VII., ebensowenig mit Napoleon arrangieren konnte, ließ Napoleon ihn überfallen und nach Savona bringen. Von Napoleon durch ein Nationalkonzil unter Druck gesetzt, erklärte Pius VII. den mittelbaren Verzicht auf den Kirchenstaat, was er jedoch wenig später widerrief. Erst nach dem Sturz Napoleons konnte der Papst 1814 wieder nach Rom zurückkehren.

## *Textquelle: Prophezeiung des Caesarius*

Ich erkläre, daß nach meinen Berechnungen vom Jahre des Herrn 1774 bis zum Jahre 1809 viele Übel in die Welt kommen werden, die so groß und so verschieden sind, daß seit dem Anfang der Welt nie eine so große Verwirrung stattgefunden hat und nie so viele, so entsetzliche und so erstaunliche Übel die Erde heimgesucht haben.

In der Tat, im Jahre des Herrn 1786 wird der Anfang aller Leiden sein, weil in diesem Jahre Sterblichkeit und Pest die Welt verwüsten und kraftlos machen werden. Ungefähr die Hälfte der Menschen wird sterben, und zwar im Zeitraume von fünfundsechzig Monaten, während welcher und noch länger die Pest dauern wird, obwohl sie während ihrer Dauer bald dies, bald jenes Land heimsuchen wird.

Ferner werden sich im Jahre des Herrn 1787 viele Vorbereitungen zum künftigen Übel zeigen; zu der Zeit werden Aufstände und furchtbare Verschwörungen ausbrechen, die aber alle noch keinen Erfolg haben werden, der sich erst später zeigen wird.

Um das Jahr des Herrn 1788 oder etwas später wird der größte und angesehenste König des Okzidents auf eine überraschende Weise in die Flucht getrieben, sein Schicksal von einer Schlacht abhängig gemacht, fast sein ganzes kostbares Heer auf unbegreifliche Weise getötet und ein kläglicher Ruin her-

beigeführt. Dadurch wird der Handel zerstört werden. Eh' der Friede wieder kommt, wird derselbe Fürst infolge eines kläglichen Ereignisses von seinen Feinden gefangengenommen und mit Schmerzen erfüllt.
Der Adler wird durch die Welt fliegen und seiner Macht mehrere Nationen unterwerfen: Dies geschieht im Jahre des Herrn 1801 oder etwas später; er wird mit drei Kronen zum Zeichen des Sieges und der Tapferkeit gekrönt, aber dann kehrt er in sein Nest zurück und geht nicht eher mehr daraus, als bis er sich glorreich zum Himmel erhebt. Seine Jungen werden sich gegenseitig bekriegen und einander ihre Beute entreißen; und alsdann werden im Okzident die Übel und die Schmerzen sich zu vermehren beginnen, weil im Jahre 1794 des Herrn wegen des Königs ein furchtbarer Aufstand ausbrechen wird. Der größere Teil des Okzidents wird von den Feinden fast zerstört, und viele werden rufen: Frieden, Frieden, und es wird kein Frieden sein, sondern eine solche Spaltung in der Welt wie noch nie.
Und eh' die Welt zum Jahre des Herrn 1800 gelangt, wird ein großes Reich von allen Seiten angegriffen, geplündert und fast ganz vernichtet, weil die Leiter dieses Reiches so verblendet sein werden, daß sie keinen Verteidiger finden können; und die Hand und der Zorn des Herrn wird sich grimmig gegen sie und alle Großen und Mächtigen dieses ganzen Reiches wenden.
Die mächtigsten Städte werden genommen werden, und sich gegenseitig bekämpfen. Auffallende Zeichen werden mehrmals an den Himmelskörpern geschehen, welche vorher verkündete Ereignisse bewahrheiten und neue Begebenheiten anzeigen werden. Wie durch ein Strafgericht Gottes werden sich in kürzester Zeit alle Weltverhältnisse ändern; die wutentbrannten, stolzen, listigen Untertanen werden sich gegen ihre eigenen Herrn empören. Fast alle Mächtigen und Großen werden grausam geplündert, ihres Ansehens, ihrer Macht beraubt und getötet werden. Nach seinem eigenen Gutdünken wird sich das Volk sodann einen König wählen. Man kann das Volk nimmer beschwichtigen, im Gegenteil, es wird über alle Großen der Erde herfallen und die ganze Erde plündern.
Das alles wird um das Jahr 1802 geschehen. Viele Witwen werden ihrer Kinder beraubt; ein Nachbar ist vor dem andern nicht sicher; niemand wird mehr Wort halten; einer wird den andern verraten und hintergehen. Das Gemeinwesen wird vernachlässigt, nur die Selbstsucht und der Eigennutz werden herrschen. Da wird die Rache des Herrn über alle Menschen kommen. – Die Türken und Albanesen werden christliche Inseln zerstören. Die Griechen werden in ein Reich einfallen und es zerstören; Armenien, Phrygien, Dacien, Norwegen werden von ihren Feinden grausam überwunden, geplündert und verwüstet. Mehrere Städte und Festungen am Po, an dem Tiber, dem Rhein, der Rhone und der Loire werden durch außerordentliche Überschwemmungen und Erdbeben zerstört. In Aragonien und Spanien werden große Wirrsale und Spaltungen sein, und es wird nur nach vielem Blutvergie-

ßen Friede sein.
Ehe die Welt zum Jahre des Herrn 1809 kommt, werden die allgemeine Kirche und die Welt über die Beraubung, Verheerung und Plünderung der Hauptstadt von Frankreich seufzen. Die ganze Kirche wird in der ganzen Welt grausam verfolgt und aller ihrer zeitlichen Güter beraubt; alle Kirchen werden befleckt und entweiht, und jede Religionsübung wird aufhören aus Furcht und Entsetzen vor dem schrecklichsten Grimm. Die heiligen Jungfrauen werden ihre Heiligtümer verlassen und geschändet und entehrt da- und dorthin fliehen. Die Hirten der Kirche werden vertrieben, ihrer Würden beraubt und mißhandelt; die Schafe und die Untertanen werden ohne Hirt und Haupt fliehen und zerstreut bleiben.
Das Oberhaupt der ganzen Kirche wird seinen Sitz verändern; und es wird ein Glück für ihn und diejenigen sein, welche bei ihm sind, wenn sie einen Zufluchtsort finden, wo jeder mit den Seinigen das Brot des Schmerzes im Tal der Tränen verzehren kann. Denn die ganze Bosheit der Menschen wird sich gegen die allgemeine Kirche wenden, und sie wird lange Zeit keinen Verteidiger haben, weil es keinen Papst und keinen rechtmäßigen Herrscher geben wird.
Nur die Bösen und die Rachsüchtigen werden in der Welt noch geachtet sein. Die Schmerzen, welche alle Tyrannen und treulosen Fürsten von jeher verursachten, werden von den Verfolgern der Kirche erneuert; denn die Bosheit und Gottlosigkeit der Hunnen und die grausame Unmenschlichkeit der Vandalen werden nichts sein im Vergleich mit den Trübsalen, den Krankheiten und Schmerzen, welche die heilige Kirche beugen werden. Die heiligen Tempel werden zerstört, ihre Pflaster entweiht, die Klöster beschimpft und geplündert, weil die Hand und der Zorn Gottes auf der Welt liegen werden wegen der Menge und Beständigkeit ihrer Sünden. Alle Elemente werden entfesselt und der ganze Zustand der Welt verändert. Die Erde wird an mehreren Orten vor Furcht beben und die Lebendigen verschlingen; viele Städte und Festungen werden zugrunde gehen. Die Früchte der Erde werden sich vermindern und die Wurzeln ohne Saft sein; die Saaten werden auf den Feldern verfaulen und die Keime keine Frucht bringen. Das Meer wird brüllen und sich gegen die Länder erheben und viele Schiffe und Menschen verschlingen. Die Luft wird verderbt sein wegen der Bosheit und Abscheulichkeit der Menschen. Viele und schreckliche Zeichen werden am Himmel erscheinen, die Sonne wird sich verdunkeln und sich blutrot zeigen. Zwei Monde zugleich wird man vier Stunden lang, umgeben von erstaunlichen Dingen, sehen. Mehrere Sterne werden zusammenstoßen zum Zeichen der Zerstörung fast aller Menschen. Der natürliche Zug der Luft wird wegen der Pestkrankheiten verändert und verkehrt; Menschen und Tiere werden schnell sterben; eine furchtbare Hungersnot wird die ganze Welt und besonders den Okzident heimsuchen; nie seit dem Beginn der Welt wird man der-

gleichen gehört haben. Die Pracht der Vornehmen wird verschwinden, die Wissenschaften und Künste sogar werden in Verfall geraten und eine Zeitlang alle Priester in der Demütigung bleiben.
Doch nach so vielen und so verschiedenen Trübsalen in der ganzen Welt werden die Geschöpfe Gottes nicht alle Hoffnung verlieren; es wird ein Papst gewählt werden aus denen, welche den Verfolgungen der Kirche entgehen; der Wille Gottes wird ihn ernennen, und die heiligen Engel werden diesen frommen und vollkommenen Mann krönen, und seine Brüder, welche die Verfolgungen der Kirche und die Verbannung überlebt haben, ihn auf den heiligen Stuhl setzen.
Dieser wird die ganze Welt durch die Heiligkeit neu gestalten und alle Geistlichen zur wahren Lebensweise der Jünger Christi zurückführen, und Alle werden sie wegen ihrer Heiligkeit und Tugend achten. Er wird predigen barfuß und keine Macht der Fürsten fürchten; er wird fast alle Ungläubigen bekehren; und es wird nur Ein Gesetz, Einen Glauben, Eine Taufe, Ein Leben geben. Alle Menschen werden einander lieben, und der Frieden wird lange Jahre dauern.

# *Die Lehninsche Weissagung*

In das 13./14. Jahrhundert wird die Lehninsche Weissagung datiert. Lehnin war eine 1180 gegründete Zisterzienserabtei südwestlich von Potsdam in der Mark Brandenburg, die 1541 vom Kurfürsten wieder aufgelöst wurde. Bei der Weissagung handelt es sich um ein prophetisches Gedicht, das in leoninischen Hexametern (Verse, deren Mitte und Ende sich reimen) abgefaßt ist. Die Originalhandschrift, die der Zisterziensermönch Hermann verfaßt haben soll, ist verloren. Über Hermann ist weiter nichts bekannt. Möglicherweise handelt es sich bei der jetzt bekannten Fassung um eine Fälschung aus der zweiten Hälfte des 17. Jahrhunderts, die sich gegen Preußen und Hohenzollern richtet. Hierbei könnte wieder der Kunstgriff angewendet worden sein, die angeblichen Prophezeiungen bis ins Mittelalter zurückzudatieren, um durch die in Weissagungsform wiedergegebene Geschichte die Glaubwürdigkeit zu erhöhen.

Ebensowenig wie sich die Frage nach dem Verfasser und der Entstehungszeit klären läßt, kann entschieden werden, ob es sich tatsächlich um Prophetie oder nur um erdichtete Vorstellungen aufgrund einer bestimmten kirchlich-politischen Situation handelt. Den Verfasser beschäftigte besonders das Schicksal des Klosters Lehnin und die Lage der Kirche in der Mark Brandenburg.

Besonders interessant sind die letzten zwölf der insgesamt 100 Verse, da sie offensichtlich in unsere Zeit reichen. Die Bezugspunkte der anderen Verse sind in Klammern vor dem jeweiligen Vers festgehalten, um das Verständnis zu erleichtern. Im Vers 89 („Blühen wird der Sohn: was er niemals gehofft hat, erlangen“) scheint Kaiser Wilhelm I. gemeint zu sein, der als junger Thronfolger niemals geahnt hatte, wie viel Macht er einmal später ausüben würde. Vers 90 („Weinen wird jedoch sein Volk in jenen traurigen Zeiten“) dürfte daran erinnern, mit welchem Blutzoll Wilhelm I. seine Macht errungen hat. Vers 92 schildert, daß das Staatsoberhaupt das nahende Ende einer Epoche, der Kaiserzeit, nicht erkennt („Selber der Fürst erkennt nicht, daß neu eine Macht sich emporhebt“). In Vers 93 („Endlich führet das Zepter der letzte Sprößling des Stammes“) wird Wilhelm II., der letzte Kaiser, angesprochen. Vers 94 („Und es vernimmt das Volk die mit Tod zu sühnende Schandtat“) könnte sich auf die Verbrechen des nationalsozialistischen Machthabers Adolf Hitler beziehen. Die weiteren sechs Verse dürften in die Zukunft deuten.

# *Textquelle: Die Lehninsche Weissagung*

1) Nun werde ich dir, Lehnin, die Zukunft wahrheitlich deuten,
2) Welche mich Gott gelehrt, der Schöpfer des Weltalls.
3) [Blütezeit des Klosters im 14. Jahrhundert] Prangst Du auch heut' im glänzenden Lichte der Sonne
4) Fromm und demütig lebend, untertan und gehorsam,
5) Führst nach Gebühr ein reiches, üppiges Leben:
6) Kommen wird doch die Zeit, die Dich ganz anders wird finden,
7) Nicht zu erkennen kaum, vielleicht auch nimmer vorhanden.
8) [Fürstengeschlecht der Askanier] Das Geschlecht, das Dich gegründet, liebte Dich immer,
9) Ist es gefallen – fallen wirst Du, die liebliche Mutter,
10) Und schon nahet sich ohne Verzug die traurige Stunde,
11) [Wittelsbacher] Da der Ottonen Geschlecht, die schöne Zierde des Landes,
12) Erliegen muß dem Geschick, ohn' einen einzigen Erben.
13) Fallen dann wirst Du zuerst, doch völlig nicht unterliegen.
14) Inzwischen wird die Mark noch größere Ereignisse dulden,
15) Und der Ottonen Haus wird eine Höhle der Löwen.
16) Ausgeschlossen jedoch, der rechtem Geblüte Entspross'ne,
17) Kommen die Fremden sodann nach dem Kloster von Chorin.
18) [Luxemburger] Wird des Kaisers Vernunft den höllischen Übermut dämpfen?
19) Aber es wird die Mark sich sichrer Ruh' nicht erfreuen,
20) Denn der königliche Löwe wählt sich andere Dinge,
21) Weder Herren noch Hort wird die verlassene Mark seh'n,
22) Und zu großem Schaden ihr die Verwalter gereichen.
23) Aber die Mächtigen, sie werden quälen die Bürger,
24) Keinen Unterschied achtend, berauben Geistliche,
25) Handeln fortan, wie sie gehandelt zur Zeit des Erlösers,
26) Schachern mit Menschen wider Gesetz und göttliche Achtung.
27) [Friedrich I., Kurfürst 1417–1425] Daß fortan der Mark nicht gänzlich der Lenker ermangle,
28) Stehet ein Niederer auf, dem zwei Burgen gehören,
29) Ergreift die Fackel des Kriegs, seines Namens ein Friedensverkünder,
30) Schneidet, tötend den Wolf, den Schafen auf ihre Brüste.
31) Aber ich sage Dir, daß Dein Geschlecht viele Jahre
32) Wird mit schwacher Kraft beherrschen sein väterlich Erbe,
33) Bis niedergeworfen sind die, die es gehindert am Herrschen,
34) Städte verwüstet, wie wohl sie waren geehret.
35) [Friedrich II.] Der dem Vater folgt, wird nehmen dem Bruder die Rechte,

36) Zwingen jedoch es nicht – daß Unrecht zu Recht sich verkehre.
37) Kriegesmüde, umwogt von heftigen Schicksalsstürmen,
38) Gibt er das Erbe dem Bruder, selbigen Loses.
39) [Albrecht III. Achilles, Kurfürst 1470–1486] Der ist tapfer und stark, eitel jedoch sein Gemüte,
40) Will besteigen den Berg, kann kaum die Brück' übertreten.
41) Sehet, er schärft das Schwert, o Weh', über Euch, Lehniner!
42) Was wird er sich kümmern um Brüder, den nicht die Väter bekümmern.
43) [Johann Cicero] Der Erbe verspottet den Mars durch weise Künste des Friedens,
44) Und wir legen den Grund zum besseren Glücke der Kinder,
45) Verharrend bei seiner Art, erwirbt er großes Vermögen.
46) Auch seine Söhne beglückt das frohe Schicksal des Vaters;
47) Aber verheerende schreckliche Pest bringt über das Land jetzt
48) [Joachim I. Nestor, Kurfürst 1499–1535] Von der Schlange verführt, ein Weib von der Seuche befallen.
49) Wirken hinfort wird dies Gift wohl bis um elften Stamme,
50) [Joachim II. Hektor, Kurfürst 1535–1571: Einführung der Reformation] Und nun wird führen das Zepter, der dich, o Lehnin, sehr hasset,
51) Ein scharfschneidendes Messer, der Gottesleugner, der Hurer.
52) Die Kirche wird er verwüsten, die Kirchengüter verschachern.
53) Rette dich nun, mein Volk, denn wehe, du bist ohne Hirten,
54) Bis sie geschlagen die Stunde, da die Vergeltung wird kommen.
55) [Johann Georg, Kurfürst 1571–1598] Des Unsinnigen Sohn, der billigt des Vaters Verkehrung.
56) Unweise ganz und gar, wird er genennet der Fromme,
57) Ohne strengeren Sinn, heißt er der beste der Herren.
58) Doch aus seinem Geschlecht geht hervor, der nimmer wie er ist,
59) Und auf traurige Art, am ehrbaren Orte, läßt sein Leben.
60) [Friedrich Joachim, Kurfürst 1598–1605] Der Sohn von diesem begehrt, daß er Vorzug erhalte vor andern.
61) In Hoffnung anderer Zeit, läßt er sein Kind zurück.
62) Was er befürchtet, ist dunkel, doch sicher wird es geschehen.
63) Bald entstehet mit Gott ein neuer Zustand der Dinge.
64) [Johann Sigismund, Kurfürst 1608–1619, erwarb durch Heirat Preußen] Tausend Flecken trägt er, der, dessen Dauer wird kurz sein.
65) Viel regt er auf durch's Edikt, mehr Feindschaft bringt ihm ein Schlag jetzt.
66) Doch was sich kehret zum Schlechten durch seine Befehle –
67) Kann, o glaube es mir, das Schicksal zum Besseren wenden.
68) [Georg Wilhelm, Kurfürst 1619–1640, bleibt im Dreißigjährigen Krieg

zwischen Kaiser und Schweden unentschlossen] Dem Vater folgt wieder der Sohn als Markgraf und Fürst,
69) Läßt nach jeglichem Sinne jedweden leben.
70) Leichtgläubig ist er jedoch, drum stürzet der Wolf in die Herde,
71) Und dem Herrn in's Grab folgt bald der schändliche Diener.
72) [Friedrich Wilhelm, der Große Kurfürst 1640–1688, erwarb Hinterpommern, Magdeburg, Halberstadt und Minden] Die hierauf führen das Zepter, die von drei Burgen sich nennen;
73) Und der wachsende Staat wird größer unter den beiden,
74) In der Regenten Kraft besteht des Volkes Beruh'gung,
75) Wenn er mit Weisheit gepaart ist, der tapfere Sinn der Regenten.
76) [Friedrich III. als Kurfürst 1608–1701, später Friedrich I. König von Preußen, 1701–1713] Der nun regieren wird, der gleichet nimmer dem Vater.
77) Betet Brüder und Mütter und sparet nicht eure Tränen,
78) Wahrlich bei diesem wird trügen die Weissagung froher Regierung.
79) Nichts des Guten bleibt übrig, verlasset das Land ihr Bewohner,
80) Endlich jedoch wird er sterben, von innen und außen zerrüttet.
81) [Friedrich Wilhelm I., König von Preußen 1713–1740] Bald ergrimmet der Jüngling, da die große Gebärerin seufzet.
82) Wer vermag den erregten Sturm nun wieder zu stillen?
83) Wieder ergreift er die Fahne, betrauert schlimme Geschicke.
84) Wehen die Südwinde, beschließt er sein Leben vereinsamt.
85) [Friedrich II., der Große, König von Preußen 1740–1786; mehrere Kriegszüge] Welcher nun folgt, der ahmet nach schlimmeren Ahnherrn,
86) Ohne geistige Kraft, auch fehlen dem Volke die Götter.
87) Dessen Hilfe er fordert, dem bringet Unheil Gewährung,
88) Stirbt den Wassertod, nachdem er die Ordnung verkehret.
89) Blühen wird der Sohn: was er niemals gehofft hat, erlangen,
90) Weinen jedoch wird sein Volk in jenen traurigen Zeiten,
91) Denn es scheinen zu kommen die Schicksale seltsamen Loses,
92) Selber der Fürst erkennt nicht, daß neu eine Macht sich emporhebt.
93) Endlich führet das Zepter der letzte Sprößling des Stammes;
94) Und es vernimmt das Volk die mit Tod zu sühnende Schandtat.
95) Deutschland bekommt einen König (Kaiser), die Herde wieder den Hirten.
96) Völlig vergißt nun die Mark auf sämtliche frühere Leiden.
97) Freudig verpfleget sie wieder die Ihren, der Fremde ist freudlos.
98) Chorins und Lehnins Gebäude entsteigen auf's neue der Erde.
99) Hochgeehrt glänzet nun wieder nach alten Sitten der Klerus.
100) Nimmermehr lauert der Wolf, sich in den Schafstall zu stürzen.

# *Die Prophezeiung des Abtes Werdin*

Keinerlei Angaben sind zur Herkunft der folgenden Prophezeiung möglich. Sie findet sich ohne jegliche Erläuterung in einer Sammlung von 1849. Dort ist nur der Hinweis enthalten, daß dieser Abt in der italienischen Stadt Apulien geboren wurde und 1279 starb. Die Prophezeiung bezieht sich auf die Endzeit. Über ihre Echtheit läßt sich nichts aussagen.

## *Textquelle: Die Prophezeiung des Abtes Werdin*

Das Ende meiner Tage naht: mein Schutzengel hat es mir verkündigt. Vernehmet daher die künftigen Ereignisse, die mir geoffenbaret wurden und bei der Öffnung des sechsten Siegels in Erfüllung gehen werden. Maurus von Palermo und Jakob von Otranto, meine geliebten Schüler, werden diese geschriebene Weissagung mit meinem Leichnam in mein Grab legen. Und dies Grab wird geöffnet werden, wenn ein glänzender Stern über dem Fleische des Fürsten der Apostel leuchtet.

Dieser Stern, welcher das Angesicht der Kirche erleuchtet, macht viele Übel wieder gut. Der oberste Hirt richtet niedergerissene Altäre wieder auf, er baut neue Kirchen.

Siehe, es kommt ein schöner junger Mann, welcher die Herrlichkeit dieses Hirten betrachten will, und dieser Hirt setzt ihn auf den zu der Zeit leeren und verlassenen Thron von Frankreich.

Dann nach wenigen Jahren wird dieser Stern erlöschen.

Und die Trauer wird in der Welt sein.

Und mit diesem Stern wird der siebzigjährige Adler begraben, welcher seinen jungen Adler unter der Obhut der Ersten der Nation zurückläßt.

Und alles wird zusammenstürzen.

Ein Tier, dessen Wut unerhört ist, mit giftigem Schweife, wird an seine Stelle treten, und unzählige Schlangen werden sich vermehren.

Dann kommen Zeiten, wo die Bösen die Priester des Herrn in Blutströmen töten.

Und da wird die Verzweiflung der Menschen so groß sein, daß sie nach dem Tode flehen.

Dann fallen viele Städte Italiens, und im Königreich Neapel und in Toskana.

Schreckliche Unglücksfälle, wovon sich niemand eine Vorstellung machen kann.

Otranto, meine Vaterstadt, wird die Beute des mohammedanischen Drachen.

Rom wird bestürzt sein.

Florenz wird in seinem abtrünnigen Haupt geschlagen.
Das Nest der Philosophen wird gerüttelt.
Genua wird von feindlichen Horden angefallen.
Venedig wird von den mit andern Völkern verbündeten Türken angefallen: große Schlacht.
Vernichtung Siziliens!
Viele Klöster werden unter den Schlägen des nordischen Adlers fallen!
Die Franzosen werden mit den Holländern kämpfen, und in zwei Schlachten wird das Blut in großen Strömen fließen.
Vom Orient kommt ein Adler, dessen Flügel sich über die Sonne breiten, gefolgt von einer Menge Menschen, um dem Sohne des Menschen zu Hilfe zu kommen. Dann fallen die Festungen, und die Welt ist im Entsetzen. An jenem Tage wird im Lande des Löwen ein Krieg unter den Fürsten sein, grausamer als alle, welche je die Welt verwüsteten, und es wird eine Flut von Blut geben.
Die Lilie wird ihre Krone verlieren, welche der Adler raubt, und der Sohn des Menschen wird bald darauf gekrönt.
Vier Jahre hindurch werden die Nationen sich bekriegen, die Sekten werden verschwinden, und ein großer Teil der Welt wird zerstört. Das Haupt der Welt wird fallen. Der Sohn des Menschen wird über die Meere gehen und das Wunderzeichen am Haupt der Verheißung tragen. Und der Sohn des Menschen und der Adler werden siegen, und nach dem Siege des Sohnes des Menschen und des Adlers wird der Friede in der Welt herrschen.

# *Die Prophezeiung des Hieronymus Botin*

Hieronymus Botin lebte im 14./15. Jahrhundert. Der wegen seiner wissenschaftlichen Leistungen und seiner Frömmigkeit hochgeachtete Mann starb 1420 in der ehemaligen, 543 gegründeten und 1792 aufgelösten Benediktinerabtei Saint-Germain-des-Pres in Paris.
Botin mischte hier die Wahrsagung politischer Ereignisse, wie der absolutistischen Herrschaft Ludwigs XIV. („ein sehr gewaltiger Fürst"), der Französischen Revolution („Zeit der Verzweiflung und der Missetat"), die Herrschaft Ludwigs XVI. („ein Mann, begabt mit Tugenden und Sanftmut"), mit endzeitlichen Inhalten, die er sogar zeitlich eingrenzt. Ganz offensichtlich handelt es sich deshalb bei Botins Vorhersagen allenfalls zum Teil um echte Prophetie.

## *Textquelle: Die Prophezeiung des Hieronymus Botin*

Wehe den Völkern, den Fürsten und den Königen, welche die Völker leiten, weil Zeiten der Trauer und des Kummers bevorstehen. Der Wind der Trübsal wird die Menschen teilen und zerstreuen, und die Erde wird mit dem Blut der Kleriker, der Adeligen und des Volkes bedeckt! Wehe denen, welche das Schwert tragen, weil ihr Schwert mit ihrem eignen Blute gefärbt wird! ... Die Zeiten, wo solche Menschen kommen, sind nicht fern, sprach der Geist. Ein Jahrhundert wird verfließen, und das Erbe des Herrn wird geteilt; und wegen dieses Erbes werden die Fürsten gegen die Fürsten und die Völker gegen die Völker kämpfen; und der Eigennutz wird unter der Maske der Reformation alles umzustürzen suchen; und nach einem andern Jahrhundert wird das Erbe des Herrn gerettet werden, weil seine Hand mächtiger ist als die Hand der Gewaltigsten. Dies gibt mir der Geist ein.
Wehe dem Meere! Wehe der Erde und denen, die sie jetzt und noch ein Jahrhundert lang bewohnen! Wehe den Galliern und den Bewohnern der Inseln (Engländern), weil das Erbe des Herrn sich von ihnen entfernen und bei ihnen großes Seufzen nach dem Rest dieses Erbes sein wird! So hat der Geist gesagt.
Nach einem andern Jahrhundert wird das Erbe nicht mehr geteilt werden, wenigstens bei den Galliern: Es wird ein Fürst über sie herrschen, von dem geschrieben steht: „Rüste dich mit deinem Schwert und umgürte deine Seite damit." Ein sehr gewaltiger Fürst, wird er die Könige, die Fürsten und die Völker wieder vereinigen; er wird mit Weisheit und Macht herrschen: Dies sagt der Geist. Eine sehr lange Regierung wird eine Regierung der Gerechtigkeit und der Kraft sein; er wird sehr verehrt werden, und sein Andenken

wird blühend sein.
Und nach einem andern Jahrhundert werden die Fürsten der Erde und alle Völker vor Furcht zittern; und diese Zeit wird eine Zeit der Verzweiflung und der Missetat sein, und man wird kaum einen einzigen Menschen finden, der Gutes tut. Dies gibt der Herr mir zu verkündigen ein. Alsdann wird in Frankreich ein Fürst herrschen, gesalbt vom Herrn, ein Mann, begabt mit Tugenden und Sanftmut; und die Täter des Bösen werden auf sein Haupt einen Preis setzen, ihre Bosheit gegen ihn erschöpfen, ihn gefangennehmen, und sein Ende wird unglücklicher sein als der Anfang, hat der Geist gesagt.
Nachdem die Fürsten und die Großen ihn und die Seinigen gefangengenommen, werden sie in ihr eignes Verderben gerissen, und es wird eine große Trauer in der Kirche des Herrn sein: Es wird kein Stein auf dem andern bleiben, die Altäre, die Tempel werden zerstört, die dem Herrn geweihten Jungfrauen werden geschändet. Diese Menschen der Missetaten werden sich mit Torheit berauschen; denn sie werden Zeichen an ihrem Kopf und an ihren Gebäuden haben, hat der Geist gesagt.
Wehe den Fürsten und den Großen, denn ihre Macht wird zerstört. Wehe den Völkern, denn ihre Hände werden mit Blut gefärbt. Wehe denen, welche regieren, denn sie werden auf den Pfaden der Missetat gehen und mit dem Blute eines unschuldigen Königs, der Großen und des Volkes berauscht, und ihre Herrschaft wird eine Herrschaft der Verkehrtheit sein und ihre Regierung eine Regierung des Fluches, und sie werden bald umkommen! Das sagt der Geist.
Wehe den Fürsten und den Großen! Wehe dem Volke, weil sein König geschlachtet wird wie ein Schaf und seine Verwandten getötet werden. Andere werden zerstreut, und diejenigen, welche das alles tun, sagen Amen!
Ja, wehe, tausendmal wehe dem Volke, welches sich gegen die rechtmäßige Gewalt empört und die Gesetze gestürzt hat; es hat seine Wohlfahrt vom Grunde aus vernichtet, es hat die Lilien zerbrochen, der Adler wird über ihm schweben, er wird es rauben und seine Beute zerstören, hat der Geist gesagt. Die Erde wird mit dem Blute der Bewohner bedeckt.
Seine mit dem Schwert bewaffneten Kinder werden durch's Schwert umkommen, und seine unzähligen Leiden, sagt der Herr, werden meinen Zorn noch nicht beschwichtigen. Mein Arm wird sich gegen dasselbe erheben, es wird mit der Rute meiner Gerechtigkeit und mit dem Stocke meines Grimmes geschlagen; und die Hand, welche es unterdrückt, wird das Werkzeug meines Zornes gegen dasselbe und gegen die Nationen sein: Dies sagt der Geist.
Sind aber mehr als vierhundert Jahre verflossen, dann werden die Altäre Beelzebubs zerstört. Die Täter des Bösen kommen um. Der Tau des Himmels fließt auf die trostlose Erde und die trauernde Kirche herab.
Vor dem Ende des XVIII. Jahrhunderts werden die Diener der Altäre weinen und Verfolgungen um der Gerechtigkeit willen erleiden; der Hirte wird

geschlagen und die Herde zerstreut, und nach diesem Jahrhundert wird ein anderer Hirte die Völker und die Könige zur Gerechtigkeit führen; er wird von den Fürsten und den Völkern geehrt. Ehe aber sein Reich befestigt ist, muß derjenige fliehen, welcher sich nicht vor Baal beugt, sagt der Geist.
Ein jeder denke nur daran, sein Leben zu retten; denn das ist die Zeit, wo der Herr durch die Größe seiner Rache die Größe der Verbrechen zeigen muß, welche begangen wurden; alle Leiden suchen diejenigen heim, welche andern Leiden verursachten.
Der Herr hat durch die Hand dieser gottlosen Stadt, welche Völker betrübt, ihre Priester, ihre Könige und ihre eignen Kinder mordet, den Kelch seiner Rache allen Völkern der Erde gereicht; alle Nationen haben den Wein seines Grimmes getrunken; aber in einem Augenblick ist Babylon gefallen und in seinem Fall zerbrochen, hat der Geist gesagt.
Das alles geschieht, um die Guten zu läutern und die Bösen zu verderben, um zu bewirken, daß die Kirche Gottes geehrt, daß der Herr gefürchtet und ihm gedient wird.

# *Die Prophezeiung des Amadeus Menez*

Amadeus Menez (auch de Silva genannt) wurde 1420 in Portugal geboren. Er trat im Jahre 1435 im Alter von 15 Jahren in den Franziskanerorden ein. 24 Jahre später, 1459, wurde er zum Priester geweiht. Menez beschäftigte sich besonders damit, in Italien Reformkonvente der Franziskaner zu gründen. Er starb 1482 in Mailand. Die ihm zugeschriebene Prophezeiung wurde 1794 im Kurfürstlichen Archiv Düsseldorf aufgefunden. Sie enthält im wesentlichen endzeitliche Visionen.

## *Textquelle: Die Prophezeiung des Amadeus Menez*

Wisse demnach, Mann Gottes, daß viele Örter des Erdkreises, ehe die glücklichen Zeiten kommen, durch Unglück werden entsündigt werden, wie es vorherbestimmt ist.
Das konstantinopolitanische Reich wird sich auflösen und besiegt werden, fallen wird das Haus der Ottomanen.
Vorher aber werden viele Kriege geführt werden, zwischen den durch Unglück zusammengetriebenen Franzosen und zwischen Spaniern und Deutschen und den übrigen Gegnern derselben; zuletzt aber, nach großen Niederlagen auf beiden Seiten, werden sie sich vereinigen, und es wird die festeste Verbindung stattfinden.
Die Republik Venedig wird von grausamen Kriegen überflutet werden, so lange, bis die Venezianer, durch Verlust genötigt, zur Bewachung ihrer Stadt gebracht, und wenn der Herr nicht mit gnädigem Auge auf die Stadt herabblickte, so ginge sie gänzlich zugrunde.
Klug werden sich die Venezianer benehmen, sie werden gewinnen und verlieren und endlich das so lange Verlangte besitzen. Auch werden sie eine große Flotte ausrüsten, um mit dem erwählten Hirten und den Königen die Bekehrung der Ungläubigen zu bewirken.
Auch Florenz wird auf gleiche Weise sich fürchten müssen, welches, wenn es nicht von Gott beschützt, ohne Zweifel dem Erdboden gleichgemacht würde. Die Stadt selbst wird nämlich von Gott geliebt, denn viele gute Werke geschehen in derselben, die da angenehm in den Augen des Allerhöchsten; dann wird auch keine Stadt in den glücklichen Zeiten der christlichen Sache so anhangen wie jene.
Die römische Kirche wird von den mächtigen Waffen der Feinde angegriffen werden. Die Prälaten werden zerstreut, mehrere vertrieben und ihrer Güter beraubt, die Geistlichkeit verfolgt werden. Und jener, welcher dem Esau den Segen entriß, der im Taue des Himmels und im Fette der Erde war, wird flüchtig und seines bischöflichen Sitzes entsetzt werden, wenn die Könige

nach Italien kommen. Welche Stimme des Blutes schreit wider ihn, voll sind seine Hände von Blut, zu seinen Zeiten wird Italien mit einem neuen Joche belastet werden; denn stark wird er sein von Körper und lebendig von Geist; und was immer er gewollt hat, wird ihm gegeben werden, damit sein Streben gesättigt werde mit irdischem Glanze, welcher da ist der Segen vom Taue des Himmels, und viele Schätze wird er haben, welche da sind der Segen in der Fette der Erde, die er an die Seinigen verteilen wird, die von ihm Blutsverwandte genannt, die doch seine echten Blutsverwandten nicht sein werden. Aber von Norden wird ein großer und sehr mächtiger Fürst kommen, um mit einer unüberwindlichen Kriegsmacht die Städte und Mächtigen zu bekriegen. Vor seinem Angesichte werden sich Italiens Bündnisse und seine Macht auflösen.

Ich sage aber, daß betreffs der Bekehrung der Ungläubigen, welche überhaupt sehr schnell geschehen wird, euch keine Hoffnung gemacht werden kann, weder in Pannonien noch in den ihm naheliegenden Reichen; denn jene werden abhängen von dem Winke anderer. Wenn nicht ganz Deutschland sich in Bewegung setzen wird, wird keine Bekehrung der Ungläubigen und keine Erneuung Italiens stattfinden.

Denn der Ungehorsam Deutschlands und die Trägheit und Verderbtheit seiner Fürsten werden die unglücklichen Zeiten verlängern, bis wo es sich mit Spanien unter einem großen, vom Herrn bestimmten Fürsten vereinigen wird; mit welchem endlich Frankreich und die übrigen Fürsten der Gläubigen nach langem Morden der Menschen völlig einig sein müssen. Und dann werden alle auf Befehl des erwählten Hirten zur Bekehrung der Ungläubigen einmütig sich rüsten. Hierauf wird die Welt versöhnt sein, und so werden da sein die glücklichen Zeiten, und Rom wird den ganzen Erdkreis friedlich beherrschen.

Es muß erfüllt werden, Diener Gottes, was ich sage; nicht was *ich* sage, sondern was *Gott so* beschlossen, festgesetzt und überhaupt geordnet hat.

# *Die Weissagung des Theodatus Philipp Olivarius*

Aus einer Handschrift vom Jahr 1542 stammt die Weissagung des Theodatus Philipp Olivarius. Sie soll dem Kaiser Napoleon kurz nach seiner Salbung mitgeteilt worden sein. Ihr Verfasser und ihre Herkunft sind unbekannt. Die Weissagung – vorausgesetzt, sie ist tatsächlich echt – nahm das Leben des Napoleon in bemerkenswerten Einzelheiten vorweg.

## *Textquelle: Die Weissagung des Theodatus Philipp Olivarius*

1) Gallien und Italien wird in seiner Nähe ein übernatürliches Wesen geboren werden sehen.
2) Dieser Mensch wird ganz jung aus dem Meere hervorgehen, Sprache und Sitten von den keltischen Galliern annehmen, sich schon als Jüngling durch tausend Hindernisse einen Weg bei den Soldaten bahnen und ihr erster Anführer werden.
3) Dieser krümmungsvolle Weg wird ihm viel Mühe kosten, aber auch Macht geben: er wird dann in der Nähe seines Vaterlandes längere Zeit Krieg führen.
4) Jenseits des Meeres wird er mit viel Ruhm und Tapferkeit und dann von Neuem in Italien Krieg führen.
5) Er wird den Germanen Gesetze geben, Gallien beruhigen, und mit großer Begeisterung des Volkes zum König und bald darauf zum Kaiser ernannt werden.
6) Er wird überall im deutschen Reiche Krieg führen und länger als zehn Jahre Fürsten, Herren, Könige vertreiben.
7) Dann wird er neue Fürsten und Herren erheben.
8) Er wird ein unermeßliches Heer von Kriegern zu Fuß und zu Pferd haben.
9) Er wird in der rechten Hand einen Adler tragen als Siegeszeichen im Kriege.
10) Er wird den Nationen manches Land geben und einem jeden Frieden.
11) Dann wird er in die große Stadt kommen und große Dinge ausführen: Gebäude, Brücken, Häfen, Wasserleitungen, Kanäle; das Alles wird er allein durch große Reichtümer tun.
12) Er wird zwei Frauen und nur einen einzigen Sohn haben.
13) Dann wird er wieder Krieg führen bis dahin, wo sich die Linien der Länge und der Breite kreuzen; da werden seine Feinde die große Stadt durch Feuer verbrennen, und er wird mit den Seinigen unter Asche und

Ruinen in sie eintreten und wieder daraus gehen; und die Seinigen werden wegen großer und tötender Kälte weder Brot noch Wasser haben, so daß zwei Drittel von seinem Heere umkommen.

14) Alsdann wird der größte Mann verlassen, verraten von den Seinigen, nach großem Verluste von seiner großen Stadt vertrieben.
15) An seine Stelle wird ein anderer König kommen.
16) Er wird in das Meer in der Nähe seines Geburtsortes verbannt und da elf Monde mit einigen von seinen Getreuen bleiben; dann aber wird er mit den Seinigen Schiffe nehmen und wieder ins keltische Gallien kommen.
17) Und bei seinem Zuge nach der großen Stadt wird der andere König mit dem königlichen Schmucke fliehen. Er wird seine Macht wieder erlangen und den Völkern merkwürdige Gesetze geben.
18) Nach drei Monden und einem Drittel wird er durch drei europäische Heere von Neuem vertrieben, und der andere König wieder an seine Stelle gesetzt.
19) Und er wird zu dieser Zeit von seinen Völkern und Soldaten für tot gehalten.
20) Die Völker und die Gallier werden einander wie Tiger und Wölfe zerreißen.
21) Das Blut des alten Königs wird der Spielball von schwarzen Verrätereien sein.
22) Die Unglücklichen werden betrogen und durch Feuer und Schwert getötet.
23) Die Lilie wird erhalten.
24) Aber die letzten Zweige des alten Blutes werden abermals bedroht.
25) Sie werden unter sich Krieg führen.
26) Dann wird ein junger Krieger, der den Löwen und den Hahn im Wappen führt, zur großen Stadt kommen.
27) Von großen Fürsten des Orients wird ihm die Lanze gegeben.
28) Das kriegerische Volk des belgischen Galliens wird ihm auf erstaunliche Weise beistehen. Sie werden sich mit den Parisern wieder vereinigen, um allem Zwist ein Ende zu machen, Soldaten zu versammeln und mit Ölzweigen zu bedecken.
29) Sie werden mit großem Ruhm siebenmal sieben Monde Krieg führen.
30) Dann wird Friede sein.

# Die Weissagung von Orval

Der Verfasser dieser Weissagung blieb gänzlich unbestimmt. Sie soll, so heißt es, von einem Einsiedler des Klosters Orval aus dem 16. Jahrhundert stammen. Orval war 1070 als Benediktiner-Kloster gegründet worden. Im Jahr 1132 wurde Orval zum Zisterzienserkloster, fünf Jahrhunderte später schließlich hatten die reformierten Zisterzienser, die Trappisten, das Sagen, bis das Kloster in der Französischen Revolution 1793 zerstört wurde.
Von der Weissagung mit diesem dunklen Ursprung existieren mindestens zwei Fassungen. Die erste, ältere soll eine Abschrift aus einem 1544 in Luxemburg erschienenen Buch sein, während die andere um 1857 veröffentlicht wurde. In beiden Fassungen sind deutlich Parallelen erkennbar. Sie zählen Ereignisse der französischen Geschichte seit Napoleon auf. In der zweiten, überarbeiteten Fassung erscheint die zeitliche Gliederung noch klarer. In beiden Versionen geht es dabei um die Geschicke Frankreichs zur Zeit Napoleons bis hin zum Sieg des Antichrist. Der Verfasser zeichnet in offensichtlich bewußt verdunkelten Bildern den Aufstieg Napoleons, die Katastrophe seines Rußlandfeldzuges im Winter, seine Tage auf Elba und sein Waterloo nach. Spürbar wird in den farbigen Beschreibungen das Ringen zwischen Restauration und Revolution in Frankreich. Zum Ende hin nehmen endzeitliche Auffassungen zu.
Die Frage, ob es sich bei den beiden Fassungen tatsächlich um echte Prophezeiungen und nicht um nachträglich entworfene Geschichtsbilder handelt, ist schwer zu beantworten. Die ungeklärte Urheberschaft, die Detailtreue und die genauen Zeitfestlegungen sprechen eher gegen die Glaubwürdigkeit. Möglicherweise könnte es sich auch um eine Zusammenstellung aus den vielen Prophezeiungen über Frankreich handeln, so daß nur einige Elemente echt wären. Doch auch dies läßt sich nicht genau feststellen.

## *Textquelle: Die Weissagung von Orval*

### *1. Fassung (wahrscheinlich von 1544)*

GEWISSE VORHERSEHUNGEN,
*einem Einsiedler von Gott geoffenbart zum Troste der Kinder Gottes.*

Zu jener Zeit gibt sich ein junger Mann (Napoleon), der vom Meere ins Land des keltischen Galliens kam, durch Rat und Tat kund, aber die mißtrauischen Großen schicken ihn zum Krieg auf die Insel der Gefangenschaft. Der Sieg führt ihn wieder in sein Land zurück. Die sehr törichten Söhne des

Brutus (die Republikaner) trachten ihm nach dem Leben; denn er beherrscht sie und nimmt den Kaisertitel an.
Viele hohe und mächtige Könige sind in wahrer Furcht, und der Adler entführt viele Szepter und Kronen. Fußgänger und Reiter werden mit ihm gehen, so viel wie Mücken in der Luft, und ganz Europa wird erschüttert werden.
Der Greis von Sion (der Papst) wird aus tief betrübtem Herzen zu Gott rufen, und siehe, den Mächtigen werden Sünden und Verbrechen verblenden. Er verläßt die große Stadt mit einem gewaltigen Heere, das aber durch die Kälte des mächtigen Herrn größtenteils zu Grunde geht (Rußland-Feldzug). Aber nach zehn Jahren der Trauer werden die Witwen und Waisen rufen, und Gott wird nicht taub sein.
Die erniedrigten Hohen werden wieder kräftig und verbinden sich, um gegen den so gefürchteten Mann zu kämpfen; und mit ihnen kommt das alte Blut (die Bourbonen), und nimmt seinen Platz in der großen Stadt wieder ein, während der gestürzte Mächtige in das Land jenseits des Meeres geht, woher er kam.
Gott allein ist groß; noch nicht scheint der elfte Mond, so kommt die blutige Geißel des Herrn wieder in die große Stadt, welche das alte Blut verläßt.
Gott allein ist groß, er liebt sein Volk; der fünfte Mond leuchtet über viele Krieger des Orients; Gallien wird mit Menschen und Kriegsmaschinen bedeckt; es ist um den Mann des Meeres geschehen: noch einmal kommt das alte Blut.
Gott will den Frieden, und sein heiliger Name sei gepriesen. Nun aber wird der Friede im herrlichen Gallien groß und blühend sein. Die weiße Blume wird sehr geehrt sein, und das Haus Gottes heilige Lieder singen. Zwar werden die Söhne des Brutus der weißen Blume zürnen, und Gott wird wegen seiner Auserwählten und deshalb sehr betrübt sein, weil der heilige Tag noch immer sehr entweiht wird. Aber Gott allein ist groß, er reinigt sein Volk durch manche Trübsale, und die Bösen werden ein Ende nehmen.
Noch einmal wird eine große Verschwörung gegen die weiße Blume stattfinden, und das arme alte Blut verläßt die große Stadt, und die Söhne des Brutus freuen sich sehr. Wehe dem herrlichen Gallien! Der Hahn wird die weiße Blume vertilgen, und ein Großer nennt sich König des Volks. Es wird eine große Bewegung unter den Leuten sein, weil die Krone durch gemeine Hände angetastet wird.
Gott allein ist groß; die Herrschaft der Bösen wird wachsen; aber sie sollen sich beeilen, denn es wird große Spaltung im herrlichen Gallien sein. Der König des Volks wird schwach sein, indes den Bösen kräftig entgegen treten: aber er sitzt nicht fest, und Gott stürzt ihn.
Heulet, Söhne des Brutus, rufet über euch die wilden Tiere, die euch verschlingen. Großer Gott, welches Geräusch von Waffen. Bald brechen wilde

Kriege aus. Der trostlose Berg Gottes wird zu Gott schreien; die Söhne Judas schreien zu Gott von der fremden Erde, und siehe, Gott ist nicht mehr taub. Feuer kommt mit seinen Pfeilen; denn viele Jahre haben seinen Zorn genährt. Wehe dir, große Stadt! Siehe, es kommen vom Herrn bewaffnete Könige, und das Feuer macht dich der Erde gleich; doch deine Gerechten kommen nicht um, Gott hat sie erhört. Der Ort des Verbrechens wird durchs Feuer gereinigt; der große Strom führt sein von Blut gerötetes Wasser ins Meer, und Gallien wird sich wieder freuen.

Gott liebt den Frieden; komme, junger Fürst, verlasse die Insel der Gefangenschaft, komme schnell und vereinige den Löwen mit der weißen Blume.

Was vorausgesehen ist, das will Gott: das alte Blut wird langen Spaltungen ein Ende machen, wenn ein einziger Hirte im herrlichen Gallien ist. Der mächtige Mann wird sich durch Gott befestigen, viele weise Anordnungen begründen den Frieden. Gott ist mit ihm, weil er ein kluger und weiser Sprößling des alten Blutes ist. Dank dem Vater der Barmherzigkeit, das heilige Sion wird in seinen Tempeln wieder von einem einzigen großen Gott singen. Viele verirrte Schafe kommen und trinken aus dem lebendigen Quell. Drei Fürsten und Könige werfen den Mantel des Irrtums weg und wandeln im Glauben Gottes. Um diese Zeit wird ein großes Volk am Meere größtenteils den wahren Glauben wieder annehmen. Gott wird lange gepriesen, und seine Barmherzigkeit wird für seine Guten den Frieden lange erhalten.

Gott allein ist groß; seine Heiligen müssen leiden. Der Mensch des Bösen, aus zweierlei Blut entsprossen, kommt. Die weiße Blume wird verdunkelt und verschwindet, um nicht mehr zu erscheinen. Da wird viel Böses, nichts Gutes sein; viele Städte kommen durchs Feuer um. Israel wird von Gott geläutert. Verfluchte ungläubige Sekten werden abgesondert.

### *2. Fassung (um 1857)*

Heulet, ihr Söhne des Brutus, rufet über euch die Tiere, die euch verschlingen. Großer Gott! Noch ist keine volle Zahl von Monden vorüber, und siehe, es kommen viele Krieger.

Es ist geschehen, der trostlose Berg Gottes hat zu Gott gerufen; die Söhne Judas haben zu Gott gerufen aus dem fremden Lande, und Gott bleibt nicht aus.

Welch Feuer geht mit seinen Pfeilen! Zehnmal sechs Monde und abermals sechsmal zehn Monde haben seinen Zorn genährt.

Wehe über dich, du große Stadt!

Siehe, es kommen Könige, die der Herr bewaffnet; doch bereits hat dich das Feuer dem Boden gleich gemacht;

und dennoch werden deine Gerechten nicht zu Grunde gehen. Gott hat sie erhört.

Der Schauplatz des Verbrechens wird durch Feuer gereinigt. Der große Strom führt sein von Blut gerötetes Wasser ins Meer.
Und das gestürzte Gallien wird sich vereinigen.
Gott liebt den Frieden. Komme, junger Fürst, verlasse die Insel der Gefangenschaft; höre, vereine den Löwen mit der weißen Blume, komme!
Was voraus geschehen ist, das will Gott.
Das alte Geblüt wird langen Spaltungen ein Ende machen; alsdann wird ein einziger Hirt in keltisch Gallien sein.
Der mächtige Mann wird sich durch Gott befestigen; viele weise Anordnungen begründen den Frieden. So klug und weise wird der Sprößling der Capet sein, daß man sagen wird: Gott ist mit ihm.
Dank dem Vater der Barmherzigkeit wird man in seinen Tempeln einen einzigen großen Gott besingen.
Viele verirrte Schafe kommen trinken zum lebendigen Quell: drei Fürsten und Könige legen den Mantel des Irrtums ab und sehen klar im Glauben Gottes.
Um diese Zeit wird ein großes Volk des Meeres zu zwei Dritteilen zum wahren Glauben zurückkehren.
Gott wird gepriesen während vierzehnmal sechs Monden und sechsmal dreizehn Monden.
Gott wird genug Barmherzigkeit geübt haben. Dennoch will er für seine Guten den Frieden um zehnmal zwölf Monde verlängern.
Gott allein ist groß! Das Gute ist getan, die Heiligen werden zu leiden haben. Der Mensch des Bösen, aus zweierlei Blut entsprossen, kommt. Die weiße Lilie verdunkelt sich während zehn Monden, und sechsmal zwanzig Monden, und verschwindet dann, um nicht mehr zu erscheinen.
Viel Böses, wenig Gutes um diese Zeit. Viele Städte gehen durch Feuer zu Grunde.
Danach wird Israel aus freiem Antrieb zum Christus-Gott kommen.
Verfluchte Sekten und gläubige Sekten werden beiderseits deutlich sein.
Doch es ist geschehen: Gott allein wird alsdann geglaubt und der dritte Teil Galliens und abermals viertehalb Gallien hat keinen Glauben mehr.
So auch die anderen Völker.
Und nun sind es schon sechsmal drei Monde und viermal fünf Monde, daß alles sich trennt, und das Jahrhundert des Endes hat begonnen.
Nach einer vollen Zahl von Monden kämpft Gott durch seine beiden Gerechten und der Menschen des Bösen gewinnt die Überhand.
Doch ist es geschehen; der erhabene Gott stellt eine Mauer von Feuer hin und verdunkelt meine Erkenntnis und ich sehe nichts mehr. Gelobt sei er immerdar. Amen.

# *Die Weissagungen des Nostradamus*

Am 14. Dezember 1503 wurde Michel des Nostredame, der sich später Nostradamus nannte, in Saint-Remy-en-Provence in Frankreich geboren. Nostradamus studierte Medizin und wurde Arzt. Er trat dem Dritten Orden der Franziskaner bei. Erstmals veröffentlichte Nostradamus 1555 einen Teil seiner Prophezeiungen. Selbst Heinrich II. fand an den Weissagungen Interesse und berief Nostradamus an seinen Hof, um sich beraten zu lassen. Dies tat Nostradamus offensichtlich erfolgreich, denn er erhielt reichlich Belohnung. Nostradamus starb am 2. Juli 1566 und hinterließ ein umfangreiches prophetisches Werk, das aber in den folgenden Jahrhunderten immer umstritten blieb und von der Kirche keine Anerkennung fand.
Neben zwei Briefen besteht das Hauptwerk aus den zwölf Centurien. In der Regel enthalten sie dem Namen entsprechend 100 Strophen, nur die VII. Centurie (44 Strophen), die XI. (2 Strophen) und XII. (11 Strophen) bilden Ausnahmen. Daneben hat Nostradamus Weisagungen mit weiteren 141 Strophen sowie 58 Sechszeiler verfaßt.
Einer der wesentlichen Kritikpunkte ist immer die Unverständlichkeit seiner Vorhersagen geblieben. Scheinbar zusammenhangslos, voll düsteren Inhalts – so stellen sich seine Verse dem Leser dar. Nostradamus hatte sich dazu selbst in einem Brief an König Heinrich II. geäußert: „Die Unbill der Zeit, durchlauchtigster König, erfordert, daß solche verborgenen Ereignisse nur in rätselhafter Sprache geoffenbart werden." Auf der anderen Seite habe er viele Ereignisse unverhüllt dargestellt – doch vollkommen würden sich seine Prophezeiungen erst enthüllen, wenn deren Erfüllung begonnen hätte.
Nostradamus verwahrte sich auch entschieden gegen den Vorwurf der Wahrsagerei: „Ich maße mir nicht den Titel eines Propheten an. Aber ich bekenne, daß meine Quelle aus Gott kommt – ihm schulde ich Dank, Preis und Lob in Ewigkeit –, und daß meine Prophezeiungen nichts mit Wahrsagerei zu tun haben. Sie sind rein göttlicher Natur."
Mit der Interpretation der verschlüsselten Centurien hatte sich in den dreißiger Jahren der französische Arzt Dr. Max de Fontebrune beschäftigt. Ihm gelang es, eine Vielzahl verschlüsselter Prophezeiungen zu deuten. Eines der Hauptprobleme dabei ist, aus der Vielzahl einzelner Prophezeiungen die richtigen zu finden, da sie keineswegs in der tatsächlichen zeitlichen Reihenfolge aufgeschrieben sind. Am leichtesten ist es daher immer noch, die zutreffende Voraussage des Nostradamus auf ein Ereignis in der Zeit zwischen seinem Tod und unserer Zeit zu finden. Denn meist ermöglicht erst die Kenntnis aller Umstände die genaue Zuordnung, zumal sich Nostradamus auch einer aus heutiger Sicht gar nicht mehr so leicht zu verstehenden Sprache bedient. So muß sich die Deutung eng an die damals gebräuchliche Spra-

che und deren Bilder anlehnen. Problematisch sind zeitliche Zuordnungen ebenso wie die Deutung der in die Zukunft weisenden Centurien.
Dr. Max de Fontebrune hat 1959, kurz vor seinem Tod, noch einmal die Ergebnisse seiner bedeutenden Nostradamus-Exegese zusammengefaßt: „Man muß die zukünftigen Ereignisse und ihren zeitlichen Ablauf getrennt betrachten. Ihre Verteilung in der Zeit kann nur hypothetisch erfaßt werden, denn die Angaben dazu sind zu bruchstückhaft, um zu absoluten Schlüssen zu führen." Doch hätten alle brauchbaren Prophezeiungen ihren Schwerpunkt in der Zeit des Niedergangs des Abendlandes.
Als Hauptereignisse dieser Weltkrise nannte Fontebrune nach seiner eingehenden Beschäftigung mit Nostradamus: „Allgemeine Kriege und Revolution, die völlige Zerstörung von Paris durch Feuer und die Zerstörung eines Teiles von Marseille durch eine Flutwelle, große Erdbeben, eine Pestepidemie, der zwei Drittel der Erdbevölkerung zum Opfer fallen, die Vertreibung des Papstes aus Rom, eine Kirchenspaltung und in Frankreich eine Verschwörung gegen das rote Regime, die zu einer Restauration der Monarchie der Bourbonen und zum Sieg Frankreichs führt." Fontebrune vermutete aufgrund seiner Auslegung, daß diese Ereignisse mit einem Krieg zwischen Ost und West beginnen würden. Den Anlaß sah Fontebrune im Nahen Osten und nannte Irak, Iran und Palästina als mögliche Ausbruchsorte.
Der Nostradamus-begeisterte Arzt meinte weiter zu diesem aus den Centurien herausgelesenen Krieg: „Die zumindest in Europa siegreichen Roten schieben ihre Machtsphäre bis Frankreich vor, diktieren einen Frieden und sagen der Kirche und dem Papst, der gerade noch rechtzeitig fliehen kann, den Kampf an."
Die zweite Phase des Krieges kündige ein Komet mit Meteoriten an, durch die ausgerechnet nur die feindlichen Truppen der „Roten Revolution" vernichtet würden. Schließlich könne die französische Armee das verlorene Terrain wieder zurückerobern. Das vom Feind aufgezwungene Regime in Paris würde durch eine Verschwörung gestürzt. In Rom würde sich das Grab des Heiligen Petrus öffnen, worauf weitere Siege der Franzosen folgen würden. Schließlich tritt die Endzeit ein und Gott hält Gericht. Fast drei Viertel der Prophezeiungen des Nostradamus kreisen um die große letzte Auseinandersetzung auf der Welt, mit der die Endzeit eingeleitet wird. Daß dieses entscheidende Datum 1999 – diese Jahreszahl taucht in einer Centurie auf – sein soll, ergibt sich, entgegen der Annahme vieler Nostradamus-Anhänger nicht zwingend aus dem Text. Denn für dieses Jahr hatte Nostradamus lediglich einen „Schreckenskönig" angekündigt und – so die Deutung – behauptet, daß die kriegerischen Auseinandersetzungen davor und danach ihre Höhepunkte erreichen werden.

## *Die Centurien des Nostradamus (Auswahl)*

*(X-43)*

Zeit zu gut, zu groß des Königs Güte,
Aufgestellt, abgestellt, durch Nachlässigkeit.
Gattins Untreue glaubt man mit Gemüte,
Guter König selbst dem Tod sich weiht.

König Ludwig XVI. (1774–1792) ist ein schwacher König gewesen, dessen Nachlässigkeit in finanziellen Dingen eine gute, ruhige Zeit beendete und dessen Reformversuche scheiterten. Schnell verbreitete sich das Gerücht, daß dessen Gattin Marie Antoinette untreu ist. Sie wurde später einer Verschwörung mit dem Ausland bezichtigt. Durch seine Schwäche, seine Güte, verursachte Ludwig XVI. seinen Tod in der Französischen Revolution selbst.

*(VII-44)*

Handeln wird sehr weislich dann ein Bourbone,
Welchem die Justiz in Händen ruht,
Der den Namen trägt von seinem Blut,
Für die Flucht das Urteil an ihm vollstreckt wurde.

Am 21. Januar 1793 wurde Ludwig XVI. enthauptet, nachdem der Konvent mit einer Stimme Mehrheit diese Entscheidung getroffen hatte. Die Jakobiner, unter ihnen der radikale Advokat Maximilien des Robespierre, hatten diese Entscheidung durchgesetzt, mit der Ludwig XVI., der 1791 nach Varennes geflohen war, die Königswürde aberkannt und unter bürgerlichem Namen auf das Schafott geschickt.

*(VIII-80)*

Schuldlos, Witwen-, Jungfrauen-Blut vergossen,
Greuel durch diesen großen Rogen geschehen,
Heiligenkult ins heiße Wachs gestoßen,
Und vor Furcht man keinen mehr wird sehen.

Unter Robespierre kam es zu einer beispiellosen Schreckensherrschaft mit der wahllosen Hinrichtung seiner Gegner, aber auch jeglicher „Verdächtiger“. Nostradamus spricht statt von „Rouge“ (Rot) von „Roge“, womit er in den ersten zwei Buchstaben den Namen Robespierre andeutet. „Ins heiße

Wachs gestoßen" bedeutet besiegelt. Robespierre führte einen neuen Heiligenkult ein, den rationalistischen Kult des „Höchsten Wesens". Die Furcht vor dem Schreckensherrscher brach jeglichen Widerstand.

*(VI-63)*

Fürstin ist allein im Reich geblieben,
Auf dem Ehrenbett des Einzigen Leich
Nun erkannt im Schmerz der Jahre sieben,
Langes Leben nicht, kein Heil dem Reich.

„Fürstin allein" meint die Republik, von der nun die Macht in Frankreich ausging, denn der König war ja hingerichtet worden. Sieben Jahre, von 1793 bis 1799, sollte es noch dauern, bis es zum Staatsstreich durch den Feldherrn Napoleon Bonaparte kam. In diesen sieben Jahren erschütterten Revolutionskriege das Land. Die Republik hatte zwar kein langes Leben, doch auch Napoleons Herrschaft – von Kriegszügen geprägt – sollte Frankreich kein Heil bringen.

*(I-60)*

Bei Italien wird geboren ein Kaiser,
Dem um teuren Preis verkauft der Thron,
Nicht sowohl als Herrscher, denn als Fleischer
Schildern ihn, mit denen er zu tun.

Diese Centurie bringt Napoleon ins Spiel. Sie beschreibt dessen Geburtsort, seine Machtergreifung im Staat, die Frankreich teuer zu stehen kam, und seine Kriegsgelüste.

*(VIII-57)*

Vom Soldaten zur Regierung gelangt,
Von dem kurzen Rocke zu dem langen,
Tapfer in Waffen preßt er, wie der Schwamm
Das Wasser, die Priester, es darf der Kirche bangen.

Damit legt Nostradamus die Blitzkarriere des Napoleon vom einfachen Soldaten bis hin zum Kaiser dar. Unter seiner Herrschaft (Ende 1799–April 1814) entstand für die Kirche eine schwierige Situation.

*(VII-13)*

Von der zinsbaren Stadt am Meer gelegen,
Nimmt das geschorene Haupt die Satrapie
Jagt die Schmutzigen, die ihm entgegen,
Vierzehn Jahre hat er die Tyrannei.

Von der Hafenstadt Toulon, die er belagerte, bemächtigte sich Napoleon der Herrschaft, obwohl er kein rechtmäßiger Thronfolger (geschorenes Haupt) war. Den letzten Revolutionären (Schmutzige) bereitete er den Garaus, um dann 14 Jahre seine diktatorische Herrschaft über Frankreich auszuüben.

*(IV-54)*

König Galliens trägt den neuen Namen,
Nie zuvor so schreckliches Gewittern,
England, Spanien und Italien zittern,
Viel Beachtung schenkt er fremder Dame.

Der neue Kaiser trug einen Namen, den seine Vorgänger als Könige (etwa die lange Reihe der Könige mit dem Namen Ludwig) noch nicht hatten: Napoleon Bonaparte. Nie zuvor hatte ein so großes Kriegsgewitter Europa erschüttert. Napoleon ließ damit England, Spanien und Italien erzittern. Gleichzeitig ließ sich Napoleon von seiner Gattin Josephine scheiden, da er Marie-Louise von Österreich begehrte.

*(II-99)*

Roms Gebiet, wie es August bestellte,
Schlägt der Gallier mit Brand und Mord;
Doch die Stunde fürchtet nun der Kelte,
Zu weit flog die Flotte, von dem Nord.

Napoleon eroberte italienische Gebiete und wurde 1805 zum König von Italien. Doch auf der anderen Seite werden die Franzosen die Kälte des russischen Winters – sie waren zu weit nach Norden vorgedrungen – noch kennenlernen.

*(IV-75)*

Abgefallen, als schon im Feld der Ehre,
Feindliche Armee den Sieg erhält;

Setzen wird die Nachhut sich zur Wehre,
Die Besiegten fallen auf weißem Feld.

Im Jahr 1812 unternahm Napoleon seinen Rußlandfeldzug und drang bis Moskau vor. Seine müde Armee zog sich nach dem Brand Moskaus zurück. Eisige Kälte und Schnee (weißes Feld) dezimieren die zurücksetzenden Truppen ebenso stark wie die Überfälle der Russen auf die geschwächten und für die Kälte nicht gerüsteten Soldaten.

*(I-92)*

Einer wird den Frieden proclamieren,
Aber Plünderungen bald und Aufruhr droht,
Meer und Land wird störrige Stadt verlieren,
Drittelmillion gefangen, tot.

Nostradamus spricht hier offensichtlich von dem seit 1852 amtierenden französischen Kaiser Napoleon III., der viel vom Frieden redete, obwohl er fast ständig Kriege führte. Er erklärte 1870 Preußen den Krieg, geriet bald selbst in Kriegsgefangenschaft und mußte zusehen, wie die Preußen große Erfolge errangen und viele Gefangene machten. Schließlich wurde Paris belagert. Im Frieden von Frankfurt vom 10. Mai 1871 mußte Frankreich Elsaß-Lothringen an das neugegründete Deutsche Reich abtreten.

*(III-8)*

Nach dem ziemlich langen Milchregen
Fleckt der Himmel in Reims sich hier und da,
Grund zu einem blutigen Kampf sie legen,
Sohn und Vater wagen sich nicht nah.

Mit den eher ruhigen Jahren zwischen 1870 und 1914, dem Jahr, in dem der Erste Weltkrieg ausbrach, hat sich Nostradamus, dem es daran lag, das Unheil zu verkünden, kaum beschäftigt. Für ihn war dieser 44 Jahre währende Zwischenabschnitt eine eher langweilige Zeit, die er mit den Worten vom „ziemlich langen Milchregen" charakterisierte. Der gefleckte Himmel über Reims charakterisiert einen der Hauptkriegsschauplätze in der Champagne. Der verheerende Krieg mit der hohen Anzahl von Gefallenen schreckte besonders die Wehrpflichtigen – Vater und Sohn.

*(IV-12)*

Auf dem Zuge in die Flucht geschlagen
Wird das größte Heer, doch nicht verfolgt:
Sammelt es sich und schlägt neu das Lager,
Darauf hinausgejagt ganz vom gallischen Volk.

Rasch drangen die Deutschen 1914 nach Frankreich vor. Paris wurde bedroht und die französische Regierung wich nach Bordeaux aus. Nach der Schlacht an der Marne zogen sich die deutschen Truppen ein Stück zurück. Die deutschen Truppen wurden gegen Kriegsende hinausgejagt, Frankreich ergriff wieder Besitz von Elsaß-Lothringen.

*(VI-84)*

Der in Sparta Claudius nicht regieren
Kann, wird auf Verführung sich verstehen,
Lassen ihn mit längerem Netz umschnüren,
Der es auf den König abgesehen.

Mit Sparta könnte Nostradamus die nationalsozialistische Herrschaft in Deutschland gemeint haben, denn Sparta war diktatorisch beherrscht worden. Claudius könnte eine Anspielung auf Adolf Hitler sein, der nicht auf die Weise eines Claudius – der sich zunächst mit einer großzügigen Bürgerrechtspolitik und einer aktiven Außenpolitik die Unterstützung seiner Truppen sicherte – herrschte, sondern sich der demagogischen Verführung bedient. Neben sich duldete der selbsternannte „Führer“ keinen, der seine Macht gefährden konnte.

*(III-76)*

Deutschland wird verschiedene Sekten gründen,
Die dem goldenen Heidentum sich nahen.
Das gefangene Herz, die kargen Renten
Maßen sich den wahren Zehnten an.

Im Deutschen Reich entstanden alle möglichen Verbände, von der SA über die SS bis hin zur Hitlerjugend und dem Bund Deutscher Mädchen, die auf heidnische Ideale ausgerichtet waren und das Herz ihrer Mitglieder gefangennahmen, ohne daß sich dies für sie einmal ausgezahlt hätte.

*(VI-30)*

Während der Verräter heilig scheint,
Liefert er den Sitz in Feindes Hand,
In der Nacht, wo man sich sicher meint,
Rücken die von Lüttich gen Brabant.

Kurz vor Ausbruch des Zweiten Weltkriegs noch versprach Adolf Hitler 1939, die belgische Integrität zu wahren. Im Jahr 1940 wurde das Versprechen gebrochen und Belgien angegriffen, das belgische Heer mußte seine Stellung zwischen Lüttich und Antwerpen räumen. Brüssel und Antwerpen (Teil des ehemaligen Herzogtums Brabant) wurden besetzt, und das belgische Heer kapitulierte.

*(I-34)*

Der Raubvogel wird ans Fenster fliegen
Den Franzosen bietet er den Strauß,
Ein bedenklich Zeichen wird darin liegen,
Doch die Schwächeren deuten's günstig aus.

Während die Vorzeichen für einen Krieg sprechen, gab es 1938 noch eine deutsch-französische Nichtangriffserklärung. In den Kollaborateuren, den Schwächeren, in Frankreich fand Hitler willfährige Helfer.

*(VII-34)*

Gallisch Volk in großem Jammer schier,
Leichter Sinn gilt für Vermessenheit,
Brot, Salz, nicht Wein, Wasser, Gift, nicht Bier,
Gefangenschaft, Frost, Hunger, Herzeleid.

Diese Centurie enthält offenbar die Auswirkungen des Krieges in Frankreich, die für das Volk besonders schlimm waren. Von der Lebenslust und Lebenskunst (Leichter Sinn) war in dieser Zeit nichts mehr übrig. Den Menschen fehlte es an Nahrungsmitteln, viele Franzosen gerieten in Gefangenschaft, litten unter der Kälte, dem Hunger und dem Schmerz, ihre nahen Verwandten verloren zu haben.

*(I-78)*

Greisem Fürst wird Dummheit Sohn erwecken,
Ausartend an Waffen und an Wissen,
Frankreichs Haupt ist seiner Schwester Schrecken,
Den Gendarmen das Feld verteilt, zerrissen.

Marschall Petain, im Alter von 84 Jahren, begann 1940 mit der Kollaboration mit Deutschland. Er handelte gegen jegliche vernünftigen Interessen Frankreichs und wurde zum Staatsoberhaupt eines autoritären Regimes, das Prozesse gegen leitende Staatsmänner führen und die ins Ausland geflüchteten Franzosen ausbürgern ließ. Die Schwester des neuen Staatsoberhaupts ist die von ihm verfolgte Widerstandsbewegung, die Resistance.

## PROPHEZEIUNGEN DES NOSTRADAMUS FÜR KÜNFTIGE ZEITEN

Lassen sich viele Centurien auf bestimmte Ereignisse zurückführen, so wirken die verbleibenden Prophezeiungen des Nostradamus noch dunkler. Die Deutung muß unklar bleiben, weil die zeitlichen Zusammenhänge nicht eindeutig hervortreten. Möglicherweise kündigte Nostradamus einen Dritten Weltkrieg an, doch liegt in den Centurien eine gewaltige Anzahl von Katastrophen, Kriegen und Umwälzungen in düsteren Worten verborgen, die nur schwerlich zu lokalisieren sind. Eine kleine Auswahl mag genügen:

*(II-46)*

Großer Lärm, worin wir uns bewegen,
Größerer folgt, die Welt erneuert sich:
Blut, Milch, Hunger, Schwert und Pest und Regen,
Feuer am Himmel, langer Funkenstrich.

Nach dem Lärm eines Krieges oder einer Revolution wird ein weiteres, aber viel größeres Ereignis dieser Art die ganze Welt erfassen. Unheil wird über die Welt in verheerendem Ausmaß hereinbrechen, bis schließlich ein Komet am Himmel seine Bahn ziehen wird.

*(IX-55)*

Furchtbar rüstet Mars im Abendlande
Das Jahr darauf die Pest mit grimmer Wut

Jung und Alt und Vieh befällt und Blut,
Feuer, Merkur, Mars, Jupiter im Frankenlande.

Diese Centurie scheint einen furchtbaren Krieg in Europa anzukündigen, dem eine verheerende Epidemie folgen wird. Mord und Totschlag werden sich in Frankreich mit dem Krieg ausbreiten.

*(VIII-59)*

Zweimal oben, zweimal wieder unten,
Das Morgenland schwächt – auch das Abendland;
Sein Gegner, nachdem sie oft sich stunden,
Wird zu Meer geschlagen und übermannt.

Zwischen Sieg und Niederlage wird die Auseinandersetzung zwischen Orient und Westen schwanken. Der Orient wird den Westen viel Kraft kosten, doch der Westen wird nach vielen Kämpfen die Oberhand behalten.

*(I-63)*

Nach den Plagen werden die Welt mißhandeln,
Frieden wird zu Himmel, Land und Meer,
Lange Zeit den Erdenball durchwandeln,
Dann richt Mars aufs Neue wieder her.

Nach den großen verheerenden Kriegen, Revolutionen, Auseinandersetzungen und Naturkatastrophen überall auf der Welt – nach diesen gewaltigen Plagen – soll eine lange Friedenszeit kommen. Doch auch danach werden die Kriege noch einmal aufflammen.

*(III-42)*

Mit zwei Zähn im Schlund ein Kind geboren,
Steine regnet es in Tuscien,
Wenige Jahre darauf die Ernte verloren,
Nichts, die Hungernden zu sättigen.

Diese Centurie bezieht sich auf die Zeit des letzten großen Krieges, in dem Paris und der Vatikan der Zerstörung anheim fallen werden. Das mit den zwei Zähnen im Mund geborene Kind könnte die Verkörperung des Antichrist sein. Kurz darauf wird es eine große Hungersnot geben.

*(VIII-77)*

Antichrist drei Länder bald vernichtet,
Siebenundzwanzig Jahre sein blutiger Krieg nicht ruht,
Ketzer tot, gefangen und geflüchtet,
Starr das Land, das Wasser rot von Blut.

Der Antichrist wird über drei Länder herfallen und sie schnell zerstören. 27 Jahre lang treibt er sein furchtbares Unwesen und wird alle, die sich ihm entgegenstellen, töten oder gefangennehmen, wenn sie nicht flüchten. Die Menschen werden starr vor Entsetzen sein, wenn sich das Wasser von dem vergossenen Blut rot färben wird.

*(X-73)*

Mit der Vorzeit wird gerichtet werden
Die Jetztzeit vom großen Jovialisten
Die Welt zu spät durch ihn gezüchtigt werden
Deloyal durch Klerikaljuristen.

Das Gericht Gottes wird über Vergangenheit und Gegenwart kommen. An der alten Welt wird der Überdruß haben und sich an die Geistlichen wenden, die sich von ihm abgekehrt haben.

# *Die Papstweissagung des heiligen Malachias*

Als im ausgehenden Mittelalter der belgische Benediktinerpater Arnold Wion an einer zweibändigen Biographie großer Männer seines Ordens schrieb, war ihm sicher nicht bewußt, daß sich mit diesem Werk rund 400 Jahre später die Menschen immer noch beschäftigen werden.

Die Aufmerksamkeit ist allerdings weniger auf den Autor und auch nicht darauf, daß er sein Thema so blendend bewältigt hat, zurückzuführen. Sie gilt an sich nur wenigen Zeilen des ersten Biograpahienbandes, der 1595 in Venedig erschienen ist. Dem hl. Malachias, dem irischen Erzbischof und päpstlichen Legaten, der im Hochmittelalter gelebt hat, schreibt Wion einen Text zu, den er nachfolgend veröffentlicht. Es sind 111 lateinische Halbsätze (und ein weiterer ausführlicherer Absatz), die wie Orakel oder Sinnsprüche anmuten. Jeweils ein Spruch ist einem Papst zugeordnet. Die Abfolge von Devisen beginnt mit Papst Coelestin II. (1143). Der 77. Spruch ist der letzte, dem ein Papstname beigegeben ist: Clemens VIII. (1592–1605).

Während Wion die 112 Papstweissagungen dem hl. Malachias zuschreibt, nimmt er an, daß die Namenszuordnungen, die von einem erläuternden Kommentar begleitet werden, von dem Dominikanerpater Alfons Ciaconius (gestorben 1599) stammen. Er ist der Verfasser einer Papstgeschichte, die posthum, im Jahre 1601 veröffentlich wurde.

Die Weissagungen erzielten nach dieser ersten Veröffentlichung große Resonanz. Schließlich wandten sich auch Forscher den Sprüchen zu, und 80 Jahre nach dem Erscheinen des Buches von Wion kamen die ersten Zweifel an der Echtheit der vorgelegten Spruchsammlung auf. Denn mit Wions Wiedergabe wurden sie überhaupt erst bekannt. Nachträglich läßt sich aber zumindest feststellen, daß weder Handschriften davon existierten, noch irgendwelche Hinweise in den Werken, die im Laufe der 450 Jahre nach der vorgeblich ersten Weissagung erschienen sind. Neben dieser wichtigen Erkenntnis sahen die Wissenschaftler schließlich noch eine ganze Reihe kleinerer, aber nicht unbedeutender Indizien, die einer Urheberschaft des hl. Malachias widersprachen.

Besonders auffallend ist ein deutlicher Einschnitt nach dem 71. Spruch. Während zuvor die Devisen exakt Einzelheiten aus der Biographie des jeweiligen Papstes aufgreifen, ist die Deutung der folgenden Sprüche meist nicht mehr aus so einfachen Details wie Name, Geburtsort, Wappen oder Titelkirche herzuleiten. Die Übereinstimmung bei den ersten 71 Sprüchen mit der Abfolge der Papstnamen ist geradezu augenfällig. Doch in den letzten 40 Sprüchen ändert sich der Tenor. Statt dieser einzelnen Details bedienen sich die Vatizinien nun einer Symbolik, die als Hinweis auf die allgemeine Charakterisierung des jeweiligen Pontifikats zu werten ist.

Hildebrand Troll hat die im Laufe der Zeit wild ins Kraut schießenden Theorien zu Ursprung und Entstehung der Papstweissagungen gesichtet und bewertet. In dem im Pattloch-Verlag, Augsburg, erschienenen Buch „Die Papstweissagung des heiligen Malachias“ kommt er zu dem Ergebnis: „Die Papstweissagung geht zurück auf einen mit dem Charisma der Prophetie begnadeten Menschen des 16. Jahrhunderts. Die erste seiner Vatizinien ist die Devise für Gregor XIII. *Medium corpus pilarum.* Diese und die 39 folgenden Devisen sind anschließend nach rückwärts ergänzt worden.“ Dem Autor der Papstweissagungen sei es dabei darauf angekommen, „Interesse für die Prophetie zu erwecken; denn eine Weissagung, die sich nicht schon durch teilweise Erfüllung bestätigt hat, findet erfahrungsgemäß bei den Zeitgenossen wenig Beachtung.“

Dieses Verfahren ist bei den mittelalterlichen Papstprophetien weitverbreitet und immer wieder mit gutem Erfolg praktiziert worden. Diese Prophetien nehmen, so meint Troll, „alle mit Hilfe einiger *Vaticinia ex eventu* einen gewissen ‚Anlauf‘, ehe sie zur eigentlichen Zukunftsschau übergehen.“

So sei es auch mit der Malachiasprophetie geschehen. „Sie wurde durch 71 Glieder nach rückwärts erweitert. Dies erfolgte zweifellos mit Hilfe der 1557 zu Venedig in zwei Ausgaben erschienenen *Epitome vitarum Romanorum Pontificum* des Augustinermönchs Onofrio Panvinio.“ Das Werk des berühmten Kirchenhistorikers habe in bequemer Weise alles geboten, was zur Gestaltung der 71 ersten Devisen der Prophetie benötigt worden sei: Wappen der Päpste und biographische Notizen aus ihrem Vorleben.

Troll berichtet weiter, „ein Vergleich zwischen der Weissagung und der Schrift des Panvinius offenbart die denkbar größte Gemeinsamkeit, die auch historische Fehler sowie Zahl und Reihenfolge der Gegenpäpste miteinschließt.“ Die Prophetie sei mit der Devise für Coelestin II. (1143) begonnen worden. „Dadurch ließ sie sich dem hl. Malachias, einem Zeitgenossen dieses Papstes, zuschreiben, dessen Prophetengabe historisch bezeugt war.“

Ergänzend zu Trolls Ausführungen ist anzumerken, daß diese Vorgehensweise, bereits vergangene Geschichte in Prophetie umzusetzen, als Stilmittel der Sybillinischen Weissagungen des Altertums sein Vorbild hat. Dort diente dieser Kunstgriff ebenfalls dazu, die Glaubwürdigkeit der Aussagen über die tatsächliche Zukunft zu erhöhen. Eine ablehnende Haltung nimmt allerdings die Theologie gegenüber der Malachiasprophetie ein. So notiert etwa das Standardwerk „Lexikon für Theologie und Kirche“: „Sie ist ein bloßes Phantasieprodukt und vermutlich zwischen dem 16.9. und 4.12.1590 entstanden.“

Die Malachiasprophetie unterscheidet sich deutlich von den im Mittelalter vielfach auftauchenden Papstprophetien. Zum einen ist sie nicht nur die längste, sondern weist auch am weitesten in die Zukunft. Zum andern weist sie nicht die sonst übliche Zweckgebundenheit als Mittel der Kritik an kirch-

lichen Zuständen auf, sondern ähnelt einer Zusammenschau der Welt- und Heilsgeschichte.
Zum besseren Verständnis ist der Textquelle der jeweilige Name des Papstes und bis zur 74. Devise die fast immer auf der Hand liegende Erläuterung beigegeben. Danach folgt die Interpretation der Sprüche von Hildebrand Troll im Auszug für die Päpste ab 1831 (100. Devise). Die Prophetie endet mit der 112. Devise, die im Unterschied zu den kurzen Sprüchen eine längere Formulierung enthält, deren Inhalt sich sehr dunkel darstellt.

## *Textquelle: Die Papstweissagung des heiligen Malachias*

*(von dem mutmaßlichen Entstehungsjahr an)*

75. Ex antiquitate urbis / Aus der alten Stadt
Gregor XIV. (1590)
76. Pia civitas in bello / Die fromme Stadt im Kriege
Innocenz IX. (1591)
77. Crux Romulea / Kreuz des Romulus
Klemens VIII. (1592–1605)
78. Undosus vir / Wellenmann
Leo XI. (1605)
79. Gens perversa / Verkehrtes Geschlecht
Paulus V. (1605–21)
80. In tribulatione pacis / In der Bedrängnis des Friedens
Gregor XV. (1621–23)
81. Lilium et rosa / Lilie und Rose
Urban VIII. (1623–44)
82. Jucunditas crucis / Erfreulichkeit des Kreuzes
Innocenz X. (1644–55)
83. Montium custos / Wächter der Berge
Alexander VII. (1655–67)
84. Sidus olorum / Gestirn der Schwäne
Klemens IX. (1667–69)
85. De flumine magno / Vom großen Strome
Klemens X. (1670–76)
86. Belua insatiabilis / Das unersättliche Tier
Innocenz XI. (1676–89)
87. Poenitentia gloriosa / Glorreiche Buße
Alexander VIII. (1659–91)
88. Rastrum in porta / Fallgatter am Tore
Innocenz XII. (1691–1700)

89. Flores circumdati / Umwundene Blumen
Klemens XI. (1700–21)
90. De bona religione / Von echter Religion
Innocenz XIII. (1721–24)
91. Miles in bello / Krieger im Kampfe
Benedikt XIII. (1724–30)
92. Columna excelsa / Die erhabene Säule
Klemens XII. (1730–40)
93. Animal rurale / Tier vom Lande
Benedikt XIV. (1740–58)
94. Rosa Umbriae / Rose von Umbrien
Klemens XIII. (1758–69)
95. Ursus velox / Der rasche Bär
Klemens XIV. (1769–74)
96. Peregrinus apostolicus / Der apostolische Pilger
Pius VI. (1775–99)
97. Aquila rapax / Der Raubadler
Pius VII. (1800–23)
98. Canis et coluber / Hund und Schlange
Leo XII. (1823–29)
99. Vir religiosus / Religiöser Mann
Pius VIII. (1829–30)
100. De balneis Hetruriae / Von den Bädern Etruriens
Gregor XVI. (1831–46)
101. Crux de cruce / Kreuz vom Kreuze
Pius IX. (1846–48)
102. Lumen in coelo / Licht am Himmel
Leo XIII. (1878–1903)
103. Ignis ardens / Brennendes Feuer
Pius X. (1903–14)
104. Religio depopulata / Entvölkerte Religion
Benedikt XV. (1914–22)
105. Fides intrepida / Unerschrockener Glaube
Pius XI. (1922–39)
106. Pastor angelicus / Der engelgleiche Hirt
Pius XII. (1939–58)
107. Pastor et nauta / Hirte und Schiffer
Johannes XXIII. (1958–63)
108. Flos florum / Blume der Blumen
Paul VI. (1963–78)
109. De medietate lunae / Von der Hälfte des Mondes
Johannes Paul I. (1978)

110. De labore solis / Von der Bedrängnis der Sonne
Johannes Paul II. (1978–)
111. Gloria olivae / Ruhm des Ölbaums
112. In persecutione extrema S. R. Ecclesiae sedebit Petrus II. Romanus, qui pascet oves in multis tribulationibus, quibus transactis civitas septicollis diruetur et judex tremendus judicabit populum suum / Während der letzten Verfolgung der Heiligen Römischen Kirche wird Petrus II. aus Rom regieren. Er wird die Herde unter vielen Bedrängnissen weiden, nach deren Überwindung die Siebenhügelstadt zerstört werden und der furchtbare Richter sein Volk richten wird.

## *Deutung der Papstweissagung (Spruch 100–112)*

*nach H. Troll*

100. *De balneis Etruriae*
= Von den Bädern Etruriens

Gergor XVI.
(Bartolomeo Cappellari)
1831–1846

Immer wieder wurde gegen die Glaubwürdigkeit der Papstweissagung geltend gemacht, ihre Vatizinien seien zu allgemein gehalten, was sie über einen bestimmten Papst voraussage, gelte ebenso von jedem beliebigen anderen. Bereits der bisherige Teil unserer Betrachtung ist geeignet diese Behauptung zu entkräften. Selbst eine sehr flüchtige Beschäftigung mit der Prophetie zwingt zu dem Eingedständnis, daß einige ihrer Vatizinien – etwa *Peregrinus apostolicus* für den nach Wien reisenden und im Ausland sterbenden Pius VI. – durch den Verlauf der Papstgeschichte bestätigt sind. Die Kritiker können dies für sie ungünstige Resultat nicht aus der Welt schaffen. Sie kalkulieren, deshalb gerne mit dem Zufall. Aber, so wird man sich fragen müssen, gibt es solche Zufallstreffer bei einer „dynastischen" Weissagung? Die Reihe der

Päpste seit dem Ende des 16. Jarhhunderts ist lang, die einzelnen Pontifikate von sehr unterschiedlicher Dauer.

Eines der überzeugendsten Beispiele für die Echtheit der Weissagung ist ihr Sinnspruch *De balneis Etruriae* für Gregor XVI. Er wurde immer wieder mit großer Befriedigung zitiert in der Überzeugung, durch ihn habe sich die ganze „Weissagung" als Schwindel entlarvt. Man glaubte, das Vatizinium könne nur den Geburtsort des Papstes bezeichnen. Gregor XVI. stammte jedoch aus Belluno, das zum venezianischen Festland gehörte, und nicht in der Toskana, dem alten Etrurien, liegt. Aber was berechtigt zu der Annahme, das Vatizinium könne nur den Geburtsort des Papstes bezeichnen? Wie die einleitende Präposition zeigt, bezieht es sich zweifellos auf seine Herkunft. Es ist jedoch der Kamaldulenserorden, aus dem dieser Papst kam und dessen Generalprokurator er vor seiner Erhebung war, der mit dem Bild von den Bädern Etruriens gekennzeichnet ist. Der Orden war um 1012 vom hl. Romuald zu Camaldoli in der Toskana, dem alten Etrurien, in einem von sieben Quellen bewässerten Hochtal des Apennin gegründet worden. Schon die Römer hatten in der Gegend zahlreiche Bäder. Ganz nahe liegt *Bagno di Romagna,* das römisch *balneum* hieß. Die klösterliche Niederlassung trug wegen ihres heilbringenden Wassers zunächst den Namen *Fonte Buono,* erst später wurde sie Camaldoli (campus Maldoli, nach anderer Deutung *campus amabilis*) genannt. Als der Staat 1866 das Kloster aufhob, wurde dort eine Wasserheilanstalt eingerichtet. Die etwa 3 km über dem aufgehobenen Konvent liegende Einsiedelei ist heute noch innerhalb des Kamaldulenserordens Sitz der Eremitenkongregation von Etrurien.

Die Weissagung De balneis Etruriae will somit sagen, daß der Papst, dem dieses Vatizinium zugehört, aus dem Orden von Camaldoli kommt. Es ist Gregor XVI., der einzige Papst, der vor seiner Wahl diesem Orden angehörte. Darf man hier noch von Zufall sprechen? Im übrigen war es ausgerechnet dieser Papst, der die Vatikanischen Sammlungen durch ein Etruskisches Museum bereicherte. Man möge es niemandem verübeln, wenn er angesichts einer solchen Voraussage an Inspiration und nicht an Zufall glauben will.

Man muß die Devise auch im Zusammenhang mit der vorausgehenden sehen. Beide zusammengelesen ergeben: Vir religiosus (= der Ordensmann) de balneis Etruriae. Man weiß, wie dieser Papst auch nach seiner Erhebung nichts anderes sein wollte als der schlichte Kamaldulensermönch. „Ich will als Frater, nicht als Souverän sterben", äußerte er zu denen, die ihn an die Werke seines Pontifikats erinnerten. Nach der Vernichtung des monastischen Lebens durch Revolution und Säkularisation hat besonders dieser Kamaldulenserpapst das Ordensleben in der Kirche stark gefördert und neu belebt.

101. *Crux de cruce*
=Kreuz vom Kreuze

Pius IX.
(Giovanni Maria Mastai-Ferretti)
1846–1878
Wappen des Hauses Savoyen

Das Pontifikat Pius' IX. wird im voraus als Crux de cruce, Kreuz vom Kreuze, beklagt. Das Haus Savoyen, das 1870 die Herrschaft in Rom antritt und den Papst als den rechtmäßigen Herrscher zu seinem Untertanen degradiert, trägt seit alters das Zeichen der Erlösung im Wappen. Das Leid, das dem Papsttum von Savoyen verursacht wird, ist es, was der Seher andeuten will.

102. *Lumen in coelo*
= Licht am Himmel

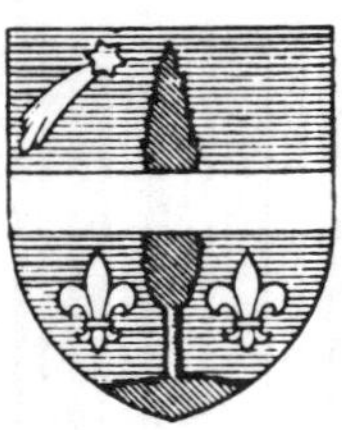

Leo XIII.
(Vincenzo Gioacchino Pecci)
1878–1903

Das *Lumen in coelo* für Leo XIII. findet sich im Wappen des Papstes, das ein goldenes Gestirn auf blauem Hintergrund zeigt. Aber auch hier sind diese heraldischen Zeichen nur Bausteine für einen Sinnspruch, der das Pontifikat

dieses Papstes mit seinem belehrenden und richtungweisenden Charakter kennzeichnet. Es ist ja das erste, das in großem Umfang diesen Zug aufweist und Stellung nimmt zu den großen Themen des Jahrhunderts, um der unsicher gewordenen Gesellschaft wie ein „*Lumen in coelo*" den Weg zu weisen aus dem Labyrinth der Zeit.
Durch Dekret des Königs von Italien vom 22.9.1927 erhielt die Familie des Papstes, die Grafen von Pecci, das Vatizinium „*Lumen in coelo*" als Motto zu ihrem Wappen verliehen.

103. *Ignis ardens*
= Brennendes Feuer

Pius X.
(Giuseppe Sarto)
1903–1914

Es war am 2. August 1903, während des Konklaves, zwei Tage vor der Erhebung Pius' X., als die Kirche in der Festliturgie des hl. Alfons von Liguori im Kommunionlied der Messe in den Jubel ausbrach: „*Sacerdos magnus, qui in vita sua suffulsit domum et in diebus suis corroboravit templum, quasi ignis effulgens et thus ardens in igne*" (Es ist der Hohepriester, der das Haus Gottes während seines Lebens stützte und in seiner Zeit den Tempel festigte; wie strahlend Feuer war er und wie Weihrauch, den die Glut verzehrt. Sir 50,1,9).
War es eine Ankündigung des Papstes, der zwei Tage später aus dem Konklave hervorging?
Am Tag der Wahl selbst, dem 4. August, beging die Kirche das Fest des hl. Dominikus. Das Attribut dieses Heiligen stellt dem legendären Traum seiner Mutter entsprechend einen Hund dar, der im Maul eine brennende Fackel trägt – *ignis ardens.*
Zugegeben, für sich allein bedeuten solche überraschende Zusammenhänge nicht viel, entscheidend ist die Häufigkeit, mit der sie auftreten; diese wird sich jedoch kaum noch bestreiten lassen.
Aber wie immer handelt es sich auch bei dem Vatizinium Pius' X. um eine

Charakterisierung seines Pontifikats selbst. Feuer reinigt und läutert, was es berührt. Insofern gilt es als Symbol der Erneuerung. Und in der Tat, mit welchem Sinnbild ließe sich ein Papst, der die Kirche vom Modernismus, diesem „Sammelbecken aller Häresien" befreien wollte und Eucharistie und Liturgie als Quellen religiösen Lebens neu erschloß, treffender charakterisieren?

Man muß Ansgar Pöllmann beipflichten, wenn er sagt: „Die Prophetie der drei Päpste *Crux de cruce* (Pius IX.), *Lumen in coelo* (Leo XIII.) und *Ignis ardens* (Pius X.) sind die denkbar kürzesten Formeln und die treffendsten Schlagwörter, auf die sich diese Pontifikate zurückführen lassen".

Im Jahr vor seinem Tod hat Pius X. einem Vertrauten eröffnet, er bedaure seinen Nachfolger, denn unter dessen Pontifikat werde die alte Weissagung von der *Religio depopulata,* der entvölkerten Religion, in Erfüllung gehen. Der Papst kam damit auf jenen Sinnspruch zu sprechen, den die Malachianische Weissung für seinen Nachfolger bereit hielt. Es war Benedikt XV., der Papst des Ersten Weltkriegs.

104. *Religio depopulata*
= Entvölkerte Religion

Benedikt XV.
(Giacomo della Chiesa)
1914–1922

Benedikts XV. Regierung war überschattet vom Inferno des Ersten Weltkriegs. Man hat daher mit Recht in der Devise eine Vorhersage des vierjährigen Völkermordens erblickt. Das Pontifikat dieses Papstes war erfüllt von einem erfolglosen Ringen um den Frieden der Menschheit und getragen von dem Bemühen, die grauenvollen Wunden des Krieges zu lindern.

Vielschichtig wie die Vatizinien der Papstprophetie oft sind, dürfte die Devise auch eine Voraussage des modernen Massenabfalls von der Kirche sein. Vordergründig betrachtet ist religio ein Hinweis auf den Namen *(della Chiesa)* und das sprechende Wappen (eine Kirche) des Papstes.

105. *Fides intrepida*
= Unerschrockener Glaube

Pius XI.
(Achille Ratti)
1922–1939

Es war der 6. Februar, der Tag des hl. Titus, Bischofs und Bekenners, als Achille Ratti zum Nachfolger Petri erkoren wurde. Titus, der Mitarbeiter des Völkerapostels, wird in der Kirche auch als Patron gegen das Freidenkertum verehrt.
Das Pontifikat Pius' XI. fällt in diejenigen Jahrzehnte unseres Jahrhunderts, die gekennzeichnet sind durch das Auftreten des staatlichen Totalitarismus. Es entstehen politische Systeme, die alle Bereiche des menschlichen Daseins in Anspruch nehmen, um sie für ihre materialistischen Ziele zu mißbrauchen. In ihnen verbleibt kein Platz mehr für das Eigenleben der Kirche und die Freiheit ihrer Verkündigung. Der Zusammenstoß von Staat und Kirche ist daher unausbleiblich. Ein neues Bekenner- und Märtyrertum wird von den Gläubigen gefordert. Der Papst als Führer der verfolgten Herde gab die Losung aus, die man mit den Worten *Fides intrepida* umschreiben könnte. Er verkündete in den neuen Heiligen John Fisher und Thomas Morus die zeitgemäßen Vorbilder. Er trat in großen Rundschreiben der neuheidnischen Rassenlehre, dem atheistischen Weltkommunismus und der Religionsverfolgung entgegen. Er mobilisierte in der Katholischen Aktion die Laienkräfte zum Einsatz für das Königreich Christi. Dieser Organisation, die Pius XI. so sehr am Herzen lag, daß man ihn geradezu den „Papst der Katholischen Aktion" bezeichnete, hätte man das Motto *Fides intrepida* mit auf den Weg geben können.

106. *Pastor angelicus*
= Engelgleicher Hirte

Pius XII.
(Eugenio Pacelli)
1939–1958

Dieses Vatizinium besitzt ein sehr hohes Alter. Die mittelalterliche Idealvorstellung vom Nachfolger Petri fand in ihm programmatischen Ausdruck. Es war die sehnsuchtsvolle Erwartung vieler Generationen, daß er eines Tages kommen werde, der makellose Hohepriester, ein Engel in Menschengestalt, dem Gott die Leitung seiner Kirche anvertraut. Unter allen Vatizinien der Papstprophetie gibt es daher kein zweites, das so sehr den Charakter der Auszeichnung besitzt wie dieses. Es wurde einem Papste zuteil, der zu den glänzendsten Erscheinungen auf dem Stuhl Petri zählt. Ihrer mittelalterlichen politischen Erwartungen entkleidet, war die Devise eine würdige Charakterisierung des Pacellipapstes. Sie entsprach der adeligen Erscheinung und dem vornehmen Wesen dieses priesterlichen Menschen. Von aller Welt wurde dies so empfunden; der häufige Gebrauch des *Pastor angelicus,* seine Verwendung in Biographien, Zeitungen, im Film, ja in Verlautbarungen kirchlicher Stellen beweist es. In den Stürmen der Zeit, da die falschen Führer ihre Völker zur Schlachtbank zerrten, war Pius XII. – „ein Mensch wie ein Lichtstrahl" (Reinhold Schneider) – der gute Hirte im Sinne des Evangeliums. „*Angelo bianco*", den weißen Engel, nannten ihn die Römer aus dem Viertel von San Lorenzo, als er nach der Bombardierung vom 19. Juli 1943 zwischen Toten, Verwundeten, Schutt und Trümern in ihrer Mitte erschien. Rudolf Graber hat versucht zu zeigen, „wie Pius XII. all das in seiner Person und in seinem Pontifikat verwirklichte, was seit beinahe acht Jahrhunderten an menschlichem Hoffen und Sehnen im Engelpapst seinen Ausdruck fand". Gottfried Hasenkamp hat dem Papst mit den Worten gehuldigt:

„Der Seher, der geschaut die Hirten alle
Bis an das Ende dieser schweren Stunde,
Hat, hängend an der Warhheit Sternenmunde,
Den Engelgleichen Dich genannt."

Alle pseudowissenschaftlichen Versuche, das Andenken dieses großen Pap-

stes herabzusetzen, dürfen bei unvoreingenommener Prüfung als gescheitert gelten. Das positive Bild, das Pius XII. der Nachwelt hinterließ, findet sich auch bestätigt in den nunmehr veröffentlichten Gedichten, Aufsätzen und Predigten aus seiner Jugendzeit und den Anfängen seines Priestertums.
Daß auch für die Devise Pastor angelicus vielleicht ein genealogischer Ansatzpunkt gegeben war, soll nicht unerwähnt bleiben: Die Pacelli führen den Adelstitel von S. Angelo in Vado.
Auf den Pastor angelicus folgen in der Malachiasprophetie noch sechs Päpste. Nach mittelalterlicher Vorstellung leitete das Erscheinen des Engelpapstes die Endzeit ein.

107. *Pastor et nauta*
= Hirt und Seemann

Johannes XXIII.
(Angelo Giuseppe Roncalli)
1958–1963

Die Devise Johannes' XXIII. läßt eine analoge Auslegung zu wie die Urbans VIII. *Lilium et rosa* und die Leos XII. *Canis et coluber,* mit denen allein sie formverwandt ist. Diese beziehen sich, wie wir sahen, u. a. auf Lebensstationen (Geburtsort und Bistümer) der betreffenden Päpste. Es ist anzunehmen, daß dies auch bei *Pastor et nauta* der Fall ist. Nun erscheint außer in der Devise Johannes' XXIII. das Wort *nauta* in der gesamten Weissagung nur noch ein einziges Mal, nämlich im apokryphen Teil der Weissagung als *Nauta de ponte nigro* für Gregor XII. (Angelo Corrario), und der beigegebene Kommentar erläutert: *Venetus, commendatarius ecclesiae Nigropontis.* Nauta steht also hier bildlich für die Lagunenstadt, und wir dürfen vermuten, daß es in der Devise Johannes' XXIII. ebenfalls ein Hinweis auf Venedig ist, dessen Patriarch der Papst vor seiner Erhebung war.
Mit dem ersten Glied des Vatiziniums wollte der Seher zweifellos auf den pastoralen Charakter dieses Pontifikats hinweisen, mit nauta aber nicht nur auf Venedig, das ehemalige Bistum des Roncallipapstes anspielen, sondern auch jenes Geschehen innerhalb der Kirche versinnbilden, das nunmehr seit den Tagen Johannes' XXIII. ihr Leben kennzeichnet.

„*Nauta*" bedeutet das Lichten der Anker, das Auslaufen aus sicheren Häfen, das Sichaussetzen den Gefahren des Meeres. Es verbindet sich mit dem Bild vom Schifflein Petri im Zeitensturm. Es erinnert aber auch an jene letzte Fahrt des Paulus, von der uns die Apostelgeschichte (Kap. 27) zu berichten weiß, von der Seenot, in die das Schiff mit Paulus und den Seinen geriet, von der Mahnung des Völkerapostels, als alle Hoffnung zu schwinden schien, niemand solle das Schiff verlassen, keine Menschenseele werde verloren gehen. Da man annehmen darf, daß es dem Berichterstatter um Heilsgeschichte und nicht lediglich um die Wiedergabe einer prekären nautischen Situation zu tun ist, hat Karl Thieme in der Erzählung eine Prophetie erkennen wollen, die typologisch auf unsere Gegenwart oder nahe Zukunft hinweist.
Pastor und nauta sind in gewissem Sinne gegensätzlichen Charakters: Das Bild vom Hirten beschwört die Vorstellung eines idyllischen friedlichen Daseins, es symbolisiert, wie wir aus den Wandgemälden und Mosaiken des frühen Christentums wissen, auch den paradiesischen Zustand. Demgegenüber verbindet sich mit dem Beruf des Seemanns die Vorstellung von den unberechenbaren Gewalten, denen sein Schiff auf hoher See ausgesetzt ist. Dieses Pontifikat sollte erklärtermaßen ein pastrorales sein, in ihm wurde jedoch das Schiff der Kirche in Gewässer getrieben, die ihm fast zum Verhängnis wurden. Seither spricht man von einer Kirchenkrise. Pastor et nauta symbolisiert – wie wir meinen – in unüberbietbarer Kürze den ambivalenten Charakter dieses für die Zukunft der Kirche so entscheidenden Pontifikats.

108. *Flos florum*
= Blume der Blumen

Paul VI.
(Giovanni Battista Montini)
1963–1978

Paul VI. wurde gewählt am 21. Juni, dem Tag des hl. Aloysius von Gonzaga, dessen Attribut die Lilie ist. Das Vatizinium dürfte auch ein Hinweis sein auf die Lilien des Papstwappens.

Flos florum stellt eine grammatikalische Konstruktion dar, die man als hebräischen Superlativ bezeichnet. Er wird im Schrifttum des alten Israel nur für Dinge gebraucht, denen ein besonders hoher sakraler Rang zukommt. So geht diese sprachliche Eigentümlichkeit dann auch in die christliche Literatur über: Canticum canticorum ist das Hohe Lied des Alten Testamentes, saecula saeculorum die Ewigkeit. Der Messias wird „Herr der Herren" oder „König der Könige" genannt, „Solemnitas solemnitatum", das Fest der Feste steht für Ostern wie Maria die Jungfrau der Jungfrauen oder die Bibel das Buch der Bücher genannt werden. Solch einen hebräischen Superlativ weist auch Flos florum auf. Bei kirchlichen Schriftstellern wird er metaphorisch für Maria gebraucht, so beim hl. Bonaventura, der hl. Birgitta, dem hl. Albertus Magnus und anderen.
Wir werden sehen, daß nicht nur Flos florum ein Symbol Mariens darstellt, sondern auch die folgenden Sinnsprüche einschließlich Gloria olivae neben ihrem konkreten Bezug marianischen Charakter besitzen. Künden diese Vatizinien ein marianisches Zeitalter an, dem nach alter theologischer Tradition endzeitlicher Charakter zukommt?

109. *De medietate lunae*
= Von der Hälfte des Mondes

Johannes Paul I.
(Albino Luciani)
1978

Johanes Pauls I. Familienname lautete Luciani. Sein Geburtsort war Forno di Canale im Bistum Belluno. In Belluno hat sich ein erheblicher Teil seines Lebens abgespielt. Hier begann der zukünftige Papst seine theologischen Studien und war später selbst Lehrer am dortigen Seminar und Mitarbeiter in der Diözesanverwaltung.
Es ist wahrscheinlich, daß sich der Verfasser der Prophetie wie schon öfters so auch hier eines Wortspiels bediente, da sowohl in Luciani wie in Belluno das halbe Wort Luna (lat. und it. der Mond) enthalten ist. Solche klanglichen

Übereinstimmungen, die für sich allein noch keinen Tiefsinn aufweisen müssen, sind der Malachiasprophetie und gewiß auch der Zeit ihrer Entstehung nicht fremd. Sie stellen eine Seite des homo ludens dar und dürfen nicht unter dem Gesichtspunkt der Zweckdienlichkeit beurteilt werden. Wir sahen solche Ankläge u. a. auch in der Devise De rore coeli = vom Tau des Himmels für Urban VII. (1590), und schon der in der Erstausgabe 1595 beigefügte Kommentar besagt, daß dieser Papst ehedem Erzbischof von Rossano in Kalabrien war. Für den Seher, der nach einem geeigneten Sinnspruch für dieses nur 11 Tage währende Pontifikat suchte, ergab sich aus dem Städtenamen Rossano eine klangliche Verbindung zu dem lateinischen Wort ros, Gen. roris = der Tau, das ihm als ein passendes Sinnbild erschien für dieses kurze und dennoch segensreiche Pontifikat.

Der Aufbau der Sinnsprüche aus ähnlichen Wortspielen ist schon den 71 ersten Vatizinien, die uns in mancher Hinsicht den Schlüssel zur Interpretation der 40 folgenden geben, keineswegs unbekannt. So etwa wird der Gegenpapst Nikolaus V. (1328–1330) als Corvus schismaticus (schismatischer Rabe) gekennzeichnet, weil er aus Corvaro in den Abruzzen stammte. Bonus comes (der gute Graf) ist der Sinnspruch für Hadrian V. (1276), der den Vornamen Ottobuono trug. Picus inter escas (der Specht zwischen den Speisen) steht für Nikolaus IV. (1288–1292), da er aus Ascoli in der Landschaft Picenum stammte. In der Devise Ex undarum benedictione (aus dem Segen der Wellen) für Bonifaz VIII. (1294–1303) wird auf des Papstes Taufname Benedetto angespielt. Das De fide Petri (vom Glauben des Petrus) Pauls IV. (1555–1559) ergibt sicher für diesen Papst der Gegenreformation auch einen tieferen Sinn, aber vordergründig ist das Bild, wie es ja auch der beigefügte Kommentar besagt, entstanden aus Pietro Carafa, dem Tauf- und Familiennamen des Papstes, wobei wir in Carafa einen Anklang an italienisch cara fede = teurer Glaube erkennen. Den 71 ersten Vatizinien kommt kein prophetischer Charakter zu, da sie erst nach dem Vorliegen der eigentlichen Weissagung verfaßt und den prophetischen Vatizinien vorangestellt wurden, um durch den Eindruck ihrer fraglosen Erfüllung das Interesse an der Weissagung zu wecken. Sie besitzen aber darüber hinaus auch den Zweck, die Interpretation der 40 echten Vatizinien zu erleichtern.

Die lautliche Verbindung von Luna zu Luciani oder Belluno ist jedoch sicherlich nicht das Bedeutsamste an dem Vatizinium De medietata lunae. Der tiefere Sinn liegt in der Symbolik des Bildes. In der Nacht des 25. August, nachdem die Kardinäle in das Konklave eingezogen waren, um einen Nachfolger Pauls VI. zu wählen, stand über Rom der abnehmende Halbmond. Bereits am folgenden Tag fiel die Entscheidung zugunsten des Patriarchen von Venedig Albino Luciani. Was bedeutet nun der Mond in der Sprache der Symbolik? Er ist zunächst ein Zeichen der biologischen Rhythmen: Er wächst, nimmt ab und verschwindet, so wie alles Leben den Gesetzen der

Geburt, des Wachstums und des Todes unterworfen ist. Die letzte Phase des Gestirns, der abnehmende Mond, wie er in der Nacht vom 25. zum 26. August 1978 am Himmel zu sehen war, symbolisiert das Sterben, den Todesweg. Die antike Mondgöttin war zugleich Göttin der Toten und der Gräber. Mit „De medietate lunae" mag die Prophetie den Wahltermin, aber auch den Todescharakter dieses allzu kurzen Pontifikats gekennzeichnet haben. In seine nur 33 Tage fiel als aufsehenerregendes Ereignis auch der Tod des russisch-orthodoxen Erzbischofs Nikodim, Metropolit von Leningrad und Nowgorod, der während einer Privataudienz im Beisein des Papstes hinscheidet. Während dieser 33 Tage fand am 16. September eine totale Mondfinsternis statt. Man möge uns nicht mißverstehen! Es handelt sich hier nicht um Astrologie, sondern um die Deutung des Mondsymbols, in dem schon im 2. Jahrhundert der Kirchenschriftsteller Theophilos von Antiochien das Bild des Menschen in Geburt, Wachstum, Abnehmen, Sterben und Auferstehung erblickte im Gegensatz zur Sonne, die ihm Sinnbild des unveränderlichen Gottes war. Was ist an dem Pontifikat Johannes Pauls I. das besonders Charakteristische? Doch zweifellos seine Kürze von nur 33 Tagen. Man muß die Reihe der Päpste bis ins Ende des 16. Jahrhunderts zurückverfolgen, um auf einen Parallelfall zu stoßen. Und genau das ist es, was der Seher durch das „De medietate lunae" zum Ausdruck bringen wollte.

110. *De labore solis*
= Von der Bedrängnis der Sonne

Johannes Paul II.
(Karol Wojtyla)
1978–

Labor solis ist in der lateinischen Literatur auch in der Bedeutung von „Sonnenfinsternis" belegt. Nun fand am 18. Mai 1920, dem Geburtstag Johannes Pauls II., eine Sonnenfinsternis statt, die in Australien, Teilen des Indischen Ozeans und südlich des afrikanischen Kontinents sichtbar war. Das astronomische Ereignis lieferte dem Verfasser unserer Prophetie die Möglichkeit zur Gestaltung eines Sinnspruches, der das Pontifikat dieses Papstes kennzeich-

nen sollte. Es liegt hier einen Parallele zu De rore coeli (vom Tau des Himmels), dem Vatizinium für Urban VII. vor, das sich u. a. auf das Fest Maria Schnee, das Geburtsdatum des Papstes beziehen dürfte.
Seit viereinhalb Jahrhunderten ist dieser Papst der erste Nichtitaliener auf dem Stuhl Petri und in der gesamten Geschichte des Papsttums bisher der einzige Slawe und erste Pole. Diese Tatsache wird für immer bemerkenswert bleiben, und die Prophetie hat ihr durch das Vatizinium „De labore solis" Ausdruck verliehen. Die Präposition deutet an, daß wenigstens vordergründig auch etwas über die Herkunft des Papstes ausgesagt ist. Bei der Interpretation des Spruches wird alles auf die Deutung von sol = Sonne ankommen. Die Weissagung selbst kommt uns dabei zu Hilfe. Denn sie verwendet das Wort noch einmal, und zwar in dem Vatizinium für den Gegenpapst Alexander V. (1409–1410), den sie als Flagellum solis (Geißel der Sonne) bezeichnet. Es waren auch hier äußere Gegebenheiten, die den Autor zu dieser Devise veranlaßten: Dieser Papst führte die Sonne im Wappen, und er war Erzbischof von Mailand, dessen Patron, der hl. Ambrosius, u. a. mit der Geißel als Attribut dargestellt wird. Aber durch Verbindung von Geißel und Sonne ist ein Sinnspruch gelungen, der das Pontifikat als solches kennzeichnet: Alexander V. ist als Gegenpapst eine Heimsuchung, eine Geißel der Kirche. Die Sonne als Quelle von Licht, Wärme und Leben vertritt somit hier sinnbildlich die Kirche. Es ist nicht anzunehmen, daß sol, wenn es nochmals in der Weissagung auftritt, etwas anderes beinhalten wird. Dies dürfte vor allem dann nicht der Fall sein, wenn die Gleichsetzung Sonne = Kirche auf den aus Polen stammenden Papst anwendbar ist. Und man wird dies uneingeschränkt bejahen müssen. Johannes Paul II. kommt aus Polen, einem Land des Ostblocks, wo die Kirche in der Bedrängnis lebt.
Wir wagen jedoch zu behaupten, daß das „De labore solis" auch das Pontifikat Johannes Pauls II. als solches kennzeichnet. Es ist kein freundliches Bild und dürfte eine Zeit großer Bedrängnis für die Kirche ankündigen.
In Vergils Aeneis (I, 742) tritt bei dem Gastmahl, das Dido, die Königin von Karthago, dem Aeneas und seiner Begleitung ausrichtet, der Sänger Jopas auf. Vom ihm heißt es: „hic canit errantem lunam solisque labores" („er singt vom wechselnden Mond und von der Mühsal der Sonne"). Labor solis ist, wie schon erwähnt, auch in der Bedeutung von Sonnenfinsternis belegt. Da sie der Erde Licht und Wärme entzieht und das gesamte Leben beeinträchtigt, galt eine Sonnenfinsternis als ein Unheil verkündendes Ereignis. Die Bilder sind bei Vergil Zeichen für das drohende Verhängnis, die Flucht des Aeneas und den dadurch ausgelösten Selbstmord der Königin. Sie sind somit Unglück verheißende Allegorien. Kündigen sie in der Malachiasprophetie eine unter den Pontifikaten Johannes Pauls I. und Johannes Pauls II. hereinbrechende Katastrophe an? Das Attentat auf Johannes Paul II. könnte der Anfang gewesen sein.

## DIE NACHFOLGER

Dem Nachfolger Johannes Paul II. hat die Prophetie den Sinnspruch 111. Gloria olivae (Ruhm des Ölbaums) zugedacht. Wie flos florum eine marianische Devise ist, so auch wieder dieses vorletzte Vatizinium der Weissagung. Mag es einen konkreten Bezug haben wie auch immer, es wird sich zweifellos auch auf die Gottesmutter beziehen. Der Ölbaum bei den Griechen der Athene, Göttin der Weisheit heilig, in Antike und Christentum ein Symbol des Friedens und der Versöhnung, wird in der kirchlichen Literatur auch als Sinnbild Mariens verwendet. Aber auch die dazwischenliegenden Sinnsprüche werden vermutlich eine marianische Bedeutung miteinschließen: Halbmond und Sonne, sind sie nicht auch Kennzeichen der apokalyptischen Frau, die sole amicta, luna sub pedibus, mit der Sonne bekleidet, den Mond zu ihren Füßen in der Geheimen Offenbarung (Kap. 12) erscheint?
Nach dem Vatizinium Gloria olivae folgt als abschließender Satz der Weissagung:
„In persecutione extrema S. R. Ecclesiae sedebit Petrus Romanus, qui pascet oves in multis tribulationibus, quibus transactis civitas septicollis diruetur et judex tremendus judicabit populum suum“ = während der letzten (bzw. äußerst großen) Verfolgung der heiligen römischen Kirche wird Petrus, ein Römer, regieren. Er wird die Schafe unter vielen Bedrängnissen weiden. Dann wird die Siebenhügelstadt zerstört werden und der furchtbare Richter wird sein Volk richten.
John Henry Newman zitiert diesen Schlußsatz der Malachiasprophetie in seinem Traktat über den Antichrist von 1838 und findet ihn in Übereinstimmung mit den Anschauungen des frühen Christentums.
Über die Auslegung der noch ausstehenden Vatizinien möchten wir uns in keine Spekulationen einlassen und an das bereits zitierte Wort Pascals erinnern, wonach eine zuverlässige Interpretation prophetischer Aussagen erst dann möglich wird, wenn das durch sie angekündigte Ereignis eingetroffen ist. Dadurch unterscheidet sich ja Prophetie, die eine heilsgeschichtliche Perspektive bietet, von Wahrsagerei, die lediglich menschliche Neugierde zu befriedigen trachtet. Die biblische Weissagung zeigt diese charakteristische Eigenart in klassischer Weise. Sie gibt nur in großen Zügen die Richtung in eine unerhellte Zukunft an, und ihre Details dienen lediglich der Legitimation des Angekündigten im Augenblick seines Eintretes („dies geschah, damit das Wort des Propheten erfüllt werde ...“).
Die Malachiasprophetie schließt mit dem Pontifikat des letzten Papstes der Weltgeschichte, des Petrus Romanus (bedeutet die spezielle Ortsangabe, daß nach einer Reihe von Nichtrömern wieder ein Papst aus der Ewigen Stadt die Cathedra Petri besteigen wird?). Nach Aussage der Prophetie fin-

det mit diesem Pontifikat die menschliche Geschichte jenes Ende, das der biblische Glaube und das Credo der Kirche („et iterum venturus est“) lehrt. Es läßt sich aus dem Text jedoch nicht mit Sicherheit schließen, daß auf den Papst, der mit „Gloria olivae“ gekennzeichnet ist, „Petrus Romanus“ unmittelbar folgt. Die Voraussagen, die sich mit dem letzten Pontifikat beschäftigen, unterscheiden sich formal so stark von den Vatizinien der übrigen Päpste, daß sie auch isoliert und in keinem Zusammenhang mit diesen gedacht werden könnten. Damit ist auch hier die Aussage des Evangeliums „Ihr wißt weder Tag noch Stunde“ (Matth. 24,36; Mk 13,32), d. h. das Datum der Parusie des Herrn, gewahrt. Andererseits fordert das Evangelium aber auch, die Zeichen der Endzeit zu beachten (Mk 13,28), und es gibt ja bekanntlich bedeutende Vertreter des heutigen Geisteslebens, die es nicht für unwahrscheinlich halten, daß die Menschheit in die letzte Phase ihrer Geschichte eintrat, seitdem ihre Selbstausrottung in den Bereich des Möglichen gerückt ist.

Die Diskussion dieser Frage wird von den Vertretern eines weltangepaßten Christentums gerne mit der Begründung abgetan, aus der Frage spreche ein Pessimismus, der sich mit der christlichen Hoffnung und Zuversicht nicht vereinbaren lasse. Wer so argumentiert, verwechselt christliche Hoffnung mit innerweltlicher Fortschrittsgläubigkeit. Christliche Hoffnung ist jenseitsbezogen und weiß um den endgültigen Zusammenbruch alles Irdischen. „Fructus mundi ruina“ sagt Gregor d. Große, der Kirchenvater.

# *Die Weissagung des Benediktinermönchs Simon Speer*

Simon Speer lebte Ende des 16./Anfang des 17. Jahrhunderts als Benediktinermönch in der ehemaligen Benediktiner-Abtei Benediktbeuern in der Diözese Augsburg. Das 739/740 gegründete Kloster wurde im Jahr 1803 aufgehoben.
Speer, der 1632 im Krieg von den Schweden ermordet wurde, soll seine Weissagung im Jahre 1599 niedergelegt haben. Sie ähnelt in weiten Teilen der Lehninschen Weissagung, wenn sie nicht sogar vielfach ganz identisch ist. Wahrscheinlich handelt es sich deshalb nur um eine Bearbeitung dieser Prophezeiung über das Schicksal der Mark Brandenburg und der Kirche. Die Lehninsche Weissagung soll ihren Ursprung im 13./14. Jahrhundert haben; ihre Original-Handschrift ist verloren. Von der Theologie wird die andere unter dem Namen „Lehninsche Weissagung“ existierende Version als Fälschung betrachtet.

## *Textquelle: Die Weissagung des Benediktinermönchs Simon Speer*

Kummer im Herzen sing' ich, Buron dir heute deine Zukunft,
Wie zu schauen der Herr mir gegönnt, der Alles erschaffen.
Heute strahlt dir noch weit glänzende Pracht, vergleichbar der Sonne,
Feierst den Dienst des Herrn mit Andacht und frommen Gebeten;
Doch eine Zeit kommt, die dich nicht mehr sieht wie jetzo,
Kaum mehr dich sieht, ja sagt' ich es recht, dich nimmermehr sieht.
Einst werdet ihr auch Zeugen des vergossenen Blut's sein.
Mit dem Geschlecht, das bis jetzt regierte, und immer dich liebte,
Wirst du aber vergeh'n, und nicht mehr sein die liebliche
Mutter.
Zaudern zu nah'n wird länger nicht jene schreckliche Stunde,
Wo er stirbt der Stamm der Ottonen, der Ruhm dieser Lande,
Stirbt nach dem ewigen Wort, keinen Sohn der Vater mehr zeuget.
So beginnt zuerst dein Fall, bis das Schrecklichste naht.
Gequält wird dann das fromme Volk von den herzlosesten Menschen,
Denn du, Haus der Ottonen, wirst zur Höhle der Löwen;
Nie mehr schaut dieses Land seine wahren Herrscher und Herrn,
Wem den Stab zur Leitung sie reichen, verwirrt und zerstört.
Ein armer Fürst wird vielfach quälen die Bürger,

Überall berauben schonungslos die Priester und Kirche;
Wiederholt wird, was zu den Zeiten des Heilands geschehn,
Und verkauft gegen Sitt' und Gesetz die Körper von Vielen.
Bis jene gestürzt sind, die im Besitz großer Ämter
Keinen ruhig ließen und den Herrschern selbst die Zügel raubten.
So folgt nach endlichem Tode ein keineswegs mutiger Herzog,
Der zwar Schlauheit, doch auch die größte Eitelkeit besitzt,
Der nach den Brücken strebt, doch kaum die *Berge* erreicht,
Und die Kirche zerstört, indem er die geistlichen Güter raubt.
Flieh, mein Volk, flieh! ach kein Schützer lebt dir und Schirmer,
Bis die Stunde erst naht, wo Zerstörtes sich wieder erbaut.
Denn ein Weib bringt dem Vaterlande die traurige Pest
Von der Seuche der neuen Schlange berührt und vergiftet.
Zwar steht der gute Mann nicht im Ruf eines Frommen,
Doch gilt er wegen seiner Milde als der gutmütigste Herrscher,
So ergibt sich, was als dunkles Geschick er gefürchtet,
Und neue Gestalten gewinnen die Dinge, da Gott will.
Viel des Unheils bringt ein Edikt, aber mehr ein Schlag noch.
Was jedoch durch strenges Gebot er schlimmer nur macht,
Kann durch's Geschick, glaubt es, leichtlich zum Bessern sich wenden.
Da zu viel er vertraut, wird die Herde von Wölfen verzehrt.
Unter dem prunksüchtigen Fürsten verengen sich die Grenzen des Landes,
Da nur die Stärke des Herrschers dem Volke Sicherheit gewährt;
Denn auch das beste Herz bringt kein Heil, sobald es dem Schlaf sich hingibt.
Betet ihr Brüder, laßt ihr Mütter fließen die Tränen!
Lügen wird sein Name von einer Regierung des Friedens.
Nimmer Gutes gedeiht; zieht fort, ihr alten Bewohner!
Seinem Geist mangelt Stärke, seinem Volke der Glaube.
Wo er Hilfe sucht, er heftige Feinde nur findet,
Wasser bringt ihm den Tod, nachdem er große Verwirrung entzündet.
Aber wer zähmt wieder des Krieges losgebundene Furie?
Der ihm jetzt folgt, ahmt nach die Gerechtesten seiner Ahnen;
Doch sein Nachfolger geht nicht auf den Wegen des Vaters.
Hassen sehe ich nun den Sohn, was wahnwitzig der Vater getan.
Und den Weg des sichern Glückes zeigt dieser den Söhnen,
Fröhlich blüht das Land, so lang man dieses bewahrt,
Gleiches Glück wie er auch werden die Söhne genießen,
Herrlich strahlt der Sohn, Ungehofftes wird er erhalten;
Nicht weinen wird das Volk in jenen traurigen Zeiten,
Denn es werden wunderbare Ereignisse kommen,
Und gegen die Erwartung des Fürsten erwächst ihm eine neue Gewalt.

Endlich besteigt den Thron der Beste des Stammes.
Wieder erhält die Herde der Hirt und Bayern den König;
Gänzlich vergißt du, o Benediktbeuern, deine früheren Leiden;
Nährst deine Kinder am treuen Busen, nicht freut sich der Fremdling.
Mit erneuertem Glanz erheben sich dann die Tempel des Herrn;
Nach alter Weise gelangt auch die Geistlichkeit wieder zu Ehren,
Und kein grimmiger Wolf die edle Herd mehr bedräut.

# *Bartholomäus Holzhauser*

Bartholomäus Holzhauser wurde am 24. August 1613 im schwäbischen Laugna geboren. Er stammte aus einer einfachen Familie und begann unter schwierigen Verhältnissen mit seinen theologischen Studien in Neuburg. Später wechselte er nach Ingolstadt. Im Jahr 1639 wurde Holzhauser zum Priester geweiht.

Er war dann zunächst Erzieher und Seelsorger in Ingolstadt und wurde wenig später Pfarrer in Tittmoning. Dort gründete Holzhauser am 1. August 1640 seine Weltpriestervereinigung der Bartholomäer. In dieser Einrichtung, die später kirchlich gutgeheißen wurde, lebte der Priesternachwuchs in einer Gemeinschaft zusammen mit den Weltgeistlichen und den zu versorgenden alten und kranken Priestern. Als Hauptziel galt die priesterliche Vollkommenheit.

Den Rahmen des Zusammenlebens steckte die gemeinsame Tagesordnung für das Miteinanderwohnen in einem Haus ab. Ein Gelübde war nicht vorgesehen, nur ein Treueeid war zu leisten. Jeder konnte weiter über sein Privatvermögen verfügen, doch mußte er Rechenschaft gegenüber seinen Oberen ablegen. Von den Häusern dieser Gemeinschaft waren Frauen ausgeschlossen. Für alle Hausarbeiten gab es männliche Dienstboten. Bestanden früher einige Niederlassungen, so kennt man heute nur noch eine einzige im italienischen Palermo.

Holzhauser wurde 1642 Pfarrer und später Dekan in St. Johann in Tirol. Kurfürst Johann Philipp von Schönborn berief den Priester ins Erzstift von Mainz und zum Pfarrer von Bingen. Holzhauser starb am 20. Mai 1658 im Alter von 44 Jahren in Bingen. Er hinterließ eine Reihe bedeutender visionärer und aszetischer Schriften.

Bereits im Kindesalter soll Holzhauser Visionen gehabt haben. Sein bekanntestes Werk ist die Auslegung der Offenbarung des Johannes. Die folgende Zusammenfassung seiner Auslegung der Apokalypse wurde einer Sammlung von Prophezeiungen aus dem Jahr 1849 entnommen.

Die zweite Quelle enthält eine längere Vision, in der die Entwicklung auf der Welt in drei Perioden geteilt wird. Der Text widmet sich ausführlich den Verfolgungen, die Kirche und Christentum erdulden werden müssen. Gott werde einen „starken Monarchen" entsenden, um die Welt zu strafen. Schießlich werde der „von Gott gesandte Führer Führer" kommen, um den Monarchen zu vernichten und an den Verrätern Rache nehmen. Er werde, so endet die Prophezeiung, ein Reich Gottes auf Erden errichten („wo nur eine Herde und ein Hirt sein wird").

Die dritte Vision des Bartholomäus Holzhauser beschäftigt sich offensichtlich mit der Situation der katholischen Kirche in England. Dort war das

Lesen der hl. Messe tatsächlich von 1658 bis 1778, also wie von Holzhauser angekündigt, 120 Jahre lang verboten.
Die vierte Textquelle enthält eine Vision Holzhausers, in der Gott eindringlich an die Welt appelliert, Buße zu tun und sich zu ihm zu bekehren.

## *Textquelle: Holzhausers Auslegung der Apokalypse in einer Zusammenfassung von 1849*

Der Grundgedanke seiner Auslegung der Offenbarung ist folgender: Die sieben Sterne und sieben goldenen Leuchter, die Johannes im Geiste sah, bedeuten sieben Zeiträume der Kirche von ihrer Gründung an bis zum Gericht über Lebende und Tote. Diesen Perioden entsprechen die sieben Kirchen in Kleinasien, an welche das Wort des Herrn in der Vision ergeht, sowie die sieben Schöpfungstage, die sieben Weltalter vor Christus und die sieben Gaben des heiligen Geistes. Wie der Verlauf der Entwicklung alles Lebens in der Natur in sieben Stufen vor sich gehe, so werde auch die Wiedergeburt in sieben aufeinander folgenden Zuständen der Kirche vollendet. In jedem derselben schütte Gott verschiedene Gaben seiner Gnade aus, damit er die Schätze seiner Glorie zeige und erblühen lasse. So geschieht es, daß, obgleich die Kirche nur Eine sei, in ihr sieben Zustände unterschieden werden wegen der großen Dinge, die zu verschiedenen Zeiten bis zur Vollendung der Geschichte, aus göttlicher Zulassung ihr geschehen. Jeder nachfolgende Zustand pflegt aber vor dem Aufhören des vorhergehenden anzufangen, und während der jedesmalige frühere unmerklich abnimmt, wächst und entwikkelt sich allmählich der spätere, so daß wir sieben verschiedene Momente in der Geschichte der Kirche unterscheiden können.
Der erste Stand derselben ist, nach Auslegung Holzhausers, der der Aussaat, welches die Zeit Christi und der Apostel ist, die bis auf Nero, den ersten Verfolger, und den Papst Linus dauerte. Ihr enspricht unter den Gaben des heiligen Geistes die himmlische Weisheit, welches der wahre Glaube an Christus ist. Vorbilder dieser Zeit waren der erste Tag der Schöpfung, wo der Geist des Herrn über den Wassern schwebte und Gott das Licht schuf und es von den Finsternissen schied. Ferner das erste Weltalter von Adam bis Noah, in welchem Abel von Kain erschlagen, Set in seine Stelle gesetzt und das Geschlecht des Brudermörders von dem Geschlechte der Kinder Gottes gesondert wurde. So wurde auch im ersten Stande der Kirche Christus von der Synagoge umgebracht, die sich vom Sohne Gottes lostrennte, und in deren Stelle nach der Verheißung in Christus die heilige Kirche Gottes trat. Dies ist jenes erste Lebensalter, in welchem die Wiedererzeugung und Fortpflanzung des Menschengeschlechtes nach dem Geiste erfolgte, die von Jesus Christus, dem gemeinschaftlichen Vater Aller ausging, dessen Gegenbild Adam war, –

ein Zeitraum, dessen Typus die Kirche von Ephesus ist. Der, welcher die sieben Sterne in seiner Rechten hält, spricht also zu ihr: „Ich kenne deine Werke und deine Arbeit und deine Geduld. Das aber habe ich gegen dich, daß du die erste Liebe verlassen hast. Du hast aber das, daß du die Werke der Nicolaiten hassest, die auch ich hasse."

Nach Holzhausers Auslegung deuten diese Worte darauf, daß jene gegenseitige eifrige Liebe der ersten Christen dem Zorneseifer über den Irrtum und die falschen Lehren des Nicolaus, Cerinthus, Ebion, Simon Magus und anderen gewichen war, die um jene Zeit in der Kirche aufstanden. Der gerechte Eifer über die Verkehrtheit der Feinde der Wahrheit hatte eine Bitterkeit erzeugt, in welcher allmächtig jene Liebe unterging, die auch den Feinden wohl will und Gutes tut. Der Sinn der Worte Christi ist daher: „Du tust gut, daß du die Werke der Nicolaiden hassest, die ich auch hasse, aber du sündigest, weil du die Liebe zu ihren Seelen verloren hast; denn auch ihretwegen bin ich vom Himmel herabgestiegen und Mensch geworden und habe gelitten."

Dann folgt der Aufforderung zur Buße die Drohung: „Christus werde, wenn die Gemeinde von Ephesus nicht wieder die ersten Werke der Liebe tue, kommen und ihren Leuchter von der Stelle rücken, d. h. Verfolgungen, Irrlehren und Spaltungen erwecken, ihren bischöflichen Stuhl verpflanzen und ihre Reichtümer und Würden in die Hand der Feinde fallen lassen." Ein Wort, welches in den bald darauf folgenden zehn Christenverfolgungen und den Geschicken der kommenden Zeit, bis auf den heutigen Tag, nur zu schrecklich wahr geworden ist.

Den zweiten Zeitraum in der Geschichte der streitenden Kirche nennt Holzhauser den der Benetzung. Die Worte der Offenbarung lauten: „Und dem Engel der Kirche zu Smyrna schreibe, dies sagt der Erste und Letzte, der tot war und lebt: ich kenne deine Trübsal und Armut; aber du bist reich und wirst von denen gelästert, die da sagen, daß sie Juden seien, und sie sind es nicht, sondern sind die Synagoge des Satans. Fürchte nichts von dem, was du leiden wirst. Siehe, der Teufel wird Einige von euch ins Gefängnis legen, damit ihr versucht werdet und Trübsal habt an zehn Tagen. Sei getreu bis in den Tod, so will ich dir die Krone des Lebens geben" u.s.w. Dies ist die Zeit jener zehn großen Verfolgungen, die bis auf Constantins Tage währten. Ihr entspricht unter den Pfingstgaben der Geist der Stärke und der unbesiegten Geduld, mit welcher die Heiligen Gottes die Welt besiegten und das Himmelreich erwarben. Ihr Typus ist der zweite Schöpfungstag, an welchem Gott das Firmament in Mitten der Wasser setzte.

Dies bedeutet die Stärke der Märtyrer, die Gott aufrecht hielt in der Mitte des Wassers der Trübsal, welches ihre Liebe nicht auslöschen konnte. Wie diese Veste des Himmels am zweiten Tage der Schöpfung errichtet wurde, so auch ward die Kirche, welche den Himmel bedeutet, in ihrem zweiten Le-

bensalter durch das Zeugnis der Märtyrer gekräftigt und mit einem Firmamente für alle Zukunft gerüstet.
Dieser Periode entspricht ferner das zweite Weltalter von Noah bis Abraham, wo Gott die ersten Opfer geschlachtet wurden, als Vorbilder jener Zeugen des christlichen Glaubens, deren Blut Gott ein angenehmes und wohlgefälliges Opfer war.
Der dritte Zeitraum in der Geschichte der streitenden Kirche ist der der Lehre, welcher vom Papste Sylvester und Constantin dem Großen, bis auf Papst Leo III. und Karl den Großen reicht. Dies war die Zeit, wo das Dogma gegen die Anfechtungen der Häresie festgestellt, der christliche Glaube auf dem ganzen damals bekannten Erdboden gepredigt wurde.
Ihr entspricht die dritte Gabe des Paraclets, der Geist der Einsicht, von welchem erleuchtet die Kirche die hohen Geheimnisse der Dreieinigkeit, der Menschwerdung, und viele andere erwog und erklärte, die dawider ankämpfenden Irrlehren bannte und verurteilte. Der dritte Tag der Schöpfung ist das Gegenbild dieser Zeit. An diesem ließ Gott das Wasser von der Erde ablaufen und sich sammeln an einem Orte. So nahm er auch die frühern Trübsale, welche die heilige Schrift häufig durch das Bild des Wassers bezeichnet, durch Constantins Bekehrung von der Kirche hinweg, und schickte die Verfolger in das feurige Meer der Hölle. Und wiederum pflanzte er am dritten Schöpfungstage grünendes Kraut und Blumen und Fruchtbäume zum Schmucke der Erde und zum Nutzen und zur Ergötzung des Menschen.
So ließ Gott im dritten Stande der Kirche aus dem Wasser der Taufe grünes Kraut (d. h. Kinder und Erwachsene), Bäume (d. h. Lehrer) und Früchte (sichere und reichliche Einkünfte zu geistlichen Zwecken) sprießen. Zum Schmuck und Glanz der Kirche verlieh er ihr als Eigentum: Güter, Herrschaften und Fürstentümer; aller Orten wurden Klöster und Kirchen gebaut. Dies war der christliche Typus, der dem dritten Weltalter von Abraham bis Aaron und Moses entspricht.
Wie damals Sodom im Schwefelpfuhle und Pharao mit seinem Volke im Roten Meere unterging, Kore, Dathan, Abiron und alle jene vertilgt wurden, welche Spaltung in Israel brachten, dem Volke aber ein Gesetz gegeben ward, welches das natürliche, ins Gewissen des Menschen gesetzte erläuterte und erklärte: – so ward auch im dritten Zeitraume die Christenheit, nachdem ihre Märtyrer mit Blut gezeugt, aus der Trübsal in das Land des Friedens geführt. Das Blut Christi und seiner Zeugen hatte die Wollust der Welt und den Götzendienst der Heiden hinweggeschwemmt, das Schisma und die Häresie wurden aus der Kirche gestoßen, das evangelische Gesetz und die Wahrheit des christlichen Glaubens erklärt.
Die Kirche von Pergamum ist das Gegenbild dieses dritten Standes der Kirche. Sie wird belobt, weil sie festhielt am Namen des Herrn und seinen Glauben nicht verleugnet hat. Das aber hat der Herr wider sie, daß sie solche

unter sich duldet, welche die Lehre der Nicolaiten halten, Irrlehrer, welche das Volk zur sündigen, dem christlichen Recht der Ehe widerstreitenden Fleischeslust verführen.

Diesem Gräuel zu wehren, hat Gott zugelassen, daß seine Kirche von so vielen Anfechtungen heimgesucht wurde, auf daß sie nicht in Schwelgerei und Unzucht verderbe; ähnlich einem weisen Manne, der die böse Neigung seiner geliebten Gemahlin kennend, sie mit Sorgen und häuslichen Arbeiten vorsichtig beschäftigt, um sie auf dem Pfade der Pflicht zu halten. Diese Vorkehr, setzt Holzhauser hinzu, wird die väterliche Güte Gottes auch bis zum Ende der Zeiten mit seiner Kirche treffen, über die er Ketzer und Tyrannen loslassen wird, damit sie nicht in Reichtümern, Ehren und Wollüsten des Fleisches verfaule.

Noch merkwürdiger als diese Auffassung der drei ersten Perioden der christlichen Kirchengeschichte ist das, was Holzhauser über das *Mittelalter* im engern Sinne sagt. Diese Zeit, deren Glaube und Liebe, deren Gottesdient und Geduld, deren jüngste Werke, die die ersten übertreffen, der Herr in seiner Botschaft an die Kirche von Thyatira lobt, – aber an der er tadelt, daß sie gestatte, daß das Weib Jezabel, welches sich eine Prophetin nennt, lehre und seine Knechte verführe, Unzucht zu treiben und zu essen von den Götzenopfern, – diese Zeit ist die des Friedens, welche mit Karl dem Großen und Papst Leo III. beginnt, und bis auf Karl V. und Leo X. geht.

Ihr entspricht der vierte Tag der Schöpfung, an welchem Gott die Leuchten des Himmels und die Sterne machte; ferner die vierte der himmlischen Gaben: der Geist der Frömmigkeit; endlich das vierte Weltalter: die Zeit von Moses bis zur Vollendung des salomonischen Tempels.

So wie David den Gesang der Psalmen stiftete und den Gottesdienst erweiterte, sein Sohn Salomon aber die weiten Räume des Tempels baute, und prächtige Gefäße zu dessen Dienste und zum Dienste des Altares schenkte, dazu eine weise Ordnung und Zucht der Diener und Ehrfurcht gebietende Pracht der Opfer schuf, und unangefochten von jedem äußern Feinde herrschte, – so wurden auch in jenem vierten Zeitraume heilsame Concilien zum Unterrichte der Kirche gehalten, der Christenglaube blühte überall, die Kirche war frei von äußern und innern Feinden; Kirchengesang und Brevier, Zeremonien und Riten und die Satzungen für den Dienst des Altares wurden vermehrt und vervollkommnet.

Aber indem also die Kirche in Ruhe und Reichtum und Ehren saß, sicher unter dem Schutze frommer Kaiser, Könige und Fürsten, löste sich allmählig die Zucht, und jene weibische Weichlichkeit der Christen, die unter dem Bilde des Weibes Jezabel verstanden wird, brach herein. So wuchsen in den Dienern der Kirche: Begierde des Fleisches, Begierde der Augen und Hoffart des Lebens. Als sie sahen, wie ergötzlich die fleischlichen Lüste waren, und wie ihnen nichts Übles aus ihrer Nachsicht gegen die Sünde zustieß, fie-

len sie, wie es der Menschen Gewohnheit ist, in Sicherheit und Stolz, und schliefen den Schlaf der Sünde bis der Zorn Gottes über sie kam. –
Holzhauser schildert die Sünden jener Zeit mit eben so großer, von tiefer Einsicht in ihre Gebrechen zeugender, ins Einzelne gehender Genauigkeit, als mit biblischer Einfalt des Ausdruckes. Dann legt er die Worte aus, die Christus zur Kirche von Thyatira spricht: „Ich habe ihr Zeit gegeben, daß sie Buße tue." In diesen Worten wird die Langmut Gottes bezeichnet, womit er Jahrhunderte hindurch die Buße der griechischen Kirche erwartete, bis sie im Jahre 1453 dem Sultan Mahomet II. erlag.
Auch die lateinische Kirche war, mit alleiniger Ausnahme Berengars, der die Gegenwart Christi im heil. Sakramente des Altares leugnete, von Karl dem Großen bis auf Heinrich V. von jeder Ketzerei frei geblieben. Von da an aber tauchte eine Häresie nach der andern auf, als Vorspiel der künftigen Geißel Gottes. Alle aber wurden noch durch gute Fürsten und die Vorsehung Gottes unterdrückt, bis endlich im Jahre 1517 unter Kalr V. und Leo X. Luther alle frühern Irrlehren wieder aus dem Abgrunde emporrief und über Europa ausschüttete, „denn sie", die lateinische Christenheit, „wollte nicht Buße tun wegen ihrer Unzucht."
So erfolgte also der große Abfall, dessen Beginn und Verlauf der *fünfte* Zeitraum in der Geschichte der streitenden Kirche umfaßt. Dies ist der Stand der Betrübnis, welcher, von Leo X. und Karl V. hinübergreifend in die Zukunft, bis auf einen starken Kaiser und einen heil. Papst reichen soll, die Holzhauser im Geiste geschaut und deren Ankunft er bereits seinen Zeitgenossen verheißen hat.
Daß hier der fromme Seher, seine menschliche Vermutung mit der ihm gewordenen mystischen Anschauung verschmelzend, die Erfüllung seiner Weissagung für näher gehalten, als sie wirklich gewesen ist, – dies beweist heute der Augenschein. Welchen Wert man sonst auf seine Verkündigung dessen legen will, was da kommen soll, dies stellen wir, wie es sich einfach von selbst versteht, lediglich und unbeschränkt der vollen Freiheit jedes christlichen Lesers anheim.
Desto größeres Gewicht legen wir auf die höchst beachtenswerte Schilderung jenes fünften Zeitraums, in welchem wir, wenn Holzhausers Einteilung der Kirchengeschichte richtig ist, heute noch leben. Jeder Unbefangene wird wenigstens zugeben, daß es vor zweihundert Jahren bei weitem schwerer war, als heute, sich im dunkeln Labyrinthe der drei letzten Jahrhunderte so einfach und klar zurechtzufinden, als es in dieser Auslegung der Apocalypse geschehen ist, deren Verfasser den innersten Nerv der neuern Geschichte mit einer Sicherheit und Bestimmtheit vor unsern Blicken bloßgelegt hat, wie nicht leicht ein anderer Schriftsteller.
Dies ist, sagt er nämlich, der Zustand der Betrübnis, der Trostlosigkeit, der Demütigung und der Armut der Kirche, der mit Recht ein Reinigungszu-

stand genannt wird, in welchem Christus der Herr sein Korn geschwungen hat und ferner noch schwingen wird, durch grausame Kriege, Aufstände, Hunger, Pest und andere Greuel, durch Betrübnis und Armut, die er über die lateinische Kirche verhängt, durch viele Ketzereien und schlechte Christen, die ihr die meisten Bischofssitze und unzählige Klöster und Stifter, insbesondere die reichen, entziehen werden. Sie wird unterdrückt selbst durch katholische Fürsten und durch Abgaben, Steuern und andere Erpressungen beraubt werden, also daß wir in Wahrheit seufzen und mit dem Propheten Jeremias sagen können: „Die Herrin aller Länder ist unter das Joch gebracht“ (Klagl. 1); armselig und elend ist die Kirche geworden, weil sie von den Ketzern gelästert wird und die Geistlichen gering geschätzt werden von den schlechten Christen, die ihnen keine Ehre und keine Achtung erweisen. Durch dieses Alles wird Gott sein Korn schwingen und die Spreu herauswerfen, daß sie in Feuer verbrannt werde, das Korn aber wird er in seiner Scheuer sammeln.

Dieser fünfte Stand der Kirche ist der Stand der Betrübnis, der Stand des Abfalls und voll von jedwedem Ungemach. Wenige werden übrig bleiben auf Erden, vor dem Schwerte, dem Hunger und der Pest. Ein Reich wird gegen das andere streiten, und andere werden in sich selbst geteilt und verwüstet werden; die Fürstentümer und Monarchien werden gestürzt und fast alle werden verarmen. Die höchste Trostlosigkeit wird auf Erden sein. Dies Alles ist teils schon erfüllt, teils wird es noch erfüllt werden. Dieses Alles aber wir durch das allergerechteste Gericht Gottes zugelassen wegen des aufgehäuften und eingedrückten Maßes unserer Sünden, das wir und unsere Väter in der Zeit der Gnade voll gemacht haben, wo Er uns erwartete, daß wir Buße täten.

Ein Bild dieses Standes ist die Kirche von Sardes. Sardes heißt nämlich verdolmetscht: „Anfang der Schönheit.“ Denn weil dieser fünfte Stand ein Stand der Trübsal und der Bedrückung und deshalb ein Reinigungszustand ist, wird er mit Recht ein Anfang der Schönheit, d. h. der Vollkommenheit genannt, die im sechsten Stande folgen wird. Denn die Mühseligkeiten und die Armut und die andern Widerwärtigkeiten sind ein Anfang und eine Ursache der Bekehrung, und der Anfang der Weisheit ist die Furcht des Herren. Denn wir fürchten Gott und öffnen die Augen, wenn die Wasser und Fluten der Trübsal auf uns einstürmen. Wenn wir aber im Glück sitzen, Jeder unter seinem Feigenbaum und unter seinem Weinstock, unter dem Schatten seiner Ehre, seiner Reichtümer und seiner Ruhe, dann vergessen wir Gottes, unseres Schöpfers, und sündigen mit Sicherheit. Deshalb hat die Vorsehung Gottes es immer also geordnet, daß seine Kirche, von der er will, daß sie stehen soll, bis zum Ende der Zeiten, immer wieder angefeuchtet werde von dem Wasser der Trübsal, gleichwie ein Gärtner seinen Garten zur Zeit der Dürre besprengt.

Dieser Zeit, „welche den Namen hat, daß sie lebe, während sie tot ist", entspricht die Gabe des Rates, die fünfte des heiligen Geistes. Denn des Rates bedarf man, um Übel abzuwenden und auch größere zu verhindern, und um das Gute zu erhalten und zu fördern. Gleichmäßig entspricht diesem Stande der Kirche das fünfte Weltalter, welches vom Tode Salomons bis zur babylonischen Gefangenschaft einschließlich dauerte.

Wie in diesem auf den Rat Jerobeams Israel in Götzendienst fiel, und Juda und Benjamin allein beim Dienste des wahren Gottes blieben, so fiel auch in der fünften Periode der Kirchengeschichte der größere Teil der lateinischen Kirche in Ketzereien, und nur ein kleiner Teil blieb dem katholischen Glauben treu. So wie ferner die Synagoge und das ganze jüdische Volk deswegen von den Heiden bedrängt und ihnen öfters zum Raube überlassen wurde, so werden deshalb die Christen, und mit ihnen das römische Reich und die übrigen Staaten, mit jedem erdenklichen Ungemach heimgesucht. Wie endlich Assur mit den Chaldäern von Babylon auszog und Jerusalem eroberte, den Tempel zerstörte, die Stadt verbrannte, das Allerheiligste entweihte, und das auserwählte Volk gefangen wegführt, so ist zu fürchten, daß in Kurzem die Türken hereinbrechen und der lateinischen Kirche kein milderes Los bereiten werden.

Wie im fünften vorchristlichen Zeitalter das Reich Israel und das Reich Juda sehr geschwächt waren, bis endlich zuerst das israelitische und dann das jüdische Reich völlig vernichtet wurde, so sehen wir in diesem fünften Stande der Kirche das römische Reich geteilt und voll Verwirrung, so daß die Gefahr nicht mangelt, daß es ganz untergehe, wie einst das morgenländische Kaisertum im Jahre 1452.

Endlich entspricht diesem fünften Stande der fünfte Tag der Schöpfung, wo Gott sprach: daß die Wasser allerlei Gewürm und Vögel hervorbringen sollten. Beide bedeuten die höchste Freiheit; denn was ist freier als der Fisch im Wasser und der Vogel in der Luft? ... Dies sind, sagt Holzhauser, jene elenden und fleischlichen Menschen, die in Kraft der Freiheit der Religion und des Gewissens, nach ihren Gelüsten und Begierden kriechen und fliegen, indem Jeder tut und glaubt, was er will, und von denen der heilige Apostel Judas in seinem katholischen Briefe schreibt: „Sie lästern, was sie nicht kennen, darin aber, was sie von Natur, wie die stummen Tiere wissen, kommen sie um" ...

In eben diesem traurigen Stande der Kirche aber werden die göttlichen und menschlichen Vorschriften der Kirche ausgelöst und entkräftet, die heiligen Canones werden für nichts geachtet, die geistliche Disziplin wird im Klerus nicht besser beobachtet, wie die politische Ordnung im Volke. Deshalb sind sie wie das Gewürm auf der Erde und im Meer und wie die Vögel des Himmels, denn Jeder wird, indem er tut und glaubt, was er will, vom Rade seines natürlichen Geschickes fortgerissen.

Auf diesen Stand der Betrübnis folgt, nach Holzhausers Auslegung, der sechste Zeitraum, der ein Stand der Tröstung ist. – „Dieser sechste Stand der Kirche«, sagt der ehrwürdige Seher, „wird seinen Anfang nehmen von jenem starken Herrscher und von dem heiligen Papste und wird dauern bis zur Geburt des Antichrist. Dies ist der Stand der Tröstung, wo Gott seine heilige Kirche wegen aller Leiden und schweren Trübsale trösten wird, die sie im vorhergehenden Zeitraume erduldete.

Denn alle Völker werden zurückgeführt werden zur Einheit des wahren Glaubens; der geistliche Stand und das Priestertum werden blühen; die Menschen werden mit aller Sorge das Reich Gottes und seine Gerechtigkeit suchen. Gott wird ihnen gute Hirten geben, weshalb sie in Frieden leben werden, Jeder unter seinem Weinstock und auf seinem Acker, weil Friede auf Erden sein wird, den Gott alsdann den Menschen gibt, die mit ihm in Frieden leben, und dies zwar unter dem Schutze der Fittige jenes starken Monarchen und seiner Nachfolger. Diesen Stand hat typisch das sechste Alter der Welt vorgebildet, welches von der Befreiung des israelitischen Volkes und der Wiederherstellung des Tempels und der heiligen Stadt anfängt und bis zur Ankunft Christi dauerte.

Denn wie in diesem Zeitalter das israelitische Volk von Gott dem Herrn erfreut wurde durch seine Befreiung und durch die Wiederherstellung des Tempels, so wie der Tempel und das wiederhergestellte Jerusalem, und alle Reiche, Stämme und Völker dem römischen Reiche untertan waren, welchem Cäsar Augustus, ein gewaltiger und hochansehnlicher Monarch, sechsundfünzig Jahre lang vorstand, der, nachdem er alle seine Feinde besiegt und unterjocht hatte, dem ganzen Erdkreise den Frieden gab und allein bis zur Ankunft Christi des Herrn regierte und weiter, – so auch wird Gott die katholische Kirche in ihrem sechsten Stande mit dem höchsten Troste überschütten.

Denn während wir im fünften Zeitraume überall die größten Widerwärtigkeiten erblicken; während Alles durch den Krieg verwüstet wird; während die Katholiken von den Häretikern und schlechten Christen unterdrückt werden; während man die Kirche und ihre Diener tributpflichtig macht; während die fürstlichen Herrschaften gestürzt, die Monarchen umgebracht werden, die Untertanen abfallen, und Alle darin übereinstimmen, Repuliken zu errichten, so wird demnach durch die Hand des allmächtigen Gottes eine wunderbare Veränderung geschehen, die sich menschlicherweise Niemand einbilden kann. Denn jener starke Herrscher, der da kommen wird von Gott gesandt, wird die Republiken von Grund aus zerstören, wird sich Alles unterwerfen und wird eisern für die wahre Kirche Christi kämpfen. Alle Häresien werden vertilgt, das Reich der Türken gebrochen werden. Er wird aber im Orient und Occident herrschen und alle Völker werden kommen und Gott den Herrn im rechten katholischen Glauben anbeten.

Zu derselben Zeit werden viele gerechte und gelehrte Männer auf Erden leben, die Menschen werden Recht und Gerechtigkeit lieben, und es wird Friede auf der ganzen Erde sein, weil die göttliche Macht den Satan durch viele Jahre binden wird, bis Jener kommt, der da kommen wird, – der Sohn des Verderbens, wo dann der Satan von Neuem losgelassen werden wird. Diesem sechsten Stande entspricht als Bild der Vollkommenheit der sechste Tag der Schöpfung, an welchem Gott den Menschen nach seinem Bilde schuf, und ihm alle Kreaturen der Welt unterwarf, daß er ihr Herr sei."

Der Geist der Weisheit, der diesem sechsten Stande der Kirche entspricht, wird sich in jenen Tagen auf die ganze Erde niederlassen; die Kenntnisse werden sich vervielfachen und vervollkommnen, die heilige Schrift wird einstimmig ohne Streit und ketzerischen Irrtum verstanden werden, die Menschen werden erleuchtet sein, sowohl in natürlicher als in heiliger Wissenschaft. Die Kirche zu Philadelphia ist der Typus dieser Zeit.

Auf diese Erhebung soll dann als siebente und letzte Periode der Kirchengeschichte der Stand der Trostlosigkeit folgen, der mit der Geburt des Antichrist anfängt und dauern wird bis zum Ende der Welt. – In dieser Zeit wird jener große und allgemeine Abfall vom Glauben erfolgen, den der Herr vorausgesagt hat, dann aber wird die Zeit ihr Ende erreichen und das Wort des göttlichen Willens erfüllt werden.

Deshalb entspricht dieser Stand dem siebenten Tage der Schöpfung, wo Gott sein Werk beschloß und den Sabbat feierte. So wird er auch im siebenten Stande der Kirche sein geistliches Werk vollenden, welches er durch Jesus Christus zu tun beschloß, und dann mit allen seinen Heiligen in Ewigkeit ruhen. Dann wird auch der Glaube zum Wissen werden, weshalb diesem großen Schlusse aller Geschichte, als deren siebentem Momente, die Gabe des Geistes der Wissenschaft entspricht. Denn allerdings, sagt unser frommer Gewährsmann, wird mannichfache Wissenschaft auf Erden sein, wenn das Zeichen des Menschensohnes am Himmel erscheinen und jedes Auge ihn sehen wird. –

In dem diesem Gerichte zunächst vorhergehenden Zeitraume aber, welcher durch die Kirche von Laodicen abgebildet wird, wird die Liebe erkalten, der Glaube erlöschen, alle weltliche Ordnung sich verwirren, unter den Menschen Lauheit und Eigensucht herrschend werden. Die Hirten, Vorgesetzten und Fürsten aber werden töricht sein, herbstliche Bäume ohne Blätter und ohne die Früchte guter Werke, Irrsterne und Wolken ohne Wasser. Dann aber wird Christus seine Kirche ausspeien aus seinem Munde und zulassen, daß der Sohn des Verderbens zu seinem Reiche komme.

Wir wollen an diese allgemeine Behandlung seiner Offenbarung einige interessante Züge für die Neuzeit passend anreihen. Holzhauser sagt:

„In dem sechsten Zeitraume wird die Kirche getröstet, und alle Völker werden in den Mutterschoß der heiligen katholischen Kirche zurückgeführt werden. Das Priestertum wird blühen, und die Menschen werden das Reich Gottes und seine Gerechtigkeit suchen. Sie werden in Frieden leben, und jeder wird ruhig auf seinem Acker und bei seinem Weinstocke bleiben. Der große Monarch wird die Freistaaten vernichten, und die Kirche Christi ausbreiten."

Den großen Monarchen und den heiligen Papst findet Holzhauser näher bestimmt in der Offenbarung des Johannes 14,11 ff.:

„Ich sah eine weiße Wolke, und einer, der saß auf der Wolke, wie der Sohn des Menschen, und hatte auf seinem Haupte eine goldene Krone und in der Hand eine scharfe Sichel. – Und ein anderer Engel kam aus dem Heiligtume, und rief mit starker Stimme dem zu, der auf der Wolke saß: Lege deine Sichel an und ernte, denn die Stunde der Ernte ist gekommen, und die Saat der Erde ist überreif. Und der auf der Wolke saß, legte die Sichel an auf Erden, und die Erde ward abgemäht."

Der auf der Wolke ist der große Monarch, der andere Engel, welcher aus dem Heiligtum hervortritt, der heilige Papst, der auf besondere Eingebung Gottes den großen Monarchen auffordern wird, die Sichel anzulegen, zur Ausrottung des Unkrautes, worauf dieser die im Irrtume verharrenden Völker überwältigen wird.

„Ein anderer Engel", heißt es weiter in der Offenbarung Joh., „kam aus dem Heiligtum, das im Himmel ist; auch er hatte eine scharfe Sichel." Dieser Engel, sagt Holzhauser, ist ein großer Feldherr, welchen der Papst über ein zahlreiches Kriegsheer setzen wird, damit er, wie die Bibel fortfährt, die Sichel anlege, um die Trauben des Weinstocks zu beschneiden, d. h. die Feinde der Kirche zu besiegen; denn das wilde Tier (man merke wohl!), welches das türkische Reich ist, wird noch zuvor Italien erobern, überall Besitz ergreifen, und die Christenheit so in die Enge treiben, daß sie, von den größten Not gedrängt, das Äußerste wagen wird.

Ich schließe mit Offenbarung Joh. 14,19: „Und der Engel legte seine scharfe Sichel an auf Erden, und schnitt den Weinstock der Erde, und warf die Trauben in die große Kelter des Zornes Gottes."

Der große Monarch, der auf Geheiß des heiligen Papstes die Erde vom Unkraute, und den Weinstock von den wilden Trauben säubert, der die heilige katholische Kirche wieder in ihre alte Geltung und Ausbreitung einsetzen wird, kann nach aller auf die Geschichte begründeten Vorausbestimmung nur ein römisch-deutscher Kaiser sein, und wir könnten demnach auch aus Holzhauser ohne Schwierigkeiten herauslesen, was manche andere Propheten deutlich aussprechen:

„Die nächste Zukunft wird uns mit der Zurückkehr aller christlichen Sekten in den Schoß der heiligen katholischen Kirche unter dem Hirten zu Rom auch die Wiederherstellung des römisch-deutschen Reiches bringen."

Aber erst, nachdem die Türken, d. h. der gesamte barbarische Osten Europas, Russen, Türken u.s.w. das Gebiet der Kirche, den Westen Europas sen-

gend, brennend und mordend überflutet haben, und von uns mit der äußersten Kraftanstrengung wereden überwunden sein.
Wer, der die gegenwärtige (1849!) Lage Europas ruhigen Auges überblickt, und die ungeheuren Rüstungen der Russen und ihre so oft schon in den Zeitungen ausgesprochene Verbindung mit den Türken betrachtet, könnte an der Möglichkeit, ja an der Wahrheit dieser Zukunft zweifeln? Wer kann zweifeln, daß unser Vaterland noch einmal, Gott gebe, zum letzten Male, der blutige Schauplatz großer Begebenheiten sein wird, aus denen die glückliche Zukunft der christlichen Welt erstehen muß. Auf diesem Boden wurde die kirchliche und staatliche Uneinigkeit und Zerrissenheit der Christen und des deutschen Volkes durch menschliches Gesetz sanktioniert; auf demselben Boden soll die Einheit und die ursprüngliche brüderliche Liebe wieder erblühen, aber mit Blute, mit vielem Blute getauft werden. Gehen wir mit echtem Vertrauen auf Gott und Christus den blutigen Tagen entgegen, dann wird uns der besonnene Mut und die siegreiche Kraft in der rechten Stunde nicht fehlen!

## *Textquelle: Die Visionen des Bartholomäus Holzhauser*

### 1. DIE DREI PERIODEN DER WELT

*Erste Periode:* Und zwar werden in der Zeit der Kirche, der tausend und achthundert Jahre, nachdem die Jungfrau geboren hat, große Bedrängnisse über die Erde kommen.
Der verewigte Trithemius hat wahr gesagt von denen, über die mein Jahrhundert in der vierten Zeit der Kirche Zeugnis abgelegt, ich aber werde mit Hilfe des Paraklet weissagen von denen, die da kommen sollen.
Zu dieser Zeit wird ein neuer Luzifer erscheinen, das ist ein Geist des Hochmutes und der Eitelkeit, der unter dem Namen der Philosophie eine Zeitlang einen großen Teil der Welt beherrschen wird.
Und zwar hat Luther das Dach zerstört, Calvin die Mauern eingerissen, aber die Grundfesten wird dieser Philosophismus zerstören.
In Frankreich, das schon früher durch Sünden groß geworden, werden Hähne auferstehen, die durch ihr philosophisches Geschrei die ganze Welt aufregen und unter dem Schein der Freiheit die Völker verführen, die Lilien brechen, die Fürsten morden, den christlichen Glauben gänzlich unterdrükken und in der Kirche Verfolgungen erregen. Die Priester und Diener der Kirche werden ins Elend gejagt und ermordet werden; und die gottlose Schar dieser sogenannten Philosophen wird ihre Lehre ausbreiten, womit die Jugend zum Atheismus und Naturalismus verleitet und die Völker verführt werden, daß sie dem Gesetz und dem König nicht gehorchen, die Kir-

che verdammen, sich verschwören, um in der ganzen Welt Republiken zu errichten; und alles wird vom Krieg verwüstet werden. Das wird das Ende der ersten Periode dieser Verfolgung sein.

In der *zweiten Periode* wird Friede sein, aber nur der Name wird sein, und in Wahrheit ist kein Friede. Denn in ihm werden die Bedrängnisse so groß sein wie im Kriege. Die deutschen Fürsten, schon von alter Treue abgefallen, werden den Kaiser verlassen und durch das ungerechteste Band des Friedens gegen die Katholiken sich binden. Alle Erzbistümer, Bistümer, Klosterabteien und Köperschaften, die meist der fromme Sinn der Väter gegründet, werden diese Fürsten nach Art der Wölfe zerstören.

Deutschland wird sein ein geteiltes Reich, weil seine Fürsten Gesellen der Wut geworden sind, weswegen Gott den Geist des Schwindels über sie ausgegossen hat. Und das wird es sein, was sie sich bereitet haben: sie werden wollen, was sie nicht wollen; nicht wollen, was sie wollen; und so groß wird die Verkehrtheit werden, daß sie nicht können, was sie können. Denn jener Geist des Schwindels wird es also fügen, daß Könige und Fürsten am hellen Mittag wie in Finsternis tappen, weil ihre Leuchten verrückt sind von ihrem Ort, so daß sie erblinden mußten.

Aber nun wird, was kaum zu glauben ist, ein Mensch erscheinen; sein Name wird unbekannt sein und sein Vaterland nur wenig berühmt. Ihn hat Gottes Allmacht unter dem Namen des starken Monarchen bestimmt, einen weiten Teil der Welt zu strafen. Dieser starke Monarch, gegürtet mit mächtigem Schwert, wird alle Republiken, welche die Zöglinge des Philosophismus errichtet hatten, von Grund aus zerstören und die Scharen dieser gottlosen Jünger, die nicht der Kirche noch dem Gesetz gehorchen, sich wunderbar unterwerfen. Mit einem Mal wird er unter dem Zeichen des räuberischen Adlers mit Schrecken und Härte das Reich beherrschen, das immer am ersten in die Fehler fällt, die es vermeiden wollte. Den Geist der Zwietracht wird dieser starke Monarch zu Hilfe nehmen und nun in andere Reiche eindringen, besonders in jene, die jenseits des Rheines liegen, um sie für ihre gottlose und lasterhafte Regierung zu strafen; denn im priesterlichen Kleid und weltlichen Gewande hatten sie den Glauben und die Gesetze verlassen.

Darum wird er den größten Teil ihrer Reiche verwüsten und die Zepter dieser Könige zerbrechen. Überaus groß wird das Elend in den Reichen sein, und Zeichen werden den Bedrängnissen voraneilen. Alte Staaten werden untergehen und neue sich erheben. Unter den Flügeln dieses räuberischen Adlers wird das römische Reich zerrissen werden. Weil viele um den Vorrang streiten, wird alles gestürzt werden. Und es wird dieser starke Monarch einige, aber nicht lange Zeit herrschen in einem Teil des Orients und auch des Okzidents, damit alle wiederkehren zu Gott, unserm Herrn.

*Dritte Periode:* Die Völker werden, wie schon gesagt, in allen Weisen in Armut sinken und dann zu Gott sich im Gebete wenden und seine Barmher-

zigkeit erflehen, daß er abwende von ihnen die dreifache Strafe: Krieg, Hunger und Pest. Und siehe, im Anfang dieser dritten Periode wird die Hilfe unseres Herrn in solcher Weise sich bewähren, daß alle Welt an ihn glauben muß. Als sollte der Erdkreis zusammenstürzen, eine solche überaus wunderbare Veränderung wird sich nun ergeben, daß kein Sterblicher sich einen solchen Wechsel hätte einbilden mögen. Das Ende des starken Monarchen, der in der zweiten Periode herrscht, ist nun verhängt. Denn erfüllt ist das Wort und ein großer Teil der Welt durch ihn gezüchtigt.
Unter der Hilfe des Herrn werden überaus starke Heerführer aus einem alten und edlen Hause der Deutschen sich erheben. Tief gedemütigt, wie sie waren, durch den oben erwähnten starken Monarchen, durch harte Not aufs äußerste gebracht, hätte niemand eine solche Veränderung sich einbilden können. Denn die Hände dieses Führers sollen wunderbar gestärkt werden und sein Arm wird Vaterland, Gesetz und Glauben rächen. Es wird nun eine gemeinschaftliche Sache gegen jenen starken Monarchen und gegen die zum Verrat des Vaterlandes mit ihm verbundenen Fürsten und Könige sein. Das Vermögen und die Hilfeleistung der ganzen Welt wird zur Führung des Krieges gegen diesen Monarchen und seine Verbündeten verwendet werden.
Jener starke, von Gott gesandte Führer wird im Offenen jenen Monarchen aufreiben und mit der Schärfe des Schwertes alle seine Feinde diesseits und jenseits des Meeres austreiben. Er wird Frankreich, von jedem Verteidiger entblößt, und in sich selbst aufgelöst, durch Niederlagen, Elend, Feuerflammen in unerhörter Rache zerreißen, schlagen und auflösen, indem er einen Teil gegen Mitternacht hin zu ewigem Lohne einem Sprößling aus dem Geschlechte der Könige gibt, der in Knabenschuhen ausgewandert war. Wehe dann jenen, die vorhin die Lilien (das Geschlecht der Bourbonen) zerrissen haben und von ihm die Krone weggenommen. Wehe jenen, die ungerechtes Gut erworben. Wehe jenen,die Ärgernis gegeben und das Szepter sich anmaßen!
Ferner wird der neue Achab, die neue Jezabel nimmermehr sein. Er wird schwere Rache nehmen an Fürsten und Königen, die vorher Verräter des Vaterlandes gewesen sind. Wehe auch jenen, die vom Reiche ihrer Väter und von der Kirche ungerechtes Gut geraubt. Sie werden alles mit Zinsen wiedergeben müssen und es wird fortan kein Heil im Hause dieser Diebe sein. Unabwendbare Strafe wird sie verfolgen. Denn jener starke Führer hat geschworen vor dem Angesicht des Herrn einen Eid, daß er das Schwert nicht eher wieder in die Scheide stecke, als er das Vaterland hundertfältig gerächt habe. Stürzen wird er dann das hohe Babylon, das Judenreich wird enden, die Türkenherrschaft wird zerstört werden und jener starke Heerführer wird der stärkste Monarch in der ganzen Welt und sein Szepter wird das des Manasse (fünfundzwanzigjährige Regierungszeit!) sein. Und er wird in der Versammlung der Männer, die durch Frömmigkeit und Weisheit aufrichtig ver-

bunden sind, mit Beihilfe des hl. Vaters neue Gesetze und Normen entwerfen und jenen Geist des Schwindels in Banden legen, um ein neues Jahrhundert zu beginnen und zu erziehen, wo nur eine Herde und ein Hirt sein wird, welcher der Welt und allen, die guten Willens sind, den Frieden gibt, um Gott unseren Herrn zu verherrlichen."

## 2. VISION ÜBER DIE KIRCHE IN ENGLAND

Ich stand im Jahre 1635 an der Donau unter Almosenspende an die Verbannten und in Gebeten für den Erdkreis. Ich stand gegen Westen und Norden und mein Herz ergoß sich in vielen Klagen vor Gott, sprechend: Wie lange wird der Widersacher dieses gefangene Reich in Besitz halten, welches da schwimmt im Blute der Märtyrer, welches ausgegossen hat das verfluchte Weib Jezabel, die herrschen will in der Kirche Gottes – und ich sah, daß das rechtmäßige Opfer 120 Jahre unterlassen werden würde, und sah jenseits des Meeres sehr große Länder und daß zusammen liefen Völker und Sprachen, und die Erde würde inwendig, wie durch ein Erdbeben, durch die Heere erschüttert, und ich sah, daß die Haufen geteilt waren, und ich sah den König in ihrer Mitte stehen und es wurde mir gesagt: Alles steht beim Könige und der König wird gleichsam verkauft.
Und es sind die Himmel geöffnet gegen Westen und die Erde erzittert im Erdbeben und die Völker wurden erschüttert und Schrecken kam über sein ganzes Reich; und es wurde mir gesagt: Vom Könige hängt das Volkes Heil ab – und ich sah ihn wie einen Mißbilligenden; und ich hörte: Wenn der König nicht will, wird er erschüttert werden. Und es öffnete sich gegen Westen der Himmel, und es stieg, fliegend von der Seite her, eine große feurige Kugel herab und erschütterte den König, und es ruh'te sein Reich und die Erde wurde erleuchtet.
Und sieh! Ich sah ein Schiff auf dem Meere herankommen und im Hafen landen, und es stiegen heilige gerechte Männer an's Land, welche im Schiffe waren, und sie fingen an das Evangelium zu verkündigen in jenen Ländern, und sie haben es befolgt und sind glücklich, und jenes Land kehrt zum Frieden zurück und zur Heiligung Jesu Christi.

## 3. VISION ÜBER GOTTES AUFRUF ZU BUSSE UND BEKEHRUNG

Im Jahre 1635 betete ich sehr inbrünstig im Tempel Gottes für das Heil der Welt. Da sah ich im Bilde die Kirche Gottes, Jesu Braut. Ihre Gestalt weckte meine Seele zur heftigsten Liebe. Traurig sah sie aus und weinte Tränenbäche, wie die Mutter Jesu unter dem Kreuze. Die Ursache ihrer Trauer erschütterte meine ganze Seele: Ich sah die Welt in Unglauben ersäuft, das

Land von Jesu abtrünnig; ich bebte zurück, gelobte und schwor zum Herrn, daß ich für die Kirche Gottes eifern wollte.
Herr, sprach ich, wie lange noch züchtigst du die Erde und überschwemmst sie?
Bis zur Bußpredigt, versetzte der Geist, und bis die Buße wirklich erfolgen wird, werde ich es züchtigen, wie einst Israel in der Wüste. Tun sie keine Buße, lassen sie nicht von ihrem verkehrten Wandel ab, suchen sie mich nicht mit aufrichtigem Herzen, so werden sie vergebens nach Frieden rufen: Fliehen wird er vor ihnen, denn ich bin der Herr!
Allen soll Buße gepredigt werden. Ohne Feuer sind ihre Brandopfer; denn das Volk ist böse und viele seiner Priester auch: Das Salz der Erde ist geschmacklos, und so hat Fäulnis die Völker ergriffen. Deshalb gehe hin und sage ihnen:
Erwache Deutschland, spricht der Herr, erwache, trunknes, schalkhaftes, lasterhaftes, ehebrecherisches, verlogenes Volk, erwache! Wie lange noch wirst du töricht und berauscht das Gericht des Herrn verkennen? Hältst du mich für blind, für unachtsam auf dich? Oder hältst du deine Feinde für zu stark und zu zahlreich, als daß ich sie vernichten könnte? Nein, spricht der Herr, meinen Endzweck will ich erreichen. Bekehret euch zu mir: Höret auf zu sündigen, dann werde auch ich aufhören, euch zu geißeln.
Wenn der Vater züchtigt, dann flieht das Kind zur Mutter. – Du, Deutschland, tust das nicht! – ... Sünde häufst du auf Sünde, öffentlich und insgeheim. Deine Hirten, deine Richter, deine Räte, deine Vornehmsten, auf die du baust – größtenteils sind sie übertünchten Gräbern gleich. Meiner uneingedenk, der ich in Barmherzigkeit dich getragen und errettet, lästerst du noch meinen Namen, mein Heiligtum, meine Religion. – Deutschland! Ich bin dein Vater, wo aber bleibt die mir schuldige Ehrfurcht? –
So wahr ich lebe, werde ich nicht von meinem Vorhaben abgehen, spricht der Herr, sondern meinen Endzweck verfolgen. Wie gebunden soll die Sünderin Deutschland vor mir stehen, wie ein Betrunkener unter losen Spöttern vor ihren Feinden. Eure Anschläge will ich verrücken, eure Stärke entnerven, den deutschen Biedersinn hinwegnehmen. Deutschland soll dem Kriege unterliegen, der Verwüstung seiner Feinde so lange übergeben werden, bis es aufrichtige Buße tut und zu mir sich bekehret.
Höre Deutschland, spricht der Herr, der Adler wacht, der Hahn kräht, der Hund bellt, die Zungen stimmen drein – wache auf, liebes Deutschland! Reinige die alten Sündenhefen aus. Seid einträchtig, ermannet euch, ruft die Gemeinden zusammen und haltet Rat; heiliget die Priester, reiniget die Gotteshäuser und verbannet alle Unreinigkeit und Schädlichkeit; schaffet dem gemeinen Manne, den Witwen und Waisen und den Armen schleuniges Recht; rottet aus den Aberglauben, den Unglauben und die Gotteslästerungen; führet den deutschen Brudersinn und Bruderliebe wieder ein; schaffet

Gutes und sündiget hinfort nicht mehr; wenn meine ganze Herde heilige Sitten anziehet und alle Falschheit verbannet – alsdann, Deutschland, will ich dir Vater und Gott, Vormauer, Feste und Stärke, Kriegsheer und Riesenkraft und deiner Feinde panischer Schrecken sein, will dem Unternehmen deiner Helden Gedeihen geben; nur tue Buße! –

Aber hast du das bisher getan? Hat du dich gedemütigt, gebessert und zu mir bekehrt? – O Deutschland! Mache dich auf, noch ist es Zeit! Kehre zurück zum Herrn, deinem Gott, und der wird dich väterlich umfassen, dich von deinen Feinden befreien und dir das Paradies des Friedens, aus welchem dich deine Laster verbannt hielten, wieder eröffnen.

Und damit du nicht sprechest: Worin soll ich mich bekehren, so höre: Schon bei deinem Auszuge fiel dir alle Gottesfurcht, wie Feigenblätter im Winter, hinweg. Du schwimmst in Hoffart und Heuchelei, bist voll betrüglicher Schmeicheleien, Lügen und Täuschungen, Überlistung des Nächsten, Haß und Hochmut. Viele deiner Großen und Räte sind ohne Treue und Glauben; diese vornehmen Gleißner, welche Religion sowohl wie Achtung gegen mein Haus und meine Gesalbten nur heucheln und, anstatt für deine wahre Erziehung zu sorgen, nur mit dir prassen und von dir zehren, lügen dir betrügliche Schmeicheleien vor, und beschleunigen so deinen Sturz in unabsehbare Übel.

Sie haben keine Gottesfurcht und denken deshalb auch nicht auf Gerechtigkeit und wahre Haltung meiner Gebote. Du, bilde deine Kinder in Wahrheit, Gerechtigkeit und gegenseitiger Liebe, und nicht in dem Nachäffen der Ziereien ausländischer Völker. Natürliche Aufrichtigkeit und offene Wahrheitsliebe sind ganz von dir ausgewandert; aber Zweizüngige und Ohrenbläser sind mir verhaßt.

Wisset, spricht der Herr, in den sieben Tieren sind deine Hirten, Fürsten, Feldherrn ist dein Volk vom Kleinsten bis zum Größten, Arme und Reiche geschildert. Durchgängig führen sie wider mich Krieg und zwingen mich, sie zu geißeln und zu züchtigen. Gelobet mir: die sieben Tiere des ersten Gesichtes mir zum Opfer zu schlachten. Dann will ich deinen Thron erhöhen, Deutschland, die Völker dir unterjochen, deine Feinde beschämen und dich zum Schilde der Religion, zur Ruhestätte für den Wanderer machen. Krieg sollst du alsdann nur meiner Ehre und meines Namens willen führen.

Heilig und tadellos sollen deine Hirten und Priester sein, spricht der Herr; ein Herz, eine Seele, ein Leben, ein Wille nur sei unter ihnen, und das herrschende Verderben der Welt stecke sie nicht an. Mit unbefleckten Händen sollen sie für das Wohl der Religion, des Vaterlandes und meines zerstörten Hauses opfern: Dann will ich ihre für dich eingelegten Fürbitten erhören, will den Sünden deines Volkes, welches in einer so verderbten Zeit lebt, nachsehen, wenn es seine Sünden nur ohne Verstellung bekennt und aufrichtig bessert. Wenn nun Gottesfurcht bei allen deinen Kindern eingekehrt ist, dann geht in meinem Namen hin in den Kampf für die gerechte Sache meiner Religion, eueres Vaterlandes und meines zerfallenen Hauses.

Merke ferner, liebes Deutschland, was der Herr zu dir spricht: Wachet auf, ihr Fürsten! Höret es, ihr Herrscher! Redet zusammen. Sage einer es dem andern: Wir haben wider den Herrn gesündigt; wir wollen das Unrecht, was wir getan, rächen, und uns zu Gerechtigkeit, Recht und Billigkeit verbinden und verschwören. Ja, spricht der Herr, ihr Fürsten und Vorsteher, ihr Edeln und Obrigkeiten, nur dazu schicket euch an, daß ihr meinem Volke alle Gerechtigkeit, alles Recht und jede Billigkeit leistet.

Und ihr – Libanons stolze Zedern, demütigt auch ihr euch! Herab von eurer Höhe, Edle und Reiche! Gebet von euerm Überflusse und den entbehrlichen Bedürfnissen etwas ab, und entschädigt euch durch die alte Einfalt der Sitten, die ihr in euern Häusern wieder einführen sollt, für den Abbruch an Pracht, Kleiderputz und stolzen und schnöden Aufwand. Aber da übertreibt es jeder, will es andern zuvortun und mehr scheinen, als er ist. Gewiß, spricht der Herr, bin ich darüber aufgebracht, daß deine Feldherrn und Beamten, dein Adel, deine großen Kriegsheere vom Schweiße der Armen triefen. Vereinfachet eure Tafeln, den Luxus eurer Häuser, den Putz eurer Frauen, die Pracht eurer Familie und Dienerschaft, eurer Rosse und Wagen, die Verschwendung in euern Ratsversammlungen, Gerichtsstellen und Staatsämtern.

Mauern meines Hauses, demütigt euch in meinen Gesalbten! Weg mit aller Herrschsucht und Pracht, weg alles hochfahrende Wesen! Werft den Kot der Erde von euch! Aufwärts mit Herz und Seele! Seid wachsame Hirten, seid meiner Herde ein Schirm gegen die Hitze des Tages, ein Schutz in den Gefahren der Nacht. Denket zurück auf die Vorzeit und sehet: ob das Gegenwärtige dem Vergangenen gleiche. Wachet auf, werdet aufmerksam auf eure Tage, auf die Gänge der euch anvertrauten Seelen. Rufet eure Sinne und Gedanken, alle eure Anschläge und eure ganze Weisheit von der Erde ab und blicket zum Himmel empor, voll Sehnsucht nach meinem Gesalbten. Weidet meine Herde treu; opfert ihr Priester, durchsuchet meinen Weinberg, reiniget mein Haus; was zerbrochen ist, verbindet; das Verwundete salbet, stärket das Gesunde; Junges und Zartes verpflanzet, und was niedergedrückt, das richtet auf. Entwöhnet euch eurer willkürlichen Lebensart; heiligt euch mir, führet eine einförmige und gemeinschaftliche Lebensweise unter euch ein und gewöhnet die dazu taugliche Jugend frühzeitig daran. So werdet ihr heilige, tadellose Priester sein und euer Opfer mir gefallen. Heilig wird das Volk werden und groß die Ernte für meine Scheuer.

Rufet und prediget allenthalben, im ganzen Lande, in Städten, Flecken, Dörfern, die Buße. Haltet meinem Volke seine Laster vor, machet ihm meinen ersten Willen bekannt, lehret es meine Gebote und das Gericht meiner Wahrheit. Unter Bußtränen verkündigt ihnen meine Rache und Barmher-

zigkeit, meine Gerechtigkeit und Liebe. Schärfet ihm Gottesfurcht ein, verweiset ihm seine von Untreue und Sünden entstellte Gottesverehrung. Schaffet alle jene weg, die voll Unglaubens sind, und auch die, welche Aberglauben treiben. Mir soll mein Volk seine Söhne und Töchter durch Sittenreinigkeit und Wahrheitsliebe weihen, damit so das künftige Menschenalter besser und mir wohlgefälliger werde.
Rufet es laut aus: daß jeder doch von seinem bösen Wege umkehren solle, auf daß mein Haus blühe und Religion und Tugend herrsche. Dann, Deutschland, wirst du das Schoßkind Gottes, die Stütze der Religion.

## *Die Prophezeiung eines Mönch von Jasna Gora*

Einem unbekannten Mönch, der in dem Paulinerkloster auf dem Berg Jasna Gora bei dem südwestpolnischen Tschenstochau im 17. Jahrhundert gelebt haben soll, wird eine Prophezeiung über die Zeit nach 1800 zugeschrieben. Das Kloster wurde 1382 von Ladislaus von Oppeln gegründet und entwikkelte sich schnell zum Mittelpunkt der Marienverehrung. Das Bild „Maria mit dem Kinde", die „Schwarze Madonna von Tschenstochau" (das Bild wurde von vielen rußenden Kerzen geschwärzt), wurde zum Nationalheiligtum der Polen. Bereits seit dem 14. Jahrhundert werden Wallfahrten veranstaltet.

Ähnlich dunkel wie die Herkunft dieser Prophezeiung bleibt ihr Inhalt. Zwar lassen manche Begriffe eine Deutung zu, doch wird dadurch der Sinn nicht klarer.

### *Textquelle: Die Prophezeiung eines Mönchs von Jasna Gora*

„Die Hierarchie wird durch den Einfluß des großen Adlers von der Felseninsel (Napoleon von Korsika) verdrängt. Ohne vieles Blutvergießen und ohne Grausamkeit wird die Aufklärung den Sieg erlangen. Diese Aufklärung wird aber erst nach dem blutigen Kriege von einem Volk ausgehen, das ein Reich mitten auf der Erde bewohnt und gegen Norden an ein großes Meer, gegen Süden an große Gebirge, gegen Westen an das vom Geiste des Adlers inspirierte Volk (Franzosen) und gegen Osten an die Völker von Pannonien (Ungarn) grenzt (Deutschland).

Es wird aufstehen, weil die unschätzbaren Güter der Freiheit und Denkfreiheit fast nicht anders zu erhalten gewesen sind als durch den Einsatz von Waffengewalt. Der geistliche Stand im Sünden wird trauern und nach fünf Jahren ein neues deutsches Recht entstehen. Aber Rom wird noch immer trauern, bis vom mittäglichen Meere ein neuer König in das Land kommt und mit ihm Freude.

Aber ehe noch die christlichen Tempel erneuert und vereinigt werden, sendet Gott einen Adler, welcher mit dem erleuchteten Volke unweit des Rheins und am Meere nach Norden sowie mit mehreren andern Völkern nach Rom zieht und viele Freude und Gutes dahin bringt."

Ist dies geschehen, so wird ein heiliger Mann kommen und zwischen dem Adler und den Priestern einen dauernden Frieden stiften. Dieser heilige Mann, dem alle Christen gehorchen, wird herrschen und gebieten vier Jahre, dann aber sich hinlegen und sterben. Und nach ihm nicht lange wird Gott drei Männer senden, welche reich sind an Weisheit und Tugend. Diese

werden des verstorbenen heiligen Mannes Gesetze handhaben und die neue, reine Lehre Christi überall verbreiten.
Gegen das Volk, von dem die Erleuchtung ausgegangen, werden indes viele andere Völker aufstehen und es in Kriege verwickeln, aus denen es jedoch siegreich hervorgeht. Nach diesen Kriegen wird das erleuchtete Volk sich freuen, daß es eine allgemeine wohltätige Verfassung und Regierung errungen hat; denn in seinen gesegneten Ländern werden zwei Adler herrschen; Recht und Gerechtigkeit gelten, Handel und Wandel blühen, wie die Rosen zu Damaskus.
Der große Weltteil über dem großen Wasser (Amerika) wird von dem Nordpol bis zum Südpol in einen großen Freistaat verwandelt werden und dem Leopard zu seinem baldigen Untergange verhelfen.
Die Reiche über einem südwestlich gelegenen hohen Gebirge (Pyrenäen), in welchen durch eine Reihe von Jahrhunderten die Priester abscheuliche Grausamkeiten am Volke begangen haben, werden nach einem blutigen Kriege, der indessen nur von kurzer Dauer ist, in ein Reich verwandelt und durch einen sanften Löwen beherrscht werden (Spanien/Portugal).
Das große Reich im Westen über dem Rheinstrom (Frankreich) wird nach einem abermaligen Aufruhr und nach einem auswärts geführten Kriege sich eines dauernden Friedens zu erfreuen haben. Es wird in Nordafrika ein großes Reich stiften, über welches ein Nachkomme des großen Adlers von der Felseninsel die Herrschaft führt. – Die Reiche am Meere nach Westen und am Ausfluß der Rheines (Belgien und Holland) werden nach langem Zwiste in ein Reich vereinigt. Ein kriegerischer Löwe beherrscht es auf dem Meere und mit Weisheit.
Später wird im Norden ein großer Komet aufsteigen, eben der, welcher sich schon im Jahre 1680 gezeigt hat, und dieser Komet wird großes Unglück mit sich bringen. Im Nordosten werden die Völker in großen Haufen ausziehen und bis an das mittägliche Meer viele Reiche überschwemmen. Sie werden aufwärts des Stromes wandern, welcher sich mit sechs Armen in den Pontus Euxinus ergießt (die Donau), sowie niederwärts des Stromes von Rom, der sich in das mittägliche Meer wendet. Unweit des Ausflusses in einer weiten Ebene wird unter Anführung eines Nachkommen des großen Adlers von der Felseninsel eine gewaltige Schlacht geliefert. Die wilden Horden werden besiegt und ziehen den Weg, den sie gekommen, zurück, aber nur wenige werden die Wüsten ihrer Heimat erreichen. Ehe der Komet erscheinen wird, werden noch viele Völker, das erleuchtete Volk ausgenommen, von Not und Elend heimgesucht werden.
Das große Reich im Meer, welches von einem Volke verschiedenen Stammes und Ursprunges (England) bewohnt ist, wird durch Erdbeben, Sturm und Wasserflut verwüstet werden. Es wird in zwei Inseln geteilt werden und dabei zum großen Teile untergehen. Eben dieses Reich wird auch viel Un-

glück auf dem Meer erleiden und die weiten Besitzungen im Osten durch einen Tiger und einen Löwen verlieren.
Die Völker auf der Halbinsel Europas (Italien) werden durch immerwährende Kriege zu leiden haben, bis der erwähnte heilige Mann kommt.
Das Volk in Pannonien und Slawien wird einen großen Krieg erwecken, ein Nachbarvolk überwinden und ein selbständiges Reich begründen. Aber dann wird eine Geißel Gottes kommen und das Volk schlagen: ein Löwe, der lange über das Reich herrscht. Dann werden die Völker des halben Mondes aus dem Stamme Agar viele Reiche überfallen, gegen Mitternacht ziehen und viele Greuel verüben. Drei Jahre werden sie zerstörend herrschen. Doch im dritten Jahre wird einer von den beiden unüberwindlichen Adlern, welche über das erleuchtete Volk zwischen dem Rheine und dem nordischen Meere herrschen, mit großer Heeresmacht dem Feinde entgegenziehen, in der Gegend des Meeres bei dem Ausflusse des Rheines ihn treffen und in einer furchtbaren Schlacht fast ganz vernichten.
Nach der neuen Völkerwanderung wird Friede herrschen bis zum Jahre 1881. Dann wird Veli-Zaim, der letzte Beherrscher des halben Mondes, die Reiche zwischen dem mittäglichen und dem nordischen Meere abermals mit einer ungeheuren Heeresmacht überziehen. Aber ein Bär, welcher um diese Zeit die Völker zwischen dem Rhein und dem Nordmeer beherrscht, wird den Veli-Zaim schlagen, daß er und mit ihm sein ganzes Heer umkommt; solches aber wird geschehen, in der Nähe der Berge, welche man nennt das „Siebengebirge".
Hierauf werden jenseits des Hellespont unter der Anführung eines Adlers viele tausend Christen ein neues christliches Reich stiften, und dann wird nach 340 zum erstenmal wieder christliches Gebet in der Kirche St. Sophia zu Byzanz ertönen.
Das große nordische Reich (Rußland) wird, durch innere Kämpfe geschwächt, in viele kleine Staaten zerfallen und so zur Stufe der Unbedeutendheit herabsinken.

# *Die Prophezeiung des Dionysius von Lützelburg*

Im 17. Jahrhundert lebte in Deutschland der Kapuzinermönch Dionysius von Lützelburg. Er ist der Verfasser eines umfangreichen Werkes mit dem Titel „Leben des Antichrists oder gründliche, ausführliche Beschreibung von den zukünftigen Dingen der Welt“. Das Buch ist 1686 in Frankreich erschienen. Der Autor zeichnete darin eine Reihe endzeitlicher Bilder.

## *Textquelle: Die Prophezeiung des Dionysius von Lützelburg*

Ich fürchte sehr, es werde mit den übrigen Stücklein des Römischen Reiches aus sein, dieweilen die Fürsten dem römischen Kaiser keinen Gehorsam mehr erzeigen. Die Könige unterfangen sich leider, dem zerspaltenen römischen Adler die Federn samt den Flügeln auszurupfen. Das Römische Reich, wie wir leider mit Augen sehen, geht spornstreichs seinem Untergange entgegen. Der Türk verlangt es zu verschlucken. Ausländische christliche Potentaten wollen auch in ihm ihre siegreichen Waffen fortpflanzen. Einer pflücket hier, der andere pflücket da. Sie raufen dem armen, zerspaltenen römischen Adler die Federn aus, wo sie nur mögen und können ... Wenn aber das Römische Reich unter zehn Könige zerteilt ist, dann ist der Antichrist nahe.

... Ist denn die Güte Gottes allzeit seiner Kirche in ihrer höchsten Trübsal beigestanden, hat er sie allzeit aus allen ihren Nöten erlöset, warum soll er sie jetzt in so großem Elende bis ans Ende der Welt stecken lassen? ... Er wird seine liebste Braut, die Kirche, vor der Ankunft Antichristi aus allen Widerwärtigkeiten erlösen. Er wird in ihrem Schoße einen christlichen Potentaten erwecken, so wunderbarliche Heldentaten in der werten Christenheit vornehmen wird. Denn er wird ihm die Stärke und Gewalt verleihen, daß er nicht allein alle irrenden Seelen durch sein Ansehn zum wahren Schafstalle wieder führe, sondern daß er auch durch die Gewalt seiner Waffen dem Türken aufs Haupt schlage, ihm Ungarn, Griechenland samt der kaiserlichen Residenzstadt Konstantinopel abnehme und sie der werten Christenheit wieder einverleibe.

# *Die Prophezeiung des Johann Wallich*

Einem Iren mit dem Namen Johann Wallich wird eine Prophezeiung aus dem 17. Jahrhundert zugeschrieben, die im ersten Teil möglicherweise den Zweiten Weltkrieg erwähnt. Die weiteren Teile der Weissagung des Autors, über den sonst nichts bekannt ist, weisen wohl – wenn die Prophezeiung tatsächlich echt ist – in die Zukunft.

## *Textquelle: Die Prophezeiung des Johann Wallich*

Im letzten Zeitalter wird Deutschland in große Verwirrung und Zwistigkeiten geraten, so sehr, daß es sich selbst in Kriegen aufreibt.
Die Menschen werden von fürchterlichen Ängstigungen gedrückt werden, und Not und Elend werden sie zugrunde richten.
In Sachsen und Schlesien werden viele Todesfälle vorkommen, so daß man die Toten kaum bestatten kann.
Frankreichs Lilie (das Bourbonen-Geschlecht) wird fallen, ihren Glanz und ihre Blüten verlieren, durch Schwert und Mord gebrochen und zerstört werden.
Die Fürsten werden uneinig sein und sich gegenseitig verlassen, und das Römische Reich wird seine Macht gänzlich verlieren.
Doch das Glück wird den Großen Adler nicht verlassen, und wie viele Völker sich auch gegen ihn vereinen, so werden sie doch nichts ausrichten.
Die Russen werden viel Blut vergießen aber endlich, nachdem sie ihre Verbündeten verloren, mit Schande weichen.
Endlich wird der Adler allen Kriegen ein Ende machen, die Schwerter mit der Pflugschar vertauschen, und ein allgemeiner Friede wird die Erde beglücken.

# *Die Prophezeiung über die Schlacht am Birkenbaum*

Über die Schlacht am Birkenbaum existieren zwei Prophezeiungen in unterschiedlichen Fassungen. Der Verfasser und die Herkunft dieser düsteren, endzeitlichen Schilderung eines letzten, entscheidenden Krieges in Westfalen sind unbekannt.
Beide Fassungen gehen auf einen lateinischen Text zurück, der 1701 von dem Orden der Minderen Kapuzinerbrüder in Werl – nahe Paderborn in Westfalen – in einem Buch veröffentlicht worden ist. Die erste nachstehend abgedruckte Version stammt aus diesem Buch, während die zweite nach der mündlichen Überlieferung im Volk erst 1849 aufgezeichnet wurde.

## *Textquelle: Die Prophezeiung über die Schlacht am Birkenbaum*

### 1. DIE FASSUNG VON 1701

Prophezeiung über den fürchterlichen Kampf des Südens und Nordens und über eine schreckliche Schlacht an den Grenzen des Herzogtums Westfalen in der Nähe von Bodberg. Aus einem Buche, welches betitelt war: Abhandlung über die himmlische Erneuung, von einem Ungenannten, der durch Gesichte erleuchtet wurde. Mit Erlaubnis des Werl'schen Offizialates, Köln 1701. Sie lautet in Übersetzung aus dem Lateinischen also:
Es wird ein fürchterlicher Krieg kommen. Auf der einen Seite werden alle Völker des Westens, auf der anderen alle des Ostens stehen. In fürchterlichen Scharen werden jene heranschreiten. Lange wird man mit unentschiedenem Glücke kämpfen, bis man endlich in die Gegend des Rheines kommt. Dort wird man kämpfen drei Tage lang, so daß das Wasser des Rheines rot gefärbt sein wird, bis es bald nachher zur Schlacht am Birkenbäumchen kommt. Da werden weiße, blaue und graue Soldaten kämpfen mit solcher Macht und Wut, daß jene Scharen vollkommen aufgerieben werden, und dann wird Ruhe und Friede sein. Doch jene Zeit wird eintreten, wenn allenthalben Unzufriedenheit, Mißachtung der Religion herrschen wird. Wenn niemand mehr gehorchen, niemand mehr Untertan sein will, wenn man Reiche und Arme nicht mehr unterscheiden kann, dann glaubt, daß jene Zeit nahe ist.
Nach diesen Tagen wird die traurige, unglückliche Zeit hereinbrechen, wie sie der Erlöser vorhergesagt. Die Menschen, sich fürchtend auf Erden, werden vergehen in Erwartung der Dinge, die da kommen. Der Vater wird sein

gegen den Sohn, der Bruder gegen den Bruder. Treue und Glauben werden nicht mehr zu finden sein. Nachdem die einzelnen Völker sich lange gegenseitig bekriegt haben, Throne zusammengestürzt sind, Reiche umgestürzt wurden, wird der unverletzte Süden gegen den Norden die Waffen ergreifen. Dann wird sich's nicht um Vaterland, Sprache und Glauben handeln: Vereinigen werden sie sich, um zu töten, um zu kämpfen wegen der Oberherrschaft über den Erdkreis.
Mitten in Deutschland werden sie aufeinandertreffen, Städte und Dörfer zerstören, nachdem die Einwohner gezwungen sind, sich in die Berge und Wälder zu flüchten. In den Gegenden Niederdeutschlands wird dieser schreckliche Kampf entschieden werden. Daselbst werden die Heere Lager schlagen, wie sie der Erdkreis noch nicht gesehen hat. Am Birkenwäldchen nahe bei Bodberg wird dieses schreckliche Treffen beginnen.
Wehe! Wehe! Wehe! Armes Vaterland! Drei ganze Tage werden sie kämpfen; bedeckt mit Wunden werden sie sich noch gegenseitig zerfleischen und bis an die Knöchel im Blute waten. Die bärtigen Völker des Siebengestirns werden endlich siegen, und ihre Feinde werden fliehen, am Ufer des Flusses sich wiederum setzen und mit äußerster Verzweiflung kämpfen. Dort aber wird jener Macht vernichtet, ihre Kraft gebrochen, so daß kaum einige übrigbleiben, um diese unerhörte Niederlage zu verkünden. Die Bewohner der verbündeten Orte werden klagen, aber der Herr wird sie trösten, und sie werden sagen: Das hat der Herr getan.

## 2. MÜNDLICHE ÜBERLIEFERUNG

Es wird eine Zeit kommen, wo die Welt sehr gottlos werden wird. Das Volk will unabhängig sein von König und Obrigkeit, die Untertanen werden ihren Fürsten untreu. Nicht Treue, nicht Glauben herrscht mehr. Es wird dann zu einem allgemeinen Aufruhr kommen, so daß der Vater gegen den Sohn und der Sohn gegen den Vater steht. In dieser Zeit wird man sich bemühen, die Glaubenssätze in Kirche und Schule zu verdrehen. Auch wird man neue Bücher einführen. Die katholische Religion wird dann sehr bedrängt werden, und man wird sich mit List bemühen, sie gänzlich abzuschaffen.
Die Menschen lieben Spiel und Scherz, Lustbarkeiten aller Art um diese Zeit. Das Büchsen- und Vogel-Schießen (eine Sitte, die man früher in hiesiger Gegend gar nicht kannte) wird eingeführt werden. Aber dann wird's nicht lange mehr dauern. Vor der großen Umänderung und der gänzlichen Erneuerung der Kirche wird der Papststuhl eine kurze Zeit ledig stehn, und der deutsche Kaiser wird Zwietracht haben. Dann bricht ein furchtbarer Krieg aus. Auf der einen Seite wird stehen Rußland, Schweden und der ganze Norden, auf der andern Seite Frankreich, Spanien, Italien und der ganze Süden unter einem starken Fürsten. Dieser Fürst wird von Mittag

kommen. Er trägt ein weißes Kleid mit Knöpfen bis unten hin. Er trägt ein Kreuz auf der Brust, reitet auf einem Schimmel und steigt von der linken Seite auf das Pferd, weil er mit einem Fuße hinkt. Dieser Fürst wird so kühn sein, daß ihm niemand widersteht. Er wird Friedensstifter sein.

Groß ist seine Strenge, denn er wird alle Tanzmusik und üppige Kleiderpracht abschaffen. Morgens wird er in der Kirche zu Bremen Messe hören. (Andere sagen: Er wird Messe lesen.) Von Bremen wird er nach der Haar (eine Anhöhe bei Werl) reiten; dort wird er seine Ruhekissen fordern und mit seinem Perspektive nach der Gegend des Birkenbaumes sehen und die Feinde betrachten. Darauf wird er an Holtum (einem Dorfe bei Werl) vorbeireiten. Bei Holtum steht ein Kruzifix zwischen zwei Lindenbäumen; vor diesem wird er niederknien und eine Zeitlang mit ausgestreckten Armen beten. Darauf wird er seine Soldaten, die weiß gekleidet sind, in das Treffen führen, und nach blutigem Kampfe Sieger bleiben. An einem Bache, der von Abend nach Morgen fließt, wird das Hauptmorden sein. Wehe! Wehe Budberg und Söndern in jenen Tagen. Nach dem Kampfe wird der siegreiche Feldherr in der Kapelle zu Schafhausen an der Haar eine Anrede halten.

So ungefähr lautet diese Prophezeiung nach den übereinstimmenden Aussagen vieler Landleute dortiger Gegend. Die Prophezeiung ist in einem kleinen Heftchen, wahrscheinlich im Kloster zu Werl, vor alten Zeiten gedruckt. Bei Aufhebung desselben sind die Büchlein alle spurlos verschwunden. Die Sage von dieser Schlacht ist sogar bis nach Frankreich gedrungen. Denn als Franzosen nach Werl kamen, erkundigten sie sich nach dem Birkenbaume. Auch die Pommern erfragten seine Stelle von dorthin kommenden Westfalen. Der Birkenbaum, stehend zwischen Holtum und Kirch-Hemmerde, zwischen Unna und Werl, vertrocknete, und ist an dessen Stelle auf königlichen Befehl ein anderer gepflanzt worden. Die Leute glauben so fest an diese Prophezeiung, daß sich die Bauern in dieser Gegend sogar der Einführung neuer Gesangbücher widersetzen, in der Meinung, sie seien die vorausverkündigten neuen Bücher. Bremen, Holtum, Budberg und Söndern sind Dörfer bei Werl; auch steht ein Kruzifix mit zwei jungen Linden bei Holtum und fließt ein Bach von Abend nach Morgen.

# *Die Weissagung des Bernhard Rembold („Spielbähn“)*

Bernhard Rembold, auch genannt der Spielbähn, weil er sich als Spielmann betätigte, soll nicht nur eine Gestalt der Volkssage sein, sondern tatsächlich 1689 als Sohn eines armen Leinewebers in Eschmar geboren worden sein. Auf einer Geige soll er viele fromme Lieder gespielt haben.
Rembold soll in der Benediktinerabtei Siegburg Klosterbote gewesen sein. Sein Todesjahr wird mit 1783 angegeben. Angeblich hinterließ er eine Prophezeiung mit 118 Versen, die erstmals 1846 von Wilhelm Schrattenholz in einer Broschüre abgedruckt wurde.
Wahrscheinlich handelt es sich bei dieser Weissagung, die sich mit der französischen Herrschaft am Rhein zur Zeit der Revolutionskriege, der Säkularisation des Klosters Siegburg, aus dem eine Irrenanstalt wurde, der Einführung von Dampfschiffen und Eisenbahnen sowie der Gefangennahme des Kölner Erzbischofs beschäftigt, um eine Fälschung. Eine eingehende Untersuchung von Dr. Theodor Anton Henseler aus dem Jahr 1950 deutet darauf hin. Tatsächlich hat Rembold wohl gelebt und sich der Wahrsagerei gewidmet.
Nach Henselers Ansicht besteht die Fälschung aus vier Teilen: „1. einem als Weissagung nach dem Ereignis erkennbaren Rückblick auf die Ereignisse von 1772 bis 1838; 2. dem Kernstück, den Strafandrohungen für die Gefangennahme des Erzbischofs, bestehend im Untergang des preußischen Herrscherhauses und einem Religionskrieg mit Ausrottung der Protestanten; 3. einer Verknüpfung der alten Weissagung von der Endschlacht bei Köln mit der Sage von der Endschlacht am Birkenbäumchen sowie 4. der Lehninschen Prophetie vom Friedensherrscher, der die Einheit der Kirche wiederherstellt und das goldene Zeitalter heraufführt.“ Henseler ordnet die angebliche Prophezeiung daher als kirchenpolitische Kampfschrift ein.
Zu der von Schrattenholz überlieferten Weissagung des Spielbähn sind dessen Anmerkungen in eckigen Klammern angefügt.

## *Textquelle: Die Weissagung des Bernhard Rembold*

*Prophezeiungen Spielbähns, wie sie von einem alten katholischen Geistlichen im Jahre 1756 aus dem Munde des Propheten aufgezeichnet worden.*

1. Was ich sehe, will ich reden, wie mir's offenbarte der Allwissende und Allmächtige, der mit Erbarmen herabgesehen auf die Niedrigkeit sei-

nes Dieners und den Trieb in meine Brust gelegt hat, zu singen und zu sagen ihre Lose und Schicksale künftigen Geschlechtern.

2. Zierde des Landes, liebliche Stätte des hl. Annonius, wie ich dich beklage! Das Feuer wird dich verzehren bis auf das Gotteshaus, welches verschont bleibt von den Flammen.
3. Du wirst zwar wiedererstehen aus dem Schutte und eine kurze Zeit deines vorigen Glanzes dich erfreuen.
[Die Abtei Siegburg ist der Anhaltspunkt der vorliegenden Prophezeiung, so wie das Kloster Lehnin der objektive Anhaltspunkt von Frater Hermanns Weissagungen. Stolz thronte in grauer Vorzeit auf dem Siegberge eine unbezwingbar scheinende Bergfeste, welche im Jahre 1056 von Pfalzgraf Heinrich dem Wütenden zuletzt besessen wurde. Dieser wurde aber infolge eines Krieges gegen Erzbischof Anno aus der gräflich Dasselnschen Familie besiegt und aus seiner festen Burg vertrieben, welche nun vom Eroberer in die bekannte Abtei umgeschaffen wurde. – Die Vorhersage von der Zerstörung dieser schönen Abtei durch das wütende Element erfüllte sich wirklich am 1. Januar 1772, wo der größte Teil derselben, mit Ausnahme der Kirche, in Flammen aufging. Vers 3. Der Abt v. Schaumburg war ihr Wiedererbauer.]
4. Doch blicke hinab auf die Stadt! Wenn viele Hände sich regen, die Berge des Marktes abzutragen;
5. Wenn man den geebneten Markt mit Bäumen bepflanzen wird.
6. Dann wehe Dir! Denn eine fremde Kriegerschar wird an diesen Bäumen ihre Pferde anbinden, sobald sie dazu stark genug sind.
[Vers 4–6. Der früher sehr bergige Marktplatz in Siegburg wurde geebnet und mit Bäumen bepflanzt, an welchen, infolge der letzten Kriegsereignisse im Jahr 1814, russische und französische Reiter ihre Pferde anbanden.]
7. Alsdann soll die Abtei wohl acht haben auf ein Volk, das sich selbst das Haupt nimmt.
[Die Enthauptung König Ludwigs XVI. in Paris am 21. Januar 1793.]
8. Denn dieses hauptlose Volk, welches vor zwei Jahrhunderten seine Hände in Ketzerblut gewaschen, wird sich nun erheben gegen das Reich Christi und gegen Gott;
[Die Bartholomäusnacht in Paris am 25. August 1572.]
9. Also, daß es die ganze Erde anstecken wird mit dem Schlamme der Gotteslästerung.
10. Auch wird dasselbe Reich an sich reißen die deutsche Landherrschaft und viel Kriegswesen und Verfolgung treiben.
11. Die Diener der Kirche werden sich vor ihm verkriechen und die Mönche aus ihren Klöstern fliehen, wenn die Stimme der Gotteslästerung vom Rheine her erschallt.

[Vers 9–11. Die französische Nation pflanzte 1795 auch am Rhein den Freiheitsbaum auf, den man mit der unseligen Hymne: Vive la liberté, vive la raison, umtanzte. Voltaires Lehre von der Vernunft und das Dekret des Konvents, „daß es keinen Gott gebe", führten alle die schrecklichen Ereignisse, welche Bernhard voraussah, über die Abtei, ja über ganz Deutschland herbei. Um diese Zeit suchte auch die deutsche Geistlichkeit der Wut der Gotteslästerer in geheimen Verstecken zu entfliehen.]

12. O stolzes Siegburg, an dir werden böse Zeiten und schwere Kriegsdrangsale vorübergehen.
13. Du wirst öde und verlassen stehen, und die Raben und Füchse werden sich da aufhalten; und Heisterbach wird wüst durcheinandergeworfen sein in dieser Zeit.

    [Die Abtei stand öde und verlassen, während das Kloster Heisterbach ... niedergerissen und die Steine zum Kanalbau nach Neuß (1806) und später beim Festungsbau zu Köln verwendet wurden ...]
14. Mit solchen Taten wird man einen Mächtigen erscheinen sehen, der nicht König ist, aber ein Kaiser wird genannt.
15. Der wird die Herrschaften niederreißen und aufbauen allerwege und das deutsche Reich in Grund und Boden vernichten.
16. Er wird der Welt sein eine Geißel Gottes und den König der Tiere in seinem Namen führen.
17. Die Könige werden ihm ihre Häupter neigen, und der deutsche Kaiser hört auf seine Macht und Gebote.
18. Und er wird umstürzen den heiligen Stuhl zu Rom, indem er den Statthalter Christi in Gefangenschaft schleppt.
19. Gleichwohl folgt ihm die Rache Gottes auf dem Fuße.
20. Dann er sterben wird als geschlagener Mann, der keinen Freund mehr hat, und ist verbannt und verlassen im weiten Meer.

    [Vers 14–21. Der Kaiser Napoleon – Leo heißt der Löwe – beschloß, nachdem er das Deutsche Reich aufgelöst, den heil. Vater Pius VII. in die Gefangenschaft geführt, und sich von allen gekrönten Häuptern Deutschlands hatte huldigen lassen, sein vielbewegtes Leben in der Verbannung auf der Insel St. Helena, welche ein einsames, tief im Meere liegendes Eiland ist.]
21. Danach müssen sich die bergischen Länder unter einem neuen Könige versammeln.
22. Die Klerisei wird unter der neuen Weltherrschaft vieles zu leiden haben.
23. Hungersnot und schreckliche Krankheiten werden an der Reihe sein.
24. Der bergische König, der nicht bergischer König ist, wird das verödete Siegburg wieder aufbauen.

25. Und wird ein wundersames Ding daraus schaffen, das ein Kloster ist und doch kein Kloster.
26. Und es läuft mir ganz toll durcheinander, wenn ich daran gedenke also, daß kein vernünftiger Mensch Verstand daraus finden könnte.
27. O du stolzer Sitz Annonius! Du wirst geschändet sein für lange Zeit! [Friedrich Wilhelm III., König von Preußen, welchem bei der damaligen Länderteilung die Abtei Siegburg mit der Rheinprovinz zufiel, schaffte dieselbe (1824) in die jetzige Irrenheilanstalt um, nachdem sie 20 Jahre hindurch ganz unbeachtet und verödet gelegen.]
28. Während du so stolz in die Weite blickest, wird man auf der Heide ein Guckhaus bauen, so weiter sieht als du.
29. Und man wird an diesem Haus einen Weinstock pflanzen.
30. Wenn die Reben an diesem Hause die ersten Früchte tragen, dann werden komische Zeiten sein.
[Unweit Siegburg, auf einer Heide, wurde ein Telegraf (Guckhaus) erbaut. Der erste Telegrafist pflanzte an dem Turme einen Weinstock, wodurch er die Erfüllung der Prophetie herbeiführte. Sie umzustoßen, riß sein Nachfolger den jungen Rebstock wieder weg; allein, ein dritter Telegrafist pflanzte den Weinstock zum zweiten Male, und unlängst hat derselbe, wie mir die Umwohner erzählt, seine ersten Trauben bereits getragen. Das Komische unserer Zeiten wird übrigens niemand zu bestreiten wagen.]
31. Auf dem Bischofsstuhle sitzt ein Mann, an dem sich viele spiegeln werden.
32. Also werden auch die Geistlichen stolze Kleider tragen und wollen nicht mehr zu Fuß gehen, wie doch ihr Herr und Meister also ihnen vorgetan.
33. Und weil der Hirte nachlässig, wird die Herde verderben.
34. Man kann zu selbiger Zeit einen Bauer von einem Grafen nicht unterscheiden.
35. Die Hoffart und Welteitelkeit werden ihresgleichen nicht kennen.
36. Ja es kommt so weit, daß man Gott nicht mehr danken wird für die Speisen.
37. Doch soll dir das ein Zeichen sein: Wenn die schwersten Schiffe den Rhein hinan laufen ohne Pferd und Wind,
38. Wenn man auf der Frankfurter Straße den Käsberg ebnen wird,
39. Dann wird man das Oberhaupt der Kirche gefangennehmen.
40. Obwohl dieser Tat die Strafe nachfolgt auf dem Fuße.
[Vers 38–39. Erfüllten sich beide im November 1837, wenn man nämlich unter dem geistlichen Oberhaupte den Erzbischof Clemens August von Köln verstehen will. Seine Gefangennehmung erfolgte durch den damaligen Oberpräsidenten der Rheinprovinz, Herrn v. Bodel-

schwingh-Velmede, und dürfte daher die Vers 40 angedrohte Strafe vielmehr auf die infolge der Berliner März-Ereignisse herbeigeführte Entfernung dieses Herrn aus dem Ministerium als auf den kurz nach der erzbischöflichen Inhaftierung erfolgten Tod des Königs Friedrich Wilhelm III. (1840) zu beziehen sein.]

41. Und der Menschenwitz wird Wunder schaffen, weshalb sie Gott immer mehr vergessen werden.
42. Sie werden Gottes spotten, weil sie allmächtig zu sein wähnen.
43. Von wegen der Wagen, so da durch alle Welt laufen, ohne von lebendigen Geschöpfen gezogen zu werden.
44. Also wenn man die Wegstrecken nach der Vögel Flug ausrechnet.
45. Das ist der Stolz der Erde, daß sie über die Zeichen lachen, so ihnen der Himmel gibt.
46. An der Luft und an der Erde wird man diese Zeichen sehen und nicht sehen wollen.
[Vers 41–47. Wir begegnen in diesen Versen den Eisenbahnen und Luft-Phänomenen. Man erinnere sich des großartigen Nordlichtes im vergangenen Jahre (1847) und der Feuerkugel, welche vor einigen Jahren über die hiesige Gegend hinflog.]
47. Es wird ein Mann aufstehen, der die Welt aus ihrem Schlafe weckt.
48. Da er schlägt die Stolzen mit starker Stimme und die Spötter stürzet.
[Vielleicht Pius IX.? Er hat die Welt, die politisch (!) lange im tiefsten Schlafe lag, zuerst dadurch aufgestört, daß er seinem Volke freiere Institutionen gab.]
49. Und weil die Hoffart, Wollust und Kleiderpracht so groß sind, wird Gott die Welt strafen.
50. Es wird Gift regnen auf das Feld, wodurch ein großer Hunger ins Land kommt.
51. Daß viele Tausende über dem Gewässer eine bessere Heimat suchen.
52. Die Menschen werden Vögel nachahmen und in die Lüfte fliegen wollen.
[Die Mißernten, deren hier Erwähnung geschieht, erinnern unwillkürlich an die Kartoffelfäule der letzten Jahre; so wie die beiden folgenden Verse an die überhandnehmenden Auswanderungen nach Amerika, die pompösen Luftschiffahrten usw. mahnen.]
53. Doch wird Gott ihren stolzen Sinn verwirren gleich wie in Babylon.
54. Und es wird ein großes Klagen sein im bergischen Lande zu dieser Zeit.
55. Ein kleines Volk wird aufstehen und den Krieg ins Land bringen.
56. Wann man aber bei Mondorf eine Brücke über den Rhein bauen wird.
57. Alsdann wird es ratsam sein, mit den Ersten hinüberzugehen ans andere Ufer.

58. Doch soll man nur so lange dort verweilen, bis man ein siebenpfündiges Brot aufgezehrt, alsdann wird es Zeit sein zum Umkehren.
[Vers 56 scheint vom Seher als eine Beruhigung eingeschoben. Vielleicht soll dadurch angedeutet werden, daß ein allgemeiner Krieg mit den bis Vers 83 bezeichneten traurigen Ergebnissen erst zu der Zeit erfolgen werde, wenn man die Brücke bei Mondorf, die aber jedenfalls nur eine momentane, dem Übergange von Soldaten dienende sein kann, bauen werde. Die Verse 56–83 sind daher nur als eingeschobene zu betrachten, und darum ist an Vers 55 der Vers 83 zu reihen.]
59. Und Tausende werden sich in einer Wiese zwischen den sieben Bergen verstecken.
60. Woselbst sie das Würgschwert verschonen wird.
61. Ich sehe Mütter jammern.
62. Ich höre das Gewimmer von Waisenkindern.
63. Ich vernehme das Klagen der Hungrigen.
64. Also sehe ich auch den Hohn der Gottesschänder.
65. Und erkenne den Untergang der Ketzer mit derber Strafe.
66. Die mit frevlem Mut sich an Gott wagten.
67. Und da glaubten, ihr winziger Verstand möchte die Ratschlüsse des höchsten Gottes ergründen.
68. Denn während sie Gott auf ihren Lippen trugen,
69. Bargen sie den Teufel im Herzen.
70. Obwohl die Menschen sie Engel nannten, so kam doch bald der Teufel oben.
71. Sie wollten ein neues Reich Christi gründen.
72. Und stifteten eine Pflanzschule aller Lastertaten.
73. Sie nannten sich Gottesdiener und waren Bauchdiener.
74. Sie dienten der Wollust und machten eine Religion für ihre böse Fleischeslust (Lüste).
75. Derweil sie freieten und ein Weib nahmen.
76. Und danach zwei Weiber ...
77. Sprechend: Unserem Stande gebühren der Weiber drei.
78. Das eine muß das Haus besorgen, das andere die Kinder lehren, das dritte die Kranken pflegen.
79. Aber Petrus wird endlich sich entrüsten.
80. Weil die Langmut des Himmels ein Ende nimmt.
81. Nicht weiter gehen die Marken ihrer Bosheit.
82. (fehlt)
83. Ihr bergischen Länder merket auf! Euer Regentenhaus, als welches abstammt von einem Markgrafentum –
84. Wird von seiner Höhe plötzlich herabsinken.

85. Und wird kleiner als ein Markgrafentümchen werden.
[Die Berliner Revolution vom 18. und 19. März 1848 brachte diesen Versen ihre Erfüllung, da das Reich und die Macht eines Markgrafen größer waren als die des Königs an jenen blutigen Tagen.]
86. Es bluten die Gläubigen im fremden Lande.
[Scheint einen Religionskrieg anzudeuten.]
87. Darum untergehn wird ein großes Barbarenreich.
[Vielleicht das russische Reich?]
88. Weil es solchen Frevel zugelassen.
89. Und nicht beschützt hat die Kirche Christi.
90. Und nicht geehrt hat ihre Diener.
91. Mit ihm sinken die falschen Propheten.
[Vers 88–91. Die Verfolgungen, welche die andersgläubigen Christen in Rußland noch in der jüngsten Zeit zu erdulden hatten, sind zu bekannt, als daß sie noch weiterer Erwähnung bedürften.]
92. Als deren sich viele mit Weib und Kind selbst verbrennen werden.
93. Und man vierhundert mit den Eingeweiden erwürgen wird.
94. Und die übrig, von einem Felsen am Rhein stürzen.
[Vers 91–94. Wenn wir hier unter falschen Propheten diejenigen verstehen, von denen der Heiland sagt, daß sie in Schafskleidern zu uns kommen, während sie inwendig reißende Wölfe sind, so dürfte die Prophezeiung ihres Untergangs ebensowohl auf die Entlarvung der Heuchler im Großen als auf die Verzweiflung der falschen Lehrer zu beziehen sein.
95. Das ist der Blutzeit Anfang.
96. Die Stadt Köln wird sodann eine furchtbare Schlacht sehen.
97. Viel fremdes Volk wird hier gemordet, und Männer und Weiber kämpfen für ihren Glauben.
98. Und es wird von Köln, das bis dahin noch eine Jungfrau, eine fürchterliche Verheerung nicht abzuwenden sein.
99. Und man wird allda bis ans Fußgelenk im Blute waten.
100. Zuletzt aber wird ein fremder König aufstehen und den Sieg für die gerechte Sache erstreiten.
[Wer dieser fremde König ist, läßt sich nicht ermitteln; soviel ist indes gewiß, daß der Kaiser Barbarossa im Kyffhäuser es nicht sein wird.]
101. Des Feindes Rest entflieht bis zum Birkenbäumchen.
[Ein Ort bei Werl.]
102. Hier wird die letzte große Schlacht gekämpft für die gute Sache.
103. Die Fremden haben den schwarzen Tod mit ins Land gebracht.
104. Was das Schwert verschont, wird die Pest fressen.
105. Das bergische Land wird menschenleer sein und die Äcker herrenlos.
106. Also, daß man ungestört von der Sieg bis zu den Bergen wird pflügen

können.

107. Die in den Bergen verborgen sind, werden die Äcker wieder aufbauen.
108. Um diese Zeit wird Frankreich zerspalten sein.
109. Das Deutsche Reich wird sich einen Bauer zum Kaiser wählen.
110. Der wird ein Jahr und einen Tag Deutschland regieren.

[Daß die Wahl eines Bauern zum deutschen Kaiser nicht in das Reich der Unmöglichkeiten falle, beweist die Wahl des österreichischen Erzherzogs Johann zum deutschen Reichsverweser. Er hat mit der Tochter eines Gastwirts aus Tirol, vom platten Lande, sich verehelicht, weshalb er, vom Hofe verbannt, sich bisher mit der Landwirtschaft beschäftigte und, seinen Ahnenstolz vergessend, abends in der Wirtsstube seines Schwiegervaters mit den Bauern Karten zu spielen pflegte.]

111. Der nun die Kaiserkrone nach ihm trägt, das wird der Mann sein, auf den die Welt lange gehofft hat.
112. Er wird ein römischer Kaiser heißen und der Menschheit den Frieden geben.
113. Siegberg und Heisterbach wird er wieder aufrichten, wie es weiland gewesen und von Anfang an bestimmt ward.
114. Um diese Zeit werden in Deutschland keine Juden mehr sein, und die Ketzer schlagen an ihre Brust.

[Vers 111. Der hier verheißene, längst erhoffte große Kaiser, dem der Prophet den Namen „römisch“ beigelegt, kann ebensowohl ein geistliches als weltliches deutsches Oberhaupt sein. Für die Annahme des ersteren sprechen Vers 112–114, nach welchen sich dieser geliebte Alleinherrscher, indem er den Völkern den Frieden zurückgibt, mit der Erbauung von Gotteshäusern beschäftigen und die Menschheit zu einer einheitlichen Religion zurückführen wird. Anderseits wird die näherliegende Deutung auf einen deutschen Kaiser durch die Lehninsche Prophezeiung des Frater Hermann bestätigt.]

115. Und danach wird eine gute und glückliche Zeit sein.
116. Und das Lob Gottes wird auf der Erde wohnen.
117. Und ist kein Krieg mehr dann über dem Gewässer.
118. Darum werden die entflohenen Brüder von dannen zurückkehren mit ihren Kindeskindern.
119. Und sie werden in der Heimat im Frieden wohnen fort und fort.
120. Des sollen die Menschen wohl acht habe, was ich gesagt habe.
121. Denn vieles Ungemach kann gewendet werden durch Gebet zu Gott, dem allerbarmenden Vater der Menschen und Jesus Christus, hochgelobt in Ewigkeit.
122. Wenn nun auch die Menschen mich verhöhnen, indem sie sagen, ich sei nur ein simpler Spielmann, so wird dennoch eine Zeit kommen, wo sie meine Worte wahr finden.

# *Testament eines fliehenden Papstes*

Ganz im dunkeln bleibt die Herkunft dieser merkwürdigen endzeitlichen Prophezeiung, die 1701 aufgetaucht sein soll. Die Abhandlung wird vereinzelt auch „Testament eines Pfarrers“ genannt. Die Prophezeiung soll, so wird überliefert, bei der Beseitigung einer Klostermauer in der Ostseehafenstadt Wismar gefunden worden sein.

## *Textquelle: Testament eines fliehenden Papstes*

Herr, erbarme dich deines Volkes, welches sich immer mehr von dir abwendet! Es zerstört deine Kirche und vernichtet deinen hl. Orden. Es eignet sich deine Kraft an und macht sie zu diesem Zwecke dienstbar. Europa wird, wenn der päpstliche Stuhl leer ist, von fürchterlichen Züchtigungen heimgesucht werden. Bosheit, Gehässigkeit und Verleumdung werden ein kleines Volk aufreizen und durch Fürstenmord den Brand entfachen.
Sieben Reiche werden sich erheben gegen den Vogel mit zwei Köpfen und den Vogel mit einem Kopf. Die Vögel werden mit Fittichen ihr Netz beschützen und mit ihren Krallen verteidigen. Ein Fürst aus der Mitte, der von der verkehrten Seite sein Pferd besteigt, wird von einem Wall von Feinden umgeben sein.
Des Monarchen Wahlspruch lautet: „Vorwärts mit Gott.“ Die Allmacht Gottes wird ihm beistehen und ihn von Sieg zu Sieg führen. Auch das Zeichen des Himmels wird sich ergeben, und der Herr wird zu einem Manne sagen: „Sage zu dem Manne im weißen Kleid und dem schwarzen Gesicht: Erhebe dich aus deinen Banden und befreie dich von dem Joche der Ungläubigen. Ich will dir beistehen, und du sollst mich anbeten!“
In Ost und West wird ein großes Ringen sein und viele Menschen vernichten. Machtlos werden die Menschen diesem zusehen. Vier Jahre und fünf Monate wird der Aufruhr dauern. Hungersnot, Seuchen und Pest werden mehr Opfer fordern als der Krieg. Die Zeit wird kommen, wo du weder kaufen noch verkaufen kannst. Das Brot wird zugeteilt und gezeichnet werden. Die Meere werden sich mit Blut färben. Die Menschen werden auf dem Meeresgrund auf Beute lauern. Die Wägen werden ohne Roß dahinsausen, feurige Drachen werden durch die Luft fliegen und Feuer und Schwefel speien, Städte und Dörfer vernichten. Das Volk wird die Warnung Gottes nicht hören, und Gott wird sein Antlitz abwenden.
Das Volk des Siebengestirnes wird in das Ringen eingreifen und dem bärtigen Volke in den Rücken fallen und sich von der Mitte abwenden. Der ganze Niederrhein wird zittern und erbeben; er wird aber nicht untergehen, son-

dern bis an das Ende der Zeiten bestehen bleiben. Das Land im Westen wird ein Land der Verzweiflung sein. Das Land im Meere mit seinem Könige wird geschlagen und auf die tiefste Stufe des Elends kommen. Alle Völker der Erde werden in Mitleidenschaft gezogen, und es findet ein Wogen aller Völker statt.
Der Sieger trägt ein Kreuz auf der Brust; und zwischen den sieben Städten mit den sieben Türmen findet die Entscheidung statt. Dort steht ein Kruzifix zwischen zwei Lindenbäumen. Hier wird der Sieger in die Knie sinken, seine Hände ausbreiten und Gott danken. Alle Tänze der Gottlosigkeit wird er abschaffen und die göttliche Ordnung in Kirche, Staat und Familie wiederherstellen. Der Krieg wird beginnen, wenn die Ähren sich voll neigen, aber seinen Höhepunkt erreichen, wenn die Kirschbäume zum zweitenmal blühen. Den Frieden schließt der Fürst zur Zeit der Christmette.

# *Die Prophezeiung des Lorenzo Ricci*

Lorenzo Ricci wurde am 2. August 1703 in Florenz geboren. Im Alter von 15 Jahren trat Ricci 1718 in den Jesuitenorden ein. Schon bald nach seinem Studium wurde er Professor für Philosophie und Rhetorik in Siena. Als Professor für Theologie wurde er wenig später nach Rom berufen. Im Jahr 1755 wurde Ricci zum Sekretär des Ordensgenerals. Nach dessen Tod wurde er 1758 zu dessen Nachfolger gewählt.
Ricci übernahm als unerfahrener und weltfremder Mann sein Amt als Ordensgeneral in einer schweren Zeit für die Jesuiten. Die Gesellschaft Jesu wurde 1759 aus Portugal vertrieben, in Spanien und Neapel erfolgte diese Maßnahme 1767 sowie in Parma 1768. In Frankreich wurde der Orden 1764 aufgelöst. Ricci selbst bekam die Folgen der Aktionen gegen die Jesuiten zu spüren: Bei der Aufhebung des Ordens in Rom am 17. August 1773 wurde er zunächst im Englischen Kolleg interniert. Am 23. September 1773 wurde er in der Engelsburg inhaftiert. In dem Gefängnis starb Ricci am 24. November 1775.
Aus dieser Situation heraus wird seine Prophezeiung verständlich, die wohl vor allem Ausdruck einer Hoffnung auf bessere Zeiten für den Jesuitenorden ist.

## *Textquelle: Die Prophezeiung der des Lorenzo Ricci*

Die Völker werden, wie schon gesagt, gänzlich verarmen. Wenn sie nun jene Härte fühlen, werden sie unsern Gott anbeten und seine Barmherzigkeit anflehen um Abwendung einer dreifachen Strafe: des Krieges, der Hungersnot und der Pest. Und siehe, beim Anfange dieser dritten Periode wird sich die Hilfe unseres Gottes in dem Augenblicke zeigen, wo es scheinen wird, als wolle die ganze Welt zusammenstürzen.
Es wird nun eine so wunderbare Veränderung kommen, wie sie sich kein Sterblicher einbilden konnte.
Denn das Ende jenes großen Monarchen (Napoleon) wird da sein: Denn des Herrn Wort ist jetzt erfüllt; und ein großer Teil der Welt ist durch ihn gestraft worden. Nun wird unter Gottes Beistand der sehr tapfere Herzog aufstehen, aus einem alten angesehenen deutschen Hause, welches durch den obengenannten tapfern Monarchen sehr gedemütigt und durch die harte Notwendigkeit aufs Äußerste gebracht ist.
Keiner wird sich diese große Veränderung einbilden können: Denn die Hände dieses Herzogs werden wunderbar gestärkt werden, und sein Arm wird den Glauben, das Gesetz und das Vaterland rächen. Es wird gemeinschaftliche Rache gegen jenen Monarchen und gegen alle mit ihm verbunde-

nen und zum Verrat des Vaterlandes vereinigten Könige und Fürsten gemacht, und alles Geld der ganzen Welt wird angewandt werden, um den Krieg zu führen.
Dieser sehr starke Herzog, der von Gott erwählt, wird jenen tapfern Monarchen auf offenem Felde zermalmen und mit grausamem Schwerte alle seine Feinde gegen Morgen und Abend sowie diesseits und jenseits des Meeres vernichten; das von jedem Verteidiger entblößte und unter sich geteilte Frankreich wird er durch Niederlagen, Feuer und Elend mit unerhörter Rache zerreißen, zerstören und zugrunde richten, während er einen Teil gegen Norden einem Sohne aus dem königlichen Stamme, der als Knabe ausgewandert war, zum ewigen Lehen geben wird.
Wehe überall jenen, welche die Lilie zerbrachen und ihr die Krone raubten! Wehe jenen, welche ungerechtes Gut erwarben! Wehe jenen, welche Ärgernis gegeben, und Zepter an sich rissen! – Es wird kein neuer Achab, keine neue Jezabel sein! – Jener tapfere Herzog wird eine fürchterliche Rache nehmen an Königen und Fürsten, welche vorher Verräter des Vaterlandes gewesen sind. Wehe überall jenen, welche vom Reiche der Vorfahren desselben wie von der Kirche ungerechte Beute machten! – Sie werden alles mit doppelten Zinsen zurückgeben müssen. Kein Heil wird im Hause jener Diebe sein. Die unabwendbare Strafe wird sie verfolgen; denn jener sehr starke Herzog hat vor dem Angesichte des Herrn den Schwur getan: nicht eher sein Schwert einzustecken, bis das Vaterland hundertfach gerächt worden ist. Das große Babylon wird zusammenstürzen. Der Protestantismus wird ausgetilgt, und das türkische Reich wird untergehen, und jener Herzog wird der stärkste Monarch auf der ganzen Erde sein.
Sein Zepter wird das des Manasses sein; er wird in einer Versammlung von Männern, die in der Kirche durch Frömmigkeit und Weisheit ausgezeichnet sind, mit Hilfe des Papstes neue Gesetze und Ordnungen einführen, während er jenen Geist der Verwirrung in Banden legt und unsere Gesellschaft wiederherstellt, indem er die Unsrigen aus entfernten Gegenden zurückruft, um ein neues Jahrhundert anzufangen und zu erziehen. Dann wird überall wieder eine Herde und ein Hirt sein, welcher der Welt und allen, die guten Willens sind, Frieden verleihen wird in der Anbetung Gottes unseres Herrn.

# *Weissagung eines Unbekannten*

Ungeklärt bleibt bei dieser Weissagung die Herkunft. Sie soll angeblich im Jahr 1760 im Grab eines frommen Geistlichen gefunden worden sein. Der alte Text vermittelt eindeutig nur endzeitliche Inhalte und unterscheidet dabei verschiedene Zeitalter und Stufen.

## *Textquelle: Weissagung eines Unbekannten*

*Das Jahr der Trennung.*

Die Uneinigkeiten in den Meinungen, Grundsätzen und Handlungen werden überhandnehmen und viele Menschen als traurige Opfer der Rachgier fallen, verjagt aus ihren Besitzen und endlich sogar getötet. Überall wird man Trennung, Flucht und Veränderung sehen, nirgends jedoch Sicherheit finden. Die Fürsten werden in ihren Meinungen voneinander abweichen und gradezu ihren vorher aufgestellten Grundsätzen zuwiderhandeln, so wie jeden sein Vorteil zieht. Die Verwirrung wird von Tag zu Tage zunehmen, die Feinde werden aber das, was sie wünschen, nicht erreichen, sondern unverhofft die eroberten Plätze, wo die Unschuldigen hart gedrückt werden, verlassen. Am Ende dieses Jahres wird ein Stern erster Größe von der Erde verschwinden.
Dann folgt:

*Das Jahr der Sammlung.*

In diesem Jahre wird alles gegenseitig Getrennte sein wahres Wesen zurückfordern. Große Beschlüsse werden gefaßt, politische Versammlungen gehalten, aber fürchterliche Parteiungen, Verschwörungen, neue Verbindungen werden entstehen. Die guten Menschen werden zurücktreten, die schlechten aber werden sich die größte Mühe geben, um ihren Plänen Form und Gestalt anzupassen; aber ein großes Hindernis wird ihnen sich entgegenstellen. Unmenschlichkeit und Interesse werden sehr zunehmen; jeder wird für sich sorgen und den vom Unglück gedrückten Bruder mit lachendem Herzen verfluchen.
Alle Bündnisse, welche geschlossen, werden keine Wirklichkeit erlangen, und die Verbindungen werden durch großes Blutvergießen getrennt werden. Am Ende des Jahres werden sie wieder da stehen, wo sie am Anfange desselben standen. Auch der Tod wird sein Jahr der Sammlung halten: Denn viele Menschen werden durch plötzliche Krankheiten weggerafft werden; aus den

gegen Mittag liegenden Gegenden werden außerordentliche Taten berichtet werden: Es wird sich eine Menge Geflügel versammeln, um das von den Menschen ihnen zur Speise gegebene Fleisch zu verschlingen.
Aus der Gegend des Meeres wird eine große Erscheinung kommen: nämlich die Vereinigung getrennter Zonen. Am politischen Horizonte werden zwei Sterne zweiter Größe Veranlassung zu häufigem Gerede sein: Denn ihnen wird das Jahr der Sammlung zum Untergange sein, weil sie im trüben gefischt. Eine Vereinigung höchst wichtiger Bedeutung wird unvermutet ihren Anfang nehmen und der Grundriß des neuen Gebäudes entworfen werden und die Sterne aus verschiedenen Provinzen sich vereinigen. Dieses ist daher das große Jahr der Sammlung; aber es bricht herein:

*Das Jahr des Hammers.*

Der Hammer wird die vergoldeten Nüsse zerbrechen und entdecken: daß die Kerne inwendig von Würmern verzehrt sind. Auf demselben Amboß werden die Ketten geschmiedet werden, um die Menschen zu fesseln; aber der große Hammer wird dieses Werk zerschlagen. Ringsherum werden alle Gebäude ausgebessert und morsche Balken mit neuen Brettern bedeckt werden, die jedoch den Schlag des Hammers nicht aushalten. Ganze Provinzen werden seufzen unter den Schlägen des Hammers, aber wenige werden die Hand sehen, welche diesen Hammer unsichtbar schwingt. Von einem Teile der Erde wird ein großes Stück der faulen Rinde abgeschlagen werden; aber die gedungenen Zimmerleute, welche damit beschäftigt sind, werden zerstreut fliehen, indem sie klar einsehen, daß ein stärkerer Hammer als der ihrige da ist. Es wird an der Vollendung eines eisernen Zepters gearbeitet werden; aber man wird nicht übereinkommen, wie die Gestalt desselben sein soll. Drei sehr merkwürdige und einige leichtere Schläge des Hammers werden Deutschland treffen, und einer wird in mitten den Erdkreis durchtönen. Am Ende des Jahres werden diese Worte besser verstanden werden.

*Das Jahr der Sichel.*

Die Sittenverderbnis und die Ungerechtigkeit werden aufs höchste gestiegen sein; denn es naht heran der Tag der Garben, und das Unkraut wird reif zur Ernte. Die Folgen der gesunkenen christlichen Religion und Moralität werden sich im hellsten Lichte zeigen: Unter dem größten Teile der Menschen wird weder Glaube noch Rechtschaffenheit gefunden werden – der Egoismus wird die alleinige Basis sein, und die Bande der Liebe gegen den Nächsten werden sich auflösen – die Tugend wird zum Gelächter – wenige Würmer wird man finden, aber viele Schmetterlinge – Gerechtigkeit und Recht der Armen werden den Mächtigen zum Gespötte – ähnlich einem reißenden

Flusse, der täglich einen größern Teil des bewohnten Landes verschlingt. Sonderbare Vorsätze und unerwartete Anordnungen werden eine große Gewaltigkeit verursachen; merkwürdige Wechsel werden Provinzen und Menschen treffen; die Rosen werden abgeschnitten, die Dornen gepflanzt, und die Äcker des Schwächeren werden von der Sichel des Stärkeren abgemäht werden. Und der Herr, welcher die Himmel geschaffen hat, wird auch seine Schnitter senden, welche stillschweigend mähen, was reif sein wird. Fürchterlich wird dieses Jahr sein! Die sichelförmigen Herzen von ähnlichem Geiste werden auf die mit Sicheln versehenen Wagen springen und plötzlich unter die zitternden Menschen stürzen. Vorzüglich wird ein gewisser Mann von ganz und gar verkehrtem Geiste in aller Munde sein. – Der neunte Juni, der sechste Juli und der neunte September werden vor den übrigen durch ein unglückliches Zeichen ausgezeichnet sein.
Endlich wird kommen:

*Das erfreuliche Jahr des Würfels.*

In diesem Jahre ereignet sich die merkwürdigste Epoche von allen. Der oberste Herr des Weltalls wird eine große Reinigung vornehmen; das Unkraut wird ins Feuer geworfen und das Getreide in die Scheunen gesammelt; die Nacht wird aus dem Tempel verschwinden, und die Käufer und Verkäufer werden aus demselben vertrieben und sich in die Finsternisse verbergen. Nach dieser Reinigung geht die Morgenröte der Gnade auf, und der Herr verkündigt den Seinigen die Tage des Friedens.

# *Die Prophezeiung des Jesuitenpaters Nectou*

Der französische Jesuitenpater Nectou lebte im 18. Jahrhundert. Er hatte bereits 1760 prophezeit – wie mehr als 30 Jahre später in der Französischen Revolution eingetroffen –, daß ein französischer König auf der Guillotine enden würde. Der nachfolgende Teil seiner Prophezeiung scheint bisher noch nicht verwirklicht zu sein. Nectou kündigt darin gewaltige Umwälzungen in Frankreich – etwa eine Revolution – an.

## *Textquelle: Die Prophezeiung des Jesuitenpaters Nectou*

Es werden sich in Frankreich zwei Parteien bilden, die sich auf Leben und Tod bekämpfen.
Die eine wird zahlreicher sein als die andere, doch die schwächere wird siegen.
Es wird alsdann ein Zeitpunkt eintreten, so schrecklich, daß man glauben wird, das Ende der Welt sei gekommen. Das Blut wird in mehreren großen Städten fließen, die Elemente werden in Aufruhr geraten. Es wird sein wie das Jüngste Gericht im Kleinen.
In dieser Katastrophe wird eine große Menschenmenge zugrunde gehen, doch die Bösen werden die Oberhand nicht gewinnen.
Sie werden die Absicht haben, die Kirche gänzlich zu zerstören; doch die Zeit wird ihnen dazu nicht gelassen werden, denn diese schreckliche Periode wird von kurzer Dauer sein.
In dem Augenblick, wo man alles für verloren halten wird, wird alles gerettet sein.
Während dieser Umwälzung, die – wie es scheint – allgemein sein und sich nicht nur auf Frankreich erstrecken wird, wird Paris gänzlich zerstört werden …
Nach diesen schrecklichen Ereignissen wird die Ordnung wiederhergestellt werden, und jedermann wird Gerechtigkeit widerfahren.
Alsdann wird der Triumph der Kirche, ihr letzter Triumph auf Erden, so groß sein, wie sie noch nie einen ähnlichen erlebte.
Wenn England anfängt, in seiner Macht erschüttert zu werden, so wird man einer allgemeinen Katastrophe nahe sein.
England wird seinerseits eine Revolution durchmachen, schrecklicher als die französische, und Frankreich wird England zur Wiederherstellung des Friedens behilflich sein.

# *Die Prophezeiung des Johann Peter Knopp von Ehrenberg*

Johann Peter Knopp von Ehrenberg, der von 1714 bis 1794 im Rheinland lebte, war ursprünglich Knecht und arbeitete sich später zum Landpächter empor. Er gehört zu der großen Zahl der rheinischen Seher, die ähnlich wie der Spielbähn einen verheerenden Krieg voraussagten. In dieser Darstellung aus dem 18. Jahrhundert wird die moderne Kriegstechnik vorweggenommen, wenn Knopp etwa von Schiffen spricht, die den Rhein aufwärts fahren werden, ohne daß sie von Pferden gezogen werden (also Dampf- oder Motorschiffe).

## *Textquelle: Die Prophezeiung des Johann Peter Knopp von Ehrenberg*

Es werden Schiffe ohne Pferde den Rhein heraufkommen. Die Ahr wird ihre Mündung dicht ober der Kripp, auf die Pfarrkirche zu Linz zu, erhalten; dann werden Wagen ohne Pferde mit grillenden Tönen laufen und hierauf traurige Ereignisse eintreten. Dann wird es Krieg geben, wenn keiner es glaubt; man wird fürchten, und es wird wieder ruhig und jeder sorglos sein. Wenn die Brücke zu Köln fertig sein wird, wird Kriegsvolk gleich drüber gehen. Man wird eine Straße von Linz nach Asbach bauen durch den Erpeler Büsch, aber sie wird nicht fertig werden. Die Arbeiter gehen noch vom Wege laufen. Kriegsvolk wird den Rhein besetzen, und alles Mannsvolk muß mit, was nur eine Mistgabel tragen kann. Und es wird ein Krieg sein, wie vordem nicht erlebt worden, aber er wird nicht lange dauern. Die zuletzt noch aufgefordert werden, kommen, wenn alles vorüber. Es wird hart hergehen, besonders bei Koblenz. Von Leutesdorf bis Unkel wird es noch leidlich sein, wiewo es auch hier hart hergeht. Die Linzer werden viel leiden und viele alles verlassen und im Gebüsche wohnen, müssen aber dabei noch Gott danken. Aber bei Unkel und vom Siebengebirge an wird das Blut in Strömen fließen. Es wird ein gutes Jahr vorhergehen, denen drei Mißjahre voller Elend und Drangsale folgen ... Die Fremdlinge werden nach hartem Widerstand geschlagen, Frankreich zerrissen, ein Fürst wird so zurückgedrängt, daß er von einem dreistempligen Stuhl seine ganze Herrlichkeit überschauen kann ... Nach diesen Tagen wird man eine Kuh an eine goldene Kette binden können, und wenn sich Leute treffen, einander fragen: Freund, wo hast du dich erhalten? Nach diesem Krieg soll das früher entzogene Klostergut sämtlich wieder an seine rechtmäßigen Besitzeigentümer, die Klöster, restituiert werden.

# *Die Prophezeiung des Bauers Jasper*

Zu den westfälischen Sehern wird der Bauer und Schäfer Wessel Dietrich Eilert, genannt Jasper, gerechnet. Mit seinen Weissagungen steht er ganz in der Tradition der rheinischen Seher. Er lebte von 1764 bis 1833 in Huckarde bei Dortmund.
Jasper werden zwei verschiedene Fassungen von Voraussagen zugeschrieben. Sie enthalten – wie bei den rheinischen Sehern auch – die Ankündigung eines Krieges, nach dem glücklichere Zeiten eintreten sollen. Wahrscheinlich dürfte es sich dabei um keine echten Prophezeiungen handeln, da sich aus der Geschichte das teilweise für bestimmte Jahre vorausgesagte Geschehen nicht ergibt.

## *Textquelle: Die Prophezeiung des Bauers Jasper*

### *1. Fassung*

Ich erlebe es nicht, aber ihr könnt vielleicht noch sehen, daß dort ein Weg angelegt werden wird. Er führt von Westen nach Osten, und auf ihm werden Menschen und Güter ohne Zugtiere transportiert. Ehe der Weg ganz fertig ist, wird ein blutiger Krieg entstehen.

1. Es entsteht ein Krieg durch ganz Europa, ein kleiner Fürst aus Norden wird Sieger bleiben.
2. Die Soldaten werden die Grenzen beziehen, bald darauf beruhigt wieder heimkehren. Kaum aber sind sie zu Hause, so ist der Feind in solcher Masse da, als wenn er wie Pilze aus der Erde gewachsen wäre.
3. Mit Kirschenblüten an den Tschakos kommen die Soldaten an.
4. Eine bedeutende Schlacht wird zwischen Unna und Hamm geliefert werden.
5. Die Schlacht, der Sieg, die Flucht werden so schnell aufeinander folgen, daß der, welcher sich nur auf kurze Zeit verstecken kann, der Gefahr entrinnt.
6. Bei Köln wird die letzte Schlacht stattfinden, wodurch der Türke einige Zeit Herrscher über uns wird.
7. Der Adelstand wird aufgehoben und die Zahl der Geistlichen so vermindert werden, daß nur alle sieben Stunden öffentlicher Gottesdienst stattfinden wird.
8. Haus Ickern wird von der Westseite her in Brand geschossen werden.
9. Das preußische Haus geht nimmer zugrunde, sondern wird die Kaiserkrone von Deutschland tragen.

10. Der Männer und Jünglinge werden nach dem Kriege so wenige sein, daß sieben Frauenzimmer sich um eine Mannshose schlagen.
11. Alle Konfessionen, selbst alle Religionen, werden sich vereinigen, wobei jedoch die Juden ihre alte Hartnäckigkeit zeigen werden.
12. Wer 1850 in Europa noch lebt, wird nur Freude und Wonne genießen. Der Krieg, die Lasten werden andere Erdteile drücken und europäische Auswanderer sich daher mit Geschrei an den Ozean begeben und händeringend zum Himmel flehen: Wären wir doch wieder in unserer Heimat!

*2. Fassung*

Ehe die Eisenbahn ganz vollendet, wird ein heftiger Krieg ausbrechen. Ein kleiner Fürst im Norden wird Sieger bleiben.
Hierauf wird ein anderer Krieg ausbrechen. Ein Religionskrieg wird es nicht werden, sondern diejenigen, so an Christus glauben, werden zu Haufen halten wider diejenigen, welche nicht an Christus glauben. Aus Osten wird dieser Krieg losbrechen. Vor Osten habe ich Bange. Dieser Krieg wird sehr schnell ausbrechen. Abends wird man sagen: Friede, Friede, und es ist kein Friede, und morgens stehen die Feinde schon vor der Türe; doch geht's schnell vorüber, und sicher ist, wer nur einige Tage ein gutes Versteck weiß. Auch die Flucht wird sehr schnell sein. Man werfe Karren und Rad ins Wasser, sonst nehmen die fliehenden Feinde alles Fuhrwerk mit. Vor diesem Kriege wird eine allgemeine Untreue eintreten, die Menschen werden Schlechtigkeit für Tugend und Ehre, Betrügerei für Politesse ausgeben.
In dem Jahre, wo der Krieg losbricht, wird ein so schönes Frühjahr sein, daß im April die Kühe schon im vollen Grase gehen. Das Korn wird man noch einscheuern können, aber nicht mehr den Hafer.
Die Schlacht wird am Birkenbaume zwischen Unna, Hamm und Werl stattfinden. Die Völker der halben Welt werden dort sich gegenüberstehen. Gott wird mit schrecklichem Sturme die Feinde schrecken. Von den Russen werden da nur wenige nach Hause kommen, um ihre Niederlage zu verkünden.
Im Jahre 1850 ist der Krieg beendet und 1852 alles geordnet.
Die Polen kommen anfangs unter. Sie werden aber gegen ihre Bedränger mitstreiten und endlich einen König erhalten.
Frankreich wird innerlich in drei Teile zerspalten sein.
Spanien wird nicht mitkriegen. Die Spanier werden aber nachkommen und die Kirchen in Besitz nehmen.
Österreich wird es gutgehen, wenn es nicht zu lange wartet.
Der römische Stuhl wird eine Zeitlang ledig stehen.
Der Adel kommt sehr herunter, aber 1852 kommt er wieder etwas in die Höhe …
Es wird eine Religion werden. Am Rhein steht eine Kirche, da bauen alle

Völker dran. Von dort wird nach dem Kriege ausgehen, was die Völker glauben sollen. Alle Konfessionen werden sich vereinen, nur die Juden werden ihre alte Hartnäckigkeit zeigen.
In dieser Gegend werden die Geistlichen so rar werden, daß man nach dem Kriege sieben Stunden weit gehen muß, um einem Gottesdienst beizuwohnen.
Das Land wird sehr entvölkert sein, so daß Weiber den Acker bebauen müssen und sieben Mädchen sich um eine Hose schlagen werden.
Das Haus Ickern wird in Brand geschossen werden.
Die Soldaten werden erst zum Kampf ziehen, dann aber mit Kirschenblüten wiederkommen. Und alsdann wird er erst recht losgehen.
Deutschland bekommt einen König, und dann folgen glückliche Zeiten.

# *Die Prophezeiung des Elsischen Jungen*

Ein einäugiger Bauer mit dem Namen Anton soll der Elsische Junge gewesen sein. Er lebte im 18. Jahrhundert im Dorf Elsen in der Nähe von Paderborn und hatte sich durch seherische Fähigkeiten einen Namen gemacht. Hier handelt es sich wieder um eine Kriegsprophezeiung, die den Weissagungen der rheinischen und westfälischen Seher sehr stark ähnelt. Auch wenn der Inhalt mehrfach in diesem Kreis von Leuten aufgetaucht ist, so läßt sich allenfalls in Ansätzen nachweisen, daß wenigstens ein Teil eingetroffen sein könnte. Bei der Wiedergabe wurden die Anmerkungen des Herausgebers Theodor Beykirch aus dem Jahr 1849 im Prophezeiungstext in eckige Klammern gestellt.

## *Textquelle: Die Prophezeiung des Elsischen Jungen*

Wenn im Kloster Abdinghof Soldaten liegen, die lange Stangen tragen mit Fähnlein dran und diese aus dem Kloster abziehen; dann ist die Zeit nahe.
[Jetzt liegen wirklich Ulanen im zur Kaserne umgewandelten Kloster.]
Auf dem Bocke wird man Häuser von Neuhaus aus sehen können, und ein Dorf wird zwischen Paderborn und Elsen angelegt; dann ist die Zeit nahe.
[Der Bock ist ein Wald in der Nähe von Paderborn, woselbst eine Gastwirtschaft angelegt ward. Um dieser eine schöne Aussicht zu verschaffen, wurde der Wald ausgehauen, und so sieht man jetzt die Häuser von Neuhaus auf dem Bocke. Ein zwischen Paderborn und Elsen erbautes Gut sieht einem Dorfe ähnlich.]
Wenn man im römischen Felde Häuser mit großen Fenstern sieht, wenn man einen breiten Weg durch das Feld bauen wird, der nicht fertig werden wird, bis die guten Zeiten kommen; dann wird es schwere Zeiten geben.
[Im römischen Felde, an der Chaussee nach Erwitte, wurde seit 1847 die Thüringer Bahn gebaut, und Bahnhofsgebäude mit großen Fenstern angelegt. Die Arbeiten mußten wegen der Not der Zeit aufhören.]
Wenn man am Bocke Gerste säet, dann ist's die höchste Zeit. Dann wird der Feind im Lande sein und alles umbringen und verwüsten. Sieben Stunden Weges wird man gehen müsen, um einen Bekannten zu finden. Die Stadt wird acht schwere Tage haben, wo der Feind drin liegen wird. Am letzten Tage wird er die Stadt plündern wollen, aber dann trage jeder sein Bestes von unten nach oben, denn der Feind wird nicht Zeit haben, seine Schuhriemen loszubinden, so nahe wird der Helfer sein.
[Auf dem „Bocke", einen kalten Hochfelde, ist im Sommer 1848 der erste Versuch gemacht, Gerste zu säen.]

Von Libori-Berg aus wird man die Stadt beschießen wollen; doch nur eine Kugel wird treffen und ein Haus auf dem Kampe in Brand stecken, das Feuer wird jedoch bald getilgt werden.
Die Franzosen werden als Freunde kommen. Solche mit blanker Brust reiten zum Westertore herein und binden ihre Pferde an die Bäume des Domhofs.
Zum Gierstore hinein werden Soldaten kommen in grauen Röcken mit hellblauen Aufschlägen. Sie werden aber nur hineinblicken und dann sogleich wieder zurückziehen.
Am Bocke steht ein großes Heer mit doppelten Zeichen [preußische und deutsche Kokarde?], das die Gewehre zu Haufen gestellt hat.
Der Feind wird fliehen nach Salzkotten zu und nach der Heide hin. An beiden Stellen wird eine große Schlacht geschlagen, daß man bis an die Knöchel im Blute waten wird.
Die ihn aus der Stadt verfolgen, mögen sich hüten, über die Alme-Brücke zu gehen, denn keiner, der hinübergeht, wird lebend zurückkommen.
Der siegreiche Fürst wird in dem Schlosse zu Neuhaus, das wieder instand gesetzt werden wird, seinen Einzug halten, begleitet von vielem Volk mit grünen Zweigen auf den Hüten. Auf der Johannis-Brücke vor Neuhaus wird ein solches Gedränge sein, daß ein Kind erdrückt wird.
Während dem wird in dem Rathause und vor demselben eine große Versammlung gehalten werden; man wird einen Mann vom Rathause herabgeschleppt bringen, und ihn vor demselben an einem Laternenpfahle aufhängen.
Wenn das alles wird geschehen sein, dann wird eine gute Zeit sein im Lande. Das Kloster [Abdinghof] wird wiederhergestellt, und es wird besser sein, hier im Lande Schweinehirt sein als dahinten im Preußenlande Edelmann.

# *Die Weissagung des Waldhirten Matthias Stormberger*

Genauere Untersuchungen mehrerer Heimatforscher haben nur wenig Licht in das Leben des Waldpropheten Matthias Stormberger bringen können. Schwerlich nur ist dessen Gestalt von einer weiteren, der das Mühlhiasl, zu trennen. Denn unter beiden Namen sind Weissagungen überliefert, die inhaltlich weitestgehend parallel laufen. Aus diesem Grund nahmen mehrere Forscher an, daß beide Gestalten identisch seien. Trotzdem sollen hier beide Versionen dieser Prophezeiung aus dem bayrisch-böhmischen Raum dargestellt werden.
Stormberger soll in Rabenstein bei Zwiesel als Vollwaise von einer Familie aufgenommen worden sein, vermutlich in der Mitte des 18. Jahrhunderts. Der Überlieferung nach soll er ein Waldhirte gewesen sein, der vielen Leuten ihren Todestag voraussagte. Die Weissagungen des Stormberger wurden lange Zeit nur mündlich weitergegeben und erst sehr viel später aufgezeichnet. Stormberger soll im Jahr 1806 gestorben sein.
Stormberger schildert in Bildern die ihm noch unbekannten Begriffe der Zukunft. „Wenn es nur noch rote Hausdächer gibt“: Zu Stormbergers Zeit gab es im Bayerischen Wald in der Regel nur Schindel- oder Strohdächer, aber keine Ziegeldächer. Mit „eisernen Straßen“ meinte er offensichtlich die Eisenbahnstrecken. Der „eiserne Hund“, der „bellen“ werde, das waren die Dampfschlepper auf der Donau. „Wagen ohne Roß und Deichsel“ war die Vorwegnahme des Autos. „Wenn das Korn reif ist, wird ein großer Krieg kommen“ – das beschreibt den Termin des Ausbruchs des Ersten Weltkriegs am 1. August 1914. „Das Geld wird keinen Wert mehr haben“, das ist auf die Inflation bezogen. Das Opfer der Leute für den gewaltige finanzielle Mittel verschlingenden Krieg beschreibt „Gold wird zu Eisen“: Die Bevölkerung spendete Gold und bekam als Auszeichnung Blechorden.
In den folgenden Worten des Stormberger drückt sich der Zweite Weltkrieg aus. Die Prophezeiung mündet dann in die Vorhersage eines Dritten Weltkriegs und schließlich in die Endzeit.

## *Textquelle: Die Weissagung des Waldpropheten Matthias Stormberger*

*Fassung von 1842*

O ihr lieben Leut, es wird eine Zeit kommen, da werden die Leut alleweil gscheiter und närrischer werden –

Wenn ihr wüßtet, was euch, euren Kinder und Kindskindern bevorsteht, ihr würdet in Schrecken vergehen –
Das ist die erste Zeit –
Wenn sich die Bauern wie die Städtischen kleiden, und wenn sie mit gewichsten Stiefeln in der Miststatt stehen –
Wenn man die Weiberleut wie die Geißen spürt –
Wenn es nur noch rote Hausdächer gibt –
Wenn auf den Straßen die weißen Gäns daherkommen –
Wenn die roten Hüt aufkommen, das ist dann die erste Zeit –
Eiserne Straßen werden in den Wald gebaut, und grad an Klautzenbach vorbei wird der eiserne Hund bellen –
Wagen werden gemacht, die ohne Roß und ohne Deichsel fahren –
Und der Übermut wird keine Grenzen mehr haben –
An die Schwarzach wird eine eiserne Straß gebaut, die wird nicht mehr fertig –
In Zwiesel wird ein großes Schulhaus gebaut wie ein Palast für die Soldaten –
In Zwiesel wird alles voll Häuser, und einmal werden die Brennessel aus den Fenstern wachsen –
Wenn die Rabenköpf aufkommen und dann schön stad wieder abkommen, beginnen diese anderen Zeiten –
Wenn das Korn reif ist, wird ein großer Krieg kommen –
Die Leute werden aber alleweil mehr statt weniger –
Das Geld wird keinen Wert mehr haben –
Um 200 Gulden kann man keinen Laib Brot kriegen –
Es wird aber keine Hungersnot sein –
Das Geld wird zu Eisen –
Um ein Goldstück kann man einen Bauernhof kaufen –
Von den Leuten wird eins das andere nimmer mögen –
Den Herrgott werden sie von der Wand reißen und im Kasten einsperren –
Jeder wird einen anderen Kopf haben –
Die Leut werden in der Luft fliegen wie die Vögel –
Ein großer weißer Vogel wird in den Wald kommen –
Der Wald wird so licht werden wie des Bettelmanns Rock –
Auf jedem Stock wird ein Jäger sitzen –
Und vom Hühnerkobel bis zum Rachel wird man durch keinen Wald mehr gehen brauchen –
Das Holz wird so teuer wie das Brot, aber es langt –
Die Kleinen werden groß und die Großen klein –
Dann wird es sich erweisen, daß der Bettelmann auf dem Roß nicht zu derreiten ist –
Der Glauben wird so klein werden, daß man ihn unter einen Hut hinein bringt –

Der Glaube wird so klein werden, daß man ihn mit dem Geißelschnalzen vertreiben kann –
Sieben geistliche Herren werden in Zwiesel eine Messe lesen, und bloß sieben Leut werden's anhören –
Die hohen Herren machen Steuern aus, die keiner mehr zahlen wird –
Viele neue Gesetze werden gemacht, aber nimmer ausgeführt –
Nachher geht's an –
In der Stadt geht alles drunter und drüber –
Und der Bruder wird seinen Bruder nicht mehr kennen, die Mutter ihre Kinder nicht –
Von der Stadt werden die Leute aufs Land kommen und zum Bauern sagen: Laß mich ackern –
Doch der Bauer wird sie mit der Pflugreuten erschlagen –
Wer feine Händ hat, wird gehängt werden –
Das dauert aber nur eine oder zwei Mondlängen –
Die Mannsbilder werden sich tragen wie die Weiberleut und die Weiberleut wie die Mannsbilder, man wird sie nimmer auseinander kennen –
Die Bauern werden sich hohe Zäune ums Haus machen und aus dem Fenster auf die Leut schießen –
Zuletzt werden sie noch Steine zu Brot backen und betteln gehen –
Den Herrgott werden die Leute wieder hervorziehen und ihn recht fromm aufhängen, doch wrd es nimmer viel helfen –
Die Sach geht ihren Lauf –
Ein Himmelszeichen wird es geben, und ein gar strenger Herr wird kommen und den armen Leuten die Haut abziehen –
Es wird aber nicht lange dauern, denn wenn alles das eingetroffen ist, dann kommt das große Abräumen –
Das Bayernlandl wird verheert und verzehrt, das Böhmerland mit dem Besen auskehrt –
Der Wald wird öd werden ohne Hunger und ohne Sterben –
Über den Hühnerkobel, über den Falkenstein und über den Rachel werden sie kommen und rote Jankerl anhaben –
Über Nacht wird es geschehen –
In einem Wirtshaus in Zwiesel werden viele Leute beisammen sein, und draußen werden die Soldaten über die Brücke reiten –
Die Berge werden ganz schwarz werden von Leuten –
Die Leute werden aus dem Wald rennen –
Wer zwei Laib Brot unterm Arm hat und verliert einen, der soll ihn liegen lassen, denn er wird mit dem einen Leib auch reichen –
Die Leut, die sich am Fuchsenriegel verstecken oder am Falkenstein, werden verschont bleiben –
Wer's übersteht, muß einen eisernen Kopf haben –

Die Leut werden krank, und niemand kann ihnen helfen –
Wenn man auf den Bergen steht, wird man im ganzen Wald kein Licht mehr sehen –
Wenn man herüber der Donau noch eine Kuh findet, der soll man eine goldene Glocke umhängen –
Es wird aber wieder weitergehen –
Der erste Rauch wird im Ried aufsteigen –
Dort wird später eine große Kirche gebaut, und von weither werden die Leute kommen –
Wenn die Leute gereitert sind, kommt wieder eine gute Zeit –
Wer dann noch lebt, kriegt eien Haus geschenkt und Grund, so viel er mag –
Je mehr Hände einer hat, desto mehr wird er gelten –
Das „Gelobt sei Jesus Christus“ wird wieder der Gruß sein –
Die Gescheitheit wird nichts nutz sein, und sie ist vergessen –
Der Hirt wird die Kühe hüten und sagen, da ist einmal ein Dorf gestanden, dort eine Stadt –
Aber es wird weitergehen, und was dann kommt, ist das Ende der Welt –
Himmel und Erde brennen, denn es ist die Zeit da, wo alles ein Ende nimmt –
Und diese Zeit ist da, wenn die wilde Jagd mit Feuer und Schwefel über alle Länder braust –
Bis dahin ist es noch lange, dann wird kein Mensch mehr wissen, wo ist Zwiesel und wo ist Rabenstein gewesen –
Von allen Schrecken wird der Bänkeräumer der letzte sein –
Wenn die Leute von der Bank fallen wie die Fliegen von der Wand, beginnt die letzte Zeit –
Sie wird furchtbar sein.

*Fassung von 1830*

O ihr Leute, wenn ihr wisset, was sich in hundert Jahren zutragen wird, so würden viele Leute nicht zu leben verlangen.
Es wird sich bald in Bayern ein Krieg erheben, der wird in vielen Orten Armut und Elend anrichten. Nach diesem Krieg werden etliche bessere Jahre kommen.
Nach diesen Jahren wird eine große Teuerung werden. Da wird der arme Mensch viel Not leiden müssen und wird sein Leben hart durchbringen. Nach dieser Teuerung wird wieder eine gute Zeit kommen.
Dann wird sich die Hoffart bei den gemeinen Leuten einschleichen. Man wird Farben an den Kleidern sehen, die noch niemand gesehen hat, dem Waldwurm ähnlich. Man wird den Bauer nicht von dem Bürger, den Bürger nicht von dem Edelmann und die Magd nicht von der Frau kennen.

Es werden die Menschen nicht mehr ohne Dach auf die Straße gehen.
Es wird in Zwiesel ein großes Gebäude aufgeführt, das wird viel kosten, wird aber nicht lange dauern, dann wird es vernichtet werden.
Es werden in die wilden Waldungen viele große Häuser und Paläste eingebaut, daß Fürsten und große Herren darin wohnen könnten.
Dann wird sich ein großer Krieg gegen Niedergang der Sonne erheben, da wird viel Leut, Geld und Blut vergossen werden, ganze Länder verwüstet, und wird lang dauern.
Danach wird eine große Teuerung werden, und der Arme wird nicht wissen, wie er sein Leben durchbringen muß.
Nach dieser Teuerung wird alles recht wohlfeil werden, dabei wird bei den kleinen und bei den großen Ständen die Hoffart und der Übermut überhandnehmen, und der arme Mensch wird recht schlecht geachtet sein.
Dann werden große Herren kommen und im Walde alles durchsehen und durchmessen, dann wird es nicht gut sein für die armen Menschen.
Dann wereden im Walde zwei auf einem Stock sitzen, wird einer dem anderen nicht trauen dürfen.
Auf hohen Bergen werden Freudenfeuer brennen, daß man in einem Tal viele zählen dann.
Es werden durch die Waldungen weite Straßen gemacht werden, daß es die Leute auf eine Meile sehen können.
Der katholische Glaube wird sich fast gänzlich verlieren, die Geistlichkeit wird recht schlecht geachtet sein, sie werden nach ihrer Lebensart keine Achtung verdienen, wenig gute Christen wird man unter den Leuten finden, vom Adel bis zu dem geringsten Taglöhner werden die Gebote Gottes nicht mehr geachtet werden, man wird die größten Ungerechtigkeiten für keine Sünde haben.
Bei dem Glaubenverlöschen wird sich auch die Liebe des Nächsten ganz verlieren, man wird die Gerechtigkeit wenig mehr schätzen, dem Armen wird selten mehr Recht gesprochen, und er wird schlechter als ein Hund geachtet werden.
Es werden die großen Herren Sachen befehlen, wo alle Menschen darüber lachen und spotten, und dem gemeinen Volk zu Last sein.
Nach diesem wird sich bei dem gemeinen Volk die Lauigkeit einschleichen und werden sich über die Herren aufwerfen und werden sie überall verfolgen, es werden sich die Herren in der Bauern Kleidung in die Wildnis verkriechen, und wird sie aber an ihren Händen erkennen, und sie werden in der Wildnis nicht sicher sein.
Nach diesem wird sich ein Unheil erheben, daß es zu bedauern sein wird, da wird keine Ordnung mehr herrschen unter den Leuten.
Wenn aber am ganzen Donaustrom jemand noch eine Kuh findet, so ist sie es wert, daß ihr der Besitzer eine silberne Glocke anhängt.

Nach dieser Rebellion werden nur die Leute bleiben nach der Waldung, soweit das Forellenwasser läuft, nach diesen werden die Leute der Waldung in die Länder ziehen ohne Hunger und Sterb und die eingebauten Häuser in denen Wäldern den Füchsen zur Wohnung werden.
Nach diesem Verlauf wird es ein Wunder sein, wenn man noch zwei oder drei Herrscher miteinander gehen sehe, nach diesen wird die Nächstenliebe wieder werden, und wer es überlebt hat, wieder eine gute Zeit zu hoffen. Ich danke Gott, daß ich meine Lebenszeit beinahe vollendet habe und mein Alter bis auf 105 Jahre alt geworden bin. Ich sehe, daß mein Leben nicht lange dauern werde. Ihr, meine Kinder, erlebt das größte Unteil nicht, ihr, meine Enkel, erlebt es auch noch nicht, aber der dritte Stamm, der kann es leicht erleben.

# *Die Weissagung des Mühlhiasl von Apoig*

Möglicherweise handelt es sich beim Mühlhiasl, wie bereits erwähnt, um die gleiche Person wie beim Matthias Stromberger. Dagegen spricht, daß Strombergers Prophezeiung im bayerischen Wald angesiedelt ist, während Mühlhiasls Voraussagen im Gebiet der Donau davor spielen. Daß beide Figuren auf eine Gestalt zurückgehen könnten, dafür würden sich Anhaltspunkte aus der Tatsache ergeben, daß vom Mühlhiasl ein paar Lebensumstände und nicht der Tod bekannt sind, vom Stromberger aber nur der Tod und kaum Lebensumstände.

Festzuhalten bleibt jedenfalls, daß sich die Prophezeiungen der beiden Gestalten zum Teil fast wörtlich decken. Der Mühlhiasl – Mathias Lang – wurde 1753 in Apoig in der Nähe von Straubing geboren. Er war der Sohn des Apoiger Klostermüllers. Der Sohn übernahm später das Amt des Vaters. Der Mühlhiasl wurde 1803 wegen seiner Nachlässigkeit des Amtes enthoben. Von diesem Zeitpunkt an ist über sein Leben nichts mehr bekannt.

Die Weissagungen des Mühlhiasl blieben lange Zeit in der mündlichen Überlieferung lebendig. Erstmals aufgezeichnet hat sie der Heimatforscher Paul Friedl in diesem Jahrhundert.

Inhaltlich ist die Weissagung mit der des Strombergers nahezu identisch. Weitestgehend ähnliche Begriffe, wie die bei Stromberger erläuterten, tauchen wieder auf. Der Mühlhiasl spricht von einem „weißen Vogel oder Fisch", der über den Wald fliegt, und könnte damit den Zeppelin, das berühmte Luftschiff, gemeint haben, das Anfang 1914 den Bayerischen Wald überflog. „Dann kommt der Krieg und noch einer, und dann wird der letzte kommen", damit wäre dann der Erste, der Zweite und ein dritter Weltkrieg angekündigt. So könnte auch die „Fledermaus auf dem Geld" – in der Zeit des zweiten Krieges – eine Kriegsserie der 20-Reichsmark-Scheine bedeuten, die ein dieser Beschreibung ähnliches Signet trugen. Nach dem Zweiten Weltkrieg gab es viele Dinge nur zu Schwarzmarktpreisen („um 200 Gulden keinen Laib Brot«), danach setzte bald wieder eine Phase des Wohlstands ein.

Die Weissagung wird zunehmend düsterer und in der Ausgestaltung auf die Endzeit bezogen. Vom Wald etwa wird angekündigt, „er wird Löcher haben wie des Bettelmanns Rock" – könnte damit das Waldsterben bezeichnet sein?

## *Textquelle: Die Weissagung des Mühlhiasl von Apoig*

Wird ein großer Krieg kommen. Ein Kleiner fangt ihn an, und ein Großer, der übers Wasser kommt macht ihn aus.

Da wird aber zuerst eine Zeit sein, die dem großen Krieg vorausgeht und ihn herbeiführt.
Die roten Hausdächer kommen, und die schwarzen Kopftücher kommen ab –
Die Donau herauf werden eiserne Hunde bellen.
Im Vorwald wird eine eiserne Straß gebaut, und wenn sie fertig ist, geht es los –
Die Hoffart wird die Menschen befallen. Sie werden Kleider in allen Farben tragen, und die Weiberleut werden daherkommen wie die Gäns und Spuren hinterlassen wie die Geißen –
Männlein und Weiblein wird man schließlich nicht mehr auseinander kennen –
Die Bauern werden mit den gewichsten Stiefeln in der Miststatt stehen –
Aber es wird ihnen noch einmal schlecht gehen, wenn alles drunter und drüber geht –
Dann werden sie sich Zäun ums Haus machen und auf die Leut schießen –
Und dann werden sie Steine und Brot backen und Brennesseln essen –
In den Städten wird alles drunter und drüber gehen. Die feinen Leute werden zu den Bauern aufs Land kommen und werden sagen: Laß mich ackern. Man wird sie aber sogleich an den feinen Händen erkennen und diese alle erschlagen –
Alles nimmt seinen Anfang, wenn ein großer weißer Vogel oder ein Fisch über den Wald fliegt –
Dann kommt der Krieg und noch einer, und dann wird der letzte kommen –
Wann es kommt? Eure Kinder werden es nicht erleben, aber eure Kindskinder bestimmt –
Vom Osten her wird es kommen und im Westen aufhören –
Der letzte Krieg wird der Bänkeabräumer sein. Er wird nicht lange dauern. Es wird so schcnell gehen, daß kein Mensch es glauben kann, aber es gibt viel Blut und Leichen –
Es wird so schnell gehen, daß einer, der beim Rennen zwei Laib Brot unterm Arm hat und einen davon verliert, sich nicht darum zu bücken braucht, weil er mit einem Laib auch langt –
Zuvor werden viele Häuser gebaut wie Paläste, für die Soldaten, und dann werden einmal die Brennesseln aus den Fenstern wachsen –
Das Geld aber wird zu Eisen, wenn die Not kommt, und man wird sich dafür nichts kaufen können. Wenn die Fledermaus auf dem Geld erscheint, dann geht es zum zweiten großen Krieg –
In dieser Zeit wird das Geld so knapp, daß man sich um einen Goldgulden einen Bauernhof kaufen kann –
Das wird aber auch eine Zeit sein, da man um 200 Gulden keinen Laib Brot bekommt. Aber eine Not wird doch nicht sein –

Kommt aber auch wieder eine gute Zeit, und die Leute werden fressen und saufen vom Überfluß –
Da aber ein strenger Herr kommen und ihnen die Haut abziehen und ein strenges Regiment führen –
Aber die Kleinen werden groß und die Großen klein, und da wird es sich erweisen, daß der Bettelmann, wen er aufs Roß kommt, nicht zu derreiten ist –
Dann wird es wieder losgehen, und es wird schrecklich –
Jeder wird einen anderen Kopf aufhaben, und eines wird das andere nicht mehr mögen –
Der Bruder wird den Bruder nicht mehr kennen und die Mutter die Kinder nicht –
Gesetze werden gemacht, die niemand mehr achtet, und Recht wird nimmer Recht sein –
Aber aus Krieg und Not wird keiner etwas sich merken. Wieder wächst der Übermut –
Der Glauben wird so klein werden, daß man ihn unter den Hut hineinbringt.
Den Herrgott werden sie von der Wand reißen und im Kasten einsperren.
Kommt aber eine Zeit, da werden sie ihn wieder hervorholen, aber es wird zu spät sein, weil die Sach ihren Lauf nimmt –
Denn niemand denkt dran, daß die Geißel Gottes kommt. Und so wird der Jammer groß sein –
Wenn man die Leute, die einem begegnen, nicht mehr versteht, ist es nimmer weit zum schrecklichen End –
Die Rotjankerl werden auf den neuen Straßen hereinkommen. Aber über die Donau kommen sie nicht –
Soviel Feuer und soviel Eisen hat noch kein Mensch gesehen –
Alles wird dann durcheinander sein. Wer's übersteht, muß einen eisernen Kopf haben –
Aber es wird nicht lange dauern –
Es wird nichts helfen, wenn auch die Leute wieder fromm werden und den Herrgott wieder hervorholen. Sie werden krank, und kein Mensch kann ihnen helfen –
Im ganzen Wald wird kein Licht mehr brennen, und das wird eine lange Zeit dauern –
Die wieder von vorne anfangen, werden eine Kirche bauen und Gott loben –
Wenn man herüber der Donau noch eine Kuh findet, der soll man eine goldene Glocke umhängen –
Es wird erst vorbei sein, wenn kein Totenvogel mehr fliegt –
Die es überstanden haben, werden sich grüßen „Bruder, lebst du auch noch?“ und werden sich mit „Gelobt sei Jesus Christus“ grüßen –
Dann schaut den Wald an. Er wird viele Löcher haben wie eines Bettelmannes Rock –

Das wird nicht nur bei uns, sondern auf der ganzen Welt so sein, und Recht wird wieder Recht sein, und der Friede wird tausend Jahre gelten –
Aber – und das ist weit – wird man Sommer und Winter nicht mehr auseinander kennen, und die Sonne wird nicht mehr scheinen –
Denn alles hat ein End, auch diese Welt.

## *Prophezeiung eines unbekannten polnischen Mönchs*

Mehrfach gedruckt herausgegeben wurden im 18. Jahrhundert die „Höchst merkwürdigen Prophezeiungen eines alten Mönches in Polen, welche vom Jahre 1790 bis zum Ende der Welt im Jahre 2000 in Erfüllung gehen sollen".
Der Autor der Schrift bleibt unbekannt. Er schildert eine Reise nach Polen im Herbst 1790. Dabei habe er sich eines Nachts im Wald verirrt. Irgendwo traf er auf Kloster, wo er Unterschlupf fand. Einer der Mönche vertraute ihm angeblich die Prophezeiung eines längst verstorbenen polnischen Paters an, der in diesem Kloster gelebt hatte und dessen Worte sich bereits seit 60 Jahren bewahrheiten würden.
Die als Prophezeiung ausgegebene Niederschrift erstreckt sich über einen Zeitraum von 1790 bis 2000. Nur die Angaben am Anfang lassen sich mit der Geschichte in Einklang bringen, so daß – auch nach dem dubiosen Herkunftsbericht – der Schluß naheliegt, daß es sich um eine später erdichtete oder gefälschte Weissagung handelt.

### *Textquelle: Prophezeiung eines unbekannten polnischen Mönchs*

Im Jahre **1790** und **1791** wird das französische Volk in der Revolution fortfahren, und die königliche Würde wird nur ein Schatten sein. Die Nation wird unter sich selbst Personen wählen, deren Gesetze und Befehle befolgt werden. Der Krieg zwischen Rußland, Österreich, der Türkei und Schweden nimmt ein Ende, da das deutsche Oberhaupt stirbt. Der König von Frankreich wird entfliehen wollen, aber dadurch sein Unglück aufs Höchste bringen. Im Jahre 1792 wird einer der besten Könige meuchelmördischer Weise ermordet werden (der König von Schweden).
Österreich und Preußen werden mit ihrer Macht nach Frankreich ziehen; dagegen werden die Franzosen in Deutschland einfallen und große Verwüstungen anrichten. Vorzüglich wird die Residenz eines geistlichen Kurfürsten sehr leiden.
**1793.** Dieses Jahr wird gleich anfangs Flecken bekommen, die nie ausgewischt werden können; der König von Frankreich wird wie ein Missetäter sein Leben enden. Der menschliche Geist wird eine Maschine erfinden, durch deren tödliche Streiche der König, die Königin und viele Tausende ihr Leben verlieren werden. Viele Städte werden den Franzosen wieder entrissen werden, denn die Verwüstung wird in einigen Gegenden durch die Franzosen sehr groß sein. Preußen und Rußland werden Polen unter sich teilen,

und eine ansehnliche Handelsstadt, die seit vielen Jahren eine der berühmtesten gewesen ist, wird dem preußischen Adler huldigen müssen.
**1794.** Dieses Jahr wird sehr fruchtbar sein; die Felder werden mit Früchten aller Art bedeckt sein, und die Halme werden kaum vermögend sein, die schweren Ähren zu tragen; allein der Krieg zwischen den Franzosen wird dennoch in einigen Gegenden große Teuerung verursachen. Große Schlachten werden geliefert werden, wobei das Blut der Erschlagenen wie Wasser fließen und die Erde tränken wird. Dennoch wird das französische Volk sich noch nicht zum Frieden, zur Ruhe und Ordnung bequemen.
Im Jahre **1795** werden alle europäischen Fürsten mit vereinigter Macht auf dieses Gesindel losgehen, und den Sohn des unglücklichen Königs wieder auf den französischen Thron setzen; zur Schadloshaltung werden aber die übrigen Fürsten des Reichs unter sich teilen, und den neuen Königen nur so viel überlassen, daß sie ohne Gefahr werden in Ruhe regieren können. Ein nasser schlechter Winter wird häufige Krankheit zuwege bringen, woran viele Menschen sterben werden.
**1796** werden in vielen Ländern Erdbeben entstehen, wo man sonst nie etwas gespürt hat. Dieselben werden an einigen Orten schreckliche Verwüstungen anrichten, ebenso wie **1783** in Calabrien geschehen sind.
Im Jahre **1797** und **1798** werden sich die Bürger von einigen freien Reichsstädten wider ihre Obrigkeiten empören, und die Fürsten werden unter sich eins werden, sie unter sich zu verteilen. Dänemark wird Hamburg, der Kurfürst von Hannover Bremen, und das preußische Haus Lübeck zu seinem Anteil bekommen. Ein Paar Jahr wird Ruhe und Ordnung das menschliche Geschlecht regieren.
**1800.** Dieses Jahr wird mit Überschwemmungen, welche vorzüglich in Holland großes Unglück anrichten werden, seinen Anfang nehmen. die blühendsten Felder und Wiesen weden zu einem Meere umgeschaffen werden, und an einigen Orten wird nachher keine Spur von ehemaligen Wohnungen zu sehen sein, sondern eine ewige Flut wird das Land bedecken; Ostfriesland wird zwar auch von dieser Überschwemmung leiden, dagegen aber den Vorteil haben, daß im folgenden Jahre die Ernte so reichlich ausfallen wird, daß der Schaden vom vorigen Jahre mehr als vielfältig wird ersetzt werden; Holland aber wird so unfruchtbar sein, daß es mit vielen Kosten sein Getreide aus den benachbarten Ländern wird holen müssen. Viele Einwohner werden nach Ostfriesland ziehen und daselbst vielen Reichtum ins Land bringen, wobei der Landmann den meisten Vorteil erringen wird, indem alsdann ein Huhn mehr gelten wird als vor einigen Jahren ein Kalb.
**1804** werden neue Unruhen in Polen entstehen, die reichsten Edelleute und Bürger werden die Ruhe und Sicherheit unter dem Schutze des preußischen Adlers suchen, und sich in dem preußischen Littauen zwischen Memel und Tilsit niederlassen. Ganz Ostpreußen wird so emporkommen, daß es nur mit

dem gelobten Lande in der Bibel zu vergleichen sein wird. Überfluß an Allem und Rechtschaffenheit in der Brust eines jeden Untertans wird die preußischen Staaten von einem Ende bis zum anderen zum glücklichsten in der Welt machen.

**1815** wird die christliche Religion sehr in Verfall geraten, überal wird man sagen, hier ist Christus und da ist Christus, und nur an wenigen Orten wird die Lehre Christi rein und lauter gepredigt werden.

**1824** wird der türkische Kaiser mit dem Großvezir Rußlands und Österreichs Krieg anfangen und ganz Europauntergang drohen; Brennen und Morden wird das tägliche Geschäft dieser Barbaren sein, bis Preußen, Schweden und England hinzukommen und diesem Kriege **1835** ein Ende machen.

**1830.** In Frakreich wird eine große Revolution stattfinden, welche eine neue, jedoch nicht lange bestehende Regierung ans Ruder bringt. Die Türken und Perser werden überwunden, und Konstantinopel wird die Residenz des römischen Kaisers. Persien wird aber ewig von den Russen in Besitz genommen werden.

**1840** stirbt das Haus Oranien aus, und ganz Holland fällt an den König von Preußen.

**1848.** Eine furchtbare Revolution wird sich über ganz Europa verbreiten. Kaiser und Könige werden von ihren Thronen herabsteigen. **1856** geht Venedig in einer Nacht unter, so daß keine Seele dem Tode entrinnt, sondern Alles im Wasser ertrinken muß. Die Jahre **1860** bis **1865** werden ganz Italien mit solchem schrecklichen Erdbeden heimsuchen, daß ein großer Teil davon gänzlich untergehen wird. Berge werden aus dem mittelländischen Meere emporsteigen, und blühende Felder werden zu gießenden Strömen und ein Aufenthalt der Fisch werden.

**1870** wird eine Uneinigkeit zwischen dem Papst und dem Hause Österreich entstehen, und nach blutigen Schlachten wird der Papst überwuden und nichts mehr als ein vom Kaiser besoldeter Prediger sein. Ganz Italien unterwirft sich **1870** dem Kaiser. Polen, welches von jeher der Wohnsitz des Zankes und der Uneinigkeit war, bittet im Jahre **1882** den König von Preußen, das Land in Besitz zu nehmen, damit sie unter dem Schutze und der Leitung seiner Gesetze der Ruhe genießen mögen. Weltteile erblühen von Neuem. Eine Flotte,wie sie die Welt nie sah, wird in Ostpreußen und Ostfriesland errichtet, die jeder anderen Trotz bietet und so wird Preußen nicht allein zu Lande sondern auch zur See Krieg führen.

**1889** wird sich eine Pest in ganz Europa ausbreiten, welche 100,000 Menschen dahinwerfen wird. Viele Tausende werden nach entfernten Weltgegenden ihre Zuflucht nehmen, und dadurch wird Europa ganz menschenleer werden. Dagegen werden in Südamerika neue Staaten gebildet, welche in Ordnung, Religion und allen übrigen Dingen weit die europäischen übertreffen werden.

So merkwürdig auch jedes Jahrhundert der Welt war, so wird dennoch das zwanzigste Jahrhundert unter allen das merkwürdigste sein, und ich sehe schon im Geiste voraus alle Schicksale und Trübsale, die die Bewohner der Erde zu der Zeit überfallen werden. Alles, was sich nur schauderndes und schreckliches denken läßt, wird in diesem Jahrhundert dem Menschengeschlechte widerfahren.

Beim Anfage des Jahres **1900** werden in vielen Ländern die Prinzen sich gegen ihre Väter, die Bürger gegen ihre Obrigkeit, Kinder gegen ihre Eltern und das ganze menschliche Geschlecht gegen einander empören, so wird es fortdauern bis zum Jahre **1938,** wo ein allgemeiner Krieg in der ganzen Welt, da Mensch gegen Mensch nur allein auf Mord bedacht sein wird, der ganzen Schöpfung den Umsturz droht. Verheerungen und Verwüstungen werden ganze Länder betreffen, öde, menschenleer und zerstört werden die größten und angesehensten Städte sein. Im Jahre **1986** wird wieder Ruhe und Frieden hergestellt sein, allein wenig Jahre darauf wird, gleich wie eine Puppe von einem jeden anders geputzt wird, auch von einem jeden die Religion anders ausgeübt werden. Nur klein wird das Häuslein sein, welches die Bibel als das wahre Wort Gottes ansieht, und die Religion Jesu rein und lauter lehret und glaubt.

**1988** wird ein schrecklicher Komet am Himmel erscheinen und durch einen grausamen Druck auf die Erde das Wasser aus den Meeren treiben und ganze Länder ersäufen.

**1996** wird ein allgemeines Erdbeben die ganze Welt erschüttern, und ganz Italien, Neapel, Sicilien, Portugal und Spanien auf ewig in den Abgrund verschlingen.

Endlich kommt im Jahre **2000** der letzte Tag des Herrn, an dem er richten wird die Lebendigen und die Toten. Sterne und Kometen werden vom Himmel heruntfallen und mit Donner die Erde in Brand stecken, und so wird diese Erde vergehen, die seit der Schöpfung 6000 Jahr stand. Das Weltgericht geht an – freudenvoll für den Rechtschaffenen und schrecklich für den Sünder.

# *Die Visionen der Schwester Nativitas*

Im ausgehenden 17. Jahrhundert lebte Jeanne Royer, die als Clarissin im französischen Fougeres den Namen Nativitas angenommen hatte. Nativitas, die bereits als Kind Visionen hatte, erfuhr die Schrecken der Französischen Revolution am eigenen Leib. Sie mußte aus Fougeres flüchten. Der Terror der Revolution war ihr verhaßt. In ihren Visionen drückt sich die Sorge um die Christen aus und finden endzeitliche Bilder Eingang. In einem Brief an ihren Vater stellte Nativitas einige ihrer Visionen ausführlich dar.

## *Textquelle: Die Visionen der Schwester Nativitas*

Mein Vater ... Gott hat mich die Bosheit Lucifers sehen lassen und die teuflische und verkehrte Absicht seiner Anhänger gegen die heilige Kirche Jesu Christi. Auf Befehl ihres Meisters durchwandern diese Bösen die ganze Erde gleich Wahnsinnigen, um dem Antichrist, dessen Reich nahet, die Wege und Stege zu bereiten, Durch den Pesthauch dieses stolzen Geistes vergiften sie die Menschen, teilen einander ihre Krankheit mit, welche dann allgemein wird.

Welche Verkehrtheit! Welches Ägernis!

Vernimm, mein Vater, was ich an meinen Augen vorübergehen sah. Satan selbst verteilte unter seine Helfershelfer, die er zu Teilnehmern seiner verbrecherischen Anschläge machte, ein gewisse giftige Materie, womit er sie an der Stirn oder an irgend einem Teil der Haut berührte, wie um ihnen ein Brandmal der Hingebung für sein Werk einzuprägen. Seine also berührten Gesellen erschienen mir sogleich mit eienem Aussatz bedeckt, womit sie alle Personen ansteckten, die sich von ihnen berühren ließen. Dies Bild, mein Vater, hat Bezug auf das Innere und Äußere der Kirche, und obwohl es erst seine Erfüllung in der Revolution haben soll, welche beginnt, so drückt es doch sehr gut die Gesinnungen und Werke derjenigen aus, welche sie seit langer Zeit vorbereiteten.

Dies sind die Bemühungen der Hölle, um in den Seelen die Herrschaft Jesu Christi zu zerstören, und die Gläubigen in der Übung ihrer Religion irre zu machen. Diese Sendlinge des Teufels, diese Vorläufer des Antichrist sind, wie man mich erkennen ließ, die gottlosen Schriftsteller, welche durch ihre leichtsinnigen und verführenden Systeme schon so lange den Grund zur herrschenden Irreligion gelegt haben. Der vergiftete Stoff, welcher überall die Ansteckung verbreitete, ist nichts Anderes, als die unreine Verbindung der Gottlosigkeit und Zügellosigkeit, welche immer mehr überhand nimmt, und unter dem glänzenden Namen der Philosophie alles Böse verursacht.

Darauf sah ich eine große Macht sich gegen die heilige Kirche erheben; sie raubte, plünderte, verwüstete den Weinberg des Herrn, machte ihn zum Tritt für die Vorübergehenden, und gab ihn dem Hohn aller Nationen Preis. Nachdem sie den Zölibat geschändet und den Mönchsstand unterdrückt hatte, riß sie frech die Güter der Kirche an sich und bekleidete sich gleichsam mit der Gewalt unsers heiligen Vaters, des Papstes, dessen Person und Gesetze sie verachtete ...

Mein Vater, unter denen, welche die Kirche erhalten sollten, fanden sich feige, unwürdige, falsche Hirten, Wölfe in Lammskleidern, die in den Schafstall nur gegangen sind, um die schlichten Seelen zu verführen, die Herde Jesu Christi zu erwürgen und das Erbe des Herrn den Räubern, die Tempel und heiligen Altäre der Entweihung Preis zu geben ...

Da sagte der Herr in seinem Zorn und in seinem gerechten Unwillen: „Wehe den Verrätern und Abgefallenen! Wehe den Räubern der Güter meiner Kirche und Allen, welche ihr Ansehen verachten! ... Sie laden meinen Abscheu auf sich, ich will sie zertreten, sie sollen zur Strafe ihrer Verbrechen wie Rauch in der Luft vor mir verschwinden. Sie müssen das Erbe zurückgeben, welches zum Unterhalt meiner Tempel und meiner Diener so wie zum Troste der Armen bestimmt ist. Ich will ihr Herz verhärten, ihren Geist verblenden. Sie werden Sünde auf Sünde begehen; während sie Böses tun, werden sie meinen, Gutes zu tun, und ihr Fall wird um so tiefer und verderblicher sein, je höher sie in ihrem Stolze stehen."

„Meine Tochter!" sagte der Herr in der Bitterkeit seines Herzens, aber mit einem väterlichen Tone und mit einem Ergusse des Herzens zu mir, der mich mit Schmerz und Liebe zugleich durchdrang, „meine Tochter, glaubst du es? Es sind in meiner Kirche Judas, welche mich verraten und verkaufen; ich bin von Neuem verlassen, verleugnet; man gibt Barrabas frei und verurteilt mich zum Tode. Ich werde grausam gegeißelt und mit Dornen gekrönt. Man bedeckt mich mit Schande und Schmach und führt mich zum Kreuzestod ... Welche Strafen verdienen so große und so blutige Übertretungen? Doch ich habe das Gebet meiner Kirch erhört; ihre Seufzer haben mich bezwungen, und ich beschloß, die Zeit ihrer Verbannung abzukürzen."

Da schien es mit einem Male, als wenn Jesus Chritus im heiligen Zorne entbrenne, und mit lebendigem ausdrucksvollen Tone sprach er: „Ich hörte das Weinen und Seufzen der frommen Opfer meiner Liebe; ihre Klagetöne drangen mir tief in das Herz ... Die Unglücklichen haben sogar ihrem freien Willen Gewalt angetan, auf den ich doch so eifersüchtig bin und den ich selbst allen Menschen lasse, damit sie frei wählen können. Ich werde mich am Tage meines Gerichtes dafür rächen.

Auf die Frage, warum sie es wagten, meinen Kindern den freien Willen zu nehmen, werden sie verschiedene Antworten geben; doch sie werden die Wucht meines Zornes fühlen, fühlen, daß ich unumschränkter Gebieter bin, dem Alles zu gehorchen hat, dem Niemand ungestraft sich entgegensetzt. Sie werden angezogen sein von meiner Klarheit und durchdrungen von den Zügen meiner Wahrheit."

Ich sah auf einem Berge einen schönen, großen und starken Baum; seine Äste und grünenden Zweige, alle im vollkommensten Ebenmaße, gaben ihm einen herrlcihen Anblick; seine Blüten und Früchte boten den lieblichsten Geruch dar. Einige Schritte davon sah ich einen andern, minder starken Baum, der aber wegen der Früchte, womit er bedeckt war, von derselben Art zu sein schien; doch war er nicht so fest, auch fehlte ihm die Vollheit und das Ebenmaß des andern, und bemerkte ich, daß er oben in zwei Spitzen oder Gipfel auslief.

Während ich nun diese zwei schönen Bäume bewunderte, sah ich plötzlich einen dritten Baum sich mitten unter ihnen erheben, so daß er gleich weit von ihnen entfernt war. Dieser hatte weder Blüten noch Früchte, wohl aber einen gewissen glänzenden Schein, der in seinen schönen Blättern bestand, welche einige Ähnlichkeit mit jenen der beiden ersten Bäume hatten. Er erhob stolz sein Haupt weit über sie hinaus und begann dann, sie wechselseitig durch eine Bewegung nach rechts uns links zu schlagen, so daß ich darüber erschrak.

Doch ich bemerkte, daß er in den Zweigen des ersten Baumes nur etwas rüttelte, welcher immer widerstand, ohne Etwas von seinen Blüten oder Früchten zu verlieren, dagegen zerbrach er alle Zweige des andern Baumes, so daß ihm nur mehr der Stamm und die Wurzeln blieben, und daß man kaum noch seine beiden Gipfel unterscheiden konnte.

Nach diesem furchtbaren Geschäfte hörte ich eine Stimme, welche rief: „Hauet den Wildling mit der Wurzel ab, zerstöret ihn, bewahret aber sorgfältig die beiden ersten Bäume."

Kaum waren diese Worte gesprochen, so hörte ich den verfluchten Baum abhauen und sah ihn fallen und krachend zum Abgrund des Berges hinabrollen.

Dann sagte man zu mir: „Siehe, was du eben gesehen, bedeutet das: Der erste Baum bezeichnet die Kirche Jesu Christi und der zweite Baum den Mönchsstand der beiden Geschlechter, welcher sich in ihrem Schoß gebildet hat; sie sind von derselben Art und tragen deshalb auch dieselben Früchte. Der unfruchtbare und stolze Baum, der zwischen den beiden aufgewachsen ist und sie an Höhe überragt hat, ist der Stolz der heutigen Philosophie, welche sich bemüht, die Kirche und den Mönchsstand ganz zu vernichten. Dieser Wildling war, wie es schien, aus der Wurzel des ersten Baumes hervorgewachsen: auf gleiche Weise wird auch die neuere Philosophie Ehrfurcht gegen Religion und Kirche heucheln; sie will sogar bereden, daß sie nur da sei, um sie zu beschützen und zu ihrer ursprünglichen Vollkommenheit zurückzuführen. Die Folgen werden zeigen, was man davon zu glauben hat, da

sie den ganzen Haß aufdecken werden, den sie gegen die Kirche und alle Tugenden hegt, welche den Christen bilden.
Sie wird damit beginnen, rein menschliche Tugenden an die Stelle moralischer zu setzen, diese wird sie hoch erheben, – ungeachtet sie zum Heile nicht hinreichend sind. Schon seit geraumer Zeit zeigt sie ihren falschen Schimmer, um auch sie, in selbem Augenblicke, in dem die Vernunft an die Stelle des Glaubens treten soll, um auch sie einzuführen. Siehe, deshalb hatte der Wildling schöne Blätter, aber auch nur dies. Die Verwüstung dieser häßlichen Philosophie soll ihre Zeit haben; die Religion und die Kirche werden diesen Sturm überleben. Die Wurzel und der Stamm des zweiten Baumes, welche noch bleiben, bezeichnen, daß nicht Alles für den Mönchsstand verloren ist, sondern daß er eines Tages Hilfe gegen seine Unterdrücker bekommen und aus seiner Asche wieder neu erstehen wird."
Ich war im Geist auf dem Gipfel eines Berges, wo ich die reinste Luft und den Anblick des reizendsten Haines genoß. Auf diesem schönen Berge erhob sich ein prächtiges Haus, dessen sämtliche Zugänge frei und alle Eingänge mit Fremden bedeckt waren, welche haufenweise, aber sehr zerstreut, dahinliefen. Während ich Alles sehr aufmerksam bewunderte, bemerkte ich, daß die Luft plötzlich durch Dünste sich verdunkelte, welche sich von der Erde erhoben und eine schwarze und dichte Wolke bildeten, die allmählich durch einen heißen Wind gegen den Berg hin getrieben wurde.
Dieser böse Dunst, der die Sonne verfinsterte, und der Wirbelwind, der ihn herumtrieb, kündigten einen furchtbaren Sturm an. Ich befürchtete ein Unglück, allein unter der Wolke bemerkte ich einen Gegenstand, der mich auf den Beistand von oben hoffen ließ. Es war eine Art Kreuz von roter Farbe, das sich überall hin äußerst schnell bewegte; ich wußte dabei nicht, ob ich diese Erscheinung, die ich mir nicht erklären konnte, fürchten oder meine Hoffnung darauf setzen sollte; es kam immer näher und seine Bewegung wurde immer heftiger und so wuchs auch meine Unruhe.
Endlich kam's auf den Berg, machte sich von der Wolke los und fiel gleichsam zu meinen Füßen nieder. O Gott, mein Vater! welches Entsetzen! Es war ein furchtbarer Drache, dessen mit Schuppen von verschiedener Farbe bedeckter Leib schrecklich anzusehen war; er hatte Feuer in den Augen und Wut im Herzen, und bewegte grimmig seinen Kopf und seinen Schweif; mit Krallen und einer doppelten Reihe langer und furchtbarer Zähne bewaffnet, drohte er Alles zu zerreißen und stürzte sich halb gegen das schöne Haus, ging aber an mir vorbei, owohl er sehr aufgebracht gegen mich zu sein schien.
Bei diesem Anblick erschrank ich sehr und meine erste Bewegung war, aus allen Kräften zu schrien, man solle die Türen verschließen und sich vor der Wut des Drachen hüten. Man hörte auf mich mit Zerstreuung und Spott und hielt mich für einen Törin. Niemand achtete auf meinen Rat, und mein gan-

zer Eifer wurde verhöhnt. Der Drache kam indessen näher und hatte schon Opfer seiner Wut gemacht. Man begann die Augen zu öffnen und um Hilfe zu bitten, als Gott mir befahl, das Ungeheuer anzugreifen und weiteren Schaden zu verhüten.

Ich aber sprach: Wie soll ich armes Geschöpf, ohne Waffen und ohne Kraft, ja selbst ohne allen Mut dazu dies Ungeheuer bezwingen können? Mein Widerstreben half Nichts. Ich mußte dem Befehl gehorchen, der das Opfer meines Lebens für das Heil Aller forderte. Ich gehorchte also und stürzte mich auf den Drachen, um ihn zu bändigen. O Wunder! kaum griff ich ihn an, so konnte er nicht mehr widerstehen, und ich zerriß ihn; die Zuschauer aber erkannten die Gefahr, von der ich sie befreit hatte.

Es verging viel Zeit, mein Vater, ehe mir dies Gesicht erklärt wurde. Endlich deutete mir es Jesus Christus ungefähr in folgenden Worten: „Der Berg, wo du warest, ist das Köngreich Frankreich; die Türen und Zugänge waren allen Fremden offen, weil die Zerstreuung und die Neugierde des Franzosen und besonders die Liebe zur Freiheit ihn sehr empfänglich für Neuigkeiten im Gebiete des Glaubens uns sehr geneigt machen, die ausschweifendsten Systeme aufzustellen.

Die groben Dünste, welche sich von der Erde erhoben und das Licht der Sonne verdunkelten, sind die Grundsätze der Irreligion und der Zügellosigkeit, welche teils in Frankreich entstanden, teils von den Fremden gekommen sind, überall Finsternis verbreiteten und das Licht des Glaubens und der Vernunft verdunkelten.

Der Sturm zieht sich gegen Frankreich hin, welches zuerst der Schauplatz einer Verwüstung sein soll. Der Gegenstand, welcher unter der Wolke erschien, war das Bild der Revolution oder der neuen Konstitution, welche man Frankreich bereitete; sie schien dir vom Himmel zu kommen, obwohl sie nur von den Dünsten der Erde gebildet war; du hast sie erst recht erkannt, als du ihre wahre Gestalt und ihre unheilvollen Pläne sahest; sie wird auch vielen Andern ganz anders erscheinen, als sie ist; man wird sie segnen als ein Geschenk des Himmels, obwohl sie nur ein Geschenk der Hölle ist, welches der Himmel in seinem gerechten Zorn zuläßt; erst an den Folgen wird man sie als einen Drachen anerkennen müssen, der Alles zerstören und verschlingen wollte. Endlich hast du auf meinen Befehl und meinen Beistand darüber triumphirt. Damit wird meine Kirche bezeichnet, welche einst alle bösen Grundsätze zerstören soll.«

Ohne Zweifel, mein Vater, deutet das auf schreckliche Leiden; doch ich darf euch auch nicht verhehlen, daß mir Gott die tröstliche Versicherng gab, die Religion werde wieder hergestellt, und der heilige Vater werde alle seine Macht wieder erlangen. O welch' ein Trost für euch und für mich! Welche Wonne für alle wahren Gläubigen!

Ich sehe eine große Nacht, geführt vom heiligen Geiste, welche zwar zum zweiten Male alle bestehenden Verhältnisse stürzen, doch eben dadurch auch die rechte Ordnung wieder herstellen wird. Ich sehe durch den Geist Gottes eine zahlreiche Versammlung von Dienern der Kirche, welche gleich einem Schlachtenheere fest und unerschütterlich die Rechte der Kirche wahren und die alte Zucht wieder herstellen wird. Ja, ich sehe namentlich zwei Diener des Herrn, welche sich in diesem ruhmwürdigen Kampfe auszeichnen werden durch die Kraft des heil. Geistes, der mit brennendem Eifer alle Herzen dieser berühmten Versammlung entflammen wird.

Alle falschen Gottesverehrungen werden ausgerottet werden, ja, ich sage alles Verderben, das der Lauf der Zeiten gebracht hat, wird wieder verschwinden, allenthalben werden die Altäre Gottes wieder hergestellt werden. Alle alten Gebräuche kommen wieder in Aufnahme und die Religion wird in mancher Beziehung blühender sein, denn je.

An Alles dieses glaube ich einige andere Umstände und überraschende Züge anreihen zu müssen, welche meines Dafürhaltens von hohem Interesse sind, und welche ihr nach eurem Gutdünken anwenden könnt.

Ich sah im Geiste einen großen Saal, der ganz einer Kirche glich. Er war fast mit Priestern, welche alle herrliche und ganz seine Chorhemden trugen, angefüllt, gleich als feierten sie ein hohes Fest. Doch hatten sie weder Meßgewänder noch Levitenröcke. Aus ihrer ganzen Haltung und Stellung leuchtete eine hohe Freude und Zufriedenheit hervor. Alle sangen Jubelhymnen, einige unter ihnen aber lasen mit lauter Stimme Stücke in Versen und Prosa vor und empfingen dafür von der Menge rauschenden Beifall. „Das ist gut, riefen sie aus, das ist herrlich!“ Es waren aber diese Stücke verschiedenen Inhalts, meistens jedoch hatten sie die Verteidigung der guten Sache zum Stoffe. Ich selbst war freudetrunken, als ich ihre Zufriedenheit gewahrte. „Gut, sagte ich zu mir selbst, dieser Vorgang zeigt einen vollständigen Sieg an! ... Gott sei gelobt, es siege seine Religion und seine Partei!“

Doch während ich mich so meinem Freudengefühle hingab, bemerkte ich zu meiner Seite den göttlichen Heiland, der meine Freude etwas herabstimmte durch die Worte, die er an mich richtete; Er schien mir etwa 30 Jahre alt, hielt ein großes Kreuz in der Hand, betrachtete mich mit leidenvoller Miene und sprach: „Meine Tochter, baue nicht darauf! Nur zu bald sollst du die mächtige Veränderung gewahren; das Ende ist noch nicht eingetreten, sie stehen noch nicht am Ziele, wie sie es wähnen. Nein, glaube mir, noch nicht ist es Zeit, Siegeshymnen anzustimmen. Wohl beginnt die Morgenröte, doch der folgende Tag wird leidenvoll und sütrmisch sein.“

„Meine Feinde sollen noch sich freuen, fügte der Heiland bei; doch ihre Freude soll von vieler Trauer begleitet sein; sie glauben gegen mich zu triumphiren, doch auf ihren Siegestrophäen soll ihre Niederlage, ihr völliger Untergang gewiß sein. Ihr Maß ist voll, bald soll es überfließen. Die Unglückseligen, sie verschwören sich gegen meine Kirche, doch nach meiner strengen

Gerechtigkeit sollen sie zu Grunde gehen, sie sammt ihren gotteslästerischen Gesetzen.
Ja, ich wiederhole es, sie sollen zu Grunde gehen, ihr Urteil ist schon gesprochen; mit meinem mächtigen Arme werde ich sie gleich einem Blitze in die Abgründe schleudern, und gleich Luzifer und seinen mitschuldigen Engeln werden sie in die Tiefe stürzen. Das ist das Schicksal, das ihrer wartet, das schon mehre ihrer Partei getroffen hat, ja schon einen ihrer Parteiführer."
Gott hat mir ihn genannt, doch ich will über diesen Punkt schweigen, wann es an der Zeit ist, wird er offenbar werden: „Denn, sprach er, ihre Namen und Persönlichkeiten werden am Tage meiner Rache offenkundig werden."
„Bis daß ich ihre verbrecherischen Verbindungen allen Geschöpfen offenbare, bis ihre Treulosigkeit und Unverschämtheit allen offenkundig wird, im Angesichte Himmels und der Erde, möge man jener gottlosen Schar alle Ehre erzeigen, welche nur dem Mute und den guten Handlungen tugendhafter Menschen gebühren. Doch die Verhältnisse werden ihre Gestalt ändern, und das Verbrechen seinen gebührenden Lohn empfangen.
O, meine Gerechtigkeit soll nicht ausbleiben! Sie soll den Einen den Triumph sichern und über die Andern triumphiren; Alles dies durch die Verdienste meines Blutes und den Triumph meines Leidens. So verlangt es das notwendige Recht, die unterdrückte Tugend soll und muß endlich siegen. Alles muß seinen notwendigen Gang gehen. Alle Lobsprüche, welche man gegenwärtig dem Verbrechen der Irreligion zollt, sollen gottlose Menschen nicht schützen, sie sollen Opfer meines Zornes werden."
Ich fand mich mehr denn einmal wenigstens im Geiste in einer weiten Landschaft, von der ich euch schon gesagt habe. Eines Tages befand ich mich dort allein – allein mit meinem Gotte Jesus Christus. Er stand auf dem Gipfel einer kleinen Anhöhe und zeigte mir mit traurigem Antlitz an einem Punkte des Horizonts eine herrliche strahlende Sonne. „Siehe, sprach er, die Welt ist vergänglich und die Zeit meiner letzten Ankunft nahet. Wenn die Sonne untergegangen ist, setzte er bei, so sagt man, der Tag ist vorüber und die Nacht bricht an. Alle Jahrhunderte sind vor meinem Auge gleich einem Tage; urteile also, wie lange diese Welt noch bestehen wird, wenn du den Weg betrachtest, den sie noch bis zum Untergange zurückzulegen hat." Ich sah mit aller Aufmerksamkeit auf die Sonne, und schloß, höchstens könne die natürliche Sonne noch zwei Stunden brauchen bis zum Untergange.
Da ich nun wähnte, Christus werde es mir keineswegs verargen, wenn ich an ihn wegen der gehabten Vision einige Fragen richte, so nbahm ich mir den Mut, ihn zu fragen, ob jene Zeit, von der er sprach, während des Tages, oder von der Morgendämmerung bis zur Abenddämmerung, oder vom Sonnenaufgang bis Sonnenuntergang eintreten sollte.
„Mein Kind", antwortete Jesus, „der Arbeiter arbeitet bloß so lange, als die Sonne am Horizonte schwebt, denn die Nacht setzt allen seinen Bemühun-

gen ein Ende. Wehe dem, der in der Finsternis arbeitet, der nicht benützt hat das Sonnenlicht der Gerechtigkeit, das für ihn aufgegangen ist! Nur von Aufgang der Sonne bis Untergang kann man die Länge des Tages bemessen."
Doch ich sah deutlich ein, daß er sich die genaue Angabe jenes Tages selbst vorbehalten wolle, und ich war nicht versucht, ihn um mehr über diesen Gegenstand auszuforschen, vollkommen zufrieden, da ich wußte, daß der Friede der Kirche und die wieder hergestellte alte Zucht noch eine geraume Zeit dauern soll.
Ohne nur auf das einzugehen, was uns die Schrift von den Zeichen, die dem letzten Gerichte vorangehen, berichtet, sondern bloß nach dem Lichte, das mich erhellt, sprechend, sehe ich in Gott, daß die Welt lange vor des Antichrist Ankunft von blutigen Kriegen wird heimgesucht werden; Volk wird sich gegen Volk erheben, Nation gegen Nation, bald werden sie sich vereinen, dann sich wieder bekriegen, bald vereint gegen eine dritte Macht ankämpfen. Schreckbar werden sich die Armeen bekämpfen, und allenthalben wird auf der Erde Mord und Gemetzel sein. Ungeheure Gottesräubereien, Entweihungen, Gräuelszenen, unendliches Leid wird Folge dieser innern und äußern Kriege sein. Man wird über die heilige Kirche herfallen und ihr ihre Rechte entreißen.
Abgesehen davon werden an verschiedenen Orten furchtbare Erdstöße erfolgen. Ich sehe im Geiste Berge, welche sich spalten und mit furchtbarem Getöse bersten, und sich auf das benachbarte Land stürzen. O, man hat vom Glücke zu sagen, wenn man mit der bloßen Furcht, dem alleinigen Schrekken davon kommt. Doch dem ist nicht so. Wenn sich diese Gebirge gespalten haben, so sehe ich aus ihrem Innern Feuerflammen, Rauch, Schwefeldämpfe hervorbrechen, welche ganze Städte in Schutt und Asche verwandeln. Alles dieses und noch viel schrecklichere Ereignisse werden der Ankunft des Menschensohnes vorangehen.
Jesus Christus zeigte mir einen gewissen, dunklen, geheimen Pfad; er war umringt von bewaffneten Schaaren, welche jedem sich zu nähern verwehrten. Mit einem Male erschien ein starker, tapferer Mann, der Anstalten machte, auf diesem Weg zu wandeln; er hielt in der linken Hand eine Fackel und in der rechten ein zweischneidiges Schwert. Er betrat den dunklen Weg, beleuchtete ihn mit seiner Fackel und wehrte sich mit seinem Schwerte nach rechts und links, gleich als hätte er mit ganzen Heeren zu kämpfen. Rings um den Weg befanden sich mehre Abgründe, und unabläßlich bemühten sich die Wachen, ihn in diese zu stürzen. Doch, ungeachtet ihrer Versuche und Anstrengungen kam dieser mutige Mann doch endlich ans Ziel und wendete sich gegen seine Feinde, um ihre Nachlässigkeit und Feigheit zu höhnen.
„Je näher das Ende der Welt und die Ankunft des Antichrist heranrückt, sagte mir Jesus Christus als Erklärung zu dieser Erscheinung, desto mehr werden allenthalben auf der Erde die Ränke des Satans verbreitet seien.

Seine Anhänger werden sich alle Mühe geben, um die wahren Gläubigen zu stürzen und sie in des Satans Schlingen zu locken."
„Um aber allen diesen Gefahren zu trotzen, muß der Christ mit dem Schwerte und der Fackel in der Hand, jenem Manne gleich, den du so eben bewundert hast, vorwärts schreiten."
Ich glaubte einmal in der Nacht mehre Priester zu sehen, angetan mit ihren priesterlichen Gewändern. An ihrer Spitze stand ein Bischof, gleichfalls in seiner Amtstracht.
Ihr ernstes und ehrwürdiges Gesicht, ihre nachdrucksvollen Worte, ihre drohenden Blicke flößten allen Ehrfurcht und Achtung ein. Sie forderten die Gläubigen auf, ihnen zu folgen, sie anzuhören und ihnen zu gehorchen. Gott befahl mir, mich ihnen entgegen zu stellen. „Sie haben kein Recht, sprach er, meinen Namen auszusprechen, sie sind nicht würdig, daß ihnen die Gläubigen folgen, da sie das Gemeinwohl der Kirche verraten haben und dem Glauben abtrünnig wurden. Ich sehe es mit Widerwillen, daß sie Funktionen ausüben, deren sie nicht mehr würdig sind. Um mir zu gefallen, müßt ihr ihnen ungehorsam sein; was sie auch immer von euch fordern, höret sie nicht, trennet euch von ihnen."

# *Die Weissagung der Marianne Lenormand*

Marianne Lenormand galt im 19. Jahrhundert als bekannte, französische Seherin. Die 1772 geborene Frau wuchs in einem Kloster auf und betätigte sich bereits während der Französischen Revolution als Wahrsagerin. Sie starb im Jahr 1843.
In ihren von der Kirche nicht anerkannten Visionen beschäftigte sich Marianne Lenormand vorwiegend mit der Situation Frankreichs. Sie kündigte Unruhen für 1815 an – tatsächlich kehrte Napoleon in diesem Jahr noch einmal zurück und wurde nach der verheerenden Niederlage bei Waterloo nach St. Helena verbannt. Die Seherin prophezeit die Zerstörung in düsteren Worten. Die meisten der zuvor angekündigten Details haben sich allerdings nicht bestätigt.

## *Textquelle: Die Weissagung der Marianne Lenormand*

1. In meinen prophetischen Weissagungen sage ich von Paris: „Wehe dir! Stadt der Philosophen, ach! ach! unglückliche Stadt! Denn eines Tages wird die Pflugschar über deine Ruinen gehen, und dein Vater wird zu seinem Sohne sagen: Hier stand Paris."

2. Diese unglückliche Voraussage sollte beim zweiten Einzug der Fremden nicht in Erfüllung gehen, obwohl es allen Anschein hatte. – Bewahre uns Gott vor dem dritten Einzug.

3. Denn ich sage es euch Allen, die ihr lächelt und mich bereits durchdringen wolltet: Wenn wir uns nicht aufrichtig an die erhabene Familie anschließen, welche uns regiert; wenn wir uns nicht gegenseitig unsere Beleidigung vergeben; wenn wir nicht alles bisher begangene Unrecht vergessen, ach, dann wird Frankreich, das alte Frankreich, bald aus der Reihe der Nationen verschwinden.

4. Am ersten Januar hatte ich ein Gesicht. Ich rief den Engel Idraël, eine höhere Macht, für das Glück meines Vaterlandes und die ungetrübe Ruhe unsers erhabenen Herrschers und der Enkel des großen Heinrich an:

5. Da hörte ich eine außerordentliche Stimme, welche sprach: „Noch manche Stürme. –Winde werden selbst ein heftiges Ungewitter von 1817 bis 1818 ankündigen.

6. Aber Sialul, der Geist des Glückes und des Friedens, verkündigt von 1819 bis 1823 etwas Außerordentliches und Wunderbares, das sich in Europa zutragen soll.

7. Alsdann wird Frankreich seinen alten Glanz wieder bekommen; dieser wird aber nur von 1823 bis 1828 dauern; jedoch werden die Lilien von Neuem

blühen, und ein junger Fürst wird eines Tages den verschiedenen Nationen sehr teuer sein. Die Völker werden sich über seine Geburt freuen. Er wird das Unterpfand des allgemeinen Friedens und der Versöhnung sein."

8. Er stützte sich mit der einen Hand auf einen Anker und hielt in der andern den Szepter der Welt.

9. Er sagte zu mir, indem er ihn zerbrach: „Es wird ein Tag kommen und dieser Tag ist vielleicht nicht ferne, wo dieser berühmte Szepter allen Nationen gemeinsam sein wird; die höheren Geister verschaffen ihnen diese Wohltat. Alle im Norden vereinigten Herrscher werden später zu diesem großen Akt der Gerechtigkeit mitwirken.

10. Ehe aber dieses geschieht, wird eine gewisse Anzahl von Jahren vergehen.

11. Und der Tempel des Janus wird wieder geöffnet werden. – Denn die Revolutionen sind wie Ströme ...

12. ... Wenn dies im neuen Weltteil geschieht, wird Europa eine gewisse Zeit lang ruhig sein. Frankreich insbesondere wird einen ungetrübten Frieden genießen; und die Lilien werden, ungeachtet mancher Stürme, die sich von Osten nach Westen erheben, von Jahr zu Jahr blühender."

13. Während der Engel Idraël zu mir redete, schlief ich immer, ich sammelte, ich hörte im Schlaf die Vorschriften des göttlichen Boten. Er fügte hinzu: „Der politische Horizont verdunkelt sich von Neuem. Die Wolken häufen sich und Alles verkündet einen Sturm.

14. Derjenige Teil, welcher triumphieren will, fürchtet vielleich t mehr seinen schnellen Ausbruch, als er ihn wünscht; aber er sagt immerfort, daß die Dinge so weit gekommen sind, daß der Blitz die Wolke zerreißen muß.

15. Auf euere strafbaren Häupter wird er fallen. – O ihr Schmiede der ewigen Revolutionen, ich sage es euch, in kurzer Zeit werdet ihr vernichtet, wenn ihr in euern treulosen Absichten verharrt!"

16. So wird das Jahr 1815 beginnen.

17. Ich richtete meinen Lauf nach Nanterre; ich brachte der erhabenen Beschützerin der Hauptstadt eine fromme Huldigung dar. Ich trat von der 16. bis 17. Stunde des Tages in Paris ein. Ich tröstete und beruhigte wieder einige meiner Schüler, indem ich ihnen offenbarte, daß dieses zweite, aber letzte Mal die Stadt der Philosophen durch eine allmächtige und göttliche Hand noch vor dem Untergange bewahrt werde.

18. Gleichwohl fühlte sich eine meiner Freundinen, welche eine Somnambule war, immer mehr bedrückt und überließ sich einer düstern und schmerzlichen Unruhe.

19. Sie warf sich mit dem Gesicht zur Erde und blieb lange Zeit dem Schmerze und grausamen Vorgefühlen Preis gegeben. Endlich stand sie auf und sprach mit einem Ton, der die Ungläubigsten entsetzen konnte:

20. „O neues Carthago! Habe ich das Bild vor Augen, welches du den künf-

tigen Jahrhunderten darbietest und das Los, das deiner wartet? Tyrus wurde die Beute eines gierigen und barbarischen Siegers, den seine Reichtümer als Feind herbeilockten und sein Winderstand reizte. Du wirst die Beute eines listigen Siegers, den deine Schüchternheit ermutigt und deine Unbekümmertheit um so schädlicher macht. Tyrus traf alle Anstalten, um seinem Untergang zu entgehen; du aber versäumst Alles, um den deinigen zu beschleunigen. Tyrus fiel unter der Übermacht; du fällst unter der Treulosigkeit."

21. Schon nahten die Verbündeten. Neue Wunder der Tapferkeit hätten nur dazu gedient, um auch den Rest des Heeres noch zu schlachten und unsere Hauptstadt dem Einfall des Feindes Preis zu geben. Paris befand sich, ach, in der Nähe der furchtbarsten Katastrophe. Wenig fehlte, so hätten unsere Enkel über den Ruinen des neuen Babylon geweint: die Vorsehung wacht über uns ...

22. Franzosen ... lasset uns der höchsten Gewalt unterworfen bleiben. Ach, wenn wir uns zu neuen Irrtümern fortreißen lassen, wenn die Wut der Anarchie noch einmal unter uns rast, so schaudere ich bei dem Gedanken an die Geißeln, welche unser unglückliches Vaterland zerschmettern.

23. Besonders Paris würde das fürchterliche Los treffen. Denn es steht geschrieben: „Die Flamme des Himmels wird die Wut der Feindne unterstützen.

24. Krieger, Weiber, Kinder, Greise, Alles ohne Unterschied wird der Schneide des Schwertes überliefert.

25. Der Pariser wird selbst mit der Wut und der Verzweiflung im Herzen und erfüllt von der Lehre, welche der Moskowite uns gab, mit wütender Hand die Anstrengungen unterstützen, womit die Barbaren die Königin der Städte vernichten wollen.

26. Brennende Fackeln werden auf die Dächer der Häuser geworfen. Ganz Paris wird nur mehr eine ungeheure Brandstätte sein.

27. Die Brücken werden auf ihren zerstörten Bögen einstürzen;

28. Selbst der Palast unserer Könige wird die Erde mit Ruinen bedecken.

29. Der Tempel der erhabenen Beschützerin der Hauptstadt wird in Staub erfallen.

30. Vorstädte werden von den Flammen verzehrt zusammenstürzen und unter ihren noch rauchenden Ruinen alle ihre Bewohner begraben.

31. Das Geschrei der unglücklichen Sterbenden in der Todesangst wird aus dem Schutte hervordringen und diejenigen entsetzen, welche diesem furchtbaren Brande entgangen sind und nach dem selben Lose seufzen.

32. Endlich wird Paris, all' seiner Größe, Pracht und Herrlichkeit beraubt, zum zweiten Male in die engen Grenzen der Zeiten der Barbarei zurücktreten."

# Die Visionen der Anna Katharina Emmerick

Anna Katharina Emmerick wurde am 8. September 1774 in Flamske bei Coesfeld geboren. Bereits in ihrer Kindheit hatte sie zahlreiche Visionen. Im Jahr 1802 trat sie in das Augustinerinnenkloster Agnetenberg in Dülmen ein. Die Stigma, deren Echtheit eine kirchliche Untersuchung bestätigte, erhielt Anna Katharina Emmerick 1812. In der Folgezeit bis zu ihrem Tod am 9. Februar 1824 blieb sie ans Bett gefesselt. Anna Katharina Emmerick gab sich ganz dem Gebet und der Wohltätigkeit für die Armen, für die sie nähte, hin. Zum Leben genügten ihr die Hostie und Fruchtsäfte.
Zahlreiche ihrer Visionen betreffen das Leben Christi, das sie wie ein Zeuge seiner Zeit erlebte. In diese Bilder mischten sich mystische und allegorische Elemente, so daß eine Deutung nur schwerlich vorzunehmen ist. Längst Vergangenes mischt sich darin mit künftigen Ereignissen, so daß eine Trennung dieser symbolischen Bilder kaum möglich erscheint. Die Gesichte der Anna Katharina Emmerick hat Clemens Brentano aufgezeichnet. Aus der Fülle der Visionen sollen hier einige Auszüge folgen.

## *Textquelle:*
## *Die Visionen der Anna Katharina Emmerick*

Mein Schutzengel brachte mich vor ein großes Gebäude und sagte: Tritt herein! Ich will dir die Lehren der Menschen zeigen. Wir traten in einen weiten Saal, der mit Lehrern und Zuhörern angefüllt war. Es wurde mit Hitze gestritten und des Schreiens und Tobens war kein Ende. Wunderbar kam es mir vor, daß ich den Lehrern bis ins Herz sah, in welchem ich bei allen ein schwarzes Kästchen bemerkte. In der Mitte des Saales aber stand ein vornehmes, großes Weib, welches mitdisputierte und eigentlich den Ton hier angab. Ich hörte mit meinem Führer eine Weile zu, sah aber mit Staunen, wie die Zuhörer nach und nach verschwanden und der Saal selbst so unmerklich veraltet und baufällig wurde, daß der Fußboden nicht mehr sicher zu betreten war. Die Lehrer fanden es für ratsam, einen anderen Saal zu suchen. Sie zogen ein Stockwerk höher und setzten hier den Streit in gleicher Hitze fort. Allein auch hier nahm die Veraltung und Baufälligkeit des ganzen Gebäudes so schnell überhand, daß ich mich am Ende mit Schrecken auf einem halb verfaulten Brette erblickte und meinen Führer um Rettung vor einem jähen Sturz in die Tiefe bat. Er beruhigte mich und führte mich in Sicherheit. Als ich nach der Bedeutung des schwarzen Kästchens fragte, sagte er: Das ist der Dünkel und die Rechthaberei; das Weib aber ist die Philosophie oder, wie sie es nennen, die reine Vernunft, die alles über ihren Leisten schlagen will. An sie halten sich diese Lehrer, nicht an die goldene Wahrheit der reinen Überlieferung.

Ich sah die Peterskirche und eine ungeheure Menge Menschen, die beschäftigt waren, sie niederzureißen, aber auch andere, die wieder an ihr herstellten. Es zogen sich Linien von handlangenden Arbeitern durch die ganze Welt, und ich wunderte mich über den Zusammenhang.
Die Abbrechenden rissen ganze Stücke hinweg, und es waren besonders viel Abtrünnige dabei. Wie nach Vorschrift und Regel aber rissen die Leute ab, welche weiße, mit blauem Band eingefaßte Schürzen trugen und Kellen im Gürtel stecken hatten. Sie hatten somit Kleider alter Art an, und es waren große und vornehme Leute mit Uniformen und Sternen dabei, die aber nicht selbst arbeiteten, sondern nur mit der Kelle an den Mauern anzeichneten, wo und wie abgebrochen werden sollte. Zu meinem Entsetzen waren auch katholische Priester dabei.
Manchmal aber, wenn sie nicht gleich wußten, wie abzubrechen, ward auf der anderen Seite wieder daran gebaut, aber ohne Nachdruck.
Ich sah viele Geistliche, die ich kannte ...
Ich sah auch meinen Beichtvater einen schweren Stein herbeischleppen; andere sah ich träg ihr Brevier beten und dazwischen etwa ein Steinchen als große Rarität unter dem Mantel herbeitragen oder andern hinreichen.
Sie schienen alle kein Vertrauen, keine Lust, keine Anweisung zu haben und gar nicht zu wissen, um was es sich handle.
Schon war der ganze vordere Teil der Kirche herunter, und nur das Allerheiligste stand noch.
Ich war sehr betrübt und dachte, wo bleibt denn der Mann, den ich sonst mit rotem Kleid und weißer Fahne schützend auf der Kirche stehen sah?
Da erblickte ich eine majestätische Frau über den großen Platz vor der Kirche wandeln. Ihren weiten Mantel hatte sie auf beide Arme gefaßt und schwebte leise in die Höhe. Sie stand auf der Kuppel und breitete weit über den ganzen Raum der Kirche ihren Mantel, der wie von Gold strahlte.
Die Abbrechenden aber hatten ein wenig Ruhe gegeben.
Nun wollten sie wieder heran, konnten aber auf keine Weise sich dem Mantelraum nähern.
Aber von der anderen Seite entstand eine ungeheure Tätigkeit der Aufbauenden. Es kamen ganz alte, krüpplige, vergessene Männer und viele kräftige junge Leute, Weiber und Kinder, Geistliche und Weltliche, und bald war der Bau wieder ganz hergestellt.
Nun sah ich einen neuen Papst mit einer Prozession kommen. Er war viel jünger und strenger als der vorige. Man empfing ihn mit großer Feierlichkeit. Es war, als solle er die Kirche einweihen, aber ich hörte eine Stimme, es brauche keine neue Weihe, das Allerheiligste sei stehengeblieben.

Es sollte eben ein doppeltes großes Kirchenfest sein: ein allgemeines Jubiläum und die Herstellung der Kirche. Ehe der Papst das Fest begann, hatte er schon seine Leute vorbereitet, die aus den Versammelten ganz ohne Widerspruch eine Menge vornehmer und geringer Geistlicher ausstießen.
Und er nahm sich ganz andere Leute in seinen Dienst, geistliche und auch weltliche. Dann begann die große Feierlichkeit in der Peterskirche.
Die mit der weißen Schürze arbeiteten immer in der Stille und mit Umsicht, scheu und lauernd, wenn die anderen nicht zusahen.

Ich hatte ein großes Kirchenbild, aber ich kann es nicht mehr ganz zusammenbringen.
Ich sah die Peterskirche … und viele Menschen aus allen Weltenden, welche teils in die Kirche hinein, teils gleichgültig vorüber an verschiedene Orte gingen. Es war eine große Feierlichkeit in der Kirche …
Ich sah mitten in der Kirche ein großes Buch aufgetan, das an der breiten Seite drei und an jeder schmalen Seite zwei Siegel hängen hatte. Es war weiter nach vorn als in der Mitte aufgetan. Ich sah auch den Evangelisten Johannes oben und hörte, daß es Offenbarungen von ihm seien, die er auf Patmos gesehen. Es war etwas geschehen, ehe dieses Buch aufgetan ward, was ich vergessen habe. Es ist schade, es ist eine Lücke hier.
Der Papst war nicht in der Kirche. Er war verborgen. Ich glaube, die Leute in der Kirche wußten nicht, wo er war. Ich weiß auch nicht mehr, ob er betete oder tot war.
Ich sah aber, daß alle Leute die Hand auf eine gewisse Stelle im Evangelienbuch legen mußten, Priester und Laien, und daß auf viele derselben ein Licht kam, das die Apostel ihnen mitteilten; ich sah aber auch, daß viele es nur so obenhin taten.
Draußen um die Kirche sah ich viele Juden nahen, die herein wollten, aber noch nicht konnten.
Am Ende kam die ganze Menge, welche anfangs nicht hereingekommen war, ein unabsehbares Volk.
Nun aber sah ich plötzlich das große Buch wie von einer übernatürlichen Macht zugeschlagen und sich schließen.
Ich dachte noch daran, wie mir einmal abends der Teufel das Licht ausblies und das Buch zuschlug.
Ringsum in der Ferne sah ich ein schreckliches, blutiges Kämpfen und sah besonders von Mitternacht und Abend einen ungeheuren Kampf. Es war dies ein sehr ernstes Bild. Es tut mir leid, daß ich die Stelle des Buches vergessen habe, auf welche sie den Finger legen mußten.

Ich sah die Erde, die in Finsternis gefallen war.
Alles ringsum war dürr und welk und im Absterben. Bäume, Sträucher, Blu-

men und Felder, alles hatte das traurige Gepräge des Siechtums. Es schien, als seien selbst die Wasser der Quellen, der Bäche, Flüsse und Meere erschöpft.
Ich gewahrte Länder und Völker, die sich in äußerster Not befanden. Ich sah, wie sich die Werke der Finsternis unter den Menschen vermehrten. Ich sah große Menschenmassen sich gegenseitig aufs äußerste bekämpfen.
In der Mitte des Schlachtfelds gewahrte ich einen schwindelnden Abgrund, in den die Kämpfenden hineinzufallen schienen, weil sich ihre Reihen immer mehr lichteten.
Unter den Volksmassen sah ich zwölf neue, apostolisch tätige Männer, die ohne gegenseitige Verbindung durch Schriften wirkten und von anderen bekämpft wurden. Sie verschwanden manchmal im Kampfgewühl, um aber bald wieder mit größerem Ansehen hervorzutreten.
Während sich die Reihen der Kämpfenden immer mehr lichteten und eine ganze Stadt während des Ringens verschwand, vergrößerte sich die Partei der zwölf Männer immer mehr.
Dann sah ich aus der Stadt Gottes einen Blitzstrahl über den finsteren Abgrund hinüberfahren und über der verminderten und gedemütigten Kirche eine Frauengestalt schweben mit ausgebreitetem Mantel und einer Sternenkrone auf dem Haupte. Von ihr strahlte Licht aus und verbreitete sich stufenweise in der dichten Finsternis.
Wohin diese Strahlen drangen, erneuerte sich die Erde und ward wieder blühend. Die neuen Apostel versammelten sich unter diesen Strahlen, und bald darauf war alles wieder blühend geworden.
Nun begann sich der finstere Abgrund allmählich zu schließen, und endlich wurde seine Öffnung so eng, daß ein Wassereimer sie bedecken konnte.
Schließlich gewahrte ich drei Völkerschaften, die ihre Gemeinschaft mit dem Licht vollzogen. Die Volksmassen waren von Personen geraden und erleuchteten Sinnes begleitet und traten in die Kirche ein.
Es war nunmehr alles erneuert. Die Wasserläufe hatten die Fülle ihrer Fluten wiedererlangt, und überall prangte das Grün der Blumen.

# *Die Prophezeiungen der Schwester Rosa Columba Asdente*

Schwester Rosa Columba Asdente lebte zu Beginn des 19. Jahrhunderts als Dominikanerin im St. Katharinenkloster von Taggia auf Sardinien. Mit einer Reihe von eingetroffenen Vorhersagen verschaffte sich Schwester Rosa, die 1847 starb, viel Beachtung. Sie sagte die Flucht Karl Alberts, des Königs von Piemont, richtig voraus, ebenso wie den Sturz Napoleons III., was sie jeweils in knappen Worten charakterisierte. Die wichtigsten ihrer Prophezeiungen faßte ihr Onkel, der Priester Bivaldi, zusammen.

## *Textquelle: Die Prophezeiungen der Schwester Rosa Columba Asdente*

Rosa Columba Asdente, eine gottesfürchtige Nonne, wußte während ihres langen Lebens die mühevoll errungenen Tugenden unter dem Gewande demütiger Einfalt so zu verbergen, daß niemand etwas Außerordentliches an ihr wahrnahm. Man bemerkte wohl die genaue Erfüllung der ihr obliegenden Pflichten, ihren Geist des Gebetes, ihre Tränen und Abtötungen; aber man legte ihnen wegen des anscheinend übertriebenen Eifers, womit all ihre guten Werke begleitet waren, wenig Wert bei; im Gegenteil amüsierten sich die Nonnen nur darüber. – Rosa pflegte unter andern wohl zu sagen: „Armer Ludwig Philipp, du wirst aus Frankreich fliehen und im Exil sterben in England. ... Neben dem päpstlichen Panier wird man viele dreifarbige Fahnen entfalten und Priester zwingen, sie zu segnen. Dies wird das Signal zum Kriege sein, der bald darauf ausbricht."
Ferner: „Der Nachfolger Papst Gregors XVI. wird ein Papst Pius mit Namen und pius im Leben sein; er wird seinen Thron verlieren, ihn aber durch Intervention Napoleons wieder erhalten." Diese Prophezeiung haben mehrere Personen, welche sie aus dem Munde Rosas vernommen, eidlich erhärtet. So auch der Advokat Philipp Ghii, Prokurator besagten Klosters zu Taggia, welcher bei der Gelegenheit scherzend den Einwurf machte: „Wohlan denn! Rosa, dann muß Napoleon bald wieder vom Tode auferstehen." Hierauf erwiderte Rosa: „Sie wissen nichts davon; dennoch werden Sie es erleben, daß der Papst in seine Herrschaft wiedereingesetzt wird durch Napoleon." Dann, auf den Abendstern zeigend, sprach sie zu den Mitschwestern: „Sehet ihr diesen Stern? Er erinnert mich an das brillantene Kreuz, welches der Papst nach Wiedereinsetzung in seine rechtmäßigen Besitzungen aus Dankbarkeit an Napoleon schenken wird."
Nach der Flucht Sr. Heiligkeit Papst Pius IX. von Rom schrieb Monsignore

de Albertis, Bischof von Ventimiglia, an die Nonnen des Klosters zu Taggia: „Er wolle Schwester Rosas Prophezeiungen Glauben schenken, im Falle es nun eintreffen sollte, daß Napoleon (III.) den Papst auch wieder einsetze in seine Herrschaft." – Diesen Brief bewahren die Nonnen jetzt noch auf.
Ferner prophezeite Rosa: „Karl Albert, König von Piemont, wird sich an die Spitze der Kampflustigen stellen, dann aber besiegt und gezwungen werden, ins Ausland zu fliehen, wo er an Spaniens Grenzen (zu Oporto den 28. Juli †) sterben wird. Nach ihm (d. i. jetzt) folgt eine kindische Regierung, die mit der Entthronung des Königs endigen wird."
Über Napoleon III. sagte Rosa: „Seine Regierung wird von kurzer Dauer sein; ein legitimer König wird nach ihm aber den Thron besteigen. Infolge der Entthronung Napoleons wird aber eine bedeutende Verfolgung gegen die Kirche ausbrechen; ein Werk ihrer Kinder. Ein Verfolger, den sie Antichrist nennt und der schon geboren sein soll, wird aufstehen und sich den Namen Erlöser beilegen. Mit ihm werden sich viele Sektierer vereinigen und die Kirche bedrängen, sowohl mit falschen Lehren als auch mit Gewalt. Ihre Bosheit werden sie so geschickt einfädeln, daß von den Guten sogar einige sich durch ihren Trug werden verführen lassen. Von den Bischöfen, – sagte sie im allgemeinen – werden nur wenige vom Glauben abfallen, die Mehrzahl aber wird standhaft darin verharren und für die Kirche viel leiden müssen. Häretische Hirten und auch England werden zur Einheit der römisch-katholischen Kirche zurückkehren.
Der Geist einer wilden Demokratie wird die Oberhand gewinnen; das Eigentum der Ordensleute wie auch guter Katholiken wird eingezogen und Edelleute in den Kerker geworfen werden. Diese Verfolgung wird beginnen mit Unterdrückung der Jesuiten; welche sich zwar wieder erheben, dann aber, aufs neue unterdrückt, nie wieder zum Vorschein kommen werden."
In bezug auf Taggia prophezeite sie: „Nicht alle Klosterleute werden im Glauben beharrlich sein. Die Standhaften aber werden hier auf dem Berge (sie meint den innerhalb der Ringmauern des Klosters gelegenen und mit Olivenbäumen bepflanzten Platz) gekreuzigt werden. Ebenso wird es auch jenen Personen ergehen, die Schutz im Kloster suchen. – Während dieser trübsalvollen Zeit werden fromme und gelehrte Priester die Bekenner trösten."
Rosa kündigte den von ihr vorhergesagten Krieg mit energischen Ausdrükken an, indem sie sagte: „Eine weit um sich greifende Verwirrung wird bewirken, daß Volk wider Volk aufsteht unter dem Lärm der Trommeln und Waffen."
Ferner weissagte sie: „Eine große Revolution wird sich über ganz Europa verbreiten und die öffentliche Ruhe nicht eher wiederhergestellt werden, als bis die weiße Blume, die Lilie, d. h. einer der Nachkommen des heiligen Ludwig, wieder eingesetzt worden ist auf den Thron von Frankreich.

Österreich, Rußland und Preußen werden sich verbünden gegen die Empörer. – Die Russen, vom Papste ermahnt, werden humanere Gesinnungen gegen die Katholiken an den Tag legen. – Preußen wird sich der Kirche unterwerfen. – Später werden auch die Türken den katholischen Glauben annehmen.

Ein wütender Sturm wird endlich noch gegen die Kirche losbrechen und neben den Hospitalitern nur zwei religiöse Orden, nämlich Dominikaner und Kapuziner, in Wirksamkeit lassen. Die Hospitaliter werden die Pilger bewirten, welche nach Italien reisen zum Besuche der Märtyrer, die während der Verfolgung geschlachtet werden sollen.

Russen und Preußen werden Italien mit Krieg überziehen und die Kirchen als Pferdeställe gebrauchen, auch in die neue Kirche ihres Klosters Pferde stellen." Da sie nun vorhersehe, daß diese Kirche als Stall für moskowitische Pferde werde benutzt werden, so könne sie zur Erbauung ihre Zustimmung nicht erteilen.

Als der Neubau dieser Kirche dennoch begonnen hatte, wiederholte Rosa: „Nie werde ich in dieser neuen Kirche, worin die Russen ihre Pferde stellen werden, eine Messe hören." Und in der Tat, sie starb schon am 6. Juni 1847, sechs Tage vor Einweihung der Kirche. Die ihrem Tode vorhergehenden, noch so geringen Umstände soll sie vorhergesagt haben.

In bezug auf Italien soll sie oft mit weinenden Augen gesagt haben: „Viele Sünden überfluten dieses Land, aber es schweben auch schreckliche Strafgerichte über demselben. Deshalb könne sie, kurz gesagt, sich nicht glücklich fühlen; und wenn ihre Mitschwestern all das sehen müßten, was sie sehe, dann würden auch sie darüber betrübt sein."

Diejenigen Personen, welche Rosas Prophezeiungen aus ihrem Munde vernommen haben, erinnern sich noch folgender Worte: „Während oben erwähnter Verfolgung der Gläubigen wird man Priester und Mönche in Stücke hauen wie Schlachtvieh."

# *Die Prophezeiungen der Anna Maria Taigi*

Anna Maria Taigi wurde am 29. Mai 1769 im italienischen Siena geboren. Im Jahr 1789 heiratete Anna Maria Taigi den Diener einer Fürstenfamilie. Ein Jahr später wurde sie Terziarin der Trinitarier. Ihrem Ehemann war sie eine vorbildliche Gattin. Ebenso bewährte sie sich als Mutter von sieben Kindern. Aufgrund ihres Sühnelebens mit vielen mystischen Gnaden und Prüfungen wurde Anna Maria Taigi, die am 9. Juni 1837 in Rom starb, 1920 seliggesprochen.
Die Selige hatte eine Reihe von Visionen. Eines dieser Gesichte enthält die Ankündigung einer dreitägigen Finsternis, wie sie sich auch bei verschiedenen anderen Sehern des 19. Jahrhunderts findet. Der Charakter dieser Schauung ist endzeitlich geprägt.

## *Textquelle: Die Prophezeiung der Anna Maria Taigi*

Gott wird zwei Strafgerichte verhängen:
*eines geht von der Erde aus,* nämlich Kriege, Revolutionen und andere Übel, *das andere Strafgericht geht vom Himmel aus.* Es wird über die ganze Erde eine dichte Finsternis kommen, die drei Tage und drei Nächte dauern wird. Diese Finsternis wird es ganz unmöglich machen, irgend etwas zu sehen. Ferner wird die Finsternis mit Verpestung der Luft verbunden sein, die zwar nicht ausschließlich, aber hauptsächlich die Feinde der Religion hinwegraffen wird. Solange die Finsternis dauert, wird es unmöglich sein, Licht zu machen. Nur geweihte Kerzen werden sich anzünden lassen und Licht spenden. Wer während dieser Finsternis aus Neugierde das Fenster öffnet und hinausschaut oder aus dem Hause geht, wird auf der Stelle tot hinfallen.
In diesen drei Tagen sollen die Leute in ihren Häusern bleiben, den Rosenkranz beten und Gott um Erbarmen anflehen. Alle offenen und geheimen Feinde der Kirche werden während der Finsternis zugrunde gehen. Nur einige, die Gott bekehren will, werden am Leben bleiben. Die Luft wird verpestet sein durch die Dämonen, die in greulichen Gestalten erscheinen werden. Die geweihten Kerzen werden vor dem Tode bewahren, ebenso die Gebete zur allerseligsten Jungfrau und zu den heiligen Engeln.
Nach der Finsternis wird der hl. Erzengel Michael auf die Erde herabsteigen und den Teufel bis zu den Zeiten des Antichrists fesseln.
Zu jener Zeit wird sich die Religion überall ausbreiten, und es wird ein Hirt sein, unus pastor.
*Die Russen bekehren sich,* ebenso England und China, und alles wird jubeln über den Triumph der Kirche.

# *Die Visionen des Thomas Ignaz Martin*

Thomas Ignaz Martin, ein französischer Bauer, der 1783 geboren wurde, hatte im Jahr 1816 mehrere merkwürdige Erscheinungen. Zwar erscheint es zweifelhaft, daß es sich dabei um echte Erscheinungen des 1834 gestorbenen Martin handelte, doch muten die Umstände recht interessant an. Eine 1849 gedruckte Zusammenfassung liefert eine genaue Beschreibung über den Ablauf dieser mysteriösen Gesichte.

## *Textquelle: Die Visionen des Thomas Ignaz Martin*

Am 15. Januar 1816 (Martin war damals 33 Jahre alt) sah er den geheimnisvollen Boten zum ersten Male und führte mit ihm das Gespräch, das wir von Martin selbst hören wollen, wie er es Ludwig XVIII. erzählte. Nach dieser ersten Erscheinung und den ersten Befehlen, die er bekam, sah Martin den Unbekannten ungefähr auf folgende Weise verschwinden: Seine Füße schienen sich von der Erde zu erheben, sein Haupt sich zu neigen, sein Leib immer kleiner zu werden, und endlich verschwand er. Martin, der mehr über diese Art des Verschwindens als über die plötzliche Erscheinung selbst erschrak, wollte davongehen, konnte aber nicht; er blieb wider Willen.
Martin teilte seinem Bruder alsbald mit, was ihm begegnet war; beide gingen zum Herrn Pfarrer, um zu erfahren, was dies außerordentliche Ereignis bedeuten sollte. Dieser suchte sie zu beruhigen, indem er alles, was ihm Martin erzählte, seiner Phantasie zuschrieb; dann sagte er zu ihm, er solle seine Arbeiten fortsetzen wie gewöhnlich.
Am 17. Januar ging Martin gegen sechs Uhr abends in seinen Keller hinab, um einige Äpfel zu holen, als ihm dieselbe Person erschien und neben ihm stand, während er kniete, um Äpfel zu sammeln; Martin ließ vor Schrecken sein Licht zurück und lief davon.
Am Samstag, 20. Januar, holte Martin um fünf Uhr abends Futter für seine Pferde. In dem Augenblick, wo er in die Scheune treten wollte, zeigte sich ihm der Unbekannte an der Türschwelle; Martin floh wieder.
Am folgenden Samstag, 21. Januar, ging Martin zur Vesperstunde in die Kirche. Als er Weihwasser nahm, sah er den Unbekannten, der dasselbe tat und ihm bis zu seiner Bank folgte; er ging aber nicht hinein, sondern blieb vor der Bank und war während der ganzen Vesperandacht sehr gesammelt; er hatte keinen Hut bei sich, als er aber mit Martin aus der Kirche ging, war er mit einem Hut bedeckt und folgte Martin in sein Haus. Unter der Türe befand sich der Unbekannte, der bisher neben ihm gegangen war, plötzlich mit dem Angesicht vor ihm und sprach: „Richte aus, was ich dir sage; du wirst nicht eher Ruhe haben, bis du es getan hast." Kaum hatte er diese Worte gespro-

chen, so verschwand er, aber nicht mehr auf dieselbe Weise wie das erste Mal. Martin fragte die Glieder seiner Familie, welche mit ihm in die Vesper gegangen waren, ob sie von dem nichts gesehen oder gehört hätten, was ihm in der Kirche begegnet sei; alle versicherten weder etwas gesehen noch gehört zu haben.

Am 24. Januar las der Pfarrer des Ortes eine Messe und bat Gott, er möge sein Pfarrkind erleuchten und ihm über die Wahrheit seines Gesichtes Aufschluß geben. Martin selbst wohnte der Messe bei; nach derselben ging er in seine Getreidekammer, um Korn für den Markt zu holen; in diesem Augenblicke sagte der Unbekannte mit einem festen Tone zu ihm: „Tue, was ich dir gebiete; es ist Zeit!"

Endlich glaubte der Pfarrer, dem Bischof davon Anzeige machen zu müssen. Er sandte also Martin mit einem Briefe dahin. Der Bischof empfahl ihm, jene Person, welche ihm erscheine, um ihren Namen zu fragen.

Am 30. Januar erschien der Unbekannte Martin wieder und sprach: „Du hast wohl meinen Auftrag gut bekommen, allein diejenigen, an welche er gerichtet ist, beschäftigen sich nicht damit; ich war, obwohl unsichtbar zugegen, als du deine Erklärung machtest; man sagte dir, du sollest mich um meinen Namen fragen und woher ich käme. Mein Name wird unbekannt bleiben; ich komme von dem, der mich gesandt hat; und der mich gesandt hat, ist über mir." (Bei diesen Worten zeigte er zum Himmel.) – „Ja, warum wendest du dich denn mit deinem Auftrage stets an mich, einen armen Bauern?" fragte Martin. „Es gibt ja viel weisere Männer!" – „Um den Stolz zu demütigen", sagte der Unbekannte. „Du darfst dich über das, was du gesehen und gehört hast, nicht erheben; übe die Tugend, geh' fleißig in die Kirche, vermeide die Wirtshäuser und die schlechten Gesellschaften, wo alle Unreinheiten begangen und alle schlechten Reden geführt werden. Verrichte an den Sonn- und Festtagen keine schweren Arbeiten."

Während des Monats Februar erschien ihm der Unbekannte wieder oftmals. Eines Tages sprach er zu ihm: „Mein Freund, man geht sehr langsam mit dem zu Werk, was ich dir geboten habe; siehe, es naht die Zeit der Buße und der Versöhnung. Man darf nicht glauben, daß der Usurpator voriges Jahr durch den Willen der Menschen gekommen ist; es geschah, um Frankreich zu züchtigen, wo die ganze königliche Familie hatte gebetet, um wieder zu ihrem rechtmäßigen Besitztum zu gelangen. Als dies geschehen, war alles wieder vergessen. Nach der zweiten Verbannung (Napoleons) hat sie wieder Gelübde getan und Gebete verrichtet, um ihre Rechte zu erlangen; und nun hat sie wieder alles vergessen." – „Warum", versetzte Martin „plagest du denn gerade mich immer in dieser Sache?" Der Unbekannte entgegnete: „Verliere den Mut nicht, und du wirst zum Ziel gelangen."

Ein anderes Mal sprach er zu ihm: „Tritt vor den Unglauben hin und beschäme ihn; ich habe dir noch etwas zu sagen, was sie überzeugen wird, und sie werden nichts erwidern können.“ Eines Tages ferner ermahnte er ihn mit den Worten: „Verrichte doch deinen Auftrag, man achtet auf alles nicht, was ich dir gesagt habe; diejenigen, welche das Geschäft in Händen haben, sind von Stolz berauscht; Frankreich ist in einem Zustand des Wahnsinns; es wird sich alles mögliche Unglück zuziehen.“ Bei einer andern Erscheinung kündigte er ihm an: „Wenn man nicht tut, was ich gesagt habe, so wird der größte Teil des Volkes umkommen und Frankreich die Beute aller Nationen; kündige ihnen auch an, wann Frankreich wieder Frieden haben kann; dies werde ich dir sagen, wenn es Zeit ist.“ Endlich sagte eines Tages der Unbekannte zu Martin: „Geh' zum König und sag' ihm, was ich dir angekündigt habe; es können auch sein Bruder und seine Kinder dabeisein.“ Zur selben Zeit kündigte er ihm an, er würde zum König geführt werden, er würde ihm verborgene Dinge der Zeit seiner Verbannung entdecken, diese Kenntnis aber bekäme er erst dann, wenn er vor dem König stünde.

Alle diese Erscheinungen und Ankündigungen machten Martin viel zu schaffen; er dachte daher, er könne der Sache dadurch ein Ende machen, daß er das Land verließe und so weit als möglich fortginge und ganz allein und ohne Rücksicht auf Weib und Kind. Während er mit diesem Gedanken beschäftigt war, den er keinem Menschen entdeckte, erschien ihm der Unbekannte in seiner Scheune, wo er sein Getreide drosch: „Du hast beschlossen“, sprach er zu ihm, „fortzugehen, allein du wirst nicht weit kommen, denn du mußt tun, was ich dir angekündigt habe.“ Nach diesen Worten verschwand er.

Am 2. März hatte er eine neue Erscheinung: „Geh'“, sagte der Unbekannte zu Martin, „entledige dich deines Auftrages; wenn man noch widerstehen will, so kündige ihnen die nahe Zerstörung Frankreichs an: Es wird die furchtbarste Geißel kommen, welche das französische Volk für alle Nationen zum Entsetzen macht.“

Inzwischen wurden obrigkeitliche Untersuchungen angestellt, ob diese für wunderbar ausgegebenen Erscheinungen nicht etwa bloß ein Spiel der Phantasie Martins, nur eine Täuschung seines überspannten Geistes sein, oder ob endlich der vorgebliche Gesandte und vielleicht Martin selbst nicht von der Polizei strenge untersucht und dann den Gerichten übergeben werden müßten.

Am 5. März, um fünf Uhr des Abends, erschien der Unbekannte Martin und sprach: „Zeige dich sogleich deiner Ortsobrigkeit! Du mußt alles berichten, wie ich es dir angekündigt habe, du darfst weder Stand noch Würde berücksichtigen.“

Am 6. März begaben sich der Herr Pfarrer und Martin zur Obrigkeit. Der Herr Pfarrer trat zuerst ein und wurde besonders gefragt. Es fand eine drei viertel Stunden lange Unterredung statt, während welcher er alle Vorfälle, welche er sich nach dem jedesmaligen Berichte Martins aufgezeichnet hatte, genau angab; er antwortete auch auf gemachte Einwendungen. Nicht bloß von mir, sondern von Martin selbst sollen Sie alles erfahren, sprach der Pfarrer zu der Obrigkeit. Man ließ also Martin selbst eintreten. Er erzählte umständlich und unbefangen Alles, was ihm seit dem 15. Januar begegnet war; er entwickelte ganz genau alle näheren Umstände, und der Richter, über die Bedachtsamkeit des guten Landmannes erstaunt, noch mehr aber über seine sichere und naive Erzählung, ließ ihn abtreten, nahm den Pfarrer beiseite und äußerte gegen ihn sein Erstaunen und drang wiederholt in ihn, er möge ihm doch unverhohlen sagen, was er von einem so außerordentlichen Falle denke. Der Pfarrer wollte natürlich nicht zuerst seine Meinung äußern, sagte daher nur: „Mein Herr, schreiben Sie an den Bischof. Er weiß um die Sache so gut als ich, da ich ihm fast täglich davon Bericht erstatte, fragen Sie ihn um seine Meinung!“ – „Ja“, sagte der Richter, „das wird geschehen! Ich werde ihm schreiben; doch Martin werde ich zum Minister schicken, denn er muß ihn selbst hören und sehen.“ Man ließ also Martin wieder eintreten und sprach zu ihm: „Und wenn man dich nun etwa ins Gefängnis bringen ließe solcher Aussagen wegen, würdest du dennoch dabei beharren?“ – Ohne nur im mindesten verwirrt zu werden, antwortete Martin· „Ich kann nur die Wahrheit sagen.“ – „Doch wenn du noch vor eine höhere Obrigkeit, z. B. vor den Minister, kämest, würdest du auch da deine Aussage wiederholen?“ – „Ja“, antwortete er entschlossen, „auch vor dem König!“

Am 7. März sandte man Martin mit der Postkutsche nach Chartres. Gegen elf Uhr mittags kam er mit seinen Begleitern nach Rambouillet. Gegen Abend kamen sie nach Paris.

Des andern Tages führte man Martin zu dem Oberamte. Als er sich nebst seinem Begleiter am Hofe befand, trat der Unbekannte vor ihn und sprach, ohne daß jedoch die anderen etwas sahen oder hörten: „Man wird dich über mancherlei Dinge fragen; sei ohne Furcht und Besorgnis, doch sage stets die reine Wahrheit.“ So sprach er und verschwand. Der Minister ließ hierauf Martin durch zwei Sekretäre befragen. Ohne sich zu verwirren, antwortete Martin auf alle Fragen. Als sich diese beiden Herren zurückgezogen hatten, erkannte Martin die Wahrheit der Worte: „Du wirst die Leichtgläubigkeit verwirren, und sie werden nicht zu antworten wissen.“

Hierauf führte man Martin zum Minister selbst. Drei viertel Stunden lang dauerte die Unterredung. Der Minister nahm einen herrischen Ton an, in der Hoffnung, dadurch den schlichten Landmann einzuschüchtern. Doch seine Hoffnung war eitel; er antwortete ihm furchtlos und genau, ohne nur im mindesten durch seine Fragen in Verwirrung gebracht zu werden.

Der Minister wollte noch einen Versuch machen, um zu erfahren, ob ihn etwa materielle Interessen zu diesem Schritte bewogen hätten, doch Martin entgegnete: „Nicht Geld ist mein Verlangen; ich muß mit dem Könige sprechen und ihm sagen, was mir befohlen ward; so ward es mir schon öfters geheißen, und ich werde nicht eher Ruhe finden, bis ich mich meines Auftrages

entledigt habe. Mein Herr, ich brauche keine Reichtümer zu meinem Leben; können Stolz und Tugend Hand in Hand gehen? Wer Tugend übt, ist Gottes Freund, doch der Stolze – Freund des Satans und seiner Dämonen."
„Doch du willst mit dem Könige sprechen", entgegnete wieder der Minister. „Das ist ja nicht ausführbar; ich selbst kann nur nach schriftlichem Befehle dahin gelangen." – „Das weiß ich alles nicht", antwortete Martin, „doch stets ward mir gesagt, ich sollte zum Könige gehen!"
Es leitete sich nun das Gespräch wiederum auf die Person, welche Martin erscheine, und der Minister fragte Martin, wie denn jene Person, welche ihm seine Befehle bringe, aussehe. „Es steht zwar alles dieses in dem Schreiben, das ich bei mir habe", antwortete Martin, „doch will ich es Ihnen angeben. Er trug einen lichtfarbenen Rock, bis zum Halse und hinab bis zu den Füßen zugeknöpft. An seinen Füßen hatte er Sandalen und auf dem Haupte einen hohen schwarzen Hut. Er mochte etwas mehr als fünf Fuß groß sein, hatte einen schlanken Körperbau und ein höchst blühendes Aussehen. In dieser Gestalt ist er mir stets und auch in selbem Augenblick, als ich in den Palast eintrat, erschienen. Ich sollte nur keine Furcht haben, sprach er zu mir, und sollte mich durch keine Frage einschüchtern lassen." – „Ihr sollet euern Unbekannten nimmer sehen", wandte der Minister ein, „denn man wird ihn ins Gefängnis bringen." – „Wie", sagte Martin, „wie wollt Ihr ihn festnehmen, da er stets gleich einem Blitze verschwindet." – Wenn er auch für euch verschwindet", entgegnete der Minister, „andern wird er es nicht!"
Am Samstage dem 9. begegnete ihm der Unbekannte wiederum in Mitte der Stiege. Noch am selben Tage erschien ihm der Unbekannte zum zweiten Male und sprach zu ihm: „Du mußt zum Könige gehen; bist du vor ihm, so werde ich dir schon eingeben, was du zu sagen hast; ich bediene mich deiner, um den Stolz und den Unglauben zu beschämen."
Am Sonntag, 10. März, morgens war Martin wieder allein in seinem Zimmer. Der Unbekannte erschien ihm und sprach so: „Ich hatte dir gesagt, daß mein Name unbekannt bleiben solle; da aber der Unglaube so groß ist, so muß ich dir meinen Namen entdecken. Ich bin der Erzengel Raphael. Ich habe von Gott die Macht empfangen, Frankreich mit allen Plagen heimzusuchen, und es soll den Frieden erst nach dem Jahre 1840 wieder bekommen." Nach diesen Worten fühlte Martin Angst und Schrecken.
Am folgenden Morgen um sieben Uhr sprach der Engel zu ihm: „Nun geh' zum König; wenn du vor ihm stehst, gebe ich dir ein, was du zu ihm sprechen sollst; er ist von Verrätern umgeben." –
Am 12. März gegen sieben Uhr morgens zeigte sich der Engel wiederum und sprach zu Martin: „Mehre Städte Frankreichs werden zerstört werden, kein Stein wird auf dem andern bleiben." Im selben Augenblick sagte Martin zu seinem Begleiter: „Da Sie den Engel zu sehen wünschen, hier steht er." Sogleich blickte der Begleiter nach der bezeichneten Richtung, streckte seine

Arme aus, tastete umher, doch vergebens. Martin sah jedoch gut, wie der Engel stets Wendungen machte und auswich. „Es ist auffallend", sagte Martins Begleiter, „daß ich nichts sehe und höre; wie kommt es, daß der eine etwas sieht, der andere nicht? Jedenfalls sollte ich doch etwas hören." – „Ich begreife es gleichfalls nicht", entgegnete Martin.
Bis zum 15. März hatte Martin mehrere Erscheinungen, in denen ihn der Engel stets aufforderte, das Befohlene zu tun. Endlich am genannten Tage sprach der Engel also: „Da man dich also behandelt, werde ich nicht wieder erscheinen; wenn man nicht glauben will, so wird alles eintreten, was ich vorher verkündet. Du setze nur dein Vertrauen auf Gott, so wird dir kein Leid widerfahren. Ich schenke dir den Frieden."
Doch nach etlichen Tagen hatte er wieder eine Erscheinung, und der Engel sprach zu ihm: „Mein Freund, ich sagte wohl, ich würde dir nimmer erscheinen; doch ich gestehe dir, es würde mir ungeheuren Schmerz bereiten, wenn alle meine Maßregeln vergebens wären. Deinem Vaterlande stehen schreckliche Leiden bevor. Wenn das staunenerfüllte Volk solche ansehen wird, wird es zittern und beben. Doch wenn das Volk Buße tut, kann alles dieses abgewendet werden, doch anders nicht. Ich schenke dir den Frieden", sagte die Erscheinung und verschwand.
Nachdem man ihn endlich mehrmals von Ärzten hatte untersuchen lassen, ob sich bei ihm keine Spur von Wahnsinn fände, nachdem er in der Zwischenzeit noch mehrere Erscheinungen gehabt hatte, nachdem man mehrere erfahrene Geistliche zu Rate gezogen hatte: – erschien endlich am 2. April 1816 eine Person, um ihn nach Paris zu geleiten, da inzwischen seine Erscheinungen am Hofe bekannt geworden waren.
So gelangte also Martin endlich zum Könige. Noch im Vorzimmer erschien ihm der Engel und sprach, er möge nur keine Furcht haben, die Worte würden ihm in den Mund gegeben werden.
Die Unterredung mit dem Könige soll uns Martin selbst berichten.
„Als ich in das Zimmer des Königs trat", so berichtet Martin, „saß er an einem Tische, auf welchem viele Papiere und Federn waren. Ich grüßte den König und sprach zu ihm: ‚Sire, ich grüße Sie.' Der König sprach zu mir: ‚Guten Tag, Martin.' – ‚Sie wissen wohl schon, Sire, warum ich gekommen bin?' – ‚Ja, ich weiß, daß du mir etwas zu sagen hast, und zwar, wie ich höre, mir ganz allein. Setze dich. – Ich setzte mich dem König gegenüber, so daß nur der Tisch zwischen uns beiden war. Nun sprach ich zu ihm: ‚Wie befinden Sie sich?' – ‚Etwas besser, als vor einigen Tagen. Und du?' – ‚Ganz wohl.' – ‚Nun, was hast du mir denn zu sagen?' – ‚Sie können auch Ihren Bruder und seine Söhne herbeirufen, wenn Sie wollen.' – ‚Das ist nicht nötig, ich sage ihnen schon, was du mir mitteilst. – Nun begann ich: Am 15. Januar erschien mir plötzlich ein Mann, welcher sprach: Du mußt zum König gehen und ihm sagen, daß seine Person und die Prinzen in Gefahr sind, daß böse Menschen

die Regierung zu stürzen drohen, daß in dieser Absicht schon mehrere Schriften im Reiche verbreitet sind, daß er daher alle Vorsichtsmaßregeln treffen soll. Er muß bewirken, daß man den Tag des Herrn wieder heilige, welchen der größte Teil seines Volkes entweiht. Die öffentlichen Arbeiten müssen an diesem Tage aufhören. Es muß allgemein Buße getan und den herrschenden Unordnungen ein Ende gemacht werden. Geschieht dies nicht, so wird Frankreich vom größten Unglück heimgesucht. Der König soll gegen sein Volk sein wie ein Vater gegen sein Kind. Befolgt der König dies nicht, so ist seine Krone dem Untergang nah.'
Ich sprach zu ihm: Warum beauftragst du denn gerade mich und nicht einen andern? – Er sagte: Kein anderer als gerade du soll dies tun. Er hatte mir früher gesagt, daß sein Name unbekannt bleiben solle; später aber nannte er ihn, weil, wie er sagte, der Unglaube so groß sei. Sein Name ist Raphael. Ferner sagte er mir: Man hat den König verraten und verrät ihn noch immer. Er nannte mir auch die Verräter.' Sodann enthüllte ich ihm mehrere Einzelheiten seiner Regierung, wo ihm Gefahr drohe und ähnliches. Ich sagte ihm auch, er solle sich nicht salben lassen. ,In selbem Augenblicke, wo sie es versuchen, werden sie während der heil. Zeremonie vom Schlage gerührt werden.'"
Eine Stunde lang dauerte die Unterredung mit dem Könige. Martin rührte ihn so, daß er mehrmals in Tränen ausbrach und ihn bat, er möge ihm öfters ähnliche Aufschlüsse geben. Doch Martin antwortete: „Ich werde Eure Majestät nie wiedersehen, meine Sendung ist zu Ende. Jetzt kann ich wieder, wie mir verheißen worden, ruhig in den Kreis meiner Familie eintreten."
Er kam auch am 4. April 1816 in seiner Heimat an, und lebte dort in stiller Zurückgezogenheit, stets dem Gebete für sich, für seinen König und Herrn und für die gesamte Christenheit obliegend. Eine Erscheinung jedoch hatte er nie wieder.

## *Die Vision der Schwester von Belley*

Aus dem Jahr 1816 stammt das Gesicht der Schwester von Belley, über die selbst wenig bekannt ist. In ihrer Voraussage mischen sich Geschichtsprophetie mit endzeitlichen Motiven. Ob es sich dabei tatsächlich um echte Prophetie handelt oder um die Hoffnungen einer treuen Anhängerin der Monarchie („Dann wird die Ordnung zurückkehren"), läßt sich nicht beantworten.

### *Textquelle: Die Vision der Schwester von Belley*

Am Sonntag vor Allerheiligen des Jahres 1816 machte ich meine Betrachtung über die Unbeständigkeit des menschlichen Herzens.
Plötzlich boten sich mir schreckliche Dinge dar. Ich sah eine schwere Wolke, welche so schwarz war, daß ich darob erschrak.
Sie bedeckte ganz Frankreich. Aus der Tiefe dieser Wolke hörte ich verworrene Stimmen, welche riefen: „Es lebe die Republik!" „Es lebe Napoleon!" „Es lebe die Religion und der große Monarch, den Gott für uns bereit hat!"
Zu gleicher Zeit fand ein großer Kampf statt, so wütend, daß man einen ähnlichen noch nicht gesehen hat. Das Blut floß, wie wenn es stark regnet, besonders von Süden nach Norden, denn der Westen schien mir stiller.
Die Bösen wollten alle Diener der Religion Christi ausrotten. Sie hatten deren eine große Zahl niedergemacht und erhoben schon ein Siegesgeschrei, als plötzlich die Guten durch Hilfe von oben ermutigt und die Bösen besiegt wurden.
Die Zeit all dieser Umwälzungen wird nicht mehr als drei Monate währen, und die große Krise, in welcher die Guten triumphieren werden, wird nur eine kurze Zeit dauern.
Dann wird die Ordnung zurückkehren, und alle Ungerechtigkeiten, von welcher Natur sie auch sein mögen, werden wiedergutgemacht.
Dies wird sehr leicht sein, da die Mehrzahl der Bösen in dem großen Kampfe umgekommen und die Überlebenden so erschrocken sein werden über die Züchtigung der andern, daß sie nicht umhin können, den Finger Gottes zu erkennen.
Danach wird die Religion auf die wunderbarste Weise erblühen. In bezug hierauf sah ich so schöne Dinge, daß ich sie gar nicht schildern kann.

# Die Prophezeiung des Ludovico Rocco

Einem Franziskaner-Eremiten des Dritten Ordens mit dem mutmaßlichen Namen Ludovico Rocco, der von 1748 bis 1840 gelebt haben soll, wird die Prophezeiung des „Franziskaners vom Berge Sinai" zugeschrieben. Bei seinem Besuch der heiligen Stätten in Palästina im Jahre 1840 erkrankte Rocco und begann im Halbschlaf zu weissagen. Auf seinen Wunsch hin wurden seine Prophezeiungen von einem Ordensbruder aufgezeichnet. Nur wenige Details aus dieser Weissagung können bisher einem geschichtlichen Beleg zugeordnet werden. Die meisten Vorhersagen sind entweder noch nicht eingetroffen oder aber sachlich falsch.

## Textquelle: Die Prophezeiung des Ludovico Rocco

Am 1. Tage sprach er: Ich habe euch zu sagen, was Gott mir geoffenbart, Dinge, die in kurzer Zeit beginnen werden. Wohl dem, der diese Weissagung hört und sich diese auch zu Nutzen macht, denn die Zeit der Erfüllung ist nahe. Es ist mir von dem Oberherrn aller Könige aufgetragen worden, euch zu sagen: Alle sollen sich in der Zeit der Trübsal mit standhafter Geduld wohl ausrüsten. In ganz Europa wird ein fürchterlicher Bürgerkrieg ausbrechen, einer wird den andern zerfleischen, Blut wird in Strömen fließen.
Spanien und Portugal haben beide noch eine große Blutschuld zu tilgen, teils wegen der Unmenschlichkeit, mit der sie Amerika eroberten und auf eine so grausame Weise so viele Tausende ermordeten – alles bloß des eitlen Goldes wegen –, teils weil sie aus Afrika so viele unschuldige Menschen raubten und sie, die doch alle Gottes Ebenbilder waren, wie das liebe Vieh als Sklaven verkauften. Die Machthaber dieser beiden Throne werden umgebracht werden; dann werden beide Länder sich vereinigen und in Spanien die gemeinsame Republik regieren. Alle Einwohner werden zum Frieden und zur Ordnung zurückkehren, aber ihre ausländischen Besitzungen werden sich von diesen beiden Ländern losreißen. Die katholische Religion wird wie zuerst blühen.
Am 2. Tage sprach er: Frankreich wird in einen auswärtigen Krieg verflochten werden. Sobald dieser zu Ende ist, wird das Volk aufstehen und den Präsidenten ermorden, wobei ein entsetzliches Blutbad entstehen wird. Mehr als die Hälfte der Stadt Paris wird in Asche verwandelt werden. Die Besitzungen in Algier werden sich von der französischen Armee lostrennen, und dann wird ein Mann aus dem Stamme Leopards auf den Thron gehoben werden. In Afrika wird ein afrikanischer Prinz, welcher in Frankreich ist, regieren und der Verbreiter der katholischen Religion werden.

Am 3. Tage sprach er: Italien, Italien, du schönes Land! Über dich weine ich. Ein Teil deiner blühenden Städte wird verheert werden. Hier finden so viele Deutsche ihr Grab. Österreich wird untergehen wollen, aber die freigesinnte Natur wird sich abermals erheben. – Der König von Sardinien und Neapel werden verschwinden. Rom wird die Residenz des neuen Italiens werden. Daher sei Österreich gewarnt, den ungerechten Kampf nicht weiter fortzusetzen und seine Söhne nicht unnütz schlachten zu wollen. Italien wird frei sein und der Fels der katholischen Kirche bleiben. Alle übrigen Fürsten wrden aufhören zu regieren.

Am 4. Tage sprach er: Rußland wird der Schauplatz der größten Greueltaten werden. Hier wird es den mächtigsten Kampf kosten. Viele Städte, Dörfer und Schlösser werden verwüstet werden. Eine grausame Revolution wird die Hälfte der Menschheit hinopfern. Die kaiserliche Familie, der ganze Adel und ein Teil der Geistlichkeit wird ermordet werden. In Petersburg und Moskau werden die Leichen wochenlang auf der Straße liegen bleiben, ohne begraben zu werden. Das russische Reich wird in verschiedene Reiche geteilt werden. – Polen aber wird selbständig und eine der ersten Großmächte Europas werden.

Am 5. Tage sprach er: Eine alte, ehrwürdige Monarchie wird nach vielen Kämpfen blutig in sich verfallen. Aber der Genius des alten Herrscherhauses wird die Dynastie beschützen. Wien wird zweimal belagert und, nachdem es sich endlich den Haß aller Nationen wird zugezogen haben, schwer heimgesucht werden. Wien wird veröden und die großen Paläste werden leer dastehen. Am Stephansplatz wird Gras wachsen und aller Adel aufhören.

Die ungarische Nation wird verschwinden.

Die Slaven werden sich wieder vereinen und ein eigenes katholisch-slavisches-abendländisches großes Reich bilden, um die Türken aus Europa zu verjagen. In Konstantinopel wird der Halbmond verschwinden und das Kreuz verehrt werden. Die christliche Religion wird sich von daher über alle Länder verbreiten. Viele Grausamkeiten werden verübt werden und schreckliche Landplagen werden diese Länder heimsuchen.

Die deutschen Länder Österreichs werden sich an Deutschland anschließen und fest zusammenhalten. Keine Königreiche und Fürstentümer werden mehr bestehen, sondern nur ein Deutschland wird sein, und ein Zweig des Kaiserstammes wird die Krone tragen. Dieser wird Deutschland befestigen, und unter seiner weisen Regierung wird Eintracht und Wohlstand wieder herrschen, und Deutschlands Macht wird über alle andern Reiche hervorleuchten, denn Gott ist mit diesem Regentenhause.

Die Könige und Fürsten Deutschlands werden abdanken. Dem Könige von Preußen aber ist schweres Leid vorbehalten.

Am 6. Tage sprach er: England, dieser Kaufmannsstaat, welcher aus Gewinnsucht alle Ungerechtigkeiten unterstützt, wird der Schauplatz der größ-

ten Grausamkeiten werden. Irland, vereint mit Schottland, wird in England einbrechen und es verheeren. Die Königsfamilie wird verjagt und die Hälfte der Bevölkerung ermordet werden. Armut wird eintreten, und alle ausländischen Besitzungen werden sich frei machen.
Die Handelsstädte Belgiens, Holsteins, Schleswigs und auch die Schweiz werden sich an Deutschland anschließen.
Dänemark wird sich mit Schweden verbinden und somit Dänemark, Schweden und Norwegen ein großes und starkes Reich werden.
Die aus Europa vertriebenen Türken werden sich in Afrika festsetzen. Jerusalem wird die Königsstadt werden und Heil und Segen diese Länder dann beglücken. Der König von Ägypten wird sterben, und diese Länder werden dann die Wohltaten von Jerusalem empfangen.
Am 7. Tage sprach er: Heute ist der letzte Tag, wo ich unter euch bin. Um zwölf Uhr gehe ich in das himmlische Reich ein. Der Herr hat durch mich manches kundgetan. Er ruft den Menschen durch mich zu: „Tuet Buße! Bessert euch!“ Der Herr hat der Sittenverderbnis der Menschen schon lange zugesehen, und er wollte das ganze Menschengeschlecht vertilgen. Weil er aber sah, daß diese große Sittenverderbnis nur durch die Großen und Reichen ausging, das gemeine Volk aber im Grunde noch gut geblieben ist, so verschont er es um ihretwillen. Er wird das Menschengeschlecht mit unheilbaren Krankheiten, mit Krieg, Hunger und Heuschrecken und allen Plagen heimsuchen und ängstigen und die Hälfte der Menschheit ausrotten. Die Armen werden reich und die Reichen werden arm sein, und dann wird glückliche Eintracht herrschen. Die Menschen werden an den wahren Gott glauben und glücklich sein.
Die Verführer und Antichristen sind in verschiedenen Gestalten in der Welt und suchen die Gläubigen zu verführen. Sie treten sogar als falsche Propheten auf, um ihre Irrlehren zu verbreiten. Aber Himmelslohn wird den Standhaften werden. Zeichen des Himmels werden geschehen, abgeschnittene, vertrocknete Blumen und Kräuter werden wieder grünen. Alles wird gut für die Starken vorübergehen. Gesegnete Ernten werden dann wieder eintreten.
Schließlich bitte ich euch, liebe Brüder, schicket eine Abschrift meiner Aussage dem Heiligen Vater nach Rom, damit er sie verbreiten lasse.
Als die zwölfte Stunde ertönte, rief er aus: „Himmlischer Vater, ich komme!“ Er verschied mit lächelndem Munde, und unbegreiflicherweise verbreitete sich ein balsamischer Geruch in der Zelle dieses Heiligen. Dieses geschah am Tage der Empfängnis der lieben Mutter Gottes Maria im Jahre des Herrn Jesus Christus 1840.

# *Die Weissagung des Kardinals Laroche*

Eine Weissagung für die Jahre 1844–1850 hatte Kardinal Laroche angeblich auf die Eingabe eines Geistes hin verfaßt. Möglicherweise hat er sich dabei in den beschriebenen Zeiträumen getäuscht, denn zumindest zu den genannten Terminen sind seine Vorhersagen nicht eingetroffen. Näher liegt allerdings die Vermutung, daß es sich bei der Weissagung des Kardinals Laroche um keine echte Prophezeiung, wenn nicht sogar einfach um eine Fälschung handelt.

## *Textquelle: Die Weissagung des Kardinals Laroche*

Was ich sehe im Gesichte ist die Not der Jahre 1840 überhaupt; denn vieles, was mir der Geist zeigt, verbietet er mir zu reden; denn was ich schreibe, ist nicht mein, sondern des Geistes Wille. Doch sagt der Geist wieder, schreibe, was ich dir sage:
Unzufriedenheit, erzeugt durch übermäßigen Lebensgenuß und Lebenslust, wird die Völker untereinander verderben.
Darum gehet in euch selbst zurück und bessert euch, ehe sich mein Herz von euch wende. Jeremia 6, V. 8. Aber es ist umsonst, sie achten es nicht und glaubten es auch nicht, bis die Sündflut kam und nahm sie alle dahin. Matth. 24, V. 38 und 39.
Nachdem der Sommer 1844 viele Früchte, Kartoffeln, Heu und guten, aber wenig Wein geben wird, ist der darauf folgende Winter sehr kalt, eine strenge kalte Witterung wird fortdauern, und es wird viel Schnee fallen bis zu Ende März 1845. Der Frühling wird spät eintreten, und das Jahr 1845 wird sich nicht nur wegen seiner Fruchtbarkeit auszeichnen, sondern es wird auch reich an interessanten Begebenheiten sein. Manches wird aber auch nur Knospen treiben und erst in darauffolgenden Jahren Früchte tragen.
Die Bosheit muß untergehen nach kurzem Triumph und die Fürsten werden herrschen in aller Klarheit. Spanien, das vom Bürgerkriege geschwächte, wird endlich Ruhe finden unter einem Könige, der nicht das Land gezeugt, sondern der erwählet von zarter Frauenhand und der durch die alles umfassende Politik berufen sein wird, Vater zu werden. – Die Königin Christine wird sich an einen deutschen Prinzen vermählen und mehr herrschen eine Zeitlang als ihre Tochter, die regierende Königin.
Türkei wird werden, was sie war. Sie wird zurücksinken wieder in die finstere Nacht, und in nicht gar langer Zeit wird der Halbmond in Europa verschwinden durch die Hand der Christen, welche vieles werden leiden müssen um des Glaubens willen. Aber selig, die da beharren bis ans Ende. Doch bevor

dies alles geschieht, wird vorher noch ein neuer Sultan den Thron besteigen, der noch weit mehr als der jetzt regierende das Volk wieder in die Nacht der Unkenntnis zurückführen wird und fernhält von aller und jeder europäischen Kultur. – Diesen Vertilgungskrieg gegen die Türken wird unterstützen das Klima, das dort ungesund werden wird, so daß der größere Teil der Türken in kurzer Zeit dahinsterben wird. Ein neues Geschlecht ihres Glaubens wird auferstehen in Asien, und ein neuer Prophet, der sich nennen wird „Sohn Muhameds", tritt auf unter ihnen, wird sie erleuchten und wird durch Religion zustande bringen, woran jede irdische Macht gescheitert wäre.

England wird seine Hände nach China noch weiter ausstrecken; wird seine Macht zu erweitern suchen und behalten. Die Engländer werden den Franzosen ein Dorn im Auge, und eine Verbindung mit einem mächtigen Reiche im Norden wird ihren Worten Kraft geben; selbst ein verheerender Krieg, der viele Leute kosten wird, trägt nur dazu bei, daß sie ihr Haupt höher tragen werden denn zuvor.

Überhaupt kann ich nicht unerwähnt lassen: Jedes Land hüte sich vor Krieg! Denn durch denselben wird zwar manchem, der jetzt am Hungertode nagt, aufgeholfen werden zu Ehre und Reichtum, aber dennoch bittet, daß der Tag der Verheerung bleibe!

In Frankreich bleiben die Spaltungen. Der Tod eines Mannes und der Rücktritt eines andern sind es, die dem Lande viel Wunden bereiten, doch steht nicht geschrieben, ob es besser gewesen, wenn sie geblieben. – Frankreich wird in Afrika, große, nie geglaubte Siege erfechten, und ein Prinz des Hauses wird zum Fürsten dieser Länder erwählt werden, und er wird den armen Eingeborenen Vater werden, doch die Stämme werden bald zu ihrer alten Freiheit zurückkehren. – Die Pairskammer wird eine Zeitlang durch einen Ausschuß das Land regieren, während der Minderjährigkeit eines Thronfolgers, und es werden zu jener Zeit Bündnisse geschlossen werden, an die jetzt nicht geglaubt werden würde, aber nur um ihres eigenen Vorteils willen schließen sie Verträge ab, die aber dem andern Teile nicht gerade zum Schaden gereichen.

Zeichen am Himmel werden nicht fehlen und die Völker mahnen: Tut Buße! Der Aberglaube und der Unglaube werden sie als Zeichen, daß das Ende der Welt nahe, erscheinen lassen. Doch dem ist nicht also. Es werden zwar große Veränderungen an ihr ergehen und es sehe wohl jeder zu, daß er nicht falle, aber der Untergang der ganzen Schöpfung ist noch ferne, der Tag des Todes aber immer nahe.

Ein nordisches Reich faßt immer festeren Fuß, und Unruhen selbst vermögen ihm nicht zu schaden. Es wird sich verbinden zum Schutz und Trutz, und zwar mit gutem Erfolge. Eine große Revolution wird dieses Land mit vieler Kraft stillen. Sein Herrscher wird zwar jung an Alter, aber ein Mann reich an Erfahrung sein.

Deutschland geht einer schönen Zukunft entgegen, denn Eintracht wird die Staaten verbinden. Friede wird seinen Segen auf Handel und Wandel verbreiten. Die Jesuiten werden in Süddeutschland ihr Haupt auch erheben, wie sie zu Anfang der vierziger Jahre schon in manchen Ländern getan haben. Es werden ihnen Schulen eingeräumt werden und ihr Einfluß bei den Fürsten und bei dem Volke groß sein.
Erfindungen werden zustande kommen in Deutschland, wodurch die Eisenbahnen zuschanden werden.
Die Menschen werden sich mehren, da Krieg und Pestilenz uns lange fernbleiben wird, bis in einem Jahre eine große Krankheit viele der Menschen einsammeln wird in die Scheune, wo die Böcke von den Schafen werden geschieden werden.
Sparet in der Zeit, so habt ihr in der Not! So ruft der Geist noch weiter zu. Denn die Not wird groß werden, bis zu den letzten Tagen, von welchen ich rede.
Amerika, das gepriesene Land der Freiheit, wird sich in Fesseln schlagen. Die angesiedelten Deutschen werden große Not auszustehen haben und sich wieder sehnen nach den Fleischtöpfen Ägyptens, d. h. nach dem Vaterlande; aber der Herr wird ihnen einen Weg zeigen und mit seinem Donnerworte zurufen: Bleibet im Lande, das euch der Herr gegeben hat.
Kaufleute würden gut tun, in diesen Jahren ihre Läden zu schließen und sich zu nähren von ihrer Hände Arbeit, denn die Not wird groß werden und sie viel Schaden leiden. – Die große Baulust wird vielen Leuten Ehre und Vermögen kosten, und mancher wird sich seines Hauses nicht freuen, sondern ein Ende nehmen, das vor dem Herrn ein Greuel ist.
Afrika, das seither unbekannte Land der Erde, wird sich auftun durch des Herrn Kraft, und es werden Dinge geschehen, die nur die verstehen mögen, welchen der Herr das Verständnis öffnet. O Ägypten, du Land der Pharaonen, an dir wird schrecklich gerächt werden, was du an den Kindern Israels verschuldet. Ibrahim wird dir kein Mehemed Ali sein. In der Wüste Sahara wird ein Deutscher artesische Brunnen graben und zum Danke von den Eingeborenen aber gemordet werden.
In Asien wird europäische Kultur eingepfropft werden wollen, aber es wird ihnen schwer werden, wider den Stachel zu löcken. Der Kaiser von China wird einen christlichen Missionär kommen lassen und von demselben Schulen in seinem Lande gründen und einrichten lassen, wodurch in diesem Lande der erste Anfang des Christentums hierdurch gemacht sein wird.
In Griechenland wird ein Mann aufstehen, der dem Könige kräftig zur Seite sein wird. Die Ministerien werden schnell nacheinander wechseln, und ein Mann aus dem Volke, der vorher hoch gestanden, wird den Haß und die Verachtung des Volkes sich zuziehen, nachdem er vorher zu hohen Ehren gelangt war.

Die Juden werden heimziehen ins gelobte Land, um der allgemeinen Not zu entfliehen. Sie werden dort wieder aufbauen den alten Tempel und die Burg Zion, und ein Prophet unter ihnen wird sie unterweisen in der Verehrung des wahren Gottes und wird ihnen zeigen den Weg des Herrn.
Die katholische Religion wird einen schönen Sieg unter einem neuen Oberhaupte erringen und der Protestantismus durch Sektenwesen bedeutend verlieren.
In der Schweiz wird die Religion und die Vertreibung der Jesuiten den ersten Anfang machen zu einer mehrjährigen Spannung, Spaltung und Verheerung; der Herd des Zwiespaltes wird sein der Ort, wo sie vor einigen Jahren einen großen Gelehrten von ihrer Universität verbannten. – Die Schweiz wird viele ihrer Freiheiten verlieren, ja es wird eine Zeit kommen, wo Truppen schlagfertig an ihrer Grenze stehen werden und die Großmächte einen Rat halten, ihnen, den einst freien Schweizern, einen König zu geben, und so die Republik aufzuheben. Ein großer Staatsmann des neunzehnten Jahrhunderts hält das Los „der freien Schweiz" in seiner Hand.
Eine neue Kirche wird erstehen, und das tausendjährige Reich wird seinen Anfang nehmen, von welchem die Schrift sagt:
„Und wird kein Verbannter mehr sein, und der Stuhl Gottes und des Lammes wird darinnen sein; und seine Knechte werden ihm dienen."
Auswanderungen nach Rußland werden viele stattfinden, da dorten eine große Krankheit viele Strecken menschenleer machen wird.
Die Fürsten werden den Völkern Väter sein wie zuvor und darum fest thronen, ungeachtet der großen Not, die da zukünftig ist.
Neue Entdeckungen werden die Herrschaft eines mächtigen Volkes im Westen vergrößern, aber ein Nachbarstaat wird den Gewinn an sich zu reißen suchen. Darob viel Blut vergossen werden wird. Ein neuer Seeweg und neue Entdeckungen im Stillen Ozean von großen Inseln werden gemacht werden, die einen deutschen Fürsten reich machen werden und den Handel emporbringen.
In Portugal wird eine Empörung der Regierung ein Ende zu machen suchen, aber es wird ihnen ergehen wie den Polen, sie müssen nach verzweifeltem Kampfe die alte Herrschaft anerkennen. Don Miguel wird bei diesen Kämpfen frohlocken, doch sein Lachen wird über kurze Zeit in Trauer verwandelt werden.
Eine Medizin wird ein Landmann finden, wodurch einem Heere von Krankheiten begegnet werden kann, er wird sie finden, nicht im Wasser, nicht im Feuer, nicht in der Luft, aber in den Gebirgen.
Das wohlfeilste Lebensmittel wird wohl in den nächsten fünf Jahren Kaffee und Zucker werden. Zum Troste der Armen aber werden die Kartoffeln geraten. Der Weinstock wird immer schöne Früchte versprechen, aber nur selten wird die Ernte gut werden. Die Feldfrüchte aber werden in Segen stehen in

den deutschen Ländern, die Ausfuhr nach außen aber groß werden. Jedermann sehe sich auf die Jahre 49 und 50 wohl vor.
Denn in ihnen werden Dinge geschehen, die auch den Klügsten irremachen können. Es ist nicht der Krieg, nicht die herrschende Teurung, sondern! – Habt acht, daß eure Lampen nicht verlöschen!
Nun zeigt der Geist mir ein neu Gesicht, aber ich muß schweigen.
Ich schweige und beuge mich unter den Willen des Allmächtigen, denn ich weiß, des Herrn Rat ist wunderbar. Sein Name sei gelobet! Amen!
Bis zum Jahre 1846 wird sich noch vieles gestalten, aber am Himmel werden auch Zeichen und Wunder sichtbar sein.
Viele werden an die christliche Kirche nicht glauben, obgleich sie in ihr getauft wurden, von ihr abfallen und zu den gottlosen Sekten sich zusammenrotten; über diese wird schreckliches Gericht gehalten werden. Matth. 16, 2.

# *Die Botschaft von La Salette*

In dem südfranzösischen Alpenort La Salette in der Nähe von Grenoble erschien am 19. September 1846 Maria, die Mutter Jesu, zwei Hirtenkindern: An den elfjährigen Maximin Giraud und die fünfzehnjährige Melanie Mathieu gab die Erscheinung eine Botschaft. Darin wird die bedingungslose Unterwerfung der Menschen unter die Autorität Gottes und der Kirche gefordert. Maria selbst erklärte ihre Mittlerstellung zur Fürbitte für die sündige Menschheit bei Jesus Christus. Diese Marienerscheinung wurde fünf Jahre lang untersucht und erhielt dann 1851 die kirchliche Anerkennung. La Salette wurde zum Wallfahrtsort.

Den unbedarften Hirtenkindern verkündete die Gottesmutter in Herrlichkeit, dann aber auch weinend: „Wenn mein Volk sich nicht unterwerfen will, werde ich gezwungen, die Hand meines Sohnes loszulassen. Sie ist so schwer und so drückend, daß ich sie nicht mehr zurückhalten kann. Seit langer Zeit leide ich für euch. Sofern ich will, daß mein Sohn euch nicht gänzlich aufgibt, ruht auf mir die Last, unaufhörlich zu beten. Und ihr aber, ihr legt keinen Wert darauf. Ihr mögt beten und tun, was ihr wollt, niemals könnt ihr die Sorgen vergelten, die ich für euch auf mich genommen habe."

Maria setzte fort: „Ich habe euch sechs Tage zum Arbeiten gegeben; den siebten habe ich mir vorbehalten. Und man will ihn mir nicht zugestehen. Das ist es, was den Arm meines Sohnes so schwer macht. Auch können die Fuhrleute nicht fluchen, ohne mitten drin den Namen meines Sohnes zu gebrauchen. Das sind die beiden Dinge, die den Arm meines Sohnes so schwer machen."

Maria wandte sich schließlich an jedes Kind einzeln. Während sie zu Maximin sprach, konnte Melanie die Gottesmutter zwar sehen, aber nicht reden hören. Maximin ging es danach umgekehrt, während Melanie ihr Geheimnis erfuhr.

Nachdem Maria beiden Kindern ihr jeweiliges Geheimnis geoffenbart hatte, sprach sie wieder zu beiden Kindern über die Notwendigkeit der Bekehrung der Menschen: „Wenn sie sich bekehren, dann werden sich die Steine und Felsen in Korn verwandeln und die Kartoffeln werden sich über dem Lande ausgesät vorfinden. Betet ihr auch immer gut, meine Kinder?"

Die beiden antworteten: „O nein, Madame, nicht sehr gut!" Maria sagte: „Aber meine Kinder. Ihr müßt gut beten, morgens und abends. Wenn ihr nichts besseres wißt, sagt ein Vaterunser und ein Ave Maria. Und habt ihr Zeit und könnt ihr mehr tun, so ist es zu eurem Nutzen. Es gehen nur einige betagte Frauen in die Messe, die anderen arbeiten den ganzen Sommer am Sonntag. Und im Winter, wenn sie nichts zu tun haben, gehen sie zur Messe, um über die Religion zu spotten. In der Fastenzeit gehen sie zum Fleischerladen wie Hunde." Schließlich beendete die Erscheinung die Unterredung mit

den Worten: „Nun gut, meine Kinder! Teilt dieses meinem ganzen Volke mit!“
Beide Geheimnisse wurden später von den Kindern niedergeschrieben und Papst Pius IX. übergeben. Nur das Geheimnis von Melanie wurde später veröffentlicht. Bei dem Geheimnis des Maximin handelt es sich wahrscheinlich nur um eine Ergänzung.

## *Textquelle: Die Botschaft von La Salette – das Geheimnis von Melanie*

1. Melanie, was ich dir jetzt sage, soll nicht immer geheim bleiben. Du kannst es 1858 veröffentlichen. (Muttergotteserscheinung in Lourdes am 11. 2. 1858.)
2. Die Priester, Diener meines Sohnes, die Priester sind durch ihr schlechtes Leben, durch ihr ehrfurchtsloses Betragen und ihre Gottlosigkeit bei der Feier der heiligen Geheimnisse, durch ihre Liebe zum Geld, zu Ehren und Vergnügungen unreine Kloaken geworden. Ja, die Priester rufen die Rache heraus und die Rache hängt über ihren Häuptern. Wehe den Priestern und den gottgeweihten Personen! Sie kreuzigen durch ihre Treulosigkeiten und ihr schlechtes Leben von neuem meinen Sohn. Die Sünden derer, die Gott geweiht sind, schreien zum Himmel und rufen um Rache. Und siehe, die Rache lauert schon vor ihren Türen, denn es findet sich niemand, um Barmherzigkeit und Verzeihung für das Volk zu erflehen. Es gibt keine hochherzigen Seelen mehr, es ist niemand mehr würdig, das Opferlamm ohne Makel dem Ewigen für die Welt aufzuopfern.
3. Gott ist bereit, in einer beispiellosen Weise zuzuschlagen.
4. Wehe den Bewohnern der Erde! Gott geht daran, seinen Zorn auszulassen. Und niemand vermag sich den so großen vereinten Übeln zu entziehen.
5. Die Häupter, die Leiter des Gottesvolkes, haben das Gebet und die Buße vernachlässigt, und der Dämon hat ihren Verstand verdunkelt. Sie sind jene irrenden Sterne geworden, welche der alte Widersacher mit seinem Schweif nach sich zieht, um sie zugrunde gehen zu lassen. Gott wird der alten Schlange erlauben, Zwietracht unter den Herrschenden, in allen Gesellschaftsklassen und in allen Familien hervorzurufen. Man wird leibliche und geistige Qualen erleiden. Gott wird die Menschen sich selbst überlassen und Strafen senden, die während mehr als 35 Jahren aufeinander folgen werden.
6. Die Menschheit steht am Vorabend der schrecklichsten Geißeln und der größten Ereignisse. Man muß darauf gefaßt sein, mit eiserner Rute geführt zu werden und den Kelch des Zornes zu trinken.
7. Der Stellvertreter meines Sohnes, der Hohepriester Pius IX., verlasse Rom nach dem Jahre 1859 nicht mehr. Er sei vielmehr standhaft und groß-

mütig und kämpfe mit den Waffen des Glaubens und der Liebe. Ich werde mit ihm sein.
8. Er traue dem Napoleon nicht. Sein Herz ist falsch. Und wenn er gleichzeitig Papst und Kaiser sein will, wird sich Gott bald von ihm zurückziehen. Er ist jener Adler, der in seinem Streben, immer höher zu steigen, in das Schwert stürzen wird, mit dem er die Völker nötigen will, ihn aufsteigen zu lassen. (Dies sagt Maria im Jahre 1846, als Napoleon zu lebenslänglicher Haft verurteilt, im Gefängnis sitzt und man nicht an sein künftiges Kaisertum dachte.)
9. Italien wird für seinen Ehrgeiz, das Joch des Herrn aller Herren abzuschütteln, bestraft. Auch dieses wird dem Kriege überliefert werden. Das Blut wird überall fließen. Die Kirchen werden geschlossen oder entheiligt werden. Die Priester, die Ordensleute werden fortgejagt; man läßt sie sterben, eines grausamen Todes sterben. Viele werden den Glauben verlassen. Die Zahl der Priester und Ordensleute, die sich von der wahren Religion trennen, wird groß sein; unter diesen Personen werden sich selbst Bischöfe befinden.
10. Der Papst möge sich vor den Wundertätern in acht nehmen. Denn die Zeit ist gekommen, da die erstaunlichsten Wunder auf der Erde oder in der Luft stattfinden.
11. Im Jahre 1846 wird Luzifer mit einer großen Menge von Teufeln aus der Hölle losgelassen. Sie werden den Glauben allmählich auslöschen, selbst in Menschen, die Gott geweiht sind. Sie werden sie in einer Weise blind machen, daß diese Menschen, falls sie nicht eine besondere Gnade empfangen, den Geist dieser bösen Engel annehmen werden. Viele Ordenshäuser werden den Glauben völlig verlieren und viele Seelen mit ins Verderben ziehen.
12. Schlechte Bücher wird es auf der Erde in Überfluß geben und die Geister der Finsternis werden überall eine Kälte gegen alles ausbreiten, was den Dienst Gottes betrifft. Sie werden eine sehr große Macht über die Natur haben. Es wird Kirchen geben, in denen man diesen bösen Geistern dient. Manche Personen werden von diesen bösen Geistern von einem Ort zum anderen versetzt, und sogar Priester, weil diese sich nicht vom guten Geiste leiten lassen, der ein Geist der Demut, der Liebe und des Eifers für die Ehre Gottes ist. Man wird Tote und selbst Gerechte auferstehen lassen; das heißt, diese Toten werden die Gestalt der gerechten Seelen annehmen, die auf Erden gelebt haben, um die Menschen besser zu verführen. Diese sogenannten Toten, die nur der Teufel unter diesen Gestalten sein werden, werden ein anderes Evangelium predigen, das dem des wahren Jesus Christus entgegengesetzt ist, das das Dasein des Himmels sowie die verdammten Seelen leugnet. Alle diese Seelen werden wie mit ihren Leibern vereinigt erscheinen. Überall werden außergewöhnliche Wundertaten vorkommen, da der Glaube erloschen ist und das falsche Licht die Welt erleuchtet. Wehe den Kir-

chenfürsten, die nur nach Reichtümern und nach Erhaltung ihrer Autorität und nach stolzer Herrschaft trachten.
13. Der Stellvertreter meines Sohnes wird viel zu leiden haben, da die Kirche eine Zeitlang schweren Verfolgungen ausgesetzt sein wird. Das wird die Zeit der Finsternisse sein. Die Kirche wird eine schreckliche Krise durchmachen.
14. Da der heilige Glaube an Gott in Vergessenheit geraten ist, will jeder einzelne sich selbst leiten und über seinesgleichen stehen. Man wird die bürgerlichen und kirchlichen Gewalten abschaffen. Jede Ordnung und jede Gerechtigkeit wird mit Füßen getreten werden. Man wird nur Mord, Haß, Mißgunst, Lüge und Zwietracht sehen, ohne Liebe zum Vaterlande und zur Familie. Der heilige Vater wird viel leiden. Ich werde bei ihm sein bis zum Ende, um sein Opfer anzunehmen.
15. Die Bösewichter werden mehreremale seinem Leben nachstellen, ohne seinen Tagen schaden zu können. Aber weder er noch sein Nachfolger werden den Triumph der Kirche Gottes sehen.
16. Die bürgerlichen Regierungen werden alle dasselbe Ziel haben, das da ist, die religiösen Grundsätze abzuschaffen und verschwinden zu lassen, um für den Materialismus, Atheismus, Spiritismus und alle Arten von Lastern Platz zu schaffen.
17. Im Jahr 1865 wird man Greuel an den heiligen Orten sehen. In den Ordenshäusern werden die Blüten der Kirche in Fäulnis übergehen und der Teufel wird sich als König der Herzen gebärden. Die Oberen der Ordensgemeinschaften mögen auf der Hut sein, wenn sie jemand in das Kloster aufzunehmen haben; denn der Teufel wird alle seine Bosheit aufwenden, um in den religiösen Orden Leute unterzubringen, die der Sünde ergeben sind. Denn die Unordnungen und die Liebe zu fleischlichen Genüssen werden auf der ganzen Welt verbreitet sein.
18. Frankreich, Italien, Spanien und England werden im Kriege sein. Das Blut wird auf den Straßen fließen. Der Franzose wird mit dem Franzosen kämpfen, der Italiener mit dem Italiener. Schließlich wird es einen allgemeinen Krieg geben, der entsetzlich sein wird. Für eine Zeitlang wird Gott weder Italiens noch Frankreichs gedenken, weil das Evangelium Christi ganz in Vergessenheit geraten ist. Die Bösen werden ihre ganze Bosheit entfalten. Man wird sich töten, man wird sich morden bis in die Häuser hinein.
19. Auf den ersten Hieb seines Schwertes, das wie ein Blitz einschlagen wird, werden die Berge und die ganze Natur vor Entsetzen zittern, weil die Unordnungen der Menschen und ihre Verbrechen das Himmelsgewölbe durchdringen. Paris wird niedergebrannt und Marseille verschlungen werden. Mehrere große Städte werden niedergebrannt und durch Erdbeben verschlungen werden. Man wird glauben, alles sei verloren. Man wird nur Menschenmord sehen. Man wird nur Waffengetöse und Gotteslästerungen hören. Die Gerechten werden viel leiden; ihre Gebete, ihre Bußübungen und ihre Tränen

werden zum Himmel emporsteigen und das ganze Gottesvolk wird um Verzeihung und Erbarmen flehen und meine Hilfe und meine Fürbitte anrufen. Dann wird Jesus Christus durch eine Tat seiner Gerechtigkeit und seiner großen Barmherzigkeit für die Gerechten seinen Engeln befehlen, alle seine Feinde dem Tode zu überliefern. Plötzlich werden die Verfolger der Kirche Jesu Christi und alle der Sünde ergebenen Menschen zu Grunde gehen, und die Erde wird wie eine Wüste werden. Dann wird Friede, die Versöhnung Gottes mit den Menschen werden. Man wird Jesus Christus dienen, ihn anbeten und verherrlichen. Die Nächstenliebe wird überall aufblühen. Die neuen Könige werden der rechte Arm der heiligen Kirche sein, die stark, demütig, fromm, arm, eifrig und eine Nachahmerin der Tugenden Jesu Christi sein wird. Das Evangelium wird überall gepredigt werden und die Menschen werden große Fortschritte im Glauben machen, weil es Einigkeit unter den Arbeitern Jesu Christi geben wird und die Menschen in der Furcht Gottes leben werden.

20. Dieser Friede unter den Menschen wird aber nicht von langer Dauer sein. 25 Jahre reichlicher Ernten werden sie vergessen lassen, daß die Sünden der Menschen die Ursache aller Strafen sind, die über die Erde kommen.

21. Ein Vorläufer des Antichrist wird mit seinen Truppen aus vielen Völkern wider den wahren Christus, den alleinigen Retter der Welt, kämpfen. Er wird viel Blut vergießen und die Verehrung Gottes vernichten wollen, damit man ihn wie einen Gott ansehe.

22. Die Erde wird dann mit allerlei Plagen geschlagen werden. Es wird Kriege geben bis zum letzten Kriege, der dann von den 10 Königen des Antichrist geführt wird, welche Könige von einem gleichen Vorhaben beseelt sind und die einzigen sind, welche die Welt regieren werden. Bevor dieses eintritt, wird es eine Art falschen Friedens auf der ganzen Welt geben. Man denkt an nichts anderes als an Belustigungen. Die Bösen geben sich allen Arten von Sünden hin. Aber die Kinder der heiligen Kirche, die Kinder des Glaubens, meine wahren Nachahmer, werden in der Liebe zu Gott und in den Tugenden unter Führung des Heiligen Geistes wachsen. Ich werde mit ihnen kämpfen, bis sie zur Fülle des Alters gelangen.

23. Die Natur lechzt nach Rache wegen der Menschen und bebt vor Entsetzen in Erwartung dessen, was über die durch Verbrechen besudelte Erde hereinbrechen soll.

24. Zittert, du Erde und ihr, die ihr Gelübde zum Dienste Jesu Christi abgelegt habt und die ihr innerlich euch selbst anbetet, zittert! Denn Gott geht daran, euch seinen Feinden zu überliefern, da die heiligen Orte in Verderbnis sind. Zahlreiche Klöster sind nicht mehr Häuser Gottes, sondern die Weiden des Asmodeus (d. h. des Teufels der Unkeuschheit) und der Seinen.

25. So wird es um die Zeit sein, wenn der Antichrist geboren wird von einer

jüdischen Ordensfrau, einer falschen Jungfrau, die mit der alten Schlange, dem Meister der Unzucht, im Bunde stehen wird. Sein Vater ist Bischof. Bei seiner Geburt wird er Gotteslästerungen ausspeien; er wird Zähne haben; mit einem Worte, dieser ist ein fleischgewordener Teufel. Er wird in ein schreckliches Geschrei ausbrechen, er wird Wunder wirken, er wird sich nur von der Unzucht nähren. Er wird Brüder haben, die zwar nicht so wie er fleischgewordene Teufel, wohl aber Kinder des Bösen sind. Mit zwölf Jahren werden sie sich schon durch glänzende Siege, die sie davontragen, auszeichnen. Bald wird ein jeder von ihnen an der Spitze einer Armee sein, unterstützt von Legionen der Hölle.

26. Die Jahreszeiten werden sich verändern. Die Erde wird nur schlechte Früchte hervorbringen, die Sterne werden ihre regelmäßigen Bahnen verlassen. Der Mond wird nur ein schwaches rötliches Licht wiedergeben. Das Wasser und das Feuer werden der Erde furchtbare Erdbeben und krampfhafte Bewegungen mitteilen, welche Berge und Städte versinken lassen.

27. Rom wird den Glauben verlieren und der Sitz des Antichrist werden.

28. Die Dämonen der Luft werden mit dem Antichrist große Wunderdinge auf der Erde und in den Lüften wirken und die Menschen werden immer schlechter werden. Gott wird für seine treuen Diener und die Menschen von gutem Willen sorgen. Das Evangelium wird überall gepredigt werden, alle Völker und alle Nationen werden Kenntnis von der Wahrheit haben.

29. Ich richte einen dringenden Aufruf an die Erde! Ich rufe auf die wahren Jünger Gottes, der in den Himmeln lebt und herrscht. Ich rufe auf die wahren Nachahmer des menschgewordenen Christus, des einzigen und wahren Erlösers der Menschen. Ich rufe auf meine Kinder, meine wahren Frommen; jene, die sich mir hingegeben haben, damit ich sie zu meinem göttlichen Sohne führe; jene, die ich sozusagen in meinen Armen trage; jene, die von meinem Geiste gelebt haben. Endlich rufe ich auf die Apostel der letzten Zeiten, die treuen Jünger Jesu Christi, die ein Leben der Verachtung der Welt und ihrer selbst führen, in Armut und Demut, in Verachtung und in Schweigen, in Gebet und in Abtötung, in Keuschheit und in Vereinigung mit Gott, in Leiden und in Verborgenheit vor der Welt. Die Zeit ist da, daß sie ausziehen, um die Welt mit Licht zu erfüllen. Gehet und zeiget euch als meine geliebten Kinder. Ich bin mit euch und in euch, sofern euer Glaube das Licht ist, das euch in diesen Tagen der Drangsale erleuchtet. Euer Eifer macht euch hungrig nach dem Ruhm und der Ehre Jesu Christi. Kämpfet, Kinder des Lichtes, ihr, die kleine Zahl, die ihr sehend seid; denn die Zeit der Zeiten, das Ende ist da.

30. Die Kirche wird verfinstert, die Welt in Bestürzung sein. Aber da sind Henoch und Elias, erfüllt vom Geiste Gottes. Sie werden mit der Kraft Gottes predigen und die Menschen von gutem Willen werden an Gott glauben und viele Seelen getröstet werden. Sie werden durch die Kraft des Heiligen Gei-

stes große Fortschritte machen und die teuflischen Irrtümer des Antichrist verurteilen.
31. Wehe den Bewohnern der Erde! Es wird blutige Kriege geben und Hungersnöte und Pestseuchen und ansteckende Krankheiten. Es wird entsetzliche Hagelregen von Tieren geben; Donner, welche Städte erschüttern; Erdbeben, welche Länder verschlingen. Man wird Stimmen in den Lüften hören. Die Menschen werden ihren Kopf gegen die Wände schlagen. Sie werden den Tod herbeirufen und andererseits wird der Tod ihnen Qualen bringen. Überall wird Blut fließen. Wer könnte da siegen, wenn Gott nicht die Zeit der Prüfung abkürzte? Durch das Blut, die Tränen und die Gebete der Gerechten wird sich Gott erweichen lassen. Henoch und Elias werden dem Tode überliefert. Das heidnische Rom wird verschwinden. Und Feuer vom Himmel wird herabfallen und drei Städte verzehren. Die ganze Welt wird von Entsetzen geschlagen. Es ist Zeit. Die Sonne verfinstert sich. Der Glaube allein wird leben.
32. Nun ist die Zeit da! Der Abgrund öffnet sich. Siehe da den König der Könige der Finsternisse! Siehe da das Tier mit seinen Untergebenen, das sich ‚Erlöser der Welt' nennt. Stolz wird es sich in die Lüfte erheben, um zum Himmel aufzusteigen. Er wird durch den Hauch des heiligen Erzengels Michael erstickt. Er stürzt herab und die Erde, die sich seit drei Tagen in beständigen Umwälzungen befindet, wird ihren Schoß voll des Feuers öffnen. Er wird verschlungen für immer mit all den Seinen in die ewigen Abgründe der Hölle. Dann werden Wasser und Feuer die Erde reinigen und alle Werke des menschlichen Hochmuts vertilgen und alles wird erneuert werden.

# *Die Vision des Bernhard Clausi*

Von dem 1849 gestorbenen Pater Bernhard Clausi, der dem Franziskanerorden der Minderen Brüder in Rom angehörte, ist eine Vision überliefert, in der sich endzeitliche Motive finden. So ist darin von einem großen Strafgericht die Rede, das zur Bekehrung der Menschen führen wird.

## *Textquelle: Die Vision des Bernhard Clausi*

Dem Triumphe der Kirche wird ein großes Strafgericht vorausgehen. Dieses wird schrecklich und einzig gegen die Gottlosen gerichtet sein. Es wird ein ganz neues Strafgericht sein, das noch nie stattgefunden hat und auf der ganzen Erde eintreten wird. Es wird so schrecklich sein, daß die, welche es überleben, sich einbilden werden, sie wären die einzigen Verschonten. Es wird plötzlich und von kurzer Dauer, aber schrecklich sein. Dann kommt der große Triumph der Kirche und das Reich der brüderlichen Liebe. Glücklich, wer in diesen gesegneten Tagen dann leben wird. Aber vorher wird das Böse solche Fortschritte gemacht haben, daß es scheinen wird, alle Teufel der Hölle seien losgelassen; so groß wird die Verfolgung der Gerechten durch die Bösen sein, daß jene ein wahres Martyrium zu leiden haben werden.
Die Dinge werden zum Äußersten kommen, wo die menschliche Hand nichts mehr vermag und alles verloren scheint. Dann wird Gott selbst eingreifen und in einem Augenblick wie vom Morgen zum Abend alles in Ordnung bringen. Die Gottlosen selbst werden bekennen, daß dies alles durch die Hand Gottes geschah. Es wird eine große Plage kommen, furchtbar und einzig gegen die Gottlosen, eine ganz neue Plage, wie niemals eine gewesen. Sie wird in der ganzen Welt eintreten und so furchtbar sein, daß die Überlebenden meinen werden, alle Menschen seien umgekommen. Dann werden alle Menschen gut und reuig sein. Darauf folgt eine allgemeine Umkehr, der große Triumph der Kirche und wahre Herrschaft der Bruderliebe.

# Die Weissagung des Benediktinermönchs Paola

Eine ausführliche Weissagung auf das Jahr 1850 soll von dem Benediktinermönch Paola aus Straßburg im Alter von 97 Jahren im 19. Jahrhundert verfaßt worden sein. In weiten Teilen hat sich die Weissagung in der Geschichte nicht bewahrheitet. Nur einige Details, etwa die miserable Kartoffelernte nach einer Pflanzenkrankheit, lassen sich tatsächlich belegen.

## Textquelle: Die Weissagung des Benediktinermönchs Paola

Oh! Ihr Ungläubigen, eilet und bekehret euch, denn die Saat ist bald reif und die Ernte nicht fern mehr!
Die Bewegungen auf dem kirchlichen Boden, die Spaltungen, so eitle Menschensatzungen und Irrglauben herbeigeführt und den Bruder mit dem Bruder entzweien, da sich jeder den rechten Glauben zu haben vermeinet, werden 1850 ihr Ende erreichen. Fürsten und Geistliche, Hohe und Niedere werden zusammenkommen auf einem großen Kongreß, der da sein wird in einer alten Stadt am Rhein und sich beraten. Sie werden sich vereinigen zur Feststellung einer einzigen, wahren und allgemeinen Lehre des christlichen Glaubens und werden alles verbannen und entfernen, was nicht entspricht den Gesetzen der Natur und Vernunft, denn die Völker haben abgeschüttelt den Staub alter Meinungen und ihr Geist ist nicht mehr umwanket von dem Spinngewebe veralteter Menschensatzungen.
Zwar werden die Finsterlinge ihr Hyderhaupt erheben noch einmal, und ihre Brandfackeln schleudern in die Herzen der Hohen und Niedern, allein ihr Spuk wird nicht lange dauern, denn die Fürsten werden sie nicht länger dulden und diese Sekte ausrotten mit Stumpf und Stiel.
Nicht fehlen wird's auch an Erscheinungen und Zeichen am Himmel, besonders zur Herbstzeit, und sie werden mahnen die Völker zur Buße und zur Besserung. Die Ungläubigen mögen vermeinen, sie seien Vorboten vom Ende der Welt, allein dies ist noch fern, aber nahe ist stets der Augenblick unseres Lebens, darum bestellet euer Haus bei Zeiten und seid rüstig, dieweil es noch Tag ist. Seid tugendhaft und hänget euer Herz nicht an Frömmelei, denn die den Kopf hängen, scheinen wie ein Lamm, aber inwendig sieht es mit ihnen anders aus!
Ein großer Kirchenfürst strebt mit Eifer, sein Volk aus den Ketten der Finsternis zu reißen und durch weise Lehren dem reinen Glauben zuzuführen; allein die Gewalt, die seine Untergebenen über ihn ausüben, ist zu mächtig und durch sie wird der Mann gestürzt, dessen Wunsch das Glück seines Volkes gewesen, der aber zu schwach war, um die Kabalen seiner Feinde zu be-

siegen. – Das so mächtige Reich, was einst sein Panier vom Aufzug bis zum Niedergang der Sonne wehen ließ, wird durch innere Stürme in sich selbst zusammensinken und ein Raub werden anderer Mächte, deren weise Gesetze es wieder erheben werden.
Ein gleiches Schicksal steht dem osmanischen Reiche bevor, dessen Oberhaupt durch den Haß eines Pascha das Leben einbüßen wird. Ein ihm beigebrachtes Gift wird im Jahre 1850 seinem Leben ein Ende machen.
Mord und Unfug, den die Türken abermals unter den Griechen anrichten, rufen die christlichen Völker zur Rache und Rußland ist's wiederum, was das Blut der armen schrecklich geschlachteten Mitchristen gräßlich sühnen wird.
Triumphierend werden die Retter in der türkischen Hauptstadt einziehen, den Halbmond von den Moscheen herabreißen und statt dessen das Kreuz aufpflanzen. Die Türken werden nach Asien zurückgedrängt, doch viele werden das Christentum annehmen und Tausende werden auswandern nach jenem schönen Lande, und Friede wird herrschen darin fortan.
Spanien wird durch die Einmischung einer fremden Macht endlich zur Ruhe gebracht werden.
In Frankreich wird der Tod eines hohen Mannes große Trauer und Betrübnis bereiten und der lang gewährte Friede wird durch die Intrigen einer sonst sehr mächtigen Partei ernstlich geschwächt. – Indes beschäftigt ein Krieg mit einem andern Lande das Volk zu sehr und die Ruhe ist bald wieder hergestellt.
Rußland, so groß und mächtig, wird großen Verlust erleiden durch ein kühnes Volk im Osten, während im Westen seines Landes eine große Meuterei ausbrechen wird und selbst in der Hauptstadt sich ein unruhiger Geist zeigt.
England wird bedeutende Siege über China erlangen und vom Kaiser Zugeständnisse erhalten, die für ganz Europa von der größten Wichtigkeit sein werden. Viele Reisende werden jenes Land besuchen und Kunde bringen und Licht über die Bewohner desselben. Auch wird das Christentum dort festeren Fuß fassen und viele Europäer werden ein neues Vaterland daselbst finden.
Ein nordisches Königreich verliert mehrere seiner auswärtigen Besitzungen, die ihm von großer Wichtigkeit waren und wird in die Reihe der kleineren Staaten herabsinken.
Deutschland aber, im Innern wie nach Außen stark und mächtig, wird durch weise Institutionen geleitet, sich immer mehr seinem schönen, großen Ziele nahen, dem der höchsten moralischen und politischen Vollkommenheit. Fürst und Volk werden sich die Hand reichen und gemeinschaftlich, Einer für des Andern Wohl, wirken und streben! – Auswanderungen werden in diesem Jahre mehr vorkommen als früher, besonders aus Schlesien und Thüringen, und an der Spitze dieser Auswanderungen wird ein Fürst einen neuen

Staat gründen im Orient und seine Unternehmung wird Segen und Heil bringen Allen, die ihm folgen. – Drohend wird die asiatische Cholera sich den deutschen Grenzen nahen, aber sie nicht überschreiten, dagegen werden andere Krankheiten viele Verheerungen anrichten, besonders unter denen, so der Völlerei ergeben; darum seid mäßig und nüchtern! – Große Erfindungen werden an den Tag kommen, an die vorher kein Mensch gedacht, aber auch den arbeitenden Klassen wird sich eine neue Quelle der Nahrung eröffnen. Für die Landleute wird das Jahr 1850 ein ewig denkwürdiges werden. Nachdem die Krankheit unter den Kartoffeln in den Jahren 1847 bis 1849 immer mehr und mehr nachläßt und nur in einigen Gegenden noch vorkommt, wird sie in gedachtem Jahre ganz verschwinden, und werden sich die ältesten Leute einer so reichen und schönen Ernte nicht zu erinnern wissen. Korn und Weizen werden in diesem Jahre ganz besonders geraten und die Scheunen den Segen der Ernte nicht fassen können. Auch werden die Hülsenfrüchte, besonders Erbsen, Bohnen und Linsen in großer Fülle wachsen. Nachdem im Frühjahr und Sommer abwechselnd trockene und nasse, aber warme Witterung geherrscht hatte, wird der Herbst in seltener Schönheit und Wärme erscheinen, so daß der Wein ausgezeichnet werden und den von 1811 bei weitem übertreffen wird.

# *Die Vision des spanischen Schäfers Fernando*

Auf einen alten spanischen Schäfer mit dem Namen Fernando soll eine Prophezeiung endzeitlichen Inhalts zurückgehen. Obwohl hier die Zeit von dem Jahr 1848 in düsteren Farben gezeichnet wird, war zumindest die darin vorgenommene Datierung der endzeitlichen Ereignisse nicht richtig. So spricht viel dafür, daß es sich dabei um keine echte Vision handelt, wenn auch die Schilderung des letzten Gerichts durchaus beeindruckend ist.

## *Textquelle: Die Vision des spanischen Schäfers Fernando*

Auf einer Wolke, die glänzte wie die Morgensonne auf den höchsten Spitzen unserer Berge, ließ sich eine hehre Frauengestalt herab. Ihr Haupt zierte eine dreifache Krone, deren Strahlen mein Auge nicht ertragen konnte. Ihr Kleid, blendend weiß im Grunde, zeigte lange flammende Streifen in den lieblichsten Farben eines Regenbogens; dasselbe wallte in tausend weiten Falten bis zur Erde, die mehr und mehr zu beben schien, je näher sie derselben kam. Ihr Angesicht voll Milde und Freundlichkeit wurde jedoch traurig, als die glänzende Wolke ihre ganze Gestalt allmählich umfloß.
Da erhob sich plötzlich ein heulender Wind; schlängelnde Blitze durchzuckten die Lüfte; stinkender Rauch entstieg der bebenden Erde, die sich öffnete und es krabbelte scheußliches Getier auf ihre Oberfläche, das an Zahl und Größe immer zu wachsen schien. Meine Seele zitterte beim Anblick dieser Ungeheuer, – kalter Angstschweiß stand auf meiner Stirn.
Welches entsetzliche Schauspiel sah ich jetzt! – Ein Engel, in der Rechten ein feuerflammendes Schwert schwingend, in der Linken eine blutrote Fahne, trat mitten unter die fürchterlichen Gestalten, die sich bei seinem Erscheinen auf dem Boden wälzten, wie Schweine in schmutzigen Pfützen. Der kurze Schall einer Posaune schien sie aber auf einmal leblos zu machen. Die Erdklüfte schlossen sich und der stinkende Rauchqualm verschwand.
Wie ein leises Echo einer sanften Flötenmusik hörte ich nun deutlich eine Stimme aus der Sonnenwolke; sie sprach:
„Der Jammer meines verblendeten Volkes ging mir zu Herzen. Ich bat daher Den, der zur Rechten des Allmächtigen sitzt, – Dem gegeben ist alle Gewalt im Himmel und auf Erden, ich flehte an Jesus Christus, den göttlichen auch meinen Sohn, der aus unaussprechlicher Liebe für das sündige Geschlecht sein Leben auf den Höhen Golgathas hingegeben hat, – Er wolle gnädig abwenden die vielen, aber wohlverdienten Strafen, die hereinbrechen sollten über dasselbe. Das Urteil mildernd, war nur die Antwort:“
„Vom Throne meiner Gerechtigkeit ergeht das Wort: Zu den selbst herbeige-

rufenen Strafgeistern des Unglaubens, der Untreue und der Hoffart, der Lüge, des Betrugs und der Wollust gesellen sich noch die des Ungehorsams, des Mißtrauens und des offenen Aufruhrs; sie fliegen in alle Länder; ihre zerstörenden Geißeln schwingen sie so lange, bis Fürsten und Völker zu mir zurückgekehrt – meine Macht und Herrlichkeit wiedererkennend – um Gnade und Vergebung schreien. Das wird geschehen ehe 2190 Tage vergehen. Doch es wandeln noch Millionen im Lichte meines Namens, darum will ich auch Barmherzigkeit und Gnade üben. Während den jammervollen Tagen der Angst und des Schreckens, trage die Erde tausendfache Früchte. Auf steinigem Grunde wachse Korn im Überfluß wie auf gutem Acker. Die Bäume werden ihre süße Last kaum ertragen, und der Kräuter Menge die Tiere der Erde nicht ganz aufzehren können. Am Anfang der Tage 2200 aber, nachdem die verstockten Bösen im blutigen Kampfe mit den Guten umgekommen sein werden, wird Gottes- und Nächstenliebe das heilige Band treuer Ewigkeit alle christlichen Bewohner des irdischen Tales umschließen; Friede, Jubel, Freude und Seligkeit herrschen, die Tage des Paradieses kehren wieder. Das verkünde meinen Völkern.“

Ich sah noch schreckliche Dinge. – Als die Himmelskönigin nach dieser Verkündigung in Mitte der Scharen und Legionen der seligen Geister verschwunden war, erhob der Engel mit der blutroten Fahne sein flammendes Schwert, und schlug das scheußliche Getier auseinander, das mit wildem markerschütterndem Geheul und Gebrüll sich in allen vier Weltgegenden verlief. – Ich sah bald darauf Städte und Dörfer brennen. Schaffotte errichten, von welchen Bürgerblut in Strömen herab auf die Erde floß. Ich sah Tausende und abermal Tausende, zerlumpte Männer und halbnackte Weiber mit Spießen, Stangen, Beilen, Schwertern und Flinten bewaffnet die Paläste der Reichen ausrauben, ihre Bewohner grausam zu Tode martern. Ich sah Herzöge und Fürsten ihr Land und Namen verlieren als arme Flüchtlinge; Wohlhabende ihr Geld austeilend nur für ihr und ihrer Kinder Leben bitten. Ich sah große Schlachten schlagen, und arme Gefangene grausam ermorden; ich sah lange Züge von Auswanderern im elendsten Zustande der Verzweiflung. Ich sah ehrwürdige Greise und Matronen, kleine und große Kinder mit Säbeln und Bajonetten auf offenem Felde niedermachen. Ich sah – ach Gott erbarme dich! – in einigen Ländern die seit drei Jahrhunderten unter der Asche glühende furchtbare Fackel – Religionszwietracht genannt, – blutrot sich schwingen. Sah zahlreiche Rotten von Gotteslästerern mit wilder Lust Tempel ausrauben, Altäre zerstören, und Priester zum Martertode schleppen; Mann und Weib, Bruder und Schwester verfolgten einander des Glaubens wegen. Vier Männer aber von Ost, West, Süd und Nord werden sich dann mit großer Macht erheben, die, ausgerüstet mit göttlicher Kraft und im Bunde mit der Krone des Friedens, den Völkern die wahre Freiheit, Ordnung und beglückende Ruhe wieder geben werden.

# *Der alten Linde Sang von der kommenden Zeit*

Ins Dunkel gehüllt bleibt der Ursprung einer Weissagung aus 33 Vierzeilern, die angeblich im Stamm einer alten Linde am Friedhof von Staffelstein gefunden wurde. Der Text tauchte Mitte des 20. Jahrhunderts aus dem Besitz zweier Familien unabhängig voneinander auf. Eine der Niederschriften wurde nach genauer Untersuchung auf das Jahr 1850 datiert. Dies läßt auch der von Nationalbewußtsein – wie es um diese Zeit aufkam – geprägte Inhalt vermuten. Der Urheber der Weissagung blieb jedoch unbekannt.
In der Auslegung dieser Weissagung mischten sich viele Mutmaßungen ineinander. Viele Zeilen ließen manche Entsprechung in der Geschichte finden. In der Interpretation sticht besonders die Strophe hervor: „Großer Kaiser Karl, in Rom geweiht, / Eckstein sollst du bleiben deutscher Zeit, / Hundertsechzig, sieben Jahre Frist, / Deutschland bis ins Mark getroffen ist." Kaiser Karl der Große starb Ende Januar 814. Sein letztes ganzes Regierungsjahr war demnach 813. Aus der Multiplikation der beiden Zahlen 160 und 7 ergibt sich 1120. Addiert man dazu 813, so erhält man dadurch die Zahl 1933 – das Jahr der Machtergreifung durch den nationalsozialistischen Führer der Partei: Adolf Hitler. Das hat Deutschland sehr wohl „ins Mark getroffen". Die in der nächsten Strophe folgende „Zerreißung durch Feindeshand" läßt sich auf den Zweiten Weltkrieg beziehen und könnte die nach dem Krieg folgende Teilung des Nationalstaates meinen.

## *Textquelle: Der alten Linde Sang von der kommenden Zeit*

Alte Linde bei der heiligen Klamm,
Ehrfurchtsvoll betast' ich deinen Stamm,
Karl den Großen hast du schon gesehn,
Wenn der Größte kommt, wirst du noch stehn.

Dreißig Ellen mißt dein grauer Saum,
Aller deutschen Lande ält'ster Baum,
Kriege, Hunger schautest, Seuchennot,
Neues Leben wieder, neuen Tod.

Schon seit langer Zeit dein Stamm ist hohl,
Roß und Reiter bargest einst du wohl,
Bis die Kluft dir sacht mit milder Hand
Breiten Reif um deine Stirne wand.

Bild und Buch nicht schildern deine Kron',
Alle Äste hast verloren schon
Bis zum letzten Paar, das mächtig zweigt,
Blätter freudig in die Lüfte steigt.

Alte Linde, die du alles weißt,
Teil uns gütig mit von deinem Geist,
Send ins Werden deinen Seherblick,
Künde Deutschlands und der Welt Geschick!

Großer Kaiser Karl, in Rom geweiht,
Eckstein sollst du bleiben deutscher Zeit,
Hundertsechzig, sieben Jahre Frist,
Deutschland bis ins Mark getroffen ist.

Fremden Völkern front dein Sohn als Knecht,
Tut und läßt, was ihren Sklaven recht,
Grausam hat zerrissen Feindeshand
Eines Blutes, einer Sprache Band.

Zehre, Magen, zehr vom deutschen Saft,
Bis mit einmal endet deine Kraft,
Krankt das Herz, siecht ganzer Körper hin,
Deutschlands Elend ist der Welt Ruin.

Ernten schwinden, doch die Kriege nicht,
Und der Bruder gegen Bruder ficht,
Mit der Sens' und Schaufel sich bewehrt,
Wenn verloren Flint' und Schwert.

Arme werden reich des Geldes rasch,
Doch der rasche Reichtum wird zu Asch',
Ärmer alle mit dem größern Schatz.
Minder Menschen, enger noch der Platz.

Da die Herrscherthrone abgeschafft,
Wird das Herrschen Spiel und Leidenschaft,
Bis der Tag kommt, wo sich glaubt verdammt,
Wer berufen wird zu einem Amt.

Bauer keifert, bis zum Wendetag,
All sein Müh'n ins Wasser nur ein Schlag,

Mahnwort fällt auf Wüstensand,
Hörer findet nur der Unverstand.

Wer die meisten Sünden hat,
Fühlt als Richter sich und höchster Rat,
Raucht das Blut, wird wilder nur das Tier,
Raub zur Arbeit wird und Mord zur Gier.

Rom zerhaut wie Vieh die Priesterschar,
Schonet nicht den Greis im Silberhaar,
Über Leichen muß der Höchste fliehn
Und verfolgt von Ort zu Orte ziehn.

Gottverlassen scheint er, ist es nicht,
Felsenfest im Glauben, treu der Pflicht,
Leistet auch in Not er nicht Verzicht,
Bringt den Gottesstreit vors nah' Gericht.

Winter kommt, drei Tage Finsternis,
Blitz und Donner und der Erde Riß,
Bet' daheim, verlasse nicht das Haus!
Auch am Fenster schaue nicht den Graus!

Eine Kerze gibt die ganze Zeit allein,
Wofern sie brennen will, dir Schein.
Gift'ger Odem dringt aus Staubesnacht,
Schwarze Seuche, schlimmste Menschenschlacht.

Gleiches allen Erdgebor'nen droht,
Doch die Guten sterben sel'gen Tod.
Viel Getreue bleiben wunderbar
Frei von Atemkrampf und Pestgefahr.

Eine große Stadt der Schlamm verschlingt,
Eine andre mit dem Feuer ringt,
Alle Städte werden totenstill,
Auf dem Wiener Stephansplatz wächst Dill.

Zählst du alle Menschen auf der Welt,
Wirst du finden, daß ein Drittel fehlt,
Was noch übrig, schau in jedes Land,
Hat zur Hälft' verloren den Verstand.

Wie im Sturm ein steuerloses Schiff,
Preisgegeben einem jeden Riff,
Schwankt herum der Eintags-Herrscherschwarm,
Macht die Bürger ärmer noch als arm.

Denn des Elends einz'ger Hoffnungsstern
Eines bessern Tags ist endlos fern.
„Heiland, sende den du senden mußt!"
Tönt es angstvoll aus der Menschen Brust.

Nimmt die Erde plötzlich andern Lauf,
Steigt ein neuer Hoffnungsstern herauf?
„Alles ist verloren!" hier's noch kling,
„Alles ist gerettet", Wien schon singt.

Ja, von Osten kommt der starke Held,
Ordnung bringend der verwirrten Welt.
Weiße Blumen um das Herz des Herrn,
Seinem Rufe folgt der Wackre gern.

Alle Störer er zu Paaren treibt,
Deutschem Reiche deutsches Recht er schreibt,
Bunter Fremdling, unwillkommner Gast,
Flieh die Flur, die du gepflügt nicht hast.

Gottes Held, ein unzertrennlich Band
Schmiedest du um alles deutsche Land.
Den Verbannten führest du nach Rom,
Große Kaiserweihe schaut ein Dom.

Preis dem einundzwanzigsten Konzil,
Das den Völkern weist ihr höchstes Ziel,
Und durch strengen Lebenssatz verbürgt,
Daß nun reich und arm sich nicht mehr würgt.

Deutscher Nam', du littest schwer,
Wieder glänzt um dich die alte Ehr',
Wächst um den verschlung'nen Doppelast,
Dessen Schatten sucht gar mancher Gast.

Dantes und Cervantes welscher Laut
Schon dem deutschen Kinde ist vertraut,

Und am Tiber- wie am Ebrostrand
Liegt der braune Freund vom Hermannsland.

Wenn der engelgleiche Völkerhirt'
Wie Antonius zum Wandrer wird,
Den Verirrten barfuß Predigt hält,
Neuer Frühling lacht der ganzen Welt.

Alle Kirchen einig und vereint,
Einer Herde einz'ger Hirt' erscheint.
Halbmond mählich weicht dem Kreuze ganz,
Schwarzes Land erstrahlt im Glaubensglanz.

Reiche Ernten schau' ich jedes Jahr,
Weiser Männer eine große Schar,
Seuch' und Kriegen ist die Welt entrückt,
Wer die Zeit erlebt, ist hochbeglückt.

Dieses kündet deutschem Mann und Kind
Leidend mit dem Land die alte Lind',
Daß der Hochmut mach' das Maß nicht voll,
Der Gerechte nicht verzweifeln soll!

# *Die Vision der Joséphine du Bourg*

Joséphine du Bourg wurde am 24. Juni 1788 in der Nähe von Toulouse geboren. Sie trat 1813 bei den Alexiusschwestern ein. Im Jahr 1833 gründete sie die Kongregation der „Schwestern des Göttlichen Heilands und der heiligsten Jungfrau“, deren Ziele im Unterricht, der Armenfürsorge und der Krankenpflege lagen. Joséphine du Bourg war die erste Generaloberin der Kongregation, die bis zu ihrem Tod am 28. September 1862 bereits 40 Niederlassungen errichtet hatte.
Ihre Vision mit dem endzeitlichen Inhalt stammt aus dem Jahr 1857.

## *Textquelle: Die Vision der Joséphine du Bourg*

Die Strafgerichte Gottes werden auf verschiedene Weise über uns kommen: Plagen, Aufruhr, vergossenes Blut.
In unserem Frankreich wird ein schrecklicher Umsturz stattfinden.
Jedoch werden diese Tagen wegen der Gerechten abgekürzt werden.
Gott wird auf den Thron einen musterhaften christlichen König erheben. Der Sohn des heiligen Ludwig wird die Religion, die Güte, die Gerechtigkeit lieben. Der Herr wird ihm Licht, Weisheit und Macht geben.
Er selbst hat ihn seit langem vorbereitet und durch den Schmelztiegel der Prüfungen hindurchgehen lassen.
Er wird ihn aus dem Exil zurückrufen, ihn bei der Hand nehmen und ihn am festgesetzten Tag auf den Thron setzen.
Seine Bestimmung ist, zu verbessern und wiederherzustellen; alsdann wird die getröstete Religion wieder aufblühen und alle Völker werden das Reich des Prinzen ‚Dieu-Donné‘ segnen.
Aber in der Folge wird das Böse wieder die Oberhand bekommen und mehr oder weniger bis zum Ende der Zeiten dauern.
Das Licht von oben ist mir nicht gegeben worden für die letzten Ereignisse der Welt, von denen die Apokalypse redet.

# *Die Prophezeiung des Alpenschäfers Hanns Tobias Velten*

„Merkwürdige Prophezeiungen des 104jährigen Alpenschäfers Hanns Tobias Velten“ über die Jahre 1865 bis 1877 finden sich in einer kleinen Broschüre, die im 19. Jahrhundert gedruckt worden ist. Diese Quelle enthält einige Vorhersagen, die sich in der Geschichte belegen lassen. Ob es sich dabei tatsächlich um eine echte Prophezeiung oder doch nur um eine später zusammengestellte Fasung der Geschichte in Prophezeiungsform handelt, ist aufgrund der nicht zu klärenden Umstände der Herkunft nicht zu beantworten. Da es eine sehr ausführliche Darstellung zum Teil in übertrieben gezeichneten Bildern für einen nur kleinen Zeitraum ist, so sollen nur einige wichtige Vorhersagen belegt werden.

Im Jahr 1868, mit dem die Prophezeiung begann, herrschte tatsächlich noch Frieden. Der Krieg zwischen Preußen und Frankreich 1870/71 scheint sich in dramatischer Schilderung widerzuspiegeln. Gleichzeitig aber finden sich neben diesen Punkten düstere Beschreibungen, die an Endzeitvisionen erinnern („Vom Himmel fallen heiße Tropfen“, „eine allgemeine Sterblichkeit reißt ein“).

Auf diese Weise scheinen sich tatsächlich belegbare Ereignisse, wie etwa der russisch-türkische Krieg 1877 („zahlreiche russische Heere stürmen gegen Konstantinopel“) unter Neutralität Österreichs, anzukündigen („Österreich erhält zum Lohn für seine Beihilfe große Länderstrecken weit hinunter an der Donau“: der Zugriff auf Bosnien und Herzegowina für die Neutralitätszusage an Rußland).

## *Textquelle:<br>Die Prophezeiung des Alpenschäfers Hanns Tobias Velten*

Auf den Alpen geboren und erzogen, im Gebirge bei meinen Schafen erwachsen, sitze ich jetzt, ein blinder Greis, in meiner stillen einsamen Hütte und über hundert Jahre sind an meinem Auge vorübergegangen mit viel Freud und Leid – achtmal die Zahl 13 füllt mein Leben aus, dessen Ende ich jetzt jeden Tag erwarte.

Gott und allen Heiligen sei Dank! Ich habe dieses lange gnadenreiche Leben als redlicher Christ nicht in Weltlust zugebracht und die Gaben, welche mir der Himmel verliehen, angewendet zu guten Werken – habe mit meinen Erfahrungen und meiner Erforschung der Natur Hunderten von leidenden Menschen und Tausenden der kranken Kreatur Hilfe gebracht und ihnen die Gesundheit wieder hergestellt, ihre Schäden geheilt.

Seit 13 Jahren bin ich erblindet und schleppe mich am Stabe umher oder geleitet an der Hand meiner Ur-Enkel und Urur-Enkel.
Aber mein inneres Auge ist aufgetan, während mein äußeres sich geschlossen in Finsternis, im Licht. Dieses Licht strahlet in die Zukunft und läßt mich schauen die Begebnisse alle im Lande und in der Christenheit in der geheimnisvollen Zahl Dreizehn.
Zwar erfaßt mich ein unheimliches Grauen, wenn ich die Bilder alle muß in Worten ausdrücken und über meine Lippen bringen, die meine innern Gesichte an mir vorüberziehen lassen, aber wie eine mächtige unwiderstehliche Stimme ruft es in mir: verkünde, was du gesehen, auch wenn die Menschenkinder darüber lachen.
So folge ich denn dieser Stimme und beschreibe meine Gesichte.
Noch liegt die Gegenwart vor mir – es ist Friede im Lande und der letzte Krieg liegt hinter uns, aber wenn auch die Donner der Schlachten schweigen, so ist es doch nicht wirklicher Friede, denn überall gärt es und ist Unruhe, denn die Fürsten und Völker ringen miteinander um die Gewalt im Lande und die Armen kämpfen mit den Reichen um das tägliche Brot und der Einzelne kämpft wieder mit dem andern und sucht ihm den Vorteil abzugewinnen, denn alles strebt nach dem Mammon der Welt, um die Lust des Lebens zu genießen.
Auch der Unglaube wuchert überall reichlich auf und sucht den Glauben zu ersticken und der heiligen Religion die Wurzel anzufressen in Wort und Schrift, die wie ein Gifthauch durch die Luft wehen.
Noch fehlt es nicht an Brot und die Erde liefert reichlich ihre Ernten und nährt die Menschen, die Tag und Nacht darauf sinnen, ihr mehr abzugewinnen durch ihren Verstand und neue Erfindungen.
Allüberall in den entlegensten Tälern steigen neue Schlösser auf, es sind die Fabriken, in welchen Maschinen und Hunderte von Menschen tausenderlei Gegenstände für die Bequemlichkeit des Lebens verfertigen und wo das Land sonst nur Hunderte ernährte, wimmelt es jetzt von Tausenden, die mit Hantierung aller Art ihr Leben fortbringen.
Noch übersteigen die Geburten die Zahl derer, die ins Grab gesenkt werden und die Städte wachsen täglich an Umfang und dehnen sich weiter und weiter aus. Aber die Menschheit gleichet einem gesunden, blühenden Manne, den eine jähe Krankheit trifft und ihn siech macht, so daß man ihn bald nicht mehr erkennt, wie elendiglich er sich auf dem Lager krümmt, bis ihn der Tod erlöst.
So zeigt sich mir ein neues Gesicht. Der Himmel liegt trüb und schwer auf der Erde, als wollte er auf sie hereinfallen. Alles, was grün war, ist vergelbt und abgestorben, die Quellen und Bäche, ja selbst die Ströme sind fast ausgetrocknet – bleich und abgezehrt schleichen die Menschen über die Straßen und Felder und ringen die abgezehrten Arme über dem Kopfe.

Andere liegen matt und bleich vor den Häusern, halbe lebendige Gerippe, außer Standes, sich nach Hilfe umzusehen. Das spärliche Vieh brüllt nach Futter und erfüllt die Luft mit seinem Jammergeschrei. Die großen Fabriken stehen leer und still, denn ihre Bewohner sind ohne Arbeit und haben in der Verzweiflung die Werkstätten und Maschinen zertrümmert. Nicht besser ist es in den Städten, wo der Hunger und die Not die Spitäler gefüllt und der Reiche heimlich seine Nahrung verzehrt und sich mit bewaffneter Hand vor der Verzweiflung der Not schützt, welche mit ihm teilen will.

In den Kirchen, vor den Altären liegen sie und flehen zum Himmelum Rettung und Erlösung, die sonst nie dort sich eingefunden, sondern bloß den Götzen der Welt geopfert hatten.

Das ist der Engel des Hungers und zweier Fehlernten, welcher das Land aus einem Freudenhaus zu einem Trauerhaus verwandelt hat. Alle Zucht und Ordnung ist aufgelöst, denn die Not hat die meisten Menschen verwildert und jeder sucht mit Gewalt dem andern den Bissen aus dem Mund zu nehmen. Zu Tausenden lagen sie in Hunger und Kummer und ohne zureichende Geldmittel auf den Straßen und schauten sehnsüchtig denen nach, die glücklicher waren.

Aber die übrig geblieben erholten sich allmälig wieder, denn mit der zweiten nachfolgenden Ernte hatte der Mangel sein Ende erreicht.

Als hätten sie alles vergessen und sei das harte Strafgericht nur ein böser Traum gewesen, welchen man nach dem Erwachen nicht mehr achte, begann bald das alte Leben und Treiben wieder. In Weltlust und Freude stürzte sich wieder alles, Reiche, wie solche, die von der Hand zum Munde leben. Völlerei und Unzucht, in Städten wie auf dem Lande rissen wieder ein und mit dem Segen des Himmels wurde nach wie vor Mißbrauch getrieben, während die Kirchen leer standen, oder nur besucht wurden, um dort in Kleiderpracht Hoffart zu treiben.

Schon zog sich wieder langsam am Himmel ein Wölkchen herauf, das immer größer und größer wurde, aber noch reifte eine dritte Ernte heran, ehe es sich ganz ausbreitete und zu einem grauen Schleier wurde, der wieder aschgrau sich über das Land ausbreitete.

Die Menschen gewahren es nicht und leben in ihrem Treiben fort. Endlich rötet sich der graue Himmel an einer Stelle, ein feuriger Kern wird sichtbar dunkelrot glühend und wächst, bis er wie eine feurige Rute sich von einem Ende bis zu dem andern zieht. Die Ängstlichen beginnen nachdenklich zu werden und ein unheimliches Grauen ergreift sie – der Leichtsinn spottet der drohenden Erscheinung – die frommen Gelehrten schlagen in ihren Büchern und alten Chroniken nach und wissen nicht, wie sie es anders zu deuten haben, als auf einen Vorboten von besonderen unglücklichen Ereignissen, welche die nächste Zukunft bringen werde nach dem Vorgange früherer Jahrhunderte.

Die sich aber weise und klug dünken, sprechen: was geht dieser Komet unsere Erde an, der gehört nicht zu unserer Welt und kann uns keinen Schaden bringen. Da auf einmal wehen heiße Winde, die Luft wird dick und ein Schwefelgeruch haucht aus ihr. Viele Quellen versiegen und an vielen Stellen sprudelt heißes Wasser hervor. Plötzlich tönt es wie ferner, dumpfer Donner, der Himmel steht ganz in Flammen und blutrote Wolken fliegen über das Land. Jetzt erdröhnt der Erdboden, er beginnt an vielen Stellen sich zu regen und zu winden – dann folgen einige furchtbare Stöße und Hunderte von Städten, Dörfern und Schlössern stürzen ganz oder halb zusammen oder versinken in weit geöffnete Schluchten. Ein Erdbeben hat sein Gericht: Hunderttausende von Menschen, Alt und Jung, Männer, Weiber, Kinder, liegen erschlagen oder krümmen sich winselnd mit zerschellten Gliedmaßen unter den eingestürzten Mauern und Dächern und überall schlägt des Feuers Lohe in riesigen Säulen zum Himmel auf. Wer sich retten konnte, hat nur das nackte Leben gerettet und sucht Schutz in den Wäldern und verschonten kleinen Hütten. Jammernd schleichen die Menschen umher und bangen jede neue Stunde, daß das Erdbeben sich wiederhole und sie von der Erde vertilge.

Da klärt sich der Himmel wieder auf, die Luft wird rein und frisch – allüberall beginnt es in neuer Hoffnung sich wieder zu regen. Ich sehe vor meinen Blicken die Menschen wie Ameisen hin und her rennen, denen man ihren Bau zerstört, um diesen wieder herzustellen. Bald glänzen wieder von weißschimmernden Palästen die Städte, die Dörfer erheben sich neu an der Stätte der verfallenen Trümmer, die Spuren der Verwüstung werden hinweggeräumt und über den Gräbern der Umgekommenen wuchert üppig das Gras.

Zwei reiche Ernten sehe ich hintereinander und in den Weinländern können die Leute nicht genug Fässer auftreiben, um den Segen des Himmels aufzubewahren, der als Honigseim von der Kelter trieft. Gleichfalls sind die Scheunen gefüllt mit Futter in Hülle und Fülle für das Vieh. In allen Werkstätten rührt es sich munter und fröhlich, denn alles hat sich wieder erholt und immer mehr verschwinden die letzten Spuren der Trümmer aus der Zeit des schrecklichen Erdbebens, indem stattliche Häuser sich über ihnen erheben. Ebenso rauchen wieder die hohen Kamine der zahlreichen, großartigen Fabriken in allen Ecken und Enden, worin Tausende und Abertausende von Arbeitern beiderlei Geschlechts ihr hinreichendes Brot finden.

Aber wie an einem schönen Sommermorgen alles in Pracht und Herrlichkeit sprießt und treibt, so folgt doch oft ein entsetzlicher Abend. Ein einziges furchtbares Gewitter mit Hagel hat alles zerschlagen, vernichtet und jammernd blickt der Mensch auf die verwüstete Natur und in die bange Zukunft. Ein schreckliches Bild sehe ich entfalten. Blitz und Donner des Krieges erschreckt das Land und zahllose Wogen fremden Kriegs-Volkes strömen über die Grenzen von Aufgang und Niedergang der Sonne. Über alle Gauen wälzt sich das Verderben und macht sie zu blutigen Schlachtfeldern, wo Tausende hingewürgt werden. Wo sonst der Pflug den Boden aufriß, ihm das Saatkorn anzuvertrauen, reißt die schwere Kugel nun lange Furchen, darinnen die frischen Leichen sich betten, wo die Sense und Sichel den Halm niedermähten, arbeitet die Schärfe des Schwerts und legt Garben von erschlagenen Menschen zusammen, wo sonst still und friedlich aus den Hütten der Rauch der Kamine aufstieg, vermischen sich jetzt schwarze Rauchwolken mit dem Feuer, das Tausende von Dörfern in Asche legt. Vom schweren Tritt der Bewaffneten und unter dem eisernen Huf der Rosse wird die Ernte zertreten und vom Hunger und Mutwillen roher Kriegshaufen alle Lebensmittel aufgezehrt und verdorben. Unschuld und Ehen werden geschändet – obdachlos und halbnackt irren die Bewohner umher. Aus den verwesenden Leichnamen aber, die nicht alle begraben werden können, steigen giftige Dünste auf, verpesten die Luft und schreckliche Krankheiten raffen noch mehr Menschenleben hinweg, als das Schwert, das Feuer und der Hunger. Erst nach drei Jahren ziehen die letzten Kriegshaufen aus dem verödeten Lande, die Blüte, die Jugend des Volkes hat das Schwert hinweggerafft, die anderen siechen an Krankheiten dahin und suchen als Krüppel ihre Heimat, die sie oft nicht mehr kennen, so sehr hat der Krieg alles umgestaltet.

Und dennoch ist der Friede noch nicht gesichert, noch immer stehen zahlreiche Kriegshaufen an den Grenzen, um sie zu hüten, noch immer erscheinen vor den Handelsplätzen und Seehäfen feindliche Schiffe und werfen ihr verderbliches Feuer in die Waren-Magazine und hemmen den Handel und Verkehr zur See, so daß viele Tausende Not leiden.

Drei volle Jahre bedarf es, bis langsam die schlimmsten Spuren des Krieges verwischt werden, denn in dem ersten Jahr nach dem großen Kriege werden nur wenige Felder bebaut und das halbe Land liegt noch wild von Unkraut überzogen und zerstreut auf ihm herum die verwüsteten Wohnsitze.

Erst in dem nächstfolgenden sieht es weniger betrübt aus und der Segen des Himmels richtet die Einwohner wieder auf. Die Bettlerhaufen verschwinden, die sich bisher so zahlreich gezeigt, die Unsicherheit auf den Straßen hört auf, welche Räuber und Mörder zum Schauplatz ihrer gräßlichen Taten gemacht hatten.

Und nun kommen zwei reiche Jahre, gesegnet an Frucht, Wein, Obst und Futter. Der Segen ist kaum einzuheimsen, die Scheunen übervoll, daß man das Getreide im Freien aufspeichern muß, mit dem Obst füttert man die Schweine, um es nicht unnütz verderben zu lassen und um den neuen, kostbaren Wein in die Fässer füllen zu können, muß man den geringen alten ins Freie laufen lassen.

So endet das Jahr in unglaublicher Hülle und Fülle. Um so grimmiger gestaltet sich der darauffolgende Winter, der früh einbricht und mannstiefen

Schnee auf die Fluren wirft. Die Kälte steigt von Tag zu Tag, die Vögel fallen erfroren aus der Luft, das Wild sucht in ganzen Rudeln vor Hunger und Kälte seine Zuflucht in den Dörfern und läßt sich geduldig mit der Hand fangen. Die Wölfe kommen aus den entferntesten Gebirgen in Gegenden, wo man diese reißenden Tiere nur der Beschreibung nach kennt.
Alle Brunnen und Gewässer frieren ein, so daß über den Rhein und die Donau, ja selbst über den breiten Bodensee Lastwagen gehen. Viele hundert Menschen erfrieren im Freien und werden von Schneestürmen begraben. Ganze Dörfer liegen Monate lang abgeschnitten von allem Verkehr und tief eingeschneit bis an die Dächer.
Erst das Frühjahr bringt Erlösung, aber auch neue Schrecken. Denn jetzt beginnt eine Wassersnot vom kleinsten Tale bis in die breitesten Ebenen der Ströme. Rasch schmilzt der Schnee und verwandelt die Bäche in wilde Flüsse, die Flüsse in reißende Ströme und die Ströme in Meeresfluten. Ganze Dörfer werden weggeschwemmt mit tausenden von jammernden, rettungslosen Menschen.
Dazu kommt aber noch ein neuer Feind. Vom Himmel fallen heiße Tropfen, welche Flecken auf den Kleidern zurücklassen, wie einst vor 500 Jahren. Wo die bloße Haut getroffen wird, entstehen giftige Blasen und dann schwarze Brandflecken. Eine allgemeine Sterblichkeit reißt ein, die weit über die Hälfte der Menschen einem schrecklichen, jähen Tod überliefert. Ganze Häuser und Dörfer sterben aus und zuletzt findet man kaum noch um hohes Geld Leute, welche die Toten verscharren. Den Reichen im Palast, wie den Armen in der Hütte fällt die Krankheit mit ihren giftigen Krallen an und erwürgt ihn. Wie ein Wahnsinn ergreift es die Menschen, viele Tausende, statt sich auf den Tod vorzubereiten, überlassen sich in Verzweiflung allen Lüsten der Welt, um diese noch bei gesundem Leibe zu genießen, da jeden Augenblick sie vor dem Tode ja nicht sicher sind. Sie rasen im wilden Tanz umher, schwelgen bei köstlichen Gelagen, Männer und Weiber, und vergessen alle Zucht im Taumel der Lüste.
Alle Zucht und Ordnung hat aufgehört, jeder greift zu, wo etwas zu erhaschen ist und was die Toten zurückgelassen haben und weiß selbst nicht, wer vielleicht im nächsten Augenblick wieder ihn mit gewaltsamer Hand beerbt, wenn ihn das Todeslos getroffen.
Erst mit dem Eintritt des Winters läßt diese schreckliche Pest nach und verschwindet allmählich. Aber auch sie hat ein Leichenfeld wieder zurückgelassen, fast noch ärger als der Krieg und noch immer ist die Luft verpestet und die Menschen gehen umher mit verbundenen Gesichtern, um den Todeshauch nicht einzuatmen.
Seit der großen Pest, genannt der schwarze Tod, die vor 500 Jahren Deutschland und halb Europa verwüstete und zu einer Einöde machte, ist kein solcher Würg-Engel mehr über die Länder gefahren. Und doch geht auch diese

Zuchtrute vorüber – die Brandflecken, welche sie auf der Erde hinterlassen, überziehen sich wieder mit frischem Leben, denn Gottes Barmherzigkeit in der Natur ist voller Wunderkraft. Sehet die Saaten an nach einem harten Winter, dessen Strenge sie ausgezogen und verkümmert – wie dünn stehen die Hälmchen, man kann sie fast zählen und kaum gibt ihr Grün dem Felde einen schwachen Schein von Leben. Wie mager wird die Ernte ausfallen, kaum das Saatkorn wiedergebend. Und doch, laßt zur rechten Zeit Sonnenschein, Wärme und befruchtenden Regen kommen, wie regen sich in wenigen Tagen die zarten verdorrten oben auf liegenden Würzelchen, wie klammern sie sich wieder freudig an am Erdreich, wie das Kind an der nährenden Mutter Brust.

So ist es auch mit der Menschheit. Wo heute noch durch Krieg und Pest die Dörfer verödet stehen und nur einzelne lebendige Wesen, Leichen gleich umherschweben – da füllt sich nach wenigen Jahren das Land wieder mit Bevölkerung, wenn der Segen des Himmels in reichen Ernten auf die Erde niedertaut.

So geht auch nach diesen Trübsalen wieder eine bessere Zeit auf und auf die sieben magern Kühe folgen umgekehrt die sieben fetten.

Die Kriegswolken und Kriegswetter haben sich verzogen und haben ausgestürmt – nur in weiter Ferne in entlegeneren Ländern grollen sie noch. Die Mächtigen der Erde haben die Waffen niedergelegt und die kleineren Fürsten sind einig geworden unter sich und ihren Völkern. Deutschland hat sich vereinigt aus seinem unablässigen Zwist und wieder einen Bund geschlossen, fester als der alte, welcher in Trümmer gegangen, denn die Gerichte des Himmels haben die Hirten der Völker auf die Bahn des Friedens und der Eintracht geleitet. Die Wünsche des Volkes sind nun erfüllt, ein Reich, ein Gesetz, eine Macht durch das ganze deutsche Reich. Jetzt füllen sich die Flüsse und Meere mit Tausenden deutscher Schiffe, die segeln in alle Weltteile mit den Erzeugnissen des Landes und tauschen köstliche Waren dafür ein. Die Lastwagen fassen kaum die Zahl der Güter, welche der Arbeitsfleiß geschaffen und die Erzeugnisse der einzelnen Teile rollen auf Eisenbahnen in alle Gegenden, welche deren bedürfen und helfen dem Mangel und Bedürfnis dort ab, um andere Gegenstände des Bedarfs dafür zu holen. Wie schön ist es jetzt, da Brüder einträchtiglich und friedlich beieinander wohnen, während wenige Jahre zuvor alles in Waffen gegeneinander stand und jeder den letzten Fetzen an sich reißen wollte, wo die Adler auf den Fahnen einander mit ihren Krallen anfielen und blutig sich gegenseitig zerfleischten.

Nicht so friedlich steht es in andern Ländern außerhalb des deutschen Vaterlandes und in andern Weltteilen. Wohl hat längst der Bruderkrieg in Amerika aufgehört und Millionen neuer Einwanderer sind in die fruchtbaren Gefilde eingezogen, um dort sich ihre Hütten zu bauen, wo der Boden nur auf die Hände wartet, welche ihn bebauen sollen. Aber der lange blutige Kampf hat die Kriegslust der Amerikaner in Flammen gesetzt und im wilden Ungestüm werfen sich ihre Heere, als sie untereinander ihren Streit abgemacht hatten, beinahe noch von den Schlachtfeldern hinweg auf das benachbarte Reich Mexiko, über welches Reich der Kaiser Napoleon, nachdem er den Freistaat erobert, einen österreichischen Prinzen als Kaiser gesetzt hatte. Die Arbeit war eine leichte, den neuen Kaiser vom Thron zu stürzen. Da eilt Frankreich mit seinen Kriegsschiffen herbei, um seinen Schützling zu unterstützen. Blutige Seeschlachten werden nun geschlagen.

Während so Frankreich kämpft und fort und fort den kürzeren zieht, lachen seine früheren Bundesgenossen die Engländer und freuen sich im Stillen, daß den übermütigen Franzosen die Köpfe blutig gewaschen werden und ein stolzes Kriegsschiff derselben um das andere verloren geht. Endlich muß Frankreich unterliegen. Aber darum verstummt der Donner der schweren Riesengeschütze nicht – denn nun gilt die wilde Kriegsjagd den Engländern. Ihre Besitzungen an den Grenzen der Amerikaner werden von zahllosen Landtruppen überfallen und erobert und auf der See entspinnt sich ein noch viel blutigerer Kampf. Jetzt ist das Lachen an den Franzosen und mit ihnen gönnen es noch viele Nationen den Engländern, daß ihnen endlich einmal die Herrschaft auf den Meeren bestritten wird und sie zuletzt der Macht eines jungen Volkes unterliegen müssen. Laut schallt der Jubel, den man England zuruft: Hochmut kommt vor dem Fall.

Drüben im türkischen Reiche fällt alles auseinander, denn aufs neue hat sich Rußland daran gemacht, Konstantinopel zu erobern und zum Bundesgenossen Österreich gewonnen.

Zahllose russische Heere stürmen gegen Konstantinopel und der Sultan muß fliehen, nachdem er die letzte Schlacht vor den Mauern seiner Hauptstadt verloren hat. Jetzt ist der Halbmond erblaßt, der über vierhundert Jahre über der Stadt geglänzt hat und wieder wird, wie einst, das Kreuz auf der herrlichen Hauptkirche daselbst weithin im Morgenlande strahlen. Ein russischer Prinz nimmt jetzt seinen Sitz als Statthalter in Konstantinopel, welchem die Krone in der heiligen Stadt Jerusalem aufgesetzt wird, das nun auch von der Herrschaft der Türken befreit ist.

So trägt nun Rußland zwei Kaiserkronen, die Krone von Moskau und die Krone von Konstantinopel, und Österreich erhält zum Lohn für seine Beihilfe große Länderstrecken weit hinunter an der Donau. Während so ringsumher in der Welt große Ereignisse und Veränderungen vorgehen, blüht der Friede in Deutschland. Seltene milde und regelmäßige Jahreszeiten bringen in einer Reihe von Jahren reichliche Ernten hervor. Die Winter sind nur mäßig kalt und dauern meist kaum 2 Monate, die Frühlinge sind mild, die Sommer warm und feucht. Keine Nachtfröste und Spätfröste schaden den Saaten und den Weinberger, kein Ungeziefer der Blüte des Obstes. Kein Wunder, daß alles, Frucht, Futter, Obst und Wein in Hülle und Fülle gerät.

Ein nie erlebter Wohlstand kommt unter den Bauernstand, der trotz der Wohlfeilheit der Erträge doch durch den Überfluß der Ernten gewinnt.
Der Arbeiter- und Taglöhnerstand ist der früheren Armut entrissen und verdient ein schönes Geld, um sich und die seinigen reichlich nähren zu können.
Neue Maschinen und Gerätschaften aller Art sieht man im Ackerbau allgemein eingeführt, um die Hauptarbeiten schnell und billig zu verrichten. Da tönt der dumpfe Schall in allen Dörfern von Dreschmaschinen und draußen auf der Flur geht der Dampfpflug, die schönsten, regelmäßigsten Furchen zu ziehen, es zeigt sich die Dampfmähmaschine auf den Wiesen und im Ährenfeld. Der Mensch hilft nur nach und hat leichte Arbeit, während die Kunst der Maschine des Menschen Geist als Knecht untertan ist und für ihn das Schwerste arbeitet.
Dieser reichliche Lohn der Arbeit, welchen Ackerbau und Gewerbe bringen, zeigt sich nun auch im Äußeren der Menschen, sie kommen reinlicher und besser gekleidet daher, sie haben nun ein weniger strenges Geschäft und brauchen sich nicht mehr vom frühen Morgengrauen bis in die sinkende Nacht hinein abzuarbeiten. Sie haben mehr Ruhestunden und darum auch mehr Zeit, ihren Geist auszubilden und etwas Nützliches, Belehrendes zu ihrer Unterhaltung zu machen.
Die Unwissenheit und Rohheit nimmt ab und die Bildung, bessere Sitten kehren mehr und mehr bei dem Volke ein. Man glaubt unter ganz andern Menschen zu wandeln wie früher. Die Wirtshäuser sind nicht mehr gefüllt mit lärmenden jungen Gästen, die saufen und fluchen und johlen und sich zuletzt herumraufen. Sie betragen sich heiter und lustig aber nicht in roher Weise, sie singen und brüllen keine wüsten Lieder mehr, sondern erfreuen sich an gesitteten Weisen.
Prozesse und Händel aller Art werden immer weniger vor den Gerichten, denn durch die vermehrte Bildung lernt das Volk auch seine Gesetze besser kennen, aus deren Unwissenheit so mancher Streit entspringt.
Auch Zucht und Ordnung zeigt sich mehr unter den beiderlei Geschlechtern, denn die vielen Hindernisse für die Ärmeren, welche den Ehestand erschweren, sind jetzt beseitigt und darum kehrt auch in diesen alten Bestand des bürgerlichen Lebens ein besserer Geist ein zum Segen des Familienlebens.
So wären denn die 13 Jahre und ihre schweren Ereignisse wie ihr glückliches Ende dem lieben Leser vor Augen gestellt, um ihn zu stärken in den Tagen der Trübsal mit der gewissen Hoffnung, daß auch in diesem Zeitraum das alte Sprichwort gilt: Ende gut – alles gut!

# *Die Visionen des heiligen Don Giovanni Bosco*

Don Giovanni Bosco wurde am 16. August 1815 in Becchi (Italien) geobren und 1841 zum Priester geweiht. Er ist einer der großen katholischen Sozialpädagogen des 19. Jahrhunderts und Gründer eines sozialen Jugendwerkes, das bereits bald überall auf der Welt seine Stützpunkte hatte. Er rief Tagesheime, Volks-, Mittel-, Ackerbau- sowie Berufsschulen und Gymnasien ins Leben. Mit seinem pädagogischen Konzept, das die Schaffung eines besseren Milieus, die Erziehung ohne Zwangsmittel und die Mitverantwortung seiner Zöglinge vorsah, leistete er Pionierarbeit. Seine Ausstrahlung und die Einfühlungskraft in die Jugendlichen waren ihm dabei sehr hilfreich. Auch als Vermittler zwischen Vatikan und König machte er sich verdient. Bosco ist Stifter der Kongregation der Salesianer. Er starb am 31. Januar 1888 in Turin und wurde 1934 heiliggesprochen.

Bosco hatte bereits im Kindesalter die ersten Visionen. Die Ausschnitte aus seinen Visionen über Kirche und Papsttum, die Flucht des Papstes und die Heimsuchungen zeichnen endzeitlich geprägte düstere Zukunftsbilder.

## *Textquelle: Die Visionen des heiligen Don Giovanni Bosco*

*Vision über Kirche und Papsttum (30.5.1862):*

Ich will euch einen Traum erzählen. Zwar heißt das Sprichwort, Träume sind Schäume, dennoch will ich zu eurem geistlichen Nutzen meinen Traum mitteilen: Stellt euch vor, ihr wäret mit mir am Meeresgestade, oder, noch besser, auf einer alleinstehenden Felsenklippe, und ihr sähet nur noch den Fleck Landes, der gerade unter euren Füßen liegt. Auf der ganzen weiten Meeresoberfläche sieht man eine unzählige Menge von kampfbereiten Schiffen (Schiffe der Feinde: die Verfolgungen), deren Buge in eiserne Schnäbel von außerordentlicher Schärfe auslaufen und alle auf ein gemeinsames Ziel gerichtet sind. Wohin nun diese scharfen Spitzen aufstoßen, da verwunden und durchbohren sie alles. Diese Schiffe sind mit vielen Kanonen, mit ganzen Ladungen von Gewehren und anderen Waffen aller Art, mit Brennstoffen und auch mit Büchern ausgerüstet und steuern auf ein Schiff, das stattlicher und höher ist als sie selber. Ihr Ziel besteht darin, dieses prächtige Hauptschiff mit den Schiffsschnäbeln zu durchstoßen, es anzuzünden, jedenfalls aber ihm allen möglichen Schaden zuzufügen.

Jenes majestätische, in jeder Hinsicht wohlausgerüstete Schiff ist begleitet von vielen kleinen Schiffen. Diese empfangen von jenem die Kommandos und führen die nötigen Bewegungen aus, um sich gegen die feindlichen Flotten zu verteidigen. Der Wind ist ihnen entgegen, und das aufgeregte Meer scheint die Feinde zu begünstigen.

Mitten auf der unermeßlichen Meeresfläche erheben sich über den Wellen in geringer Entfernung voneinander zwei starke, sehr hohe Säulen. Auf der einen steht die Statue der Unbefleckten Jungfrau, zu deren Füßen glänzt ein Schild mit der Aufschrift: „Hilfe der Christen!" Auf der anderen, die viel höher und stärker ist, erblickt man eine Hostie von einer Größe, die der Säule entspricht, und darunter prangt in Riesenlettern die Aufschrift: „Heil der Gläubigen!"

Da der Oberbefehlshaber auf dem großen Schiff (die Kirche), der kein geringerer als der Bischof von Rom, also der Heilige Vater selber ist, die Wut der Feinde und die gefahrvolle Lage sieht, in der sich seine Gläubigen befinden, beschließt er, die Kapitäne der ihm unterstellten Schiffe zu versammeln, um über das, was nun zu tun ist, zu beraten. Alle Kapitäne begeben sich aufs Hauptschiff und vereinigen sich um den Papst. Sie halten Rat, aber da Wind und Wetter sich immer drohender gestalten, sind sie gezwungen, wieder auf ihre eigenen Schiffe zurückzukehren, um deren Führung zu übernehmen.

Als es ein wenig ruhig geworden ist, vereinigt der Papst zum zweiten Male die Kapitäne der einzelnen Schiffe um sich, während das Hauptschiff seinen Lauf fortsetzt. Aber wieder bricht der Sturm mit erneuter Gewalt los.

Der Papst steht am Steuer, und seine Kräfte sind darauf gerichtet, sein Schiff zwischen jene zwei Säulen zu führen, von deren Höhe ringsum Anker und an Ketten befestigte starke Ankerhaken herunterhängen. Die feindlichen Schiffe eilen alle heran, um es anzugreifen, und sie versuchen alles, um es zum Stehen zu bringen und es zu versenken. Die einen kämpfen mit Büchern, Schriften und Brennstoffen, mit denen sie angefüllt sind und die sie an Bord des päpstlichen Schiffes zu werfen suchen; andere mit Kanonen, Gewehren und Schiffsschnäbeln. Der Kampf wird immer erbitterter. Die feindlichen Buge stoßen das Schiff des Papstes heftig, aber ihre ungestümen Angriffe bleiben erfolglos. Vergebens machen sie immer wieder neue Versuche, umsonst verschwenden sie Mühe und Munition: das große Schiff zieht sicher und frei auf seinem Wege dahin. Manchmal kommt es wohl vor, daß es, von fürchterlichen Stößen erschüttert, an seinen Planken einen breiten, tiefen Riß erhält. Aber kaum ist der Schaden verursacht, als auch schon von den zwei Säulen her ein Hauch weht und die Lecke sich schließen und die Löcher verstopft werden.

Indes zerplatzen die Kanonen der Angreifer, die Flinten sowie alle anderen Waffen und die Schiffsschnäbel zerbrechen. Viele Schiffe werden zertrümmert und ins Meer versenkt. Jetzt beginnen die wütenden Feinde mit kurzen Waffen zu kämpfen: mit den Händen, mit den Fäusten, mit Flüchen und Verwünschungen.

Da auf einmal fällt der Papst, schwer getroffen. Seine Umgebung eilt ihm sofort zu Hilfe und hebt ihn auf. Zum zweiten Male wird der Papst getroffen, er fällt von neuem und stirbt. Bei den Feinden erhebt sich Sieges- und Freudengeschrei, von ihren Schiffen vernimmt man unbeschreiblichen Jubel. Allein, kaum ist der Papst tot, so tritt schon ein anderer Papst an seine Stelle. Die versammelten Kapitäne haben ihn so schnell gewählt, daß die Todesnachricht des Papstes mit der Wahl seines Nachfolgers gleichzeitig bekannt wird. Nun schwindet den Gegnern der Mut.

Der neue Papst führt, jedes Hindernis überwindend und zerstreuend, sein Schiff bis zu den zwei Säulen. In der Mitte zwischen diesen angelangt, befestigt er es mit einer am Vorderteil herabhängenden Kette an einem Anker der Säule, auf welcher die Hostie steht, mit einer anderen, am Hinterteil herabhängenden Kette bindet er es auf der entgegengesetzten Seite an einen anderen Anker, welcher an der Säule hängt, auf der das Bild der Unbefleckten Jungfrau thront.

Jetzt tritt ein großer Umschwung ein. Alle Fahrzeuge, die bis dahin das päpstliche Schiff bekämpft hatten, fliehen, geraten in Verwirrung, stoßen aufeinander und bohren sich gegenseitig in den Grund. Einige Schiffe, die wacker auf seiten des Papstes gekämpft haben, kommen als die ersten, um bei jenen Säulen vor Anker zu gehen. Viele andere Schiffe, die sich aus Furcht vor der Schlacht zurückgezogen hatten, befinden sich in weiter Ferne und warten in klug beobachtender Stellung, bis die Trümmer aller unterlegenen Schiffe in den Wellen des Meeres verschwinden. Dann fassen auch sie Mut und nehmen ihren Lauf jenen Säulen zu. Dort angekommen, gehen auch sie vor Anker und bleiben dort ruhig und sicher zusammen mit dem Hauptschiff, auf dem der Papst sich befindet. Auf dem Meere herrscht jetzt eine große Ruhe.

*Vision über die Flucht des Papstes:*

Es war eine dunkle Nacht. Die Leute konnten nicht mehr unterscheiden, welche Gräben die Straße halte, um zu ihren Ländern zurückzukehren. Da erschien am Himmel ein sehr glänzendes Licht wie am Mittag. Unterdessen sah man eine Menge Männer, Frauen, Greise, Mönche, Nonnen, Priester mit dem Papst an der Spitze aus dem Vatikan heraustreten, aufgestellt wie in einer Prozession.

Aber siehe! Ein wütender Sturm verdunkelte auf einen Zug jenes Licht und zwischen dem Licht und der Finsternis begann dort eine wütende Schlacht. Indes kommt man an einen kleinen Platz, bedeckt mit Toten und Verwundeten, deren Verwandten mit lauter Stimme um Hilfe baten. Die Reihen der Prozession verringerten sich sehr. Nachdem sie über einen Raum dahingegangen waren, der zwanzig Erhebungen der Sonne entspricht, eilte jeder

herbei, der nicht mehr in Rom war. Bestürzung ergreift das Herz aller und jeder wendet sich ringsum an den Papst, um seine Person zu schützen und ihm beizustehen in seinen Bedürfnissen.
In diesem Augenblick sah man zwei Engel, die eine Standarte trugen und sie dem höchsten Bischof zu überreichen sich anschickten mit den Worten: „Empfange die Fahne jener, die die stärksten Heere der Erde bekämpft und vernichtet. Deine Feinde sind verschwunden, deine Söhne rufen unter Seufzern und Tränen nach deiner Rückkehr." Dann schauten sie auf die Standarte, auf deren einer Seite geschrieben steht: „Königin, ohne Makel der Erbsünde empfangen" und auf der andern: „Helferin der Christen!" Der heilige Vater ergreift mit Freude die Standarte. Aber als er die kleine Zahl derer betrachtet, die um ihn geblieben waren, wird er sehr niedergeschlagen. Die beiden Engel fügen hinzu: „Geh' schleunig und tröste deine Söhne. Schreibe an deine Brüder, die über alle Teile der Welt zerstreut sind, daß eine Reform in den Sitten der Menschen notwendig ist. Dies kann man nur erreichen, indem man den Menschen das Brot des göttlichen Wortes stückweise reicht. Katechesiert die Kinder! Predigt die ewigen Dinge! Es ist die Zeit gekommen, daß die Völker von den Völkern evangelisiert werden. Die Leviten werden erwählt sein unter Harke, Spaten und Hammer, damit erfüllt werden die Worte Davids: ‚Deshalb hat er das Volk von der Erde aufgehoben, um es unter den Thron der Fürsten seines Volkes zu setzen!'"
Auf das hin setzte sich der Papst in Bewegung und die Reihen der Prozession begannen sich zu vermehren. Als er dann den Fuß in die heilige Stadt setzte, begann er ob der Verwüstungen jene zu beklagen, die in der Stadt waren, von denen viele nicht mehr lebten. Und in St. Peter zurückgekehrt, stimmte er das Te Deum an, dem im Chor die Engel singend respondierten: „Ehre sei Gott in der Höhe und Friede den Menschen auf Erden, die guten Willens sind." Nach Beendigung dieses Gesanges hört sofort jede Dunkelheit auf und es zeigt sich die glänzendste Sonne. Die Städte, Dörfer und Länder waren sehr entvölkert, die Erde war zerstampft wie von einem Gewittersturm, von Regenguß und Hagel, und die Völker gingen miteinander, und der eine sagte zum anderen: „Es gibt einen Gott..."
Vom Beginn der Verbannung bis zum Gesang des Te Deum erhebt sich die Sonne 200 mal. Die ganze Zeit, die in der Erfüllung der Dinge vergeht, entspricht 400 Erhebungen der Sonne.

*Vision über die Heimsuchungen:*

An der Vigil vom Feste der Erscheinung des Herrn dieses Jahres 1870 verschwanden alle Gegenstände meines Zimmers vor meinem Geiste, und ich fand mich bei der Betrachtung übernatürlicher Dinge. Dieser Zustand dauerte nicht lange, doch sah ich vieles. Obgleich der Gestalt und der Erscheinung nach sinnfällig, können diese Dinge doch nur äußerst schwer durch äußere sinnlich wahrnehmbare Zeichen anderen mitgeteilt werden. Man bekommt aus dem Folgenden eine Idee davon. Das ist die Sprache Gottes, der Ausdrucksweise der Menschen angepaßt.

Von Süden kommt der Krieg, von Norden kommt der Friede.

Die Gesetze Frankreichs anerkennen nicht mehr den Schöpfer. Der Schöpfer aber wird sich Anerkennung verschaffen und wird es dreimal mit der Rute seines Zornes heimsuchen:

Bei der ersten Heimsuchung wird er dessen Stolz niederschlagen durch Niederlagen, durch Ausplünderung und durch die Vernichtung der Ernte, der Tiere und der Menschen.

Bei der zweiten Züchtigung wird die große Hure von Babylon, also jene Stadt, welche die Guten untere Seufzen das Bordell Europas nennen, eine Beute der Unordnung und ihres Hauptes beraubt. Paris! Paris! Statt dich mit dem Namen des Herrn zu rüsten, umgibst du dich mit den Häusern der Sittenlosigkeit, auf daß das Wort in Erfüllung gehe: „Die Schlechtigkeit betrog sich selbst." Deine Feinde werden dich mit Schrecken und Angst erfüllen. Sie werden dich aushungern und du wirst sein ein Abscheu für die Völker. Aber wehe dir, wenn du die Hand nicht anerkennen willst, die dich schlägt. Ich werde die Sittenlosigkeit bestrafen und dich dafür züchtigen, daß du mein Gesetz verlassen und verachtet hast. So spricht der Herr.

Bei der dritten Heimsuchung wirst du in fremde Hand fallen. Von der Ferne werden deine Feinde sehen, wie deine Paläste in Flammen aufgehen, wie deine Wohnstätten Ruinenhaufen geworden sind, getränkt mit dem Blute deiner Verteidiger, die nicht mehr sind.

Doch siehe! Ein gewaltiger Kriegsheld aus dem Norden bringt ein Banner. Auf der Rechten, die es führt, steht geschriebn: „Unbesieglich die Hand des Herrn." In diesem Augenblicke geht ihm der ehrwürdige Greis aus Latium entgegen, schwenkend eine stark brennende Fackel ... Dann entfaltete sich das Banner; bisher schwarz, wurde es jetzt weiß wie Schnee. Mitten auf der Standarte stand mit goldenen Buchstaben der Namen dessen geschrieben, der alles vermag. Der Kriegsheld verneigte sich vor dem Greis und sie drückten einander die Hand.

Nunmehr richtet sich die Stimme des Himmels an den Hirten der Hirten: „Du bist auf der großen Versammlung mit deinen Beisitzern. Aber der Feind des Guten ist nicht einen Augenblick ruhig. Es sinnt aus und betätigt alle Künste wider dich. Er wird Zwietracht säen unter deinen Beisitzern; er wird Feinde erwecken unter deinen Söhnen ... Die Mächte der Welt werden Feuer speien und möchten, daß die Worte den Wächtern meines Gesetzes im Halse stecken bleiben. Dem wird nicht so sein. Sie werden Schlechtes tun, indes Schlimmes für sich selbst. Beschleunige die Sache. Wenn sich die Schwierigkeiten nicht lösen, dann sollen sie durchgehauen werden. Wenn du in Bedrängnissen bist, halte nicht an, sondern fahre fort, bis das Haupt der Schlange des Irrtums wird abgeschlagen werden. Dieser Schlag wird die Erde und die Hölle erzittern lassen; aber die Welt wird gesichert sein und alle Guten werden aufjubeln. Sammle darum um dich nur zwei Helfer. Wo immer du gehst, setze das dir anvertraute Werk fort und vollende es. Rasch gehen die Tage dahin, deine Jahre nähern sich der festgesetzen Zahl; aber die erhabene Königin wird dir immer Hilfe leisten; und wie in der Vergangenheit so auch in der Zukunft wird sie immer der gewaltige und einzigartige Schutz der Kirche sein.

Aber du Italien, Mutter der Segnungen, die du dich in Verwüstungen tauchest. Nicht die Feinde, sondern deine Freunde. Nicht hörst du, daß deine Söhne um das Brot des Glaubens bitten und finden nicht den, der es ihnen reicht. Was soll ich tun? Soll ich die Herde schlagen und zerstreuen, bis die Sitzer auf dem Stuhle des Moses die guten Weiden umgeben und die Herde sanft zuhört sich zu nähern? Aber über die Herde und den Hirten wird meine Hand fahren. Hungersnot, Pest und Krieg werden es machen, daß die Mütter über Söhne und Gatten klagen, die im feindlichen Lande verstorben sind. Und was wird aus dir, Rom? Undankbares, verweichlichtes, stolzes Rom? Du bist so weit gekommen, daß du nichts anderes suchst und bewunderst bei deinem Herrn als den Glanz, vergessend, daß dein und sein Ruhm auf Golgatha ist. Jetzt ist er alt, hinfällig, unbewaffnet, beraubt; doch macht das lichte Wort die ganze Welt erzitteren.

Rom! Ich werde viermal zu dir kommen!

Zum ersten Male: Ich werde deine Länder und deine Bewohner erschüttern. –

Zum zweiten Male: Ich werde Niederlagen und Vernichtungen bis an deine Mauern bringen. Noch öffnest du die Augen nicht.

Zum dritten Male: Ich werde Verteidigungswerke und Verteidiger niederschlagen und auf Befehl des Vaters wird folgen das Reich des Schreckens, des Entsetzens der Verwüstung. Aber meine Knechte werden fliehen, mein Gesetz wird zertreten. Daher werde ich die vierte Heimsuchung senden.

Zum vierten Male: Wehe dir, daß mein Gesetz dir noch sein wird ein leerer Name. Es werden Übertretungen folgen bei den Gelehrten wie bei den Unwissenden. Dein Blut und das deiner Söhne wird die Flecken abwaschen, die du an dem Gesetz deines Gottes machst. Der Krieg, die Pest, der Hunger sind die Geißeln, durch welche der Hochmut und die Schlechtigkeit der Menschen zerschmettert wird. Wo, ihr Reichen, sind eure Herrlichkeiten, eure Landhäuser, eure Paläste? Sie sind die Kehrichthaufen der Plätze und der Ställe geworden. Aber, ihr Priester, warum eilt ihr nicht, um zwischen der Vorhalle und dem Altare zu weinen und um Aufhebung der Geißeln zu flehen? ... Warum greift ihr nicht den Schild des Glaubens und geht nicht auf die Häuser, auf die Dächer, auf die Straßen, auf die Plätze, an jeden auch zugänglichen Ort, den Namen des Wortes dahin zu tragen? ... Wißt ihr nicht, daß das mein zweischneidiges Schwert ist, welches meine Feinde niederschlägt und den Zorn Gottes und der Menschen bricht?“

# *Die Vision des Antonius von Aachen*

Dem Einsiedler Antonius, der in der Nähe von Aachen lebte, wird eine Prophezeiung aus dem Jahr 1871 zugeschrieben. Er soll, so wird überliefert, bereits zuvor einige Vorhersagen gegeben haben, die in Erfüllung gingen. Möglicherweise könnte diese Prophezeiung vom Inhalt her eine Zusammenfassung verschiedener Weissagungen aus dem rheinischen Seherkreis sein.
Teile dieser Prophezeiung lassen sich auf den Ersten Weltkreig beziehen. So sah Antonius voraus, daß die Franzosen – wie tatsächlich – Elsaß-Lothringen zurückgewinnen würden. Ebenso zutreffend ist die angekündigte Niederlage Preußens (Deutschland). So könnte man in der Wahl des neuen Kaisers in Deutschland auch eine zeitgebundene Umschreibung der Wahl Friedrich Eberts im Jahr 1919 zum Reichspräsidenten sehen. Doch auf der anderen Seite würden, wenn die Vorhersage auf den Ersten Weltkrieg bezogen würde, eine Reihe von Details nicht stimmen und auf Irrtümer hinweisen.

## *Textquelle: Die Vision des Antonius von Aachen*

Der Krieg wird einmal im Elsaß von neuem ausbrechen. Ich sah die Franzosen im Besitz des Elsaß; sie hatten Straßburg im Rücken. Ich sah auch Italiener bereit, an ihrer Seite zu kämpfen. Plötzlich kamen von der französischen Seite aus Metz und Nancy große Truppentransporte, worauf eine Schlacht begann und zwei Tage dauerte und mit der Niederlage des preußischen Heeres endete. Die Franzosen verfolgten die Preußen über den Rhein nach vielen Richtungen hin. In einer abermaligen Schlacht bei Frankfurt wurden die Preußen wieder geschlagen. Sie zogen sich bis Siegburg zurück, wo sie zum russischen Heere stießen. Die Russen machten gemeinsame Sache mit den Preußen. Mir schien es, daß die Österreicher den Franzosen halfen. Die Schlacht bei Siegburg war etwas noch nie Dagewesenes an Schrecklichkeit. Ähnliches wird nie mehr geschehen. Nach einigen Tagen zogen sich die Preußen und Russen zurück und gingen eineinhalb Meilen unterhalb Bonn auf das linke Rheinufer. Stetig vom Feind bedrängt, zogen sie sich nach Köln zurück. Die Stadt wurde beschossen, nur ein Viertel der Stadt blieb unversehrt. Stets auf dem Rückzuge, retteten sich die Reste der preußischen Armee nach Westfalen. Dort war die letzte Schlacht ebenfalls zu ihren Ungunsten. Die Leute freuten sich, endlich die Preußen los zu sein. Sie klatschten in die Hände und ihre Gesichter strahlten vor Freude.
Nun wurde der neue Kaiser in Deutschland gewählt. Er schien ungefähr 40 Jahre alt zu sein. Der neue Kaiser und der Papst hatten eine Zusammenkunft. Inzwischen brach in den von dem Krieg heimgesuchten Gegenden

eine entsetzliche Krankheit aus. Viele, die bisher verschont geblieben waren, starben. Nach der Schlacht in Westfalen kehrten die Franzosen in ihr Land zurück. Im darauffolgendem Jahre wird ein russisch-türkischer Krieg sein. Die Russen werden die Türken aus Europa vertreiben und Konstantinopel in Besitz nehmen. Der neue deutsche Kaiser wird auch kriegsbereit sein; er wird fürchten, die Deutschen könnten in diesen Krieg verwickelt werden. – Als mir hierauf Frankreich und dann Deutschland gezeigt wurden, schauderte ich darüber, wie wenig bevölkert beide Länder waren. Bald nach dem russisch-türkischen Krieg wird auch England durch Kriege heimgesucht werden.

## *Die Visionen der Theresa Helena Higginson*

Die Engländerin Theresa Helena Higginson lebte in der zweiten Hälfte des 19. Jahrhunderts. Sie neigte der Mystik zu und trug angeblich auch Stigmata. In einem Brief aus dem Jahr 1880 hat sie eine ihrer endzeitlich geprägten Visionen niedergelegt.

### *Textquelle: Die Visionen der Theresa Helena Higginson*

Wäre es nicht aus Gehorsam, – niemals würde ich mich unterstehen, die schrecklichen Dinge zu beschreiben, die mir gezeigt wurden:
Ich sah mich – ich weiß nicht wie und wo – an einen erhöhten Ort versetzt, von dem aus ich die Erde überschauen konnte. Zuerst sah ich eine schwarze Wolke die Erde umhüllen; **es war eine wirkliche, dichte, materielle Finsternis**, – Sinnbild der geistigen Finsternis, in welche sich die Menschen gestürzt haben. Dann hörte ich das starke Rollen des Donners, ich sah Blitze zucken, und es erschien mir, **als fielen feurige Kugeln auf die Erde**, die bis in ihr Innerstes drangen, Felsen zermalmend. Hierauf hörte ich das gewaltige Rauschen der Fluten, und ein schreckliches Trauerseufzen entstieg der Erde. Mich auf die Knie niederwerfend, rief ich den Himmel um Barmherzigkeit an, durch das Blut und das bittere Leiden Jesu Christi, denn inmitten der Finsternis konnte man deutlich auf der Erde Sterne schimmern sehen – die Tabernakel seiner Liebe.
Dann hörte ich eine Stimme, die unseres Herrn und Heilandes Jesu Christi: „Verkünde, daß keiner von denen, die Mir angehören, verlorengehen wird."
Ich kenne den Zeitpunkt nicht, wann all dieses geschehen wird, aber ich glaube soviel zu verstehen, daß die Ereignisse unsere Zeitepoche bedrohen.
Wenn all diese Dinge vorüber sein werden, wird es wenige Menschen geben, die nicht das Siegel unseres Herrn auf ihrer Stirn tragen werden, diese jedoch werden zu Gott zurückkehren und sich gezwungen sehen, die Weisheit des Vaters in der Person Jesu Christi zu lieben und anzubeten. Die Kirche wird dann einen großen Frieden und eine tiefe Ruhe genießen. Alsdann wird Gott erkannt, angebetet und geliebt und man wird ihm wirklich und in der Wahrheit dienen.

# *Die Feldpostbriefe des Andreas Rill*

In den fünfziger Jahren wurden zwei Briefe veröffentlicht, die der bayerischer Soldat Andreas Rill im August 1914 seiner Familie geschrieben haben soll. Er schildert seiner Familie in einfachen Worten die Vorhersagen eines prophetisch veranlagten Franzosen.
Umfangreiche Untersuchungen zur Echtheit dieses Briefes ergaben keine Zweifel daran, daß dieser während des Ersten Weltkriegs verfaßt worden ist. Die Angaben in dem Brief sind ungewöhnlich präzise, so etwa der Krieg werde ins fünfte Jahr gehen (Waffenstillstand im November 1918). Die Wirren der Räterepublik („dann kommt Revolution, aber sie kommt nicht recht zum Ausbruch") sind ebenso beschrieben wie die Inflation und die Situation der Weimarer Republik. Die Machtergreifung Adolf Hitlers wird wiedergespiegelt („alles geht auf eines Mannes Diktat"). Die Briefe bieten zu dieser Zeit sehr viele Einzelheiten. Nur wenige Fehler haben sich eingeschlichen. Schließlich finden sich im zweiten Brief deutliche Hinweise auf einen Dritten Weltkrieg und endzeitliches Geschehen.

## *Textquelle: Die Feldpostbriefe des Andreas Rill*

### *Erster Brief*

Geschrieben am 24. August 1914
Meine Lieben!
Habe Deine Karte erhalten und bin noch gesund, was ich auch von Euch allen hoffe. Sonst geht der Krieg weiter und vorwärts. Wir sind heute in Ruhe, und da will ich Euch von dem Komplizen schreiben, den ich im letzten Brief erwähnt habe. Ein sonderbarer Heiliger, denn es ist nicht zum Glauben, was der alles gesagt hat. Wenn wir wüßten, was alles bevorsteht, würden wir heute noch die Gewehre wegwerfen, und wir dürfen ja nicht glauben, daß wir von der Welt was wüßten. Der Krieg – sagte er – ist für Deutschland verloren und geht ins fünfte Jahr, dann kommt Revolution, aber sie kommt nicht recht zum Ausbruch; der eine geht und der andere kommt; und reich wird man; alles wird Millionär, und soviel Geld gibts, daß mans beim Fenster rauswirft und klaubts niemand mehr auf. Der Krieg geht unter der Fuchtel weiter und es geht den Leuten nicht schlecht, aber sie sind nicht zufrieden. Unter dieser Zeit – sagt er – wird der Antichrist geboren im äußersten Rußland, von einer Jüdin, und er tritt erst in den fünfziger Jahren auf. Dann sagte er, an dem Tage, wo Markustag auf Ostern fällt. Wann das sein soll, weiß ich nicht.

Vor dem kommt ein Mann aus der niederen Stufe, und der macht alles gleich in Deutschland, und die Leute haben nichts Rechtes zu reden, und zwar mit seiner Strenge, daß es uns das Wasser bei allen Fugen raustreibt. Denn der nimmt den Leuten mehr, als es gibt, und straft die Leute entsetzlich, denn um diese Zeit verliert das Recht sein Recht, und es gibt viel Maulhelden und Betrüger. Die Leute werden wieder ärmer, ohne daß sie es merken. Jeden Tag gibts neue Gesetze, und viele werden dadurch manches erleben oder gar sterben. Die Zeit beginnt cirka 1932 und dauert neunJahre, alles geht auf eines Mannes Diktat – sagt er – dann kommt die Zeit 1938; werden überfallen und zum Kriege gearbeitet. Der Krieg dauert nicht ganz drei Jahre und endet schlecht für diesen Mann und seinen Anhang. Das Volk steht auf mit den Soldaten. Denn es kommt die ganze Lumperei auf und es geht wild zu in den Städten. Er sagte, man soll unter dieser Zeit kein Amt oder dergleichen annehmen, alles kommt an den Galgen oder wird unter der Haustür aufgehängt, wenn nicht an Fensterblöcke hingenagelt; denn die Wut unter den Leuten sei entsetzlich, denn da kommen Sachen auf, unmenschlich. Die Leute werden sehr arm, und die Kleiderpracht hat ihr Höchstes erreicht und die Leute sind froh, wenn sie sich noch in Sandsäcke kleiden können.
Vom Krieg selbst, sagt er, daß keiner was bekommt vom anderen, und wenn sich die Schweiz an Deutschland anschließt, dann dauert es nicht mehr lange, und der Krieg ist aus. Deutschland wird zerrissen, und ein neuer Mann tritt zutage, der das neue Deutschland leitet und aufrichtet. Wer das fleißigste Volk besitzt, erhält die Weltherrschaft. England wird dann der ärmste Staat in Europa, denn Deutschland ist das fleißigste Volk der Welt. Am Schluß kommt noch Rußland und fällt über Deutschland her, wird aber zurückgeschlagen, weil die Natur eingreift, und da wird in Süddeutschland ein Platz sein, wo das Ereignis sein sollte, wo die Leute von der ganzen Welt hinreisen, zu schauen.
Dann sagt er, daß der regierende Papst dabei sei beim Friedensschluß, muß aber zuvor in Italien fliehen, da er als Verräter hingestellt wird, und er kommt nach Köln, wo er nur einen Trümmerhaufen findet, alles kaputt. Und im Jahre 1943 kommt erst der Aufstieg. Dann kommen gute Zeiten. Auch von Italien sagt er, daß es gegen uns geht und in einem jahr den Krieg erklärt und beim 2. Krieg mit uns geht. Italien wird furchtbar zugerichtet und viele deutsche Soldaten finden dort ihr Grab.
Wir sagen, der hats doch nicht ganz recht, oder er spinnt. Ihr werdet darüber lachen, denn das ist doch nicht zum glauben. Der Mann sprach mehrere Sprachen; wir haben ihn ausgelacht, aber der Leutnant sprach mit ihm die ganze Nacht, und was er noch alles gesagt hat, könnt Euch nichts denken. Jetzt habe ich genug am Schreiben, und Ihr braucht da nichts zu glauben. Ich schreibe nur, damit Ihr seht, was es für Menschen gibt.
Sonst weiß ich heute wenig, bin gesund, und morgen gehts weiter; man ist

halt im fremden Land; hoffentlich geht der Krieg bald zu Ende und nicht, wie der sagte. Was gibts Neues zuhause, und sind schon wieder welche fortgekommen? Sonst habe ich noch keinen getroffen. Ich hoffe, der Brief wird Euch alle gesund antreffen; und gebt mir bald wieder Antwort. Die Adresse ist noch die gleiche. Haben die Leute schon bald alles zuhause vom Feld, da die Leute doch fehlen jetzt mit dem Krieg? Kommt der Vater auch hie und da rauf ...? Nun muß ich schließen und sende Euch allen die herzlichsten Grüße aus weiter Ferne und macht Euch keine Sorgen, es wird schon durchgehen.

Viele Grüße an alle im Dorfe. Die werden sich den Krieg ganz leicht vorstellen. Aber da haben die Leute keine Ahnung. Vorgestern Hauptmann Bauchschuß und viele verwundete Soldaten.

Viele Grüße

Euer Vater

Bald schreiben!

*Zweiter Brief:*

Frankreich, den 30. August 1914

Liebe Anna und Kinder!

Habe endlich Euren Brief vom 17. mit Dank erhalten, und nun wirds schnell Zeit, einige Zeilen zu schreiben. Hoffentlich habt Ihr meinen Brief schon in Händen. Sonst gibt es nichts Neues bei uns. Man sagt, der Krieg ist bis Weihnachten zu Ende. Hoffentlich geht es Euch gut ... Den Brief vom prophetischen Franzosen werdet Ihr auch schon haben. Da werde ich nicht fertig, was der alles gesagt hat. Denke immer an ihn. Es scheint fast unglaublich, und ich will noch Einiges Euch mitteilen. Denn ob das wirklich kommen soll, ist wie ein Hirngespinst.

Da hat er immer wieder betont von den dunklen Männern, die dieses Unheil bringen sollen; und die sind in der ganzen Welt verteilt, an der Zahl sieben. Und die Zahl sieben hat eine große Bedeutung, und der Stuhl 12, den dieser Mann zur Zeit bekleidet, ist voll Schrecken und Morden. Er spricht und mahnt die Völker zur Rückkehr, aber alles umsonst. Die Menschen werden immer wieder ins Unglück getrieben und schlechter, und alles will nur Ware und Besitz haben.

Steht an der Jahreszahl vier und fünf, dann wird Deutschland von allen Seiten zusammengedrückt, und das zweite Weltgeschehen ist zu Ende. Und der Mensch verschwindet, und das Volk steht da und wird noch vollständig ausgeraubt und vernichtet bis ins Unendliche ... Aber die Feinde stehen auch nicht gut miteinander ... Die Dunklen werden bestrebt sein, die Völker mit großen Versprechungen zu beruhigen, und die Sieger kommen in das gleiche Ziel wie die Besiegten. In Deutschland kommen dann Regierungen, aber sie

können ihr Ziel nicht ausführen, da ihr Vorhaben immer wieder vereitelt wird.
Der Mann und das Zeichen verschwinden, und es weiß niemand wohin; aber der Fluch im Innern bleibt bestehen, und die Leute sinken immer tiefer in der Moral und werden immer schlechter. Die Not wird noch viel größer und fordert viele Opfer. Die Leute bedienen sich sogar aller möglichen Ausflüchte und Religionen, um die Schuld an dem teuflischen Verbrechen abzuwälzen. Aber es ist den Leuten alles gleich, denn der gute Mensch kann fast nicht mehr bestehen während dieser Zeit und wird verdrängt und verachtet. Dann erheben sich die Leute selbst gegeneinander, denn der Haß und Neid wachsen wie das Gras und die Leute kommen noch immer weiter in den Abgrund.
Die Besatzungen lösen sich voneinander und ziehen ab mit der Beute des Geraubten, was ihnen auch sehr viel Unheil bringt, und das Unheil des dritten Weltgeschehens bricht herein. Rußland überfällt den Süden Deutschlands, aber kurze Zeit, und den verfluchten Menschen wird gezeigt werden, daß ein Gott bestehe, der diesem Geschehen ein Ende macht. Um diese Zeit soll es furchtbar zugehen, und es soll den Leuten nichts mehr helfen, denn die Leute sind zu weit gekommen und können nicht mehr zurück, da sie die Ermahnungen nicht gehört haben. Dann werden die Leute, die noch da sind, ruhig, und Angst und Schrecken wird unter ihnen weilen. Denn jetzt haben sie dann Zeit, nachzudenken und gute Lehren zu ziehen, was sie zuvor nicht gewollt haben.
Am Schluß dieser Teufelszeit werden dann die geglaubten Sieger an die Besiegten kommen um Rat und Hilfe, denn auch ihr Los ist schrecklich, denn es liegt alles am Boden wie ein Ungeheuer. Er sagte, das soll im Jahre 1949 sein. 47 und 48 sollen die Jahre dieser wilden Einkehr sein. Wer weiß, ob wir bis dort noch leben, und es ist ja nicht zum glauben, und ich schreibe es nur, damit Ihr seht, was der alles gesagt hat, und von den Kindern erlebt die Zeit doch eines.
Beim dritten Geschehn soll Rußland in Deutschland einfallen und zwar im Süden bis Chiemgau, und die Berge sollen da Feuer speien, und der Russe soll alles zurücklassen an Kriegsgerät. Bis zu Donau und Inn wird alles dem Erdboden gleich gemacht und vernichtet. Die Flüsse sind alle so seicht, daß man keine Brücke mehr braucht zum Hinübergehen. Von der Isar an wird den Leuten kein Leid mehr geschehen, und es wird nur Not und Elend hausen. Die schlechten Menschen werden zugrunde gehen, als wie wenns im Winter schneit; und auch die Religion wird ausgeputzt und gereinigt. Aber die Kirche hält den Siegestriumph, sagt er. In Rußland werden alle Machthaber vernichtet. Die Leichen werden dort nicht begraben und bleiben liegen. Hunger und Vernichtung ist in diesem Lande zur Strafe für ihre Verbrechen.
Da muß man doch lachen über diese Reden; und wir lachten.

Aber er sagte, von uns erlebts nur einer, und der wird an mich denken. Nun, was soll das werden? Es ist fast nicht glaubhaft.
Im Jahre 1948 geht die Strafe Gottes zu Ende, und die Menschen werden sein wie die Lämmer und zufrieden wie noch nie. Und von Siegerträumen hört es auf, und es ist ausgestorben in den Ländern. Ich glaub, bis dahin leb ich nicht mehr. Macht Euch aber keine Gedanken darüber! Was gibt es bei Euch Neues? Wie gehts meiner Schwester?
*(Nachschrift):* Die Buben werden lachen über den Schwefel von dem Mann.

# *Die Botschaft von Fatima*

Nicht nur die geheimnisumwitterte dritte Botschaft hält das Interesse an dem Marienwallfahrtsort lebendig. Es ist auch die mit den Botschaften verknüpfte Friedenshoffnung. Schließlich aber hat das Attentat auf Papst Johannes Paul II. gerade in den letzten Jahren die Auseinandersetzung um Fatima neu belebt. Hat das in den Botschaften beschriebene Leiden des Heiligen Vaters etwas mit dem Attentat zu tun? Der versuchte Mordanschlag auf Johannes Paul II. hat jedenfalls den 13. Mai 1981 zum Datum – den 64. Jahrestag der ersten Fatima-Erscheinung. Der schwerverletzte Papst schrieb seine Rettung der Hilfe der Gottesmutter zu. Er hatte bereits vor dem Attentat eine Pilgerfahrt nach Fatima geplant, die er dann genau ein Jahr später, am 13. Mai 1982, vollzog. Dabei dankte er Maria.

Am Sonntag vor Christi Himmelfahrt, dem 13. Mai 1917, weideten drei Bauernkinder die Schafe ihrer Eltern, auf einem Hügel vor ihrem kleinen Heimatdorf Aljustrel in der Nähe von Fatima. Auch in Portugal war der Weltkrieg, der in Europa tobte, zu spüren. Das Jahr 1917 war aber nicht nur von den erschütternden Kriegswirren gekennzeichnet, sondern von der Oktoberrevolution in Rußland. Zum Triumph des Sozialsmus gesellte sich das 200jährige Jubiläum der Freimauererlogen in Rom, die mit Haßtiraden dem politisch machtlosen Vatikan den Kampf ansagten. Die Gewalt der kriegerischen Auseinandersetzung wütete, Angst, Furcht vor der Zukunft bestimmte die Situation in einer Welt im Umbruch, einer Welt die aus den Fugen zu geraten schien.

In der Nähe von Fatima, das rund 190 Kilometer nördlich von Lissabon in der portugiesischen Hochgebirgsebene liegt, weideten die zehnjährige Lucia Santos, ihr neunjähriger Vetter Franciso und ihre sieben Jahre alte Cousine Jacinta Marrto, wie jeden Tag die Schafe. Die drei Hirtenkinder waren Analphabeten. Ihre Eltern hatten sie in der Familie zu frommen Christen erzogen. Wie gewohnt, so knieten die drei Hirtenkinder zum mittäglichen Angelus-Läuten auch am 13. Mai 1917 nieder und beteten mit großer Andacht den Rosenkranz.

Sie zogen ein Stück weiter mit der Herde und begannen, sich die Zeit mit Spielen zu vertreiben. Sie sammelten Steine und bauten daraus ein kleines Haus in der warmen Mittagssonne. Doch da schlug unversehens ein Blitz mit gewaltiger Kraft vor ihren Füßen in den Boden. Ein Gewitter aus heiterem Himmel? Der Himmel strahlte in makellosem Blau, nicht ein einziges Wölkchen war zu sehen. Etwas ängstlich und verwirrt begaben sich die Kinder mit ihrer Herde auf dem Heinweg.

In einer Talmulde sahen sie einen zweiten Blitz einschlagen. Über einer kleinen, wohl einen Meter großen Steineiche schwebte einen Lichtgestalt. In

dem hellen Lichte erkannten die Kinder eine fremde, wunderschöne Dame. Sie beruhigte die verstörten Kinder: „Habt keine Angst, ich tue euch nichts zuleide." Licht – das war die Beschreibung der Erscheinung, die Lucia dazu einfiel.
Zwanzig Jahre später schilderte sie, wie wir uns diese Erscheinung vorzustellen haben: „Wenn ich malen könnte, würde ich Unsere Liebe Frau mit einem möglichst einfachen weißen Kleid darstellen und einem Mantel, der vom Kopf bis zum Saum des Kleides reicht. Da ich aber das Licht und die Schönheit, mit der sie geschmückt war, niemals wiedergeben könnte, würde ich allen Schmuck weglassen, außer einem zarten Goldrand rings um den Mantel. Dieser Saum glänzte dann auf dem lichten Hintergrund, als ob er ein Sonnenstrahl wäre, der stärker leuchtet als alles übrige. Dieser Vergleich ist weit entfernt von der Wirklichkeit, aber ich weiß es nicht besser zu erklären. Um wieviel weniger würde es mir möglich sein, Unsere Liebe Frau in Farben darzustellen, wenn es mir nicht einmal möglich ist, ihre alles überbietende Schönheit in Worte zu kleiden."
Die Lichtgestalt hielt die Hände gefaltet vor der Brust, einen Rosenkranz aus weißen Perlen und mit einem silbernen Kreuz darin. Das Bild sah ganz anders aus, als die Muttergottesdarstellungen, die den Kindern bekannt waren. Lucia traute sich schließlich zu fragen: „Woher seid Ihr?" Die Dame gab zur Antwort, „ich komme vom Himmel."
Auf eine weitere Frage hin erklärte die Lichtgestalt dem Mädchen schließlich: „Ich bin gekommen, euch zu bitten, daß ihr sechsmal nacheinander zur gleichen Stunde wie heute, am dreizehnten jedes Monats hierher kommt bis Oktober. Im Oktober werde ich euch sagen, wer ich bin und was ich von euch will. Ich werde dann noch ein siebtes Mal kommen ... Wollt ihr euch Gott schenken, bereit, jedes Opfer zu bringen und jedes Leiden anzunehmen, das er euch schicken wird, als Sühne für die vielen Sünden, durch die die göttliche Majestät beleidigt wird, um die Bekehrung der Sünder, von denen so viele auf die Hölle zueilen, zu erlangen und als Genugtuung für die Flüche und alle übrigen Beleidigungen, die dem unbefleckten Herzen Mariens zugefügt werden?" Lucia bejahte dies und sprach dabei gleich für ihre Begleiter mit.
Als sich die Erscheinung wieder entfernt hatte, tauschten alle drei Kinder ihr Erlebnis aus. Sie gelobten einander Schweigen. Aber Jacinta plauderte noch am gleichen Abend alles aus. Ihre Mutter war verärgert und bezichtigte die Tochter der Lüge – sie will die Muttergottes gesehen haben, das kann doch nicht wahr sein.
Nur nach vielen Hindernissen war es den Kindern möglich, am 13. Juni 1917 den Ort der Erscheinung wieder aufzusuchen. Rund 50 Neugierige begleiteten sie. Sie bemerkten außerordentliche Dinge, konnten aber die eigentliche Erscheinung nicht wahrnehmen. Die Muttergottes vertraute den Kindern

ein erstes Geheimnis an, das Lucia später schriftlich niedergelegt hat. Lucia bat die Dame, „uns alle drei ins Paradies mizunehmen“.
Die Lichterscheinung antwortete: „Ja ich werde bald kommen, um Francisco und Jacinta zu holen; du jedoch mußt länger hier unten bleiben. Jesus will sich deiner bedienen, damit die Menschen mich kennen- und lieben lernen. Er will die Verehrung meines Unbefleckten Herzens in der Welt begründen; wer sie übt, dem verspreche ich das Heil; diese Seelen werden von Gott bevorzugt werden wie Blumen, die ich vor seinen Thron bringe.“
Die Skepsis in der Umgebung der Kinder wuchs. Aber auch die Neugier stiftete Verwirrung. Am 13. Juli eilten mehrere tausend Menschen zu dem Erscheinungsort an der Steineiche. Die Menge aber konnte wieder nichts wahrnehmen, außer den Fragen von Lucia und deren Reaktionen. Die Erscheinung kündigte Lucia wieder an, sie werde im Oktober ihren Namen sagen und ein großes Wunder wirken, damit alle glauben. Bis dahin sollten die Kinder an jedem 13. des Monats an diesen Ort kommen und „täglich den Rosenkranz zu Ehren der Madonna beten, um den Frieden der Welt und das baldige Ende des Krieges zu erlangen“. Lucia erhielt eine Botschaft, die aus drei Teilen besteht.
Erst 25 Jahre später wurden zwei Teile dieses Geheimnisses von den kirchlichen Behörden bekanntgemacht, nachdem sie von Lucia in treuem Gehorsam gegenüber den Oberen niedergeschrieben worden war. Unter den nachfolgenden Quellen steht daher zuerst Lucias Bericht über den ersten und zweiten Teil der Botschaft. Der dritte Teil sollte nach dem Willen der Muttergottes nicht vor 1960 veröffentlicht werden. Bis heute noch warten viele auf die Bekanntgabe des dritten Geheimnisses.
Im ersten Teil der Botschaft hatte Lucia eine Höllenvision. Im zweiten Teil wurde das Ende des Ersten Weltkriegs angekündigt, zugleich aber festgestellt, daß Gott zur Strafe für weitere Beleidigung einen neuen, noch schlimmeren Krieg während des Pontifikats von Pius XI. (1922 bis 1939) senden werde. Wenn ein „unbekanntes Licht“ in einer Nacht gesehen werde, dann sei diese Bestrafung mit Krieg, Hunger und Verfolgung der Kirche sehr nah. Vielleicht war mit diesem Licht das Nordlicht in der Nacht vom 25. auf den 26. September 1939 gemeint, das damals selbst im Süden Europas zu beobachten war, oder könnte das helle Licht im Zentrum der Explosion einer Atombombe gemeint sein?
Ein Krieg begann unter dem Pontifikat von Pius XI., allerdings nicht der Zweite Weltkrieg, der begann erst unter dem nachfolgenden Papst, Pius XII. Unter Pius XI. begann der Spanische Bürgerkrieg, der nicht selten als Vorläufer des Zweiten Weltkriegs angesehen wird.
Weiter verlangte die Muttergottes, Rußland dem Unbefleckten Herzen zu weihen und zu bekehren – dann gebe es Friede. Wenn nicht, so werde Rußland Kriege und Verfolgungen der Kirche hervorrufen. Spielt das nicht an

auf die im Sozialismus hart bedrängte und verfolgte Ostkirche, auf ihre zerstörten und geplünderten Gotteshäuser?
Den drei Kindern Lucia, Jacinta und Francisco schenkte die Öffentlichkeit immer mehr Aufmerksamkeit. Die Presse druckte Berichte über die Erscheinungen bei Fatima. Es war die Rede von drei Geheimnissen, mit denen die Hirtenkinder nicht rausrücken wollten. Das rief auch den Bezirksvorsteher auf den Plan, der die Kinder mit seinen Fragen quälte. Er bezichtigte sie gar der Lüge. Doch er konnte sie nicht brechen, sie erduldeten auch eine viel schwerere Prüfung klaglos: Mit einer List bemächtigte er sich am Vormittag des 13. August 1917 der Kinder, noch bevor sie zum Erscheinungsort gehen konnten, und ließ sie nach längeren, hart geführten Verhören in das Gefängnis stecken. Der Bezirksvorsteher drohte den Kleinen sogar mit dem Tode, aber er konnte sie auch mit aller Grausamkeit nicht dazu bringen, das von der Gottesmuttere anvertraute Geheimnis preiszugeben.
Als sie, nach ihrer Freilassung am 19. August, wieder zusammen beim Schafehüten waren,zeigte sich, von zwei Blitzen angekündigt, die Madonna. Sie beklagte, daß die Kinder daran gehindert wurden, am festgesetzten Tag zum vereinbarten Ort, der Steineiche in der Cova de Iria, zu kommen. Erneut forderte die Erscheinung die Kinder auf: „Ich will euch sagen, daß ihr weiterhin am 13. zur Cova da Iria kommen sollt bis zum Oktober und daß ihr täglich den Rosenkranz betet." Lucia bat um ein Wunder, worauf sie zur Antwort erhielt: „Im letzten Monat werde ich ein Wunder wirken, auf daß alle glauben. Hätte man euch nicht ins Gefängnis gebracht, würde das Wunder viel eindrucksvoller ausfallen. Als Kompensation wird auch der heilige Joseph mit dem Jesuskind kommen, um der Welt den Frieden zu geben, Unser Herr, um das Volk zu segnen, Unsere Liebe Frau als schmerzhafte Mutter ..."
Die Nachstellungen des Bezirksvorstehers und die Standhaftigkeit der Kinder sorgten dafür, daß die Bevölkerung nur um so mehr an den übernatürlichen Charakter der Geschehnise glaubte.
Am 13. September 1917 versammelte sich eine gewaltige Menge, etwa 20000 Menschen, am Erscheinungsort. Viele von ihnen erlebten Teile der Erscheinung mit: Nicht wenige sahen eine Lichtkugel majestätisch durch den Raum schweben. Die Madonna erneuerte die Verpflichtung der Kinder, sich sicher am nächsten 13. des Monats an der Steineiche einzufinden. Lucia berichtete, daß von der Bevölkerung der Bau einer Kapelle an diesem Ort gewünscht werde. Die Erscheinung billigte dies und gab Lucia die Anweisung, dafür die Hälfte des an diesem Ort gespendeten Geldes zu verwenden. Weitere Befragungen der Kinder folgen, ein eigens angereister Theologieprofessor übernahm dies.
Mehr als 50000 Menschen kamen am 13. Oktober 1917 zu dem Erscheinungsort, obwohl es kalt war und regnete. Lucia sah es blitzen und kurz dar-

auf die Madonna erscheinen. Die Umstehenden registrierten, wie sich eine weiße Wolke um die Seherkinder bildete. Die Wolke, dem Weihrauch ähnlich, stieg zu einer Höhe von rund sechs Metern auf. Auf Lucias Frage, wer die Erscheinung sei und was sie von ihr wolle, erging die Antwort, sie sei die Rosenkranzkönigin und wolle, daß man an diesem Ort eine Kapelle zu ihrer Ehre errichte. Außerdem empfahl die Erscheinung zum sechstenmal, man solle fortfahren, alle Tage den Rosenkranz zu beten. Dann ergänzte die Erscheinung, der Krieg neige sich seinem Ende zu, die Soldaten könnten bald an Heimkehr denken. Eindringlich teilte die Gottesmutter ihre wichtige Botschaft mit: „Die Leute sollen sich bessern und um Verzeihung ihrer Sünden bitten. Sie sollen den Herrn nicht mehr beleidigen, der schon zu viel beleidigt wurde!"

Lucia vernahm ehrfurchtsvoll diese letzten Worte der Madonna. Sie sah, wie die Gottesmutter die hell strahlenden Hände öffnete und mit einem Finger auf die Sonne zeigte. Lucia rief aus: „Schaut, die Sonne!" Schlagartig hörte der Regen auf, aus den auseinandertretenden Wolken erschien die Sonne. Plötzlich begann die Sonne schnell wie ein Feuerrad zu rotieren; mit gelben, grünen, roten, blauen und violetten Strahlen tauchte sie den Erscheinungsort in die verschiedensten Farben.

In vielen Beschreibungen der zahlreichen Zeugen ist dieses zehn Minuten dauernde Sonnenwunder enthalten. Die Kinder sahen noch weit mehr: Neben der Sonne erkannten sie die Heilige Familie, die allerseligste Jungfrau in weißem Gewand und himmelblauem Mantel, daneben den heiligen Joseph mit dem kleinen Jesuskind. Mit dem Kreuzeszeichen segnete die Heilige Familie die Welt. Danach erkannte Lucia, wie Jesus Christus die Welt segnete. Schließlich erblickte sie noch in zwei weiteren Erscheinungen die Muttergottes, wie sie später sagte. „Es schien die Schmerzensmutter zu sein, doch sie hatte nicht das Schwert in der Brust; und ich glaube, sie noch in einer anderen Weise gesehen zu haben: als Maria vom Berge Karmel."

Im Jahre 1930 war der kanonische Prozeß, der die Erscheinungen für glaubwürdig erklärt und die öffentliche Verehrung Unserer Lieben Frau von Fatima gestattet, abgeschlossen. Die Rosenkranzbasilika war gebaut. Während Jacinta und Francisco noch im Kindesalter starben, wurde Lucia Schwester bei den Karmelitinnen von Coimbra. Fatima wurde zum Wallfahrtsort, an den Millionen von Menschen pilgern.

In einem Brief wendete sich Lucia Ende 1940 an Papst Pius XII., um die Bitte zu erneuern, daß die Weihe Rußlands an das Unbefleckte Herz Mariens vorgenommen werde. Im Jahre 1942 vollzog Pius XII. die Weihe Rußlands an das Unbefleckte Herz der Muttergottes, er nahm auch die Weihe der ganzen Welt an Maria vor.

Im Weihegebet, das der Past am 17. November 1942 allen Gläubigen nahelegte, hieß es: „Dir, Deinem Unbefleckten Herzen, vertrauen wir uns in dieser schicksalschweren Stunde der Menschheitsgeschichte an, Dir weihen wir uns in Vereinigung mit der heiligen Kirche, dem mystischen Leib Deines Jesus, der in so vielen Seiner Glieder leidet und blutet und so vielfach gemartet wird; Dir weihen wir uns mit der ganzen Welt, die von wilder Zwietracht zerfleischt, im Brande des Hasses lodert, ein Opfer ihrer eigenen Bosheit. Laß Dich bewegen durch den Anblick von so viel materiellem und sittlichem Elend, von soviel Schmerz und Angst von Vätern undn Müttern, Gatten, Geschwistern und unschuldigen Kindern, so vieler Leben, die in der Blüte der Jahre gebrochen sind, so vieler Leiber, die in diesem entsetzlichen Blutbad zerrissen wurden, so vieler gequälter und Todesangst leidender Seelen, so vieler, die in Gefahr sind, auf ewig verlorenzugehen! O Mutter der Barmherzigkeit, erlange uns von Gott den Frieden!"

Anfang der vierziger Jahre hat Lucia die Botschaft vom 13. Juli 1917 endgültig schriftlich festgehalten. Sie übergab aber das dritte Geheimnis in einem eigens versiegelten Briefumschlag an den Regionalbischof, mit der Weisung, es nicht vor 1960 zu veröffentlichen, getreu dem Willen der Muttergottes. „Dann versteht man es besser", sagte Lucia, „wenn die Obrigkeit es aber will, kann es schon jetzt gelesen werden." Das Dokument gelangte ungeöffnet in den Vatikan, wo es unter der Verantwortung des Papstes und in der Obhut des Heiligen Officiums blieb.

Das Interesse an diesem Geheimnis war groß. Kardinal Ottaviani, Mitglied des Heiligen Officiums, der das Dokument vermutlich kannte, wollte aber keine Auskünfte dazu geben. Unter Papst Johannes XXIII. (1958–1963) erteilte er Spekulationen um die 1960 erwartete Veröffentlichung eine Absage: „Das Geheimnis ist wichtig. Es ist für den Heiligen Vater, an den es gerichtet ist. Er ist der Empfänger. Und wenn sich der Empfänger nicht entschließt zu sagen: Der Zeitpunkt ist gekommen, es der Welt bekanntzumachen, müssen wir es seiner Weisheit überlassen, daß es geheim bleibt."

Auch Papst Paul VI. (1963–1978) kannte das Geheimnis; er besuchte 1967 Fatima. Doch ebensowenig erfüllte sich damit die Hoffnung der Veröffentlichung des Geheimnisses nicht. Kardinal Ottaviani erklärte, daß in den bereits bekannten Teilen der Botschaft alles Wichtige enthalten sei: Die Muttergottes habe um Gebet und Sühne gebeten: „Hierin liegt das Geheimnis des Sieges des Guten über das Böse, des himmlischen Reiches über das höllische ..."

Bis heute ist das dritte Geheimnis von Fatima nicht veröffentlicht worden. Auch Johannes Paul II. hat dies bisher nicht getan. Auf Fragen nach dem Inhalt dieser Botschaft hat er nur geantwortet: „Es sollte jedem Christen genügen, wenn er folgendes weiß: Wenn es zu lesen steht, daß Ozeane ganze Erdteile überschwemmen, daß Menschen von einer Minute auf die andere abberufen werden und das zu Millionen, dann sollte man sich wirklich nicht mehr nach der Veröffentlichung dieses Geheimnisses sehnen."

Dennoch spricht vieles dafür, daß wir das dritte Geheimnis in seinen wesentlichen Zügen bereits kennen. In der von dem Journalisten Louis Emrich herausgegebenen Wochenzeitschrift „Neues Europa" erschien am 15. Oktober 1963 der Artikel „Die Zukunft der Menschheit". In der Einleitung dazu teilt Emrich mit, er habe Aufschlüsse über das dritte Geheimnis von Fatima erhalten. Dessen Inhalt sei ihm in Auszügen in einer Version zugänglich geworden, wie sie Diplomaten in den USA, England und der Sowjetunion erhalten hätten. Denn Papst Paul VI. habe nach der Kubakrise, die Ende 1962 den Weltfrieden bedrohte, und auch im Hinblick auf die überirdischen Atombombenversuche eine „diplomatische Version" der Fatima-Botschaft den Führungskreisen der drei Staaten zugeleitet. Unter dem nachhaltigen Eindruck dieser Mitteilung soll der im August 1963 von Großbritannien, USA und Sowjetunion unterzeichnete Atomteststopp-Vertrag über die Einstellung der Kernwaffenversuche in der Atmosphäre, im Weltraum und unter Wasser zustandegekommen sein.

Auf der Basis dieser „diplomatischen Version" schrieb Monsignore Corrado Balducci, Prälat der römischen Kongregation für die Evangelisation der Völker, über die wichtigen Leitworte dieser Botschaft in der Ausgabe der Vatikan-Wochenzeitung vom 15. Oktober 1978. Die Authentizität der diplomatischen Version erschien Balducci durchaus akzeptabel, und er bemerkte darüber hinaus dazu: „Es ging das Gerücht um, daß dieses dritte Geheimnis von Fatima 1960 publik würde, und man dachte, daß es dann während des heiligen Jahres 1975 bekanntgemacht würde. Aber dem war nicht so, und man nahm deshalb an, daß kein Motiv es rechtfertigen würde, diese Prophezeiung zurückzuhalten, wenn es sich um gute Neuigkeiten handeln würde. Also muß dieses dritte Geheimnis sehr schreckliche Dinge zum Inhalt haben. Indiskretionen haben veranlaßt, daß der Text schließlich in einer Zeitung erschien mit dem Hinweis, daß er 1963 dem amerikanischen und dem russischen Präsidenten zugespielt worden sei."

Weder die Veröffentlichung des Journalisten Emrich noch den Artikel von Balducci hat der Vatikan jemals dementiert, weshalb viele, die sich mit Fatima eingehend beschäftigt haben, die diplomatische Version für echt halten.

## *Textquelle: Die Botschaft von Fatima*

### *Das erste Geheimnis – die Höllenvision:*

Als die Muttergottes die letzten Worte („*opfert euch für die Sünder*") aussprach, von denen ich berichtet habe, öffnete sie die Hände, wie sie es schon in den beiden vergangenen Monaten getan hatte. Das Strahlenbündel, das von dort ausging, schien in die Erde einzudringen, und wir sahen etwas wie

ein großes Feuermeer, und in ihm versunken schwarze, verbrannte Wesen, Teufel und Seelen in Menschengestalt, die fast wie durchsichtige glühende Kohlen aussahen. Sie wurden innerhalb der Flammen in die Höhe geschleudert und fielen von allen Seiten herab wie Funken bei einer großen Feuersbrunst, gewichtlos und doch nicht schwebend; dabei stießen sie so entsetzliche Klagelaute, Schmerzens- und Verzweiflungsschreie aus, daß wir vor Grauen und Schrecken zitterten. (Es wird wohl bei diesem Anblick gewesen sein, daß ich den Schmerzensruf ausstieß, von dem die Leute erzählten.) Die Teufel hatten die schreckliche und widerliche Gestalt unbekannter Tiere, waren jedoch durchsichtig wie glühende Kohle.
Dieses Gesicht dauerte einen Augenblick; und wir müssen unserer gütigen himmlischen Mutter danken, daß sie uns vorher den Himmel versprochen hatte; ich glaube, sonst wären wir vor Schrecken und Entsetzen gestorben.

*Das zweite Geheimnis – Verehrung des Unbefleckten Herzens*

Gleichsam um ihre Hilfe zu erbitten, blickten wir zur Madonna auf; da sagte sie voll Güte und Traurigkeit:
„Ihr habt die Hölle gesehen, auf welche die armen Sünder zugehen. Um sie zu retten, will der Herr die Andacht zu meinem Unbefleckten Herzen in der Welt einführen. Wenn man das tut, was ich euch sage, werden viele Seelen gerettet und der Friede wird kommen. Der Krieg geht seinem Ende entgegen; aber wenn man nicht aufhört, den Herrn zu beleidigen, wird nicht lange Zeit vergehen, bis ein neuer, noch schlimmerer, beginnt.
Wenn ihr eines Nachts ein unbekanntes Licht sehen werdet, so wisset, es ist das Zeichen von Gott, daß die Bestrafung der Welt für ihre vielen Verbrechen nahe ist: Krieg, Hungersnot. Um das zu verhindern, will ich bitten, Rußland meinem Unbefleckten Herzen zu weihen und die Sühnekommunion am ersten Samstag des Monats einzuführen.
Wenn man meine Bitten erfüllt, wird Rußland sich bekehren, und es wird Friede sein. Wenn nicht, so wird es seine Irrtümer in der Welt verbreiten, Kriege und Verfolgungen der Kirche hervorrufen; die Guten werden gemartert werden, der Heilige Vater wird viel zu leiden haben; mehrere Nationen werden vernichtet werden ... (drittes Geheimnis). Am Ende wird mein Unbeflecktes Herz triumphieren, der Heilige Vater wird mir Rußland, das sich bekehren wird, weihen und der Welt wird einige Zeit des Friedens geschenkt werden. Portugal wird der wahre Glaube immer erhalten bleiben.

*Das dritte Geheimnis*

Über die ganze Menschheit wird eine große Züchtigung kommen. Nicht heute, selbst nicht morgen, aber in der zweiten Hälfte des 20. Jahrhunderts.

Das, was ich in La Salette bekanntgegeben habe durch die Kinder Melanie und Maximin, das wiederhole ich heute vor dir. Die Menschheit lästert Gott und tritt die erhaltenen Gnaden mit Füßen. Nirgends herrscht Ordnung. Selbst an höchsten Stellen regiert Satan und entscheidet in allen Dingen. Er wird sich selbst in höchste Stellen der Kirche einzuführen wissen.
Er wird Verwirrung in den Gehirnen der großen Gelehrten säen und erreichen, daß diese Waffen erfinden, mit welchen man in wenigen Minuten die Häfte der Menschheit zerstören kann. Er wird die Mächtigen dieser Erde unter seinen Willen bringen und dazu führen, daß sie diese Waffen in Massen herstellen. Wenn die Menschheit sich nicht bekehrt, werde ich gezwungen sein, den Arm meines Sohnes fallen zu lassen. Wenn jene, die an der Spitze der Welt und der Kirche sich jenen Handlungen nicht widersetzen, wird Gott die Menschen bestrafen, härter und schlimmer als ER sie mit der Sintflut bestraft hat.
Auch für die Kirche wird die Zeit der größten Bedrängnis kommen! Kardinäle werden gegen Kardinäle, Bischöfe gegen Bischöfe sein. Satan wird sich inmitten ihrer Reihen setzen. In Rom wird es auch große Veränderungen geben. Was verfault ist, fällt, und was fällt, soll nicht aufrechterhalten bleiben. Die Kirche wird im Dunkel und die Welt in Verwirrung sein!
Der große Krieg wird nach der Mitte des 20. Jahrhunderts kommen. Feuer und Rauch werden vom Himmel fallen und die Wasser der Ozeane sich in Dampf verwandeln und den Schaum zum Himmel speien. Alles, was steht, wird fallen. Millionen und Abermillionen werden von einer Stunde zur anderen ihr Leben lassen müssen; und jene, die in dieser Stunde noch leben, werden die Toten beneiden. Überall wird Drangsal sein und Not auf der ganzen Erde und Verzweiflung in allen Ländern. Seht, die Zeit nähert sich immer mehr. Die Guten werden mit den Bösen sterben, die Großen mit den Kleinen, die Kirchenfürsten mit den Gläubigen, die Herrscher mit dem Volk. Überall wird der Tod herrschen. Von den verführten Menschen zum Siege gehoben, werden die Diener Satans die einzigen Herrscher auf der Erde sein. Dies wird in einer Zeit sein, die kein König, kein Kaiser, kein Kardinal, kein Bischof erwartet, und die dennoch kommt, gemäß dem Willen meines Vaters, um zu bestrafen und zu rächen.
Später werden jene, die alles überleben und am Leben bleiben, von neuem Gott und Seine Macht anrufen und IHM dienen, so wie damals, als die Welt noch nicht so verdorben war. Ich rufe alle wahren Nachfolger meines Sohnes, JESUS CHRISTUS, alle wahren Christen und Apostel der letzten Zeit. Die Zeit der Zeiten kommt und das Ende des Endes, wenn die Bekehrung nicht kommt und wenn alles so bleibt, wie es ist, ja wenn es noch schlimmer wird. Wehe, wenn diese Bekehrung nicht von oben kommt, von denen, die die Kirche und die Welt regieren!

## *Die Prophezeiung des Alois Irlmeier*

Ein düsteres Bild von der Zukunft zeichnete der bayerische Rutengänger und Brunnenbauer Alois Irlmeier. Irlmeier wurde 1894 geboren. Er entdeckte seine Fähigkeit, für Brunnen geeignete Wasserstellen aufzuspüren, erst spät. Im Ersten Weltkrieg wurde Irlmeier verschüttet und konnte erst nach vier Tagen geborgen werden. In der Folgezeit häuften sich die Gesichte mit dem dunklen Charakter von Kriegsvisionen. Irlmeier soll ratsuchenden Mitbürgern durch seine Gesichte ebenso geholfen haben wie sogar der Polizei.

Mit seinen endzeitlich geprägten Beschreibungen eines Dritten Weltkriegs, die 1950 veröffentlicht wurden, erregte Irlmeier viel Aufsehen. Irlmeier starb 1959. In seinen Prophezeiungen taucht – wie in vielen anderen auch – die dreitägige Finsternis auf.

### *Textquelle: Die Prophezeiung des Alois Irlmeier*

Zwei Männer werden einen Großen umbringen, vielleicht auf dem Balkan –
Von Sonnenaufgang kommt der Krieg, und es geht sehr schnell –
Es kann drei Tage oder drei Wochen dauern –
Von der Goldenen Stadt wird es ausgehen –
Über die Donau wird keine Brücke mehr führen –
Gelber Staub wird fallen von der Goldenen Stadt bis ans Meer –
Die Goldene Stadt wird zu Staub –
Wo der Staub hinfällt, lebt nichts mehr –
Es ist ein gelber Strich, und er geht von unten bis oben ans Meer –
Wer über den Strich geht, stirbt –
Die Heersäulen müssen nach Norden, zurück kommt keiner mehr –
Verschließt die Fenster und Türen, und geht nicht hinaus –
Es werden nur noch Kerzen brennen –
Das Wasser wird giftig und auch die Speisen –
Der Staubtod geht um –
Die Finsternis dauert 72 Stunden –
Am Himmel wird ein Kreuz zu sehen sein –
Wenn die weißen Tauben fliegen, geht es an –
Es werden mehr Menschen sterben als in den zwei Weltkriegen –
Alles muß zu den Soldaten, die Jungen und die Alten, aber kämpfen brauchen sie nicht mehr
Um Köln wird die letzte Schlacht sein –
Dann kommt eine Naturkatastrophe, und die Russen ziehen nach Norden –

Um die Finsternis und die Not zu überstehen, kauft Blechdosen, und tut Reis und Hülsenfrüchte hinein, die verderben nicht –
Auch das Brot und das Mehl hält sich –
Die Flüsse werden trocken, das Gras gelb –
Wasser aus der Leitung kann man trinken –
Am Rhein ist ein Halbmond, der alles verschlingen will –
Um Landau gibt es nichts mehr, weitum alles gelb und vernichtet –
Nur Gott kann helfen, und die Menschen werden ihn rufen und zu ihm zurückkehren –
Ein flüchtender Papst krönt einen Kaiser –
Hinter dem Papst befindet sich ein blutiges Wasser und tote Priester mit weißen Haaren –
Der Papst flieht nach Südosten oder über das große Wasser –
Dort krönt er heimlich den Kaiser –
Viel Beten kann das Greuel abkürzen –
Die Stadt mit dem eisernen Turm wird von den eigenen Leuten verbrannt, überall ist Revolution –
Das Meer bekommt große Löcher, und wenn das Wasser zurückkommt, reißt es die Inseln vor der Küste weg –
Drei Städte versinken im Süden, im Norden und im Westen –
Im Osten bringen sich die Großen selber um, denn dort wird eine schreckliche Revolution sein. Rot und gelb sind die Massen auf den Straßen –
Sie werden wieder zu Christus und der Gottesmutter zurückkehren, und das wird ihre Leiden abkürzen –
Wenn die Blumen blühen, wird der Papst zurückkommen und um seine Brüder trauern –
Nach der Katastrophe wird es wärmer, und bei uns werden die Südfrüchte wachsen –
Die Gesetze, die den Kindern den Tod bringen, werden abgeschafft –
Drei Kronen werden sein,und ein alter hagerer Greis wird der König –
Jeder kann siedeln, wo er will, und so viel Land haben, wie er will –
Die Welt hat die schreckliche Zeit hinter sich, und es wird Friede sein bis ans Ende –
Aber anfangen müssen die Leute wieder dann, wo ihre Ururgroßväter angefangen haben –
Bis in ferner Zeit Gott die Menschen ruft –
Wann das sein wird, weiß niemand, und niemand wird es erfahren.

# Literatur


Apokryphe Apokalypsen des Alten Testaments: Emil Kautzsch, Die Apokryphen und Pseudoepigraphen des Alten Testaments, Tübingen 1900

Die Botschaft von Salette: Secretum Melaniae, exceptum anno 1846, Paris 1846; weitere Informationen dazu: Winfried Ellerhorst, Prophezeiungen über das Schicksal Europas, München 1952

Karl Rahner, Visionen und Prophezeiungen, Freiburg 1958

Lehninsche Weissagung: Das Buch der Wahr- und Weissagungen, Regensburg 1849, Seite 28–44

Prophezeiung der Anna Maria Taigi: Johannes Johannis, Loderndes Feuer ringsum, Colmar 1936

Prophezeiung der Rosa Columba Asdente: Carl Augustin Warnefried, Seherblicke in die Zukunft, Regensburg 1861

Prophezeiung des Abtes Werdin: Das Buch der Wahr- und Weissagungen, Regensburg 1849, Seite 44–46

Prophezeiung des Alpenschäfers Hanns Tobias Velten: Merkwürdige Prophezeiungen des 104jährigen Alpenschäfers Hanns Tob. Velten, Stuttgart 1865

Prophezeiung des Amadeus Menez: Theodor Beykirch, Prophetenstimmen mit Erklärungen, Paderborn 1849, Seite 64–66

Prophezeiung des Bauers Jasper, Theodor Beykirch, Prophetenstimmen, Paderborn 1849, Seite 97–101

Prophezeiung des Caesarius: Das Buch der Wahr- und Weissagungen, Regensburg 1849, Seite 23–28

Prophezeiung des Dionysius von Lützelburg: Theodor Beykirch, Prophetenstimmen mit Erklärungen, Paderborn 1849, Seite 71–72

Prophezeiung des Elsischen Jungen: Theodor Beykirch, Prophetenstimmen, Paderborn 1849, Seite 104–106

Prophezeiung des Hieronymus Botin: Das Buch der Wahr- und Weissagungen, Regensburg 1849, Seite 46–50

Prophezeiung des Lorenzo Ricci: Theodor Beykirch, Prophetenstimmen, Paderborn 1849, Seite 69–71

Prophezeiung des Ludovico Rocco: Dr. Johannes, Prophezeiungen, Wien 1849

Prophezeiung eines Mönchs von Jasna Gora: Wilhelm Hermann Honert, Prophetenstimmen, Regensburg 1875

Prophezeiung eines unbekannten polnischen Mönchs: Theodor Beykirch, Prophetenstimmen, Paderborn 1849

Prophezeiung über die Schlacht am Birkenbaum: Theodor Beykirch, Prophetenstimmen, Paderborn 1849

Sibyllinische Weissagungen: Emil Kautzsch, Die Apokryphen und Pseudoepigraphen des Alten Testaments, Tübingen 1900, Bd. II, S. 186–217

Visionen der Anna Katharina Emmerick: P. Schmöger, Das Leben der gottseligen Anna Katharina Emmerick, Pattloch Verlag – Freiburg 1885.
A. K. Emmerich, Visionen, Pattloch Verlag, Augsburg 1988

Visionen der Schwester Nativitas: Das Buch der Wahr- und Weissagungen, Regensburg 1849, Seite 100–113

Visionen des Bartholomäus Holzhauser: Rheinischer Merkur, Jahrgang 1816, Nr. 6; Theodor Beykirch, Prophetenstimmen mit Erklärungen, Paderborn 1849, Seite 79–88

Visionen des Don Giovanni Bosco: Wiprecht von Groitsch, Der Kuß des Heiligen, Münchner Kindl Verlag, München 1922, Salotte Schlegel, Der selige Johannes Bosco, München 1911

Visionen des spanischen Schäfers Fernando: Prophezeiungen, Geschichte und Religion, was rufen sie uns dermal zu? Augsburg 1848, Seite 26–29

Visionen des Thomas Ignaz Martin: Das Buch der Wahr- und Weissagungen, Regensburg 1849, Seite 129–140

Weissagung der Marianne Lenormand: Das Buch der Wahr-und Weissagungen, Regensburg 1849, Seite 113–117
Weissagung des Benediktinermönchs Paola: Prophezeiungen, Geschichte und Religion, was rufen sie uns dermal zu? Augsburg 1848, Seite 22–26
Weissagung des Bernhard Rembold (Spielbähn): Wilhelm Schrattenholz, Spielbähn, der Prophet, Bonn 1849
Weissagung des Kardinals Laroche: Prophezeiungen, Geschichte und Religion, was rufen sie uns dermal zu? Augsburg 1848, Seite 9–16
Weissagung des Nostradamus: Max Pigeard de Gurbert, Die erstaunlichen Bücher des großen Arztes, Sehers und Schicksalspropheten Nostradamus, Stuttgart 1850
Weissagung des Simon Speer: Das Buch der Wahr- und Weissagungen, Regensburg 1849, Seite 79–84
Weissagung des Theodatus Philipp Olivarius: Das Buch der Wahr- und Weissagungen, Regensburg 1849, Seite 53–55
Weissagung eines Unbekannten: Theodor Beykirch, Prophetenstimmen, Paderborn 1849, Seite 88–91
Weissagung von Orval: Das Buch der Wahr- und Weissagungen, Regensburg 1849, Seite 56–61
Papstweissagung des hl. Malachias: Hildebrand Troll, Die Papstweissagung des heiligen Malachias, Pattloch-Verlag, Aschaffenburg 1985, Seite 75–95

Für die freundlicherweise erteilte Abdruckerlaubnis danken wir:

Apokryphe Apokalypsen zum Neuen Testament: *Verlag J. C. B. Mohr (Paul Siebeck), Tübingen* – F. Hennecke / W. Schneemelcher, Neutestamentliche Apokryphen in deutscher Übersetzung, Tübingen 1971 (4. Auflage) – Die Himmelfahrt der Jesaja, die Offenbarung des Petrus, das sechste Buch Esra.
Die Botschaft von Fatima: *Editions Saint-Paul / Paulus Verlag*
L. Gonzaga da Fonseca, Maria spricht zur Welt – Fatimas Geheimnis und weltgeschichtliche Sendung, Freiburg, Schweiz 1973 (19. Auflage 1988)
Der alten Linde Sang: *Verlag W. Ludwig, Pfaffenhofen* –
Wolfgang Johannes Bekh, Bayerische Hellseher, vom Mühlhiasl zum Irlmeier, Pfaffenhofen 1976
Die Feldpostbriefe des Andreas Rill: *Piper Verlag München* –
zitiert in: Hans Bender Zukunftsvisionen, Kriegsprophezeiungen, Sterbeerlebnisse, Serie Piper, München 1983
Prophezeiung des Alois Irlmeier: *Rosenheimer Verlag, Rosenheim* –
Paul Friedl, Prophezeiungen aus dem bayerisch-böhmischen Raum, Rosenheim 1979
Weissagung des Matthias Stormberger: *Rosenheimer Verlag, Rosenheim* –
Paul Friedl, Prophezeiungen aus dem bayerisch-böhmischen Raum Seite 37–54, Rosenheim 1979
Weissagung des Mühlhiasl: *Rosenheimer Verlag, Rosenheim* –
Paul Friedl, Prophezeiungen aus dem bayerisch-böhmischen Raum Seite 62–75, Rosenheim 1979
Prophezeiungen der heiligen Ottilia: *Verlag Schnell & Steiner, München* –
Winfried Ellerhorst, Prophezeiungen über das Schicksal Europas, München 1952
Testament eines fliehenden Papstes: *Verlag Schnell & Steiner, München* –
Winfried Ellerhorst, Prophezeiungen über das Schicksal Europas, München 1952
Visionen des Hepidanus: *Verlag Schnell & Steiner, München* –
Winfried Ellerhorst, Prophezeiungen über das Schicksal Europas, München 1952